GUSTAVE LE BON

# LES PREMIÈRES

# civilisations

C. MARPON & E. FLAMMARION, Editeurs, rue Racine, 26, près l'Odéon, Paris

LES

# PREMIÈRES CIVILISATIONS

## THÈBES.
### Ruines d'une colonnade du grand temple de Karnak.

L'ensemble considérable de constructions connues sous le nom de *Grand Temple de Karnak*, a été commencé sous la XII<sup>e</sup> dynastie, c'est-à-dire, il y a environ 5,000 ans. On y a travaillé pendant près de 2,000 ans.

BIBLIOTHÈQUE CAMILLE FLAMMARION

# LES
# PREMIÈRES CIVILISATIONS

PAR

## GUSTAVE LE BON

CHARGÉ PAR LE MINISTRE DE L'INSTRUCTION PUBLIQUE D'UNE MISSION ARCHÉOLOGIQUE EN ORIENT
OFFICIER DE LA LÉGION D'HONNEUR, ETC.

### OUVRAGE ILLUSTRÉ DE 443 FIGURES

COMPRENANT 333 REPRODUCTIONS, 41 RESTITUTIONS, 60 PHOTOGRAVURES ET 9 PHOTOGRAPHIES
D'APRÈS NATURE OU D'APRÈS DES DOCUMENTS AUTHENTIQUES

## PARIS
## C. MARPON ET E. FLAMMARION ÉDITEURS
RUE RACINE, 26, PRÈS L'ODÉON

## 1889

Dapré une photographie

FIG. 1. — PYRAMIDE DU ROI KHÉFREN, CONSTRUITE IL Y A ENVIRON 6000 ANS, ET LE GRAND SPHINX.

# LIVRE PREMIER

# ÉVOLUTION DES CIVILISATIONS

## NAISSANCE ET DÉVELOPPEMENT DES INSTITUTIONS, MŒURS ET CROYANCES CHEZ LES PREMIERS PEUPLES CIVILISÉS

### CHAPITRE PREMIER

### L'ÉVOLUTION DANS L'HISTOIRE

### I

Le siècle que nous voyons finir et qui a enfanté tant de merveilles, le siècle de la vapeur et de l'électricité, le siècle qui a transformé toutes nos croyances et créé un monde d'idées nouvelles et de pensées nouvelles, ce siècle, si extraordinairement fécond, a vu se réaliser aussi, dans les diverses branches de l'his-

toire, les découvertes les plus imprévues. Lorsque, il y a quelques
années à peine, le voyageur visitait les ruines mystérieuses des
antiques cités de la vieille Asie et de la terre des Pharaons, les
débris formidables de monuments splendides qui frappaient ses
regards étonnés lui apparaissaient comme des témoins des premiers âges de l'humanité. Il ne se doutait guère que, lorsque
Homère écrivait ses poèmes, lorsque s'élevaient sur les rives du
Nil les pyramides gigantesques et les sphinx au sourire éternel,
l'homme avait déjà derrière lui un long passé.

A une époque toute récente encore, nul ne pouvait douter —
les livres de tous les peuples ne le répétaient-ils pas? — que
cinq à six mille ans à peine nous séparaient des origines du
monde et de la création de l'homme. Personne ne soupçonnait
que plus de cent mille ans avant les temps historiques, bien des
siècles avant l'âge d'or des poètes et les traditions bibliques,
l'homme, sauvage et nu, amassait péniblement les germes de ses
futurs progrès, et que, pour s'élever à la civilisation, il lui a fallu
des temps d'une effrayante longueur. Relativement aux âges historiques eux-mêmes on ne connaissait alors que les vagues traditions conservées par les écrivains de l'antiquité classique. Des
périodes de plusieurs milliers d'années étaient enveloppées d'une
nuit profonde. Peuples, villes, empires, apparaissaient brusquement dans l'histoire et disparaissaient plus brusquement encore.
Il fallait arriver aux temps presque modernes de la Grèce et
de Rome pour voir s'éclaircir le chaos du vieux monde.

Mais, après avoir vécu pendant si longtemps de traditions qui
n'avaient que leur antiquité pour elles, la Science moderne s'est
mise à douter, et, dès qu'elle douta, elle commença à chercher. Grâce à elle, le voile épais qui nous cachait l'histoire s'est
déchiré, et soudain, devant nos yeux émerveillés, s'est déroulé
un long passé que nul n'avait soupçonné, un monde de civilisation, de races et de langues dont nous ne savions rien.
Elle a retiré des profondeurs du globe les débris de l'industrie,
des armes, des demeures de nos lointains ancêtres, et prouvé
que, depuis que les premiers hommes ont vécu, les continents,
les mers, les montagnes, la flore et la faune, le monde enfin, a
profondément changé. Elle a créé de toutes pièces une branche de

connaissances entièrement nouvelles : la *préhistoire*. Scrutant de plus en plus profondément les origines et le développement de nos civilisations, elle a bientôt constaté que tous nos vieux livres étaient à refaire, que toutes les notions éparses dans la Bible et les écrits classiques sur les anciens peuples de l'Orient : Égyptiens, Assyriens, Phéniciens, Babyloniens, etc., étaient d'une insuffisance extrême. Elle a ramené à la lumière de longs siècles d'histoire. Elle a retrouvé de puissants Empires, des sociétés brillantes, des cités splendides qu'avaient ignorés tous les historiens. Aujourd'hui, elle force à parler tous les vieux témoins des âges disparus. Voici que devant elle les sphinx entr'ouvrent leurs lèvres, fermées depuis des siècles par un ironique et mystérieux sourire; voici que les pyramides s'animent et réveillent dans leurs profondeurs l'écho des voix lointaines des générations qui les ont élevées; voici que les nécropoles, les labyrinthes, les obélisques se mettent à raconter de surprenantes et véridiques histoires; voici que le sol aride de la Mésopotamie s'entr'ouvre, que des édifices admirables, que des capitales tout entières, autrefois les maîtresses de l'Asie, surgissent de ses entrailles poudreuses. Et ces vieilles cités orgueilleuses se prennent à parler à leur tour; les étranges caractères qui recouvrent leurs murs deviennent lisibles et distincts comme la lettre d'un ami écrite la veille dans une langue familière. Émouvant prodige de la patience et du génie humain ! découvertes merveilleuses et fécondes ! L'expérience des siècles ne sera donc pas perdue pour nous! Des millions d'hommes n'auront pas en vain pensé, souffert, construit, lutté, écrit pendant des milliers d'années ! Nous retrouvons leur histoire, leurs travaux, leurs idées, nous suivons la marche de leurs progrès. Le jour où, après vingt ans de travail, Champollion réussit à déchiffrer ces hiéroglyphes mystérieux qui couvrent les temples de la vieille Égypte et dont le sens avait été vainement cherché pendant plus de mille ans; le jour où, des sables des déserts de l'Assyrie, Botta et Layard firent surgir, aux yeux des populations stupéfaites, des villes et des palais gigantesques; le jour où Rawlinson et Oppert réussirent à déchiffrer les livres que renfermaient les bibliothèques oubliées depuis trois mille ans dans la poussière où dormaient les palais de Ninive, ces jours-là peuvent compter dans les

annales de l'humanité comme celui où Colomb vit pour la première fois surgir du sombre azur des mers les rives verdoyantes
d'un continent inconnu. Le grand navigateur découvrait un monde
nouveau, une humanité nouvelle : les savants modernes ont
retrouvé des mondes anciens et fait revivre une humanité dis-
parue.

Ainsi, aux lueurs de la science actuelle, un passé qui semblait
anéanti pour toujours dans la nuit des âges est sorti de l'oubli.
Les peuples ensevelis renaissent tels qu'ils étaient réellement; nous
revoyons leurs monuments et leurs arts, nous devenons les témoins
de leurs douleurs et de leurs joies, nous saisissons leurs idées,
leurs sentiments et leurs croyances; nous comprenons l'évolution
progressive des événements, et nous sentons à quel point le présent est fils du passé et prépare l'avenir.

## II

Cette merveilleuse évocation de mondes ignorés pendant tant
de siècles n'a pas eu pour résultat unique de renouveler nos connaissances historiques; elle a bouleversé aussi toutes les idées
que nous nous faisions des origines de notre civilisation et de
son évolution à travers les âges. Il y a peu d'années encore, l'on
croyait que les Grecs avaient été les seuls initiateurs de toute culture ; que leurs arts, leurs sciences, leur littérature, ils les avaient
créés de toutes pièces, et ne devaient rien aux peuples qui les
avaient précédés.

Il n'est plus possible aujourd'hui de professer des théories
semblables. Sans doute ce fut sur les rives radieuses de la Grèce
que la civilisation antique atteignit sa pleine floraison, mais ce
fut en Orient qu'elle prit naissance et qu'elle se développa. Nous
savons aujourd'hui qu'à une époque où les vieux Hellènes n'étaient
encore que d'ignorants barbares, de brillants Empires florissaient
sur les rives du Nil et dans les plaines de la Chaldée; nous savons
que les Phéniciens transmirent à la Grèce les produits artistiques
et industriels de l'Égypte et de l'Assyrie, dont pendant long-

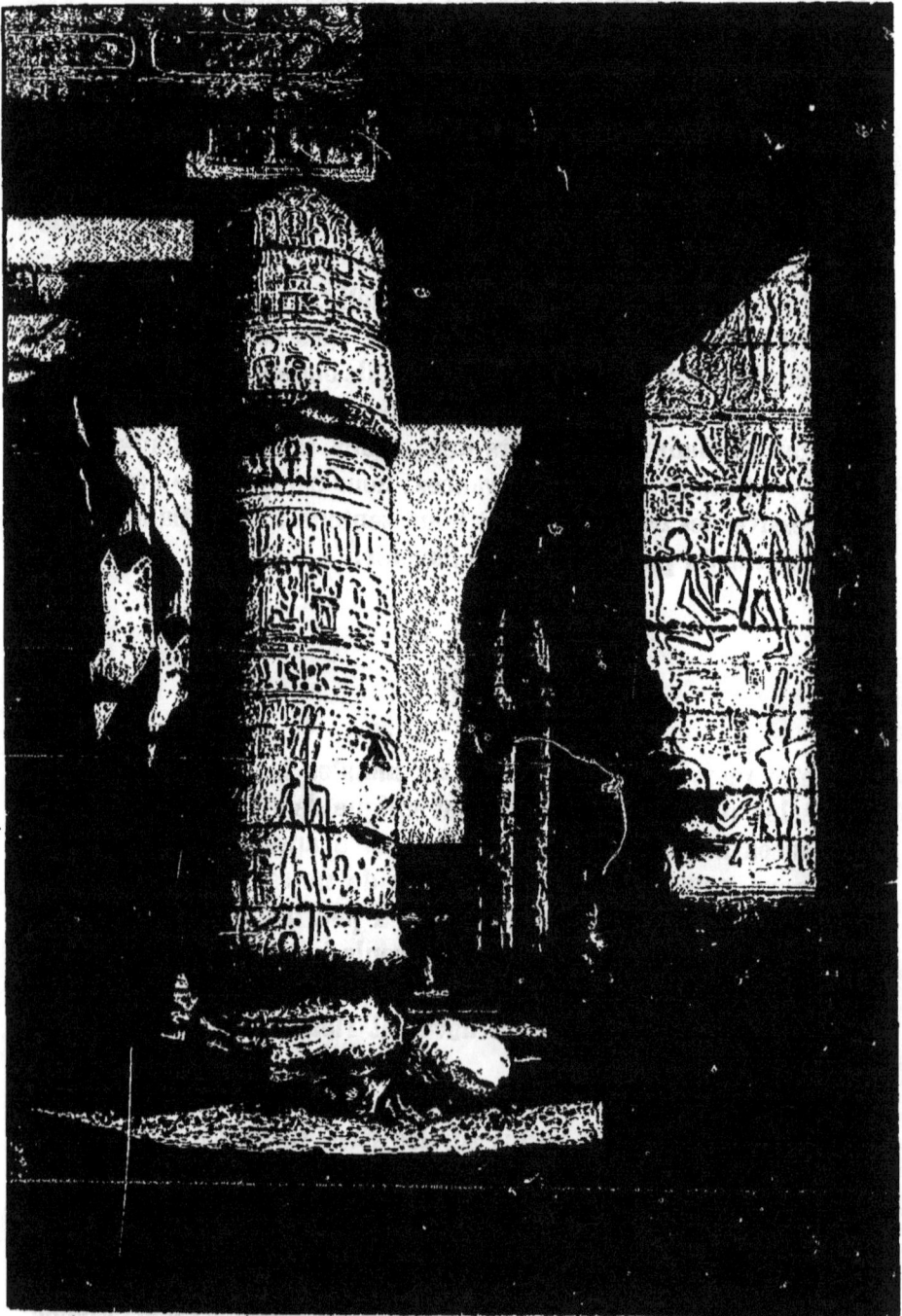

FIG. 2. — THÈBES. COLONNES DE LA SALLE HYPOSTYLE DU TEMPLE DE KARNAK. XV° SIÈCLE AVANT NOTRE ÈRE

Les nécessités de l'illustration n'ont pas permis de placer les gravures de cet ouvrage à côté du texte correspondant. Une table méthodique placée à la fin du livre indique leur classification par époques, par monuments et par sujets représentés. Toutes les gravures de la première partie de cet ouvrage sont consacrées à l'Égypte.

temps les œuvres grecques ne furent qu'un pâle reflet. Si elle n'avait pas eu un long passé initiateur derrière elle, la Grèce n'eût pas été la Grèce. Elle n'eût créé ni le Parthénon, ni le temple de Diane, ni toutes ces merveilles de l'art dont nous admirons aujourd'hui les débris.

A mesure que les vieux empires de l'Orient reviennent à la lumière, les emprunts que leur firent les Grecs paraissent chaque jour plus considérables. Ce n'est pas seulement par ses arts que la Grèce se rattache à l'Orient, elle s'y rattache aussi par ses institutions et ses croyances. Ses législateurs s'inspirèrent des coutumes égyptiennes, de ce droit égyptien dans lequel on cherche aujourd'hui les sources du droit romain, dont à son tour notre droit moderne est sorti.

Avec ces conceptions nouvelles, les grands Empires du monde antique nous apparaissent, malgré leurs rivalités incessantes, leurs luttes sans pitié, comme travaillant tous à une même œuvre : le progrès de la civilisation. L'histoire est jonchée des débris de peuples, de religions et d'Empires qui n'ont laissé derrière eux que des souvenirs; mais les progrès réalisés dans la civilisation n'ont jamais été perdus, et nous bénéficions aujourd'hui de ces longs siècles d'efforts. La civilisation est un flambeau dont la lumière s'accroît d'âge en âge et que les peuples les plus divers se sont passés tour à tour.

Ce ne sont pas seulement les progrès de l'archéologie moderne qui ont contribué à renouveler nos connaissances et nos idées en histoire. Les découvertes accomplies dans les sciences physiques et naturelles y ont contribué également; c'est grâce à elles que la notion des causes naturelles pénètre de plus en plus dans l'histoire, et que nous nous habituons à considérer les phénomènes historiques comme soumis à des lois aussi invariables que celles qui guident le cours des astres ou la transformation des mondes. Le rôle que tous les anciens écrivains prêtèrent pendant si longtemps à la providence ou au hasard, n'est plus attribué aujourd'hui qu'à des lois naturelles, aussi entièrement soustraites à l'action du hasard qu'à la volonté des dieux. Certaines lois régissent les combinaisons chimiques et l'attraction des corps, d'autres régissent les pensées et les actions des hommes, la naissance et la décadence des croyances et des Empires. Ces lois du monde moral, nous les méconnaissons souvent, mais nous ne pouvons les éluder jamais. « Elles opèrent tantôt pour nous, tantôt contre nous, a dit justement un éminent philosophe, mais toujours de même et sans prendre garde à nous : c'est à nous de prendre garde à elles. »

C'est surtout aux progrès des sciences naturelles que sont dues les idées qui commencent à pénétrer de plus en plus dans l'histoire. Ce sont elles qui, mettant en évidence l'influence toute prépondérante du passé sur l'évolution des êtres, nous ont montré que c'est le passé des sociétés qu'il faut étudier d'abord pour comprendre leur état présent et pressentir leur avenir. Il y a une embryologie sociale comme il y a une embryologie animale ; et, de même que le naturaliste trouve aujourd'hui l'explication des êtres dans l'étude de leurs formes ancestrales, de même le philosophe qui veut comprendre la genèse de nos idées, de nos institutions et de nos croyances, doit tout d'abord étudier leurs formes antérieures. Envisagée ainsi, l'histoire, dont l'utilité pouvait sembler bien faible alors qu'elle se bornait à des énumérations puériles de dynasties et de batailles, acquiert aujourd'hui un intérêt d'actualité immense. Elle devient la première des sciences, parce qu'elle est la synthèse de toutes les autres. Les sciences proprement dites nous enseignent à déchiffrer un corps, un animal ou une plante. L'histoire nous apprend à déchiffrer l'humanité et nous permet de la comprendre. L'esprit humain ne saurait se proposer une poursuite plus utile et plus haute.

### III

Bien des éléments, d'importance diverse, peuvent être utilisés pour reconstituer l'histoire d'une civilisation. Les œuvres artistiques d'une race, sa littérature, sa langue, ses institutions, ses croyances, sont plus ou moins empreintes des efforts de cette race et marquées de sa pensée. On ne la comprend qu'en étudiant toutes ses manifestations diverses. Pour faire revivre les peuples morts, nous ne devons rien négliger de ce qui a occupé leur activité, charmé leurs yeux ou enchanté leur imagination.

Mais parmi tous ces éléments de reconstitution, il est une classe qui l'emporte peut-être sur toutes les autres ensemble, parce que les peuples disparus y ont dépensé la plus grande somme d'idées et d'efforts, et parce qu'elle possède un caractère expressif, frappant, bien fait pour imprimer en nous avec force et clarté sa signification spéciale. Cette classe est celle des œuvres de l'architecture. Les monuments ont une éloquence puissante, qui s'impose; ils sont en même temps d'une admirable sincérité. Ces pages de pierre ne savent pas mentir. Leur témoignage a dans l'histoire des civilisations une importance im-

D'après la Commission d'Égypte.

FIG. 3. — DÉTAILS D'UNE COLONNE ET D'UN PILIER D'UN TEMPLE DE MÉDINET-ABOU, A THÈBES.

Les temples de Médinet-Abou sont représentés dans une autre partie de cet ouvrage. Ils ont été construits 13 siècles environ avant notre ère.

mense. La vue d'un temple égyptien, par exemple, vaut certainement la lecture de plusieurs centaines de papyrus.

Les civilisations que nous connaissons le mieux sont celles qui nous ont laissé le plus de monuments. Telle est précisément l'Égypte, et c'est pour cette raison que nous lui consacrerons une part prépondérante dans cet ouvrage. Ses indestructibles édifices

FIG. 4. — RESTITUTION DE LA FAÇADE DU TEMPLE SOUTERRAIN D'HATHOR, DÉESSE DE LA LUMIÈRE, DE LA BEAUTÉ ET DE L'AMOUR, A IPSAMBOUL (NUBIE).

Ainsi qu'on pourra s'en convaincre en examinant une photogravure donnée plus loin, le temple existe encore à peu près tel qu'il est représenté sur ce dessin, c'est-à-dire tel qu'il fut exécuté il y a 33 siècles. Nous nous sommes bornés à restaurer quelques parties un peu détériorées. Les statues sculptées dans le roc qu'on voit sur la façade, ont environ 10 mètres de hauteur : 4 représentent le roi Ramsès II (Sésostris)! 2 sa femme Néfert Ari, dont la tête est donnée dans la planche suivante.

LES PREMIÈRES CIVILISATIONS

2

sont l'expression grandiose de ses aspirations, de ses préoccupations, de ses croyances, les antiques témoins de ses premiers efforts, ou les œuvres glorieuses de ses périodes de triomphe et d'épanouissement.

C'est en étudiant les temples et les tombeaux de la vallée du Nil que l'on comprend à quel point les monuments sont empreints de la pensée d'un peuple. Elle vit, respire et parle dans ses monuments, l'âme de la vieille Égypte. Elle y chante, par des symboles magnifiques, par des formes éloquentes et majestueuses, son hymne d'impérissable espérance ; elle y berce dans le demi-jour silencieux des sanctuaires, dans le mystère des hypogées, son rêve d'existence éternelle.

Dans cette architecture de l'Égypte, la plus étonnante peut-être, la plus durable certainement qui se soit développée dans le monde, nous lisons comme la synthèse lumineuse, comme la résultante mystique de cinquante siècles de travaux, d'efforts, de pensées et de croyances. En l'étudiant, nous comprenons le rôle prépondérant que joue l'idéal d'un peuple dans l'évolution de sa civilisation, nous voyons s'en dégager son idée dominante, idée qu'aucune littérature, qu'aucun autre document, ne saurait rendre avec autant d'ensemble, de puissance et de clarté.

Cette architecture, presque toute composée de monuments funéraires ou commémoratifs, ces édifices merveilleux, construits le plus souvent pour enfermer un mort, montrent, je le répète encore, à quel point les œuvres de pierre léguées par une race peuvent exprimer, indépendamment de tout auxiliaire, la pensée intime de cette race.

A la fois gigantesque, formidable et simple, visant surtout à créer quelque chose d'impérissable en face de ces millions d'existences fugitives qui se succèdent sur la terre, l'architecture égyptienne semble un audacieux défi jeté par la vie à la mort et par la pensée au néant.

Mais l'effort orgueilleux et grandiose qu'elle représente a étouffé en elle précisément tout ce qui exprime la grâce, la mélancolie, la passion, tout ce qui fait le charme éphémère de cette vie hâtive, où la douleur et la joie entremêlent leurs impressions d'autant plus poignantes qu'elles sont plus passagères. En vain chercherait-on, dans ses lignes impassibles, la fantaisie douloureuse, délicate ou charmante, qui pétrit, découpe, creuse ou effile la pierre, et plie cette dure matière à tous les ardents caprices de l'imagination, à toutes les émotions du cœur frémissant et vivant.

Pour l'Égypte, le granit et l'albâtre ne saur ient exprimer la vaine palpitation de la chair fragile. Substances impérissables, incorruptibles, leurs énormes blocs, aux arêtes rigides, ne se dressent que pour représenter ce qui est éternel : la vie future et les dieux.

Cette race, au contraire de tant d'autres, a méprisé la vie et courtisé la mort. Ce qui l'intéressait, ce n'était point l'être joyeux ou triste, qui aimait, travaillait, pleurait, chantait, sur les bords du vieux Nil. Non : c'était l'inerte momie, toute raidie sous ses bandelettes, qui, de ses yeux d'émail, incrustés dans son masque d'or, contemple éternellement, au plafond de son sarcophage, un hiéroglyphe mystérieux.

Cette momie, on l'enfermait dans des montagnes de pierre, et, pour qu'elle ne fût à aucun moment ni détruite, ni profanée, on la murait dans des cachettes, dont beaucoup sans doute ne seront jamais connues. Mais ces cachettes sépulcrales étaient parfois plus vastes et plus ornées que les palais, et tout s'y retrouvait, peint ou sculpté sur les parois des corridors sans fin, de ce qui avait embelli l'existence du mort.

Toute l'architecture égyptienne avait plus ou moins pour but la momie. C'est pour cette chose étrange, à vague forme humaine, que s'élevaient les pyramides, que se creusaient les souterrains, que se dressaient les obélisques, les pylônes, les colonnes hautes comme des tours, et c'est pour elle encore que les colosses pensifs s'asseyaient sur leurs trônes de pierre avec un geste si majestueux et si doux.

Comment donc alors s'étonner si l'architecture égyptienne offre ces caractères de stabilité, de solennité, de grandiose monotonie, qu'on ne retrouve nulle part à un tel degré dans des œuvres humaines? L'Égypte avait horreur de ce qui périt et de ce qui passe. Aussi, plus que toute autre nation, elle a travaillé pour l'éternité. Ses monuments sont les plus anciens du monde, et peut-être survivront-ils à tous les autres. Lorsque notre globe refroidi roulera

vide et désolé dans l'espace, lorsque le dernier homme aura péri,
et que se sera dispersée la poussière de nos plus orgueilleux
ouvrages, peut-être la grande pyramide qui servit de tombe au roi
Khéops subsistera-t-elle encore quelque temps, suprême débris de
la ruine d'un monde; peut-être, au fond de quelque sépulcre
inviolé, une momie continuera sans trouble son sommeil séculaire,
ayant toujours autour d'elle les objets qui charmèrent sa vie, et sur
les murs, sculptées dans le roc éternel, les images de ses anciens
plaisirs. Peut-être, après avoir été la première à faire lever l'aube
de nos civilisations, l'Égypte sera-t-elle la dernière qui, sur la
terre à jamais dépeuplée et muette, proclamera que l'homme a
vécu.

## IV

Les facteurs qui déterminent la naissance et le développement
d'une civilisation sont aussi nombreux que ceux qui régissent le développement d'un être vivant. Leur étude commence à peine
aujourd'hui. On la chercherait vainement dans la plupart des livres
d'histoire. Il est cependant possible de mettre en évidence l'influence
des plus importants de ces facteurs. Nous le montrerons dans
d'autres chapitres, en recherchant pourquoi certains peuples s'élevèrent à la civilisation, alors que d'autres n'y réussirent pas; et
pourquoi, tout en ayant le même point de départ, les diverses
races qui vécurent à la surface du globe atteignirent des échelons
fort différents sur l'échelle du développement. Ce que nous voulons seulement montrer dès le début de notre ouvrage, ce sont les
plus générales des lois qui ont présidé à la naissance et à la transformation des divers éléments dont l'ensemble constitue une civilisation. Il est absolument nécessaire d'avoir ces lois générales bien
présentes à l'esprit pour saisir la genèse des institutions, des idées
et des croyances chez les différents peuples que nous aurons à faire
revivre dans le cours de cet ouvrage.

Une notion philosophique toute moderne, celle de l'évolution,
qui a complètement transformé les sciences naturelles depuis vingt-
cinq ans, est en train de renouveler entièrement nos conceptions

FIG. 3. — *STATUES DE DÉESSES ÉGYPTIENNES, A KARNAK (THÈBES).*

Ces statues sculptées en granit noir représentent la déesse Sekhet, divinité à tête de lionne, épouse de Phtah, le plus important des dieux de Memphis. Elles ornaient un temple construit, il y a environ 3500 ans, par le roi Aménophis III.

historiques. Pour les anciens naturalistes, les profondes transformations dont notre globe a été le théâtre, celles non moins
profondes qui se sont accomplies chez les êtres vivant à sa surface, s'étaient effectuées brusquement par une série de bouleversements et de créations successives. C'était l'idée du grand Cuvier,
et elle semblait assise sur des bases inébranlables. Mais une science
plus avancée a montré que notre planète et les êtres qui l'habitent
ne se sont transformés que par une série de gradations aussi insensibles que celles qui relient l'arbre à la graine. Quand on ne considère que les périodes extrêmes des changements accomplis, ces
changements paraissent immenses. Ils sont imperceptibles au contraire quand on les suit jour à jour.

Qu'il s'agisse d'un être vivant quelconque, ou d'une société,
ou d'une croyance, c'est toujours d'une façon lente et progressive
que s'opèrent les modifications les plus profondes. Avant d'arriver
à des formes supérieures, les êtres et les choses doivent toujours
passer par une série de formes intermédiaires. Les influences
de milieu déterminent des transformations d'abord invisibles,
mais qui deviennent frappantes lorsqu'elles ont été triées par la
sélection et accumulées par l'hérédité pendant le cours des
siècles.

Ce n'est qu'en appliquant cette notion d'évolution à l'histoire
que nous pouvons comprendre la naissance et le développement
des civilisations, la genèse des institutions et des croyances, la
succession des événements et l'action des lois inflexibles qui en
guident le cours.

C'est à la loi de l'évolution — loi qui en résume bien d'autres — que sont dus tous les progrès accomplis par l'homme
pendant son long passé durant sa marche lente et laborieuse
vers un avenir meilleur, vers une situation plus haute, vers
une perfection toujours désirée mais jamais atteinte. C'est elle qui,
par des changements graduels, insensibles, à travers des millions
d'années, fait d'un soleil une terre habitée, puis une lune déserte
et glacée; qui, avec la même imposante lenteur, fait sortir l'homme
pensant des ténèbres de l'animalité et développe l'échelle prodigieuse allant du polype obscur jusqu'à l'organisme d'un Newton.
C'est elle qui, peu à peu, par la même progression lente a fait du

sauvage farouche de l'âge de pierre, l'homme policé de nos jours.

Devant la connaissance de plus en plus intime des lois de l'évolution, nous voyons rentrer dans la nuit de l'ignorance et de la crédulité qui les avaient fait naître les légendes des premiers âges : la création divine d'un couple parfait d'où descendrait une humanité se corrompant de plus en plus, et sauvée ensuite au prix d'un sang divin; le paradis placé au début du monde, puis à jamais disparu de la terre; l'intervention céleste modifiant tout à coup les destinées des empires; l'apparition d'un homme de génie changeant le cours des choses, et les révolutions d'un jour anéantissant les erreurs et les injustices séculaires.

Ce n'est plus suivant les règles de l'épopée, c'est-à-dire avec l'action constante de pouvoirs surnaturels et merveilleux, que nous voyons se dérouler l'histoire. Le savant moderne étudie aujourd'hui un phénomène historique comme un phénomène physique quelconque, comme une combinaison chimique ou la chute d'un corps. Lorsqu'il a réussi à remonter aux causes et à expliquer la succession des effets, il considère son rôle comme rempli et ne perd pas son temps à critiquer ce qu'une science insuffisante ne lui permet pas encore de comprendre. Possédant une méthode, il peut se dispenser d'avoir une doctrine.

La méthode que le savant moderne applique aujourd'hui à l'histoire est identique à celle que le naturaliste applique dans son laboratoire. Une société peut être considérée comme un organisme en voie de développement. Il y a une embryologie sociale comme il y a une embryologie animale et végétale, et les lois d'évolution qui les régissent sont identiques. L'embryologie animale, en remontant pas à pas l'échelle des êtres, nous montre nos premiers ancêtres plus voisins des animaux inférieurs que de nous-mêmes, et nous fait voir comment chacun de nos organes est sorti par lentes transformations, triées par la sélection et accumulées par l'hérédité, d'un organe plus grossier. Nous savons comment la nageoire des poissons est devenue la membrane qui soutenait dans l'air le ptérodactyle, puis l'aile de l'oiseau, puis la patte du mammifère, et enfin la main de l'homme. L'embryologie sociale, ou, pour employer un mot plus simple, l'étude des civilisations, nous montrera la série des progressions par lesquelles le mécanisme merveilleux et compliqué des sociétés policées est sorti de l'état sauvage où vécurent longtemps les premiers hommes; comment nos idées, nos sentiments, nos institutions, nos croyances, eurent leurs racines dans les premiers âges de l'humanité. Au lieu de voir comme jadis un abîme entre les peuples qui mangeaient leurs parents âgés et ceux qui prodiguent les soins à leur vieillesse et vont pleurer sur leurs tombeaux; entre ceux qui considéraient les femmes comme des animaux inférieurs appartenant à tous les membres de la tribu, et ceux qui les ont entourées d'un culte chevaleresque; entre ceux qui faisaient périr tous les enfants difformes et ceux qui logent dans de magnifiques hospices les idiots et les incurables, nous constaterons les liens étroits qui, à travers les âges, unissent les idées, les institutions et les croyances les plus différentes. Nous reconnaîtrons que les civilisations présentes sont sorties tout entières des civilisations passées et contiennent en germe toutes les civilisations à venir. L'évolution des idées, des religions, de l'industrie et des arts, en un mot de tous les éléments qui entrent dans la cons-

D'après Ebers.

FIG. 6. — LA REINE NEFERT ARI, FEMME DE SÉSOSTRIS.
D'après une des statues qui figurent sur le temple représenté figure 4.

FIG. 7. — REINE ÉGYPTIENNE SORTANT D'UN PALAIS DE THÈBES

Nous avons emprunté tous les documents qui ont servi à cette restitution à des peintures murales des tombeaux de Thèbes du XV⁰ siècle environ avant notre ère.

titution d'une civilisation est aussi régulière et fatale que celle des formes diverses d'une série animale.

Mais à mesure que nous avancerons dans cet ouvrage, nous reconnaîtrons de plus en plus que cette loi souveraine de l'évolution, qui transforme toutes choses, n'agit qu'avec une extrême lenteur. Il lui a fallu entasser des millions de siècles pour transformer notre nébuleuse en une planète habitable, et des milliers d'années encore pour transformer en un être civilisé le sauvage des temps primitifs. L'homme peut bien troubler l'évolution d'une société, comme il peut troubler celle d'une graine en la brisant, mais il ne lui est pas donné d'en modifier le cours. Les révolutions violentes passent sans pouvoir établir autre chose de durable que les progrès pour lesquels une race était mûre et qu'elle élaborait depuis des générations. Interrompue pour quelque temps, l'évolution naturelle reprend bientôt son cours. Les peuples ne choisissent pas à leur gré leurs institutions et leurs croyances : la loi de l'évolution les leur impose.

Cette théorie simple et grandiose de l'évolution, qui a si profondément transformé les sciences naturelles en moins de vingt-cinq ans, et sans laquelle la naissance et le développement des civilisations seraient une suite d'incompréhensibles miracles, commence à peine à se répandre parmi les historiens. Un peuple ne pouvant songer à écrire son histoire que lorsqu'il est déjà arrivé à la civilisation depuis longtemps, il en résulte que lorsqu'on étudie ses monuments ou ses livres, il semble que sa civilisation ait commencé la veille du jour où a commencé son histoire.

Aussi beaucoup d'écrivains, et des plus remarquables, admettent-ils encore que certains peuples n'ont pas passé par des formes inférieures primitives, mais ont surgi brusquement dans le monde, avec tout ce qu'il fallait pour se constituer immédiatement en nations civilisées.

Cette théorie est défendue notamment par M. Renan. « Ces « deux races (les Aryens et les Sémites) nous apparaissent partout avec un certain degré de culture », dit cet éminent écrivain dans son *Histoire des langues sémitiques*. « On n'a pas « d'ailleurs un seul exemple d'une peuplade sauvage qui se soit

« élevée à la civilisation. Il faut donc supposer que les races
« civilisées n'ont pas traversé l'état sauvage et ont porté en
« elles-mêmes dès le commencement le germe des progrès
« futurs. Leur langue n'était-elle pas à elle seule un signe de
« noblesse et comme une première philosophie ? »

Admettre une théorie semblable serait retourner aux vieilles
légendes qui font sortir la terre habitable du néant, ou Minerve
tout armée du cerveau de Jupiter. Une race beaucoup plus
intelligente que les autres, apparaissant brusquement dans le
monde, n'aurait pu tirer sa supériorité que d'un miracle si elle
ne la tenait pas du seul développement de ses ancêtres. Dire
qu'on n'a jamais vu une peuplade sauvage passer à l'état civilisé,
équivaut à réfuter la théorie de Darwin sur l'origine des espèces
en disant qu'on n'a jamais vu un mammifère inférieur devenir
un homme ; ou bien encore combattre celle de la formation des
mondes en disant qu'on n'a pas encore vu un soleil devenir une
lune. De telles transformations demandant un nombre considérable de siècles pour s'accomplir, ne peuvent être constatées par
une ou même par plusieurs générations.

L'exemple de la transformation de peuples barbares en peuples civilisés peut être cependant fourni. Sans parler des Aryens,
dont il est précisément question dans le passage cité plus haut,
et dont, grâce à la linguistique, il a été possible, comme nous
le verrons plus loin, de reconstituer le passé préhistorique, les
temps historiques ont été témoins de la transformation de purs
barbares en hommes civilisés.

Les Arabes nomades et barbares, sortis de leurs déserts à la
voix de Mahomet, sont, après leur conquête du vieux monde gréco-
romain, devenus en quelques siècles une des nations les plus policées du monde, et sont restés pendant longtemps à la tête de
la civilisation. Nous avons vu également les Barbares envahisseurs de l'Empire romain devenir les nations les plus civilisées
du globe. Leurs progrès, pour être rapides, puisqu'ils n'ont guère
demandé plus d'un millier d'années, n'en ont pas moins suivi
une marche ascensionnelle très régulière : l'on peut aisément
marquer les degrés entre le Franc brutal et le philosophe grand
seigneur du siècle dernier. Ce qui fait que l'évolution s'est accom-

plie d'une façon aussi prompte et facile à suivre, c'est que les Barbares retrouvèrent et mirent en œuvre tout le fonds de la civilisation antique ; et encore, malgré les trésors de science et d'art accumulés par la Grèce et par Rome, l'Europe recula de plusieurs siècles au moment des invasions, et dut repasser par

FIG. 8. — OSIRIS.                    LA VACHE HATHOR.                    ISIS.

(Musée de Boulaq, au Caire).

des phases inférieures avant que ses nouveaux habitants pussent s'assimiler les conquêtes intellectuelles des vaincus, et reprendre la marche en avant au point où elle avait été interrompue.

Nous indiquerons dans un autre chapitre quelles furent les causes qui permirent à certains peuples d'atteindre à diverses phases de la civilisation, alors que d'autres ne le purent. Ces causes, nous n'avons donc pas à les examiner ici.

Après avoir prouvé qu'il existe des nations s'étant élevées de la barbarie à la civilisation pendant la durée des temps historiques, il nous reste à montrer que les peuples actuels peuvent être classés dans une série ascendante, qui fait voir au premier coup d'œil les phases successives par lesquelles les plus développés ont dû nécessairement passer. Ce tableau général a été assez bien

FIG. 9 — SPHINX A TÊTE DE ROI.
(Musée du Louvre).

esquissé il y a déjà quelques années par M. Littré, et d'une façon suffisamment exacte dans ses grandes lignes pour que je le reproduise ici.

« D'abord se présente », dit-il, « en commençant par le haut de l'échelle, les nations civilisées de l'Europe et celles qui en sont issues, et qui sont établies en Amérique et en Australie. Mais il s'en faut bien que tout le reste ait atteint le même niveau de développement.

« Au second plan sont les nations musulmanes, dont l'histoire a eu grand nombre de liaisons avec l'histoire des nations chrétiennes

« Au troisième plan, on mettra les Indiens, les Chinois, les Tartares et les Japonais, nations considérables, fort développées à certains égards, mais qui sont restées polythéistes.

« Le quatrième rang appartient aux empires, présentement détruits, des Mexicains et des Péruviens, mais dont la destruction est trop récente pour qu'on ne les fasse pas figurer dans cette énumération.

« Au cinquième degré nous rencontrerons les peuplades nègres, qui forment, dans l'intérieur de l'Afrique, des sociétés non sans importance.

« Au sixième je place les tribus des peaux-rouges d'Amérique.

« Enfin, au septième et dernier rang, les misérables sauvages de la Nouvelle-Hollande. »

Sans parcourir ainsi la terre entière, on peut dans une seule contrée, contrée spéciale par son étendue, sa situation, son histoire, voir en peu de temps tous les degrés de cette échelle des peuples. Cette contrée est l'Inde. Qui l'a visitée, comme nous l'avons fait nous-même, depuis ses repaires de sauvagerie jusqu'à ses cités splendides, peut dire qu'il a traversé cent mille ans dans le temps et qu'il a vécu successivement à toutes les époques préhistoriques et historiques. En effet, il aura pu voir, parmi les inextricables forêts de l'Amarkantak, des peuplades kholariennes, noires de peau, hideuses de visage et plus près du singe que de l'homme, vivant dans les cavernes, n'ayant ni habitations, ni gouvernement, ni lois, ni famille, et ne possédant comme armes que des flèches en pierre taillée; au nord, dans les montagnes de l'Assam, les Nazas, les Khasias, dont la forme sociale est le matriarcat et qui pratiquent la polyandrie; au sud, sur la côte de Malabar, les Naïrs, qui pratiquent aussi le matriarcat, mais qui sont beaux et intelligents et occupent déjà un degré plus haut de l'échelle; sur les ravissantes montagnes des Nilghirris, les Todas, peuple pasteur, polygame et polyandre, dont l'unité politique et sociale est le village; vers le centre, les Bhils, qui arrivent à la constitution du clan; puis les États rajpouts, qui représentent l'époque guerrière et féodale; au-dessus, les États musulmans, et enfin le maître Européen civilisé. Il faut de tels voyages pour bien comprendre la progression merveilleuse des races, et saisir sur la nature au lieu d'avoir à l'étudier dans les livres, cette loi formidable de l'évolution qui régit toutes choses : les dieux, les mondes, les empires et les hommes.

# CHAPITRE II

## LES PREMIERS AGES DE L'HUMANITÉ ET LES SOURCES DE L'HISTOIRE

### § 1. — LES PREMIERS AGES DE L'HUMANITÉ

Bien qu'il n'entre pas dans le cadre de cet ouvrage de tracer le tableau des temps préhistoriques, nous sommes obligés d'en rappeler les traits principaux, afin de bien marquer l'étendue des progrès que l'humanité devait accomplir avant de s'élever à la civilisation.

Depuis les actes bien élémentaires encore, mais déjà raisonnés, par lesquels l'homme se distingua tout d'abord des grands singes, jusqu'au moment où il trouva des signes et des images qui répondissent à peu près à sa pensée, c'est-à-dire posséda un véritable langage, il s'écoula des centaines de siècles. On peut à peu près les évaluer d'après la profondeur des couches de terre sous lesquelles on trouve les silex taillés qui furent les premiers instruments de nos pères. Mais cette période ne cessa pas en même temps pour tous les habitants de notre globe; elle se prolongea fort tard chez quelques-uns; elle dure encore pour d'autres. Certains sauvages de l'Afrique ou de l'Océanie ne l'ont pas dépassée

Les premières connaissances furent nécessairement les plus longues à acquérir. Qui dira jamais les efforts et les souffrances des premiers hommes pour réaliser les progrès les plus simples? Faire du feu, labourer le sol pour y semer le grain, assembler quelques mots, se risquer dans un tronc d'arbre sur un cours d'eau, telles furent les découvertes importantes qui illuminèrent peu à peu ces âges obscurs. Ces premiers pas accomplis, la marche du progrès s'accéléra constamment. Il a fallu plus de cent mille ans à l'humanité pour arriver aux civilisations les plus élémentaires; celles-ci ont demandé trois à quatre mille ans pour enfanter

les brillantes sociétés de la Grèce et de Rome; dix-huit cents ans
nous ont amenés ensuite où nous en sommes, et enfin ce siècle
voit à lui seul se réaliser dans toutes les branches de nos connais-

FIG. 10. — DÉTAILS INTIMES DE LA TOILETTE D'UNE DAME ÉGYPTIENNE IL Y A PLUS DE 3000 ANS.
(Peinture murale de Thèbes.)

sances plus de découvertes que n'en accomplirent tous ceux qui
l'ont précédé.

On divise généralement les temps préhistoriques en quatre périodes : l'âge de la pierre taillée, l'âge de la pierre polie, l'âge du
bronze et l'âge du fer.

La première période — de beaucoup la plus longue, — vit
l'homme à peine dégagé de l'animalité primitive, ignorant l'agriculture, les métaux, l'art de se construire des demeures. Réfugié
comme les fauves au fond des cavernes, il n'avait d'autres occupa-

tions que de disputer sa proie aux bêtes féroces, d'autre industrie

D'après une photographie.

FIG. 11. — ROI ÉGYPTIEN COURONNÉ PAR DES DIVINITÉS (BAS-RELIEF DU TEMPLE D'EDFOU).

Nous donnons plus loin une planche exécutée d'après une de nos photographies représentant une vue d'ensemble du grand temple d'Edfou. Ce monument qui remonte seulement à l'époque des Ptolémées, est actuellement le temple le mieux conservé de l'Egypte.

que la taille grossière des pierres qui, emmanchées au bout d'un bâton, constituaient ses armes.

Après cette période d'une immense longueur, puisqu'elle occupe un âge géologique tout entier, et que, pendant sa durée, la faune, la flore, le climat et l'aspect des continents ont profondément changé, apparaissent les temps de la pierre polie.

De grands progrès se sont accomplis. L'homme sait domestiquer les animaux ; il connaît l'agriculture, l'usage de la poterie, se bâtit des demeures, se tisse des vêtements, mais ignore toujours les métaux. C'est un sauvage encore, ou tout au moins un barbare, mais un barbare qui entrevoit déjà l'aurore de la civilisation.

Pour y arriver, il lui fallait accomplir bien des progrès encore. Il les réalisa pendant l'âge du bronze, qui nous conduit jusqu'aux confins des temps historiques et dont la dernière période vit s'accomplir les exploits chantés par les poètes primitifs. Quelques pas encore, et l'homme découvre l'art d'extraire le fer de son minerai, invente l'écriture, bâtit des villes . l'ère des civilisations commence. Certains peuples, bien que fort civilisés et construisant des villes, ne connurent pas l'usage du fer Tels étaient les anciens Mexicains, par exemple, lorsque leur civilisation fut détruite par les invasions européennes, il y a moins de quatre cents ans.

La science moderne est parvenue à reconstituer l'histoire primitive de l'homme, qui n'était même pas soupçonnée il y a un demi-siècle. Les débris de ses armes, de son industrie, de ses demeures, remplissent aujourd'hui nos musées. Avec eux nous pouvons nous représenter clairement les conditions d'existence de nos premiers aïeux.

Mais d'autres sources d'informations nous permettent d'accentuer les traits du tableau et de le rendre plus vivant encore. En étudiant certaines populations non civilisées actuellement vivantes à la surface du globe, on a pu constater qu'elles n'avaient pas dépassé, au point de vue de l'industrie, nos aïeux des âges de pierre. De leur genre de vie nous pouvons préjuger celui de nos primitifs ancêtres. Il existe encore d'ailleurs d'autres peuples parvenus à des degrés intermédiaires de développement, et leur étude fournit de précieuses indications sur la série des états successifs que l'homme a dû franchir pour arriver à la civilisation. Certaines populations guerrières de l'Afrique, les Achantis, par exemple, qui connaissent la poterie, les métaux et l'art de les travailler, ne doivent pas avoir une existence bien différente de celle des héros barbares chantés par Homère.

Leur industrie et leurs arts ne sont pas certainement inférieurs à ceux de la Grèce aux âges héroïques.

Sans aller étudier aucune population sauvage, ni visiter aucun musée, nous pouvons observer aisément sur place les étapes successives que l'intelligence de l'homme primitif a dû traverser pendant le cours des siècles. Nous n'avons en effet qu'à suivre le développement de l'intelligence chez l'enfant. L'embryologie nous enseigne que l'être humain, pendant son séjour dans le sein maternel, passe par toute la série des formes animales successivement revêtues pendant les âges géologiques par la longue série de ses aïeux, et résume ainsi le développement progressif de toute sa race. Durant les premiers mois de la gestation, l'embryon de l'homme est tour à tour semblable à celui des poissons, des amphibies, et bien plus tard à celui des mammifères, en commençant par les plus inférieurs. Après la naissance, la plupart des organes ont atteint leur forme définitive, mais le cerveau, et l'intelligence, continuent à évoluer encore. La constitution mentale de l'enfant passe alors par toutes les formes successives qu'ont présentées celle de ses ancêtres, depuis les temps de la barbarie primitive. En suivant son développement intellectuel, on a donc l'image du progrès de l'humanité.

Qu'il s'agisse d'Européens ou de sauvages, les phases primitives du développement, — mais ces phases primitives seulement, — sont toujours identiques. C'est précisément parce qu'il en est ainsi que nous voyons les enfants des nègres élevés avec de jeunes Européens les suivre d'abord sans difficulté dans leurs classes. Arrivés à une certaine phase de développement, le cerveau du blanc continue à évoluer pour atteindre au niveau de celui de ses ancêtres adultes, pendant que celui du nègre, parvenu à la limite que ses ancêtres adultes ont atteinte, ne saurait la dépasser et reste stationnaire. Alors seulement apparaît l'abîme immense qui existe entre les deux races, et qui ne pourrait être comblé que par de lentes accumulations héréditaires continuées pendant des siècles.

En suivant donc avec attention l'évolution de l'intelligence et des sentiments de l'enfant, on peut arriver à comprendre la genèse et l'évolution de l'intelligence et des sentiments de

l'homme des temps primitifs. Avec sa nature impulsive, son
égoïsme, son absence totale de moralité et sa férocité naïve,
l'enfant ressemble beaucoup aux sauvages les plus inférieurs.
Avec la force en plus et des passions à satisfaire, la ressemblance
serait complète.

    L'étude de la psychologie de l'enfant suffirait donc, à défaut

FIG. 18. — FAÇADE DU GRAND TEMPLE DE DENDÉRAH.

Cette photogravure représentant la façade du temple telle qu'elle est actuellement, a été exécutée d'après une vue
que nous avons prise à Dendérah. Plusieurs planches de cet ouvrage sont consacrées à ce monument célèbre,
dont on trouvera plus loin l'historique.

des documents fort nets fournis par l'étude des sauvages actuels
qui n'ont pas dépassé l'âge de la pierre polie, à nous montrer
ce que pouvaient être les sentiments et les idées de l'homme
primitif. C'était un être impulsif et féroce, ignorant la pré-
voyance, vivant au jour le jour, et ne connaissant d'autres lois
que celle du plus fort. Son intelligence était des plus rudimentaires. Sa connaissance de la nature et des phénomènes reposait sur les associations d'idées les plus grossières. L'Esquimau
qui aperçoit un morceau de verre pour la première fois le met

dans sa bouche, persuadé que, vu son analogie apparente avec de la glace, il fondra comme elle. C'est une opération intellectuelle identique à celle qui conduit l'ignorant à classer la baleine parmi les poissons. Les esprits inférieurs ne procèdent jamais autrement.

L'examen le plus superficiel des sauvages modernes montre

D'après une photographie.

FIG. 13. — LES BORDS DU NIL, A THÈBES.

combien leur niveau intellectuel est en réalité peu élevé. Plusieurs peuples, tels que certains Australiens, les Boschimans, les Hottentots, ne peuvent compter au delà de cinq et quelquefois de trois. Galton raconte que si un sauvage du sud de l'Afrique consent à vendre un mouton pour deux paquets de tabac, il ne peut arriver à comprendre qu'il doit recevoir quatre paquets pour deux moutons. Pour un marché si compliqué, il donne d'abord un mouton et reçoit deux paquets; puis il se dessaisit d'un second mouton et reçoit encore deux paquets de tabac. Ce n'est qu'en opérant de la sorte qu'il sera sûr de n'être pas trompé.

Si, laissant de côté la constitution mentale de nos premiers pères, nous voulons seulement savoir ce que leur existence dut être, nous n'avons qu'à jeter les yeux sur les sauvages actuels, sur ceux surtout qu'aucune civilisation n'a effleurés encore.

Les voyageurs modernes ayant observé d'un peu près les sauvages, ont dû reconnaître que l'état de nature est une fort vilaine chose et l'homme non civilisé un très méchant animal. Leurs témoignages prouvent que les sauvages qui, par leur industrie et leur genre de vie, paraissent se rapprocher le plus de l'homme primitif, ont une existence qu'on ne peut guère comparer qu'à celle des bêtes féroces. Ils ignorent entièrement ce que nous appelons le bien et le mal, ne reconnaissent d'autres lois que celle du plus fort, font mourir leurs parents âgés et les mangent souvent quand ils deviennent une charge pour eux, considèrent leurs femmes comme de simples bêtes de somme qu'on tue sans scrupule quand elles sont devenues inutiles.

« Je voudrais que les négrophiles de l'Angleterre », dit Samuel Baker dans son livre sur l'*Albert Nyanza*, « pussent voir comme moi le cœur de l'Afrique; leurs sympathies disparaîtraient. La nature humaine, vue dans son état primitif chez les sauvages de ce continent, ne s'élève pas au-dessus du niveau de la brute et ne peut se comparer avec la noblesse du chien. Ces nègres ne savent pas ce que c'est que la reconnaissance, la pitié, l'amour, le dévouement; ils n'ont aucune idée de devoir ou de religion; l'avarice, l'ingratitude, l'égoïsme et la cruauté sont leurs qualités distinctives; ils sont tous voleurs, paresseux, envieux et prêts à piller leurs voisins plus faibles qu'eux ou à les réduire en esclavage. »

« Quand nous pénétrâmes dans les bois », dit le P. Salvado dans ses *Mémoires sur l'Australie*, « nous ne trouvâmes que des créatures qui tenaient bien moins de l'homme que de la bête : des sauvages qui se tuaient pour se dévorer les uns les autres, qui déterraient leurs morts, même après trois jours de sépulture, pour s'en nourrir; des maris qui, pour un rien, tuaient leurs femmes; des mères qui donnaient la mort à leur troisième fille, alléguant pour raison unique le grand nombre des femmes; des sauvages qui n'adoraient aucune divinité, ni vraie ni fausse. »

A propos des Australiennes, Olfield assure que peu d'entre elles sont assez heureuses pour mourir d'une mort naturelle; on les dépêche généralement, dit-il, avant qu'elles soient vieilles et maigres, de peur de laisser perdre tant de bonne nourriture.

Parlant des sauvages de l'intérieur de Bornéo, M. Dalton dit :

« Ils vivent absolument dans l'état de nature, ne cultivant pas la terre et n'habitant pas dans les cabanes; ne mangeant ni riz ni sel; ne s'associant pas entre eux, mais errant dans les bois comme les bêtes féroces, et s'accouplant dans les jungles. Lorsque les enfants sont assez grands pour se tirer d'affaire seuls, ils se séparent de leurs parents pour toujours. La nuit, ils dorment sous des arbres, autour desquels ils font du feu pour éloigner les serpents et les bêtes féroces. Leur vêtement consiste en un morceau d'écorce. »

Quant à l'habitude de tuer les parents âgés et parfois de les manger, elle est à peu près générale chez tous les peuples primitifs.

« Les sauvages grossiers, qui vivent absolument au jour le jour, dit Tylor, trouvent bientôt trop pénibles les soins qu'exigent des infirmités incurables et jugent qu'il vaut mieux, sous tous les rapports, renoncer à prolonger des existences inutiles ou douloureuses. Ainsi, les tribus de l'Amérique du Sud en étaient venues à considérer comme un devoir pieux le meurtre des malades et des vieillards; dans certains cas, ils les mangeaient tout bonnement. Bien des voyageurs ont dû être témoins, dans le désert, de scènes aussi déchirantes que celle à laquelle assista Catlin, lorsqu'il dit adieu au vieux chef Puncah, presque aveugle, décharné, grelottant auprès d'un maigre feu, et n'ayant pour toute provision qu'une écuelle pleine d'eau et quelques os à demi rongés. Ce pauvre vieillard, qui avait été autrefois un guerrier redoutable, fut abandonné, sur sa propre demande, lorsque sa tribu fut forcée d'aller chercher d'autres territoires de chasse, de même que lui aussi avait, bien des années auparavant, laissé son vieux père mourir tout seul lorsqu'il ne fut plus bon à rien. »

D'après les auteurs anciens, plusieurs peuples barbares de l'Asie et de l'Europe conservèrent cet usage cruel jusque dans les temps historiques. Ainsi Hérodote nous apprend que chez les Massagètes, quand un homme était arrivé à une extrême vieillesse, tous ses proches s'assemblaient, le tuaient et faisaient bouillir son corps avec d'autres viandes pour un grand festin. Selon les idées de ces peuples, c'était la mort la plus heureuse.

Élien nous dit qu'en Sardaigne la loi commandait aux fils de tuer leurs pères à coups de massue lorsqu'ils étaient trop vieux, parce qu'aux yeux de ces peuples, la décrépitude était une honte... Même après leur conversion au christianisme, les Slaves ont continué à mettre à mort les vieillards et les infirmes. Les Wendes, de même que les Massagètes, les faisaient cuire et les dévoraient. »

Nous n'avons aucune raison de supposer que les sauvages qui habitèrent l'Europe à l'époque de la pierre taillée eurent une existence moins misérable; nous avons plus d'une raison, au contraire, pour croire qu'elle fut plus misérable encore. Les pays dans lesquels vivent en effet les sauvages actuels possèdent généralement un climat très chaud ou tempéré, et ils n'ont pas à se défendre constamment contre les monstres formidables avec lesquels luttaient nos misérables ancêtres, obligés de vivre, comme

FIG. 14. — RESTITUTION DE L'INTÉRIEUR D'UN TEMPLE ÉGYPTIEN DE L'ÉPOQUE DES PTOLÉMÉES PENDANT UNE CÉRÉMONIE RELIGIEUSE.

Cette salle est une de celles du temple d'Esneh. Les colonnes sont actuellement enfouies en partie dans le sol. La figure 17 montre son état actuel.

les bêtes féroces, par petites familles isolées. Guerre de tous les jours contre les êtres les plus faibles en attendant d'être tués par les plus forts, telle était alors la condition nécessaire de toute existence. Aussitôt que l'homme devenait malade, impotent, ou que la vieillesse paralysait ses forces, il n'avait plus qu'à mourir. Il a fallu à nos ancêtres des centaines de siècles pour acquérir ces

D'après Gau.

FIG. 15. — PYLONE ET COLONNES DU PORTIQUE DU TEMPLE DE DANDOUR (NUBIE).
Ce temple ne remonte pas au delà de l'établissement de la domination romaine en Égypte. Les parties les plus importantes sont du temps d'Auguste. On y adorait : Isis, Osiris et Horus.

sentiments qui nous semblent si simples aujourd'hui : la charité et la pitié.

Tel fut l'âge d'or des poètes, l'âge où le doux Adam de la

légende biblique parcourait le paradis terrestre, entouré d'animaux obéissant à sa loi. Ce fut pourtant à cet âge d'or que voulaient nous ramener les philosophes qui, tels que Jean-Jacques Rousseau, eurent le plus d'influence sur les idées de la Révolution française. « Le principe fondamental de toute morale sur lequel j'ai raisonné dans mes écrits, dit l'illustre Genevois, est que l'homme est un être naturellement bon, aimant la justice et l'ordre... La nature a fait l'homme heureux et bon, la société le déprave et le rend misérable. » Il n'est pas un penseur de cette époque qui n'ait partagé ces idées, et l'on peut dire que les principes philosophiques qui guidèrent alors nos législateurs tendaient toujours à revenir aux institutions primitives de cet âge heureux où tous les hommes, étant égaux, vivaient, croyait-on, dans une fraternité universelle.

Nous venons de voir ce que, devant les lumières de la science moderne, sont devenues ces chimères. Si l'âge d'or est quelque part, il est devant nous et non derrière nous, et s'il fallait créer des institutions politiques et sociales pour des sociétés d'hommes primitifs, ce ne sont pas les institutions bienfaisantes des philosophes qui pourraient leur convenir, mais bien ces lois de fer ignorant la pitié qui, dans toutes les sociétés antiques, furent les lois des premiers âges.

Ce fut cependant de ces populations barbares, ne connaissant ni l'agriculture, ni les animaux domestiques, ni les métaux, ni l'art de se construire des demeures, où l'on tuait sans pitié les parents âgés et où les faibles n'étaient jamais épargnés, que devaient sortir, par de lentes évolutions successives, les sociétés policées et brillantes de l'Égypte, de la Grèce et de Rome. Si nos sociétés modernes étaient détruites comme le rêvent les socialistes, nous reverrions toutes les scènes d'horreur qui pendant tant de siècles ont désolé notre planète, et il faudrait recommencer pas à pas, mais avec moins d'espérance, le même lugubre chemin. Cette perspective n'est pas à redouter d'ailleurs ; car, si l'aveuglement de quelques-uns et l'ignorance des foules peuvent rejeter des nations entières dans le gouffre de la barbarie, il s'en trouvera toujours quelqu'une pour prendre la tête de l'humanité et poursuivre sa glorieuse carrière. « L'humanité, a dit Pascal, peut être considérée comme le

même homme qui subsiste toujours et qui apprend continuellement. » Il a toujours progressé, ce même homme, et continuera à
progresser encore suivant cette imposante loi de l'évolution, qui
s'applique au cerveau pensant comme à l'humble animal et comme
aux milliers de soleils qui peuplent l'espace infini.

## § 2. — L'AURORE DE L'HISTOIRE

La rapide esquisse que nous venons de tracer des temps préhistoriques a suffi pour marquer le point d'où l'humanité est partie, et
faire comprendre l'étendue des efforts qu'elle a dû accomplir pour
s'élever à la civilisation. Toutes les découvertes réalisées par
l'homme l'ont été au prix des plus persévérants efforts. Les âges
primitifs furent la préparation nécessaire des temps historiques, et
sans les premiers les seconds n'auraient pas pu naître.

Le but de cet ouvrage n'étant pas de retracer l'histoire des premiers âges de l'humanité [*], nous n'avions qu'à indiquer le point de
départ d'où elle était partie sans avoir à rechercher les étapes
qu'elle avait successivement franchies avant de s'élever jusqu'à la
civilisation. Mais sans vouloir montrer les nombreux anneaux qui
relient les temps barbares à l'état de civilisation brillante, éclairée, qui nous apparaît tout à coup sur les bords du Nil à l'aurore des temps historiques, nous devons indiquer au moins les dernières phases qui précédèrent cette période.

La reconstitution de la fin des temps préhistoriques, au moins
pour les nations indo-européennes, est une des plus remarquables
découvertes de la science moderne. De vestiges figurés, armes,
monuments, écriture, etc., il ne restait rien; de légendes, moins
encore; et l'histoire était aussi muette sur cet âge lointain que sur
les habitants de cette Atlantide mystérieuse, évanouie brusquement
au sein des mers, au dire de Platon.

C'est en se basant sur des considérations tirées de l'étude de la
linguistique que cette reconstitution a été effectuée. Ces considé-

---

[*] On en trouvera le détail dans le tome I<sup>er</sup> de notre ouvrage : *L'homme et les Sociétés.
Leurs origines et leur histoire.*

rations ont prouvé que l'Europe et une partie de l'Asie ont été, aux temps préhistoriques, envahies ou tout au moins profondément influencées par un peuple : les primitifs Aryas, disparus de la scène du monde lorsque commence l'histoire. C'est de cette race que seraient issues, suivant une théorie que nous ne partageons pas mais qui est fort répandue aujourd'hui, les nations indo-européennes : Hindous aryens, Perses, Grecs, Latins, Slaves, Germains, Celtes, etc.

Cette race primitive n'a laissé derrière elle aucun vestige, et elle fit partie des peuples, bien nombreux sans doute, ignorés par l'histoire ; mais son existence a été clairement prouvée par l'étude des langues indo-européennes. En raisonnant comme nous allons le dire, on est même parvenu à reconstituer avec beaucoup de détails ses institutions, ses croyances, son genre de vie et ses mœurs.

La philologie comparée a réussi dans ces dernières années à démontrer, d'une façon sûre et ne laissant aucune place aux hypothèses, que les langues indo-européennes: sanscrit, allemand, grec, latin, etc., et par conséquent les langues qui en dérivent, telles que l'italien, l'espagnol, le français, etc., sont issues d'une langue unique. Cela est facile à constater par leurs constructions communes et surtout par les racines identiques qu'elles renferment. Il est évident, par exemple, que si le mot qui désigne un objet, un métal, le fer, je suppose, a la même racine sur les bords du Gange et sur ceux de la Tamise, aux pieds des Alpes et sur les côtes de la mer Baltique, on n'en peut pas conclure que les peuples qui l'ont prononcé durant la durée des temps historiques et qui souvent ont dû se développer et s'éteindre sans connaître leur existence réciproque et sans communiquer jamais entre eux, se le soient appris mutuellement ; ou bien moins encore qu'ils aient simultanément choisi la même syllabe pour désigner le fer. De telles suppositions deviendront plus invraisemblables encore si l'on se voit forcé de les appliquer à un très grand nombre de mots.

La seule déduction possible est celle qui fait descendre toutes les langues indo-européennes d'une seule langue mère, aujourd'hui absolument perdue, et qui serait la langue aryaque.

Cette langue, on l'a retrouvée par la philologie comparée, c'est-

FIG. 26. — PHILŒ (HAUTE-ÉGYPTE). RUINES DU TEMPLE D'ISIS.

Nous donnons dans cet ouvrage plusieurs planches consacrées au grand temple de l'île de Philœ, le plus célèbre de la vallée du Nil pendant toute la durée de la domina grecque et romaine. Il fut construit sous les Ptolémées et complété sous les Césars. La vue ci-dessus que notre graveur a rendue avec une très grande finesse, a été prise derr le premier pylone.

à-dire en réunissant les racines primitives semblables des langues indo-européennes.

Or, si l'on considère combien un langage s'altère vite dès qu'on l'emporte loin du milieu où il est parlé, on conclura qu'une langue unique devait être parlée par un peuple unique, primitivement groupé sur un seul point du globe d'où il s'est répandu ensuite sur l'Inde et sur l'Europe.

Quel était ce point où les primitifs Aryas ont dû vivre avant que leur nombre les forçât d'émigrer et de se disperser? Il a été jusqu'ici impossible de le déterminer d'une façon certaine. On s'accorde cependant à le placer vers le plateau de l'Asie centrale.

Il est faci'e de voir maintenant comment la langue aryaque nous rend le peuple arya. D'une façon générale, on ne saurait mieux étudier les tendances et les idées d'un peuple que dans son langage. Rien que d'après le vocabulaire d'une nation, on pourrait dire si elle est plutôt agricole, industrielle, commerciale ou guerrière, positive ou rêveuse, joyeuse ou mélancolique.

Si l'on me mettait sous les yeux la sténographie de toutes les paroles qu'a prononcées un homme depuis dix jours, même en me présentant ces paroles dépourvues de tout sens dans leur ensemble et classées simplement par ordre alphabétique, ne pourrais-je pas, sans beaucoup de pénétration, dire la profession de cet homme, ses goûts, son âge, sa position, son éducation, son caractère? L'homme de lettres n'emploie pas le vocabulaire du marchand, le savant celui de l'artiste, l'ignorant celui de l'homme instruit, l'individu ambitieux ou emporté celui de l'humble ou du pacifique.

Sans donc nous aventurer dans la voie des conjectures, nous pourrions assurer qu'une société qui employait des mots ayant la signification de *chef, prêtre, propriété, famille, étoffe, bois, fer,* par exemple, avait un gouvernement, une religion, connaissait la propriété des terres, pratiquait une forme quelconque de mariage, connaissait le fer, tissait des étoffes, etc.

C'est ainsi que l'on est arrivé à savoir que les Aryas, bien qu'inférieurs aux premiers peuples civilisés que nous montre l'histoire, avaient cependant laissé très loin derrière eux l'état sauvage.

Tels qu'on peut se les représenter, ils formaient un peuple d'agriculteurs, sachant labourer la terre, élever des maisons munies de portes et de fenêtres, faisant le commerce par échange, mais ignorant l'usage des monnaies. La notion de propriété, inconnue aux sauvages, était très développée chez eux, car ils ne manquent pas de mots pour exprimer les biens, meubles ou immeubles, les limites, les ventes, les contrats. Ils payaient des impôts, prêtaient serment, travaillaient le bois, la pierre, le cuivre, le bronze et même le fer; ils portaient des vêtements tissés. Leur religion paraît avoir été un polythéisme vague, et surtout l'adoration des forces de la nature. Ils croyaient à la magie, aux esprits, brûlaient les morts, et soignaient leurs malades par des conjurations.

Très inférieurs aux plus anciens Égyptiens, ils ignoraient l'art de l'écriture et ne surent pas élever un seul monument durable. Ils ne possédaient ni arts, ni sciences, ni constitution sociale compliquée. Mais ils étaient cependant très supérieurs aux hommes de la pierre polie et même à beaucoup de l'âge de bronze.

Bien d'autres sources de renseignements viennent en aide à la linguistique pour reconstituer la physionomie des peuples appartenant à cette phase qui précède immédiatement l'histoire. La principale est l'étude des races encore nombreuses qui sont restées à des phases inférieures de développement.

L'échelle qui s'étend dans la durée depuis des milliers de siècles s'étend aussi dans l'espace, et l'observateur attentif en retrouve aisément les échelons dans les diverses contrées du globe. J'ai déjà montré dans un précédent chapitre qu'en parcourant l'Inde en tous sens on a sous les yeux toutes les formes de la civilisation depuis la sauvagerie primitive et les temps barbares, jusqu'au moyen âge et aux temps modernes.

Ainsi donc, pour refaire la genèse des institutions, des croyances de l'industrie et des arts des premiers peuples civilisés, les documents ne manquent pas. Il suffit de savoir les trouver et les classer pour voir apparaître les lois générales qui s'en dégagent.

D'après Ebers

FIG. 17. — PORTION SUPÉRIEURE DES COLONNES DE LA SALLE HYPOSTYLE DU TEMPLE D'ESNEH (ÉGYPTE).

Ce temple est celui dont une restitution intérieure a été montrée figure 14. Commencé sous les Ptolémées, il ne fut terminé que sous l'empereur romain Décius, au III° siècle de notre ère. Ce monument est un de ceux, nombreux dans cet ouvrage, qui prouvent que la vieille civilisation égyptienne dura plus de 1000 ans après l'époque généra'ement adoptée par les historiens pour terminer l'histoire de l'Égypte.

FIG. 14. — RESTITUTION D'UNE SCÈNE DE DANSE DANS UN PALAIS DE SÉSOSTRIS, D'APRÈS DES PEINTURES MURALES EXÉCUTÉES A THÈBES IL Y A ENVIRON 35 SIÈCLES.

Tous les personnages que nous avons fait figurer dans cette restitution, le roi, les danseuses, les joueuses d'instruments, sont la copie de peintures égyptiennes. La pose de la danseuse du premier plan notamment a été exactement copiée sur un dessin de Thèbes dont on retrouvera le calque dans une autre partie de cet ouvrage. Les profils des femmes sont copiés sur des moulages que nous avons exécutés à Thèbes dans la tombe du roi Séti Ier.

## § 3. — LES SOURCES DE L'HISTOIRE

Au début de l'histoire de chaque peuple, nous indiquerons les principaux matériaux utilisés pour reconstituer cette histoire.

Actuellement nous voulons nous borner à marquer la nature des sources auxquelles nous pourrons puiser. D'une façon générale, le tableau d'une civilisation quelconque ne peut être tracé qu'au moyen des sources suivantes de renseignements : les monuments, les religions, les langues, les traditions et les livres. Dès que quelques-unes de ces sources existent pour un peuple, on peut dire qu'il appartient à l'histoire.

Nous avons tout d'abord nommé les monuments, car ce sont les plus anciens témoignages que l'homme ait laissés de son passage sur la terre. Parmi ceux qui subsistent encore, il en est qui remontent aux temps préhistoriques. Les énormes monolithes, les cromlechs, les menhirs, qui se dressent, mystérieux et immobiles, dans les landes que baignent les brumes de l'Océan Atlantique, attribués si longtemps aux Celtes, et dans lesquels on voulait voir des monuments druidiques, ont été élevés par des hommes de l'âge de pierre. D'autres monuments mégalithiques, tels que les dolmens, que l'on retrouve jusque dans l'Inde, furent sans doute les premiers tombeaux construits par notre race. Quelques-uns sont revêtus sur les parois intérieures de naïfs et bizarres dessins, essais primitifs d'inscriptions, malheureusement sans aucun sens pour nous.

Les plus anciens monuments, après ces pierres monstrueuses, informes et muettes, sont les pyramides, les sphinx et les temples de l'Égypte; puis viennent les catacombes de la Phénicie, les rochers de Phrygie couverts de bas-reliefs, et enfin les palais et les édifices religieux de l'Assyrie que la pioche des savants européens a fait récemment surgir en pleine lumière. Tous ces monuments, autrefois ignorés pour la plupart et ensevelis sous la poussière dont les siècles les avaient recouverts, ou bien gardant à jamais, semblait-il, le secret de leurs hiéroglyphes indéchiffrables, ne nous avaient rien appris depuis deux mille ans, et l'on pouvait croire qu'ils se tairaient ainsi toujours.

On se contentait, pour la connaissance des peuples anciens, de leurs traditions et de leurs livres. Or les livres ne remontent pas bien haut. Le plus vieux que l'on connût était la Bible, à laquelle on attribuait une antiquité beaucoup plus reculée que celle qu'elle a réellement. Ce que le Pentateuque, les Rois et les Juges nous apprenaient sur les premières civilisations de l'Orient était tout ce que nous semblions devoir jamais en connaître, et, pour le reste, il fallait nous en rapporter aux Grecs, à Hérodote et à Diodore de Sicile, qui n'étaient pas remontés bien haut dans les annales de leurs voisins et n'avaient guère, en dehors de leurs observations personnelles, compilé que des légendes. On possédait encore la chronologie de Manéthon, prêtre égyptien qui vivait sous Ptolémée Philadelphe, mais elle semblait absurde par l'antiquité qu'elle donnait à l'Égypte et que l'on se refusait alors à admettre.

Aujourd'hui que les hiéroglyphes et les caractères cunéiformes se lisent presque aussi couramment que la langue d'Homère, nous pouvons remonter avec sûreté jusqu'à 7000 ans en arrière dans l'histoire. Les bas-reliefs égyptiens et assyriens illustrent par leurs sculptures le texte écrit sur la pierre ou sur les papyrus. Nous voyons la physionomie des races anciennes; nous pouvons les contempler dans leurs cérémonies, dans leurs batailles, dans leurs travaux, au temple, à la ville, aux champs, et jusque dans leur dernière demeure, où elles nous sont rendues parfois sous forme de momies admirablement conservées.

Cette histoire écrite sur la pierre vient s'ajouter à celle que contiennent les rares livres très anciens et la complète. Par elle, nous savons au juste ce qu'étaient ces immenses empires d'Asie dont les récits hébreux nous faisaient entrevoir la force et la grandeur; par elle, nous ressuscitons les pharaons, nous comptons la longue série de leurs dynasties, nous constatons que le vieux Manéthon ne nous a pas trompés, que la civilisation égyptienne est la plus ancienne du monde, et que le Nil a vu naître et mourir plus de rois qu'il n'en a passé depuis dix-huit siècles sur tous les trônes de l'Europe.

Aux monuments, avec leurs inscriptions, et aux livres, il convient d'ajouter, comme sources de renseignements, les langues, les traditions et les religions. Les langues permettent à elles seules de reconstituer l'état d'une civilisation. Il est des peuples, tels que les primitifs Aryas, dont nous ne connaissons la civilisation que par les vestiges de leur langue.

L'étude des anciennes langues de l'Orient, égyptien, assyrien, phénicien et de tous leurs dialectes, nous a rendu des siècles d'histoire, en nous permettant de lire tous les documents écrits laissés par les races éteintes.

Nous verrons d'ailleurs que les langues, elles aussi, subissent la grande loi de l'évolution, et que, par leurs phases nécessaires, par le degré de développement qu'elles atteignirent, on peut préjuger du degré de développement correspondant chez les peuples qui les parlaient.

Ce que nous disons des langues, nous pouvons également le dire des religions. Les phases de la pensée religieuse d'une race nous indiquent souvent des phases de son évolution générale.

Suivant que cette race adore des morceaux de bois taillés, le tonnerre et le soleil, Jupiter et Minerve, le grand Pan, le bon Dieu à barbe grise et à robe d'azur, le majestueux Allah qui n'est représenté sous aucune forme, le grand Vishnou dont les formes sont infinies, ou encore le Dieu universel et invisible des spiritualistes, on peut presque conclure à quel degré il faut la placer dans l'échelle des civilisations.

Il est important du reste de ne pas juger à la hâte sur ce point, et de ne pas s'en tenir — là encore moins qu'ailleurs — aux apparences superficielles. Les formes religieuses ne sont rien souvent auprès des mythes qu'elles cachent. On se tromperait certainement si l'on jugeait du développement intellectuel des Égyptiens d'après leur culte tel que Bossuet nous l'a décrit, et si l'on répétait avec lui, que « chez eux tout était dieu, excepté Dieu lui-même. »

Les traditions populaires ont également leur importance dans le tableau des civilisations. Si cette importance est souvent secondaire, c'est parce que les traditions perpétuées de vive voix ont dû s'altérer très vite. Elles ne se sont fixées qu'au moment de l'invention de l'écriture, c'est-à-dire très tard. Les premiers livres, tels que certaines parties de la Bible et les poèmes d'Homère, n'ont fait que réunir des légendes déjà bien vieilles, déjà bien transformées, et leur donner une forme immuable. Certaines tradi-

FIG. 29. — CAISSES DE MOMIES ÉGYPTIENNES DE DIVERS PERSONNAGES ACCIDENTELLEMENT RÉUNIES DANS L'INTÉRIEUR D'UN TEMPLE.

D'après E...

tions importantes, qui se retrouvent dans les premiers écrits d'un grand nombre de peuples, peuvent jeter quelque jour sur des événements très marquants des temps préhistoriques ; le déluge, par exemple, qui, s'il ne couvrit pas toute la terre, dut être une catastrophe effroyable pour de vastes contrées.

Ainsi donc, les monuments, les religions, les langues, les traditions et les livres, sont les sources où nous puiserons pour reconstituer les civilisations des anciens peuples de l'Orient. Après avoir montré en bloc quels nombreux et importants matériaux nous aurons à exploiter, nous allons commencer à les mettre en œuvre. Autant que possible, nous les étudierons directement et nous tâcherons de placer sous les yeux du lecteur les documents eux-mêmes. Des généalogies des rois, du récit des batailles, en un mot de tout ce qui constitue le fond habituel de l'histoire, nous nous occuperons très peu. De la vie intime des nations, de leurs institutions, de leurs croyances, de leurs arts, nous nous occuperons au contraire beaucoup. Tous nos efforts tendront à rendre leur aspect réel à ces peuples dont les travaux, les luttes, les efforts nous ont fait ce que nous sommes, dont la pensée nous anime encore, et dont la voix nous parle toujours à travers les siècles, troublant le sommeil éternel dont ils dorment au fond des tombeaux.

# CHAPITRE III

## NAISSANCE ET DÉVELOPPEMENT DE LA FAMILLE ET DU LANGAGE

### § 1. — DÉVELOPPEMENT DE LA FAMILLE

Dès que l'on dépasse les âges de sauvagerie ou de barbarie des temps préhistoriques, les idées, les sentiments, les institutions, les croyances se compliquent considérablement. Elles présentent cependant des formes générales d'évolution identiques chez tous les peuples au début de leur civilisation. Dans cette partie de notre ouvrage, nous nous proposons d'exposer la genèse et le développement des institutions, des idées, et des croyances communes aux premières nations civilisées, avec les variations principales qu'elles ont pu subir d'un peuple à l'autre. Nous y rechercherons de quelle façon les hommes ont tout d'abord envisagé ce qui fait la base de toutes les sociétés : la famille, le mariage, la morale, les croyances religieuses, la propriété, etc. Ce n'est qu'après cette étude d'ensemble que nous entrerons dans l'histoire du développement de la civilisation chez chaque peuple en particulier : Égyptiens, Babyloniens, Phéniciens, Hébreux, etc.

Les institutions que l'on retrouve chez tous les peuples civilisés sont soumises, comme les races qui les ont fondées, à la loi d'évolution. Sans s'arrêter au caractère sacré, presque immuable, qu'on a fini par attacher à quelques-unes d'entre elles, le philosophe doit essayer de remonter aux causes qui les ont fait naître et suivre pas à pas leur lent développement à travers les âges. Au moment où commence l'histoire, ces institutions ont atteint déjà un certain degré d'élévation, et fonctionnent avec régularité. Mais elles sont encore fortement empreintes de la barbarie primitive au sein de laquelle elles se sont élaborées. Ces traces d'usages plus anciens, et l'étude des peuples inférieurs, vont nous permettre d'indiquer à grandes lignes la genèse des principales institutions et des croyances. Nous allons voir à quel point elles étaient arrivées pour

FIG. 20. — LES BORDS DU NIL A RODA.

toutes les nations au début des temps historiques; et nous serons alors à même de les étudier en détail dans leurs transformations et leurs formes particulières au sein des premières civilisations.

Nous allons commencer d'abord par étudier la plus fondamentale de ces institutions, celle sur laquelle reposent toutes les autres: la famille.

Au début de l'histoire, la famille a déjà pris une grande importance et se montre presque partout comme l'unité sociale. C'est un petit état dans l'État ; le père en est généralement le chef absolu. Le patriarche antique, à l'aspect doux et vénérable, entouré de ses

D'après une photographie.

FIG. 21. — DEUX DES GRANDES PYRAMIDES D'ÉGYPTE PENDANT L'INONDATION.

enfants, de ses petits-enfants, de ses esclaves, de ses troupeaux, nous apparaît toujours à l'aurore des plus anciens temps connus.

Il s'en faut cependant qu'il en ait toujours été ainsi. La famille humaine n'a pas débuté par le patriarcat ; elle a passé d'abord par des formes inférieures que certaines espèces animales ont réussi à dépasser.

En effet, la promiscuité primitive, la communauté des femmes chez les premières tribus, sont des faits avérés dont nous donnerons bientôt les preuves. Or la promiscuité est rare chez les espèces animales voisines de l'homme. La jalousie du mâle pour sa femelle, ou pour ses femelles s'il en a plusieurs, est un des sentiments les plus violemment apparents dans l'animalité. Le coq et le singe polygames, certains oiseaux monogames, défendent souvent au prix de leur vie la propriété exclusive de leurs compagnes. Les cerfs se battent pour la possession de la biche, qui appartient au plus fort, et n'appartient qu'à lui seul.

La famille animale ne dure guère d'ailleurs que le temps d'élever les petits; cependant la fidélité des conjoints se prolonge parfois davantage, et chez certaines espèces monogames, telles que le macaque de l'Inde, les perruches dites inséparables, la mort de l'un d'eux est bientôt suivie de celle de l'autre.

L'exemple des animaux nous montre quelles furent les premières mœurs de l'humanité. Nous pouvons nous représenter nos premiers pères, errant à travers les forêts, comme les grands singes, par petits groupes composés d'un seul homme et sans doute de plusieurs femmes, qu'il s'était appropriées par la supériorité de la force sur la faiblesse et qu'il défendait contre ses rivaux.

Ce furent les premières nécessités sociales telles que le besoin de s'unir et de se défendre contre des ennemis redoutables, qui, en substituant la tribu à ces petits groupes isolés, amenèrent la communauté des femmes, si contraire à l'instinct de jalousie animale, et que l'on constate cependant chez beaucoup de peuples sauvages, et même, par les traces qu'elle y a laissées, jusque dans les temps historiques et au sein de civilisations très développées.

Durant la sombre période où tout était péril pour l'homme, ignorant, sans armes, entouré de bêtes féroces, obligé de lutter contre ses semblables pour obtenir une misérable nourriture, l'isolement était plein de dangers, et la tribu devint l'unité dans laquelle se perdit l'individu, qui n'aurait pu subsister en dehors d'elle. La tribu, possédant toutes choses en commun, posséda également en commun les femmes et les enfants.

La promiscuité rendant impossible à un enfant la connaissance de son père, son seul parent fut tout d'abord sa mère. C'est à peine si les peuples primitifs voient distinctement le lien paternel. Lorsqu'ils ont voulu l'affirmer, ils en sont arrivés à inventer de bizarres coutumes, telles que la *couvade*, pratiquée chez tous les peuples de l'Amérique du Sud et qui subsiste encore jusqu'en Europe, parmi les Basques. Lorsqu'une femme devient mère, son mari se couche, simule les douleurs de l'enfantement et reçoit les soins et les félicitations que mérite sa compagne.

Cet usage, pourtant si naïf, est relativement récent, puisqu'il demande pour être pratiqué la connaissance approximative du père du nouveau-né, connaissance impossible au temps de la promiscuité antique.

La promiscuité primitive persiste encore chez beaucoup de peuples sauvages de l'Inde, de l'Amérique et de l'Afrique, et notamment chez les Indiens de la Californie. Elle a même été rétablie de nos jours par certaines sociétés communistes des États-Unis, où les enfants ne connaissent pas leur père et sont élevés en commun.

Mais ce qui prouve le mieux la généralité de cette institution dans les temps préhistoriques, ce sont les traces nombreuses qu'elle a laissées au sein des premières civilisations. Les plus anciens historiens y font allusion. Hérodote, Pline, Strabon, Diodore de Sicile, la dépeignent comme existant encore, au moment où ils écrivaient, chez les Galactophages de Scythie et les habitants des Iles Britanniques, par exemple. La prostitution prescrite par la loi religieuse que l'on observe dans tout l'ancien Orient, la considération qui entourait les courtisanes jusque chez les Grecs, l'usage de prêter sa femme à son hôte, si fréquent encore chez certains peuples, les sacrifices sensuels pratiqués sur les autels de Vénus, sont autant de restes de la promiscuité primitive [*].

---

[*] Il n'est pas rare, aujourd'hui encore, de trouver dans les couches inférieures des peuples civilisés, des vestiges de la promiscuité primitive. Ils sont très visibles chez les paysans russes, ainsi qu'on peut le voir dans une intéressante étude : *Le Droit usuel chez le paysan russe*, publiée récemment par M. Tsakny dans la *Revue scientifique*, et dont voici quelques extraits :

« Dans le gouvernement de Nijni-Novgorod, par exemple, les jeunes gens et les jeunes filles se réunissent sur une montagne. Après des chants et des danses, les jeunes gens enlèvent les jeunes filles. Dans certaines de ces fêtes, après les danses, les jeunes gens et les jeunes filles vont par paires et se couchent ensemble. Les parents voient ces rapports d'un œil indulgent.

L'idée qu'une jeune fille ne peut appartenir à un homme
seul, c'est-à-dire ne peut frustrer tous les autres membres d'une

D'après Ebers.

FIG. 22. — LE NIL ENTRE LE CAIRE ET LES PYRAMIDES.

« Dans le gouvernement d'Arkhangel, la liberté la plus grande dans les rapports sexuels
règne pendant les fêtes, et cette liberté est loin d'être blâmée ; au contraire, une jeune fille
dont les jeunes gens n'ont pas voulu, s'expose aux reproches de ses parents. Dans plusieurs endroits de la Russie il existe un usage très curieux : un remplaçant conscrit qui
a vécu quelque temps dans une famille, obtient des droits sur toutes les jeunes femmes de
la famille.

« Une coutume remarquable existe jusqu'à présent dans le gouvernement de Stavro-
pol. Dans la soirée qui précède la cérémonie nuptiale, on invite tous les jeunes gens et
les jeunes filles à un bal, après lequel ils se couchent tous en commun, les fiancés ensemble et les autres jeunes gens par couples.

« Dans le gouvernement d'Arkhangel, l'innocence d'une jeune fille n'est nullement
estimée ; au contraire une jeune fille qui a accouché trouve plutôt un mari que celle qui
a conservé son innocence. »

tribu, avant d'avoir appartenu soit au prêtre, comme au Cambodge actuellement, soit aux amis de l'époux, comme dans les

FIG. 23. — PYRAMIDE A DEGRÉS DE SAQQARAH.

La pyramide de Saqqarah, remarquable par sa forme à degrés, est un des tombeaux de l'ancienne nécropole de Memphis; sa hauteur est de 57 mètres. On n'est pas exactement fixé sur la date de sa construction. Si on doit la faire remonter, comme l'admettent plusieurs égyptologues, à la première dynastie, elle serait bien antérieure aux grandes pyramides et serait le plus vieux monument connu de l'Égypte et du monde. Elle aurait 7,000 ans au moins d'existence.

Baléares au temps de Diodore de Sicile, soit aux étrangers chez les Babyloniens décrits par Hérodote, montre combien avaient été forts autrefois les droits communs de tous sur la propriété d'une femme.

En prescrivant à la femme de se livrer à un étranger avant le mariage, la loi religieuse, gardienne fidèle chez tous les peuples des plus anciennes coutumes, ne faisait que maintenir la reconnaissance des anciens droits de la communauté.

Outre ces usages caractéristiques, la filiation par les femmes et le matriarcat, si faciles à retrouver au début de l'histoire, témoigneraient encore de l'universalité du communisme antique au point de vue féminin.

L'enfant ne connaissant que sa mère, prit son nom dès que les noms existèrent, et hérita d'elle seule dès que les propriétés se transmirent individuellement. La parenté par les femmes paraît avoir existé à Athènes jusqu'au temps de Cécrops. Les enfants n'y portaient d'abord que le nom de leur mère. On peut supposer qu'il en fut d'abord de même dans l'ancienne Égypte, puisque, suivant Hérodote, c'était aux filles, héritières sans doute de la communauté et pouvant seules supporter des charges, et non aux fils, que l'on imposait de nourrir leurs parents âgés. Chez beaucoup de peuples inférieurs de l'Asie et de l'Afrique, notamment les habitants de l'Assam et les nègres du sud de l'Inde, la filiation par les femmes, c'est-à-dire le matriarcat, s'est prolongée jusqu'à ce jour.

Dans le matriarcat solidement constitué, les oncles maternels sont forcément les plus proches parents masculins de l'enfant, puisque celui-ci ne connaît pas son père. Ils le traitent comme un fils, et en font leur héritier. Chez les Achantis, ce ne sont pas les enfants d'un homme qui héritent de lui : ce sont ceux de sa sœur. Chez les Cafres, le pouvoir du chef passe à son frère ou à son neveu maternel.

L'état qui suivit immédiatement la communauté des femmes fut une communauté restreinte nommée polyandrie. Ce ne furent plus tous les hommes de la tribu qui possédèrent chaque femme, mais seulement quelques-uns d'entre eux. Généralement les différents maris d'une seule femme étaient frères. Les peuples mogols du Thibet, les noirs de la côte de Malabar, beaucoup de tribus de l'Afrique et de la Polynésie pratiquent encore la polyandrie, et généralement la polyandrie fraternelle. Dans l'ancien poème hindou, le Mahâbhârata, on voit les cinq frères Pandavâ posséder en commun « la belle Draûupadi aux yeux couleur de lotus bleu. »

Dans la polyandrie, comme dans la promiscuité, la filiation paternelle est absolument impossible à établir. Chez certains peuples pratiquant la polyandrie fraternelle, dans l'Assam, par exemple, les enfants sont partagés de la façon suivante : l'aîné appartient à l'aîné des frères époux, le second au puîné, et ainsi de suite. C'est un premier essai, grossier sans doute, mais enfin un premier essai de filiation paternelle.

Cette seconde filiation ne dut apparaître que très tard, et on la trouve à peine établie à l'aurore des temps historiques.

Avec le développement du sentiment de la propriété et des habitudes de conquête, la demi-communauté dont nous venons de parler arriva à se restreindre de plus en plus.

Au temps où la tribu était la seule unité, on dut enlever des femmes de tribu à tribu, et c'est ce qui fait que le mariage est généralement resté exogamique chez les peuples sauvages. Le premier chef assez puissant pour se faire attribuer personnellement une certaine part du butin conquis sur l'ennemi dut sans doute tâcher de s'attribuer la possession exclusive de quelques-unes des femmes conquises. Elles devinrent ainsi pour les hommes les plus forts un objet de luxe qu'ils se réservaient alors que la polyandrie continuait à être pratiquée encore par la majorité des membres de la tribu.

On eut des femmes comme on eut des troupeaux et des esclaves ; les enfants qui naquirent de ces femmes furent également la propriété du maître, et considérés uniquement comme des esclaves dont on pouvait tirer profit. Les Fantis, peuples de l'Afrique centrale, épousent le plus de femmes possible, pour obtenir des troupeaux d'enfants dont il font ensuite un commerce lucratif. M. Désiré Charney, M. Olfield, rapportent que dans l'Australie on ne laisse à chaque femme que deux ou trois enfants. Les autres sont élevés jusqu'à l'âge de dix ans, puis engraissés pour être mangés. Lorsqu'on les tue, la mère pleure un peu, mais ne refuse jamais sa part du festin.

Les mots de père et mari furent donc pendant longtemps l'équivalent du mot propriétaire. Le code hindou de Manou, qui a sans doute enregistré des usages très antérieurs à l'époque ou il fut rédigé, ne fait pas souvent de distinction bien nette entre les termes de propriétaire et de père. Pour lui, celui qui épouse une fille

enceinte ou déjà mère devient simplement le propriétaire des enfants de cette femme.

Ainsi ce fut tout d'abord par droit de violente conquête que
s'établit la propriété exclusive d'un individu sur une femme.

D'après une photographie.

FIG. 21. — LES TROIS GRANDES PYRAMIDES.

Les pyramides ne sont, comme on le sait, que des tombeaux. Elles sont fort nombreuses dans la nécropole de
Memphis et ne diffèrent les unes des autres que par leurs dimensions. Les plus importantes par leur ampleur
sont les trois pyramides construites il y a 6,000 ans environ par les rois Khéops, Khéphren et Mycérinus,
pour leur servir de tombeaux. La plus grande a 138 mètres de hauteur, c'est-à-dire deux fois la hauteur de
Notre-Dame de Paris. On a calculé qu'avec les 2 milliards 500000 mètres cubes de pierre qu'elle contient on
pourrait entourer d'un mur épais toutes les frontières de la France (2500 kilomètres environ)

On commençait les pyramides par un noyau central qu'on revêtait d'enveloppes successives à mesure que le
règne du souverain se prolongeait. Les dimensions des pyramides sont par conséquent en raison de la durée du
règne.

La grande pyramide, le sphinx et le temple du sphinx sont représentés dans une des grandes planches photographiques de cet ouvrage.

Cette conquête ne pouvait naturellement s'opérer que sur des
femmes étrangères à la tribu, et de là sans doute naquit la coutume que nous retrouvons encore chez la plupart des peuples
non civilisés, de n'épouser que des femmes étrangères à leur
tribu. La coutume des unions exogamiques a ainsi survécu à la
cause qui l'avait produite. Dans beaucoup de pays, la violence

FIG. 25. — UN HABITANT DE MEMPHIS A L'ÉPOQUE DES PHARAONS.

D'après Ebers.

faite à la jeune fille est simulée par une cérémonie plus ou moins naïve; au Kamschatka, c'est presque un viol public. Aujourd'hui même, en Chine, on ne se marie pas entre gens du même nom.

La femme et les enfants ayant toujours été considérés, non seulement chez tous les peuples primitifs, mais encore dans toute l'antiquité classique, comme la propriété absolue du mari, et le droit de vie et de mort sur eux lui ayant toujours été reconnu par les anciens codes, le code romain notamment, on s'explique la généralité de l'infanticide chez tous les anciens peuples barbares ou civilisés. Il n'exista pas seulement à Sparte et à Rome; des peuples modernes très avancés, les Chinois, par exemple, le pratiquent régulièrement.

C'est des filles qu'on s'est toujours débarrassé le plus volontiers, parce qu'elles ne peuvent devenir des travailleurs et des guerriers. Chez les Rajpouts de l'Inde, race très intelligente, très chevaleresque et très civilisée, l'infanticide des filles fut longtemps pratiqué sur une large échelle, si bien que les femmes finissaient par manquer. Cette coutume, dont la conséquence immédiate était la rareté des femmes, fut sans doute aussi une des causes de la polyandrie chez beaucoup de peuples.

On voit par tout ce qui précède que la famille humaine ne fut pas à l'origine cette institution à la fois religieuse et civile, principalement fondée sur des sentiments affectifs, que l'on a voulu voir à la base de toutes les sociétés humaines. Elle a subi de bien lentes évolutions, et les cruelles nécessités de la barbarie primitive l'ont fait descendre même au-dessous de ce qu'elle est chez les animaux. C'est à peine si elle s'est dégagée de ses formes les plus grossières lorsque s'ouvrent les temps historiques. Elle devait bientôt s'en dégager pourtant, car, dans les premières civilisations, la promiscuité antique n'apparaît plus qu'à l'état de vestige chez la plupart des peuples.

Dès la plus haute antiquité classique, la filiation paternelle est établie, et la famille a pour fondement solide l'autorité incontestée du père et le culte des ancêtres. Chez certains peuples, les primitifs Aryas, par exemple, cette nouvelle forme d'évolution avait même été réalisée dès les temps préhistoriques. En s'appuyant, comme toujours, sur la langue de ce peuple disparu, on voit que chez lui tous les liens familiaux étaient distinctement établis, et les degrés de parenté, père, mère, fils, frère, oncle, tante, neveu, indiqués comme ils le sont chez nous.

La grande évolution déjà accomplie presque chez tous les peuples que nous étudierons dans ce volume et qui entrèrent les premiers dans l'histoire, c'est le passage du matriarcat au patriarcat. Ce n'est plus la tribu, mais le père de famille qui est devenu l'unité sociale. La famille est alors constituée avec une grande solidité; monogame ou polygame, le mari en est le chef absolu. A Rome, le pouvoir de l'homme sur sa femme était souverain; elle n'était qu'une esclave dont la loi ne s'occupait même pas et sur laquelle le mari avait un droit complet de vie et de mort. Les législateurs grecs ne traitaient pas la femme avec plus de douceur, et ne lui reconnaissaient que des devoirs et aucun droit.

Dans la plupart des civilisations que nous aurons à examiner au cours de cet ouvrage, le père de famille est le chef absolu d'un groupe composé de ses femmes, de ses enfants, légitimes, naturels ou adoptés, de ses esclaves et de tous ses parents plus ou moins éloignés. Le type le plus parfait de ce groupe est la curie romaine : c'est cette famille antique dont l'extension formera le clan du moyen âge, autre degré de l'évolution sociale.

Les lois générales que nous venons d'exposer nous ont amené au seuil du foyer antique, et nous permettront de comprendre ses formes différentes, ses usages, ses superstitions, ses bizarreries et sa grandeur au sein des vieilles civilisations; mais il ne faut considérer les pages qui précèdent que comme la synthèse très sommaire de faits nombreux. Le cadre de ce travail ne nous permettait d'indiquer que les plus essentiels. Nous avons dû nous borner à tracer les lois générales de l'évolution du mariage et de la famille; mais les nécessités locales ont fait varier considérablement d'un peuple à l'autre la rapidité et les formes secondaires de cette évolution. Chez tous cependant on retrouve d'abord la promiscuité générale engendrant nécessairement la parenté par les femmes; puis la polyandrie, forme restreinte de la promiscuité; et enfin la polygamie ou la monogamie, avec lesquelles se développent la parenté paternelle et le patriarcat, tel qu'il nous apparaît à l'aurore des premières civilisations.

Si nous avions pu étudier ici le mariage et la famille chez tous les peuples primitifs, nous aurions vu combien sont variées les coutumes qui dépendent des lois générales que nous avons exposées. Les nécessités locales ont engendré chez les divers peuples les usages les plus contraires à toutes nos idées modernes, tels que le mariage entre frère et sœur, les mariages temporaires, la fidélité conjugale alternant avec une licence autorisée par les coutumes, la prostitution pratiquée jusqu'au jour du mariage seulement, afin de permettre à la femme de s'amasser une dot, ainsi que cela se pratique encore de nos jours au Japon, par exemple, et bien d'autres singularités encore.

Mais quelles qu'aient été les formes diverses que les lois religieuses ou civiles ou la simple coutume ont imposées aux unions entre les sexes, un fait général se rencontre partout, aussi bien chez les sauvages les plus primitifs que dans les sociétés civilisées de la Grèce et de Rome. Partout la femme n'est considérée que comme un objet de propriété obtenu, comme toutes les propriétés, par voie de conquête, d'achat ou de cession. Elle est la chose de son maître au même titre que son cheval ou ses armes, et peut être louée, prêtée ou vendue. L'émancipation de la femme est l'œuvre des sociétés modernes, et la possibilité de cette émancipation ne fut même pas soupçonnée par le monde antique. Chez les Grecs et les Romains, la femme était l'esclave légale du chef de famille qui avait sur elle tous les droits absolus qu'il possédait sur ses animaux et ses esclaves. Aux temps les plus civilisés de la Grèce, Platon la traite avec autant de dureté que l'ancien code hindou de Manou; il reproche aux vieux législateurs Minos et Lycurgue de ne pas avoir déclaré que les femmes seraient possédées en commun, et affirme dans sa *République* qu'elles doivent passer de mains en mains. Le sage Socrate et le vertueux Caton trouvaient tout naturel de prêter leur femme à leurs amis. En dehors des hétaïres, qui, comme dans l'Inde moderne, jouissaient d'une grande considération parce qu'elles étaient les seules femmes libres et les seules instruites, les Grecs, qu'on peut considérer pourtant comme le peuple le plus civilisé du vieux monde, ne placèrent jamais la femme à un rang supérieur à celui de l'esclave. L'Égypte seule, comme nous le verrons, fit de la femme presque l'égale de l'homme.

FIG. 26. — TROUPEAU DE BŒUFS CONDUITS DEVANT UN INTENDANT POUR ÊTRE ENREGISTRÉ.

Peinture de Beni Hassan, vieille d'environ 39 siècles, conservée actuellement au musée britannique.

Dans les formes les plus diverses de l'union entre les sexes, polyandrie, polygamie ou monogamie, le contrat de mariage n'a jamais été pour elle qu'un contrat de servitude. Les cinq à six mille ans d'esclavage, sans parler des temps préhistoriques, qui ont pesé sur la femme, ont lourdement pesé aussi sur le développement de ses sentiments et de son intelligence. Nous essayons de l'instruire et de l'émanciper aujourd'hui. L'avenir dira ce qu'il peut résulter de cette tentative. Nous pouvons dire seulement qu'elle ne sera pas l'œuvre d'un jour. L'abîme intellectuel et moral créé entre l'homme civilisé moderne et la femme, par des accumulations héréditaires séculaires, demandera bien des siècles sans doute pour être comblé.

## § 2. — DÉVELOPPEMENT DU LANGAGE

Tous les animaux, depuis l'insecte jusqu'à l'homme, possèdent un langage, c'est-à-dire un moyen de se communiquer plus ou moins parfaitement leurs impressions et leurs besoins. Les bimanes anthropoïdes qui paraissent avoir été nos premiers pères n'avaient pas sans doute un langage bien différent de celui de nos grands singes actuels. Il était suffisant d'ailleurs pour leurs besoins. Les singes savent parfaitement en effet s'entendre pour piller les fruits d'un jardin, envoyer des éclaireurs, recevoir les commandements de leurs chefs. Les autres espèces animales supérieures expriment fort bien leurs rudiments d'idées, leurs désirs et leurs besoins par des sons plus ou moins variés. Non seulement les animaux se comprennent entre eux, mais ils se font comprendre de nous jusqu'à un certain point. Les chiens arrivent à connaître une partie de notre langage. Un petit terrier qui m'entendait fort bien quand je lui parlais de sucre, de viande, ou de promenade, est arrivé à comprendre les mêmes mots en anglais et en allemand lorsqu'il me prit la fantaisie de les lui enseigner pour faire honte à son jeune maître, très paresseux en matière de langues étrangères.

Ces exemples, tirés de l'animalité, et d'autres que nous emprunterons aux sauvages, permettent déjà de pressentir que le langage n'a point échappé à la loi d'évolution qui préside à toutes les manifestations de la vie intellectuelle ou matérielle. Il a suivi les progrès de l'humanité et il est resté toujours en rapport direct avec ces progrès. Parallèle au développement des idées, il s'est élevé, compliqué, raffiné avec elles. Cela est si vrai que même de nos jours, et dans nos sociétés civilisées, une même langue, parlée par un même peuple, varie avec le degré de culture de l'individu qui l'emploie. Le vocabulaire de chacun se restreint au niveau de ses idées et de ses facultés. Tandis que celui d'un savant se compose de milliers de mots, celui du paysan n'en compte guère que quelques centaines. Nul d'ailleurs ne peut se vanter de comprendre et d'employer tous les mots que renferme sa langue maternelle. Les termes d'art, de science, les mots techniques propres à chaque métier, ne sont usités que par des groupes d'hommes spéciaux. Plus les connaissances d'un peuple s'étendent, plus son dictionnaire s'enrichit. Mais ce dictionnaire, qui correspond à tous les besoins intellectuels de ce peuple, dépasse la mesure des besoins et des capacités de chaque individu, et chacun en prend ce qui lui est nécessaire, négligeant ou ignorant le reste.

Chez les hommes primitifs, dont l'intelligence dépassait à peine celle des animaux, le langage se composait de quelques exclamations inarticulées et surtout de gestes. Les gestes jouent un rôle important dans les conversations de nos sauvages actuels; ils complètent les paroles et souvent y suppléent lorsque les interlocuteurs appartiennent à des tribus de dialectes différents. Plus les langues se développent et s'enrichissent, moins les gestes sont nécessaires. Cependant il n'en est pas une, même de nos jours, dans laquelle les mots soient assez nombreux pour exprimer toutes les nuances des sentiments et de la pensée, sans que le mouvement du visage ou des mains et les modulations de la voix leur viennent en aide. L'ironie, le doute, la tendresse, la colère, se manifestent parfois moins par les mots eux-mêmes que par les intonations et par les gestes dont ces mots sont soulignés.

Avec le geste, l'accent est un accessoire du langage, qui vient en aide à la langue parlée lorsque celle-ci est encore à un degré incomplet de formation. En Chine, la même syllabe, accentuée de cinq ou six façons différentes, forme cinq ou six mots différents. Le chinois est la seule langue de peuple civilisé qui soit restée à un degré d'évolution inférieure. Elle nous est précieuse à ce point de vue et nous permet de reconstituer une certaine phase de langage en même temps que le mécanisme de transition de cette phase à la suivante. Nous allons le montrer tout à l'heure. Disons seulement tout de suite

D'après une photographie.

FIG. 27. — MEMPHIS. STATUE COLOSSALE DE RAMSÈS II.

Ce colosse brisé représente aujourd'hui à peu près tout ce qui reste d'une grande cité qui fut à la fois une des plus vieilles capitales du monde, et probablement la ville la plus considérable de l'Égypte. Memphis fondée par Ménès, le premier roi de la première dynastie égyptienne, est devenue un désert, suivant la sombre prophétie de Jérémie. Ses ruines elles-mêmes ont disparu, et les voyageurs des trois dernières siècles en avaient perdu entièrement la trace. Il ne reste plus de Memphis qu'une nécropole, la plus vieille du monde, puisqu'elle a environ 7,000 ans d'existence, et en même temps la plus vaste, puisque sa longueur dépasse 60 kilomètres. Parmi les tombes de ce gigantesque cimetière se trouvent les grandes pyramides, celles de Saqqarah, d'Abousir, etc.

que la cause de cette particularité est qu'en Chine l'invention de l'écriture a précédé le développement complet du langage parlé. Or l'écriture a pour premier résultat sinon d'immobiliser absolument une langue, au moins de rendre son évolution postérieure fort lente.

Ainsi les cris des animaux, les langues rudimentaires de certains sauvages, l'habitude qu'ont ces sauvages de s'exprimer autant par des gestes que par des mots, nous montrent qu'avant même d'avoir

*D'après une photographie.*

FIG. 28. — STATUE COLOSSALE DU ROI SÉSOSTRIS (RAMSÈS II), SCULPTÉE DANS UNE MONTAGNE DE GRÈS
ROUGE, A IPSAMBOUL (NUBIE).

Ce colosse, qui a 20 mètres de hauteur (dimension d'une maison à cinq étages), est un de ceux qui
ornent la façade du grand temple souterrain, représenté planche VI de cet ouvrage.

LES PREMIÈRES CIVILISATIONS

inventé le langage articulé, les hommes primitifs communiquaient les uns avec les autres par des moyens fort simples correspondant à la rareté et à la naïveté de leurs idées. Lorsqu'ils commencèrent à se servir de syllabes, ils procédèrent tout d'abord par interjections et par imitation. Leur premier langage fut monosyllabique. Nous le voyons d'après la façon dont l'enfant commence à parler. Le petit enfant a cet avantage sur les hommes primitifs, qu'il entend autour de lui résonner des mots déjà formés. Cependant, si son oreille est vite habituée à les comprendre, sa langue est moins vite exercée à les prononcer. Alors même qu'il entend distinctement deux syllabes, il n'arrive d'abord à en reproduire qu'une seule, et tout ce qu'il peut faire, c'est de la répéter deux fois, se faisant ainsi l'écho de la dernière. « Toto » correspond pour lui à gâteau, « pépé » à poupée. Alors même qu'il n'existerait plus sur la terre de langue monosyllabique, l'exemple des enfants nous montrerait que telle fut la première phase du langage humain. Nous verrions en même temps que ces syllabes furent imitatives. Celles que l'enfant n'apprend pas, mais qu'il invente, le sont toutes. Quand pour nous mettre à sa portée nous appelons un chien le « *ouâ-ouâ* », un oiseau un « *cui-cui* », c'est qu'inconsciemment nous lui empruntons des mots qu'il a inventés le premier.

Nos langues élégantes et raffinées conservent d'ailleurs bien des traces de ces expressions primitives : les mots *coq, coucou, cri-cri, glou-glou, murmure*, etc., se sont ainsi formés par voie imitative.

Le chinois, dont nous parlions plus haut, en est resté à cette première phase, nommée *phase monosyllabique*. Les cinq cents mots fondamentaux environ dont il se compose sont cinq cents monosyllabes. C'est, comme nous l'indiquions, par les accentuations différentes que les Chinois suppléent à la pauvreté de leur langue. Chaque syllabe peut se prononcer de cinq ou six façons différentes, et c'est ce qui rend si difficile pour un étranger l'apprentissage de cette langue.

Après le *monosyllabisme* vient l'*agglutination*, qui consiste à grouper les syllabes, à les réunir pour en former des mots nouveaux et même des phrases entières, mais en laissant plus ou moins à chacune son sens propre. Le japonais, le turc, les idiomes austra-

liens et américains en sont encore à la phase de l'agglutination.
Cette phase est enfin suivie par celle de la *flexion*. Les syllabes
se combinent avec des éliminations de lettres, des contractions
qui les dénaturent ; plusieurs, ne servant plus que de préfixes et de
suffixes, perdent complètement leur sens en s'ajoutant à une principale qui souvent garde le sien et s'appelle la *racine* du mot.
Parfois la racine elle-même est détournée de sa signification primitive, et l'ensemble du mot composé est tout à fait éloigné de
la valeur propre à chacune de ses parties. Toutes les langues des
peuples civilisés de race indo-européenne : le grec, le latin, l'espagnol, l'italien, l'anglais, l'allemand, etc., sont des langues à flexion.

Aucune, d'ailleurs, n'est arrivée d'emblée à cet état supérieur.
Elles dérivent toutes d'une langue mère, l'aryaque, qui elle-même
procédait nécessairement de langages inférieurs inconnus. Nulle
langue ne pourrait produire son acte de naissance et le moment
précis où elle a commencé d'être parlée. « Au premier abord, dit
un grammairien distingué, M. Brachet, la distance paraît grande du
latin des paysans romains au français de Voltaire, et, toutefois,
pour faire celui-ci avec celui-là, il a suffi de changements infiniment petits, continués pendant un temps infini. »

Mais ce n'est pas seulement au latin des paysans romains que se
rattache le français de Voltaire, c'est à l'aryaque des plateaux de la
Haute-Asie, c'est au langage monosyllabique de quelque race antérieure, et plus loin encore, c'est aux interjections gutturales des
hommes primitifs et aux cris des animaux, dont il est descendu « par
des changements infiniment petits à travers des temps infinis. »

Dans le chinois, dont l'exemple est si précieux pour l'étude de
l'évolution du langage, on peut constater la transition d'une première phase à l'autre ; cette langue tend à devenir agglutinative ;
mais, comme elle a été de bonne heure fixée par l'écriture, sa transformation ne pourra s'opérer qu'avec une lenteur extrême.

Il n'est rien qui s'altère avec plus de rapidité qu'une langue,
lorsque l'écriture est inconnue ou peu pratiquée chez ceux qui la
parlent. La variation des patois d'un village à l'autre dans les pays
ignorants, tels que la Bretagne, par exemple, en est une preuve.

Tous les perfectionnements de l'intelligence et des œuvres humaines s'étant le plus souvent accomplis parallèlement, l'invention

de l'écriture s'est à peu près partout trouvée contemporaine d'un certain état du langage parlé. Elle a rarement précédé la phase agglutinative. Partout, du reste, où elle s'est produite, elle a eu pour effet d'arrêter presque totalement l'évolution du langage, qu'elle a fixé au point où il était parvenu. C'est ce qui nous permet de constater l'existence de langues monosyllabiques ou agglutinatives chez des peuples parvenus cependant d'autre part à un haut degré de civilisation.

Comme ce sont les œuvres écrites, dans les livres ou sur la pierre, qui marquent le début de l'histoire, c'est-à-dire de la civilisation, il nous aurait été possible de présumer, alors même que nous n'aurions pu les déchiffrer, que les langues des plus anciens peuples civilisés, Égyptiens, Hébreux, Assyriens, Phéniciens, étaient déjà des langues à flexion, ou tout au moins des langues agglutinatives, au moment où ils gravaient sur le granit les inscriptions qui devaient nous garder à travers les siècles le secret de leur antique pensée.

Le langage écrit a eu lui-même ses phases distinctes, comme le langage parlé. Il a été tout d'abord imitatif des objets extérieurs, comme ce dernier a été d'abord imitatif des cris et des bruits.

Les grossières figures d'ours et de rennes, découvertes sur des os de mammouth remontant à l'époque de la pierre taillée, peuvent être considérées comme des rudiments d'écriture, au même titre que les interjections inarticulées de certains sauvages comme des rudiments de langues. L'écriture fut d'abord la représentation du contour des objets; on l'abrégea en n'indiquant parfois qu'une partie de ce contour; les lignes se simplifièrent encore, et l'on eut des images plus ou moins éloignées de leurs modèles, qui furent les hiéroglyphes.

A force de représenter par un certain signe un objet dont le nom se prononçait d'une certaine façon, on en vint à considérer le signe comme figurant le son du mot plus encore que l'objet désigné, et l'on arriva à rendre l'écriture phonétique.

On ne se servit d'abord de l'écriture phonétique que pour les mots abstraits, impossibles à représenter par une image, même en se fondant sur l'analogie. Les verbes, les qualités purement morales, les pronoms, furent écrits phonétiquement entre les

FIG. 29. — RESTITUTION DE L'UNE DES SALLES DU GRAND TEMPLE SOUTERRAIN CONSTRUIT PAR RAMSÈS II, A IPSAMBOUL (NUBIE).

On voit à Ipsamboul, entre la 1re et la 2e cataracte du Nil, deux temples souterrains creusés côte à côte dans le flanc d'une montagne, par Sésostris (Ramsès II), il y a trente-trois si
Nous avons donné dans une de nos planches photographiques (planche VI) la façade du plus grand de ces temples telle qu'elle est actuellement, et, page 9, la façade du petit temple co
à la déesse Hathor. Nous avons essayé de restituer dans la planche ci-dessus l'intérieur du grand temple tel qu'il était primitivement. Les colosses adossés aux piliers sont actuellemen
détériorés et enfoncés dans le sable jusqu'aux genoux.

noms communs toujours signifiés par des ressemblances. C'était l'état de l'écriture en Égypte au début de l'histoire.

Enfin, les sons, décomposés en leurs éléments primitifs eurent un signe attribué à chacun de ces éléments; la combinaison de ces signes forma les mots, et ce fut l'écriture alphabétique, qu'inventèrent les Phéniciens.

Les trois phases de l'écriture : *idéographique, phonétique* et *alphabétique,* si elles ne correspondent pas partout aux trois phases du langage : *monosyllabique, agglutinatif* et à *flexion,* montrent du moins que la grande loi de l'évolution progressive a présidé à la formation de l'un comme à celle de l'autre.

C'est seulement lorsqu'un peuple a conduit son langage parlé et écrit jusqu'à un haut degré de développement qu'on peut le considérer comme un peuple très civilisé. La longueur du temps et l'énergie des efforts qu'il a fallu pour en arriver là, témoignent de la perfectibilité incessante de la race humaine, et, en nous pénétrant de respect pour les efforts du passé, nous remplissent de courage et d'espérance pour l'avenir.

Nous voyons aisément, par ce qui précède, que le langage est un des éléments au moyen desquels on peut le mieux reconstituer l'état de civilisation d'un peuple. On pourrait objecter, cependant, qu'on a vu souvent des peuples abandonner leur langue maternelle pour en apprendre une très différente. Après toutes les conquêtes, la langue du vainqueur se mélange avec celle du vaincu, et l'une des deux finit généralement par triompher aux dépens de l'autre.

Le fait est exact, mais loin de contredire la thèse soutenue plus haut, il ne fait que la confirmer. Si, en effet, le langage d'un peuple indique le niveau de son évolution, il est certain que ce peuple ne doit pas pouvoir adopter une langue étrangère sans la modifier entièrement. Or, c'est là précisément ce qui s'observe toujours. Le latin a fait oublier aux Gaulois leur vieille langue celtique, mais le latin qu'ils parlèrent peu de temps après la conquête ne ressemblait guère au latin de Virgile et d'Horace. Que l'on compare le serment de Strasbourg, c'est-à-dire le latin corrompu des petits-fils de Charlemagne, à un discours de Cicéron, et l'on constatera que celui-là est le grossier monument d'une époque barbare, tandis que celui-ci est la fleur délicate d'une civilisation très avancée, d'un goût littéraire parfait et d'une haute culture intellectuelle. Jusqu'à ce, que sur les bords de la Seine on parlât un langage qui valût celui des Catilinaires il fallut que des centaines d'années s'écoulassent, et qu'on vît paraître les écrivains du siècle de Louis XIV, c'est-à-dire une génération dont l'évolution eût atteint au point de vue moral, intellectuel et artistique, celle des contemporains d'Auguste.

Les Gaulois, en adoptant la langue latine, ne lui avaient réellement emprunté que ce qui pouvait répondre à leurs idées, à leur façon de sentir et de concevoir; ils l'avaient façonnée à leur image, et c'est ce qui arrive toujours chaque fois qu'un peuple abandonne sa langue propre pour parler celle d'un autre. La forme de l'habit a changé, mais l'étoffe est restée la même.

Lorsque deux races, et par conséquent deux langues, se trouvent en présence l'une de l'autre, c'est la plus avancée qui tend à devenir dominante. Mais le peuple inférieur en empruntant le langage supérieur ne manque pas, nous le répétons encore, de l'approprier à ses besoins et à son degré d'évolution mentale. Quand les rudes hommes du Nord se furent établis dans notre Normandie, bien que vainqueurs, ils adoptèrent la langue des vaincus, à cause de la supériorité de cette langue sur la leur, mais en la modifiant suivant leurs besoins.

Si les deux peuples en présence sont arrivés à peu près au même niveau d'évolution, les deux langues ne font guère que se mélanger. Ainsi est né l'indostani — la véritable langue universelle de l'Inde actuelle, bien qu'elle n'ait pas trois siècles d'existence. — Elle est formée, en effet, par une simple fusion de la langue dérivée du sanscrit qu'on parlait dans le nord de l'Inde à l'époque des invasions mogoles, avec le persan, altéré par des mélanges de mots arabes que parlaient les conquérants.

Non seulement un peuple modifie le langage qu'il emprunte pour le plier à ses exigences intellectuelles, mais encore il modifie jour à jour le sien propre. C'est qu'en effet son langage suit constamment son évolution mentale, dont ce langage n'est en réalité que l'expression. A mesure que ses idées se développent, sa langue s'affine. Pour exprimer des notions nouvelles, il invente des mots nouveaux; pour représenter les nuances de sentiments plus délicats, il découvre des tours ingénieux. Si son imagination l'emporte, il créera une foule de termes poétiques et de métaphores fleuries; si son

D'après une photographie.

FIG. 30. — IPSAMBOUL. FAÇADE DU TEMPLE SOUTERRAIN DE LA DÉESSE HATHOR (ÉTAT ACTUEL).

Cette façade est celle dont nous avons donné une restauration page 9.

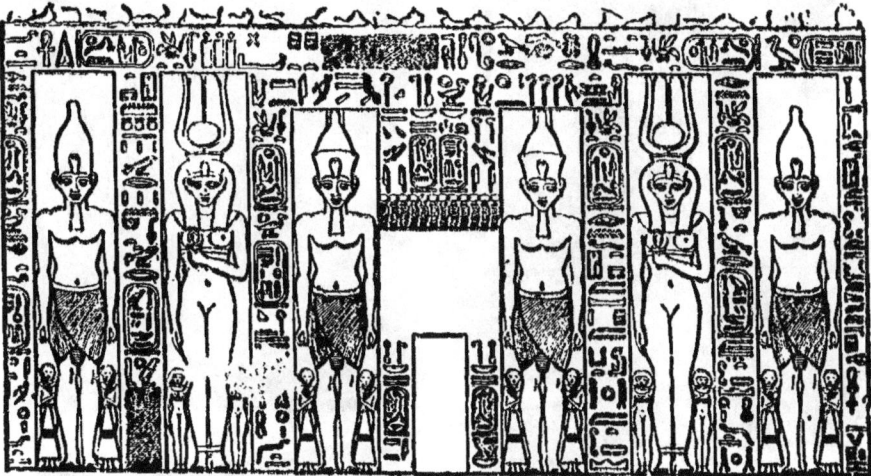

D'après Champollion.

FIG. 31. — IPSAMBOUL. DÉTAILS DE LA FAÇADE DU TEMPLE PRÉCÉDENT.

esprit est plutôt scientifique, les expressions techniques abonderont dans sa langue; si son esprit est actif et précis, ses phrases se con-

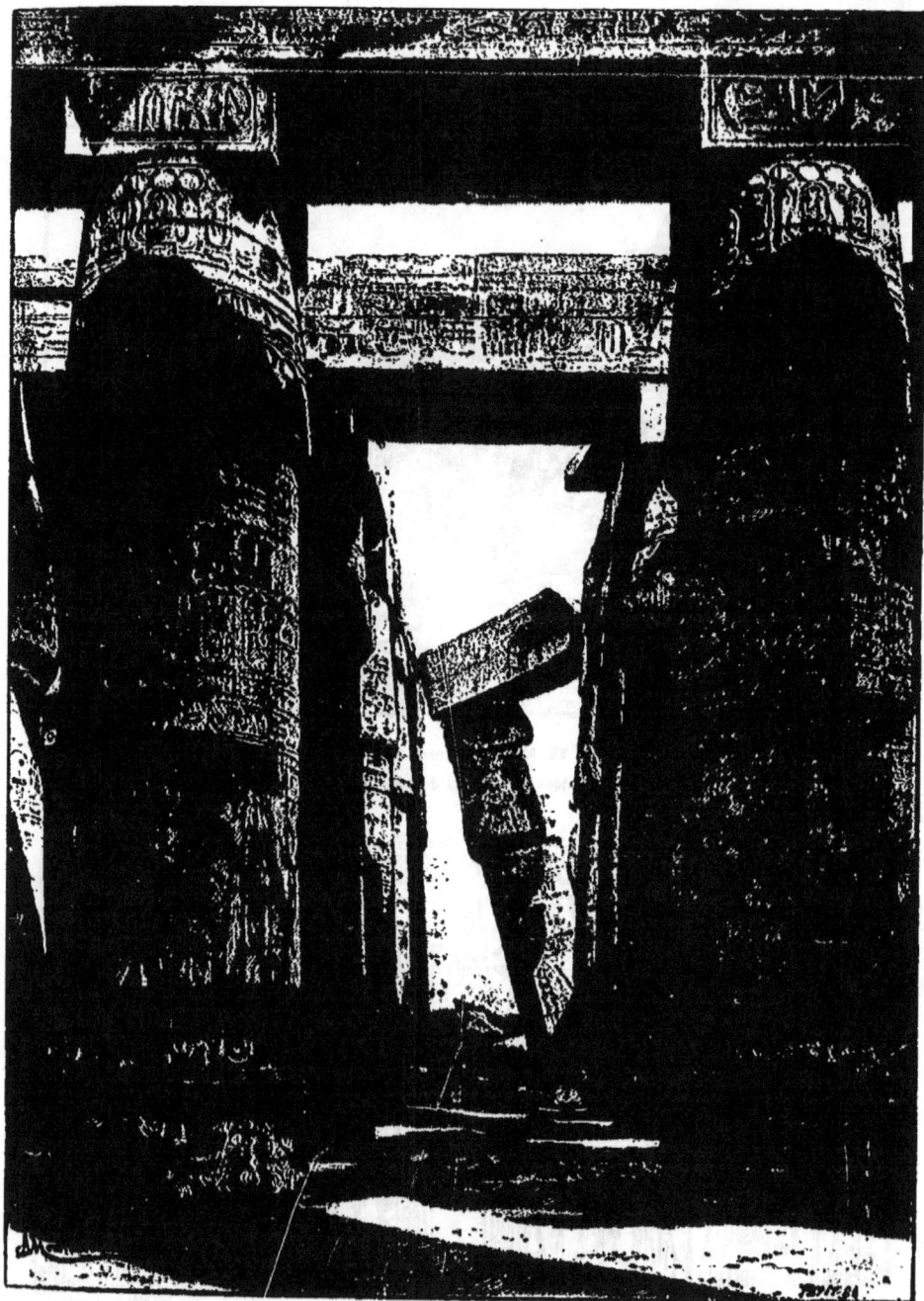

FIG. 32. — THÈBES. COLONNES DE LA GRANDE SALLE HYPOSTYLE DE KARNAK.

Le temple de Karnak est à la fois le plus gigantesque du monde et le seul dont on puisse dire qu'on y a travaillé pendant trois mille ans. La salle hypostyle, dont diverses parties sont reproduites dans cet ouvrage (planche 1, pages 5 et 130 notamment) fut construite par le roi Séti I<sup>er</sup>, le fondateur de la XIX<sup>e</sup> dynastie (XV<sup>e</sup> siècle avant notre ère).

LES PREMIÈRES CIVILISATIONS

denseront; s'il est nonchalant et rêveur, elles s'allongeront mollement en mille détours. Le français, clair, élégant, aux contours bien arrêtés, peint notre génie moins profond que lumineux, épris de clarté et de simplicité. Les longs mots, les longues phrases, les termes vagues de l'allemand, montrent bien l'âme germanique, pleine d'aspirations confuses, à la fois vaporeuse et lourde. Les contractions qui tendent à resserrer toujours de plus en plus les tournures anglaises, témoignent du génie actif et pratique d'un peuple qui est pénétré de cette vérité : que le temps est de l'argent.

Nous pouvons donc conclure en disant que la langue est le miroir des idées et des progrès d'une race; qu'un peuple ne peut jamais parler qu'une langue adaptée à ses besoins; et que les langues peuvent servir à tracer à travers les âges la lente évolution de notre espèce.

# CHAPITRE IV

## NAISSANCE ET DÉVELOPPEMENT DES CROYANCES RELIGIEUSES, DU DROIT ET DE LA MORALE

### § 1er. — DÉVELOPPEMENT DES CROYANCES RELIGIEUSES

Les progrès · la science moderne ont jeté un jour nouveau sur la genèse et le développement des religio... et sur ce besoin d'adoration, sentiment mystérieux qu'on retrouve chez la plupart des peuples, et que les croyants considèrent comme une sorte de révélation intérieure précédant les révélations miraculeuses apportées par les prophètes.

Les découvertes récentes de la psychologie comparée ont aisément ruiné cette doctrine. Aujourd'hui, les croyances religieuses ne peuvent plus être considérées que comme un fruit naturel du cerveau et du cœur de l'homme. Elles y naissent, elles s'y développent, elles s'y épanouissent, comme toutes les autres idées et tous les autres sentiments. Il est aisé de remonter à leur origine et de les voir soumises, comme toutes les autres manifestations de l'intelligence humaine, aux lois rigoureuses de l'évolution.

Le sentiment religieux paraît avoir eu pour genèse deux sentiments extrêmement simples, la crainte et l'espérance; la crainte d'abord : *Primus in orbe Deos fecit timor;* l'espérance ensuite.

Les sentiments de crainte éveillés chez des êtres primitifs par les dangers d'une nature redoutable et par le désir de la conservation, ne trouvèrent pour les tempérer et les régler qu'une intelligence fort incomplète. L'association des idées se faisait alors suivant des analogies extrêmement grossières. « J'ai mis le feu à la cabane de mon ennemi, parce que je le hais », se disait le sauvage; « la foudre met le feu à ma cabane, donc la foudre me hait ». Dans toutes les forces de la nature, derrière toutes les actions bienfaisantes ou terribles, l'être primitif voyait une personnalité, une volonté, une conscience, semblables à sa propre personnalité, à sa propre volonté d'être actif et conscient.

Il ne distinguait pas même la différence qu'il y a entre l'être animé et la chose inanimée. Tout ce qui se meut lui semblait doué de vie, et, par conséquent, de vouloir. Le soleil qui se lève, traverse le ciel et se couche ; le vent qui mugit, le tonnerre qui gronde, la mer qui enveloppe la barque et la brise, tout cela était analogue à lui-même qui allait, venait, dormait, frappait ; mais tout cela était plus puissant que lui et se jouait de sa vie. Il fallait donc détourner la colère de ces pouvoirs terribles par des offrandes et des prières, puisque lui-même se sentait capable d'être apaisé par des moyens semblables.

Les apparitions que lui présentaient ses rêves le persuadèrent aisément qu'il existe des êtres invisibles, sans corps réel, visitant les hommes à certaines heures ; et, pour peu qu'un événement heureux ou malheureux coïncidât avec telle ou telle vision, la persuasion lui vint que les esprits exerçaient, eux aussi, une influence irrésistible sur son existence.

De nos jours encore, dans les cerveaux inférieurs, nous voyons se former des associations d'idées du même genre. Le fétiche du joueur, la croyance aux rêves, la crainte du vendredi, du nombre treize, ressemblent aux superstitions du sauvage. Des hommes de génie ont partagé ces erreurs ; plus d'un grand homme a cru à son étoile.

La crainte, le sentiment de la dépendance, l'espérance, les associations élémentaires d'idées furent donc les origines du sentiment religieux et firent naître les premières divinités. Existant même chez les animaux, les mêmes causes y ont produit les mêmes effets. Le chien, attendant tout de son maître, le craint, le sert, le prie, le flatte, comme le sauvage son idole ; il joint même à sa soumission un sentiment d'amour, supérieur à la peur servile des fétichistes, et plus rapproché de l'adoration profonde que les peuples civilisés ne vouèrent que tardivement à leurs dieux.

Les divinités distinctes et personnelles ne furent pas conçues tout d'abord par le cerveau des premiers hommes. Les sauvages qui, pour la première fois, voient un fusil lancer la flamme et la mort, se prosternent devant ce fusil. Dans l'ombre épaisse où fut

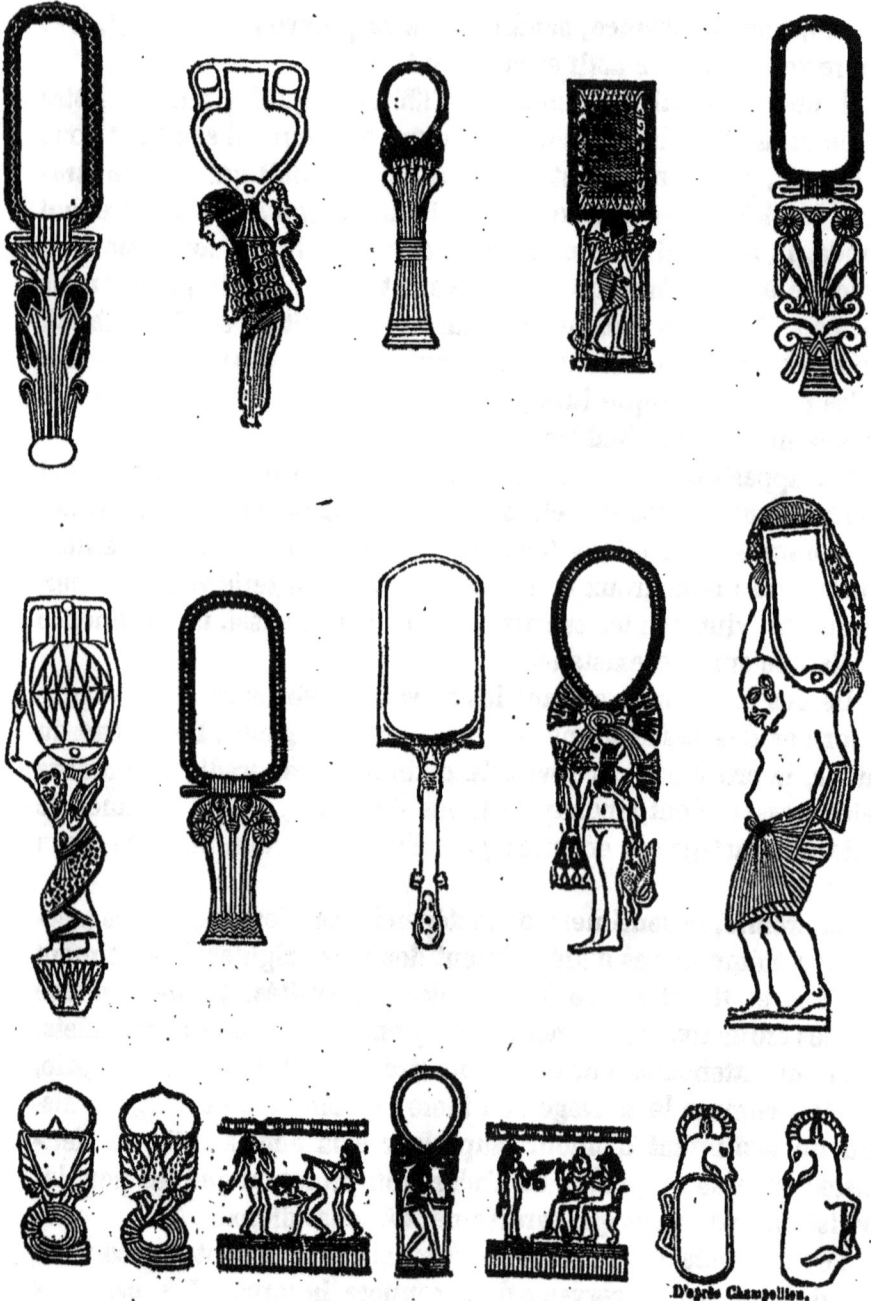

D'après Champollion.

FIG. 33 à 49. — CUILLÈRES À PARFUMS ET OBJETS DIVERS PROVENANT DE TOMBES ÉGYPTIENNES DE DIVERSES ÉPOQUES.

d'abord plongée l'intelligence de l'homme, la terreur qui lui montrait autour de lui des pouvoirs implacables et surnaturels le conduisit à mille superstitions, avant qu'il fût capable de concevoir des êtres distincts, ses créateurs et ses maîtres, ayant droit à son adoration. Le sentiment religieux a précédé dans le monde la naissance des dieux. Ce qui le prouve, c'est que nous voyons encore des sauvages, trop grossiers pour s'élever jusqu'à l'idée d'une divinité, et cependant livrés aux pratiques les plus superstitieuses. Chez les Australiens et en Afrique, on rencontre des tribus qui n'ont aucune divinité, et qui pourtant croient aux esprits, aux talismans, au mauvais vouloir des forces de la nature.

Tel est donc l'obscur point de départ des croyances religieuses. On ne saurait plus le placer dans des aspirations vers l'infini ou dans le besoin d'expliquer les phénomènes naturels et l'existence du monde. L'homme primitif ne connaît ni ces aspirations ni cette curiosité. L'enfant, qui lui ressemble en tous points, ne les éprouve pas davantage. Le paysan — qui, par son ignorance et sa crédulité, se rapproche du sauvage, — ne s'est jamais senti impressionné par les beautés de la nature, et s'étonne de voir les gens des villes admirer sa montagne ou sa forêt; jamais il ne s'est demandé comment l'épi sort du grain, et pourquoi le gland produit le chêne. Le propre de l'ignorance absolue est de ne s'étonner de rien et de ne jamais songer à remonter aux causes. Les natures primitives ne cherchent aucune explication aux phénomènes. Leur incapacité de s'étonner des choses les plus étranges a frappé tous les voyageurs. Comme je voyageais en Égypte, j'eus l'occasion d'amener avec moi près d'une voie ferrée un Syrien de basse condition qui n'avait jamais vu de chemin de fer, et je me gardai bien de le prévenir de ce qu'il allait voir. Soudain, un sifflement strident déchira l'air, et le train passa à toute vitesse. Je regardai mon compagnon, m'attendant au moins à quelque démonstration de surprise et d'épouvante devant ce monstre de fer et de feu. Pas un trait de sa figure n'avait bougé. Au bout d'un moment de réflexion, impassible, il se borna à murmurer : « Allah est grand !» Et il ne chercha jamais d'autre explication d'une apparition qui aurait dû être si foudroyante pour lui.

On a l'habitude de s'extasier sur les *pourquoi* de l'enfance.

Mais l'enfant ne pose guère ses mille questions que pour qu'on s'occupe de lui. En réalité, ce monde si compliqué, si plein de merveilles qui devraient confondre sa jeune tête, ne lui inspire aucun étonnement et encore bien moins d'admiration. Quel est l'enfant qu'a jamais ému la vue des montagnes ou le spectacle d'un beau coucher de soleil? L'homme primitif lui ressemblait sous ce rapport. Les phénomènes de la nature pouvaient l'effrayer, mais ne l'étonnaient pas. Quant à remonter jusqu'à leurs causes, sa constitution mentale ne lui permettait pas d'y songer. Jusqu'à ce qu'un génie comme Newton se fût demandé pourquoi une pomme tombe à terre et eût découvert qu'elle est détachée de l'arbre par la même force qui fait mouvoir les mondes, il fallut que l'esprit humain eût accompli de prodigieux progrès. Répondre que la pomme tombe parce que Dieu le veut bien n'était pas, en réalité, donner une cause à l'effet dont on était témoin. Les esprits les plus intelligents s'étaient toutefois longtemps contentés de cette réponse, et, avant eux, il y en avait eu, certes, qui ne s'en étaient même pas demandé si long. Pendant de longs siècles, il a existé des hommes qui, pareils aux petits enfants, pareils aux fauves du désert, contemplaient chaque jour le lever du soleil sans jamais se demander quelle puissance le fait surgir au-dessus de l'horizon le matin et disparaître le soir.

Toutes les religions se ramènent à trois types, que l'on s'est habitué à considérer comme les trois phases régulières de l'évolution religieuse : le fétichisme, le polythéisme et le monothéisme.

Il s'en faut de beaucoup pourtant que les différences soient assez tranchées entre les religions répondant à ces trois types pour qu'on les déclare, *à priori*, supérieures ou inférieures d'après leur étiquette. Cependant, d'une façon générale, cette progression des croyances religieuses est passablement exacte.

En effet, toutes les religions, depuis la plus grossière jusqu'à la plus élevée, reposent également sur l'*animisme*, c'est-à-dire sur la tendance qu'ont les hommes à animer tout ce qui leur est extérieur, à prêter à tous les objets une vie à l'image de la leur, avec ses fonctions, ses besoins, ses désirs et ses passions.

Plus cet animisme embrasse d'objets, plus il se matérialise, plus les dieux sont nombreux, et plus la religion est primitive. Le

sauvage, nous l'avons vu, prête ses idées, ses sentiments, sa volonté
à des pierres, à des morceaux de bois, à des arbres, à des animaux ;
ceci constitue le fétichisme.

Mais, plus tard, l'esprit humain s'éclaire quelque peu, l'animisme se restreint et s'élève ; on ne divinise plus que les grandes
forces de la nature, et l'on imagine, derrière chacune de ces forces,

FIG. 50. — LES BORDS DU NIL A THÈBES.

Thèbes « la ville aux cent portes », chantée par Homère, n'apparaît dans l'histoire égyptienne qu'avec les rois de
la xii° dynastie, c'est-à-dire il y a environ 5,000 ans. Ses ruines s'élèvent sur les deux rives du Nil. Sur la rive droite
sont les temples de Karnak et de Louqsor ; sur la rive gauche, le Ramesseum, les colosses de Memnon, les temples de
Médinet-Abou et de Gournah, la vallée des Morts, etc., représentés dans cet ouvrage. Ses monuments les plus
importants sont des xviii° et xix° dynasties, c'est-à-dire du XVII° et XIII° siècle avant notre ère.

Thèbes fut ravagée plusieurs fois, notamment par Assur-bani-pal et par Cambyse. Sa destruction ne fut cependant complète que vers le temps de Jésus-Christ. Strabon en parle comme d'une cité en ruines.

un être personnel et invisible qui y préside et qui la dirige : on
arrive ainsi au polythéisme. Apollon guide le soleil ; Cérès fait
mûrir les moissons ; au-dessous des grands dieux s'agite la foule
des divinités secondaires des vents, des sources, des forêts.
Enfin quelque dieu, Jupiter, par exemple, dont les attributions
sont plus élevées, plus générales, surgit de la multitude de ses
rivaux, les domine, les absorbe, et la religion tend de plus en plus
vers le monothéisme.

Quand l'homme ne voit plus en dehors de ce monde qu'un seul
être tout-puissant, créateur et maître de l'univers, invisible et spi-

D'après divers monuments.

FIG. 51. — RESTITUTION D'UN TEMPLE ÉGYPTIEN COMPLET, VERS LA FIN DE LA XVIII° DYNASTIE.

Il n'existe pas actuellement en Egypte de temple tout à fait complet. Le moins ruiné est celui d'Edfou, représenté plus loin, mais les obélisques, les colosses, les allées de sphynx qui précédaient la plupart des temples, ne s'y voient plus. La restitution que nous donnons dans la figure ci-dessus a été faite en réunissant diverses parties de monuments encore debout. Certains détails, tels que le nombre des pylônes, par exemple, peut varier d'un temple à l'autre, mais l'aspect général est toujours celui qui représente notre dessin. On trouvera le détail des parties intérieures d'un temple égyptien dans le plan de celui d'Edfou (page 84).

rituel, éternel et immuable, il est parvenu à la forme la plus élevée dont soit susceptible l'erreur fondamentale et universelle de l'animisme. Mais il n'échappe pas à cette erreur. Le dieu qu'il imagine n'est pas autre chose qu'un homme comme lui-même, ayant les mêmes affections, les mêmes haines, les mêmes colères, les mêmes jalousies, les mêmes tendresses, différent seulement par la toute-puissance et par l'éternité.

Le culte des morts, si répandu de toutes parts dès l'origine des sociétés, et l'une des bases fondamentales de la plupart des religions, n'est qu'une autre face de l'animisme. Il était naturel de considérer comme semblables à nous des esprits qui, durant leur séjour dans un corps, avaient partagé notre genre de vie. On leur prêtait seulement plus de puissance après la mort, avec la faculté de parcourir les airs, de se transporter partout, et d'apparaître aux hommes dans leurs songes.

Du moment que l'on considère l'animisme comme la source de toutes les religions, on concevra facilement que chacune varie suivant le peuple et même suivant l'individu qui la pratique. L'homme a toujours fait ses dieux à son image, à l'inverse de la légende biblique.

Ils furent sanguinaires et cruels, ces dieux, au temps où la force brutale régnait seule sur la terre ; ils s'adoucirent plus tard. Mais comme, au fond de la nature humaine, l'intolérance règne despotiquement, les dieux les plus bienveillants se montrèrent toujours implacables envers leurs ennemis. Néron et Domitien exterminaient les chrétiens au nom de Jupiter; et plus tard les chrétiens allumèrent les autodafé et massacrèrent leurs frères au nom de leur Dieu d'amour.

L'animisme, qui crée toujours le dieu semblable à celui qui l'adore, fait comprendre également pourquoi les peuples façonnent leur religion à leur image, et comment il serait inexact de vouloir juger de l'évolution religieuse d'une race d'après le nom du culte qu'elle pratique. Dans chaque grande religion moderne, on pourrait retrouver les trois phases d'évolution : fétichisme, polythéisme, monothéisme ; comme dans chaque peuple supérieur, sous la couche superficielle de civilisation, on retrouverait le sauvage antique et le barbare, et comme, dans chacune de nos langues modernes, on reconnaîtrait le monosyllabisme et les formes primitives du langage.

Entre le christianisme d'un philosophe comme Pascal, celui

d'une dévote russe qui allume sa lampe devant les saintes images, et celui d'un paysan italien qui prie la Sainte-Vierge de son village et injurie celle du village voisin, il y a autant de différence qu'entre le pur monothéisme, le fétichisme du sauvage et le polythéisme des anciens. La dévote russe adore ses petites images taillées, comme le Malgache son *gri-gri;* et le paysan italien ressemble à ses ancêtres les Romains, qui avaient autant de Jupiters et de Junons distincts qu'ils avaient de villes et de temples.

C'est pour cette raison qu'on ne peut considérer des religions soi-disant monothéistes, telles que le judaïsme, l'islamisme ou le christianisme, comme l'expression la plus parfaite de l'évolution religieuse. Elles ne valent absolument que suivant le peuple qui les pratique, et même parfois suivant l'individu.

Puisque l'animisme est la source de toutes les chimères qui, sous le nom de religions, ont charmé, consolé, conduit l'humanité pendant ses longs siècles d'enfance et de jeunesse, il est évident que lorsqu'il disparaît, après sa phase dernière de monothéisme, un pas de plus est franchi vers le triomphe de la raison pure.

A ce titre, le panthéisme, qui n'invente pas de personnalité divine en dehors de l'univers, et le bouddhisme athée des philosophes hindous, seraient les deux conceptions religieuses les plus élevées auxquelles il aurait été donné aux hommes d'atteindre.

En théorie, cela est vrai; mais en pratique, il n'en est rien. Pour la foule des croyants, le panthéisme n'est qu'un fétichisme vague, et le bouddhisme, dont la tolérance accueille tous les dieux, est, en réalité, le plus polythéiste de tous les cultes. Cette dernière religion, transportée en Chine et au Japon, réunit des millions d'adeptes, qui se prosternent devant les plus grossières idoles et qui ne reconnaîtraient guère leur croyance dans les livres des philosophes bouddhistes de l'Inde.

Les prêtres orientaux ont mieux compris que nous les altérations que subissent les doctrines les plus élevées en pénétrant parmi les masses ignorantes. Ils se gardent bien de dévoiler à la foule leur philosophie panthéiste ou athée, sachant qu'ils ne seraient pas compris, et qu'ils mettraient seulement à la portée d'intelligences grossières une indépendance morale qui, mal employée, deviendrait funeste.

Ils recommandent, au contraire, le respect et l'adoration des dieux devant lesquels ils se prosternent, tout en connaissant leur néant. A ceux qu'ils croient dignes de partager leurs hautes rêveries et leurs spéculations, ils font subir de longues épreuves; les néophytes ne sont admis dans leurs rangs qu'après une lente initiation. Un cerveau mal préparé ne digérerait pas leurs doctrines; aussi le font-ils passer peu à peu par toutes les phases de l'évolution religieuse, évolution qui, pour un peuple, demande des siècles, mais qui, pour un homme, ne prend que quelques années.

C'est que l'esprit oriental est plus apte que le nôtre à comprendre la loi d'évolution; on l'enseignait déjà, cette loi suprême, sur les bords du Gange, alors que notre Europe était encore plongée dans le domaine chimérique des miracles et des superstitions.

Il en était de même sur ces rives du Nil, où nous allons bientôt surprendre, dans sa fraîcheur et dans sa splendeur, l'aurore des premières civilisations. Là aussi, nous verrons le fétichisme populaire côte à côte avec la philosophie de quelques penseurs; comme plus tard, en Grèce, le polythéisme enfantin des classes populaires subsistant en face des théories élevées d'un Socrate ou d'un Platon.

Durant les premiers temps historiques, quelques esprits supérieurs s'étaient donc déjà sans doute élevés jusqu'à des conceptions très hautes de la nature, de l'âme et de Dieu.

Mais ce n'étaient là que de rares exceptions. Le monde, en général, atteignait à peine, par éclairs, à la notion du monothéisme;

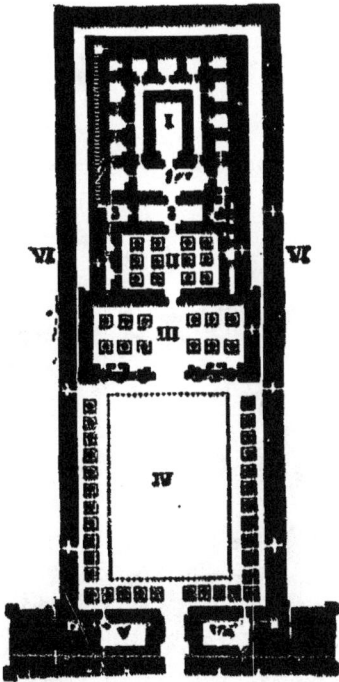

FIG. 53. — PLAN DU GRAND TEMPLE D'EDFOU.

Nous avons donné, page 81, une vue générale d'un temple égyptien. Avec cette vue et ce plan on se formera une idée très nette de cette sorte de monument.

V a et V, pylônes : ils étaient précédés d'obélisques aujourd'hui disparus; IV, péristyle entouré de couloirs à colonnes; III, salle hypostyle; II, salle des fêtes; 2, salle dite de la table d'offrandes; 1, salle dite du repas des dieux; 1, sanctuaire formé d'un seul bloc de porphyre. Les chambres environnant les salles étaient consacrées chacune à une divinité ou servaient à garder le mobilier, les étoffes, les trésors du temple; VI, mur extérieur du temple.

FIG. 53. — TEMPLE D'EDFOU.

Ce dessin a été exécuté d'après une de nos photographies, sans aucune restauration. Le monument qu'il représente, un des plus beaux et des mieux conservés de l'Égypte, est celui qui donne le mieux l'idée d'un temple égyptien. On en trouvera divers détails dans cet ouvrage. Ce temple n'est pas très ancien, puisqu'il fut commencé deux cent trente-sept ans seulement avant notre ère, sous Ptolémée Évergète, et terminé quelques années avant Jésus-Christ. Le temple a 127 mètres de profondeur totale, en y comprenant le pylône, et 40 mètres de façade. La hauteur du pylône est de 35 mètres.

celui des Hébreux eux-mêmes était, comme nous le verrons, forte-ment mêlé de polythéisme. Le fond presque universel des croyances religieuses était l'adoration des forces de la nature, plus ou moins personnifiées, et celle des morts. Tous les mythes antiques sont tirés de l'une ou de l'autre de ces deux sources, et le plus souvent des deux. Suivant le niveau intellectuel d'un peuple, la religion s'élevait jusqu'à un polythéisme restreint ou demeurait dans un fétichisme grossier. Mais partout on voyait régner l'usage des sacrifices.

Cet usage naquit à la fois du besoin d'apaiser des dieux qu'on croyait toujours en courroux — car les forces de la nature sont plus souvent redoutables que bienfaisantes, — et aussi du désir d'être agréable aux mânes des morts. On supposait, en effet, que les hommes, en quittant cette terre, éprouvaient, dans leur nouveau séjour, des besoins et des jouissances identiques aux besoins et aux jouissances éprouvés pendant leur vie. On offrait donc aux habitants des sépulcres tout ce qui avait pu leur plaire ici-bas : aliments délicats, armes précieuses, animaux favoris, femmes, esclaves, et même, si c'étaient des rois, cortèges de gardes et de guerriers. Mais, puisque ces êtres chers et redoutables, que la superstition divinisait, étaient réduits à l'état d'ombres, c'était aussi sous la forme d'ombres qu'on leur apportait les offrandes. Les objets étaient enterrés ou brûlés avec eux; les animaux, les femmes, les serviteurs et les soldats étaient immolés sur leur tombeau.

Ces sortes de sacrifices se sont perpétués pendant longtemps et même chez des peuples civilisés. Ils s'accomplissaient encore au temps des empereurs romains. Homère nous raconte qu'Achille immola des guerriers troyens aux mânes de Patrocle. Dans l'Inde, encore de nos jours, les veuves qui se sacrifiaient sur le bûcher de leur époux, s'imaginaient qu'elles allaient lui porter leur tendresse et leurs soins au delà de la tombe.

Le culte des morts a été de tout temps un des plus enracinés dans l'humanité. C'est aussi l'un des plus rationnels et des plus touchants. Sans doute, au début, il fut fondé sur la crainte, et les songes firent croire aux hommes que les esprits des morts flottaient autour d'eux pour les tourmenter, surtout s'ils n'avaient pas reçu une assez honorable sépulture. Mais pour nous, qui ne croyons plus aux spectres, nous voyons du moins le lien impérissable et continu qui relie les générations présentes à celles qui ne sont plus comme à celles qui ne sont pas encore. Nous entendons retentir en nous cette voix des morts qui dicte d'une façon inconsciente, mais fatale, nos résolutions et nos pensées. Nos progrès sont nés des lents efforts de nos pères. Aussi nous admirons l'instinct mystérieux qui, depuis le sauvage antique jusqu'au philosophe de nos jours, a toujours et partout conduit l'homme à s'incliner devant les tombeaux.

Nous aurons à revenir, dans le détail des anciennes religions, sur ce culte des ancêtres, que nous verrons à la base de toutes les croyances. Le monde des mythes religieux est infini, et nous n'avons pu qu'en indiquer à grands traits la genèse secrète au fond de la nature humaine.

Il se diversifie comme la pensée des peuples, ce monde des chimères. Mais rien n'est plus important, pour pénétrer l'âme d'une race, que d'approfondir ses conceptions religieuses, c'est-à-dire de savoir dans quel domaine et à quelle hauteur elle a placé son rêve éternel d'espérance, de terreur, d'immortalité et d'amour.

## § 2. — DÉVELOPPEMENT DE LA MORALE ET DU DROIT

La morale, non plus que le sentiment religieux, ne fut pas toujours innée en nous; si elle a fini par l'être, c'est après que de longs siècles d'hérédité l'ont implantée dans nos âmes. Comme la langue, comme la religion, comme toutes les autres institutions, elle varie d'une race à l'autre. Il n'y a pas de morale universelle, il n'y a que des morales locales et temporaires. La parole de Pascal que « le larcin, l'inceste, le meurtre des enfants et des pères, tout a eu sa place entre les actions vertueuses » est absolument vraie.

Nous le verrons en pénétrant dans tout le détail des mœurs des vieilles civilisations. Nous y constaterons des usages tellement contraires aux nôtres, nous y rencontrerons des actes si étranges approuvés et recommandés par la morale du temps, que, pour ne point sortir de l'impartialité philosophique, pour ne point approuver ou blâmer, et seulement pour comprendre, il faudra nous être mis bien en face de la conscience humaine, et nous être persuadés qu'elle aussi, comme l'intelligence et toutes les autres facultés, est soumise à la loi de l'évolution.

Nous sommes là, du reste, en présence d'un grave problème,

D'après une photographie

FIG. 54. — FELLAH ÉGYPTIEN PUISANT DE L'EAU.

que d'illustres esprits ont, sous l'empire de puissants préjugés, voulu souvent résoudre contrairement à la science. Kant, Condorcet, Buckle et d'autres, ont prétendu que la morale de tous les peuples est identique et reste invariable à travers les âges.

On a peine à comprendre comment des philosophes ont pu sou-

FIG. 55. — LES BORDS DU NIL A KIRSCHE (NUBIE).

tenir une pareille assertion. Pascal voyait plus clair en nous disant: « Vérité en deçà des Pyrénées, erreur au delà. »

Prenons un exemple. C'est une coutume presque générale chez les peuples sauvages, et qui devait être fort répandue au début de l'humanité, de tuer ses parents âgés pour leur éviter les infirmités de la vieillesse, mais surtout pour supprimer les bouches inutiles. Chez tous ceux qui suivent cet usage, aucune idée de crime n'y est attachée; au contraire, presque partout, il a la sanction de la religion; le sacrifice s'accomplit en grande pompe et se termine par un festin. Et cependant, au sein de nos sociétés civilisées actuelles, le parricide est un crime extrêmement rare et celui peut-être qui inspire le plus d'horreur. L'idée de se débarrasser de ses vieux parents est devenue tellement odieuse, que le législateur de nos jours ne songe même pas a la combattre par une loi spéciale. Au contraire, il existe dans nos codes un article prescrivant aux enfants de subvenir aux besoins de leurs parents, lorsque ceux-ci sont devenus incapables de se nourrir eux-mêmes; et encore est-ce l'exception lorsqu'il a besoin d'être appliqué, et lorsque les vieillards doivent leur pain à une condamnation judiciaire de leurs fils.

Les obligations morales ne sont pas moins fortes pour être parfois sanguinaires et absurdes. Les Australiens se figurent que tout décès doit être vengé pour que l'âme du défunt soit en paix. Un Australien, ayant perdu sa femme, résolut d'aller tuer une femme d'une tribu éloignée. Menacé de la prison par des Européens qui apprirent son projet, il hésita et devint la proie du plus pénible combat moral. Sa conscience l'accusait de laisser l'âme de sa femme souffrir par sa lâcheté. Il en dépérissait, dit le docteur Lander, qui nous a laissé ce récit. Un beau jour, il n'y tint plus, et s'échappa pour aller accomplir le meurtre résolu. Après quoi, il revint soulagé, heureux, dans la pleine satisfaction du devoir fidèlement rempli.

Quel chemin a dû parcourir la conscience humaine pour arriver à une morale absolument contraire à sa morale primitive ! Étant donné que celle-ci tend à se fortifier par l'hérédité, par l'ancienneté, par la sanction religieuse, il a donc fallu que les autres facteurs auxquels elle est soumise fussent bien puissants pour la modifier entièrement.

Devant des exemples analogues à ceux que nous venons de citer, les partisans de l'ancienne idée de la morale universelle n'auraient pas été autrefois embarrassés. « Il s'agit de sauvages », eussent-ils répondu avec mépris. Il semblait alors qu'un gouffre insondable séparât les races sauvages des races civilisées. Mais aujourd'hui que la science nous les montre reliées les unes aux autres par d'insensibles gradations, et rattachées ainsi aux animaux eux-mêmes, la tâche du philosophe et de l'historien change. Il faut découvrir les causes et la marche de ces gradations, et les reconnaître dans la morale comme dans tout ce qui constitue l'homme.

Les facteurs de la morale sont extrêmement nombreux ; quelques-uns sont du ressort de la psychologie la plus délicate et agissent dans les profondeurs les plus secrètes de l'âme ; en outre, leurs actions se combinent inégalement, et ils n'influent pas partout sur les autres d'une façon identique. Il en résulte que l'évolution de la morale humaine est très difficile à suivre, et qu'il n'est encore possible, surtout étant donné l'état imparfait de nos sciences expérimentales, que d'en indiquer les grands traits.

Mais on doit tout d'abord éliminer presque entièrement une influence que l'on croyait autrefois prépondérante sur la morale, et qui, en réalité, s'est toujours trouvée réduite, sous ce rapport, à un rôle très secondaire. Cette influence est celle des croyances religieuses. C'est à tort que l'on ferait marcher de pair chez un peuple le sentiment religieux et le sens moral. Une telle erreur n'a pu être commise qu'à l'époque d'ignorance où nous jugions toutes les races d'après la nôtre, où il nous était impossible de sortir de nous-mêmes, et où les préjugés empêchaient d'enregistrer, sur certains terrains, aucune observation exacte.

Depuis quelques siècles, en effet, dans notre Occident, nous avons vu les ministres des différentes religions adopter le rôle de conducteurs moraux, et nous dicter les préceptes les plus délicats de conduite journalière, en les donnant comme l'expression de la volonté divine. Mais c'est là une innovation des temps modernes. Elle étonnerait fort certains peuples orientaux qui croient les dieux beaucoup trop élevés au-dessus de nous pour s'occuper de notre conduite les uns à l'égard des autres. Elle n'eût pas moins surpris les Grecs et les Romains, qui, non seulement ne faisaient pas de leurs dieux la source de toute morale, mais les représentaient comme fort immoraux. Ces dieux étaient des êtres gouvernés comme nous par leurs passions; ils étaient seulement plus puissants, et l'on se trouvait. pour cette raison forcé de leur rendre hommage ; mais ils ne se servaient de cette puissance que pour mieux assouvir tous leurs caprices. Ils n'avaient de frein que leurs intérêts réciproques, et tout au plus l'intérêt général de l'Olympe. Quand ils s'étaient fait mutuellement du tort, ils vidaient leurs querelles entre eux. De même sur la terre, si un homme tuait volontairement ou involontairement le bœuf, l'esclave ou la femme de son voisin, il devait une compensation à ce voisin et à personne d'autre ; on n'avait pas l'idée qu'il dût en demander pardon à Jupiter ou à Vénus. Le sacrilège constituait seul un péché à l'égard des dieux. Lorsque Alcibiade fut accusé d'avoir mutilé les statues de Mercure, tout Athènes fut en émoi ; on recherchait le coupable pour le châtier, car on s'imaginait que la colère du dieu offensé frapperait la ville s'il n'était pas puni. Mais que le coupable fût vaniteux, ambitieux, débauché, meurtrier même, c'était affaire à ceux qu'il gênait par ses folies ou par ses crimes. Jamais personne n'aurait eu l'idée de l'en reprendre au nom de divinités qui ne s'en inquiétaient nullement.

Pendant de longs siècles, l'humanité craignit les dieux comme des êtres cruels, exigeants et capricieux, qu'il fallait sans cesse apaiser et gagner par des cérémonies, des marques de respect et des présents. On ne s'avisa pas que les pensées intimes, ou les actions accomplies chaque jour au sein de la famille, pussent leur causer un sentiment quelconque et les disposer plus ou moins bien à l'égard de l'humanité.

Comment des divinités farouches, qui lançaient la foudre, les épidémies, les inondations, sur de paisibles villages, et qui semblaient se plaire aux sacrifices sanglants, eussent-elles souri complaisamment du haut du ciel à des actes obscurs d'humilité, de pureté, d'abnégation ?

Non seulement la religion — c'est-à-dire les devoirs des hommes à l'égard des dieux — n'eut pendant longtemps rien à faire avec la morale — c'est-à-dire avec les devoirs des hommes les uns envers les autres — mais souvent les principes de l'une se sont trouvés en opposition directe avec les principes de l'autre. Il est évident que

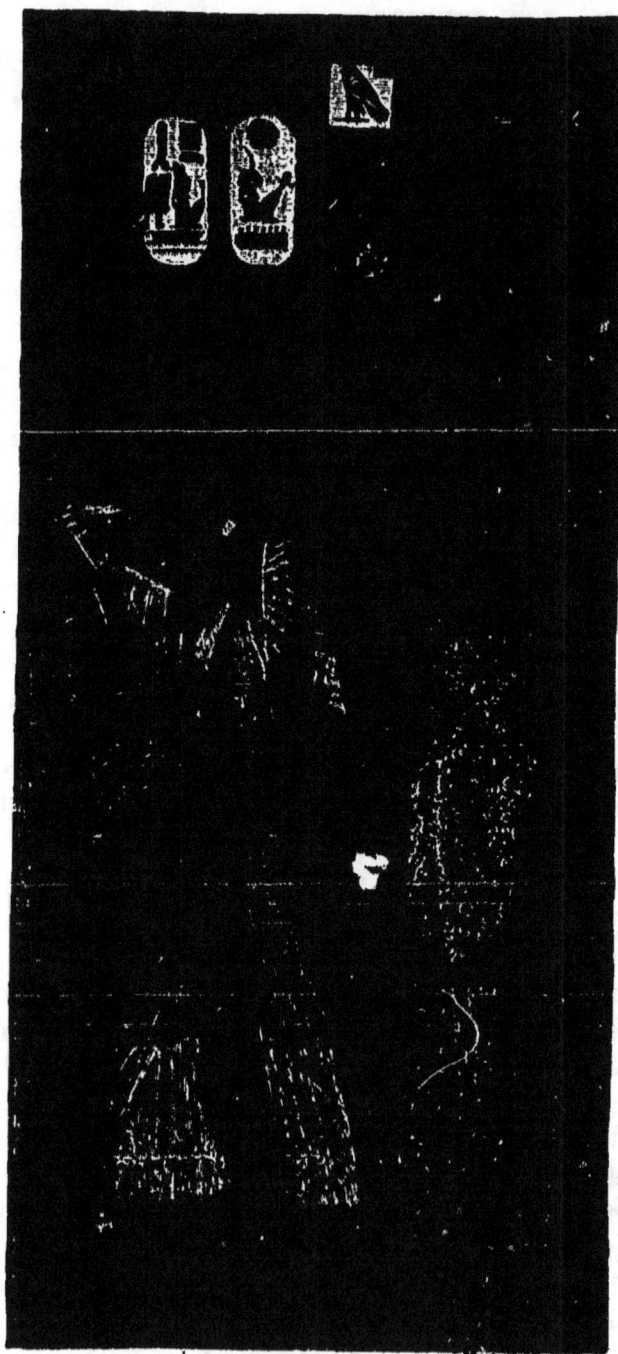

FIG. 56. — BAS-RELIEF REPRÉSENTANT SÉTI Iᵉʳ, FONDATEUR DE LA XIXᵉ DYNASTIE,
RECEVANT UN COLLIER DE LA DÉESSE HATHOR.

Ce bas-relief provient du tombeau de Séti Iᵉʳ, qui régnait en Égypte il y a environ trente-quatre siècles.
Le Louvre possède son pendant.

des religions qui prescrivaient l'immolation et souvent le supplice des prisonniers de guerre ne pouvaient que retarder l'évolution de la morale. Moloch, tendant ses bras d'airain rougis au feu pour recevoir de petits enfants que lui apportaient leurs propres mères; Krishna, exigeant que des Indiennes fort chastes s'abandonnent aux caresses de ses prêtres, sont des dieux d'une moralité véritablement bien faible. Les mères syriennes étaient certainement, en général, aussi tendres pour leurs enfants que les femmes du Guzerat sont fidèles à leurs époux, et celles-ci le sont d'une façon remarquable. Quelle force, dans des cas pareils, possède le sentiment religieux, qui brave non seulement le sens moral le plus élémentaire, mais encore les affections les plus puissantes et qui parvient à en triompher!

Les deux grandes religions qui, les premières, ont pris pour base la morale, c'est-à-dire les devoirs réciproques des hommes, et qui ont fait un dogme de la charité, sont le bouddhisme et le christianisme. Aussi ont-elles révolutionné le monde. Et encore, même chez elles, le sentiment religieux ne va pas toujours avec le sens moral. L'homme le plus dévot n'est pas toujours le plus charitable; c'est souvent le contraire qui s'observe; de même, le peuple le plus pieux est d'habitude le plus intolérant, celui qui met en usage les plus cruelles persécutions. La Sainte Inquisition fut l'œuvre des nations les plus religieuses de l'Europe. Les facteurs qui développent soit le sens moral, soit le sens religieux, sont donc fort divers et souvent même tout à fait contraires.

Et, lorsque nous constatons que le bouddhisme et le christianisme sont les premières religions morales que l'humanité ait connues, nous ne voulons pas dire que ce soient elles qui aient fait triompher la morale dans le monde. Elles ont concordé avec le développement du sens moral, mais ne l'ont pas précédé. Elles ne pouvaient naître, en effet, que lorsque le sens moral eut atteint dans l'humanité un certain degré de développement. Elles se sont appropriées cet esprit de charité qui commençait à flotter, pour ainsi dire, dans l'air : souffle bienfaisant et doux, inconnu jadis parmi les rudes orages de la barbarie, et qui s'élevait au sein des sociétés apaisées, à mesure que la lutte pour la vie devenait moins dure.

La morale, telle que nous la comprenons de nos jours, se dégagea donc d'une façon bien lente des instincts de férocité primitive. Tandis qu'elle s'élevait peu à peu sur la terre, de mystiques rêveurs voulurent la voir descendre du ciel et l'unirent au principe religieux. Mais elle en restera, pour le philosophe, éternellement distincte. Les dieux naissent, grandissent et meurent. Leurs ombres imposantes flottent en dehors de l'humanité et pourront s'effacer sans que la morale en soit elle-même diminuée. La morale est en nous-mêmes, et doit rester en nous-mêmes. Elle est fille des nécessités qui nous gouvernent. Elle nous aide à les subir. Élément fondamental de nos sociétés, elle se développe avec elles et en même temps que nous. Ce n'est que lorsque l'hérédité l'aura implantée solidement dans nos cœurs et lui aura donné la puissance d'un instinct que l'on pourra dire qu'elle est vraiment constituée. Nous sommes trop près de la barbarie antique pour en être déjà là.

Nous avons exposé dans un autre ouvrage les divers facteurs de la morale et l'influence réciproque de chacun d'eux. Nous nous bornerons ici à les énumérer, sans examiner en détail leur action.

Les principaux facteurs du développement de la morale sont : l'utilité, l'opinion, le milieu, les sentiments affectifs, l'hérédité. Pour les raisons données plus haut, nous n'avons pas à mentionner parmi eux les religions.

Même en voulant donner à la morale le point de départ le plus élevé possible, on ne peut contester que, de tous les facteurs qui contribuent à la former, l'utilité ne soit le plus actif et le plus puissant. Mais il s'agit ici de cette utilité supérieure qui concerne la société, et qui inspire le dévoûment de l'individu au bien général de tous. Plus la communauté s'étend, plus les devoirs de chacun de ses membres grandissent et prennent de l'importance. Déjà l'on peut considérer plusieurs de nos obligations morales comme se rapportant à la sécurité de l'espèce humaine tout entière. Celles qui touchent au bien-être d'un seul pays ou d'une seule race, et dont l'expression la plus haute est le patriotisme, bien que n'ayant pas une portée générale, développent cependant l'altruisme, et font sortir l'individu de lui-même en lui inspirant de nobles dévoûments.

De bonne heure, nous l'avons vu, les hommes ont uni leur faiblesse et se sont rassemblés par groupes, afin de mieux lutter

contre les périls de toutes sortes qui leur venaient soit de la nature, soit de leurs semblables. Des services réciproques que se rendaient les membres de ces petites sociétés primitives, naquirent
des devoirs réciproques. On ne fut pas longtemps à s'apercevoir
que là où le désordre régnait, la société ne pouvait subsister, et
que les groupes déchirés par des divisions intérieures ne tardaient

D'après Gau.

FIG. 57. — IPSAMBOUL (NUBIE). VUE PITTORESQUE DE LA FAÇADE DES DEUX TEMPLES
SOUTERRAINS DE RAMSÈS II.

Ces deux temples sont ceux dont les façades et l'intérieur sont représentés planche VI et pages 9 et 72 de cet ouvrage.

pas à périr. On ne se traita donc plus, même dans les plus violentes querelles, comme on traitait l'ennemi; on commença à
respecter la vie de son semblable, du moins la vie de l'homme
adulte et fort, qui pouvait être utile; car celle des femmes, des
enfants et des vieillards, qui souvent encombraient au lieu de
servir, fut longtemps tenue pour bien peu de chose. En même
temps que la vie, on commença à respecter la propriété, car les
injustices et les vols occasionnaient des conflits dangereux. On vit

FIG. 58. — THÈBES. COLOSSES DE MEMNON.

Nous avons donné (planche V), une vue de face de ces deux statues, édifiées par Aménophis III, seize siècles avant notre ère. Nous les montrons ici de profil, d'après une photographie que nous avons prise à Thèbes. Ces colosses, de 20 mètres de hauteur (dimension d'une maison à cinq étages), précédaient le pylône d'un temple entièrement disparu. Ils sont taillés chacun dans un seul bloc de grès brèche d'une extrême dureté et représentaient Aménophis III. Les statues adossées au siège sont celles de la mère et de la femme de ce roi. Un de ces colosses est celui que les Grecs supposaient représenter Memnon, fils de l'Aurore, et qui rendait des sons harmonieux au lever du soleil. Il est couvert d'inscriptions relatives à ce phénomène, scientifiquement expliqué aujourd'hui.

donc s'organiser un rudiment de morale, et, par suite, un rudiment de droit.

Le droit, en effet, a toujours et partout marché de pair avec la morale. Il n'est d'ailleurs pas autre chose que la morale codifiée. Il naît comme elle des nécessités qui créent les mœurs, mais il ne les précède pas. Il diffère de la morale en ce qu'il ne renferme que les préceptes concernant des actions qui ne sont pas encore devenues instinctives.

La morale, elle, se fixant par l'hérédité, finit dans certains cas par devenir absolument impulsive et par nous soumettre fatalement à ses lois. Il ne vient plus à l'idée d'un homme civilisé d'aujourd'hui de manger ses parents âgés, comme le faisaient ses premiers ancêtres. Il n'est pas besoin d'un article de loi pour le lui défendre. Nos sentiments héréditaires, accumulés pendant des siècles, suffisent pour empêcher le retour d'actions semblables. Ce n'est que contre les actes, tels que le vol, le faux, etc., contre lesquels les sentiments héréditaires ne sont pas encore assez puissants, que les législateurs sont obligés d'édicter des lois. La peur du gendarme n'est pas évidemment un principe moral, mais comme elle en tient lieu, nos sociétés l'utiliseront jusqu'à ce que les principes moraux soient solidement établis par l'hérédité dans les âmes.

Le droit est, comme la morale, soumis aux lois générales de l'évolution. Le droit naturel n'existe pas plus que la morale naturelle. Il est peu scientifique de soutenir que, par le fait seul qu'un être arrive à la vie, il apporte avec lui des droits. Nous ne reconnaissons aucun droit à l'animal qui vient de naître, au sauvage que nous combattons et que nous dépossédons, ni, en général, à tous les êtres plus faibles que nous. Si tout à coup apparaissait sur notre planète une race aussi supérieure à l'espèce humaine que celle-ci l'est aux animaux, il est certain que cette race se servirait des hommes comme ceux-ci se servent des animaux domestiques, et que le droit humain disparaîtrait théoriquement et pratiquement, comme une chose accidentelle et sans existence indépendante des circonstances. De nos jours, et dans notre Europe civilisée, les petits États n'échappent à la conquête et à l'absorption que parce que les grands ne savent pas s'entendre pour s'en emparer, et que chacun voudrait garder pour lui la proie. Le jour où le fameux équilibre européen se rompra au profit d'une ou deux puissances, les autres n'auront plus qu'à se soumettre ou à disparaître, et leur droit ne pèsera guère dans la balance équitable des nations. Le vrai droit naturel, le seul qui domine toute l'histoire de l'humanité, est le droit du plus fort. En dehors de ce droit naturel universel, il n'y a plus que des droits locaux destinés à tempérer un peu les effets du droit naturel, et qui varient nécessairement d'un peuple à l'autre.

Les premières sociétés humaines semblent avoir mis longtemps à comprendre que le tort fait à l'un de leurs membres en vertu du droit du plus fort retombait en définitive sur tous les autres : ce ne fut que fort tard que la communauté intervint dans les querelles des particuliers et se substitua à eux pour la punition des coupables. Tous les codes primitifs reconnurent d'abord le droit de vengeance à l'offensé. Ce droit de vengeance individuel persista à travers les âges, non seulement chez la plupart des peuples de l'Asie, mais encore chez des populations demi-civilisées telles que celles de la Corse, où l'individu se croirait déshonoré s'il ne vengeait pas lui-même l'injure reçue soit sur l'offenseur, soit sur ses parents — tous les membres de la famille étant solidaires chez les peuples primitifs.

Lorsque, pour mettre fin aux querelles sanguinaires qui divisaient les diverses familles d'une tribu et l'affaiblissaient, la communauté prit en main la cause de l'individu lésé, elle n'arriva pas tout d'abord à concevoir d'autre peine que celle du talion : œil pour œil, dent pour dent. Mais cette coutume tournait contre elle, en ce sens qu'après un acte de violence qui la privait d'un membre, elle perdait encore volontairement le meurtrier en l'immolant. On eut alors recours au système des compensations. Tout crime devint rachetable. Le tort fait à l'individu se trouvant réparé, la société ne s'avisait pas encore qu'elle eût elle-même, comme société, quelque satisfaction à exiger du coupable, et qu'elle eût intérêt à prévenir les crimes par des châtiments exemplaires.

Dans ces phases encore inférieures du droit primitif, l'opinion publique n'entourait pas de réprobation les coupables. Aucune idée de déshonneur n'était attachée au vol, à la violence, à l'adultère, au meurtre. On était arrivé seulement à cette notion qu'il était juste qu'un dommage causé fût pécuniairement réparé. Quand le criminel avait payé, il était quitte envers sa victime et envers la société.

Tel était à peu près l'état de la morale et du droit pendant les premiers âges de l'histoire. Cet état primitif devait d'ailleurs durer fort longtemps, puisqu'on en retrouve des traces jusque dans des codes de création relativement récente.

La loi des Douze Tables établissait la compensation pour les vols. Dans le droit germain, la vie d'un homme était tarifée suivant son rang. On payait fort cher pour le meurtre d'un noble ou d'un prêtre, mais on pouvait tuer à peu de frais des paysans, des femmes et des esclaves.

Si l'opinion publique fut très indifférente, dans toute l'antiquité, pour la plupart des crimes, et ne les considéra que comme de simples dommages faciles à réparer, toutefois elle intervint de bonne heure pour créer certaines idées d'honneur, de patriotisme, d'amour de la gloire ou de la cité, qui sont déjà très développées dans les plus anciennes civilisations. Justes ou faux, les arrêts de l'opinion ont toujours été plus puissants que ceux des codes. Lorsqu'une idée infamante s'attacha à certaines fautes et à certains crimes, ces fautes et ces crimes tendirent à diminuer plus rapidement que devant la menace des lois. L'opinion est d'ailleurs aussi puissante aujourd'hui que jamais. Nous voyons souvent des fautes, telles que l'adultère et le duel, contre lesquelles la morale, la religion et le code sont impuissants, parce que l'opinion ne les condamne pas.

L'opinion a une telle force qu'elle finit par transformer la morale et le droit, alors que ceux-ci n'ont aucune prise sur elle. D'une façon générale, on peut dire que les nécessités créent l'opinion, que celle-ci fait les mœurs, et que les mœurs font la morale et les codes.

Lorsque, sur un certain point, l'opinion publique est restée la même pendant plusieurs générations, l'hérédité tend à la fixer d'une façon indestructible dans les âmes. L'acte reconnu moral par l'opinion pendant un grand nombre de siècles, finit par s'accomplir instinctivement. Il y a des tribus sauvages de l'Inde chez lesquelles le mensonge a été si vivement condamné depuis des siècles par l'opinion qu'il est inconnu, et que la parole de ces sauvages n'est jamais mise en doute. Dans d'autres tribus, le vol est tellement en horreur, qu'un individu mourrait de faim près d'une provision d'aliments

## La plaine de Thèbes et les colosses d'Aménophis, ou colosses de Memnon.

Ces deux colosses, vieux d'environ 3,500 ans, ont 20 mètres de hauteur. Un d'eux fut jadis considéré par les Grecs comme la statue de Memnon, fils de l'Aurore et de Tithon, tué au siège de Troie par Achille. Frappée par les premiers rayons du soleil, il rendait des sons harmonieux. Sa réputation fut telle, qu'un empereur romain, Hadrien, et

FIG. 59. — SCULPTURE D'UN COLOSSE.

FIG. 60 — SCULPTURE D'UN COLOSSE.

FIG. 61. — SCULPTURE ET POLISSAGE D'UN SPHINX.

FIG. 62. — SCULPTURE ET POLISSAGE D'UNE COLONNE.

D'après Champollion et Rosellini.

FIG. 63. — TRANSPORT D'UN COLOSSE.

Les cinq figures précédentes, copiées sur des peintures de tombes égyptiennes antérieures de quinze siècles environ à notre ère, donnent des détails très intéressants sur les procédés de sculpture égyptienne et sur la façon dont on transportait les colosses monolithes.

confiés à sa garde sans oser y toucher. Le plus pillard des Arabes se fera tuer cent fois pour défendre son hôte, fût-il son ennemi.

Ces sentiments, engendrés et maintenus par l'opinion, ont été fixés par l'hérédité au point de devenir instinctifs. Le raisonnement n'a plus de prise sur eux. A vrai dire, la moralité d'un individu ou d'une race n'a quelque solidité que lorsqu'elle est devenue tout à fait instinctive. La morale s'apporte en naissant et ne s'apprend pas dans les livres. Elle représente toujours l'héritage d'un long passé, le persistant écho de la voix des morts. Ce ne sont point les raisonnements tenus à nos fils qui élèveront leur niveau moral, ce sont nos propres efforts et nos propres actions.

Le droit et la morale s'étant formés par de lentes évolutions séculaires et les nécessités de milieu et de structure sociale ayant fait varier cette évolution d'un peuple à l'autre, nous devons nous attendre à trouver, lorsque nous pénétrerons dans les premières civilisations, des principes de droit et de morale fort divers. Le droit naturel et la morale universelle n'étant, comme nous l'avons vu, que des fictions, ce n'est pas au nom de ces fictions que nous pourrons songer à juger des mœurs et des usages fort différents des nôtres. Ils ont toujours bien agi ceux qui se sont conduits suivant la morale de leur pays et de leur temps. L'historien doit tâcher de comprendre et d'expliquer la genèse des sentiments de nos ancêtres; les critiquer et les juger n'est pas son rôle.

# CHAPITRE V

## NAISSANCE ET DÉVELOPPEMENT DE LA PROPRIÉTÉ, DE L'INDUSTRIE ET DES GOUVERNEMENTS

### § 1er. — DÉVELOPPEMENT DE LA PROPRIÉTÉ

Nos idées actuelles sur la propriété individuelle, qui nous semblent si justes et si simples, se sont pourtant implantées fort lentement dans le cerveau des hommes, et ont été, pendant de longs siècles, absolument inconnues. L'idée de propriété individuelle est aussi peu innée que celles qui se rapportent au droit et à la morale. Elle est même si récente qu'aujourd'hui encore, et jusque dans l'Europe civilisée, nous voyons persister, souvent même en dépit des lois, des vestiges de ses formes antérieures.

Les facteurs principaux qui déterminent l'évolution de la propriété se trouvant fréquemment contrariés par des facteurs secondaires nombreux, il en résulte que son développement s'est arrêté à des phases très différentes chez des peuples arrivés cependant au même degré de civilisation. Dans le court aperçu que nous donnerons ici, nous ne pourrons présenter que les formes générales par lesquelles la propriété a normalement passé chez la plupart des peuples. Cet exposé suffira à montrer que cette institution fut, comme toutes les autres, soumise aux lois générales de l'évolution.

Les premiers hommes, ignorant, comme nous l'avons vu, l'agriculture et l'art de rendre les animaux domestiques, ne pouvaient guère vivre que du produit de leur chasse et de leur pêche. D'après ce que nous observons aujourd'hui chez les peuples sauvages inférieurs, nous devons supposer, d'une part que le sol et les cours d'eau étaient possédés en commun, et d'autre part que cette communauté ne s'étendait pas au delà d'une même tribu. Chacune avait son territoire de chasse ou de pêche, et le défendait énergiquement contre

tout envahissement extérieur. Cette propriété en commun fut la
seule que pouvaient alors concevoir les hommes, et par là ils ne
s'élevaient pas au-dessus des animaux. Il suffit de considérer avec
quelle ardeur belliqueuse une bande de fourmis défend ses galeries
contre l'invasion de tribus étrangères, pour s'en convaincre. Les
abeilles agissent de même pour leurs ruches, et de même aussi
certains carnassiers pour leurs territoires de chasse.

D'après une photographie.

FIG. 61. — THÈBES. RUINES DES PYLÔNES D'UN TEMPLE DE KARNAK PRÈS DE L'ÉTANG SACRÉ.

Si l'idée de propriété passa réellement par la forme primitive
que nous venons de dire, nous devons retrouver le communisme
par tribus chez tous les peuples vivant exclusivement de chasse et
de pêche. C'est en effet ce qui arrive; et les exemples abondent
encore aujourd'hui dans l'Océanie, en Afrique et chez les Indiens
d'Amérique. Nous nous bornerons à en citer quelques-uns.

Dans la Nouvelle-Zélande, on rencontre des tribus vivant dans un état de communisme absolu. Non seulement le sol et les eaux, mais les instruments de pêche et de chasse appartiennent également à tous. Au sein de l'Afrique noire, dans les régions où règne la sauvagerie complète, le sol est à qui peut en tirer parti; les vil-

FIG. 65. — FEMMES ÉGYPTIENNES PUISANT DE L'EAU DANS LE NIL.

lages mêmes n'ont pas de territoire déterminé: on les détruit et on les transporte ailleurs pour les motifs les plus futiles.

Les Peaux-Rouges de l'Amérique du Nord ne connaissent, en fait de propriété, que le territoire de chasse, appartenant à chaque tribu; ils l'ont défendu, ce territoire, non seulement dans leurs guerres mutuelles, mais encore contre les Européens; et, quand ils ont dû l'abandonner, ils ont pour la plupart préféré mourir que de changer leur genre de vie.

Le communisme complet s'observe également chez les Esquimaux. Ce peuple se divise en petits groupes, et tous les objets possédés par chaque groupe appartiennent à tous les membres qui le composent. L'instrument dont chacun se sert n'est sa propriété que pendant qu'il s'en sert. Si l'on prend à la chasse ou à la pêche une baleine, un ours, un phoque, l'animal est partagé entre tous. On ne considère comme propriété personnelle que de petites captures, des morceaux de bois n'excédant pas la charge d'un homme, quelques objets d'un usage tout à fait personnel, les vêtements, par exemple. Les huttes, les bateaux, le territoire du village sont possédés en commun par le groupe.

Après avoir été exclusivement chasseur, l'homme domestiqua les animaux et commença à vivre du produit de ses troupeaux. Mais la vie pastorale ne changea pas d'une façon fondamentale le régime de la propriété.

Les pâturages, comme la chasse, demandent en effet de vastes territoires. Les migrations des troupeaux, comme les évolutions du gros gibier, réclament de grandes étendues de terre, qu'un homme seul ou même une famille ne peut posséder, c'est-à-dire garder et défendre. La communauté s'imposa donc aux peuples pasteurs comme aux peuples chasseurs.

Les Hottentots, dont les bestiaux forment la principale richesse, possèdent leurs pâturages en commun. Un peuple infiniment plus élevé dans l'échelle de la civilisation, le peuple arabe, en est resté, pour ses tribus pastorales, au régime de la propriété du sol possédé en commun par tous les membres de la tribu.

Le communisme primitif n'a persisté que très exceptionnellement chez des peuples ayant atteint un certain niveau de civilisation. En dehors des Arabes que nous venons de mentionner, et chez lesquels par suite de la nature du sol et du genre de vie, ce régime s'impose, on ne pourrait guère citer, parmi les peuples un peu civilisés chez lesquels il se soit maintenu, que les anciens Péruviens avant l'époque de la conquête espagnole. Chaque citoyen se mariait à un certain âge, recevait une maison et une portion de terre qui s'augmentait à la naissance de chaque enfant. Les dieux, le roi, les vieillards et les infirmes étaient entretenus par le peuple et servis les premiers. Tous les autres membres de la société étaient astreints au travail et ne pouvaient s'enrichir, car dès qu'ils possédaient des objets ou des étoffes dont ils n'eussent pas l'emploi, ils étaient tenus de les envoyer dans les magasins des dieux ou du roi. Il n'y avait donc dans l'empire des Incas ni riches ni pauvres. Le communisme idéal, l'égalité idéale y régnaient. Nous connaissons trop peu de leur histoire pour pouvoir dire si la paix, la prospérité, et le bonheur tel qu'on peut le rêver ici-bas, y régnaient en même temps.

Ce fut la découverte de l'agriculture qui amena la première transformation du mode de propriété. Lorsqu'un homme eut, à la sueur de son front, défriché un coin de terre et lui eut fait rapporter une maigre moisson, l'idée que lui seul avait le droit d'en jouir dut lui venir tout naturellement à l'esprit. On ne lui disputa guère ce droit au début, car son travail dut tout d'abord paraître disproportionné au résultat. Les profondes forêts primitives, riches en gibier, tentaient bien davantage des hommes aventureux, tout remplis de l'impatience des êtres jeunes et imprévoyants, qui ne savent pas attendre de longs jours pour voir lever le grain et mûrir l'épi.

Toutefois, et justement parce que l'agriculture était si laborieuse, un homme ne se mit guère à cultiver seul son champ; il contraignit ses enfants, ses femmes, ses esclaves, s'il en avait, à l'aider; ses frères et ses parents se joignirent à lui. Le sol n'était plus exploité en commun comme un vaste territoire de chasse où toute une tribu trouve largement sa subsistance. Les familles se séparèrent et s'isolèrent, et chacune dépensa tout son travail et tous ses efforts à labourer et ensemencer une terre dont elle devait seule recueillir les fruits.

Dès lors, la propriété par famille se substitua à la propriété par tribu. En Abyssinie, chaque famille possède son domaine, indivis entre ses membres, et dont les filles ne doivent pas généralement hériter, parce qu'elles pourraient le transmettre par mariage à des étrangers; elles n'en sont investies qu'à défaut d'héritiers mâles jusqu'au sixième degré. C'était une loi analogue qui régissait la terre salique, chez les Francs, cette terre étant également un domaine familial. Chez les Hébreux, les terres étaient partagées entre les familles; mais comme les fortunes devenaient fatalement inégales, on procédait tous les cinquante ans à un nouveau partage. C'est ce qu'on appelait l'année du jubilé. Cette répartition périodique égale de toutes les terres entre les familles était un reste évident du communisme primitif.

Ce n'est qu'après avoir passé par ces deux formes du communisme par tribu et du communisme par famille que la propriété en arriva à être individuelle. Même alors, elle n'eut pas ce caractère absolu que nous constatons aujourd'hui, et qui fait d'un homme le maître souverain de son domaine, non seulement pendant sa vie, mais jusqu'après sa mort, puisqu'il peut, et presque sans aucune entrave, le léguer à qui bon lui semble. Cette idée de propriété individuelle qui, de nos jours, apparaît comme indestructible et presque sacrée, n'a germé que très tard dans le cerveau des hommes.

Quelques sociétés primitives y sont arrivées assez vite cependant; mais on ne peut les citer que comme des exceptions frappantes. Les Néo-Calédoniens, les Vitiens, quelques tribus australiennes connaissent la propriété individuelle; mais plusieurs de ces peuples pratiquent l'agriculture. Pour ceux qui sont chasseurs, aucun ne possède de gros gibier; les proies qu'ils recherchent, l'opossum, les reptiles, les poissons, les coquillages, pullulent sur des étendues de territoire très restreintes, qu'un seul homme peut exploiter et conserver.

Un état de chose si peu répandu chez les sauvages modernes et qui n'exista jamais chez les peuples des temps primitifs, ne doit donc pas nous occuper lorsque nous traçons l'évolution de la propriété. Au moment où s'ouvre l'histoire, la seconde phase de cette évolution commençait. Partout les nations se dégageaient du communisme par tribu et arrivaient au communisme par famille. Ce dernier régime devait atteindre son apogée dans la Rome républicaine, avec la *gens* et son territoire inaliénable, sur lequel s'élevaient l'autel des dieux lares et le tombeau des ancêtres. Mais pendant toute l'antiquité, et même durant le moyen âge, le souvenir du communisme primitif planait encore. Au début de la féodalité, l'idée que toutes les terres appartenaient au chef de la nation et que les possesseurs de fiefs n'étaient que des usufruitiers, montre à quel point le régime de la propriété a toujours été indépendant de la forme du gouvernement.

Nous venons d'exposer d'une façon très brève les lois générales de l'évolution de la propriété. Cette institution est trop récente pour

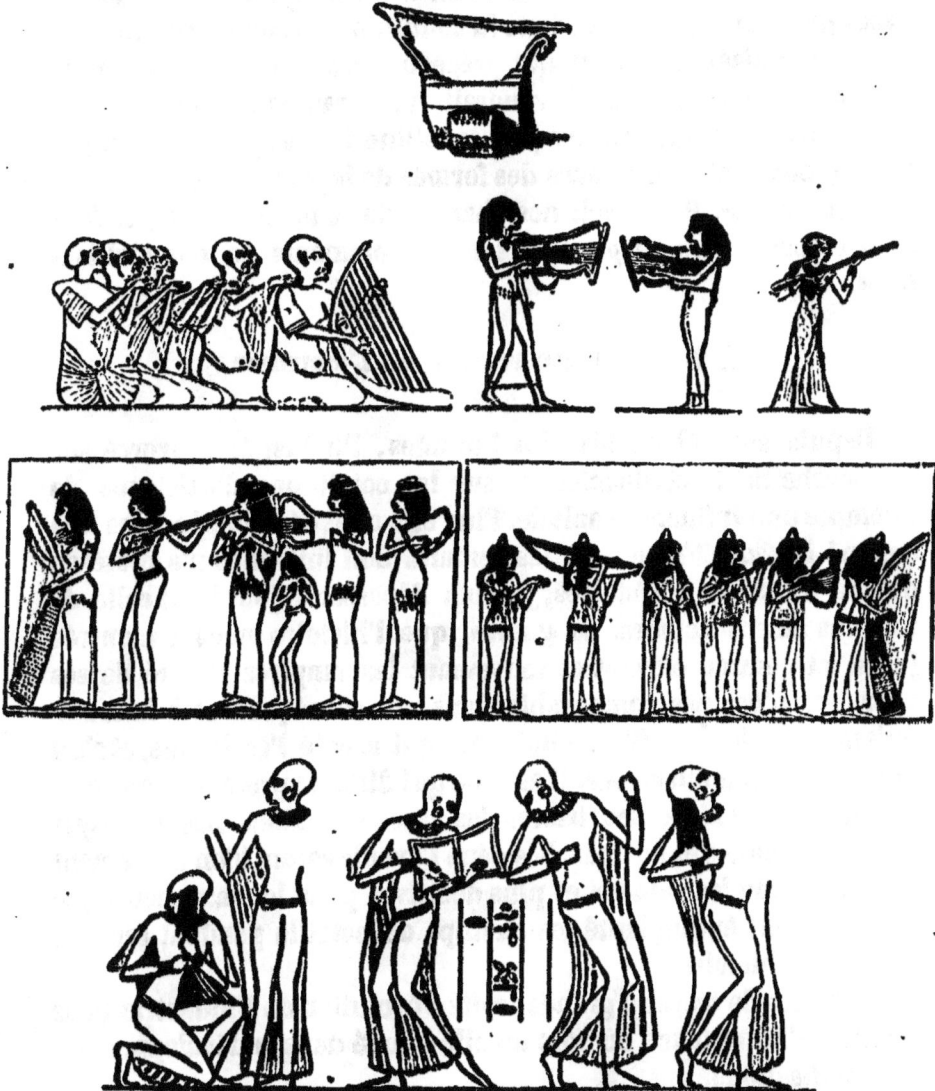

FIG. 66 à 73. — DANSEUSES ÉGYPTIENS, JOUEURS ET JOUEUSES D'INSTRUMENTS.
(Peintures de Thèbes du quinzième siècle avant notre ère.)

que les formes anciennes aient complétement disparu, même chez les peuples civilisés. Le communisme par tribus, ou, ce qui revient à peu près au même, le communisme par villages, subsiste encore à Java, et dans une grande partie de l'Inde et de la Russie. Le communisme par familles persiste chez les Basques, et a laissé des traces jusqu'en Angleterre, dans la coutume du droit d'aînesse.

On voit aisément par ce qui précède que ce n'est pas un régime nouveau que celui auquel voudrait nous ramener le socialisme actuel. Le communisme complet constitue la plus primitive, et par conséquent la plus inférieure des formes de la propriété que l'humanité ait connue. Pour avoir des chances de le faire revivre, il faudrait d'abord faire disparaître tous les éléments de nos civilisations.

### § 2. — DÉVELOPPEMENT DE L'INDUSTRIE

Depuis ses débuts les plus humbles, l'industrie a exercé sur la marche de la civilisation et sur les conditions d'existence de l'homme une influence capitale. Plus elle s'est développée, plus elle a mené les sociétés tout en les servant. Son influence n'a cessé de croître à travers les siècles, jusqu'à dépasser aujourd'hui celle de tous les autres facteurs. La guerre, que l'histoire nous a montrée jusqu'ici comme élevant et renversant les empires au gré de ses caprices, n'est pas comparable dans ses conséquences à la toute-puissante industrie. C'est l'industrie qui a créé l'esclavage, et c'est elle aussi qui l'a fait cesser. C'est elle qui dirigera presque seule dans l'avenir les rivalités meurtrières des races humaines. Les luttes que verront les halles et les marchés dans l'avenir seront bien autrement terribles pour les vaincus et plus décisives pour les vainqueurs que celles qui ont ensanglanté les champs de bataille pendant toute la durée de l'histoire.

Il suffira de tracer à grands traits l'évolution de l'industrie pour montrer l'importance du rôle qu'elle a joué dans le développement des civilisations.

Les débuts de cette formidable puissance, qui devait asservir un jour le monde à ses lois, furent des plus humbles. L'homme fut pendant longtemps moins industrieux que le castor, la fourmi, l'hirondelle ou l'abeille. Puis il fit ses premiers pas; il apprit à tailler des silex en les percutant et se façonna des armes et des instruments grossiers. La chasse constituant sa principale ressource, les outils de mort furent ceux qu'il perfectionna les premiers.

La massue, le javelot, l'épieu, puis l'arc et la fronde, furent bientôt fabriqués par lui. Ces deux derniers instruments de balistique élémentaire sont employés en Australie et même en Polynésie par des sauvages qui ne connaissent pas encore l'usage des métaux. Les armes défensives, les boucliers d'écorce, les cuirasses en peau, en bourre de coton, se rencontrent chez des peuples très primitifs.

Ainsi l'art de tuer, le plus nécessaire pour l'homme, fut naturellement le premier à être perfectionné. Il n'a jamais cessé d'exercer notre intelligence. Aujourd'hui il se maintient à la hauteur des autres découvertes et met en usage toutes les ressources de la science. Le niveau de la civilisation d'un peuple a toujours pu se mesurer au perfectionnement de son armement.

Après la fabrication d'armes grossières, capables d'accroître le pouvoir d'attaque et de défense des premiers hommes, la découverte la plus importante fut celle qui permit de se procurer du feu à volonté. L'utilité du feu est telle que nos pères adorèrent bientôt la puissance qu'ils venaient pourtant d'asservir. Le culte du feu est général chez la plupart des peuples primitifs. Nul ne l'a plus poétisé que les Aryens. Agni était pour eux le principe de toute vie. C'était lui qui, éclatant ou caché, circulait dans l'univers et animait toutes choses.

La découverte du feu fut l'origine de progrès industriels importants. Elle rendit plus facile la préparation des aliments, fit naître l'art de la poterie, et, beaucoup plus tard, le travail des métaux. Le bronze, puis le fer, devaient permettre à l'homme de conquérir le monde. Ce n'est que lorsque les métaux furent mis en œuvre que les civilisations purent progresser réellement. Toutes les matières, jadis travaillées avec tant de peine, se laissaient façonner sans résistance par le métal tout-puissant. L'arbre qu'il fallait des semaines pour abattre avec la hache de pierre, tombait en quelques heures sous les coups de la hache métallique; le canot, creusé laborieusement autrefois pendant des mois avec les outils de silex, élargissait rapidement ses flancs sous le couteau tranchant de l'ouvrier. On ne peut donc s'étonner que, chez certaines peuplades

d'Afrique, le forgeron soit respecté comme le prêtre, et que sa caste
soit considérée comme une sorte d'aristocratie.

L'origine de tout progrès industriel sérieux a été la division du
travail. Dès que les premières familles humaines s'agrégèrent en
tribus, cette division s'imposa. Auparavant chacun avait fabriqué
pour soi et pour sa famille ses armes grossières, ses vêtements, sa
cabane, son canot. Une fois réunis, les hommes commencèrent à

FIG. 74. — PAYSANS ÉGYPTIENS ATTAQUANT UN CROCODILE SUR LES BORDS DU NIL.

échanger les produits de leur industrie, et alors seulement la division du travail put naître.

La division du travail amena nécessairement le perfectionnement rapide des produits. Ceux qui fabriquaient sans cesse des
objets semblables améliorèrent peu à peu la forme et la qualité de
ces objets. L'habitude les y aida, puis l'hérédité, quand plus tard
l'usage se répandit pour les fils d'adopter la profession de leurs
pères.

Cette spécialisation des diverses branches de l'industrie n'a fait,
avec le temps, que s'accroître de plus en plus; non seulement chaque ouvrier s'attacha à la fabrication d'un seul genre d'objets toujours plus restreint et déterminé, mais il en arriva à ne plus produire
qu'une partie d'un objet.

La spécialisation complète du travail, qui est devenue la loi des civilisations modernes, ne dépassa jamais certaines limites dans

D'après Wilkinson.

FIG. 75 et 76. — DÉTAILS D'UNE FÊTE ÉGYPTIENNE, 16 SIÈCLES AVANT NOTRE ÈRE.

(Peinture d'un tombeau de Thèbes.)

les civilisations antiques. Elle ne franchit pas le degré où elle en est encore dans tout l'Orient. Bien supérieure généralement, au point de vue artistique, à l'ouvrier européen, l'ouvrier de l'Orient, quoique n'employant que très peu d'instruments, est resté un véritable artiste. La division du travail n'intervient pas pour l'empêcher de fabriquer entièrement de sa main un objet quelconque; c'est pourquoi cet objet possède toujours un cachet personnel que l'industrie moderne ne saurait lui donner. L'ouvrier n'a jamais été, en Orient, un simple manœuvre dont la vie se passe à percer un trou ou à laisser retomber un marteau, et dont l'intelligence s'affaisse bientôt devant l'accablante monotonie d'un travail automatique et toujours semblable.

Les premières civilisations, non plus que celles qui leur ont succédé en Orient jusqu'à nos jours, ne connurent guère les machines, ou du moins ne connurent que les machines les plus primitives. Tout était accompli par le travail de l'homme et généralement par le travail des esclaves. L'esclavage fut la conséquence du premier progrès de l'industrie, et aucun perfectionnement important n'aurait été réalisé sans lui. Il n'y avait guère de progrès possibles aux âges où un seul homme devait tout faire par lui-même, être à la fois industriel, agriculteur et guerrier.

A l'époque où le travail manuel était le seul moyen dont disposait l'homme pour exécuter le moindre objet, il fallait un nombre immense de bras pour fabriquer tous les produits de nécessité ou de luxe : ces bras étaient naturellement ceux des milliers d'esclaves que fournissaient les guerres. Lorsqu'un conquérant prenait une ville ou une province, il s'empressait de la dépeupler pour remplir ses ateliers. Il n'y a pas longtemps d'ailleurs que ce système était pratiqué par les races blanches sur les côtes de l'Afrique noire.

L'institution de l'esclavage se retrouve à la base de toutes les sociétés antiques. Le fait seul qu'il exista partout prouve à quel point il fut fatalement nécessaire. Cette fatalité inévitable aurait dû modérer un peu les flots de discours aussi indignés qu'inutiles prononcés contre l'esclavage par les avocats et les historiens. Il eût été plus sage de tâcher de comprendre les origines et les conséquences de cette institution. Un peu de réflexion eût vite montré que ce fut l'esclavage seul qui rendit possible les progrès industriels dont nous héritons aujourd'hui et que le premier effet de l'esclavage fut d'adoucir les guerres et d'empêcher les effroyables exterminations dont elles étaient auparavant suivies. Les droits du maître sur l'esclave étant aussi étendus que celui du propriétaire sur son cheval, on ménageait un bon esclave, comme on ménage un beau cheval ; et, par simple raison d'intérêt, le maître devait beaucoup plus s'occuper du bien-être d'un ouvrier habile que plus d'un chef d'usine de nos jours. Lorsqu'un facteur aussi puissant que l'industrie établit un ordre de choses, toutes les déclamations humanitaires des rhéteurs n'y pourraient rien changer. L'industrie moderne prépare peut-être à l'homme des temps beaucoup plus durs que ceux de l'esclavage antique. La découverte de la houille, de la vapeur et de l'électricité, réduit de plus en plus l'ouvrier à un rôle purement automatique. Tous les hommes se valent sur ce terrain-là. Or il est sur la terre des centaines de millions d'individus, Hindous, Chinois, etc., qui n'ayant pas les besoins de nos ouvriers occidentaux et se trouvant initiés par la rapidité et la régularité des communications au travail de nos manufactures, les supplanteront aisément devant les métiers. Qu'arrivera-t-il alors que ces races travailleuses et sobres pourront, grâce à leurs richesses houillères et à nos machines, inonder nos marchés de produits fabriqués à des prix vingt fois moins élevés qu'en Europe?

Une forme d'évolution industrielle peu supérieure à l'esclavage fut le servage. Nous le rencontrerons dans certaines sociétés antiques, et nous y verrons même parfois succéder la phase plus élevée encore qui correspond à nos corporations du moyen âge. Le mécanisme de ces dernières peut servir de type. Une grande perfection était exigée dans le travail de chacun; avant que l'apprenti passât compagnon, puis maître, il fallait qu'il eût fait ses preuves, qu'il eût produit son *chef-d'œuvre* et qu'il eût donné des années de travail. Chaque corporation était puissamment organisée, jalouse de ses privilèges, exclusive, exigeant beaucoup de ses membres, et fournissant ainsi des produits toujours plus achevés et plus beaux. Les marchés étaient restreints, les communications très lentes, les débouchés sûrs, la concurrence étrangère facile à repousser. Ces corporations, de même jadis que celles des Phéniciens, finissaient par acquérir une grande influence; elles armaient des vaisseaux, fondaient des villes et des colonies, et, comme les drapiers des Pays-Bas luttant victorieusement contre Charles-Quint, devenaient de véritables puissances. L'industrie, qui de l'homme libre avait fait un esclave, arriva dans bien des pays à faire de cet esclave un véritable souverain. Devant le pouvoir despotique et indiscuté de l'épée, elle avait créé la puissance plus irrésistible du travail.

Ces formes diverses d'évolution de l'industrie n'appartiennent qu'à la petite industrie, la seule qu'aient connue les sociétés antiques. La grande industrie moderne a créé une forme d'évolution nouvelle constituée par l'étroite spécialisation du travail et par la substitution de la machine à l'ouvrier.

Mais nous n'avons pas à nous écarter ici des sociétés anciennes. Si nous avions à faire l'histoire de l'industrie, nous montrerions aisément qu'elle fut un des plus puissants facteurs de l'évolution des sociétés modernes. Les révolutions et les guerres ne sont bien souvent que des épisodes de sa transformation, tout comme les tremblements de terre, qui étonnent et effraient l'imagination, ne sont que des épisodes insignifiants du lent travail d'évolution qui transforme peu à peu notre planète.

Ce rôle capital, bien qu'effacé, de l'industrie dans l'histoire, peu d'historiens et d'hommes politiques l'ont compris, et lorsque, pour renouveler l'édifice vieilli du gouvernement et des classes, et donner aux hommes des institutions libres, les législateurs de notre grande Révolution cherchaient des modèles dans l'antiquité classique, ils tombaient dans l'erreur la plus naïve qui puisse faire sourire un penseur. Leur République accessible à tous ne ressemblait guère à ces aristocratiques républiques des premiers temps de l'histoire, où un nombre bien restreint de privilégiés portaient le nom de citoyens, tandis que des foules infinies d'esclaves, qui soutenaient pourtant ces sociétés par leur travail, n'étaient même pas comptés comme des hommes.

Cette œuvre gigantesque, qui du monde antique a fait le monde moderne, et que presque seule l'industrie a accomplie, n'est rien encore auprès des prodiges que nous voyons la même force sociale opérer sous nos yeux depuis quelques années, et auprès de ceux que, grâce aux découvertes de la science, elle est destinée à accomplir encore. La vapeur est une niveleuse autrement puissante que la guillotine; et, auprès des transformations sociales dues à l'évolu-

D'après la commission d'Égypte.

FIG. 77. — RESTITUTION DE LA FAÇADE DU TEMPLE DE DENDÉRAH.

mencé sous Ptolémée XI, soixante ans avant Jésus-Christ, ce temple fut terminé seulement sous Tibère et décoré sous Néron. C'est donc un des monuments les plus modernes Égypte. Il est couvert d'une profusion de tableaux et de bas-reliefs. Le temple était dédié à Hathor, mère du Soleil, déesse de la beauté, de la résurrection et de l'amour. planche représente la façade du temple restaurée. J'ai donné dans une figure précédente, page 28, son état actuel, et page 120, une restitution de l'intérieur du temple.

tion de l'industrie, les résultats des batailles les plus meurtrières, des révolutions les plus sanglantes, peuvent être considérés comme véritablement bien faibles.

Je n'ai pas à rechercher ici, je le répète, quels seront les effets produits par la marche toujours plus rapide de l'industrie. Il nous a suffi de rapprocher en quelques mots son action actuelle de son point de départ, afin d'appeler l'intérêt du lecteur sur l'importance du moteur tout-puissant qui a créé les civilisations, les a transformées et continue à les transformer encore.

### § 3. — NAISSANCE ET DÉVELOPPEMENT DES GOUVERNEMENTS

Les institutions politiques ne doivent pas être considérées, dans l'histoire de l'évolution des sociétés humaines, comme des causes, mais bien comme des effets. Elles sont l'expression de l'état de civilisation d'un peuple et évoluent avec lui. Le régime politique d'une nation indique seulement ses conditions d'existence et quelles sont les phases gouvernementales qu'elle a déjà traversées.

Cette vérité, qui paraîtra sans doute bien élémentaire un jour, commence à peine à être entrevue aujourd'hui. Nous ne sommes pas encore dégagés de la vieille erreur, si chère à tous les révolutionnaires, d'après laquelle un peuple peut choisir à son gré les institutions qui lui paraissent théoriquement les meilleures, et voit sa destinée changer suivant que telle ou telle institution a été adoptée par lui. On s'imagine volontiers encore que les constitutions se fabriquent en un jour et peuvent être imposées par la persuasion ou par la force, et que, pour civiliser un peuple inférieur, il n'y a qu'à lui appliquer en bloc les lois qui réussissent le mieux chez les peuples supérieurs. Lycurgue et Solon créant des codes de toutes pièces sont encore des modèles que citent les livres classiques. Et pourtant si ces grands législateurs firent œuvre durable, ce fut uniquement parce qu'ils se bornèrent à condenser des coutumes que l'habitude et la religion avaient fixées dans les âmes et qui n'étaient que l'expression des besoins du peuple qu'elles devaient régir. « Je n'ai pas donné aux Athéniens les meilleures lois qu'on puisse imaginer, disait Solon, mais celles qui leur convenaient le mieux. »

L'étude des civilisations qui se sont succédé dans l'histoire nous montrera aisément à quel point les institutions politiques sont l'expression des besoins des peuples. Retrouvant toujours les mêmes institutions chez des nations arrivées à des phases d'évolution semblables, nous en conclurons nécessairement que les races chez lesquelles on les rencontre les subissent comme d'inévitables nécessités, mais ne les choisissent pas. Il n'y a pas d'exemple, dans l'histoire, d'un peuple qui ait brusquement changé ses institutions. C'est leur nom seul qu'il a transformé quelquefois, à la suite de révolutions sanglantes ou de violentes conquêtes. Les changements qu'a pu imposer le plus despote des conquérants n'ont jamais été durables qu'à la condition d'avoir été très faibles. Il en a toujours été ainsi dans les temps anciens, et il en est encore de même dans les temps modernes. La Corse, attachée aux pieds de la France comme un boulet, et qui, malgré son préfet, ses magistrats, son code et ses gendarmes, reste gouvernée par ses bandits, conserve ses clans et toute son organisation du moyen âge; l'Irlande à demi brisée, mais nullement changée sous la main de fer de l'Angleterre; les peuples inférieurs auxquels nous essayons vainement, comme aux Arabes de l'Algérie, d'imposer nos lois, sont des exemples de l'impossibilité de changer les institutions, ou, ce qui revient au même, de modifier la constitution mentale d'un peuple.

Une étude attentive de l'histoire des nations montre aisément que chacune a passé par des phases générales de constitution politique comme elle a passé par des phases religieuses ou industrielles, et qu'elle n'a jamais fabriqué aucune de ses institutions de toutes pièces. Les règles qui conviennent à un peuple ne sauraient convenir à un autre. Elles n'ont qu'une valeur toute relative. La tyrannie fut une chose excellente à certaines époques, et la liberté fut également excellente à d'autres.

Ce sont les nécessités d'existence et de milieu, d'une part; et, d'autre part, les sentiments et les idées héréditaires d'un peuple, et par conséquent son passé, qui font naître son organisation politique. Celle-ci se moule entièrement sur sa constitution mentale. Il ne peut pas plus la choisir qu'il ne peut choisir les sentiments et les idées qu'il apporte en naissant. Les institutions d'un peuple ne peuvent changer qu'avec les changements de ses conditions d'exis-

Commission d'Égypte.

FIG. 78. — RESTITUTION DU PORTIQUE DU TEMPLE DE DENDÉRAH.

tence. En vain tenterait-on de lui imposer d'autres lois que celles auxquelles le soumet son passé. Jamais il ne se les assimilera, puisqu'il est impossible de lui apporter en même temps, avec ces lois, qui sont des effets, toutes les causes qui les ont fait naître.

Ces principes généraux étant posés, nous allons tracer d'une

FIG. 79. — SOLDATS ÉGYPTIENS FAISANT L'EXERCICE DEVANT UNE FORTERESSE.

Cette restitution, faite pour cet ouvrage par M. Rochegrosse, a été obtenue en réunissant dans un même cadre des peintures empruntées aux tombes royales de Thèbes. Les costumes, les armes et les mouvements des soldats indiqués par les peintures originales ont été scrupuleusement respectés.

façon sommaire comment sont nés et se sont développés les gouvernements au sein des premières civilisations.

L'influence du milieu est certainement une de celles qu'il faut placer au premier rang. Nous en montrerons l'importance dans un chapitre spécial. Nous ferons voir que certains milieux impliquent certaines institutions et n'en impliquent pas d'autres; que, par exemple, les peuples qui vivent dans les steppes sont forcément nomades, ont nécessairement un gouvernement central très faible et une autorité paternelle très forte, qu'ils sont pliés sous le joug de traditions rigides, et sont à ce point envahisseurs que l'on peut dire qu'ils ont peuplé le monde; alors que les peuples qui vivent de chasse sur les sols forestiers possèdent un gouvernement despotique central très dur et une autorité paternelle très faible, ne connaissent guère de traditions et n'ont jamais eu aucune tendance à envahir le monde. Mais ce sont là des cas particuliers que nous ne voulons pas étudier maintenant. Notre but actuel est de montrer comment les institutions fondamentales de gouvernement qu'on rencontre à peu près chez tous les peuples se sont développées.

Les plus anciennes ébauches de gouvernement sont nées de la nécessité où se trouvèrent les premières familles humaines de s'associer pour se défendre contre leurs ennemis. Au début de son existence, tout était crainte pour l'espèce humaine et risque permanent de destruction. La première inspiration qui vint à nos sauvages ancêtres, en face de la cruauté des bêtes féroces et des attaques de leurs propres semblables, fut naturellement de se réunir en groupes et de créer une première force avec quelques-unes de leurs faibles unités rassemblées. Nous avons vu dans un précédent chapitre ce qu'étaient ces associations, qui méritaient plutôt le nom de troupeaux que celui de sociétés. Mais il ne sert à rien d'être plusieurs, si l'on n'agit pas par une impulsion commune; et d'où viendra l'impulsion, sinon d'un chef, qui tout naturellement devait être le plus sage, le plus fort ou le plus adroit de la bande. Les singes ne vivent pas autrement; ils forment de petits groupes, dont chacun est dirigé par un mâle robuste. Cette première ébauche d'État et de gouvernement se retrouve même dans l'espèce humaine, chez les Patagons, les Néo-Zélandais et les Australiens. Les petites sociétés chez ces derniers ne comptent pas plus de vingt à trente individus sous un seul chef, y compris les femmes et les enfants.

Ce qui prouve à quel point ces associations et ce pouvoir d'un seul naquirent des nécessités de se défendre contre l'ennemi, ou d'attaquer des rivaux afin de leur arracher des aliments trop rares, c'est que, chez certains peuples primitifs, l'organisation par groupes sous un même commandement n'existe que pendant la guerre et se dissout en temps de paix. Les Tasmaniens n'avaient des chefs que temporairement; chaque petite horde choisissait son capitaine avant d'entreprendre une expédition; après la victoire ou la défaite, il redevenait l'égal de tous.

Les peuples qui ne connaissent pas la guerre ne peuvent acquérir la notion de l'autorité d'un seul. Les Esquimaux, vivant en petites communautés paisibles, ne sont pas arrivés à l'idée d'un roi. Ils furent supéfaits lorsqu'ils purent constater la discipline qui existait à bord des vaisseaux européens, et lorsqu'ils virent une vingtaine de robustes matelots se précipiter en tous sens au premier commandement d'un seul officier.

La guerre n'est pas, comme nous le verrons plus loin, la seule cause qui donna naissance aux primitifs gouvernements; mais quand c'est elle qui les produit, elle donne toujours le pouvoir à un seul. Dès leurs premières luttes, les hommes apprirent quelle force immense est créée par la discipline, force infiniment supérieure à celle du nombre. Combien de petits groupes humains, déchirés par leurs passions sauvages, durent s'éteindre et disparaître, faute de cette discipline si essentielle! La nécessité de l'obéissance à une volonté, à une idée unique, s'impose en face du danger, même aux natures les plus rebelles. De cruelles expériences apprirent la soumission aux premiers hommes, et la leur inculquèrent parfois jusqu'à l'exagération. Les effrayants despotismes exercés encore de nos jours par les rois africains en sont une preuve. Nous avons vu que la crainte avait engendré les dieux; nous pouvons dire aussi que le plus souvent elle a créé les rois. Lorsque les deux idées se mêlèrent, lorsque les premiers conducteurs d'hommes eurent l'habileté de donner à leurs lois une sanction divine, leur puissance ne connut plus de bornes, et le caprice d'un seul put se jouer de la vie de milliers de ses semblables devenus ses adorateurs.

Ainsi, la guerre est, on peut le dire, la mère de toutes les monarchies absolues. Elle seule peut conduire à remettre le pouvoir entre les mains d'un seul.

C'était le danger public qui, à Rome, avait fait imaginer la dictature; aussitôt ce danger passé, Cincinnatus retournait à sa charrue. Dans les pays les plus épris de liberté, c'est la guerre qui fait surgir les tyrans, et ces tyrans ont commencé généralement par être les protecteurs et les défenseurs de la patrie. Un ennemi puissant et qu'on redoute fait naître le césarisme chez ses voisins.

D'une manière générale, toutes les nations que leur situation géographique force à rester belliqueuses ont conservé la monarchie absolue comme système de gouvernement. De vastes États, ouverts aux invasions, exposés aux révoltes intérieures, seront des autocraties, comme on en a tant vu et comme on en voit encore en Orient. Au contraire, des pays restreints, protégés par des montagnes, formeront plutôt de petites républiques libres, telles que celles de la Grèce dans les temps anciens et la Suisse dans les temps modernes. Les nomades, qui n'ont pas de territoire à défendre, ne connaissent pas le despotisme; les Turcomans nomades s'indignent à la seule idée d'obéir à un chef.

Immédiatement après la guerre, il faut placer l'industrie comme un des plus puissants facteurs ayant déterminé, sinon la naissance, du moins la forme des gouvernements. Les premières richesses qu'elle créa et les premières inégalités qui en furent la conséquence, firent naître le pouvoir aussi rapidement que les premiers combats.

Aussitôt que l'outillage de l'homme fut un peu perfectionné, l'industrie se développa au sein des communautés primitives. Les artisans, les agriculteurs habiles créèrent plus d'objets qu'il n'en fallait pour leurs besoins; ils les échangèrent, les vendirent, et acquirent ainsi des richesses. Les riches formèrent bientôt une sorte de caste; et comme ils avaient à protéger leurs biens contre la masse pauvre et avide, ils constituèrent des règles, des lois, en un mot, un gouvernement. Ce gouvernement, né de l'industrie, ne pouvait être absolument de même essence que celui qu'avait créé la guerre. Chez les peuples industriels, le pouvoir est toujours moins concentré que chez les peuples guerriers. La richesse colo-

niale de Tyr faisait de ses marchands des princes, comme dit
Isaïe, et bien que Tyr, comme les autres cités de la Phénicie, ait
eu des rois, les marchands et les armateurs étaient tout-puissants
dans la cité. L'oligarchie de la commerçante Venise, la répu-

FIG. 60. — BUSTE TROUVÉ AU RAMESSEUM.
(XV° siècle avant notre ère.)

blique des Pays-Bas, peuvent être également citées comme types
des gouvernements créés par l'industrie.

Les gouvernements d'origine industrielle engendrent nécessairement des institutions fort différentes de celles qu'on observe dans
les monarchies purement guerrières. Le souverain d'une autocra-
tie militaire n'a pas de rivaux au sein de la nation; celui d'un

gouvernement industriel a pour rivaux, comme à Tyr, que nous citions plus haut, les membres d'une aristocratie commerçante. Il est donc fatalement conduit à s'appuyer sur le peuple plus ou moins oppressé par la caste aristocratique.

Nous avons fait remarquer plus haut que les pays qui ne connaissent pas la guerre ne connaissent pas non plus l'autorité royale; ceux qui ignorent l'industrie ignorent également ce que c'est qu'un gouvernement régulier. Tels sont les Fuégiens de l'Amérique du Sud, les Bushmen d'Afrique, et même les Hottentots. Pourtant ces derniers, peuples pasteurs, connaissent une sorte d'aristocratie que l'on pourrait appeler l'aristocratie du bétail; celui qui a beaucoup de troupeaux jouit d'une certaine influence. En cas de guerre, ces peuples se donnent un chef temporaire, qui perd toute autorité en temps de paix.

La guerre et l'industrie, telles furent donc les deux principales sources de tout gouvernement, et leur évolution détermine à travers les âges l'évolution des institutions politiques. Mais il en est encore une troisième, les croyances religieuses, dont l'action, bien que peut-être plus tardive que celle des deux premières, n'en fut pas moins très considérable.

Puisqu'il a été admis par tous les peuples de l'antiquité sans exception que des puissances surnaturelles et redoutables dirigent les destinées des hommes, il était naturel de suivre les conseils du prêtre qui connaissait leurs volontés, interprétait leurs oracles et savait les apaiser par des prières. Il était naturel aussi que le souverain s'efforçât de donner à ses ordres la sanction divine et s'alliât avec le clergé, qui la dispensait. Souvent les deux pouvoirs se confondirent. En général, ils surent demeurer étroitement unis. Tous les premiers rois cherchèrent à donner une base divine à leur autorité. Les Pharaons d'Égypte étaient adorés après leur mort. Romulus et Rémus étaient fils du dieu Mars. Numa prenait conseil de la nymphe Égérie. Nos rois de France se faisaient oindre de la sainte ampoule et invoquaient pour leur dynastie le droit divin. En Chine, l'empereur est le « Fils du Soleil »; au Japon, le mikado est le représentant des dieux; le roi de Siam reçoit de ses sujets des honneurs divins; on lui parle en se roulant dans la poussière et on recueille ses crachats dans des coupes d'or.

Si de telles superstitions se sont perpétuées jusqu'à nos jours, et chez des peuples civilisés, on conçoit aisément combien elles devaient être puissantes chez des races tout à fait barbares. Nous pouvons en juger par le despotisme sans frein qu'exercent les rois nègres de l'Afrique, dont tous sont plus ou moins divinisés aux yeux de leurs peuples. L'hérédité, la tradition, ont fortifié l'obéissance servile qu'on leur rend sans même la discuter. Ils torturent leurs sujets par pure distraction, ou dans le but de bien affirmer que leur bon plaisir seul fait loi, sans que nul y trouve à redire.

Chez tous les anciens peuples, la volonté des dieux se retrouve à la base des gouvernements, et donne aux lois cette rigidité, cette fixité, qui semblait devoir s'opposer à tout progrès, mais qui a cédé, cependant, aux transformations lentes que subissent jour à jour les conditions de la vie.

Chez les peuples dont cet ouvrage décrira les civilisations, nous verrons dominer une théocratie toute-puissante. Les Égyptiens recevaient leurs lois de la caste sacerdotale; les rois mêmes étaient jugés par elle après leur mort. Les Hébreux se croyaient conduits directement par Jéhovah, dont Moïse, Josué, les juges et même plus tard les rois, n'étaient que les interprètes et les représentants. Chez les antiques Aryas, les prêtres jouissaient d'une très grande influence, et les Védas parlent des présents que doivent leur offrir les puissants de la terre s'ils veulent voir prospérer leurs entreprises.

Plus tard, au sein des hautes civilisations grecque et romaine, il n'en fut pas autrement. La loi civile et la loi religieuse y étaient étroitement confondues dans un joug unique, qui pesait de la façon la plus lourde sur chaque citoyen. L'individu y était sacrifié à l'État, c'est-à-dire à la communauté, et ne jouissait d'aucune liberté particulière. Les dieux de la cité se dressaient menaçants, réclamant toujours une obéissance et un dévoûment aveugles. Rien n'était entrepris sans consulter leurs oracles; les nier constituait un crime de trahison envers la nation, et le peuple se soulevait tout entier contre le sceptique, s'appelât-il Socrate.

Après avoir montré que les institutions politiques d'un peuple sont principalement créées par la guerre et l'industrie, puis fixées

par les lois religieuses, il nous resterait à montrer — si cette tâche
ne devait nous entraîner trop loin — l'évolution de ces institutions
à travers le monde et à décrire les transformations qu'elles ont
subies. Nous devrons nous borner ici à en indiquer les lignes générales à grands traits.

Ces transformations correspondent exactement aux transforma-

D'après une photographie.

FIG. 81. — LE NIL, PRÈS D'ASSOUAN.

tions que subirent — surtout par suite du développement de l'industrie — les conditions de l'existence humaine. Mais nulle part
ces changements nécessaires ne se sont produits sans difficulté ni
sans lutte — lutte qui est l'essence même de la vie des sociétés —
entre les instincts progressifs et les instincts conservateurs.

Les peuples ne continuent à vivre qu'à la condition de respecter leurs traditions, et ils ne progressent qu'à la condition de savoir
se dégager à temps du joug de ces traditions quand elles sont
devenues inutiles ou nuisibles. La solution de ce problème, dont les
deux faces semblent au premier abord contradictoires, est une des

plus difficiles qu'il puisse y avoir à résoudre. L'histoire est jonchée

D'après une photographie.

FIG. 82. — THÈBES, COLONNES DU TEMPLE DE LOUQSOR.
La façade de ce temple, construit quinze siècles avant notre ère par Sésostris,
est donnée dans une autre partie de cet ouvrage.

des débris des nations qui ont disparu, parce qu'elles n'ont pas
su y parvenir. En étudiant dans une autre partie de cet ouvrage les

divers facteurs de la civilisation, nous verrons quel rôle immense joue dans la vie d'un peuple le degré de son aptitude à varier. Trop faible, elle l'empêche de réaliser aucun progrès et le condamne à disparaître devant ceux qui savent progresser; trop grande, elle lui fait perdre toute cohésion et le condamne encore à périr.

Dans toutes les premières civilisations, le rôle des gouvernements paraît avoir été plus considérable qu'il ne le devint dans les sociétés plus avancées, et cependant il fut, en réalité, beaucoup moindre. Chez les nations primitives, l'intervention de l'État dans les affaires des citoyens était presque nulle. Il ne pouvait songer, comme dans les sociétés modernes, à envahir les moindres détails de l'existence des particuliers. Son influence se réduisait le plus souvent au commandement militaire pour les peuples guerriers, à un arbitrage pacifique pour les peuples agricoles ou pasteurs. L'État ne s'occupait que peu ou pas des intérêts privés, qui étaient abandonnés aux familles. L'idée que la société pût avoir à intervenir pour punir des crimes n'intéressant que des individus, apparaît très tard dans l'histoire. La notion qui se présente le plus naturellement à l'esprit est que la personne lésée ou sa famille ont seules intérêt à venger le tort subi. La peine du talion, base du droit biblique, appliquée par l'offensé ou par ses parents, se retrouve en tout droit primitif. Il n'y avait guère que les offenses intéressant toute la tribu ou les dieux de la tribu qui fussent punies par la communauté. Cette phase primitive de gouvernement a subsisté chez tous les peuples sauvages au sein desquels l'industrie ne s'est pas développée.

Lorsque nos premiers ancêtres passèrent de la sauvagerie à la barbarie, leur système social se modifia, et ils connurent le clan, puis l'esclavage, et enfin le système féodal.

Le clan fut la tribu régulière, fondée sur la parenté, et où le pouvoir du chef se confondit avec l'autorité paternelle. Lorsque plusieurs clans se fondirent, par suite de nécessités géographiques ou d'associations guerrières, on vit apparaître la nation, qui, dès qu'elle fût fondée, eut des esclaves et s'organisa suivant le système féodal.

En effet, les guerres, elles aussi, avaient changé. Ce n'étaient plus des compétitions de tribu à tribu, vidées par un combat après lequel on exterminait les prisonniers, pour les offrir aux dieux ou pour les manger. C'étaient des entreprises considérables, où toute une race se ruait sur une contrée riche et prospère, s'en emparait et s'y établissait. Les vainqueurs, maîtres d'une vaste terre et d'une immense population de vaincus, n'eurent qu'une idée et qu'une occupation : garder le produit de cette terre en la faisant cultiver aux hommes soumis par l'épée, et la conquête fut organisée

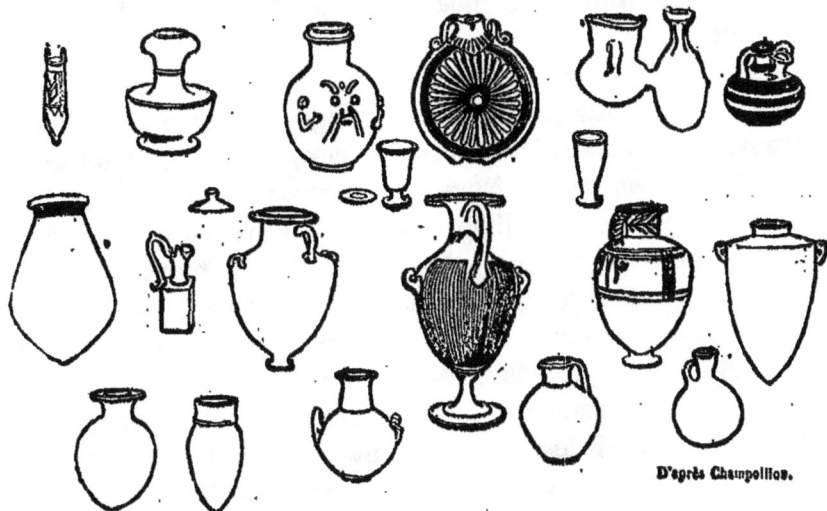

FIG. 83. — VASES ÉGYPTIENS DE DIVERSES ÉPOQUES.

D'après Champollion.

militairement. On vit subsister dans l'ordre social la hiérarchie militaire avec les grades de général en chef, d'officier, de sous-officier et de soldat, correspondant désormais aux titres de rois, de suzerain, de vassal et d'arrière-vassal. On n'extermina plus la population vaincue; elle était devenue trop utile par la naissance de l'industrie. C'était elle qui devait travailler pour ses maîtres, dans les champs, dans les ateliers, donnant ainsi aux vainqueurs des loisirs qu'ils pouvaient employer, soit à combattre, soit à perfectionner leur intelligence et leurs arts. Les vaincus furent des esclaves, comme les hilotes de Laconie, ou des serfs, comme nos paysans du moyen âge.

L'esclavage et le système féodal, tout barbares qu'ils nous semblent, constituèrent donc un progrès énorme sur l'antique sauvagerie. Comme type de gouvernement, c'est pourtant bien élémentaire. Tous les citoyens libres encore participaient à l'exercice du pouvoir, en ce sens que chaque propriétaire était maître absolu sur ses terres, et que ses querelles avec ses voisins se vidaient le plus souvent l'épée à la main et sans intervention de l'État. Ce système devait durer presque jusqu'à nos jours. Il ne put disparaître que lorsque la grande industrie eut amené des conditions d'existence toutes nouvelles, qui firent craquer peu à peu les vieilles coutumes et anéantirent graduellement jusqu'à leurs dernières traces.

Les phases diverses de gouvernement que nous avons bien sommairement indiquées dans les pages qui précèdent, nous les retrouverons, suivant les lieux et les âges, dans les grandes civilisations de l'ancien Orient. Nous rencontrerons, par exemple, le gouvernement primitif égalitaire, pastoral, sans autre autorité que celle du père de famille, chez les Juifs, au temps d'Abraham; la monarchie absolue et guerrière chez les Assyriens; une oligarchie de marchands chez les Phéniciens; un régime aristocratique et féodal chez les Égyptiens. Mais toujours ces formes diverses seront analogues chez tous les peuples arrivés à la même phase de développement. Elles sont les manifestations de l'âme et des besoins de chaque race, dans son enfance, sa jeunesse et son âge mûr.

FIG. 84. — TÊTE DE FEMME ÉGYPTIENNE MODERNE.

# LIVRE DEUXIÈME
# COMMENT LES PEUPLES S'ÉLÈVENT A LA CIVILISATION

## CHAPITRE PREMIER

### INFLUENCE DES MILIEUX ET DE LA RACE

#### § I. — INFLUENCE DES MILIEUX

Les peuples divers vivant actuellement à la surface du globe présentent tous les degrés d'évolution, depuis l'existence purement animale et la sauvagerie primitive, jusqu'au plus haut degré de civilisation. Parmi eux, quelques-uns continuent à progresser sans cesse, comme les Européens; tandis que d'autres semblent avoir

atteint la limite extrême de leur développement naturel, et être
destinés à ne plus jamais faire un seul pas en avant, comme les
Chinois, emprisonnés dans des formes sociales en apparence immuables. D'autre part, l'histoire nous montre des races qui, après
s'être élevées constamment pendant des siècles, sont tombées dans
un état de décadence, qui, peu à peu, et par une évolution nettement rétrograde, les a conduites à la mort.

Quelles sont les causes de pareils phénomènes? Comment se
fait-il que tous les peuples n'aient pas marché parallèlement dans
un chemin ouvert également à tous? Quelles forces mystérieuses
ont arrêté les uns dès leurs premiers pas, ont poussé les autres dans
une marche toujours plus rapide, précipité quelques-unes dans une
irrémédiable chute, et immobilisé d'autres dans un éternel repos?

Les facteurs qui déterminent l'évolution d'un peuple sont nombreux; ils ont tous une très grande importance, et ce serait
s'exposer à d'inévitables erreurs que de n'en considérer qu'un ou
deux, comme l'ont fait généralement les historiens, leur attribuant
exclusivement les effets produits par tous et surtout par leur
combinaison les uns avec les autres. Jusqu'à nos jours, l'on a
toujours voulu trouver des causes simples aux plus grands
événements de l'histoire. La tâche de l'historien était aisée, alors
qu'embarrassé par l'explication à donner d'un phénomène, il
tranchait la difficulté en faisant intervenir le caprice d'une toute-
puissante Providence. Elle l'était également, quand on ne considérait qu'un facteur à la fois, comme l'action du milieu par exemple,
ou celle des grands hommes. C'était tomber dans une erreur
analogue à celle du mathématicien, qui, voulant prédire la marche
d'un mobile soumis à l'attraction de plusieurs corps, ne tiendrait
compte que de l'action d'un seul.

Nous allons énumérer les principaux facteurs de l'évolution
des peuples, étudier rapidement leur influence, et tâcher de donner
à chacun sa véritable valeur. Les principaux sont, suivant nous, le
*milieu, la race, l'hérédité, l'aptitude à varier, les progrès de
l'agriculture et de l'industrie, la lutte pour l'existence,
l'influence des grands hommes, celle des illusions et des
croyances*. Nous commencerons par l'étude du milieu.

Il serait difficile d'exagérer l'influence du milieu sur l'homme, mais il est facile d'exagérer celle de l'un des éléments du milieu, le climat. C'est dans cette exagération qu'ont versé la plupart des historiens. Cet élément a été le seul dont ils se soient occupés pendant longtemps ; n'en connaissant pas d'autres, ils lui attribuaient volontiers l'action la plus profonde. Le froid ou la chaleur décidaient du type d'une race, de la coloration de sa peau, de son caractère et de ses aptitudes ; le thermomètre devenait l'instrument à consulter en dernier ressort quand on voulait connaître un peuple. De grands esprits, Montesquieu notamment, ont été victimes de cette illusion « Vous trouverez, dans les climats du Nord, dit cet éminent philosophe, des peuples qui ont peu de vices, beaucoup de sincérité et de franchise. Approchez des pays du Midi, vous croirez vous éloigner de la morale même ; des passions plus vives multiplieront les crimes. Chacun cherche à prendre sur les autres tous les avantages qui peuvent favoriser ces mêmes passions. Dans les pays tempérés, vous verrez des peuples inconstants dans leurs manières, dans leurs vices mêmes et dans leurs vertus. Le climat n'y a pas une qualité assez déterminée pour les fixer eux-mêmes. »

La science moderne ne saurait se contenter aujourd'hui de généralisations aussi vagues. La question de l'influence du milieu et de l'adaptation des êtres vivants à ce milieu, est une des plus délicates de l'histoire naturelle. Nous commençons seulement à en saisir toute l'étendue ; c'est à peine si nous pouvons l'effleurer ici. Nous nous bornerons à montrer à quel point est complexe le problème qui paraissait si simple à Montesquieu et à ses imitateurs, en isolant quelques-uns des éléments qui entrent dans ce terme général de milieu, et montrant l'influence de chacun d'eux. Nous examinerons d'abord celle du climat.

L'influence générale du climat avait déjà été notée au temps d'Hippocrate. Il est certain, d'une façon générale, qu'un climat froid et sec développe l'énergie, l'aptitude au travail, et fortifie la volonté ; un climat tiède et chaud provoque, au contraire, la paresse, le goût du repos, des plaisirs faciles, la crainte de tout effort. On l'a dit avec justesse, c'est dans les pays chauds qu'on a toujours trouvé les peuples les plus faciles à se plier sous le joug d'un maître. 250 millions d'Hindous sont aujourd'hui maintenus dans l'obéissance par une poignée d'hommes, mais cette poignée d'hommes appartient à l'énergique race des Anglo-Saxons.

Dans cette division du milieu, qu'on nomme le climat, en-

D'après la Commission d'Égypte.

FIG. 85. — THÈBES, RESTITUTION DES COLONNES DU TEMPLE DE KARNAK.

Cette coupe longitudinale montre quatre des grandes colonnes de l'avenue centrale de la salle hypostyle. On voit au second plan les petites colonnes latérales. — La grande salle hypostyle forme un rectangle de 103 mètres de longueur et 51 mètres de largeur. Le plafond est supporté par 136 colonnes colossales dont les douze plus grandes ayant 10 mètres de circonférence (grosseur de la colonne Vendôme), forment, sur deux rangées, une avenue de 23 mètres de hauteur. A droite et à gauche se groupent les autres colonnes supportant un plafond élevé seulement de 13 mètres.

trent d'autres éléments encore. La température en est un; il n'est pas le seul. La sécheresse, l'humidité, l'altitude, le degré de lumière, la qualité de l'air, la direction habituelle des vents, etc., contribuent à former le climat, et agissent chacun d'une façon différente sur l'âme et le corps de l'homme.

Le montagnard n'a pas des qualités identiques à celle de l'habi-

D'après Champollion.

FIG. 56. — VASES ÉGYPTIENS FABRIQUÉS IL Y A PLUS DE TRENTE SIÈCLES.

Plusieurs de ces vases peuvent, par leurs formes, être comparés aux plus belles productions de l'art grec. Ils leur sont antérieurs de plusieurs siècles.

tant des plaines ou de l'insulaire. Le premier sera moins sociable, habitué qu'il est à gravir seul des sentiers trop étroits souvent pour deux, et à vivre loin des grands chemins que parcourent les foules; il sera plus silencieux, plus sobre. Le second sera certainement plus gai; et le troisième, accoutumé au spectacle de la mer, sera plus aventureux, plus épris des lointains voyages. Tous les peuples habitant les bords de la mer ont été navigateurs et commerçants; les Phéniciens et les Hollandais n'ont été que cela, à cause de l'exiguïté de leur territoire continental. Les Suisses, les Écossais, peuples montagnards, sont des races dures et sobres, peu communicatives et jalouses de leur liberté.

La sécheresse et l'humidité ont également une grande influence. Dans les pays très arrosés se trouvent des races flegmatiques et lentes comme celles de nos Pays-Bas européens; là, parmi les brumes perpétuelles, l'esprit devient rêveur et se voile volontiers, lui aussi, de brouillard. L'air sec et vif active, au contraire, tous les ressorts du corps et de l'intelligence et contribue à former des races agiles, positives, nerveuses et fières, telles que la race grecque.

Le climat a une influence directe sur la production du sol, et, par cette influence, agit encore sur l'homme. Nous aurons à examiner plus loin le rôle des productions du sol par rapport aux conditions d'existence et aux institutions sociales des peuples. Nous nous bornerons donc à dire maintenant que, trop abondantes ou trop insuffisantes, elles agissent d'une façon funeste. Trop abondantes, trop faciles à se procurer, elles engendrent la paresse, la mollesse et rendent tout progrès impossible; trop rares, elles exigent de l'homme des efforts pénibles qui le privent des loisirs nécessaires pour utiliser son intelligence et progresser.

L'influence de la lumière est encore un des éléments du climat que nous devons mentionner ici.

L'effet de la lumière sur la constitution humaine n'est pas aussi vif peut-être que sur les végétaux, mais il peut lui être comparé : une plante élevée dans une cave est chétive, décolorée et ne réussit pas à vivre longtemps. La peau de l'homme brunit au soleil, et l'on a voulu voir dans l'effet prolongé d'une lumière éclatante la cause de l'existence des races noires. Ce dernier fait n'est nullement prouvé; mais il est certain que la coloration des nègres, si elle est causée par le soleil, est due plutôt à la clarté qu'à la chaleur des rayons. En remontant de l'équateur vers les pôles, on voit le teint des races s'éclaircir ainsi que la couleur de leurs cheveux et de leurs yeux, mais seulement jusqu'aux régions polaires. En quittant la Scandinavie blonde, on trouve des Esquimaux et des Lapons aux yeux et aux cheveux noirs. C'est peut-être — il faut avoir soin de dire *peut-être* — que, si la chaleur est absente de ces régions, cependant la réverbération du soleil sur les neiges y produit une lumière éblouissante.

La lumière a plus d'effet encore sur le moral de l'homme que sur son corps. « De la lumière, de la lumière ! » disait Gœthe en mourant. La lumière nous est aussi nécessaire que l'oxygène de l'air. Dans les pays où elle s'épanche à flots, bienfaisante et féconde, l'esprit s'ouvre, l'imagination s'éveille, le travail s'allège; là où elle manque, la tristesse remplit les cœurs, et les poètes ne font que des rêves tourmentés. Quelle différence entre la sombre mythologie des Saxons et des Normands et le riant Olympe des Grecs; entre les ballades mélancoliques des bardes écossais et les joyeux exploits de Don Quichotte ou de Roland furieux. La philosophie est souriante dans les pays du soleil; la gaîté même est voilée sous les cieux obscurs du Nord.

Les aspects grandioses et sauvages donnent à l'imagination des races un tour très différent de celui que font naître des paysages gracieux et modérés. La littérature et l'architecture de l'Inde, également boursouflées, touffues, énormes et monstrueuses jusque dans leurs splendeurs, se sont tout naturellement épanouies en face d'une nature gigantesque, au pied des plus hautes montagnes de la terre, au bord d'océans sauvages et sur la lisière d'effrayantes forêts; tandis que l'art sobre et harmonieux des Grecs est le reflet d'une contrée charmante, aux horizons lumineux, souriants et nets, sans terreur comme sans mystère.

Après avoir examiné l'influence du climat, cherchons à indiquer celle du sol et de ses productions.

L'influence du sol sur l'homme est capitale, non seulement au début d'une civilisation, mais pendant une longue période de son histoire. Il faut arriver à ces temps modernes, où l'on peut dire que le monde tend à avoir une civilisation uniforme, pour voir, en présence de la facilité des transports, l'influence du sol et de ses productions se réduire quelque peu.

Cette influence fut capitale à l'aurore des civilisations, et surtout pendant les temps qui l'ont précédée. Le sol déterminait non seulement les conditions d'existence, mais encore les institutions politiques et sociales des peuples. Il serait facile de le montrer en examinant les populations qui ont vécu dans les forêts, dans les prairies, sur les plages maritimes ou sur les divers sols cultivés. Ne pouvant considérer ici tous les cas particuliers qui se sont présentés, nous nous bornerons à montrer l'immense influence de la nature du sol, en choisissant deux exemples bien tranchés : les espaces couverts de forêts et les steppes.

Ces deux sols fournissent à l'homme, par les produits de la chasse dans les premiers, par les produits des troupeaux dans les seconds, ses moyens d'existence. L'agriculture, n'étant pas nécessaire, est par conséquent à peu près inconnue ou fort rudimentaire. De ces conditions diverses d'existence découlent des institutions sociales fort importantes qu'on retrouve chez tous les peuples — quelle que soit leur race — placés dans des milieux identiques.

Les pays à forêts, ceux de l'Amérique méridionale, par exemple, procurent à l'homme, par la chasse, des moyens d'existence suffisants, mais précaires. En raison de l'exiguïté des ressources, les familles sont forcément peu nombreuses et disséminées sur de grands espaces. L'adresse et la vigueur de l'individu lui permettent de se suffire bien strictement quand il est jeune, mais ne le lui permettent guère quand il est vieux ; aussi les vieillards sont-ils peu considérés et souvent abandonnés ou même massacrés quand ils ne sont plus que des bouches inutiles. Le père de famille ne rendant pas de services, son autorité est presque nulle, et l'influence des traditions, que seul il pourrait conserver, très faible. Les contestations pour les territoires de chasse étant fréquentes, les familles sont dans un état de guerre permanent. La guerre ne pouvant être entreprise utilement qu'avec des hommes et de la discipline, les familles sont obligées de se grouper en tribus sous l'autorité d'un chef. Son autorité devant être rigoureuse, elle est nécessairement despotique, et le pouvoir est par suite très centralisé. De telles conditions d'existence ne permettent guère aux peuples qui y sont soumis de sortir de la barbarie. Ce furent celles

FIG. 87. — CHAÎNE DU GEBEL ABOU-FODAH, SUR LES BORDS DU NIL (HAUTE-ÉGYPTE).

Tous les rochers de cette région sont percés de grottes funéraires et formaient autrefois une immense nécropole. C'est dans le voisinage de cette chaîne que se trouvent des catacombes où les momies de crocodiles sont empilées par milliers.

où se trouvait la plus grande partie de la Gaule à l'époque de l'invasion romaine : sans cette invasion, elle fût restée barbare. Ce n'est guère, en effet, qu'en subissant une conquête que les peuples chasseurs peuvent entrer dans la voie du progrès.

N'ayant pas d'excédant de population, les peuples chasseurs n'ont eux-mêmes aucune tendance aux émigrations. La plus grande partie du monde serait encore déserte si, à son origine, il n'eût été habité que par des peuples chasseurs.

Tout autres sont les conditions d'existence et les institutions des peuples vivant dans les steppes, telles que celles qui couvrent les immenses régions existant à l'est de l'Europe et dans l'Asie centrale. Ces peuples sont des barbares encore, mais des barbares que la nécessité des émigrations ont amenés à peupler le monde, par conséquent à changer de contrée, et par conséquent encore à modifier leurs conditions d'existence suivant les exigences de leurs nouveaux milieux. Tant qu'ils ne sont pas sortis de leurs steppes, ils ne se sont jamais élevés à la civilisation, mais ils ont pu y atteindre aussitôt qu'ils en sont sortis, et la nécessité les a toujours obligés d'en sortir.

Les peuples qui habitent les steppes ne vivent guère que du produit de leurs troupeaux, et ce mode d'existence détermine fatalement cet état de la famille qu'on a nommé l'état patriarcal, dont le type se trouve dans la Bible. Les occupations journalières étant trop variées pour qu'un seul individu puisse y suffire, tous les membres de la famille doivent y collaborer. Les biens divers : troupeaux, objets d'exploitation — le sol lui-même quand il est par hasard cultivé — appartiennent en commun à la famille, qui vit sous l'autorité de son chef. La véritable unité sociale est alors, non pas l'individu, comme chez les peuples chasseurs, mais la famille. Elle est placée sous la direction absolue du père, qui est à la fois pontife, magistrat et souverain, constituant à lui seul toute la hiérarchie sociale, et par conséquent fort respecté. Dans des conditions semblables, un gouvernement central est sans objet. Il est limité, en effet, à la direction des opérations militaires en temps de guerre, à une protection nominale, accompagnée quelquefois du paiement d'un tribut, en temps de paix.

Les peuples pasteurs étant toujours en mouvement, il ne peut y avoir chez eux de propriété du sol. Quand leurs troupeaux ont épuisé un territoire, ils doivent aller plus loin et sont fatalement condamnés à la vie nomade.

Tant qu'ils restent dans leurs vastes plaines, ces peuples nomades ne sont pas susceptibles de progrès. Tous leurs besoins étant satisfaits par les produits de leurs troupeaux, rien ne les pousse à modifier leur existence.

L'autorité du père de famille, nulle chez les peuples chasseurs, mais si grande chez les peuples pasteurs, rend tout-puissant pour ceux-ci le joug de la tradition. Tant qu'ils ne sortent pas de leur territoire, ils ne changent pas. Tels ils étaient au temps d'Abraham, en Asie, tels nous les retrouvons encore aujourd'hui.

Mais une nécessité impérieuse a toujours forcé un grand nombre d'entre eux à des émigrations périodiques. Alors que les peuples chasseurs, voués à des conditions d'existence très précaires, se multiplient peu, les peuples pasteurs, dont l'existence est facile, se multiplient beaucoup. A des époques périodiques la population se trouve donc en excédant sur les moyens de subsistance, et elle doit alors émigrer. Ces émigrations sont d'ailleurs extrêmement faciles pour les peuples pasteurs. Ils vont devant eux, poussant leurs troupeaux, et emportant tout ce qu'ils possèdent sans esprit de retour. Leur seule patrie est le sol où ils campent aujourd'hui, et ce sol n'est pas celui où ils camperont demain. Ce n'est pas une armée, obligée de se préoccuper sans cesse de ses moyens de subsistance et de protéger sa base d'opération, qui se déplace; c'est un peuple tout entier qui se met en mouvement.

Par le fait seul de leur nombre et de leurs facilités de transport, ces pasteurs possèdent une puissance formidable, et il n'est guère d'empires qui aient pu lutter contre eux. Sans parler des rois pasteurs qui ont conquis l'Egypte, les grandes invasions qui ont fondu sur la Chine, l'Inde, l'Europe, et contribué à les peupler, étaient formées de peuples pasteurs : Gengis-Khan, Tamerlan, Attila, ne commandaient qu'à des hordes de nomades. Comme ces nuées de sauterelles qui ravagent tout sur leur passage, ils ont toujours été irrésistibles. La lutte contre eux n'a été possible que quand ces peuples pasteurs arrivaient dans des contrées où l'existence nomade ne leur était plus praticable.

On voit par ce qui précède à quel point les productions du sol influent dans l'histoire sur le mode d'existence et les institutions sociales des hommes. Nous pourrions pousser beaucoup plus loin encore cette analyse; faire voir, par exemple, que les plages mari-

D'après une photographie de Sébah.

FIG. 88. — GROUPE DE CHANTEUSES ÉGYPTIENNES MODERNES.

times donnent naissance à des populations spéciales, où règnent la propriété familiale, un esprit de tradition mélangé d'esprit de nou-veauté, un besoin d'émigration analogue à celui des pasteurs, mais limité à la partie mâle de la population. Nous pourrions également montrer l'influence des diverses cultures du sol dans les pays où l'on vit d'agriculture. Allant plus loin encore, nous pourrions

examiner certaines sociétés
compliquées, celles de l'Assyrie et de la Chaldée, par
exemple, et faire voir comment des relations commerciales ont créé la richesse,
qui a perfectionné l'agriculture, dans des régions où la
nature du sol ne s'y prêtait
que très peu; et comment,
ces richesses disparaissant
quand les courants commerciaux ont changé de direction, ces pays cultivés ont fait
place à des déserts, et de
grands empires se sont évanouis. Mais les limites de cet
ouvrage ne nous permettent
pas d'aller plus loin dans cette
voie. Nous ne pouvions qu'indiquer très sommairement ici
quelques-uns de ces problèmes fondamentaux auxquels
les historiens n'ont guère
songé, et qui entrent pourtant parmi les facteurs les
plus importants de l'évolution des civilisations et des
empires.

Voici donc, bien briève-
ment résumés, les effets de
la nature extérieure sur
l'homme; mais l'action des
milieux est favorisée ou en-
travée par bien d'autres facteurs. Il ne suffirait nullement de transporter une race

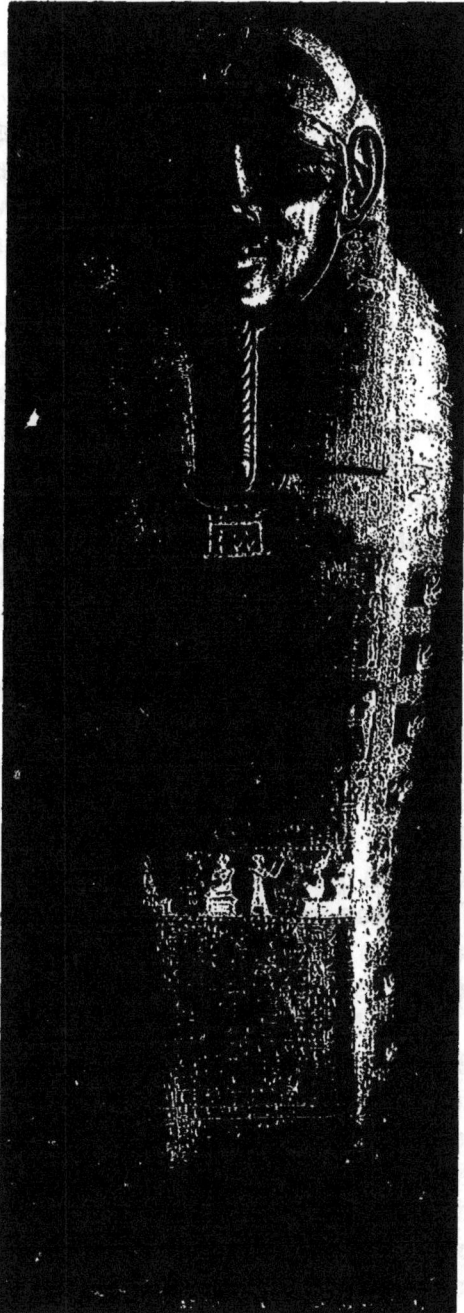

FIG. 89. — SARCOPHAGE EN BASALTE TAILLÉ EN FORME
DE MOMIE.

d'un milieu dans un autre pour lui voir revêtir les caractères que nous avons attribués à l'influence des divers milieux.

D'une façon générale, l'action d'un milieu quelconque est extrêmement lente, et ne peut agir que sur des peuples jeunes, ou sur des races rajeunies par un sang nouveau et chez lesquelles la toute-puissante action de l'hérédité se trouve atténuée par des influences héréditaires agissant en sens contraire. C'est une erreur dont la science actuelle a enfin fait justice de croire que l'homme peut s'acclimater partout, c'est-à-dire s'adapter à tous les milieux. En fait, une race ne peut se déplacer de quelques degrés de latitude sans être bientôt anéantie. Bien que disposant pourtant de toutes les ressources de la civilisation moderne, les Français ne peuvent élever leurs enfants en Algérie, ni les Anglais les leurs dans l'Inde. Ils sont obligés de les renvoyer dans la mère patrie. L'homme des pays chauds ne supporte pas les climats froids ; celui des pays froids supporte encore moins les climats chauds. L'Egypte, conquise par vingt peuples divers, a toujours été leur tombeau ; pendant six mille ans d'histoire, aucune race étrangère n'a pu s'y acclimater. Elle est arabe aujourd'hui par la religion et la langue, elle est restée pharaonique par le sang.

Le travail d'assimilation par lequel la plante, l'animal ou l'homme s'adapte au milieu nouveau dans lequel il se trouve placé, ne peut se faire qu'avec une lenteur extrême et à la seule condition que le changement de milieu n'ait pas été trop soudain. Un poisson retiré de l'eau meurt, et cependant la science nous démontre que la constitution du poisson, lentement adaptée à des genres de vie nouveaux, est devenue celle du mammifère.

Les milieux physiques ont dû surtout agir au début de l'humanité, et leur rôle a été très important pour la différenciation des races. Leurs effets, accumulés à travers les siècles par l'hérédité, sont devenus des caractères indélébiles et bien tranchés. Mais ces caractères, aujourd'hui implantés dans les races, variés par des croisements, contrariés ou fortifiés par d'autres causes que nous verrons tout à l'heure, ont acquis une telle persistance et une telle stabilité qu'un changement de milieu n'a guère de prise sur eux. Le Hollandais restera flegmatique sous l'équateur, le Gascon, bruyant et plein d'exagération vers les pôles.

Le milieu physique ne peut agir sur une race que lorsque cette race, à la suite d'une conquête ou d'une émigration, se mélange par des mariages avec celle qui, depuis des siècles, est soumise au nouveau milieu. Dans ce cas les influences de l'hérédité se trouvent dissociées et en partie annulées; l'action du milieu recouvre alors toute sa force, et, si elle a le temps devant elle, elle refait une nouvelle race qui tient des deux autres.

Cette dernière remarque sur la façon d'agir du milieu physique est rigoureusement applicable au milieu moral. Celui-ci se compose des idées, des croyances, des traditions, des sentiments qu'un peuple accumule également durant des siècles et qui circulent à la fois en nous et hors de nous parmi nos pareils. Si nous changeons de milieu moral, les tendances que nous devons à l'hérédité lutteront contre des influences nouvelles, tout comme elles lutteront contre un climat et un milieu physique nouveau. Les alliances contractées dans le milieu où nous entrons les atténueront pour nos enfants, et pourront les effacer complètement par la suite. Un Français s'installant au Japon ne se sentira nullement disposé assurément à laisser sa fille gagner sa dot en se prostituant, ce qui est pourtant là-bas un usage fort respecté. Mais si ses enfants et ses petits-enfants épousent des Japonaises et continuent à vivre dans le pays, il est probable qu'après quelques générations ils ne verront aucun mal à ce qui choquait leur aïeul.

En parlant de la morale, nous avons dit combien est forte la puissance de l'opinion. Elle résume et personnifie, pour ainsi dire, le milieu moral dans lequel nous vivons. Nul ne peut se soustraire à son pouvoir. Née elle-même de tous les facteurs qui ont peu à peu formé la race, elle façonne les esprits à son tour, et les plie plus ou moins à son joug.

Tout ce qui précède peut faire comprendre la complexité des causes qui président à la marche des individus, des races et des peuples. Chacune agit sur l'autre et nulle n'est absolument prédominante. Non seulement on doit les considérer séparément, mais pour faire de la vraie science sociale exacte, il faudrait mesurer leur action les unes sur les autres et calculer leur résultante unique, comme on calcule la force unique, résultant de l'attraction de divers corps agissent sur un seul. On ne saurait avoir aujourd'hui la prétention d'accomplir une pareille tâche. Si elle devient jamais possible, ce ne sera pas avant bien des siècles.

## § 2. — INFLUENCE DE LA RACE

Lorsque les races humaines apparaissent dans l'histoire, elles

FIG. 00. — HORUS, OSIRIS ET ISIS.

ont généralement acquis déjà ces caractères tranchés qui ne se transformeront plus que bien lentement dans la suite. Les plus vieux bas-reliefs égyptiens, sur lesquels se trouvent reproduits les types divers des peuples avec lesquels les Pharaons étaient en relation,

nous prouvent que nos grandes classifications actuelles des races
pouvaient déjà être appliquées à l'aurore de l'histoire.

Les races humaines, ou — pour parler un langage peut-être plus
scientifique — les diverses espèces humaines qui vivent à la sur-

D'après une photographie.

FIG. 91. — SÉTI Iᵉʳ FAISANT UNE OFFRANDE AUX DIEUX.

(Bas-relief du temple d'Abydos, construit quinze siècles avant notre ère.)

face du globe, se sont formées pendant les centaines de mille années
qui ont précédé les temps historiques. Elles se sont formées, sans

doute, comme toutes les espèces animales, au moyen de lents changements produits par la variabilité des milieux, triés par la sélection et accumulés par l'hérédité. Mais si nous connaissons les lois générales de cette lente évolution, nous n'en connaissons pas les détails, et nous n'avons pas d'ailleurs à nous en préoccuper ici. Prenant les races toutes formées, notre but est de montrer l'importance immense que jouent dans l'évolution d'une civilisation les caractères moraux et intellectuels des races chez lesquelles cette civilisation s'est développée. Pour comprendre l'histoire des peuples, la genèse de leurs institutions, de leur morale et de leurs croyances, c'est leur constitution mentale qu'il faut étudier tout d'abord.

C'est en vain qu'on demanderait aux caractères anatomiques, comme on l'a fait pendant si longtemps, les moyens de différencier les peuples. La couleur de la peau ou des cheveux, la forme ou le volume du crâne ne donnent que des divisions fort grossières. La psychologie seule permet de préciser nettement les différences existant entre les diverses races. Elle nous montre que les peuples dont la constitution mentale sera semblable auront des destinées semblables, quand ils seront placés dans des circonstances analogues, alors qu'ils pourront différer beaucoup par leur aspect extérieur. C'est ainsi qu'on a pu comparer avec raison l'Anglais moderne aux anciens Romains. Il existe, en effet, une parenté évidente dans la constitution mentale de ces deux peuples: même énergie indomptable de caractère, même respect de leurs institutions, et même aptitude à les changer lentement, sans secousses, même capacité à conquérir les peuples et à conserver des colonies. Au point de vue du type extérieur, il y a au contraire une dissemblance complète entre le Romain aux formes trapues et robustes, au profil court et énergique, à la peau bronzée, aux yeux et aux cheveux noirs, et l'Anglo-Saxon, à la taille haute, à la figure allongée, à la peau blanche, aux yeux clairs et aux cheveux blonds.

En attendant l'époque, vraisemblablement fort lointaine, où les progrès de l'étude du cerveau nous auront révélé les différences cérébrales correspondant aux divers modes de sentir et de penser, nous devons nous borner à différencier les peuples uniquement par leurs caractères psychologiques.

Les deux éléments fondamentaux qu'il faut toujours examiner

chez un peuple, sont le caractère et l'intelligence. Au point de vue
du succès d'une race dans le monde, le caractère a une importance
infiniment plus grande que celle de l'intelligence. Un individu,
ou une race, font leur chemin dans la vie beaucoup plus avec
celui-là qu'avec celle-ci. La Rome de la décadence possédait assurément plus d'esprits intelligents que la Rome des premiers âges
de la République. Les artistes brillants, les rhéteurs éloquents,
les écrivains habiles, s'y montraient par centaines. Mais ce qu'elle
n'avait plus, c'était des hommes au caractère viril, énergique, peu
soucieux sans doute des raffinements de l'intelligence, mais très
soucieux de la puissance de la cité dont ils avaient fondé la grandeur. Quand elle les eût tous perdus, Rome dut céder la place
à des peuples beaucoup moins intelligents, mais beaucoup plus
énergiques. La conquête du vieux monde gréco-latin, raffiné et
lettré, par des tribus d'Arabes barbares constitue un autre exemple
du même ordre. L'histoire d'ailleurs en est pleine, et l'avenir en
présentera sans doute plus d'un encore.

Au point de vue du développement historique d'un peuple, son
caractère joue donc un rôle supérieur à celui de son intelligence.
Au point de vue du niveau de la civilisation, c'est au contraire l'intelligence qui l'emporte. Toutefois l'action de cette dernière ne s'exerce
qu'à la condition qu'elle ne soit pas simplement assimilatrice, mais
créatrice. Les peuples doués seulement d'intelligence assimilatrice, tels que les Phéniciens autrefois, les Mogols plus tard, et les
Russes de nos jours, peuvent s'approprier plus ou moins une civilisation étrangère, mais ils ne la font pas progresser. C'est aux peuples
doués d'intelligence créatrice, tels que les Grecs dans l'antiquité et
les Arabes au moyen âge, que sont dus tous les progrès généraux
dont l'humanité entière profite, alors que les conquêtes guerrières
ne profitent guère qu'à un seul peuple.

C'est uniquement, en effet, au développement de l'intelligence
créatrice, c'est-à-dire de l'aptitude à associer les idées, à voir leurs
analogies lointaines et leurs différences que sont dues toutes les
découvertes. C'est cette faculté qui permit à Newton de découvrir
que la chute d'une pomme est un phénomène du même ordre que
la gravitation d're astnu à Franklin de reconnaître l'analogie de
l'étincelle électrique et de la foudre.

L'observation la plus superficielle démontre bien vite que les divers individus qui composent une race sont eux-mêmes différents les uns des autres par leur aspect physique aussi bien que par leur constitution morale et intellectuelle; mais une observation un peu plus attentive montre bientôt que, sous ses diversités apparentes, se cache un ensemble de caractères communs à tous les individus de cette race, caractères aussi stables que les vertèbres chez les vertébrés, et dont l'ensemble constitue ce qu'on a justement nommé le caractère national d'un peuple. Quand nous parlons physiquement ou moralement d'un Anglais, d'un Japonais d'un Nègre, nous lui attribuons immédiatement — et le plus souvent sans nous tromper beaucoup — un ensemble de traits généraux qui sont précisément une sorte de condensation des caractères, du type moyen de sa race. En agissant ainsi, nous procédons inconsciemment comme le naturaliste qui décrit une espèce animale. S'il s'agit du chien ou du cheval, par exemple, les caractères choisis par lui seront assez généraux pour être applicables à toutes les races possibles de chiens ou de chevaux, qu'il s'agisse d'un roquet ou d'un bouledogue, d'une fine bête de course ou d'un lourd cheval de charrue.

Ces caractères nationaux, créés chez des peuples homogènes par l'influence longtemps continuée des mêmes milieux, des mêmes institutions, des mêmes croyances, jouent un rôle tout à fait fondamental, bien qu'invisible, dans la vie des peuples. Ils représentent

FIG. 93. — TÊTE COLOSSALE DE RAMSÈS II.

FIG. 98. — VUE D'UNE COLONNADE RUINE DANS LE GRAND TEMPLE DE PHILÆ.

Une gravure d'une portion de ce temple a déjà été donnée page 36. On en trouvera d'autres plus loin.

le passé de toute une race, le résultat des expériences et des actions
de toute une longue série d'ancêtres. Chaque individu qui vient à la
lumière apporte cet héritage avec lui. Durant son existence entière
la vie passée de ses ascendants pèsera sur toutes ses actions d'un
poids auquel rien ne pourrait le soustraire. Son caractère, c'est-à-
dire l'ensemble des sentiments qui le guideront dans la vie, c'est la
voix de ses ancêtres. Elle est toute-puissante, cette voix des morts,
et quand elle se trouve en opposition avec celle de la raison, ce
n'est pas cette dernière qui pourrait triompher d'elle. Le poids du
passé est infiniment grand, alors que celui du milieu, pendant la
courte durée d'une existence, est infiniment petit.

> « Car le passé de l'homme en son présent subsiste,
> « Et la profonde voix qui monte des tombeaux
> « Dicte un ordre implacable, auquel nul ne résiste. » *

C'est précisément cette toute-puissante influence du passé qui
fait que pour comprendre l'évolution d'un peuple, il faut d'abord
étudier son histoire. C'est toujours dans le passé d'un peuple qu'il
faut chercher l'explication de son état présent.

Il en est des races humaines comme des espèces animales : les
unes présentent beaucoup de variétés, d'autres, au contraire, en
offrent très peu. Moins la race présente de variétés — ou, si l'on pré-
fère, moins les variétés s'écartent d'un type moyen — plus cette race
est homogène. Tel est, par exemple, l'Anglais actuel, chez qui l'ancien Breton, le Saxon et le Normand se sont effacés pour former un
type absolument nouveau et tout à fait tranché. Si, au contraire, les
groupes sont juxtaposés sans avoir été suffisamment mélangés, la
race reste hétérogène, et le type moyen devient plus difficile à établir, parce que les traits communs qui le composent sont moins
nombreux. En France, le Provençal est bien différent du Picard,
et l'Auvergnat du Bourguignon. Cependant, s'il n'existe pas encore
un type moyen du Français, il existe au moins des types moyens
de certaines régions. Ces types sont malheureusement assez séparés
par les idées et le caractère. Il est donc par conséquent difficile de

---

* DANIEL LESUEUR.

trouver des institutions qui puissent leur convenir à tous. Nos divergences profondes d'idées, de besoins et de croyances, tiennent principalement à des différences de constitution mentale que l'avenir seul pourra peut-être .effacer.

Il est aisé de comprendre que, plus une race sera homogène, plus elle possèdera d'idées et de sentiments communs; et, par conséquent, plus elle sera forte et appelée à marcher rapidement dans la voie du progrès. Là, au contraire, où les idées, les traditions, les croyances, les intérêts restent séparés, les dissensions seront fréquentes, le progrès toujours très lent et souvent complètement entravé. Aucune idée ne pourrait être plus chimérique que celle de plier au même joug des races trop différentes. Alors même que le joug serait de fer, il ne réussirait qu'à s'imposer un instant. Les grands empires formés de races dissemblables auront toujours une histoire identique. Ceux d'Alexandre et de Charlemagne se sont disloqués dès que la main puissante de leur fondateur a cessé d'en maintenir ensemble les morceaux. Parmi les nations modernes, les Hollandais et les Anglais ont seuls réussi à imposer leur joug à des peuples asiatiques fort différents d'eux. Ils n'y sont parvenus que parce qu'ils ont su respecter les mœurs, les coutumes et les lois de ces peuples, les laissant en réalité s'administrer eux-mêmes, et bornant leur rôle à toucher une partie des impôts, à pratiquer le commerce et à maintenir la paix.

On voit, par ce qui précède, combien il importe d'étudier la composition d'un peuple pour expliquer son histoire. Le lecteur comprend sans peine maintenant que le mot *peuple* ne peut être dans aucun cas considéré comme synonyme de *race*. Un empire, un peuple, un État, c'est un nombre plus ou moins considérable d'hommes réunis par les mêmes nécessités politiques ou géographiques, et soumis aux mêmes institutions et aux mêmes lois. Ces hommes peuvent appartenir à la même race, mais ils peuvent également appartenir à des races fort diverses. Si ces races sont trop différentes, aucune fusion n'est possible. Elles peuvent, à l'extrême rigueur, vivre côte à côte, comme les Hindous soumis aux Européens, mais il ne faut pas rêver de leur donner des institutions communes.

Tous les grands empires réunissant des peuples dissemblables ne peuvent être créés que par la force et sont condamnés à périr par la violence. Ceux-là seuls peuvent durer qui se sont formés lentement, par le mélange graduel de races peu différentes, croisées constamment entre elles, vivant sur le même sol, subissant l'action d'un même climat, ayant les mêmes institutions et les mêmes croyances. Ces races diverses peuvent, au bout de quelques siècles, former une race nouvelle bien homogène *.

A mesure que vieillit le monde, les races deviennent de plus en plus stables et leurs transformations par voie de mélange de plus en plus rares. Aux temps préhistoriques, alors que l'homme avait un passé héréditaire moins long, qu'il ne possédait ni des institutions bien fixes, ni des conditions d'existence bien sûres, les milieux avaient sur lui une action beaucoup plus profonde. La civilisation a permis aujourd'hui à l'homme de se soustraire en grande partie à l'influence des milieux, mais elle ne pourrait le soustraire à celle de son passé. A mesure que l'humanité devient plus vieille, le poids de l'hérédité devient plus lourd. Il l'est tellement aujourd'hui, que l'hérédité seule peut lutter contre l'hérédité. Elle seule a le pouvoir de dissocier, par des croisements répétés, les caractères fixés dans une race, en lui opposant des caractères contraires.

Mais, pour que dans le mélange de deux races l'hérédité puisse agir, il faut d'abord que l'une ne soit pas numériquement trop inférieure à l'autre; il faut ensuite que ces deux races n'aient pas une constitution mentale ou physique trop différente.

La première de ces conditions est tout à fait fondamentale. Lorsque deux races différentes se trouvent en présence, la plus nombreuse absorbe rapidement l'autre. Au sein d'une population noire, quelques familles de blancs disparaissent bientôt sans laisser de traces. Un tel sort a été celui de tous les conquérants puissants par les armes, mais faibles par le nombre. Ceux-là seuls

---

* Le mécanisme de cette fusion de divers éléments d'une race est assez rare à observer. Je l'ai constaté néanmoins, pendant un de mes voyages, chez une population de montagnards perdue au fond de la Galicie, aux pieds des monts Tatras. Le mémoire dans lequel j'ai consigné mes observations a paru dans les Bulletins de la Société de Géographie de Paris.

FIG. 91. — FEMME ÉGYPTIENNE MODERNE.

D'après Ebers.

ont échappé à cette disparition rapide qui ont, comme jadis les Aryens, comme aujourd'hui les Anglais, établi un système de castes extrêmement rigide empêchant le mélange des vainqueurs et des vaincus. Le régime des castes étant l'exception, la règle générale est de voir, au bout d'un petit nombre de générations, le peuple conquérant absorbé par le peuple conquis. Il ne disparaît pas, d'ailleurs, sans laisser des traces civilisatrices derrière lui. L'Égypte, conquise par les Arabes, absorba bien vite ses vainqueurs, mais ceux-ci lui laissèrent les éléments les plus importants d'une civilisation : la religion, la langue et les arts. Un phénomène analogue s'est passé en Europe au point de vue de la race des peuples dits latins. Français, Italiens et Espagnols n'ont, en réalité, aucune trace de sang latin dans les veines; mais les institutions des Romains étaient si fortes, leur organisation si puissante, leur influence civilisatrice si grande, que les pays occupés par eux pendant des siècles restent latins par la langue, par les institutions, par le génie qui leur est propre.

Ce n'est pas d'ailleurs parce qu'il est le plus fort qu'un peuple impose sa civilisation à un autre; bien souvent c'est le vaincu qui impose la sienne au vainqueur. Les Francs finirent par triompher de la société gallo-romaine, mais ils furent bientôt moralement conquis par elle. Ils le furent physiquement aussi, car ils se noyèrent dans le sein d'une population plus nombreuse qu'eux. Cette conquête des vainqueurs par les vaincus s'observe aussi, à un degré bien plus élevé encore, chez les peuples musulmans. Ce fut précisément alors que la puissance politique des Arabes avait complétement disparu, que leur religion, leur langue et leurs arts se répandirent de plus en plus. Ils sont 50 millions aujourd'hui dans l'Inde, 20 millions en Chine; et, d'une façon lente mais sûre, ils finiront par être en Afrique les civilisateurs du grand continent mystérieux.

Lorsque les races mises en présence par le hasard des invasions et des conquêtes sont trop dissemblables, il n'y a pas, comme je l'ai dit plus haut, de joug capable de les fusionner. Le seul résultat qui puisse se produire est l'extermination de la race la plus faible. Conquise depuis des siècles, l'Irlande n'a jamais été soumise, et sa population décroît chaque jour. Pour les peuples tout à fait inférieurs, la destruction est beaucoup plus rapide encore. Il est des races, telles que les Tasmaniens, dont on ne connaît plus un seul représentant; et il en sera de même sans doute bientôt des Peaux-Rouges. Tout peuple inférieur mis en contact avec un peuple supérieur est fatalement condamné à périr.

Ce n'est pas toujours par voie d'extermination systématique et sanglante qu'un peuple inférieur disparaît au contact d'un peuple supérieur; la simple action de présence — pour employer un terme chimique — suffit à amener la destruction. Dès que le peuple supérieur s'établit dans un pays barbare, avec son mode d'existence compliqué et ses nombreux moyens de subsistance, il accapare et soumet toutes les forces vives de la contrée avec beaucoup plus d'aisance et de rapidité que les premiers occupants. Ceux-ci, jadis les maîtres de toutes les ressources de la terre, n'arrivent plus qu'à en arracher péniblement les restes infimes des vainqueurs, et ils se trouvent dans des conditions d'infériorité telles, qu'ils meurent de faim s'ils ne sont pas décimés par le fer ou par les vices que les Européens leur apportent, vices qui constituent à peu près tout ce qu'ils peuvent emprunter à des civilisations compliquées dont l'abîme de l'hérédité les sépare.

Les massacres méthodiques d'Indiens ont à peu près cessé dans l'Amérique du Nord, et pourtant les Peaux-Rouges continuent à reculer et à diminuer devant la race blanche. Soumis à des influences héréditaires devenues trop lourdes pour pouvoir se transformer, ils ne savent et ne veulent vivre que de chasse; or leurs antiques territoires de chasse, accaparés, défrichés et cultivés par les Anglo-Saxons, ne leur offrent plus les anciennes ressources. En vain leur donne-t-on des champs et des maisons toutes bâties; ils logent leurs chevaux dans les maisons, continuent eux-mêmes à demeurer sous la tente comme avaient fait leurs pères, et se laissent mourir plutôt que de mettre à la charrue une main qui ne sait manier que les armes.

Lorsque, malgré une grande inégalité de culture, deux races très différentes arrivent à se mélanger, le résultat n'est plus désastreux pour la race inférieure, mais il l'est alors, au contraire, pour la race supérieure. Elle disparaît bientôt, en effet, pour faire place à une race intermédiaire qui, au point de vue intellectuel, peut repré-

senter quelquefois une sorte de moyenne entre les deux races dont
elle est issue, mais qui, moralement, est toujours inférieure à l'une
et à l'autre. Le passé ayant été dissocié par l'hérédité, l'individu
flotte entre deux morales diverses et n'en suit généralement aucune. Le plus souvent, ce qu'il emprunte aux races dont il sort,
ce sont leurs vices, c'est-à-dire ce fonds inférieur de barbarie qui
se trouve chez tous les peuples, quel que soit leur niveau, et qui
plonge jusqu'aux racines de cette animalité primitive pesant encore

D'après une photographie.

FIG. 95. — LES BORDS DU NIL A PHILÆ (HAUTE ÉGYPTE).

sur nous. Les produits du croisement de l'Hindou et de l'Européen, sans parler de ceux plus misérables encore résultant du
croisement du nègre et du blanc, montrent bien les tristes résultats qui sont la conséquence de tels mélanges. Jamais les métis
n'ont fait progresser une société; le seul rôle qu'ils peuvent
remplir est de dégrader, en les abaissant à leur niveau, les civilisations dont le hasard les a fait hériter. Nous en avons un
exemple qui dure encore dans les populations hispano-améri-
caines actuelles. Le mélange de la fière et ardente race espagnole

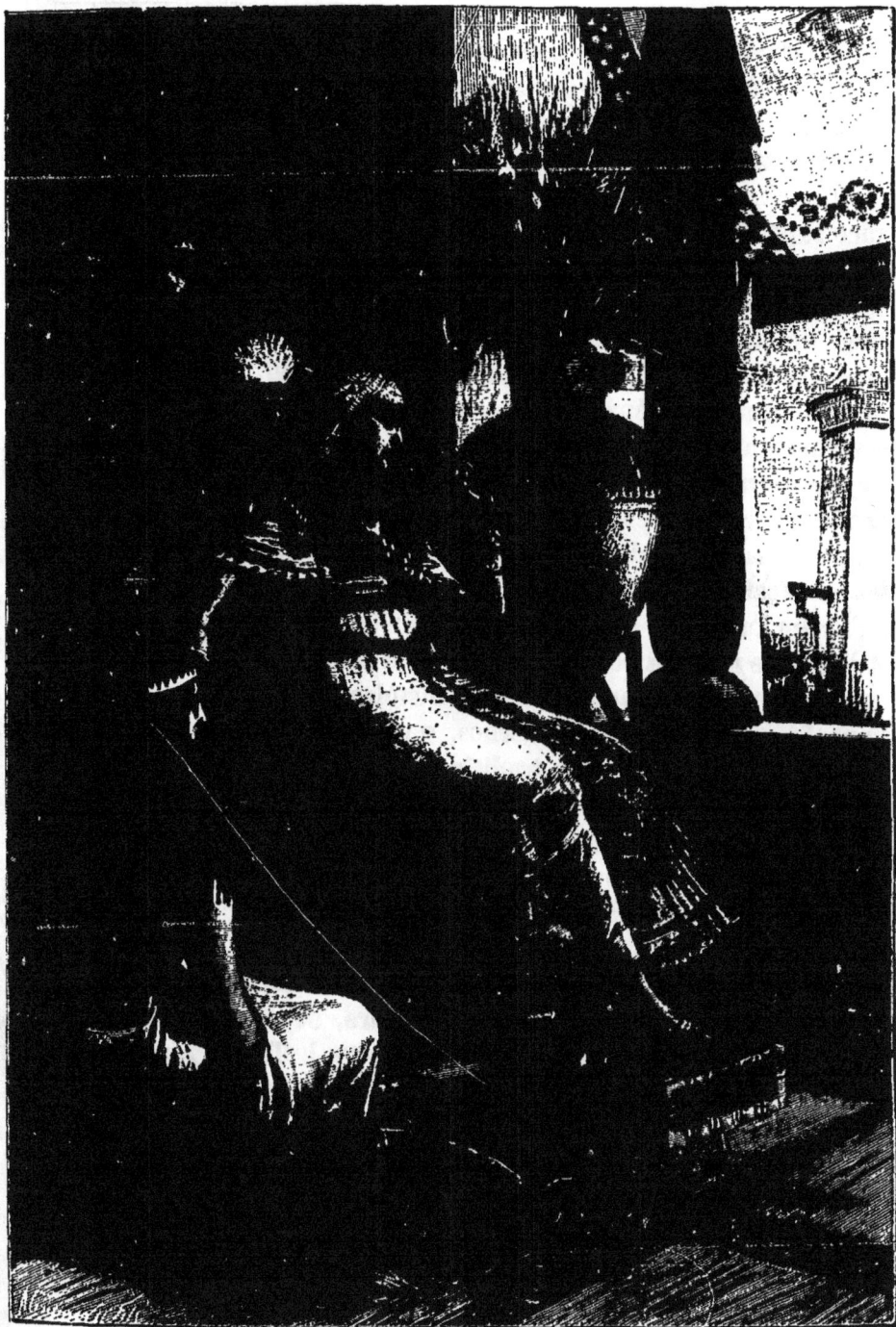

FIG. 96. — REINE ÉGYPTIENNE DE LA XIXᵉ DYNASTIE ET SES SUIVANTES.

Cette restitution, exécutée pour cet ouvrage par un de nos peintres les plus habiles, M. Rochegrosse, a été faite uniquement avec les documents empruntés à des peintures des tombes de Thèbes, antérieures de quinze siècles environ à notre ère

du XVI° siècle avec des populations inférieures, a fait naître des
nations bâtardes, sans énergie, sans avenir, et complétement
incapables d'apporter la plus faible contribution aux progrès de
la civilisation.

Les résultats tout à fait désastreux que peut produire pour une
race supérieure son mélange avec des races inférieures avaient été
parfaitement perçus par les plus anciens peuples civilisés. Ce
fut sans doute l'origine de ce régime des castes qui empêchait
toute union entre gens de races différentes, et que nous retrouvons
chez beaucoup des sociétés anciennes. Sans lui, l'homme n'eût
jamais peut-être dépassé l'aurore de la civilisation. Grâce à ce
système puissamment sanctionné par la loi religieuse, les anciens
Aryens, lorsqu'ils pénétrèrent dans l'Inde, habitée alors par des
hordes sauvages à peau noire, purent se préserver de tout mélange,
et, par conséquent, de la dégradation et de l'absorption finales qui
les menaçaient. Sans le régime des castes, la civilisation brillante
qu'ils fondèrent sur les rives du Gange n'eût jamais pris naissance,
et l'histoire n'aurait pas eu à s'occuper d'eux. Ce régime joua donc,
en réalité, un rôle immense dans l'histoire des premières civilisations. Si, avec nos idées modernes, nous le trouvons injuste, c'est
que, fortifié par de longues traditions, il a survécu chez plusieurs
peuples aux nécessités qui l'avaient fait naître.

Mais si le mélange entre races arrivées à des phases d'élévation
très inégales est toujours funeste, il en est tout autrement lorsque
ces races, tout en possédant des qualités différentes, sont parvenues
à peu près à la même période de développement. Leurs qualités
peuvent alors se compléter fort utilement. C'est précisément par le
mélange de races déjà élevées en culture, et dont les qualités
pouvaient s'associer, que s'est formée cette brillante république
des États-Unis, qui semble devoir bientôt dépasser toutes les nations civilisées du vieux monde. Ce qui a contribué, d'ailleurs,
à préparer l'étonnante vigueur de ce peuple, c'est qu'il s'est
constitué, non seulement par le mélange d'éléments (Anglais,
Irlandais, Français, Allemands, etc.) déjà très développés, mais
de plus, que les individus qui se croisaient étaient eux-mêmes
les résultats d'une sélection opérée parmi les membres les plus
actifs et les plus vigoureux de ces diverses nations. Presque

tous les émigrants aux États-Unis étaient des hommes hardis, aventureux, qui trouvaient trop étroits les horizons matériels de leurs patries respectives, et trop étroit aussi les horizons moraux quand la persécution religieuse portait atteinte à l'indépendance de leur caractère. Énergiques, ingénieux, sans crainte, et parfois sans scrupule, ils devaient former bientôt une nation qu'aucune entreprise ne ferait reculer. Il ne lui manque guère que le sens artistique, qui faisait aussi défaut à ses ancêtres. Ce n'était pas parmi des poètes, des raffinés, des artistes ou des rêveurs que pouvaient se recruter des vaillants aventuriers partant pour la conquête d'un monde inconnu.

Quelques-uns des exemples que nous avons choisis pour appuyer les idées exposées dans ce chapitre, semblent nous éloigner des premières civilisations qui font l'objet de cet ouvrage. Ils illustrent cependant des lois générales agissant déjà au début de l'histoire. Ce n'est qu'en nous appuyant sur eux que nous pouvions montrer les effets de ces lois, et saisir ainsi quelques-unes des causes de l'évolution des peuples.

Ces lois générales nous font comprendre pourquoi telle conquête a été l'origine d'une brillante civilisation, et pourquoi telle autre, au contraire, a commencé une ère de désordre et d'anarchie. Elles nous disent pourquoi l'Oriental a toujours aisément imposé son joug et fait adopter ses coutumes à des Orientaux, dont la constitution mentale se rapprochait de la sienne; pourquoi, au contraire, les luttes entre Occidentaux et Orientaux ont eu un caractère si farouche et se sont terminées par d'impitoyables écrasements des vaincus. Elles nous montrent encore pourquoi tel peuple a été colonisateur et a su, soit naturellement s'il était de la race des vaincus, soit en respectant leurs coutumes, leurs croyances et leurs mœurs, s'il leur était trop étranger, maintenir son autorité sur des nations lointaines.

Avant de quitter les généralités sur cette question de la race, capitale dans l'histoire des civilisations, nous voulons encore dire un mot du grand problème qui consiste à savoir si le développement progressif de l'humanité a pour effet de tendre à égaliser les races, ou, au contraire, à les différencier de plus en plus. La réponse est facile à prévoir. Le niveau supérieur de la culture humaine monte toujours; mais par ce fait même, et puisqu'il y a toujours des nations qui occupent le dernier échelon, l'abîme entre celles-ci et les races supérieures devient chaque jour plus profond. Certes, le progrès s'ouvre, même pour les groupes humains les plus reculés. Mais la loi de ce progrès est que sa marche s'accélère à mesure qu'il s'avance. C'est à pas de géants qu'évoluent maintenant les races supérieures, tandis que les autres réclament encore

FIG. 97 ET 98. — COSTUMES DE REINES ÉGYPTIENNES (PEINTURES DE THÈBES).

les longs siècles que nos aïeux ont traversés pour être au point où nous en sommes. Et lorsque ces races inférieures y arriveront, où serons-nous? Plus loin d'elles encore qu'aujourd'hui, sans aucun doute, à moins que nous n'ayons disparu.

Il résulte évidemment de ce qui précède qu'à mesure que les races humaines se civilisent, loin de marcher vers l'égalité, elles tendent à se différencier de plus en plus. Le même raisonnement, d'ailleurs, est rigoureusement applicable aux individus. La civilisation ne pouvant agir également sur des intelligences inégales, et les plus développées devant nécessairement profiter plus que celles qui le sont moins, on voit, par des considéra-

tions très simples que la différence qui les sépare doit augmenter
considérablement à chaque génération. Elle augmente d'autant
plus que la division du travail, en condamnant les couches inférieures des sociétés à un labeur uniforme et identique, tend à détruire chez elles tout esprit d'initiative. Il faut beaucoup plus d'intelligence à l'ingénieur de nos jours, qui combine une machine

D'après une photographie.

FIG. 99. — THÈBES. VUE GÉNÉRALE D'UNE PARTIE DES RUINES DU TEMPLE DE KARNAK.

Karnak forme le plus gigantesque amoncellement de ruines existant dans le monde. Il est difficile de
trouver une place d'où on puisse juger de leur ensemble. Le dessin précédent, calqué sur une photographie
que j'ai prise du point le plus élevé que j'ai pu trouver, n'en donne qu'une faible idée. Le grand temple avec ses
dépendances a 600 mètres de longueur. Je ne connais qu'un seul édifice religieux (la grande pagode de Sei-
ringam, dans l'Inde), dont les proportions puissent lui être comparées.

Les premières constructions de Karnak remontent à Ousortesen de la XIIe dynastie (trente siècles avant notre
ère); les dernières sont des Ptolémées et précèdent à peine Jésus-Christ. Pendant près de 3,000 ans les souverains égyptiens ont donc travaillé à ce temple. Nous avons donné dans cet ouvrage plusieurs vues de ses
diverses parties.

nouvelle, qu'il n'en fallait à celui d'il y a un siècle; mais il faut,
en revanche, beaucoup moins d'intelligence à l'ouvrier moderne
pour confectionner la pièce détachée d'une montre qu'il recom-
mencera durant toute sa vie, qu'il n'en fallait à ses ancêtres obligés
de fabriquer la montre entière.

Les considérations qui précèdent ne sont pas appuyées uniquement sur des raisons théoriques; nous avons essayé de les fortifier aussi par des arguments anatomiques. L'étude du crâne chez les races humaines nous a montré que si, chez les sauvages, tous les crânes des divers individus varient très peu dans leurs dimensions, chez nos sociétés civilisées les différences sont au contraire formidables. Des couches supérieures d'une société à ses couches inférieures l'abîme est donc immense, et les progrès de la civilisation ne font que le creuser davantage chaque jour.

Si, comme nous venons de le dire, les hommes d'une même race tendent à se différencier de plus en plus à mesure qu'ils se civilisent, nous en pouvons conclure que plus la race sera civilisée, plus les différences intellectuelles que présenteront les individus de cette race seront considérables. Sans doute le niveau moyen s'élèvera aussi; et l'anatomie nous enseigne, en effet, que la capacité moyenne du crâne des Européens est un peu supérieure à celle des sauvages. Mais elle nous montre également que le cerveau moyen augmente assez lentement alors que la différence de capacité entre les crânes les plus volumineux et les plus petits d'une même race tend sans cesse à s'accroître. La psychologie comparée des peuples confirme ces conclusions anatomiques, et, après des observations répétées bien des fois dans mes voyages, je suis arrivé à la persuasion que les couches moyennes des peuples asiatiques, Chinois, Hindous, etc., ne sont pas inférieures aux couches européennes correspondantes. La véritable différence existant entre ces populations et nous-mêmes, c'est que les premières ne possèdent pas de ces hommes supérieurs, véritable incarnation des pouvoirs d'une race, auxquels sont dues les grandes découvertes qui élèvent chaque jour le niveau de la civilisation. De tels esprits se rencontrent de plus en plus rarement à mesure que l'on descend l'échelle des races ; on n'en trouve jamais chez les sauvages. C'est à leur nombre que se mesure le niveau d'un peuple [*].

* La plupart des idées contenues dans ce chapitre, notamment la différenciation progressive des races, des individus et j'aurais pu ajouter des sexes, avec les progrès de la civilisation, sont le résultat de nos recherches personnelles. Le lecteur que ce sujet

L'étude des diverses civilisations prouve que c'est à une élite peu nombreuse que sont dus tous les progrès accomplis. La foule ne fait que profiter de ces progrès. Elle n'aime guère cependant qu'on la dépasse, et les plus grands penseurs ou inventeurs ont été bien souvent ses martyrs. Cependant toutes les générations, tout le passé d'une race, s'épanouissent en ces beaux génies qui sont les fleurs merveilleuses du vieux tronc humain. Ils sont la vraie gloire d'une nation, et chacun, jusqu'au plus humble, devrait s'enorgueillir en eux. Ils ne paraissent pas au hasard et par miracle, et sont bien les fils de leur temps et de leur race. Favoriser leur éclosion et leur développement, c'est favoriser l'éclosion du progrès dont bénéficiera toute l'humanité. Si nous nous laissions trop aveugler par nos rêves d'égalité universelle, nous en serions les premières victimes. L'égalité n'existe jamais que dans la médiocrité; elle est le rêve obscur et pesant des jalousies vulgaires; les temps de sauvagerie l'ont seuls réalisée. Pour que l'égalité régnât dans le monde, il faudrait rabaisser peu à peu tout ce qui fait la valeur des races au niveau de ce qu'elles ont de plus médiocre. Élever le niveau intellectuel du dernier des paysans jusqu'au génie d'un Lavoisier demanderait des siècles; tandis que pour éteindre la lumière de ce puissant cerveau, il a suffi d'une seconde et du couteau de la guillotine.

Mais si le rôle des grands hommes est considérable dans le développement d'une civilisation, il n'est pas cependant tout à fait tel qu'on le croit généralement. Leur action consiste à synthétiser tous les efforts d'une race; leurs découvertes sont toujours le résultat d'une longue série de découvertes antérieures; ils bâtissent un édifice

---

intéresserait, les trouvera développées dans les ouvrages ou mémoires suivants, publiés par nous à diverses époques : *Recherches anatomiques et mathématiques sur les lois des variations du volume du crâne* (couronné par l'Institut et par la Société d'anthropologie de Paris); — *Étude de 42 crânes d'hommes célèbres de la collection du Muséum de Paris* (Bulletin de la Société d'anthropologie de Paris); — *L'Homme et les Sociétés, leurs origines et leur histoire*, t. II; — *De Moscou aux monts Tatras, étude sur la formation d'une race* (Bulletin de la Société de Géographie de Paris); — *L'Anthropologie actuelle et l'étude des races* (Revue scientifique); — *La Psychologie comme élément de classification des individus et des races* (Revue philosophique).

avec'des pierres que d'autres ont lentement taillées. Les historiens
— dont l'esprit est généralement assez simpliste — ont toujours cru
devoir accoler devant chaque invention le nom d'un homme; et
pourtant, parmi les grandes inventions qui ont transformé le
monde, telles que l'imprimerie, la poudre, la vapeur, la télégra-
phie électrique, il n'en est pas une seule dont on puisse dire qu'elle
a été créée par un seul cerveau humain. Quand on étudie la genèse

D'après une photographie.

FIG. 100. — THÈBES, LE PROPYLÔNE DU GRAND TEMPLE DE KARNAK.

J'ai donné dans cet ouvrage une autre vue (planche VII) de cette porte monumentale prise en tournant le dos
au pylône qu'on voit au second plan. J'ai pris de face la vue représentée ci-dessus de façon à montrer les constructions placées derrière elle. Ce propylône, précédé d'une longue avenue de sphynx, annonçait de loin les abords du
temple.

de telles découvertes, on voit toujours qu'elles sont nées d'une
longue série d'efforts préparatoires : l'invention finale n'est qu'un
couronnement. L'observation de Galilée sur l'isochronisme des
oscillations d'une lampe suspendue prépara l'invention des chro-
nomètres de précision, d'où devait résulter pour le marin la
possibilité de retrouver sa route sur l'Océan. La poudre à canon
est sortie du feu grégeois lentement transformé. La machine à

FIG. 101. — BORDS D'UN VIEUX CANAL DANS LE VOISINAGE DU NIL.

D'après Ebers.

vapeur représente la somme d'une série d'inventions dont chacune a exigé d'immenses travaux. Un Grec, eût-il eu cent fois le génie d'Archimède, n'aurait pu concevoir la locomotive. Il ne lui eût aucunement servi d'ailleurs de la concevoir, car, pour l'exécuter, il lui eût fallu attendre que la mécanique réalisât des progrès qui ont demandé 2,000 ans d'effort.

Pour être, en apparence, plus indépendant du passé, le rôle politique des grands hommes d'État ne l'est cependant pas beaucoup moins que celui des grands inventeurs. Aveuglés par l'éclat bruyant de ces puissants remueurs d'hommes qui transforment l'existence politique des peuples, des écrivains tels que Hegel, Cousin, Carlyle, etc., ont voulu en faire des demi-dieux devant lesquels tout doit plier et dont le génie seul modifie la destinée des nations. Ils peuvent sans doute détruire une société, mais il ne leur est pas donné de changer le cours de son évolution. Le génie d'un Cromwell ou d'un Napoléon ne saurait accomplir une telle tâche. Les grands conquérants peuvent détruire par le fer et le feu les villes, les hommes et les empires, comme un enfant peut incendier un musée rempli des trésors de l'art, mais cette puissance destructive ne doit pas nous illusionner sur la grandeur de leur rôle. Ce rôle des grands hommes politiques n'est durable que, lorsque, comme un César ou un Richelieu, ils savent diriger leurs efforts dans le sens des besoins du moment; la vraie cause de leurs succès est généralement alors bien antérieure à eux-mêmes. Deux ou trois siècles plus tôt, César n'eût pas plié la grande république romaine sous la loi d'un maître, et Richelieu eût été impuissant à réaliser l'unité française. En politique, les véritables grands hommes sont ceux qui pressentent les besoins qui vont naître, les événements que le passé a préparés, et qui montrent le chemin où il faut s'engager. Nul ne le voyait peut-être, mais les fatalités de l'évolution devaient bientôt y pousser les peuples aux destins desquels ils semblent seulement présider. Eux aussi, comme les grands inventeurs, synthétisent les résultats d'un long travail antérieur.

Il ne faudrait pas cependant pousser trop loin les analogies. Les grands inventeurs jouent un rôle important dans l'évolution de la civilisation, mais aucun rôle apparent dans l'histoire politique des peuples. Le développement de la civilisation n'est pas toujours parallèle à celui de l'histoire. Les hommes supérieurs auxquels sont dues, depuis la charrue jusqu'au télégraphe, les découvertes qui sont le patrimoine commun de l'humanité, n'ont jamais eu les qualités de caractère nécessaires pour fonder une religion ou conquérir un empire, c'est-à-dire pour changer visiblement la face de l'histoire. Le penseur voit trop la complexité des problèmes pour avoir jamais des convictions bien profondes, et trop peu de buts politiques lui paraissent dignes de ses efforts pour qu'il en poursuive aucun d'une façon bien vive. Les inventeurs peuvent transformer une civilisation; les fanatiques, à l'intelligence étroite, mais au caractère énergique et aux passions puissantes, peuvent seuls fonder des religions, des empires, et soulever le monde. A la voix d'un Pierre l'Ermite, plusieurs millions d'hommes se sont précipités sur l'Orient; les paroles d'un halluciné, comme Mahomet, ont créé la force nécessaire pour triompher du vieux monde gréco-romain; un moine obscur, comme Luther, a mis l'Europe à feu et à sang. Ce n'est pas parmi les foules que la voix d'un Galilée ou d'un Newton aura jamais le plus faible écho. Les inventeurs de génie transforment une civilisation. Les fanatiques et les hallucinés créent l'histoire.

# CHAPITRE II

## INFLUENCE DE LA LUTTE POUR L'EXISTENCE, DE L'APTITUDE DES PEUPLES A VARIER, DES ILLUSIONS ET DES CROYANCES

### § 1ᵉʳ. — INFLUENCE DE LA LUTTE POUR L'EXISTENCE

La lutte pour l'existence est l'état naturel et permanent des races humaines comme des espèces animales. Loin d'être, comme on a voulu le voir, un reste de barbarie en voie de disparaître, la guerre semble une condition essentielle de l'existence des peuples et du développement de la civilisation.

Si elle n'était, en effet, qu'une coutume des époques de sauvagerie, elle aurait éclaté de plus en plus rarement, serait devenue de moins en moins meurtrière, et n'existerait peut-être même plus entre nations très avancées. Elle aurait eu le sort de tant d'autres formes d'institutions primitives, telles que la communauté des biens, l'esclavage et le matriarcat.

Or, nous sommes obligés de constater le contraire. L'art de la guerre, le premier auquel se soit adonnée l'humanité, a toujours été celui auquel elle a apporté le plus d'application et de génie, celui qu'elle a tenu en plus haute estime, et auquel les gouvernements de nos jours consacrent le plus de temps, de soins et d'argent. Tuer le plus d'individus possible, dans le plus court espace de temps possible, est un problème que se sont toujours posé toutes les nations.

Les progrès de la science se mettant au service de la fabrication des engins de guerre, le pouvoir destructif devient chaque jour plus terrible. De nos jours, les grands États de l'Europe sont obligés de renouveler périodiquement, au prix de gigantesques dépenses, l'armement de leurs troupes. Les exterminations savantes détruisent un nombre toujours plus considérable d'existences humaines. Les guerres de la Révolution et de l'Empire, qui ont

coûté plusieurs millions d'hommes à l'Europe, ne furent certainement pas aussi meurtrières que le seront celles de l'avenir.

Cette lutte incessante, qui répond aux instincts les plus indestructibles de l'humanité, ne se poursuit pas seulement par
la force des armes et par l'effusion du sang. Elle emploie égale-

D'après Champollion.
FIG. 102. — RAMSÈS II MENAÇANT UN PRISONNIER.
(Bas-relief du temple de Beit-el-Ouali (Nubie).

ment des moyens en apparence pacifiques, mais en réalité aussi
implacables. Les rivalités industrielles et commerciales, qui ruinent
des contrées entières en comblant les autres de richesses, ont souvent des résultats parfaitement comparables à ceux des batailles les
plus sanglantes.

Elle règne partout, cette lutte pour l'existence, où le plus fort triomphe du plus faible et l'écrase. C'est elle qui met les armées aux prises; mais c'est elle aussi qui, en amenant sur nos marchés les blés de l'Inde ou de l'Amérique, met la gêne et l'épouvante au foyer de nos laboureurs; c'est elle encore qui fait éteindre les fourneaux de la fabrique impuissante à lutter contre une rivale mieux outillée ou mieux dirigée; c'est elle qui, dans une même usine, laisse au dernier rang l'ouvrier ignorant ou incapable alors qu'elle élève au premier son camarade plus persévérant et plus instruit.

Le droit du plus fort! C'est en vain que les philosophes humanitaires en contesteraient la puissance du fond de leur cabinet. C'est le seul droit qui se soit imposé toujours, et c'est aussi celui qui a fait le plus progresser l'humanité. Ses résultats seraient bien grossiers, sans doute, si la force ne résidait que dans les muscles. Mais la force de l'intelligence prime la force physique, puisqu'elle invente l'arme ingénieuse qui brise les bras les plus robustes, la tactique habile qui rend l'arme elle-même impuissante, et la machine formidable qui remplace les mains de mille travailleurs. Elle est l'aiguillon le plus énergique de l'intelligence, cette lutte perpétuelle pour l'existence. Elle est aussi le plus puissant facteur du caractère. C'est elle qui développe l'énergie, le sang-froid, la patience et la persévérance, qui sont les principaux éléments du succès aussi bien dans la vie des individus que dans celle des peuples. Dès que la lutte s'est ouverte pour l'espèce humaine — et elle s'est ouverte le jour où les premiers hommes connurent leurs premiers frères — une sélection impitoyable a condamné les plus faibles et les plus incapables à disparaître. C'est par cette sélection continuée pendant le cours des siècles que se sont perfectionnées les espèces animales, et c'est aussi par elle que s'est lentement perfectionnée notre espèce.

Cette perpétuité de la lutte pour l'existence, et la sélection des plus aptes qui en est résultée à chaque génération, a toujours obligé les peuples comme les individus à ne jamais s'arrêter dans leur marche en avant, sous peine d'être dépassés et foulés aux pieds par des compétiteurs ardents. Elle est le facteur le plus énergique du progrès, facteur tout-puissant, dont l'influence ne peut que grandir encore à mesure que les différences s'accentueront entre

les races et entre les classes, que la supériorité des unes grandira
et que se montrera davantage l'infériorité des autres.

Elle a donc eu une incontestable utilité, cette loi de la lutte
pour l'existence, loi nécessaire, mais terrible. Elle est tout à la
fois clairvoyante et aveugle, bienfaisante et cruelle. Nous pouvons
la maudire, mais ne pourrons l'éluder jamais. Partout où elle s'est
ralentie, les progrès se sont ralentis également. Ce qui a fait la
grandeur de Rome, ce sont les guerres incessantes qu'elle eut à
soutenir dès sa naissance contre ses voisins. Ces guerres lui donnèrent l'unité, l'énergie, la discipline, le culte de la patrie, en un
mot, toutes les qualités militaires qui devaient en faire la maîtresse
du monde. Lorsqu'elle eut vaincu l'Italie, ses goûts belliqueux
s'étaient trop développés pour qu'elle s'arrêtât, et elle avait peu à
peu conquis une force morale non moins redoutable que sa puissance matérielle. Elle s'en alla donc à la conquête du monde et
atteignit une formidable grandeur. Mais dès qu'elle n'eut plus d'adversaires, dès que la lutte cessa pour elle, sa décadence commença.
Elle s'endormit dans son repos, et son immense empire, faute
d'avoir un rival, fut condamné à la déchéance, puis à la mort.

Tous les peuples pour qui des frontières naturelles, puissantes,
un climat heureux, l'abondance des aliments, ont plus ou moins
supprimé la lutte pour l'existence, sont demeurés sans un état de
civilisation inférieure. Tels sont les Chinois, dont l'immense empire
n'a connu pendant longtemps ni ennemis, ni rivaux. Tels sont surtout, et très bas sur l'échelle des races, les peuples de l'Océanie,
dont chacun, isolé dans une petite île, favorisé par un climat
fortuné, n'a jamais eu aucun effort à accomplir et est resté pour
cette raison enfoncé dans la sauvagerie tout à fait primitive.

La lutte pour l'existence nous apparaît donc dans l'histoire de
l'humanité comme incessante, inéluctable, éternelle, et, si dure
qu'elle puisse paraître, comme féconde en résultats utiles. Sa forme
la plus apparente, la plus naturelle et la plus ancienne, c'est la
guerre. C'est seulement sous cette forme qu'elle se manifesta dans
les sociétés antiques, alors que le monde barbare était bien grand
et le monde civilisé bien petit. Pour que les compétitions industrielles et commerciales naquissent, il fallait que le commerce et
l'industrie se fussent développés.

Tant de siècles de luttes perpétuelles à main armée n'ont fait que développer chez l'homme ses instincts naturels de férocité primitive. Le vernis brillant des civilisations modernes les dissimule quelquefois, mais ce vernis est peu solide et il éclate facilement. Nos

FIG. 103, 104 ET 105. — SOLDATS ÉGYPTIENS DE DIFFÉRENTS CORPS FAISANT L'EXERCICE.
(Peinture de Thèbes.)

révolutions ont fait commettre dans notre Paris élégant, charitable et raffiné, des actes de froide sauvagerie, aussi affreux que les carnages des temps les plus barbares. La cruauté sans pitié de l'enfant nous révèle le fond de notre nature, à l'âge où nous ne savons pas encore dissimuler nos sentiments. Le goût des combats de taureaux et celui de la chasse témoignent de dispositions invétérées

D'après une photographie.

FIG. 100. — THÈBES. VUE PRISE DANS LE RAMESSEUM.

L'histoire de ce monument, un des plus célèbres de l'Égypte, est indiquée dans la planche suivante.

que les effroyables guerres des temps modernes ne contribueront pas à restreindre.

Les sentiments de férocité naturelle qui sommeillent toujours au fond de l'homme, prêts à se réveiller à la moindre occasion, sont cependant un peu contre-balancés par les sentiments de charité, de bienveillance et de sympathie, que la civilisation tend à développer de plus en plus. Il faut nous en féliciter quand nous ne faisons que considérer la satisfaction de nos goûts philanthropiques; mais bien des philosophes se sont demandé si le développement de ces sentiments de charité ne prépareraient pas de durs soucis à nos descendants et ne pourraient pas devenir funestes au développement de la civilisation. Certains penseurs font remarquer que la lutte pour l'existence, en opérant une sorte de triage qui ne laisse survivre et se reproduire que les intelligents, les persévérants et les forts, améliore de siècle en siècle notre espèce. La charité moderne prend, suivant eux, le contre-pied de cette loi de la nature. Ceux qu'elle protège, qu'elle recueille, qu'elle nourrit, ce sont les incurables, les idiots, les imprévoyants, les incapables, toutes les non-valeurs de la société. Si elle ne faisait qu'assurer leur inutile existence, il n'y aurait aucune critique à formuler; mais les tristes êtres qu'elle sauve peuvent, grâce à elle, se reproduire, perpétuant et multipliant ainsi les éléments de décadence, de dégradation, d'affaiblissement au sein des nations. Nous ne serions pas aujourd'hui ce que nous sommes, si, dans le passé, les êtres faibles et les races faibles n'avaient disparu devant des êtres forts et des races énergiques qui ont rudement mais puissamment déblayé la route où nous avançons aujourd'hui d'un pas si rapide et si fier.

### § 2. — INFLUENCE DE L'APTITUDE DES PEUPLES A VARIER.

Pour qu'un peuple puisse progresser, il faut d'abord qu'il puisse se transformer. Il ne s'élève progressivement sur l'échelle de la civilisation qu'à la condition d'acquérir graduellement des qualités nouvelles et, par conséquent, de varier.

Mais si la variabilité est l'essence même du progrès, la stabilité ne lui est pas moins nécessaire. Pour arriver à sortir de la barbarie et à s'élever sur l'échelle de la civilisation un peuple doit d'abord réussir à se plier à des lois fixes. La condition fondamentale du développement de la civilisation d'un peuple est donc double et en apparence contradictoire, puisque ce peuple doit posséder à la fois, dans ses idées, dans ses institutions, dans son caractère, deux qualités aussi contraires que la stabilité et la mobilité.

Un juste équilibre entre ces deux qualités est fort difficile à atteindre. Très peu de peuples ont réussi à le réaliser et surtout à le maintenir. Si à un moment donné la stabilité devient trop grande, le peuple s'arrête, comme la Chine, dans son évolution vers le progrès. Si c'est la mobilité qui est, au contraire, trop développée, il perd toute cohésion et se dissocie bientôt. Cette dernière destinée atteint nécessairement les peuples dont les institutions et le gouvernement changent trop fréquemment.

L'aptitude à varier n'est autre chose que la faculté de s'adapter aux conditions extérieures d'existence. Un individu, comme un peuple, variera d'autant plus que les conditions de son existence changeront davantage, et qu'il sera en relation avec un plus grand nombre d'individus ou de peuples différents.

La vie des hommes primitifs étant, à peu de chose près, partout la même, l'obligation de varier et la naissance de cette aptitude durent se manifester bien lentement et bien tard. Certains peuples sauvages n'ont point éprouvé la nécessité de modifier leur genre de vie depuis des centaines de siècles. Ne s'étant trouvés en rapport qu'avec des sauvages comme eux, rien ne pouvait les induire à varier, et, par suite, à progresser. Leur esprit d'imitation s'appliquant toujours aux mêmes modèles, ils ont fini par être tous semblables les uns aux autres. Un sauvage est absolument pareil, moralement et physiquement, à un autre sauvage de sa tribu. Si l'un fait un geste, il n'est pas rare de voir ce geste reproduit par ses compagnons, comme par une bande de singes.

La nécessité de se soutenir mutuellement et de se défendre, fut la première cause de la fixité des coutumes chez les communautés antiques. Il fallait agir de concert, si l'on ne voulait être exterminé séparément. Les premiers groupes humains qui purent établir dans leur sein un peu de discipline, acquirent immédiatement une supériorité immense sur les autres. L'importance évidente de cette discipline rendit très rigoureuses les coutumes au moyen desquelles elle s'était établie. On y attacha bien vite une idée religieuse, et des châtiments sévères empêchèrent de les enfreindre. Peu à peu, des lois nouvelles s'ajoutèrent aux premières. Mais toutes avaient pour objet la sécurité et le bien-être du groupe. Aucune ne s'occupait de l'individu : son existence isolée étant impossible, il semblait tout naturel qu'il fût entièrement sacrifié à l'intérêt général.

Ainsi s'explique la puissance de la coutume et l'influence de l'État dans les sociétés antiques. Leur joug semblait tellement naturel qu'on ne le sentait même plus. La liberté individuelle était alors une chimère à laquelle ne rêvaient pas les esprits les plus avancés.

Ces républiques de la Grèce, que tant de démagogues ont voulu prendre pour modèles dans leurs rêves d'indépendance, enfermaient leurs membres dans un réseau de règlements qui aujourd'hui nous paraîtrait intolérablement dur. Elles n'admettaient ni liberté religieuse — puisque discuter les lois de l'État eût été ébranler la base même de l'édifice social — ni liberté d'éducation, puisque les enfants étaient élevés par l'État et pour l'État. A Sparte, les citoyens n'avaient même pas le droit de choisir l'heure et le menu de leur repas, qu'ils devaient prendre en commun. Dans toutes les premières civilisations, le novateur était considéré comme l'ennemi, et, s'appelât-il Socrate, il voyait tout le peuple s'élever contre lui et réclamer sa mort.

On comprend aisément d'ailleurs la nécessité d'une organisation semblable chez des nations constamment menacées par des ennemis extérieurs. Elles ne peuvent résister que grâce à cette discipline puissante qui fait de tout un peuple un seul homme. La Grèce périt faute d'avoir pu étendre le joug de coutumes uniformes aux diverses cités qu'elle renfermait.

Un des peuples de l'antiquité qui ont le mieux réussi à maintenir pendant de longs siècles l'équilibre entre la stabilité et la variabilité fut le peuple romain. Toujours en contact par ses conquêtes avec des peuples étrangers, il sut modifier peu à peu ses institutions, soit par suite des conditions nouvelles où le plaçait un pouvoir plus étendu, soit en s'assimilant ce qu'il trouvait d'utile

dans les contrées dont il se rendait maître. Mais la période de conquêtes et de changements progressifs ne s'ouvrit pour lui qu'après
un temps fort long, passé à constituer solidement son gouvernement
et ses lois. L'aptitude à varier ne se développa donc dans Rome
qu'après que ses institutions eurent acquis une stabilité très grande.
Les deux qualités se contre-balancèrent pendant deux ou trois

D'après une photographie.

FIG. 107. — THÈBES. VUE D'ENSEMBLE DU RAMESSEUM.

Le Ramesseum, ou palais de Memnon, fut un des plus célèbres monuments de l'antiquité. Il a été longuement
décrit par Diodore, sous le nom de tombeau d'Osymandias. Il fut édifié par Sésostris pour les cérémonies du culte
qui serait consacré à sa mémoire après sa mort. On y voit, couchés sur le sol, les débris d'une statue colossale de
ce roi, en granit rose, de 17 mètres de hauteur et du poids de 180,000 kilogrammes. Elle était taillée dans un seul
bloc de granit; c'est celle que Diodore décrivait comme la plus grande statue de l'Égypte. Sur les parois du
temple est gravée la bataille de Ramsès contre les Khétas, qui fait le sujet du poème historique de Pentaour, une
des plus intéressantes productions de la littérature égyptienne.

siècles, qui furent les plus beaux et les plus prospères que jamais
peuple ait connus.

Dans les temps modernes, où les conditions d'existence se trouvent si brusquement transformées par les découvertes de la science
et de l'industrie, par la marche rapide des idées et les rapprochements subits entre civilisations très différentes, on rencontre
rarement un équilibre si favorable. La variabilité domine et amène

des révolutions, de plus en plus fréquentes au sein de notre vieux
monde.

Le seul peuple qui, en Europe, ait su combiner la stabilité
avec l'aptitude à varier au même degré que les Romains, c'est le
peuple anglais. Lui seul améliore depuis des siècles ses institutions
d'une façon régulière et presque sans secousse. C'est surtout à ce
sage équilibre entre la variabilité et la fixité qu'il doit son imposante
puissance.

Ainsi donc le problème pour une nation consiste à posséder des
coutumes à la fois assez rigides pour ne pouvoir aisément changer,
et assez élastiques pour pouvoir lentement se transformer. L'histoire
est jonchée des débris de peuples qui ont péri pour n'avoir pu
résoudre ce difficile problème.

L'influence dont se dégagent le moins aisément les peuples
enfermés dans le lien de la coutume — lien tout-puissant, parce qu'il
est implanté dans les âmes — est celle de leur milieu. La tyrannie du
milieu s'exerce jusque sur les génies les plus personnels. Non seulement les productions d'art et de science écloses chez un peuple
portent l'empreinte de l'esprit national, mais encore la marque spéciale de l'époque où elles sont nées. Philosophes, artistes, écrivains,
poètes, ne font que traduire, chacun dans leur langage spécial,
les pensées, les préjugés, les croyances de leur race et de leur
temps. C'est même précisément pour cette raison que leurs œuvres
sont si utiles à connaître pour la reconstitution d'une civilisation. L'originalité, c'est-à-dire l'aptitude à se différencier des personnes avec lesquelles on vit et à dédaigner le joug de l'opinion,
est le don le plus exceptionnel, et généralement cette originalité est beaucoup plus apparente que réelle. Le penseur qui
devance trop ses contemporains n'a d'ailleurs aucune chance
d'être écouté de son vivant. La destinée naturelle du novateur est
d'être plus ou moins martyr. Des vérités aujourd'hui banales,
telle que celle que défendit Galilée sur le mouvement de la terre,
ne pouvaient que susciter un sentiment de réprobation universelle quand elles furent énoncées. Chaque époque ne peut supporter qu'une certaine dose de vérités. Il n'est donné qu'au temps
de pouvoir transformer les idées et les croyances. Il a toujours
été impossible de rien édifier de durable sans lui.

Les brèves considérations contenues dans les pages qui précèdent suffisent à montrer combien sont éloignés de la civilisation les peuples inférieurs enfermés depuis des siècles dans un réseau de coutumes invariables devenues trop puissantes pour pouvoir être changées, et, d'un autre côté, combien sont près de leur chute les nations auxquelles les circonstances ont fait perdre toute stabilité en les lançant dans la voie des changements peu durables et violents. Notre esquisse aura été suffisante si elle a mis en évidence que la stabilité et la variabilité sont deux des plus énergiques facteurs de la naissance des civilisations, de leurs progrès et de leur décadence.

## § 3. — INFLUENCE DES ILLUSIONS ET DES CROYANCES

Les peuples, de même que les individus, consacrent la plus grande partie de leur existence à la poursuite d'un idéal. Réalisable ici-bas pour les uns, dans une vie future pour les autres, le rêve de félicité que tous poursuivent est un puissant facteur de l'évolution des civilisations. Il soutient l'homme dans son pénible labeur et l'empêche de trop sentir les duretés du sort. Chacun de nous se console, parce qu'il regarde en avant et compte sur le lendemain pour lui apporter, soit la richesse, soit la gloire, soit la lumière de la vérité, soit un des bonheurs que nous poursuivons tous, de l'enfance à la vieillesse. Chacun va devant soi les mains étendues pour saisir son fantôme, toujours prêt à le toucher sans jamais l'atteindre, jusqu'à ce qu'il trébuche dans le gouffre du tombeau.

Cette aspiration universelle, dont la psychologie s'efforce d'analyser l'essence et l'impérissable obstination, est, en dernière analyse, le levier du monde. C'est elle qui se trouve à la base de tout l'édifice de progrès qu'élève depuis tant de siècles la laborieuse humanité — Babel audacieuse, qui porte son front toujours plus haut, par-dessus les régions de la foudre céleste et les nuées menaçantes.

Depuis les débuts du monde, c'est pour son idéal, sublime ou grossier, belliqueux ou pacifique, fugitif toujours, que l'homme

vit, lutte et meurt. L'histoire n'est guère que le récit des efforts
accomplis par lui pour atteindre un idéal, l'adorer, puis le détruire. Pour défendre les plus chimériques croyances, des fleuves
de sang ont inondé le monde, des empires gigantesques ont été
détruits ou fondés.

Durant les premiers. âges, l'idéal des peuples consistait dans
la prospérité matérielle; plus tard, dans la grandeur et dans la
gloire de la communauté, cité ou patrie. Le découragement de

FIG. 108 A 111. — EXERCICES DE L'ARC, DE LA HACHE, DE LA MASSUE ET DE LA PIQUE CHEZ LES ÉGYPTIENS.
(Peinture d'une tombe de Béni-Hassan.)

l'univers sous la tyrannie romaine, et la menace des barbares, fit
rejeter cet idéal dans la vie future, et le christianisme n'en promit l'accomplissement qu'au ciel. Aujourd'hui, on en cherche la
réalisation dans le perfectionnement futur de l'humanité, on la
place entre les deux termes déjà adoptés, à la fois hors de la portée de chacun, mais pouvant être atteinte par tous, dès ce monde,
et dans un avenir lointain.

C'est seulement d'ailleurs par leurs très grandes lignes qu'on
peut grouper ainsi les divers idéals qui ont été successivement les
buts poursuivis par l'homme.

FIG. 112. — THÈBES. PYLÔNE DU TEMPLE DE MÉDINET-ABOU.

Ce temple fut construit par Ramsès III, treize siècles environ avant J.-C., mais complété par des rois de diverses dynasties, notamment sous les Grecs et les Romains. On y trouve des cartouches de Tibère, d'Adrien et d'Antonin. L'intérieur du monument est couvert de bas-reliefs représentant des scènes de la vie de Ramsès III.

LES PREMIÈRES CIVILISATIONS

Chaque peuple, chaque individu même, possède un idéal variable, suivant ses goûts, son âge, son intelligence, sa façon de concevoir le monde et la vie.

L'Hindou fanatisé, qui se précipite sous les roues du char de ses dieux; le trappiste, qui passe toute sa vie en face de sa tombe ouverte; le soldat, qui meurt pour son drapeau; l'avare, qui compte son trésor; le savant, qui épie jour par jour un seul des secrets de la nature, sont conduits par l'idéal qu'ils ont entrevu et qui est devenu leur maître.

Elles sont infinies les formes de cet idéal; diverses et variées comme l'âme humaine elle-même. Elles n'ont de commun que d'être généralement de vaines chimères et cependant d'exercer une formidable puissance sur les âmes. Des croyances dont nous sourions aujourd'hui enchantèrent des générations d'hommes, qui, pour elles, ont donné joyeusement leur vie. Et les idées qui nous enflamment maintenant, que nous considérons comme de précieuses réalités, comme les conquêtes immortelles de nos révolutions, sembleront, elles aussi, sans doute, à nos descendants, de vaines ombres, ainsi que nous semblent aujourd'hui les croyances naïves qui ont passionné nos pères.

Ombres sans doute les unes et les autres, mais ombres toutes-puissantes, dont l'humanité ne saurait se passer, par lesquelles seules elle peut grandir, et pour lesquelles seules elle consent à souffrir. Le pessimisme moderne voudrait les anéantir, ces fantômes qui s'appellent religion, honneur, patriotisme, amour de la gloire; mais tel est pourtant le pouvoir de l'espoir et du rêve, que la dernière expression du pessimisme, c'est-à-dire le nihilisme, affecte les formes, le langage et aussi les sentiments de la foi la plus farouche, et que le scepticisme libre-penseur montre bien souvent l'intolérance, l'âpre ardeur d'un prosélytisme étroit et dévot. L'affirmation sera éternellement plus humaine que la négation. Par une ironie à la fois amère et consolante de notre nature, celui qui s'attaque à l'idéal s'en fait un autre de sa révolte même, et l'homme qui nie le bonheur le cherche encore dans l'orgueil étalé de son néant.

Toutes les hautes personnalités de génie, qui, à certains moments, ont semblé les arbitres des destinées humaines, n'ont pas

fait autre chose que saisir, concentrer, exprimer, incarner l'idéal
dominant de leur race et de leur temps. Les plus puissants pasteurs de peuples n'ont jamais conduit une nation que par son rêve.
Moïse a représenté pour les Israélites la passion de la liberté qui
couvait depuis des années dans leurs seins d'esclaves, sous leurs
chairs lacérées par les fouets égyptiens; il a été l'Exode bienheureuse, la délivrance tant espérée. Bouddha et Jésus ont prêté l'oreille
au long et sourd sanglot des misères infinies; ils n'ont pas inventé
la charité: c'était un sentiment nouveau, il est vrai, pour l'humanité, mais qui, peu à peu, était né de la sympathie pour des souffrances universelles auxquelles nul n'était sûr d'échapper. Mahomet
réalisa par l'unité de la croyance l'unité d'un peuple divisé en
milliers de tribus rivales; il puisa dans l'âme ardente de sa race
l'enthousiasme farouche qui trouva si vite un écho, et qui lança
les Arabes à la conquête du vieux monde. Le soldat de génie qui
fut Napoléon ne devint l'idole de la Révolution que parce qu'il
en fut le vrai symbole; il incarna l'idéal de gloire militaire, de
propagande révolutionnaire, du peuple qu'il promena pendant
quinze ans à travers l'Europe à la poursuite des plus folles aventures.

L'idéal religieux et l'idéal patriotique ont toujours été les plus
irrésistibles parmi ceux qui ont conduit le monde. Dans toute l'antiquité, nous les voyons étroitement réunis. Aussi agissaient-ils
alors avec une énergie inconnue de nos jours. Les ambitions personnelles de l'individu s'effaçaient devant eux; tout convergeait au
bien public; chacun travaillait, se battait, vivait et mourait pour
la gloire et pour les dieux de la cité. Rome s'est, pendant plus de
sept siècles, adorée elle-même; elle a su remplir de cette adoration
unique tous ses enfants, dont la religion n'avait de lien, d'unité, de
vraisemblance, que parce que les oracles, les sacrifices, les cérémonies avaient la grandeur, la prospérité de Rome pour objet. Les
affections de famille disparaissaient, étouffées sous un sentiment
si absolu. Le premier Brutus tua ses fils, le second son père
adoptif, parce qu'ils crurent que l'intérêt de Rome voulait que ce
sang fût versé. Jamais idéal plus tangible, plus puissant, plus com-
pact, pour ainsi dire, embrassant tous les autres, ne régna sur
des cœurs d'hommes; jamais non plus aucun ne fit accomplir de

plus grands efforts. L'Anglais, nous avons eu déjà occasion de le dire, est le peuple moderne qui, par caractère, se rapproche le plus du Romain; sa fidélité tendre, presque superstitieuse, pour ses princes, pour sa famille souveraine, gardienne et représentante de la patrie, a quelque chose de la fervente religiosité du citoyen romain. La décadence atteint vite la nation qui ne possède pas un idéal quelconque, même puéril, pour servir de lien à ses énergies multiples et les diriger toutes dans un même sens.

Ce sont, en définitive, les idées qui mènent le monde. Elles naissent d'abord sous des formes vagues, flottent dans l'air en changeant lentement d'aspect, jusqu'au jour où elles apparaissent tout à coup sous la forme d'un grand homme ou d'un grand fait. Peu importe, pour la puissance de leur action, qu'elles soient vraies ou fausses. L'histoire nous prouve que les illusions les plus vaines ont toujours beaucoup plus fanatisé les hommes que les vérités les mieux démontrées. Ce sont, en effet, les plus vaines qui sont les plus aptes à flatter l'imagination et les sentiments, ces deux grands ressorts de l'être humain. C'est la *Mahamaya* des Hindous, l'universelle et éternelle chimère, qui, sous mille aspects divers, flotte sur notre chemin de l'humanité, nous attirant invinciblement.

C'est de ses illusions à la fois redoutables, séduisantes et fragiles, que l'humanité a vécu jusqu'ici et sans doute continuera à vivre encore. Ce sont de vaines ombres, mais des ombres qu'il faut respecter pourtant. Grâce à elles, nos pères ont connu l'espérance, et, dans leur course héroïque et folle, il nous ont sorti de la barbarie primitive et conduits au point où nous sommes aujourd'hui. De tous les facteurs du développement des civilisations énumérés par nous jusqu'ici, les illusions sont peut-être le plus puissant. C'est une illusion qui a fait surgir les pyramides et pendant cinq mille ans hérissé l'Égypte de colosses de pierre. C'est une illusion semblable qui, au moyen âge, a édifié nos gigantesques cathédrales et conduit l'Occident à se précipiter sur l'Orient pour conquérir un tombeau. C'est en poursuivant des illusions qu'ont été fondées des religions qui ont plié la moitié de l'humanité sous leurs lois, qu'ont été édifiés ou détruits les plus formidables empires. Ce n'est pas à la poursuite de la vérité, mais bien à celle de l'erreur, que l'humanité a dépensé le plus d'efforts. Les buts chimériques qu'elle poursuivait, elle ne pouvait les atteindre, mais

FIG. 113. — THÈBES, TEMPLE DE MÉDINET-ABOU. VUE LATÉRALE DES PYLÔNES.

c'est en les poursuivant qu'elle a réalisé tous les progrès qu'elle ne cherchait pas.

# LIVRE TROISIÈME

# LA CIVILISATION ÉGYPTIENNE

## CHAPITRE PREMIER

## LE MILIEU ET LA RACE

### § 1. — LE MILIEU

« L'Égypte est un don du Nil », a dit Hérodote.

La science moderne, loin de contredire cette assertion, ne peut qu'en étendre le sens. Le Nil a tout créé, tout déterminé en Égypte : le sol et ses productions, les espèces animales, les occupations des hommes, leur caractère national, leurs institutions politiques et sociales. Il continue à soutenir son œuvre, qui ne subsiste que par lui. Si un cataclysme imprévu venait à détourner son cours en amont de la cataracte de Syène, l'Égypte disparaîtrait fatalement; les sables du désert recouvriraient bientôt de leur linceul cette vallée fameuse et effaceraient jusqu'à la dernière trace de la plus antique des civilisations humaines.

L'Égypte a été conquise par son fleuve sur l'étendue désolée du Sahara. Elle n'est, en réalité, qu'une longue oasis, d'un peu plus de deux cents lieues de longueur, et dont la largeur varie de 1 à 20 kilomètres. Quant au Delta, cette contrée triangulaire d'une fertilité si grande, ce n'est pas sur le désert que le Nil l'a conquise, c'est sur la mer. Il l'a apportée, grain à grain, durant des centaines de siècles, du fond de la mystérieuse Afrique. Elle est faite tout entière du limon qu'il charrie, et auquel l'absence de marée dans la Méditerranée a permis de se déposer sans être dispersé, comme il le serait à l'embouchure des grands fleuves océaniques.

Ce limon, que le Nil entraîne et qu'il dépose sur ses bords durant son inondation annuelle, contribue également à exhausser son lit et ses rives; cet exhaussement est évalué à environ 132 millimètres par siècle. Il a pour effet de donner à l'Égypte habitable la forme d'une bande de terre légèrement convexe, creusée, au sommet, d'une rainure qui représente le cours du fleuve. A la base des deux chaînes de montagnes — la chaîne libyque à l'ouest et la chaîne arabique à l'est, qui enferment la vallée — le sol forme donc une double dépression. Ce sont ces terres basses, pourtant les plus éloignées du fleuve, qui sont les premières inondées, tandis qu'il reste, le long des rives proprement dites, des parties plus élevées, que l'eau n'atteint pas et que l'on est obligé d'arroser par des moyens artificiels.

La crue du Nil commence au solstice d'été et atteint sa plus grande hauteur à l'équinoxe d'automne. A ce moment, les terres basses, qui d'abord se sont mouillées avant les autres par infiltration, se trouvent couvertes par les eaux; les plus élevées sont détrempées et marécageuses; les canaux de dérivation sont envahis par les flots; les flots de terre sèche reçoivent artificiellement leur part de l'eau bienfaisante. Les machines, toutes primitives, qui servent à puiser et à répandre l'eau — le *schadouf*, qu'un homme suffit à manœuvrer, et la *noriah*, sorte de roue mise en mouvement par des bœufs — sont les mêmes que celles dont se servaient les esclaves hébreux, et que l'on voit représentées sur les plus vieux monuments égyptiens.

A partir de l'équinoxe d'automne, les eaux se retirent; les

D'après la Commission d'Égypte.

FIG. 114.

DÉTAILS D'UN PILIER DU TEMPLE
DE MÉDINET-ABOU.

D'après une photographie.

FIG. 113. — THÈBES. COLONNADE DU TEMPLE DE MÉDINET-ABOU

semailles se font à mesure, et les récoltes ont lieu en février, mars et avril. Le Nil, en quittant les terres inondées, laisse à leur surface un limon noirâtre qui est le plus puissant des engrais. Les paysans en étendent, comme chez nous le fumier, sur les parties hautes, que l'inondation n'a pas atteintes. Dans ce sol, encore humide et si prodigieusement fertile, presque aucun travail n'est nécessaire; le labourage est souvent inutile; les semences jetées à la surface s'enfoncent de leur propre poids dans la terre mouillée, et donnent ces moissons d'une incroyable richesse qui avaient fait de l'Égypte le grenier d'abondance de Rome.

A peine la dernière est-elle recueillie, que le moment de la sécheresse commence. Un vent du sud, brûlant et pénible, s'élève, et souffle pendant cinquante jours : c'est le *kamsin*, qui arrive, chargé de sable, et qui recouvre la nature entière comme d'un linceul grisâtre; tout vestige de verdure disparaît sous la poussière; la terre se dessèche et se fendille; une langueur générale saisit les hommes et les animaux.

Enfin, le vent du nord souffle à son tour au commencement de juin; les eaux du Nil se troublent; elles roulent d'abord verdâtres, et ensuite, pendant quelques jours, rouges comme du sang; le fond durci des citernes s'humecte peu à peu, puis se recouvre d'une légère nappe d'eau. C'est la crue qui s'annonce. Une vie nouvelle circule dans les veines de la vieille Égypte.

Dans la vallée du Nil, il n'y a donc pas de saisons comme nous les comprenons; l'année se divise en trois périodes, déterminées par les mouvements du fleuve : la période de l'inondation, la période de culture et la période de sécheresse. L'aspect du pays varie complètement de l'une à l'autre de ces trois saisons. C'est ce que le conquérant Amrou voulait représenter à Omar lorsqu'il lui écrivait que l'Égypte ressemble alternativement « à un champ de poussière, à une mer d'eau douce et à un parterre de fleurs. »

Les anciens Égyptiens attribuaient autrefois à la bienveillance miraculeuse de leur fleuve divinisé ces débordements périodiques qui font la vie et la richesse de leur pays. On sait aujourd'hui qu'ils correspondent aux pluies torrentielles qui tombent, vers le mois de mars, dans les régions de l'Afrique équatoriale où le Nil prend sa source. Ces pluies, qui n'atteignent pas l'Égypte, la fertilisent indirectement. Ce serait pourtant une erreur de croire, comme on l'a dit trop absolument, qu'il ne pleut jamais dans la vallée du Nil. Mais les ondées, assez fréquentes à certains moments dans le Delta, deviennent de plus en plus rares à mesure qu'on remonte vers la Haute-Égypte. Elles n'auraient d'ailleurs jamais eu le pouvoir d'arracher l'Égypte à sa stérilité sans les inondations du Nil.

Le fleuve bienfaisant, quoiqu'il remplisse le premier rôle, doit être aidé par la main des hommes pour donner à l'Égypte sa merveilleuse fécondité. Ses débordements, trop impétueux dans certaines années, bouleverseraient le sol, entraîneraient les constructions, noieraient les animaux et les hommes; insuffisants à d'autres, ils ne fertiliseraient pas la terre. On a dû, pour remédier à ces irrégularités, endiguer le cours du fleuve, creuser des canaux qu amenassent les eaux également dans toutes les provinces, construire des réservoirs artificiels pour les contenir lorsqu'elles étaient trop abondantes, pratiquer des systèmes d'arrosage pour les terres élevées que la crue ne pouvait atteindre. En outre, il faut sans cesse lutter contre la redoutable invasion des sables du désert. Dès l'aurore de l'histoire, nous voyons tous ces travaux exécutés aussi ingénieusement et aussi régulièrement qu'aujourd'hui. La race qui a colonisé l'Égypte, dans des temps si reculés qu'il faut renoncer à percer leur ombre formidable, a su tirer parti de cette vallée privilégiée, et ce sont ses premiers travaux d'irrigation qui ont permis l'éclosion de la plus ancienne civilisation sur notre planète.

Ce qu'il y a de plus particulier dans cette mise en œuvre des puissances naturelles en Égypte, c'est qu'elle ne peut être menée à bien qu'à la condition d'être une entreprise d'ensemble. Il ne servirait à rien d'améliorer l'action du fleuve dans une seule partie de son cours; la négligence dans les autres amènerait des désastres, causés par l'insuffisance ou la surabondance des eaux, et qui atteindraient fatalement la partie bien entretenue. Une direction unique a donc dû, dès l'origine, être donnée aux travaux d'irrigation. Cette direction émanait naturellement de l'administration centrale, c'est-à-dire du pouvoir royal. Chaque fois que, par suite de quelque révolte ou de quelque usurpation, l'autorité se trouvait divisée, le pays tout entier souffrait dans ses moyens de subsistance, la misère et la famine menaçaient tous ses habitants, grands et petits, riches et pauvres. La royauté despotique a donc été la seule forme

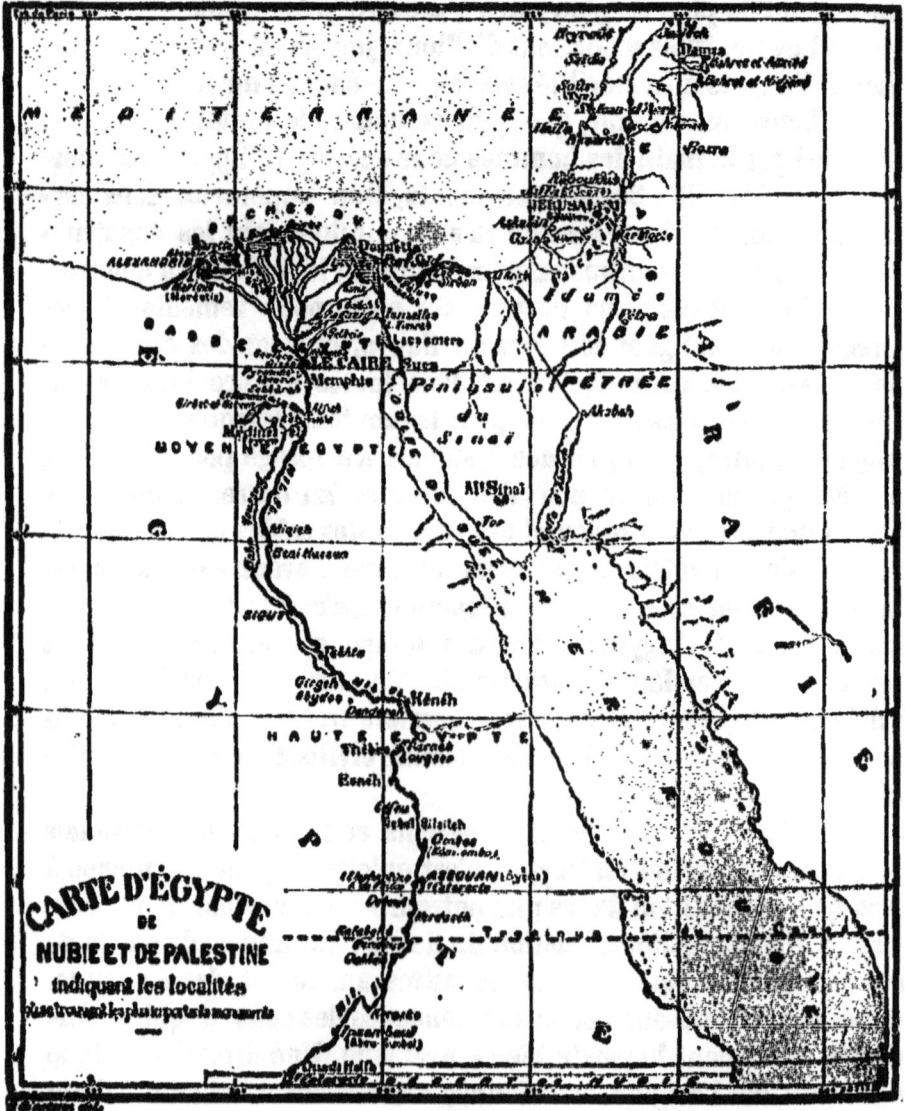

CARTE D'ÉGYPTE
DE
NUBIE ET DE PALESTINE
indiquant les localités
où se trouvent les plus importants monuments

de gouvernement possible pour l'Égypte. C'est dans cette contrée qu'a été constituée la première grande unité nationale que l'on constate dans l'histoire des civilisations humaines. A toutes les

FIG. 116. — THÈBES. RESTITUTION DU TEMPLE DE DÊIR EL BAHARI.

D'après Brune et Ebers.

le temple, construit par la reine Hatason, dix-sept siècles avant J.-C., a été édifié sur un plan qui ne rappelle en rien celui des autres temples de l'Égypte. On suppose qu'il fut inspiré par les monuments en terrasse de la Chaldée que les Égyptiens avaient pu observer pendant une de leurs expéditions. Il était précédé par une allée de sphinx d'un demi-kilomètre de longueur. La longueur totale du temple est de près de 300 mètres.

époques, son peuple, façonné par de longs siècles d'obéissance, s'est montré un troupeau docile, toujours prêt à subir le joug d'un maître.

Cette population de l'Égypte, dont nous examinerons tout à l'heure la race, a toujours été la plus dense du monde. On est étonné de penser aux armées qu'y levait Sésostris, quand on considère que tout le pays habitable, y compris quelques grandes oasis à l'ouest, représente à peine la seizième partie de la France. Le nombre des villes qui s'élevaient sur les rives du fleuve est prodigieux. C'était une chaîne presque ininterrompue, depuis la cataracte de Syène jusqu'à la mer. Elles se multipliaient encore dans le Delta.

La merveilleuse fécondité de l'Égypte fut la cause de cette densité de sa population.

Les substances alimentaires qu'elle fournit sont déterminées, comme tout du reste dans cette étrange vallée, par le Nil. Ce n'est donc pas sans raison que, durant des milliers d'années, le puissant fleuve a été adoré par tant d'hommes auxquels il donnait le bien-être et la vie. Pour les anciens Égyptiens, il était le dieu Hâpi ; souiller ses eaux en y jetant un cadavre était considéré comme un sacrilège et méritait la mort.

Les céréales sont au premier rang parmi les productions de l'Égypte ; le froment, le seigle, l'orge, le sorgho, le millet, offrent des moissons d'une grande richesse. Il faut y ajouter le riz, le maïs, et surtout les légumes, lentilles, fèves, pois, etc.

Lorsque les Hébreux, révoltés contre Moïse à cause des souffrances du désert, regrettaient leur esclavage d'Égypte, ils pensaient surtout à ces excellents légumes, dont ils mangeaient à satiété, tout misérables qu'ils fussent. Le souvenir des produits succulents de cette terre humide leur faisait trouver plus cruellement pénible l'aridité des sables sur lesquels ils erraient.

Les plantes aquatiques de l'Égypte sont aussi remarquables par la multitude de leurs espèces que par leur abondance. Tous les étangs peu profonds que forme l'inondation disparaissent bientôt, ainsi que les rives des canaux, sous des forêts de feuilles vertes et de fleurs charmantes. La plupart de ces plantes sont comestibles. Deux espèces surtout sont célèbres : le papyrus, dont on mangeait les tiges cuites au four, et le lotus, blanc, rose ou bleu, dont une espèce donne le fruit appelé fève d'Égypte.

Les végétaux produisant des substances industrielles ne sont pas rares non plus sur les bords du Nil ; on y récolte le coton, le lin, l'indigo, etc. La vigne s'y rencontre dans certains endroits. Il y a peu de grands arbres; cependant le palmier, l'olivier, le dattier y viennent bien, et ajoutent une part considérable aux richesses alimentaires du pays.

La faune de l'Égypte, comme sa flore, est surtout aquatique. Les oiseaux d'eau, canards sauvages, hérons, ibis, etc., y pullulent. Quant aux poissons, les canaux, les lacs, en sont littéralement encombrés. Vers les diverses embouchures du Nil, les bancs de poissons d'eau douce allant frayer en mer se heurtent contre ceux de mer qui viennent frayer dans le fleuve. Leur chair forme le fond de l'alimentation pour un grand nombre d'Égyptiens.

Parmi les grands animaux, nous savons que le bœuf était connu en Égypte de toute antiquité. Comme bête de somme ou de trait, l'âne rendait d'immenses services. Cet animal est du reste plus beau et plus fort en Égypte que dans toute autre contrée. Le cheval ne paraît avoir été introduit qu'assez tard; on ne le voit, monté ou attelé, que sur des bas-reliefs relativement récents. La brebis, la chèvre, le chien, ont été connus et utilisés de tout temps.

Quant aux animaux nuisibles ou dangereux, leurs espèces ne sont pas nombreuses; le lion a existé dans la Haute-Égypte, le crocodile, tout le long du fleuve, avec quelques variétés de serpents venimeux, entre autres l'aspic et la naja ou uræus, qui devint l'emblème de la royauté, et dont l'image orna le diadème en se dressant sur le front du souverain.

Les richesses minérales font presque entièrement défaut à l'Égypte. Elle ne possède pas de mines. Ses deux chaînes de montagnes, la chaîne libyque et la chaîne arabique, sont granitiques seulement vers le sud. De leurs flancs, vers la Haute-Égypte, on tirait ces monolithes énormes, qui, sous forme d'obélisques, ou bien entassés en pyramides, se dressent sur les bords du fleuve, mystérieux témoins de temps qui ne sont plus.

Ce granit, dont sont construits la plupart des monuments de

l'Égypte, leur a donné une solidité qui défie les siècles; mais, comme cause de leur préservation, il faut compter en première ligne la sécheresse du climat. Leur front impassible n'a jamais reçu que la caresse ardente du soleil; il ne s'est point creusé, ridé, sous l'étreinte de la glace et de la neige, et ne s'est point len-

D'après une photographie.

FIG. 117. — THÈBES. TEMPLE DE MÉDINET-ABOU.
(Détails de colonnes et de piliers d'une cour intérieure )

tement effrité sous l'assaut furieux et méthodique des persistantes averses.

Nous les retrouverons plus loin, ces monuments, quand nous pénétrerons dans les cités splendides : Héliopolis, où l'on adorait le Soleil; Thèbes aux cent portes, et l'altière Memphis, la ville de Phtah, *Hakaptah*, dont les Grecs ont tiré le nom d'*Ægyptos*.

Pour le moment nous n'avons pas à nous occuper des œuvres de la civilisation égyptienne. Notre rapide esquisse doit seulement montrer la terre elle-même, avec les dons qu'elle a reçus de son fleuve. Dans nulle contrée peut-être, le milieu n'eut une influence plus profonde sur l'homme. Pour montrer comment ce milieu fut créé,

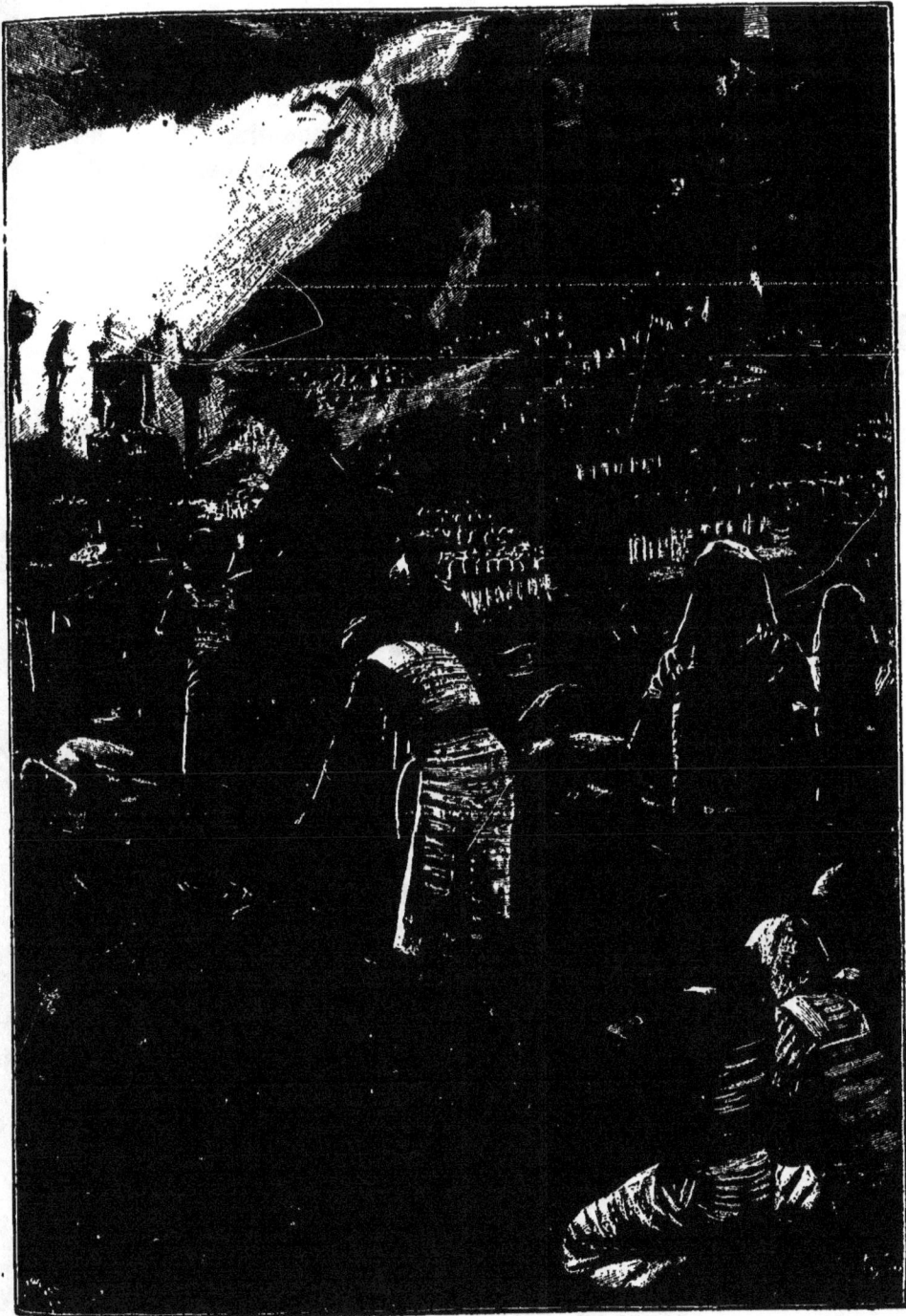

FIG. 118. — RAMSÈS III ASSISTANT DU HAUT DE SON CHAR AU DÉNOMBREMENT DES MAINS COUPÉES AUX VAINCUS
APRÈS LA DÉFAITE DES LIBYENS.

Cette restitution a été faite pour notre ouvrage par M. Rochegrosse, d'après un bas-relief du temple de Medinet-Abou.
Les costumes du roi, des scribes qui enregistrent les mains coupées et des divers personnages ont été copiés sur l'original.

il faudrait remonter aux temps géologiques; nous y verrions une Égypte solitaire, inhabitée encore, à travers laquelle, pendant les siècles infinis, coulait le patient fleuve, qui, peu à peu, parcelle après parcelle, sous les fleurs penchées des lotus, pareilles à de doux yeux visionnaires, apportait le Delta du fond de l'Afrique, et préparait le berceau de la première, de la plus étonnante des civilisations humaines.

## § 2. — LA RACE

Les Égyptiens se croyaient autochthones. Ils s'imaginaient que les dieux avaient, dans les temps les plus reculés, fait naître et établi leur race dans la vallée du Nil. Durant des siècles, après cette création miraculeuse, les mêmes dieux avaient gouverné leur pays, leur avaient enseigné à diriger, à canaliser le fleuve, leur avaient donné leurs institutions et leurs lois.

Les primitifs ancêtres des Égyptiens, vivant sous la direction bienveillante des divinités et les contemplant face à face, avaient été à la fois parfaitement heureux et parfaitement bons. C'étaient les *Shesou-Hor*, ou serviteurs d'Horus. Tout ce qui était beau et bien dans la vallée du Nil venait d'eux directement. Leur époque avait été un temps de félicité, de paix et d'abondance, comparable à l'âge d'or que presque tous les peuples ont voulu placer à l'origine du monde.

Les historiens grecs et latins n'acceptaient pas cette légende. Ils voyaient dans les Égyptiens un peuple de race africaine, mais non pas originaire de la vallée du Nil. Ce peuple, suivant eux, ne serait autre qu'un rameau éthiopien, qui aurait descendu le fleuve, développant la civilisation sur toute la partie inférieure de son cours.

« Les Éthiopiens, écrivait Diodore de Sicile, affirment que l'Égypte est une de leurs colonies... Le sol lui-même y est amené par les dépôts du Nil... Il y a des ressemblances frappantes entre les usages et les lois des deux pays : on donne aux rois le titre de dieux; les funérailles sont l'objet de beaucoup de soins; les écritures en usage dans l'Éthiopie sont celles mêmes de l'Égypte, et la connaissance des caractères sacrés, réservée aux prêtres seuls en Égypte,

était familière à tous en Éthiopie. Il y avait, dans les deux pays, des collèges
de prêtres organisés de la même manière, et ceux qui étaient consacrés au
service des dieux pratiquaient les mêmes règles de sainteté et de pureté,
étaient rasés et habillés de même; les rois avaient aussi le même costume et
un uræus ornait leur diadème... Les Éthiopiens ajoutent beaucoup d'autres
considérations pour prouver leur antériorité relativement à l'Égypte, et
démontrer que cette contrée est une de leurs colonies. »

Cette opinion de Diodore et des anciens s'est perpétuée jusqu'à
nos jours. Elle est absolument erronée, mais on comprend qu'elle
ait eu cours aussi longtemps, puisque seules les inscriptions hiéroglyphiques pouvaient la détruire, et que ces inscriptions, jusqu'à
Champollion, restaient indéchiffrables.

Au commencement de ce siècle, on croyait encore en Europe
que les anciens Égyptiens étaient des nègres aux cheveux crépus,
aux lèvres épaisses, venus du fond de l'Afrique. On ne voulait point
voir la ressemblance frappante des fellahs modernes avec les figures
des bas-reliefs les plus anciens, et l'on croyait le type véritable
absolument effacé par les mélanges avec un très grand nombre de
conquérants divers.

Un seul ouvrage antique attribuait aux Égyptiens une origine
asiatique : c'était la Bible. Mais au point de vue de la vérité scientifique et historique, on s'en rapportait aveuglément aux écrivains
classiques, grecs et latins; on se serait bien gardé de leur opposer
un instant des légendes religieuses, bonnes pour établir les dogmes
de l'Église, mais non pour éclairer sérieusement l'histoire.

La lecture des hiéroglyphes et les recherches de la linguistique
ont enfin un peu éclairé le problème; et il s'est trouvé que, cette fois,
les naïves généalogies de la Genèse n'avaient pas complètement erré.
Les trois grands rameaux de la race blanche — l'aryen, le sémitique
et le chamitique — partis peut-être du plateau central de l'Asie, ont
absolument enveloppé le bassin de la Méditerranée. Tandis que la
branche aryenne s'en allait au nord et pénétrait en Europe, en traversant l'Hellespont, la branche chamitique descendait au sud, fran-
chissait l'isthme de Suez, et se répandait vers l'ouest jusqu'à l'Océan
Atlantique, arrêtée au sud par la formidable barrière du Sahara.
L'Afrique proprement dite, avec ses populations noires, ne commence qu'au delà de cet immense désert, qui l'a séparée pendant des

siècles des races blanches. Les Libyens, les Gétules, les Maures, les Numides, les Berbères, sont des peuples chamites, et les Égyptiens paraissent être leurs frères. Seulement, plus voisins des Sémites d'Asie, les anciens Égyptiens n'étaient pas dégagés de tout mélange avec ceux-ci. Leur type extérieur, comme leur langue, offre des analogies marquées avec le type et la langue sémitiques. On dis-

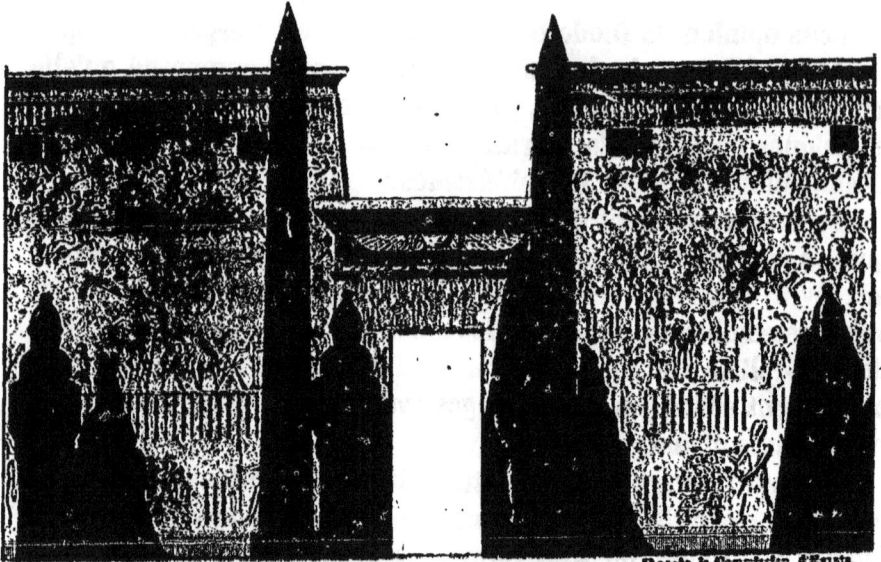

D'après la Commission d'Égypte.

FIG. 110. — THÈBES. PORTION DE LA FAÇADE DU TEMPLE DE LOUQSOR.

Un des deux obélisques représentés dans cette planche a été transporté à Paris. Après avoir orné un des plus célèbres monuments de l'antiquité et après avoir été décrit par Diodore, il orne aujourd'hui la plus grande place de notre capitale.

Ces deux obélisques furent élevés quatorze siècles avant notre ère par le célèbre Sésostris « seigneur de la haute et de la basse Égypte, fils des dieux et des déesses, seigneur du monde, gardien de la vérité, etc. », ainsi que l'indique l'obélisque resté à Louqsor.

Les obélisques égyptiens n'étaient jamais isolés : ils étaient toujours accouplés, comme dans la planche précédente, devant la façade d'un temple. Ils étaient couverts d'inscriptions commémoratives et précédés d'une allée de sphinx.

tingue, dans le fond grammatical et dans les plus importantes racines de la langue égyptienne, une lointaine parenté avec l'hébreu et le syriaque; mais la séparation des deux rameaux a dû se produire dans une antiquité extrêmement reculée, car chacun a mis en œuvre ces éléments de façon fort différente. La langue égyptienne s'est promptement fixée, alors que le pur rameau sémitique continuait à évoluer, à se subdiviser, et donnait naissance à un grand nombre d'idiomes divers.

L'égyptien antique, que nous voyons déjà fixé 5000 ans avant

D'après Champollion.

FIG. 120. — SÉTI Ier, PÈRE DE SÉSOSTRIS, EST PRÉSENTÉ PAR HORUS, DIEU À TÊTE D'ÉPERVIER, A OSIRIS AUPRÈS DUQUEL SE TIENT LA DÉESSE HATHOR.

(Bas-relief du tombeau de Seti Ier, à Thèbes.)

J.-C., et qui comprenait un vocabulaire sacré et un langage populaire, a duré jusqu'à la conquête arabe; il s'est alors corrompu pour former le copte, qui, lui-même, a presque disparu, complètement étouffé et remplacé par l'arabe sémitique.

Ainsi le peuple égyptien est d'origine asiatique et de famille chamito-sémitique. Il a dû envahir la vallée du Nil à une époque tellement lointaine que l'imagination ne peut la supputer. Cette invasion ne s'est pas faite en un jour, mais à plusieurs reprises et par couches successives. Les nouveaux venus trouvèrent sans doute sur les bords du fleuve quelques faibles et rares représentants de cette noire Afrique lointaine, à qui la trouée du Nil à travers le Sahara offrait l'unique chemin par lequel elle pût parvenir jusqu'à la Méditerranée.

Ces tribus noires, trop ignorantes pour dompter et diriger le tout-puissant fleuve, devaient être plutôt victimes que maîtresses de ses inondations. Ce sont elles sans doute qui laissèrent sur le sol de l'Égypte ces vestiges de l'âge de pierre qu'on retrouve encore aujourd'hui dans l'épaisseur des sables.

Les envahisseurs asiatiques les repoussèrent ou les absorbèrent. Il se produisit certainement à cette époque quelques mélanges, dont peu à peu sortit, distinct et précis, le beau type égyptien, que de magnifiques et expressives sculptures ont rendu populaire parmi nous. L'épaisseur des lèvres, la couleur rougeâtre de la peau, doivent sans doute être considérées comme les traces de cette union d'un peu du sang de l'Afrique noire avec le sang clair et pur des fils orgueilleux de l'Asie. Le mélange s'accentue en remontant le cours du fleuve. L'Éthiopien, dont Diodore faisait l'ancêtre de l'Égyptien, avait emprunté aux envahisseurs leurs usages, tout en restant plus imprégné de sang africain. C'est de l'embouchure vers la source du Nil que s'avança la civilisation, tout à l'inverse de la marche que retracèrent les écrivains grecs et latins.

Sans doute, il fallut longtemps pour que l'Égyptien transformât par ses travaux la vallée du Nil, et en même temps fixât ses institutions et son type. Si loin que nous remontions dans l'histoire, il nous apparaît toujours sous les mêmes traits.

« L'Egyptien, dit M. Maspero, était en général grand, maigre, élancé. Il avait les épaules larges et pleines, les pectoraux saillants, le bras nerveux et terminé par une main fine et longue, la hanche

peu développée, la jambe sèche; les détails anatomiques du genou
et les muscles du mollet sont assez fortement accusés, comme c'est
le cas pour la plupart des peuples marcheurs; les pieds longs,
minces, aplatis à l'extrémité par l'habitude d'aller sans chaussures.
La tête, souvent trop forte pour le corps, présente d'ordinaire un
caractère de douceur et même de tristesse instinctive. Le front est

FIG. 121 ET 122. — SCÈNES FUNÉRAIRES RELEVÉES SUR DES PEINTURES DE THÈBES (TEMPLE DE GOURNAH).

Dans la partie supérieure du dessin on voit les amis et les femmes du défunt se lamenter. Dans la partie inférieure, on emporte dans une barque les meubles et objets préférés du défunt pour les déposer dans son tombeau.

carré, peut-être un peu bas, le nez court et rond; les yeux sont
grands et bien ouverts, les joues arrondies, les lèvres épaisses, mais
non renversées; la bouche, un peu longue, garde un sourire rési-
gné et presque douloureux. Ces traits, communs à la plupart des
statues de l'Ancien et du Moyen Empire, se retrouvent plus tard à
toutes les époques. Les monuments de la dix-huitième dynastie, les
sculptures saïtes et grecques, si inférieures en beauté artistique aux
monuments des vieilles dynasties, conservent sans altération sensible le type primitif. Aujourd'hui même, bien que les classes supé-

rieures se soient défigurées par des alliances répétées avec l'étranger, les simples paysans ont gardé presque partout la ressemblance avec leurs ancêtres, et tel fellah contemple avec étonnement les statues de Kawrâ ou les colosses d'Ousortesen qui reproduit trait pour trait, à plus de quatre mille ans de distance, la physionomie de ces vieux Pharaons. »

Quant aux *Shesou-Hor*, aux premiers ancêtres qui, suivant la croyance égyptienne, connurent l'âge d'or et le règne des dieux sur la terre, il faut en penser ce que nous pouvons penser de la légende biblique, qui nous montre le doux Adam errant, sous l'œil d'un Dieu paternel, dans un jardin de délices où les bêtes féroces obéissent à sa voix. Les premiers Égyptiens menèrent la rude existence au prix de laquelle tous les peuples primitifs ont préparé la grandeur des civilisations futures. Et pendant combien de siècles a duré cette laborieuse période de lutte et d'enfantement? On peut en juger par l'antiquité du grand temple voisin du Sphinx, effrayant édifice fait de blocs de granit entassés, tenant le milieu entre les monuments mégalithiques et les premières œuvres d'architecture proprement dite. Ce temple, déblayé par M. Mariette il y a une vingtaine d'années, l'avait été une première fois au temps de la quatrième dynastie, sous le roi Khéops, auteur de la grande pyramide. Une inscription gravée sous ce règne raconte qu'il reparut au jour après être resté enseveli et ignoré depuis de longues générations. Son origine, même à cette époque, c'est-à-dire il y a soixante siècles, semblait se perdre dans la nuit des temps. C'est le plus vieux monument du monde, et son granit âpre et muet, qui a vu ce que notre science moderne s'efforce vainement de reconstituer, contemple peut-être avec pitié la jeunesse des Pyramides.

On conçoit qu'une race, formée si lentement, presque isolée du monde par l'infini du désert et par l'infini des eaux, ait pu atteindre à l'unité puissante et si fortement caractérisée que nous lui voyons dès les débuts de l'histoire, et qu'elle ait assez fortement dégagé ses traits propres d'une origine confuse, *pour les conserver ainsi, jusqu'à nos jours, sur la face de ses descendants, aussi inaltérables que sur la face de granit de ses temples et de ses tombeaux.*

FIG. 121. — THÈBES, RESTITUTION DE L'AVENUE CENTRALE DE LA SALLE HYPOSTYLE DU GRAND TEMPLE DE KARNAK.

# CHAPITRE II

## HISTOIRE DE L'ANCIENNE ÉGYPTE

### § 1er. — LES SOURCES DE L'HISTOIRE D'ÉGYPTE. LA CHRONOLOGIE

L'histoire de l'Égypte est une conquête de la science moderne. Jusqu'à la fin du siècle dernier, on ne la connaissait que par les récits des écrivains grecs. Les ouvrages de Diodore de Sicile et d'Hérodote, qui formaient à peu près les seules sources alors connues, étaient aussi peu certains qu'incomplets. Ils étaient pleins de contradictions évidentes et de contes fabuleux. On possédait bien encore, il est vrai, un document chronologique, écrit en langue grecque au temps de Ptolémée Philadelphe par un prêtre égyptien nommé Manéthon; mais, sa liste de rois faisant remonter les premiers souverains de l'Égypte à 5000 ans avant notre ère, on considérait ce document comme dépourvu de toute valeur. Il ne pouvait, en effet, en avoir aucune à une époque où l'on considérait la Genèse comme le récit fidèle des premiers âges de l'humanité, et le peuple hébreu comme le plus anciennement et divinement civilisé. La terre sortant brusquement du chaos formait alors un événement chronologique aussi simple et aussi précis que l'avénement de Louis XIV ou le traité des Pyrénées. Notre siècle a vu surgir du fond de ces vieux temps de bien autres lumières.

La découverte de Champollion, en permettant de lire tous les documents écrits que l'Égypte a laissés en foule, a fait apparaître presque dans ses moindres détails la longue histoire des empires qui se sont succédé dans la vallée du Nil. Aujourd'hui on peut étudier les grands règnes de l'Égypte comme on étudie ceux des Bourbons, par les annales officielles, par les peintures des tombeaux, par les mémoires particuliers. On a pu contrôler les récits des écrivains grecs et les listes royales de Manéthon. On a constaté l'exactitude de ces dernières, en même temps que la puérilité des récits que nous rapportent Hérodote et Diodore. Ces deux historiens, le premier surtout, restent très précieux cependant au point de vue de l'étude des mœurs. Ce qu'ils ont pu voir par eux-mêmes nous est fidèlement mis sous les yeux. Hérodote, observateur attentif, écrivain pittoresque et ingénieux, nous initie admirablement à la vie privée des Égyptiens, à leurs travaux, à leurs mœurs, à leur religion, à leurs lois. Il dépeint fidèlement les monuments qui subsistaient encore à son époque et dont nous ne voyons que les ruines aujourd'hui. Mais pour tout ce qui est chez lui histoire proprement dite, il a simplement compilé, et pas toujours dans leur ordre véritable, les récits plus ou moins exagérés ou arrangés que lui faisaient les prêtres.

Les documents égyptiens sur lesquels nous pouvons nous baser aujourd'hui avec certitude sont de deux sortes : ceux qui servent à l'histoire générale, listes de rois, récits de batailles, codes civils et religieux, etc., et ceux qui peignent la vie privée des habitants de la vallée du Nil. Les premiers consistent en écrits sur papyrus ou sur pierre, tels que le *Papyrus de Turin*, la *Salle des Ancêtres*, à la Bibliothèque nationale, la *Table d'Abydos*, au British Museum, la *Table de Saqqarah*, au Musée du Caire; puis en un nombre prodigieux d'inscriptions, qui enregistrent, sur les monuments de granit, obélisques, stèles, pyramides, tombeaux, les événements des différents règnes. Les documents relatifs à la vie privée sont les bas-reliefs, accompagnés d'hiéroglyphes explicatifs, qui couvrent les parois intérieures des tombes souterraines, et peignent, dans leurs moindres détails, l'existence journalière des Égyptiens. A ces documents se joignent enfin les œuvres littéraires manuscrites, poèmes, correspondances, livres didactiques ou mémoires.

La chronologie reste encore malheureusement la partie un peu incertaine de l'histoire d'Égypte. La cause de cette incertitude est que, dans le grand nombre de dynasties qu'enregistre Manéthon et que nous retrouvons sur les papyrus, il en est qui, suivant certains critiques, ont dû régner simultanément, tandis que, suivant d'autres, elles ont régné successivement. Les Égyptiens n'avaient pas d'ère, et ne dataient leurs événements, pour chaque règne, que

du début de ce règne. Il faudrait donc ajouter les règnes les uns aux
autres pour avoir une chronologie d'ensemble. Or, il y eut des
périodes où l'Égypte se subdivisa en royaumes indépendants dont
les dynasties doivent être accolées et non additionnées. On a
tout lieu de croire pourtant que Manéthon n'admit dans ses listes

FIG. 124. — LES BORDS DU NIL A TOURAH.

que les grandes dynasties successives, et n'y fit entrer aucune
des petites dynasties collatérales. Il demeure donc jusqu'à présent le guide le plus sûr pour la chronologie égyptienne; et cependant les interprétations des savants modernes présentent des
divergences qui dépassent 1800 ans pour la date du premier roi.
Tandis que Bœckh la place en 5702 avant Jésus-Christ, Lepsius la
fixe à 3892. Nous resterons entre ces deux points extrêmes, et,

adoptant la chronologie de Manéthon, acceptée d'ailleurs par un de nos égyptologues les plus éminents, M. Mariette, nous considérerons la date de 5004 avant Jésus-Christ comme celle de l'avènement de Ménès, fondateur de la monarchie égyptienne.

On compte vingt-six dynasties royales en Égypte, depuis cette

D'après une photographie.

FIG. 125. — THÈBES. VUE PRISE DANS LES RUINES DE KARNAK.

année 5004 jusqu'à celle de 527, qui vit les Perses s'emparer de la vallée du Nil. Ces vingt-six dynasties se répartissent en trois périodes principales : l'Ancien Empire, qui comprend dix dynasties, de 5004 à 3064 ; le Moyen Empire, sept dynasties, de 3064 à 1703 ; et le Nouvel Empire, neuf dynasties, de 1703 à 527. Après la conquête des Perses, en 527 avant notre ère, on compte encore cinq dynasties, y compris celles des vainqueurs, ce qui porte à trente et une le nombre total des dynasties égyptiennes.

Le siège de l'Ancien Empire fut Memphis; celui du Moyen Empire, Thèbes; et celui du Nouvel Empire, Saïs et les villes du Delta. Mais la prépondérance successive des trois capitales ne correspond pas rigoureusement à la succession des trois empires. Avant d'aborder l'étude de la civilisation égyptienne, nous allons d'abord résumer successivement l'histoire politique de ces diverses périodes.

## § 2. — L'ANCIEN EMPIRE

Les Égyptiens croyaient avoir été tout d'abord gouvernés par des dieux. Les Shesou-Hor, ou serviteurs d'Horus, les ancêtres, recevaient directement leur organisation civile et leurs lois de la sagesse divine. Il est probable que, dans les temps antéhistoriques, l'Égypte constituait une théocratie. La caste des prêtres était souveraine et prétendait recevoir des dieux les commandements qu'elle transmettait au peuple. C'est là une des premières phases des gouvernements primitifs. Après la période d'autorité absolue et divine, vient généralement une période guerrière et féodale. C'est ce qui arriva probablement aussi en Égypte, et ce fut la révolution qu'opéra Ménès, le premier roi, 5000 ans avant notre ère.

Depuis longtemps déjà, la caste des guerriers luttait pour enlever l'influence à celle des prêtres. Les chefs militaires des districts acquéraient plus d'autorité. Ménès les réunit, concentra leurs forces, et, d'un commun accord, fut reconnu roi unique. La première dynastie était fondée.

Ménès trouvait l'Égypte à un état déjà avancé de civilisation. Le Nil était canalisé, les canaux creusés, l'agriculture perfectionnée. Les arts étaient nés : grandioses, fantastiques et lourds, comme toujours au début. Le grand Sphinx, et le temple de granit et d'albâtre dont on voit auprès les gigantesques ruines, sont antérieurs peut-être à l'Ancien Empire. Ce sont les legs mystérieux des temps les plus reculés où l'humanité ait donné à sa pensée une forme de pierre : œuvre des antiques Shesou-Hor, dressée en l'honneur des dieux qui daignaient leur dicter des lois.

Ménès fonda la ville de Memphis. Pour isoler du Nil et préserver des inondations le terrain où il la construisit, il éleva une digue gigantesque, qui, en partie, subsiste encore. Memphis fut dédiée au dieu Phtah; son nom, *Ha-ka-Phtah*, adouci par l'harmonieuse langue des Grecs, devint plus tard Ægyptos, l'Égypte des modernes, et désigna tout le pays.

Le souvenir de Ménès devait rester populaire en Égypte à travers les siècles. La vallée du Nil lui dut son unité, et nous avons dit combien la centralisation du gouvernement était nécessaire au bien-être de cette contrée, où les travaux d'irrigation doivent se faire par une entente générale pour profiter à tous. La constitution de l'Égypte n'en resta pas moins féodale; les chefs de nomes ou districts respectaient le roi comme un suzerain, lui donnaient le service militaire, et, à titre de corvées, faisaient exécuter chez eux les travaux publics. Cette organisation resta toujours dans ses grands traits celle de l'Égypte, l'unification étant plus serrée, plus complète sous les grands rois autoritaires, et la décentralisation plus grande sous les dynasties faibles.

Les descendants de Ménès furent les *Pharaons*, fils de Dieu, du dieu-soleil. Pour que la descendance divine ne s'éteignît pas, on admit qu'elle pût être transmise par les femmes. Lorsqu'un roi mourait sans héritier mâle, fils ou neveu, le chef de la nouvelle dynastie épousait une princesse de la famille royale précédente, et ainsi le sang divin de Ménès passait de génération en génération sans s'épuiser jamais.

Les deux ou trois premières dynasties n'ont laissé que de faibles traces dans l'histoire. Cependant, déjà à cette époque si reculée, les sciences étaient cultivées, l'écriture était fixée. Un des rois de la première dynastie, avait composé un traité d'anatomie, et l'un des ouvrages contenus dans le *Papyrus Médical* de Berlin paraît dater de cette époque. La pyramide de Saqqarah y remonte, probablement. C'est aussi sous les premières dynasties que s'établit en Égypte le culte des animaux, l'Hâpis de Memphis, le bouc de Mendès, etc.

On est fondé à supposer que la royauté, avant de s'imposer à l'aristocratie féodale, eut à lutter comme le firent en France nos premiers Capétiens. Les inscriptions témoignent que des dynasties collatérales s'élevèrent et furent sur le point de prévaloir. La troisième dynastie semble avoir affermi son autorité, et, en unifiant véritablement l'Égypte, préparé la magnifique explosion civilisa-

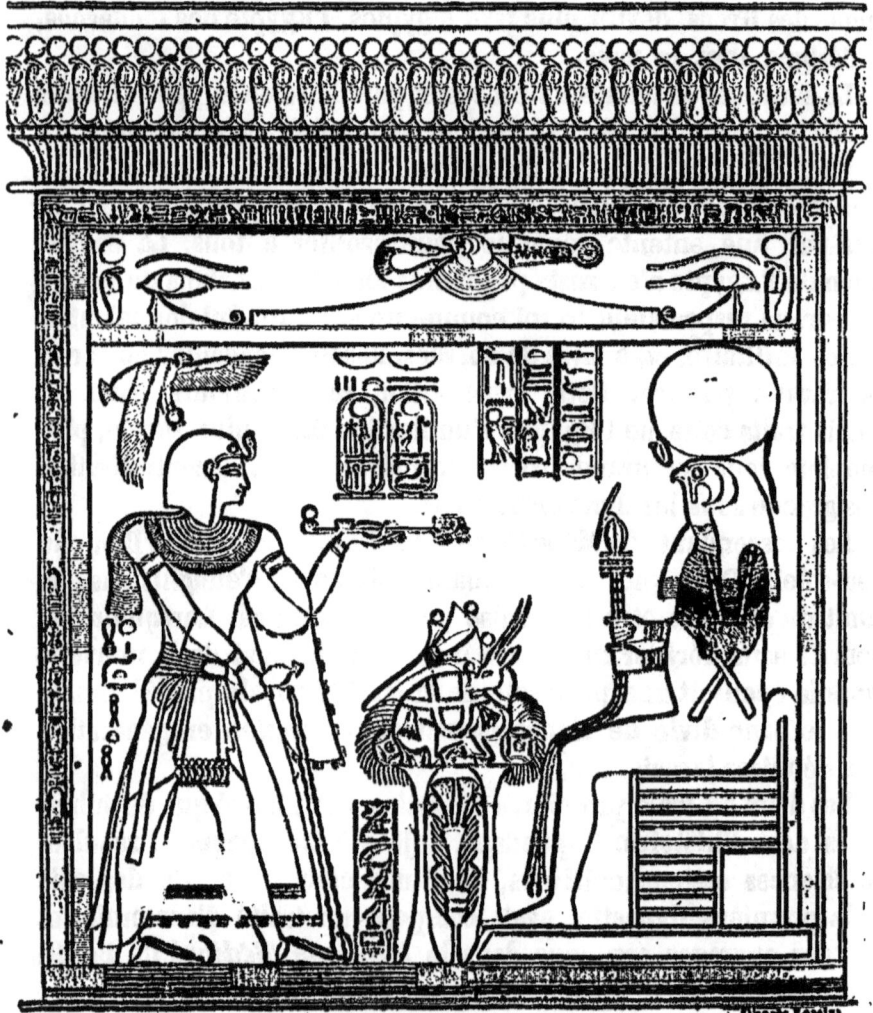

FIG. 120. — SOUVERAIN ÉGYPTIEN FAISANT DES LIBATIONS, BRULANT DE L'ENCENS ET OFFRANT DES PRÉSENTS À UNE DIVINITÉ ÉGYPTIENNE.
(Peinture de Thèbes.)

trice de la quatrième dynastie. Celle-ci marque l'apogée de l'Ancien Empire. C'est la période du grand art égyptien, de la construction des Pyramides et de la splendeur de Memphis.

D'après une photographie de Sebah.

FIG. 127. — THÈBES. LES OBÉLISQUES DE LA REINE HATASOU, A KARNAK.

Un seul de ces obélisques est encore debout, l'autre est renversé; la grosseur exagérée de celui-ci n'est qu'un effet de perspective. L'obélisque debout a 33 mètres de hauteur (un tiers de plus que celui de la place de la Concorde). C'est le plus grand des obélisques connus. L'inscription qui le recouvre indique qu'il n'a nécessité que sept mois de travail, il fut édifié par la reine Hatasou, fille de Thoutmès Ier de la XVIIIe dynastie, au XVIIe siècle avant notre ère. On croit qu'il était entièrement doré.

Le dernier roi de la troisième dynastie, Snéfrou, fut déjà un prince de valeur. Il passa l'isthme de Suez et alla installer au mont Sinaï ces colonies minières, qui y exploitaient le cuivre et la turquoise, et furent de tous temps une source de richesse pour l'Égypte. Mais la renommée de Snéfrou s'efface devant celle de ses successeurs Khéops, Khéphren et Mykérinus, de la quatrième dynastie. Leurs noms ne cesseront pas d'être familiers tant qu'il y aura des lèvres humaines pour les prononcer. Ce sont eux qui ont construit les trois grandes Pyramides du plateau de Gizeh. Nous décrirons dans un autre chapitre ces œuvres colossales, moins extraordinaires peut-être par l'effet extérieur qu'elles produisent que par leur structure intérieure, par la science architecturale incomparable dont elles témoignent, en présentant encore intacts leurs chambres et leurs passages dont les plafonds n'ont pas fléchi sous le poids séculaire de millions de kilogrammes. Ces monuments gigantesques devaient représenter éternellement à la fois le néant et la gloire de ceux qui les édifièrent, car ils étaient faits pour leur servir de tombeau. Jamais effort plus énergique et plus obstiné ne fut tenté par un être éphémère contre le temps qui l'emporte et l'oubli qui l'engloutit. Grâce à leurs prodigieux travaux, les grands rois de la quatrième dynastie égyptienne ont gravé sur la face de la terre un souvenir qu'elle portera jusqu'à ce qu'elle s'anéantisse. En vain la destinée a brisé leurs statues et dispersé leurs cendres. Ce sont leurs noms, et leurs noms seuls que les grandes Pyramides proclament dans la tristesse infinie du désert. Là où le voyageur s'arrête, ému et étonné du sentiment de sa petitesse, les fantômes de Khéops, de Khéphren et de Mykérinus se dressent majestueux et immobiles sur leurs formidables piédestaux.

Et une quatrième ombre, gracieuse et douce, erre aussi autour des étonnantes montagnes de pierre. C'est celle de cette reine Nitokris, qui, plusieurs siècles plus tard, fit achever la pyramide de Mykérinus, la fit recouvrir d'un coûteux revêtement de syénite, et voulut y reposer elle-même dans un sarcophage de basalte bleu, au-dessus de la chambre du pieux roi, le seul des trois grands constructeurs dont le peuple eût respecté le pompeux repos.

Nitokris appartenait à la sixième dynastie. C'est elle qui termine la série des glorieux souverains et qui voit clore la période brillante de l'Ancien Empire. Depuis Khéops et Khéphren, l'Égypte, arrivée à son point culminant, non seulement pour les arts, les sciences, mais pour la prospérité générale, n'avait pu monter davantage, mais du moins elle n'était pas descendue. Le rôle des rois de la cinquième et de la sixième dynastie avait consisté à maintenir l'œuvre grandiose de leurs prédécesseurs.

Sous l'un d'eux, un grand fonctionnaire prenait le titre de *gouverneur de la maison des livres*, ce qui nous montre l'existence de bibliothèques et l'importance qu'on y attachait. Le *Papyrus Prisse*, surnommé le *plus ancien livre du monde*, nous présente, mêlés à des écrits postérieurs, des fragments des ouvrages philosophiques et scientifiques de cette époque reculée.

Au point de vue militaire, les rois des grandes dynasties de l'Ancien Empire ne laissèrent pas de se distinguer, comme ils se distinguaient déjà au point de vue littéraire et artistique. Papi I⁰ʳ, second roi de la sixième dynastie, soumit l'Éthiopie, la Nubie, et vainquit les nomades de Syrie. Son ministre Ouna, qui le seconda puissamment, nous a laissé le récit de ses travaux et de ceux de son maître.

Vers cette époque, Memphis, qu'avaient embellie les souverains de la quatrième dynastie, et qui avait alors brillé de tout son éclat, commença à décliner et se vit préférer le séjour d'Abydos. L'activité des Pharaons ne s'enferma toutefois pas dans leur capitale. L'Égypte entière se couvrait de monuments, et le roi Menrerâ fit graver son image jusqu'à la première cataracte. Le règne séculaire de Nowerkarâ, et enfin la régence de Nitokris terminèrent une époque de splendeur et de prospérité ininterrompue, qui avait duré près de 800 ans.

La charmante princesse, « la belle aux joues de roses », devint l'héroïne de bien des légendes. Pour venger son frère et époux, mort assassiné, « elle fit bâtir, dit Hérodote, une immense salle souterraine; puis, sous prétexte de l'inaugurer, mais en réalité dans une tout autre intention, elle invita à un grand repas, et reçut dans cette salle bon nombre d'Égyptiens, de ceux qu'elle savait avoir été surtout les instigateurs du crime. Pendant le repas, elle fit entrer les eaux du Nil dans la salle par un canal qu'elle avait tenu caché.

Elle se jeta ensuite dans une grande salle remplie de cendres, afin d'éviter le châtiment. »

On crut longtemps en Égypte que l'ombre de cette héroïque, intelligente et gracieuse reine, flottait autour de la pyramide de Mykérinus, dans laquelle elle fut ensevelie, et que sa vague et ravissante image affolait d'amour l'imprudent voyageur qui s'arrêtait à la contempler. Quoi qu'il en soit, le doux spectre, s'il ne se montre pas réellement autour de l'immense tombeau, nous apparaît dans l'histoire comme fermant la période brillante de l'Ancien Empire, et comme suspendu au-dessus d'un espace béant et sombre de cinq siècles, duquel rien ne surgit et dont tous les échos sont muets. C'est la seule importante lacune de toute l'histoire d'Égypte. Quatre dynasties la remplirent sans laisser d'œuvres qui les fissent revivre pour nous, et lorsqu'enfin la lumière se montre de nouveau, le Moyen Empire est établi, la capitale de l'Égypte est changée et tout est transformé dans la vallée du Nil.

## § 3. — LE MOYEN EMPIRE

Le Moyen Empire, en même temps que l'avènement de nouvelles dynasties, dont les premières remontent à 3000 ans avant notre ère, nous montre celui d'une autre capitale, Thèbes, qui détrône définitivement Memphis.

Depuis longtemps, on peut le supposer, les gouverneurs de Thèbes avaient acquis une certaine indépendance et rivalisaient avec les souverains de la Basse-Égypte. Exposés aux attaques constantes des populations nègres du Sud, ils ne comptaient plus que sur leurs propres forces, levaient des armées, faisaient respecter la frontière, qui, au milieu de l'affaiblissement et des dissensions dans lesquels finit l'Ancien Empire, s'était rétrécie comme autrefois jusqu'à la première cataracte. Ces princes de Thèbes prétendaient d'ailleurs descendre de Papi Ier, et plusieurs d'entre eux prirent le titre de rois, avant que Montouhotep IV renversât effectivement la dixième dynastie, et réunît sous son sceptre unique les diverses provinces de l'empire.

Tout paraît aussitôt se transformer en Égypte. La suprématie de

Thèbes renouvelle, avec le gouvernement, les usages, les noms de

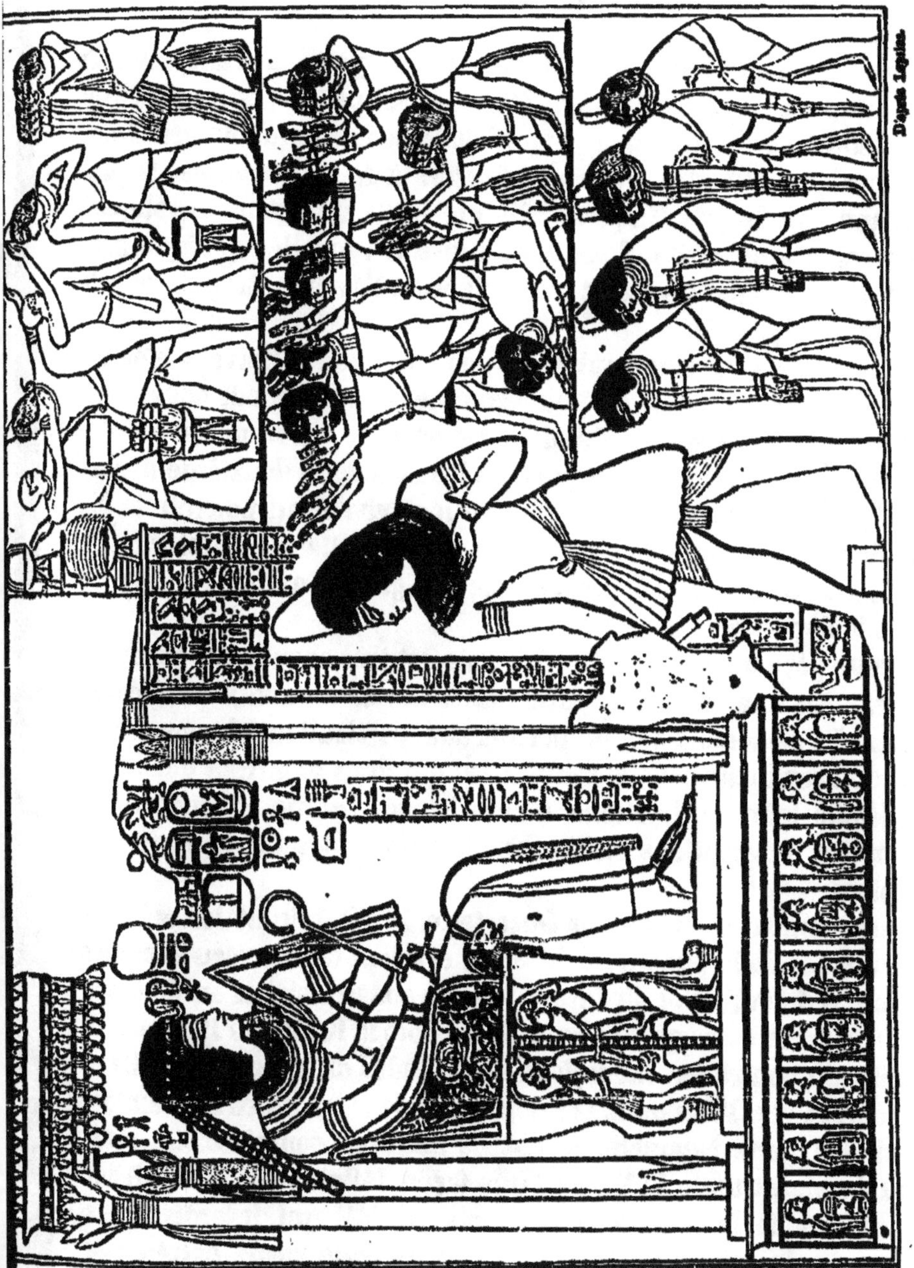

FIG. 62. — PHARAON SUR SON TRÔNE, LES ENFANTS DE LA ROYAUTÉ À LA MAIN, RECEVANT LES HOMMAGES DE SEIGNEURS ÉTRANGERS.
(Peinture de Thèbes.)

D'après Lepsius.

famille et jusqu'à la religion. Les dieux adorés autrefois par les

Schesou-Hor dans la vieille capitale de la Haute-Égypte, Ammon et Osiris, remplacent le Phtah de Memphis et le Râ des premières dynasties.

La nouvelle famille royale n'eut pas de peine à s'affermir. Au bout d'un demi-siècle à peine, Thèbes et ses princes dominent sans contestation et entrent dans une période de remarquable grandeur. La douzième dynastie, qui succède alors à la onzième, est la plus brillante du Moyen Empire. Elle préside à un âge de développement artistique et de gloire militaire qui rappelle, quoique sans l'éclipser, l'épanouissement magnifique de l'Ancien Empire sous la quatrième dynastie.

Les noms des Amenemhat et des Ousortesen doivent s'écrire dans l'histoire en traits éclatants comme ceux de grands souverains guerriers et civilisateurs. Ces deux noms, avec des numéros d'ordre divers, sont portés par presque tous les rois de la douzième dynastie. Presque tous aussi associèrent de leur vivant au pouvoir le fils qui devait leur succéder, et cet usage, permettant à l'autorité de se transmettre sans secousse, donna une grande unité à l'œuvre de toute la dynastie.

Cette période de l'histoire d'Égypte est très abondante en documents. Aucune ne vit s'élever plus de monuments publics et privés. La richesse générale permit aux particuliers de construire ces tombeaux couverts de sculptures, qui nous montrent dans tous les détails leurs occupations, leur existence intime et journalière. Quant aux inscriptions officielles, elles ne font qu'enregistrer des victoires.

Amenemhat Ier et son fils Ousortesen Ier rétablirent les colonies égyptiennes de la presqu'île du Sinaï et firent de nouveau exploiter les mines de cuivre et de turquoises. Ils construisirent au delà une ligne de forteresses qui marqua de ce côté la limite de l'empire et le défendit contre les incursions de nomades du désert. Puis ils se tournèrent vers l'Éthiopie. Les populations noires, entre la première et la deuxième cataracte, furent de nouveau soumises. Ousortesen III conquit toute la Nubie d'une façon définitive et inscrivit sur les rochers de la deuxième cataracte un édit qui interdisait aux nègres de descendre le fleuve au delà de cette borne extrême de l'empire égyptien.

A l'intérieur, la concorde et la prospérité régnaient. Tous les arts, tous les métiers étaient cultivés : des caravanes allaient chercher en Asie les étoffes brodées, les pierres précieuses, les vases émaillés, le bois de cèdre, les esclaves et les parfums.

Enfin parut Amenemhat III, le Louis XIV du Moyen Empire, l'auteur du lac Mœris, une des œuvres les plus colossales de l'Égypte et du monde.

Un peu en amont de Memphis, à l'occident du Nil, la chaîne libyque s'élargit et forme à ses pieds une oasis nommée le *Fayoum*. Amenemhat III résolut de transformer cette région en un immense réservoir qui recevrait le trop-plein des eaux du Nil, et servirait à régulariser l'arrosage de toute cette partie de la contrée. Les digues qui isolèrent ce lac artificiel, eurent jusqu'à 50 mètres d'épaisseur; leurs débris subsistent encore et s'étendent, comme l'a constaté M. Linant, sur plus de 50 kilomètres. Au centre de ce gigantesque réservoir, que les Grecs appelèrent le lac *Mœris*, se dressaient, sur deux énormes piédestaux, deux colosses représentant Amenemhat III et la reine, sa femme. Au moment des hautes eaux, les flots venaient toucher les pieds des deux colosses : c'était le grand Nil subjugué, apportant l'humble caresse de ses vagues à son vainqueur, et se roulant au-dessous de lui avec de doux grondements, comme un grand monstre docile.

Hérodote considérait le lac Mœris comme la merveille de l'Égypte. Amenemhat III y ajouta une autre construction fameuse, le Labyrinthe, le plus vaste palais du monde, qui ne contenait pas moins de trois mille chambres, et dont l'immense façade en calcaire blanc resplendissait au-dessus du lac comme du marbre de Paros.

La prospérité que la douzième dynastie avait fait régner en Égypte fut maintenue par la treizième et par la quatorzième, et dura un millier d'années. Vers l'an 2000 avant Jésus-Christ, l'invasion des Hyksos ou Pasteurs vint y mettre fin brusquement.

Ces peuples venaient du fond de la Chaldée, et furent jetés sur l'Égypte par les bouleversements qui ébranlèrent à cette époque les premiers empires établis sur les bords de l'Euphrate. Refoulant ou entraînant les populations nomades de Syrie et du pays de Canaan, ils franchirent, torrent irrésistible, l'isthme de Suez, envahirent le

Delta, s'en rendirent maîtres, prirent Memphis et livrèrent la Basse-Égypte à la dévastation.

Les Égyptiens, qui, de tout temps, avaient eu à lutter contre les nomades pillards, et qui les nommaient *Shous*, appelèrent *Hiq-Shous*, roi des *Shous*, le chef de leurs terribles conquérants, et, de ce mot, les Grecs ont fait Hyksos.

FIG. 129. — THÈBES. TEMPLE DE GOURNAH.

Monument élevé à la mémoire de Ramsès I", par son fils Séti (quinze siècles environ avant Jésus-Christ.)

Après quelques années passées à guerroyer et à piller, les Hyksos, ayant affermi leur possession, s'organisèrent, eurent des rois réguliers, qui imitèrent les Pharaons, et qui formèrent jusqu'à trois dynasties comptées par Manéthon comme la quinzième, la seizième et la dix-septième. Leur capitale fut Tanis, dans le Delta, tandis que le gouvernement national se maintenait dans la Haute-Égypte. Pendant cinq cents ans que dura la domination des Hyksos, la contrée fut donc partagée en deux, et le gouvernement de Thèbes conserva

FIG. 130. — THÈBES, COLONNES D'UN TEMPLE CONSTRUIT PAR THOUTMÈS III, A KARNAK.

seul, bien affaiblie, la tradition de grandeur et d'indépendance des anciens Pharaons.

Dans le Delta, il se produisit ce qui arrive toujours lorsqu'un peuple vaincu est plus civilisé que son vainqueur : les sujets firent l'éducation de leurs maîtres. Les conquérants adoptèrent insensiblement les usages, les lois et même la religion des indigènes. Redoutant à leur tour la turbulence de leurs frères nomades de Syrie, ils fondèrent une ville forte, Avaris, sur l'embouchure la plus orientale du Nil, et établirent auprès un camp retranché pouvant contenir deux cent quarante mille hommes.

Grâce à ce déploiement de force militaire et à l'influence des scribes égyptiens, le gouvernement des Hyksos fut à la fois puissant et éclairé, sans jamais atteindre cependant à l'éclat des grandes dynasties égyptiennes. C'est durant sa domination que les enfants de Jacob, les *Béni-Israël*, descendirent en Égypte et s'y fixèrent. Le Joseph de la Bible devint le ministre et le favori d'un des rois pasteurs, et ces rois, comme on le voit par le récit de la Genèse, avaient pris le titre de Pharaons.

Cependant la dynastie nationale de Thèbes devait finir par chasser ces usurpateurs et par rendre l'indépendance et l'unité à la vallée du Nil. La lutte dura près de cent cinquante ans. Les Hyksos se défendirent énergiquement. Mais enfin Ahmès Ier parvint à s'emparer de leur formidable camp d'Avaris, et porta le dernier coup à leur domination dans le Delta. Réduits à n'être plus que des bandes sans organisation, les Hyksos repassèrent en désordre l'isthme de Suez. Ceux qui demeurèrent dans le pays, et entre autres les descendants d'Israël, devinrent les esclaves des Égyptiens, qui vengèrent durement sur eux leur longue humiliation.

Environ dix-huit siècles avant notre ère, l'Égypte était de nouveau réunie sous un seul sceptre national. Amhès Ier fondait la dix-huitième dynastie, et, après avoir délivré le Nil du joug étranger, il s'occupait à pacifier la contrée, à la guérir des plaies et des ravages d'une lutte énergique et longue, méritant ainsi, comme libérateur et comme rénovateur, les honneurs divins qui lui furent rendus par la suite. Une ère nouvelle s'ouvrait pour l'Égypte; le Troisième Empire allait lui donner une gloire au moins égale à celle des deux premiers. Les Thoutmès, les Amenhotep allaient dépasser en renom les Khéops, les Amenemhat et les Ousortesen.

## § 4. — LE NOUVEL EMPIRE

La première période du Nouvel Empire, qui débute dix-huit siècles environ avant notre ère, est l'époque guerrière et conquérante de l'Égypte. L'esprit militaire s'est développé chez elle dans sa lutte contre les Pasteurs. Elle prend les armes avec Amenhotep Ier, fils d'Amhès, et ne les pose qu'épuisée enfin au bout de cinq siècles, après avoir usé trois dynasties de rois aventureux.

Les seuls champs de bataille qui s'offraient à l'Égypte étaient l'Asie au nord-est et l'Éthiopie au sud. Amenhotep Ier lui donna cette dernière contrée, vaste comme l'Égypte elle-même. La frontière fut reculée au sud jusqu'à la quatrième cataracte, et les lois, les usages, la langue, la religion des Pharaons s'établirent sur les rives du Nil bleu. Ce fut une colonisation plutôt qu'une conquête proprement dite, mais cette colonisation fut si complète, qu'on aurait eu peine à distinguer plus tard si la civilisation avait remonté le cours du Nil au lieu de le descendre, et que les historiens grecs tombèrent dans l'erreur de voir dans les Éthiopiens les ancêtres et les premiers instructeurs de l'Égypte.

Après la soumission de l'Éthiopie ou *Pays de Kousch*, comme disaient les Égyptiens, Thoutmès Ier entraîna le premier ses sujets à des conquêtes en Asie. Le grand nombre de petites peuplades qui habitaient le pays de Canaan et la Syrie facilitait l'œuvre de l'envahisseur. Les deux villes fortes, clefs de ces contrées où coulent le Jourdain et l'Oronte, étaient Mageddo et Kadesh. Aussi compte-t-on bien des combats désignés par ces deux noms.

Thoutmès Ier s'avança en vainqueur jusqu'aux bords de l'Euphrate, où il fit dresser des stèles qui rappelèrent son expédition. Les peuples syriens se soumirent à l'impôt. Pas plus d'ailleurs que pour l'Éthiopie, l'assimilation des peuples conquis en Asie ne put s'effectuer. Ce fut la raison pour laquelle l'intervention militaire ne put jamais cesser. Dès que le joug semblait s'éloigner ou s'alléger, les rois soumis s'efforçaient de le secouer et refusaient le tribu. L'œuvre de conquête était toujours à recommencer.

Thoutmès Ier maria ensemble, comme c'était l'usage, son fils

FIG. 131. — ADORATION D'UN PHARAON.

Prêtre égyptien brûlant de l'encens devant l'image du roi
Aménophis et de sa femme.

FIG. 132. — MOMIE GARDÉE PAR ANUBIS,
DIVINITÉ A TÊTE DE CHACAL,
DIEU DE L'ENSEVELISSEMENT.

D'après Champollion et Wilkinson.
FIG. 133. — BARQUE ÉGYPTIENNE.
(Peintures de tombes égyptiennes.)

Thoutmès II à sa fille Ha-tasou. La princesse prit une part effective et prépondérante au gouvernement pendant la jeunesse de son époux et frère. Sa régence fut glorieuse. Elle envoya une expédition par la mer Rouge, sur les côtes du pays de *Pount* qui représente les rivages méridionaux de cette mer aussi bien en Arabie qu'en Afrique. Par le sud de l'Arabie arrivaient les merveilleux produits de l'Inde. Les conquérants du pays de Pount revinrent chargés de pierres précieuses, d'étoffes chatoyantes et d'épices à la saveur violente et inconnue.

Chaque saison d'ailleurs voyait affluer le butin dans la victorieuse Égypte. Les troupes d'esclaves, les chariots chargés d'armes, de vases d'or et autres objets précieux, défilaient incessamment dans les rues de Thèbes. Des animaux singuliers arrivaient d'Asie. C'était surtout le cheval, qu'on vit alors pour la première fois sur les rives du Nil, et qui étonnait par son feu, son ardeur docile et par la beauté de ses formes. C'était aussi le porc et des espèces nouvelles de chiens.

Thoutmès III, surnommé le Grand, fut certainement le plus grand roi conquérant d'Égypte. Les exploits de Sésostris, comme on le verra plus tard, ont été fort exagérés au temps où l'on était obligé de croire sur parole les historiens grecs. Nul souverain égyptien ne pénétra en Asie plus loin que Thoutmès III, qui remporta les

D'après une photographie.

FIG. 134. — THÈBES. RUINES DE LA SALLE HYPOSTYLE DU TEMPLE DE KARNAK.

En raison de l'importance particulière du temple de Karnak, j'ai donné dans cet ouvrage plusieurs figures de ses diverses parties. La photogravure ci-dessus a été faite directement sur un cliché que nous avons pris de l'extrémité de cette salle célèbre.

grandes victoires de Mageddo et de Kadesh, écrasa absolument les peuples syriens coalisés, puis franchit l'Euphrate, atteignit le Tigre et le remonta jusqu'à Ninive. Les rois lui offraient leur soumission sans qu'il eût davantage à combattre, et il revint en Égypte après une marche triomphante à travers l'Asie, rapportant parmi son butin les défenses de cent vingt éléphants tués à la chasse par lui et ses officiers dans le pays d'Assur.

Après ce grand roi conquérant, vint le grand roi constructeur, Amenhotep III ou Amenophis, qui embellit Thèbes, déjà remplie de merveilleux monuments. L'Égypte n'avait pas perdu le goût des édifices pompeux et presque effrayants dans leur massive solidité. La gloire d'en avoir élevé ne manque pas plus à la dix-huitième dynastie qu'à la douzième et à la quatrième.

Amenhotep III bâtit le temple d'Ammon, à Thèbes, et dressa deux statues gigantesques dont l'une, brisée plus tard, devint le fameux colosse de Memnon, qui, au lever du soleil, rendait des sons harmonieux.

Après Amenhotep IV, roi efféminé, qui s'adonna presque exclusivement aux pratiques religieuses et voulut faire triompher le culte du soleil, la dix-huitième dynastie s'affaiblit et s'éteignit dans une série de petits rois qui s'épuisèrent en des guerres civiles et laissèrent se détacher successivement de l'Égypte toutes les conquêtes de leurs pères.

Mais alors parut Ramsès Ier qui fonda la dix-neuvième dynastie. Son fils s'appela Séti, et son petit-fils Ramsès II le Grand ou Sésostris.

Les règnes de ces princes furent très glorieux, moins cependant qu'on ne l'a cru jusqu'à nos jours, d'après la tradition d'Hérodote, et certainement moins que ceux des rois de la dix-huitième dynastie. Séti et son petit-fils Ramsès ne firent en effet que des guerres défensives; ils conservèrent les conquêtes des Thoutmès et des Amenhotep, mais ils ne les augmentèrent pas. Leurs luttes les plus acharnées furent livrées en Syrie contre un peuple nouveau, les *Khétas*, qui venait d'acquérir la suprématie sur toutes les autres peuplades, et se trouvait maître du pays depuis Kadesh jusqu'à Karkémis.

Ces Khétas, énergiques et passionnés pour leur indépendance, tinrent en échec et forcèrent à traiter d'égal à égal, non seulement Ramsès Ier et même Séti Ier, mais le grand Ramsès II Meïamoun, le fameux Sésostris lui-même.

C'est du vivant même de son père, environ quinze cents ans

avant Jésus-Christ, que Ramsès II commença à se distinguer sur les champs de bataille. Il eut d'abord à repousser une invasion qui menaçait l'Égypte du côté de la Libye. Les peuples de l'Asie Mineure et de l'Archipel coalisés avaient débarqué en grand nombre à l'occident du Delta, et trouvé des alliés tout prêts chez les Libyens. Ramsès conjura le danger; puis il se rendit dans l'Éthiopie soulevée et y rétablit la domination égyptienne. Son père mourut alors et il lui succéda sur le trône. Les troubles de la Syrie le forcèrent à marcher contre les Khétas, qui ameutaient sans cesse leurs voisins, et même les peuples des parties les plus éloignées de l'Asie Mineure, contre la puissance égyptienne.

Il triompha encore de la coalition et signa avec le roi des Khétas une alliance offensive et défensive, qui fut consolidée par son mariage avec la fille de ce prince et par le voyage de celui-ci en Égypte. On a retrouvé les clauses de ce traité, qui peuvent être considérées comme le monument diplomatique le plus ancien du monde.

Tout honorables que puissent paraître les guerres du grand Ramsès, elles sont loin de ces expéditions fabuleuses qui, suivant le récit des prêtres à Hérodote, l'auraient conduit aux bords du Danube et aux rivages de la mer des Indes. C'était même une déchéance pour l'Égypte de voir son Pharaon traiter avec un Syrien rebelle, épouser sa fille et le recevoir dans les murs de Thèbes, ville sacrée d'Ammon, le dieu Soleil.

La véritable gloire de Ramsès II et celle qui a rendu son nom si populaire, c'est qu'il fut le plus grand constructeur de tous les rois d'Égypte, et qu'il couvrit littéralement la vallée du Nil de monuments qui tous portaient son cartouche et rappelaient ses exploits. Il fit construire dans chaque ville, — et elles étaient nombreuses en Égypte, — un temple au dieu spécial que l'on y adorait. Dans le Delta, il releva Tanis, l'ancienne capitale des rois pasteurs. Mais Thèbes surtout fut l'objet de ses soins. Il y bâtit un monument magnifique, le Ramesseum; il acheva le temple d'Ammon, commencé par Amentohep III et l'orna de deux superbes obélisques. dont l'un est aujourd'hui à Paris, sur la place de la Concorde. La fameuse salle hypostyle soutenue par cent trente-quatre colonnes, date de son règne. Les constructions commémoratives de ses victoires ne se rencontrent pas seulement dans la vallée du Nil; il en éleva jusqu'en Nubie, où ses énormes colosses de vingt mètres de haut gardent encore l'entrée du temple souterrain d'Ipsamboul. En Syrie également, il dressa des stèles qui portent son nom.

Les poètes ne manquèrent pas d'ailleurs pour exagérer les magnifiques actions de ce Roi-Soleil de l'Égypte. Le plus célèbre est Pentaour, qui, dans un langage imagé nous montre le Pharaon, à la bataille de Kadesh, enveloppé par deux mille cinq cents chars ennemis, qu'il renverse et brise à lui seul, avec l'aide, il est vrai, de son ancêtre divin, le tout-puissant dieu Ammon.

Malgré tout l'éclat de ce règne, on peut y voir naître les causes qui amenèrent peu après la décadence de l'Égypte. Le peuple, absolument écrasé par les nécessités des guerres continuelles et des gigantesques constructions, succombait sous le poids de son effroyable

Musée du Louvre.

FIG. 133. — AUTEL ÉGYPTIEN EN GRÈS.

(Style de la xixe dynastie.)

fardeau. La joie des victoires avait fait place à un profond découragement, suivi bientôt de rébellions ouvertes. Les esclaves eux-mêmes trouvaient dans l'excès de leurs maux l'énergie de la résistance. Les descendants d'Israël, particulièrement maltraités, nous ont laissé, dans leurs livres saints, la description de leurs misères, et les malédictions dont ils ont chargé la mémoire du grand roi.

FIG. 130. — THÈBES. LA VALLÉE DES TOMBEAUX.

On trouvera sur la figure suivante une vue de cette vallée prise d'un autre point et exécutée directement d'après un
cliché photographique.

Sous le fils de cet illustre despote, Ménephtah ou Aménophis, la débâcle commença. Une invasion redoutable, venue encore une fois par la Libye, faillit pénétrer jusqu'au cœur du Delta. Elle fut repoussée pourtant, mais à l'intérieur la discorde et le désordre pénétrèrent partout. Les hauts fonctionnaires se rendirent indépendants; quelques-uns tentèrent de prendre le titre de rois. En Égypte, aussitôt que le pouvoir central faiblissait, chaque nome essayait de former un petit État à part; un grand nombre de dynasties collatérales s'élevaient; la désagrégation était générale et immédiate. C'est sous le règne de Ménephtah ou Aménophis que la tradition la plus accréditée place l'Exode des Hébreux sous la conduite de Moïse. Au milieu d'une pareille anarchie, une bande d'esclaves pouvait quitter sans trop être inquiétée la terre de servitude.

De nombreuses compétitions rivales sortit la vingtième dynastie qui allait donner à l'Égypte son dernier grand Pharaon. Ramsès III, par ses victoires sur les Libyens envahisseurs et sur les Syriens rebelles, par ses constructions, par l'essor qu'il rendit à l'industrie et au commerce, releva et maintint l'Égypte dans la situation brillante qu'elle avait connue sous la dix-neuvième dynastie. Mais ce fut le dernier éclair d'une civilisation agonisante. L'Empire, fils du Nil, avait maintenant quatre mille ans d'histoire; il était entouré de populations jeunes et remuantes, qui, malgré ses efforts de résistance, le pénétraient peu à peu, et il portait en lui les germes de décadence et de vieillesse qui rendaient facile l'audace de l'étranger.

Les influences sémitiques, libyennes, éthiopiennes et grecques l'envahissaient peu à peu. Elles se faisaient sentir partout et jusque dans la langue. L'œuvre de déchéance s'accomplissait lentement et d'une façon toute pacifique. La vingtième dynastie, en dehors de Ramsès III, n'a pas d'histoire.

Lorsqu'elle s'éteint, on voit l'empire divisé en deux. Un grand-prêtre d'Ammon, Her-hor, a pris dans la Haute-Égypte le titre de roi, et ses descendants s'efforcent de garder le pouvoir, tandis qu'une vingt et unième dynastie, établie dans le Delta, leur dispute la Basse-Égypte. Thèbes, jusque-là maîtresse altière de la vallée du Nil, devient la capitale de l'autorité religieuse. Mais la race des grands-prêtres d'Ammon ne réussit pas dans sa tentative d'usurpation. Elle se retire en Éthiopie et y fonde un royaume ayant

Napata pour capitale et qu'elle arrache à l'unité de l'Égypte. La vingt-deuxième dynastie, qui s'est élevée dans le Delta, y demeure; elle y élève et y agrandit de nouvelles villes : Tanis, Bubaste, Saïs. Thèbes est définitivement abandonnée. L'œuvre de sa lente destruction commence; mais le temps ne fera qu'ajouter à sa splendeur le mystère du silence et de la ruine, et ses restes grandioses excitent encore aujourd'hui la curiosité passionnée de l'historien et du voyageur.

Le chef de la vingt-deuxième dynastie, Sheshonk, était Syrien d'origine. Avec lui, l'influence sémite s'accentue encore dans le Delta. C'est à peine s'il se cache pour célébrer le culte des divinités syriennes. C'est lui que la Bible appelle Sésac. Après le schisme des tribus d'Israël, il fit une expédition heureuse en Palestine, et rapporta de Jérusalem les trésors qu'y avait entassés Salomon. Après lui aucun roi d'Égypte ne revendiqua l'ancienne suprématie sur les provinces que baignent le Jourdain et l'Oronte. L'isthme de Suez redevint la frontière de l'empire.

Les quatre ou cinq siècles suivants sont pour l'Égypte des siècles de guerres civiles et de lente décroissance. Deux ou trois dynasties se succèdent dans le Delta, n'ayant guère de royal que le nom, car les chefs de nomes ont chacun autant de pouvoir dans leurs gouvernements respectifs, et plusieurs arborent même les insignes de la royauté. A chaque instant, l'étranger est appelé pour prêter secours dans les mille rivalités qui s'élèvent : l'Éthiopien, le Libyen, l'Assyrien lui-même s'habituent à remonter et à descendre en armes le cours du Nil, le fleuve sacré, dont jadis aucun impur ne pouvait approcher sans perdre la vie.

Une dynastie plus énergique que les autres, la vingt-quatrième, originaire de Saïs, réunit un moment de nouveau toute l'ancienne Égypte sous son autorité. L'un de ses rois, Tawnekht, s'empara de toutes les forteresses, vraies bastilles féodales, où se retranchaient les petits chefs indépendants. Mais lorsqu'il eut atteint victorieusement la première cataracte, il se trouva face à face avec un royaume qui peu à peu avait grandi et qui représentait pour lui un rival sérieux. C'était le royaume de Napata, autrefois fondé par les descendants du grand-prêtre Her-Hor.

Un prince nommé Piankhi en était alors le maître. S'appuyant sur des chefs dépossédés, il descendit le Nil et ouvrit la lutte avec le roi saïte. Après des péripéties diverses, dont la prise de Memphis par l'armée éthiopienne fut une des plus importantes, Tawnekht se vit définitivement battu et réduit au gouvernement de sa ville de Saïs. Piankhi fut reconnu roi de toute la vallée du Nil. L'unité égyptienne était encore une fois rétablie, mais au profit d'une dynastie éthiopienne. Napata l'emportait sur les glorieuses capitales de la brillante civilisation, sur Thèbes, sur Abydos, sur Memphis. L'Égypte devenait une province du Soudan.

Ce triomphe pourtant n'était pas définitif. Un fils de Tawnekht, le Bokkoris des Grecs, réussit, après la mort de Piankhi, à chasser les Éthiopiens. Il eut un règne glorieux et heureux de sept années, qui, si court qu'il fût, laissa un souvenir reconnaissant dans la mémoire des Égyptiens. Mais, attaqué par un nouveau roi de Napata, Shabak (Sabacon), il fut vaincu, pris dans Saïs et brûlé vif. L'Éthiopie l'emportait encore et imposait enfin à l'Égypte une dynastie, la vingt-cinquième, tirée tout entière de son sein. Un de ses rois, Tahraka, est cité parmi ceux qui ont complété à Thèbes le grand temple de Karnak.

Mais les Éthiopiens furent définitivement repoussés, et l'Éthiopie devint un royaume entièrement séparé de l'Égypte qu'elle égalait d'ailleurs par son étendue. Elle forma une grande monarchie théocratique, qui eut d'abord pour capitale Napata, aujourd'hui Gebel Barkal, près de la quatrième cataracte. Cette ville fut détruite vingt-cinq ans avant notre ère par une expédition romaine.

Napata fut remplacée comme capitale de l'Éthiopie par Méroé, située beaucoup plus haut sur le Nil, entre Berber et Khartoum. C'est en raison du nom de cette capitale que les Romains désignaient l'Éthiopie sous le nom de royaume de Méroé. Il resta indépendant jusqu'aux invasions arabes du VII° siècle de notre ère.

Nous n'avons pas à nous occuper de l'Éthiopie dans cet ouvrage. Les seuls monuments importants qu'elle nous a laissés se voient dans les ruines de Napata et de Méroé. Ce sont surtout des pyramides et des bas-reliefs. Ils suffiraient à montrer que la civilisation de l'Éthiopie fut celle de l'Égypte, mais descendue à un niveau inférieur. Ces bas-reliefs sont une des meilleures preuves qu'on puisse citer, qu'un peuple n'adopte pas la civilisation d'un autre

## THÈBES.

## Propylône du grand temple de Karnak.

Cette porte monumentale, dont la construction remonte seulement au règne de Ptolémée Évergète (III° siècle avant notre ère) se trouve devant l'avenue des Sphinx qui conduit au temple de Karnak. Sa hauteur atteint presque celle d'une maison de cinq étages. C'est une des parties les plus récentes de ce temple gigantesque dont la construction fut commencée il y a environ 5,000 ans.

sans la transformer. L'Éthiopie avait accepté les dieux, les monuments et les arts de l'Égypte; elle écrivait sa langue avec les hiéroglyphes égyptiens; mais elle resta toujours demi-barbare, et on ne peut comparer ses tentatives de civilisation qu'à celles des envahisseurs du vieux monde gréco-romain s'évertuant à copier

FIG. 137. — THÈBES, ENTRÉE DE LA VALLÉE DES TOMBEAUX.

Les montagnes de la rive gauche de Thèbes sont remplies de tombeaux, ou plutôt d'immenses palais souterrains creusés dans le roc, où se trouvent surtout les sépultures des rois des XVIIIe, XIXe et XXe dynasties, notamment celui de Séti Ier (XVe siècle avant Jésus-Christ), et celui de Sésostris. Le premier a 145 mètres de longueur; il se compose, comme toutes les constructions analogues, d'une longue série de galeries et de vastes salles souterraines dont les parois sont couvertes de bas-reliefs et de peintures. La dernière de ces salles renfermait le sarcophage.

Notre ouvrage contient de nombreux dessins empruntés à ces bas-reliefs et à ces peintures. Ils forment les documents les plus précieux que nous possédions aujourd'hui pour reconstituer l'histoire de la civilisation égyptienne.

gauchement les chefs-d'œuvre de la civilisation qu'ils venaient de renverser.

Au moment où le roi Shabak, dont nous parlons plus haut, devint seul maître de toute l'Égypte, le roi d'Assyrie, Sargon, venait de faire tomber le royaume d'Israël, et étendait son empire presque jusqu'à l'isthme de Suez. Shabak, appelé par le roi de Gaza, conçut la pensée d'entraver dans ses progrès cette puissance grandissante. Mais, complètement battu avec son allié, il ne se sauva qu'à grand'peine. Sa fuite ne s'arrêta qu'au fond de l'Éthiopie, car l'Égypte, irritée de sa défaite, se soulevait partout sur son passage. Les gouverneurs reprirent leur indépendance, et vingt petits rois se partagèrent la vallée du Nil.

Cependant Shâbak, en s'attaquant à l'Assyrie, avait éveillé la colère et attiré l'attention de cette redoutable puissance. Un des successeurs de Sargon, Sennachérib, s'avança jusqu'à Péluse, à l'embouchure orientale du Nil. Séthos, qui gouvernait alors le Delta, vit se soulever contre lui la caste des guerriers qu'il avait mécontentée, et il se trouvait réduit à repousser Sennachérib avec une troupe mal préparée de gens du peuple, lorsqu'un événement, qu'on crut alors miraculeux, le délivra. Une armée de rats s'abattit dans le camp de Sennachérib, rongea les cordes des arcs et tous les objets de cuir, et força à la retraite l'armée assyrienne désarmée.

Mais, dès lors, la conquête de l'Égypte par un empire d'Asie n'était plus qu'une affaire de temps. Les divisions qui désolaient la vallée du Nil, faisaient d'elle une proie facile pour l'étranger. Une fois encore le prince éthiopien Tahraka la réunit sous un sceptre unique, et lutta énergiquement contre les envahisseurs. Son ambition et son courage furent inutiles. Les successeurs de Sennachérib, notamment Assur-bani-pal, remontèrent l'un après l'autre le Nil en vainqueurs. Thèbes, prise et pillée à deux reprises, vit pour la première fois des conquérants barbares souiller son sol sacré, et insulter, railleurs, aux colosses menaçants de ses dieux. La ville d'où étaient partis les Thoutmès et les Amenhotep pour s'en aller soumettre l'Assyrie, se voyait outragée à son tour par ces mêmes Ninivites qui jusque-là n'avaient traversé ses murs que la chaîne de l'esclave au cou derrière les chariots de butin.

Cependant la suprématie assyrienne ne s'affermit pas en Égypte. Quelques années après la conquête d'Assur-bani-pal, nous voyons la vallée du Nil partagée entre une vingtaine de petits rois indigènes. Dans le Delta, il y en avait douze; c'est ce qu'on appelait la *Dodécarchie* du Delta. L'un d'eux, descendant des rois saïtes, l'emporta sur les autres, brisa leur pouvoir à la bataille de Momemphis, étendit son autorité sur l'Égypte entière, reconstitua l'unité monarchique et fonda la xxvi<sup>e</sup> dynastie. Ce héros était le fameux

Psammétik, sur le compte duquel tant de légendes nous ont été conservées. Il régna glorieusement pendant quarante ans (de 651 à 611 avant J.-C.), entreprit quelques guerres heureuses, et surtout s'occupa de réparer les travaux publics qui créent le bien-être de l'Égypte, et qui, depuis bien des années tombaient dans le délabrement. A la faveur de son gouvernement solide et éclairé, les arts refleurirent dans la vallée du Nil. La grandiose inspiration d'autrefois s'était éteinte, mais la sculpture, la peinture, l'écriture égyptiennes avaient acquis une pureté, une délicatesse, une grâce de détails, qu'on ne pouvait apercevoir dans les œuvres colossales des vieilles dynasties.

Le fils de Psammétik, Néko Ier, doué du génie des grands pharaons, n'eut malheureusement pas les forces dont ils disposaient, car le pays était épuisé et de plus en plus envahi par les influences étrangères. Cependant Néko put créer une marine militaire, rétablir la suprématie égyptienne en Syrie par la victoire de Mageddo, et s'avancer en vainqueur jusqu'aux bords de l'Euphrate. Il entreprit de creuser un canal qui unit la mer Rouge à la Méditerranée, poursuivant en cela un projet formé jadis par Séti Ier, le chef de la XIXe dynastie. L'œuvre était trop considérable, et Néko s'arrêta, après y avoir, dit-on, fait périr cent vingt mille ouvriers. Une de ses entreprises, non moins extraordinaire, réussit mieux. Il fit exécuter le premier périple autour du continent africain. Ses marins, partis par la mer Rouge, revinrent par les colonnes d'Hercule.

Cependant ce règne si brillant finit mal. Battu par Nabuchodonosor, Néko dut abandonner ses conquêtes en Syrie.

Une dernière époque de prospérité était encore réservée à l'Égypte. Ahmès ou Amasis, homme de basse extraction qu'une révolte avait placé sur le trône, donna à la vallée du Nil ses derniers jours de grandeur et de gloire politique. Ils parurent si beaux, ces derniers jours, à la pauvre Égypte, après l'abaissement et les douleurs déjà subis, qu'ils effacèrent presque dans sa mémoire les anciens siècles de gloire. Hérodote, jugeant, comme toujours, d'après ce que lui disaient les prêtres, déclare que « jamais l'Égypte ne fut plus florissante et plus prospère que sous le règne d'Amasis. »

L'écrivain grec avait une autre raison, toute nationale, pour louer celui qui fut d'ailleurs véritablement un grand souverain. Jamais

FIG. 238. — THÈBES. OBÉLISQUES DE THOUTMÈS Iᵉʳ ET DE LA REINE HATASOU.

les Grecs n'étaient entrés en contact avec l'Égypte, jamais ils n'y avaient été accueillis comme sous ce prince. Eux, les étrangers, réputés jadis impurs, fondèrent, avec la protection d'Amasis, la ville de Naucratis, qui, sur le Nil sacré, près de l'embouchure canopique, constitua une vraie petite République hellénique, indépendante, élégante, animée par le va-et-vient incessant des Grecs riches

D'après une photographie.

FIG. 139. — OMBOS RUINES DU TEMPLE.

Ce temple, aujourd'hui en ruines et à moitié envahi par les sables, fut construit par les rois grecs de la dynastie des Ptolémées, successeurs d'Alexandre. Les chapiteaux des colonnes peuvent être considérés comme le type des modifications, d'ailleurs assez faibles, que fit subir l'art grec à l'art égyptien. Commencé sous Ptolémée Épiphane (deux siècles avant notre ère), il fut terminé sous Ptolémée XII, le mari de la célèbre Cléopâtre, cinquante ans environ avant Jésus-Christ. Nous donnons une restitution de sa façade dans la figure suivante.

et instruits, accourus en foule pour étudier de près, avec enthousiasme, l'antique et merveilleuse civilisation égyptienne.

Cette civilisation brillait d'ailleurs encore d'un vif éclat. Les grandes constructions, qui furent en Égypte le sceau et le legs de tous les règnes heureux, s'élevaient de nouveau, non moins admirables que par le passé. A Memphis, Amasis fit construire un temple à la déesse Isis; à Saïs, il orna le temple de Neith de magnifiques propylées, où l'on arrivait entre une double rangée d'énormes sphinx, et où il fit apporter à grands frais des carrières de la Haute-Égypte plusieurs obélisques et une chapelle monolithe en granit rose.

Ce furent les derniers chefs-d'œuvre dus aux Pharaons d'origine égyptienne. Les armées de Cambyse arrivaient à travers l'Asie, pour venger une offense faite au grand roi par Amasis, ou plutôt pour achever le cycle des conquêtes de Cyrus.

Le dernier grand souverain de l'Égypte ne vit pas sa ruine. Il mourut comme les Perses arrivaient à Péluse. Son fils Psammétik III essaya vainement de résister. Une seule bataille renversa son pouvoir et asservit la vallée du Nil (527 ans avant J.-C.). Cambyse laissa d'abord Psammétik exercer le gouvernement en son nom, mais comme il apprit que ce prince conspirait contre lui, il le fit mourir et le remplaça par un Perse, Aryandès. La vieille terre des Pharaons ne fut plus qu'une satrapie au sein de l'immense empire des Perses. Jamais dans la suite des siècles elle ne devait recouvrer sa liberté.

La liberté, du reste, telle que nous la comprenons, l'Égypte ne l'avait connue à aucun moment de son histoire. Quel que fût le pouvoir qui la gouvernait, religieux ou militaire, indigène ou étranger, ce pouvoir fut toujours despotique. L'indépendance individuelle, familiale ou communale, telle que nous la demandons pour nous-mêmes ou telle que l'ont obtenue et exercée les cités antiques, les petites républiques italiennes ou les villes libres du moyen âge, ne fut jamais désirée ni seulement rêvée en Égypte. Cette race, qui nous apparaît si altière dans ses grandioses monuments, n'est politiquement et d'instinct qu'une esclave, et toujours elle fut ainsi. Mais c'est une esclave qui conquiert ses maîtres, qui les domine et qui les plie à son génie. Ses traits physiques et moraux, élaborés pendant de longs siècles, sont gravés d'une si forte empreinte que nulle influence extérieure n'a pu les effacer.

Depuis Cambyse, l'Égypte a subi bien des jougs divers; elle a senti sur son front courbé le pied brutal de bien des maîtres. Les Perses, les Grecs, les Romains, les Arabes, les Turcs, ont possédé successivement sa belle vallée. Sans se soucier du nom de ses vainqueurs, elle leur a obéi à tous avec la même docilité passive acquise sous le sceptre de fer des Khéops et des Ramsès. Et toutefois elle est restée elle-même. Sous les Ptolémées, comme sous César, nous la retrouvons imprimant à toutes ses œuvres son caractère propre et traçant encore sa même antique pensée en hiéroglyphes mystérieux. Les Arabes seuls, avec leur puissant génie civilisateur, sont parvenus à lui imposer leur religion, leur langue et leurs arts, mais ils n'ont pas pu transformer sa race. Nous la reconnaissons encore aujourd'hui sur le visage de ses fils, la vieille race obstinée, avec ses épaisses lèvres au douloureux sourire et ses longs yeux au regard pensif et profond. Elle n'a plus l'énergie d'autrefois, elle s'est alanguie dans son lourd esclavage, mais quel charme on éprouve à la voir errer encore, comme son propre fantôme, à travers les débris de ses gigantesques tombeaux. Avec une surprise émue le voyageur suit de l'œil au bord du Nil la femme du peuple qui, la cruche sur la tête, s'avance avec la grâce impérieuse et douce de la reine Nitocris; ou bien il observe aux pieds des Pyramides quelque humble fellah, qui semble, par la similitude du visage, un vieux Pharaon descendu de son piédestal de granit.

## § 5. — L'ÉGYPTE SOUS LES DYNASTIES ÉTRANGÈRES.

Les historiens qui traitent de l'histoire de l'Égypte ancienne ont pour habitude de la terminer à la conquête perse par Cambyse, voulant sans doute montrer ainsi qu'à partir de cette époque la civilisation égyptienne proprement dite est finie. En fait rien n'est moins exact, car cette civilisation dura mille ans encore. Cette lacune de mille ans était peut-être justifiable à l'époque où l'histoire ne consistait guère qu'en généalogies de souverains et en récits de batailles : les rois d'un pays disparaissant, son histoire s'arrêtait.

Nous avons aujourd'hui d'autres méthodes. Ce fut précisément pendant les mille ans qui suivirent la conquête de Cambyse que la civilisation égyptienne montra le mieux toute sa vitalité. Elle la fit paraître en absorbant des conquérants aussi avancés que les Perses, les Grecs et les Romains, qui, à mesure qu'ils mettaient le pied sur le sol égyptien, adoptaient les usages, les arts et les dieux des vaincus. Elle la manifesta encore en élevant des monuments splendides dont un grand nombre sont toujours debout. Si l'on excepte Thèbes, les Pyramides, les hypogées royaux et quelques débris sans importance, la plupart des œuvres architecturales que le voyageur admire aujourd'hui sur les rives du Nil appartiennent précisément à cette époque que les historiens ne jugent pas utile de mentionner, et dont ils semblent d'ailleurs ne pas soupçonner l'importance.

Au point de vue exclusivement politique, l'histoire de l'Égypte après la conquête perse l'an 527 avant notre ère, peut être résumée en quelques lignes. Pendant trois siècles, cette contrée est gouvernée par des Perses. Alexandre renverse leur empire, et alors la vallée du Nil est soumise pendant trois autres siècles à la dynastie grecque des Ptolémées. La dernière reine de cette famille, Cléopâtre, meurt pour ne pas obéir à Auguste, et pendant quatre cents ans l'Égypte vit sous la domination romaine. Ce fut dans les derniers temps de cette période que l'invasion des influences chrétiennes commença à porter à la vieille civilisation égytienne des coups qui devaient rapidement l'anéantir.

Jusqu'au triomphe du christianisme, la politique de tous les souverains étrangers de l'Égypte, Perses, Grecs et Romains, fut de s'assimiler la religion, la langue et les arts de cette contrée. Ils édifièrent de nouveaux temples, se firent représenter dans les sanctuaires, présentant, dans le costume des Pharaons, des offrandes aux dieux égyptiens. En fait les souverains avaient changé, mais la civilisation égyptienne n'était pas modifiée. C'est à peine si dans son architecture d'alors un œil exercé peut observer quelques innovations légères dues à des influences grecques.

Les rois perses laissèrent l'Égypte comme elle était, et construisirent peu. Les temples qu'ils édifièrent ou restaurèrent, tel que celui qui fut élevé par Darius à Ammon, sont fort rares. C'est sous la dynastie fondée par Ptolémée, un des généraux d'Alexandre, et qui dura trois siècles, que l'Égypte se couvrit de beaucoup de monuments nouveaux : de très remarquables subsistent encore. On peut citer parmi eux les temples d'Ombos, d'Esneh, de Dendérah, d'Edfou, de Philæ, en Égypte ; de Dakkeh, de Debout, de Dandour, en Nubie. Jamais la civilisation égyptienne ne fut plus florissante que sous la domination des Ptolémées. Au point de vue scientifique et littéraire elle était représentée par la brillante école d'Alexandrie.

Les empereurs romains continuèrent la tradition des Ptolémées, mais ils se bornèrent à restaurer les temples et ne construisirent plus guère. C'est sous le règne des derniers que, grâce à des dissensions religieuses perpétuelles dues aux influences étrangères, commença la décadence. Le triomphe du christianisme devait la rendre définitive.

Plusieurs monuments égyptiens furent élevés cependant par les

FIG. 160. — OMBOS. RESTITUTION DE LA FAÇADE DU TEMPLE.

Romains. Auguste fit construire le propylône du grand temple de Dendérah; Tibère, un temple à Philæ; Antonin, le mur d'enceinte et les propylées de Médinet-Abou. Les sculptures d'une partie du temple de Dendérah sont dues à Trajan et à Antonin. On retrouve d'ailleurs les noms des principaux empereurs romains écrits en caractères hiéroglyphiques sur les temples qu'ils firent restaurer ou compléter. Ceux de Tibère, Néron, Vespasien, Marc-Aurèle, Antonin se rencontrent fréquemment. L'empereur est toujours représenté en costume de Pharaon faisant une offrande aux dieux égyptiens. Les légendes égyptiennes qui accompagnent ces représentations

affectent également le style pharaonique, et les noms des empereurs sont toujours associés à ceux des dieux de l'Égypte. C'est
ainsi qu'à Dendérah une inscription gravée sur le propylône construit sous Auguste dit que « pour la conservation de l'empereur
« César, fils du dieu César, dieu libérateur, les habitants de la
« métropole et du nome de Tentyris élevèrent ce propylône à Isis,
« déesse très grande, et aux dieux adorés dans le même temple, la
« trente et unième année du règne de César, au mois de *thôth*. »

Les inscriptions analogues sont fort nombreuses. Sur un monument l'empereur Claude est nommé « l'éprouvé des dieux modéra-
« teurs, seigneur de la région haute et basse du monde, le fils du
« soleil, seigneur des chefs. » Néron a des titres analogues, il est
appelé « l'ami de Phtha et d'Isis, le dominateur bienfaisant des
« régions supérieures et inférieures, le seigneur du monde, l'éprouvé
« des dieux modérateurs, le fils du soleil, seigneur des seigneurs. »

Cette assimilation des souverains grecs et romains aux dieux
égyptiens contribue à mettre en évidence un des faits les plus caractéristiques des premières civilisations, un de ceux qui les diffé-
rencient le plus des civilisations qui devaient les suivre. Les dieux
du monde antique étaient innombrables; chaque peuple, chaque
cité même avait le sien propre; mais ces dieux étaient généralement
respectés partout; le plus souvent le vainqueur même les adoptait.

Il ne faut pas nier sans doute les services que le christianisme
a pu rendre, mais il ne faut pas méconnaître non plus que c'est lui
qui introduisit l'intolérance dans le monde. Les guerres de religion
qui ensanglantèrent tout le moyen âge et rendirent cette période si
sombre, les sociétés antiques ne les connurent pas, et n'auraient pu
les comprendre. Les dieux pouvaient bien lutter entre eux pour
montrer leur puissance, mais les hommes étaient trop peu de chose
devant eux pour avoir la prétention de leur être de quelque utilité
en les défendant. Il a fallu des époques de barbarie pour amoindrir à
ce point le rôle des divinités que le secours des hommes leur fût
nécessaire pour maintenir leur règne. Jamais le monde antique
n'eût entrepris des guerres comme les Croisades pour conquérir
une ville et aider un dieu à en chasser des infidèles que ce dieu ne
pouvait pas expulser lui-même. Bien des différences séparent la civilisation antique de celle du moyen âge; une des plus profondes peut-

être est la conception de la divinité. Il est bien difficile de prouver ce qu'admettent pourtant tous les historiens, l'infériorité du polythéisme à l'égard du monothéisme. Mais on peut dire de cette première forme de la pensée religieuse qu'elle enseigna aux hommes la tolérance pendant de longs siècles, alors que le triomphe de la seconde introduisit dans le monde le règne d'une impitoyable intolérance, dont il commence à peine à sortir.

On voit par ce qui précède qu'il n'y a aucune raison de faire cesser à la conquête perse l'histoire de la civilisation égyptienne. Cet oubli de mille ans d'histoire s'explique d'autant moins, qu'il est facile de préciser le jour exact où disparut cette civilisation. Sans doute sa décadence fut préparée par deux ou trois siècles d'anarchie et par l'invasion progressive de l'influence chrétienne; mais les dieux, la langue et les arts vivaient encore. Ils disparurent violemment, l'an 389 de notre ère, alors que l'empereur Théodose, pour faciliter la propagation de la religion chrétienne, ordonna de détruire tous les temples de l'Égypte. Des monuments, qui avaient échappé à cinq mille ans de luttes et d'invasions, périrent au nom d'un dieu nouveau, impitoyable et jaloux. Il ne resta debout que ceux que les faibles mains des propagateurs de la nouvelle foi ne purent renverser, se bornant alors à marteler sur des murs indestructibles les images des anciens dieux.

Les historiens chrétiens ne parlent guère de cet acte de vandalisme; ce fut pourtant un des plus sombres enregistrés par l'histoire : un monde entier s'écroulait sous la main des barbares. Cinq mille ans de civilisation s'évanouissaient du même coup; car, en même temps que les dieux étaient proscrits, les temples renversés, les écoles fermées, les prêtres et les savants dispersés, la langue égyptienne était oubliée, et oubliée à ce point que pendant quatorze siècles le sens des hiéroglyphes fut entièrement perdu.

La domination chrétienne des empereurs d'Orient dura 250 ans : ce fut pour l'Égypte une période de nuit noire.

Elle n'en fût jamais sortie peut-être si, en 640 de notre ère, elle n'eût été envahie par les Arabes. Ces nouveaux conquérants furent salués comme des libérateurs. Aux vieux descendants des Pharaons, écrasés sous le joug de maîtres ignorants et cruels, ils apportaient une langue nouvelle, une religion nouvelle, des arts nouveaux. Sur les bords du Nil s'éleva bientôt une civilisation, moins brillante peut-être que l'ancienne, mais qui devait cependant jeter un vif

FIG. 141. — PHARAON FAISANT DES OFFRANDES AUX DIEUX
(Peinture de Thèbes.)

FIG. 142. — ADORATION DU SOLEIL PAR UN ROI ÉGYPTIEN.
(Peinture de Thèbes. Tombe de Ramsès V.)

Le scarabée qu'on voit au milieu du disque solaire est le symbole des renaissances successives. On voit à côté le dieu solaire à tête de bélier. Le roi est représenté à genoux des deux côtés du soleil.

éclat. Nous n'avons pas ici à en tracer l'histoire. Notre précis historique est suffisamment complet, et nous pouvons aborder maintenant l'étude de la civilisation égyptienne.

PLANCHE 2                                                                          Cryptographie SILVESTRE

## La grande pyramide de Khéops et le temple du Sphinx.

La grande pyramide à 137 mètres de hauteur, Elle a été construite il y a environ 6,000 ans. Au premier plan, on voit, à moitié enfoui dans le sable, le temple du Sphinx, dans lequel ont été trouvées plusieurs statues de Khéphren, et qui est considéré comme antérieur aux pyramides. Ce temple est actuellement le plus vieux monument du monde.

D'après une photographie.

FIG. 143. — PÉRISTYLE DU GRAND TEMPLE D'ISIS DANS L'ÎLE DE PHILÆ.

# CHAPITRE III

## LA LANGUE ET L'ÉCRITURE ÉGYPTIENNES

### § 1er. — L'ÉCRITURE ÉGYPTIENNE

Les anciens Égyptiens nous ont laissé, sur eux-mêmes et sur leur histoire, dans la langue qui leur était propre, d'innombrables documents écrits.

Jusqu'à nos jours, ces documents étaient restés pour nous lettre close. En vain avait-on, à plusieurs reprises, cherché à pénétrer le mystère des hiéroglyphes; nulle lueur ne s'était échappée des pages de granit et de papyrus couvertes d'étranges signes. Le sphinx égyptien semblait devoir garder pour toujours son secret.

Le problème de la lecture des hiéroglyphes comprenait la solution de deux questions : d'abord déchiffrer les mots représentés par ces hiéroglyphes; puis, ces mots étant lus, comprendre la langue qu'ils exprimaient. Le second problème ne paraissait pas devoir être le plus embarrassant, car on soupçonnait depuis longtemps que le copte, encore en usage dans certaines parties de l'Égypte, était un dérivé de l'ancien égyptien, et, en effet, on vit plus tard qu'il en était aussi proche que l'italien l'est du latin.

Déchiffrer les mots représentés par les hiéroglyphes était, au contraire, plus difficile. Sur la foi des anciens auteurs grecs, on était convaincu que chaque hiéroglyphe représentait une idée et non pas un son alphabétique. Là où il eût fallu chercher de simples lettres, on cherchait des idées. En raison de la fausseté du point de départ, la solution du problème échappait à toutes les investigations.

En 1799, un officier français découvrit, à Rosette, une pierre sur laquelle étaient gravés en grec, en caractères hiéroglyphiques, c.

en caractères démotiques ou caractères cursifs des Égyptiens, un décret en l'honneur d'un Ptolémée, cinquième du nom. Le texte grec faisait savoir que la triple inscription n'en était, en réalité, qu'une seule, reproduite dans les deux langues et les trois écritures.

Peu de temps après, une inscription bilingue venait fournir d'autres documents aux savants que préoccupait le problème. On possédait donc des textes égyptiens et leur traduction littérale. Restait à distinguer les mots qui répondaient aux mots grecs et les syllabes identiques dans les deux langues indiquant la prononciation des hiéroglyphes.

On s'y appliqua avec ardeur. Des solutions furent ébauchées; mais ce qui montre à quel point la question était compliquée, c'est que ce ne fut qu'après plus de vingt années de recherches que Champollion arriva à la résoudre.

La partie la plus facile du problème avait été la traduction des noms propres qui se trouvaient le plus souvent répétés. Celui qui revenait le plus fréquemment dans le texte grec de la pierre de Rosette était Ptolémée; le cartouche (ensemble d'hiéroglyphes entouré d'un filet) le plus souvent reproduit dans le texte égyptien devait être naturellement aussi celui de Ptolémée. On rechercha dans d'autres inscriptions bilingues si les hiéroglyphes que l'on supposait représenter les diverses lettres du nom de Ptolémée, correspondaient bien aux lettres semblables telles que $p$, $o$, etc., contenues dans d'autres noms propres, par exemple dans celui de Cléopâtre. On vit que le deuxième signe hiéroglyphique du nom de Cléopâtre, qui devait être un $l$, était identique au quatrième signe du nom de Ptolémée qui était, lui aussi, un $l$. La même vérification sur les autres lettres communes aux deux noms montra que le quatrième signe du cartouche de Cléopâtre, qui devait représenter un $o$, était identique au troisième de Ptolémée supposé représenter un $o$, et ainsi de suite.

Tel fut le premier point de départ; mais entre ce point de départ et le moment où Champollion posséda la clef de la plupart des hiéroglyphes égyptiens, plus de vingt ans s'écoulèrent. A sa mort, en 1832, il laissait une grammaire et un dictionnaire de l'ancien égyptien. Les innombrables écrits hiéroglyphiques, que l'air sec et pur de la vallée du Nil avait conservés intacts sur la pierre et sur le papyrus, allaient pouvoir être lus comme les ouvrages de l'antiquité grecque et romaine. La pensée, les mœurs, l'histoire des Pharaons et de leurs contemporains, n'étaient plus une énigme indéchiffrable gardée par les sphinx railleurs et les colosses menaçants. La plus grande découverte historique et philologique du XIX° siècle était accomplie, et le nom du Français Champollion devenait immortel comme le nom du Pharaon Khéops.

L'écriture hiéroglyphique des anciens Égyptiens ne se compose pas exclusivement de signes idéographiques, c'est-à-dire de la représentation des objets par leur figure et des idées abstraites par leur symbole, comme on l'avait cru pendant bien longtemps. Les signes idéographiques y sont même en petit nombre et ne s'y rencontrent que comme les accessoires des autres. Évidemment, si l'on pouvait remonter jusqu'aux premières manifestations de l'écriture chez les Égyptiens, on ne verrait, comme dans toutes les écritures primitives, que des signes idéographiques. L'écriture n'est que du dessin de plus en plus simplifié. Partout les hommes ont commencé par représenter leur pensée au moyen du dessin. A mesure que cette pensée devenait plus compliquée, plus abstraite, le symbole prenait toujours davantage la place de la représentation matérielle. Puis au symbole se substitua le signe, ou figure abrégée. Prenons un exemple, tiré des hiéroglyphes égyptiens mêmes. Pour un peuple très jeune, possédant des idées très simples, très matérielles, la figure d'un œil signifiera l'organe de la vue, puis, par déduction, l'action de voir. Dès que ce peuple acquerra quelques notions abstraites, il éprouvera le besoin d'exprimer l'idée de connaissance, et tout naturellement, comme cette idée ne s'offre pas sous une forme susceptible d'être directement représentée, il sera bien forcé d'avoir recours à des analogies. La connaissance, la clairvoyance, la vision, lui sembleront des idées très voisines, qu'il pourra figurer également par leur organe matériel, l'œil. Mais la nécessité d'écrire rapidement et l'habitude lui rendront gênant, superflu, le dessin exact et minutieux de l'œil, et il se bornera à son trait extérieur très simplifié, tel, par exemple, qu'un rond avec un point au milieu.

C'est par simplification graduelle que les Égyptiens, comme

FIG. 151. — GRAND TEMPLE DE L'ILE DE PHILÆ VU DE L'UNE DES RIVES DU NIL.

J'ai déjà donné plusieurs vues des parties les *plus* importantes des temples de Philæ. Ils peuvent être rangés parmi les plus célèbres de l'Égypte, bien que les plus anciens de eux soient à peine antérieurs à Alexandre. Le grand temple était dédié à Isis. Tous les Ptolémées et les Césars, jusqu'à Dioclétien, ont contribué à l'embellir pendant 600 ans. y trouve les cartouches de Tibère, Caligula, Claude, etc.

tant d'autres peuples, ont passé du dessin pur à l'hiéroglyphe, de l'hiéroglyphe à l'écriture cursive. Deux sortes d'écritures cursives, l'écriture hiératique, que l'on trouve dans les plus anciens papyrus, et l'écriture démotique, encore plus simplifiée, née entre la xxi° et la xxv° dynastie, furent en usage dans la vallée du Nil. Les hiéroglyphes proprement dits formaient une écriture sculpturale et décorative réservée pour les inscriptions sur les monuments. Les obélisques, les stèles, les murs intérieurs et extérieurs des temples et des tombeaux sont absolument couverts de ces dessins gracieux, fantastiques et grêles, taillés dans le granit avec une netteté remarquable, et se succédant, multiples et mystérieux, comme pour confondre l'œil et décourager à jamais la curiosité profane. Leur nom même — *hiéroglyphes*, écriture sacrée, — fut longtemps compris dans son sens littéral. En réalité, les prêtres n'en conservaient pas jalousement le secret. Seulement, remplacés peu à peu dans l'usage ordinaire par une écriture de plus en plus courante, ils furent, pour les Égyptiens des dernières dynasties, l'objet d'une étude spéciale, réservée aux scribes et aux savants, et offrirent sans doute à la foule le caractère incompréhensible qu'ils présentent aux Parisiens de nos jours sur l'obélisque de Louqsor.

Mais nous venons de retracer dans un sens seulement l'évolution de l'écriture, telle qu'elle se fit en Égypte et telle qu'elle s'accomplit, comme on peut le constater par mille exemples, chez tous les peuples isolés des influences étrangères et laissés à leur propre et libre développement.

Nous l'avons montrée d'hiéroglyphique devenant cursive; il nous reste à la faire voir d'idéographique devenant phonétique, puis enfin alphabétique.

En prenant notre exemple de tout à l'heure, le dessin d'un œil, et en remontant à l'époque lointaine où ce dessin n'avait qu'un sens, celui de l'organe matériel de la vue, nous voyons que, même alors, il éveillait, en même temps qu'une image, un son, le son du mot qui voulait dire : œil. Or les mots, dans les langues monosyllabiques primitives, ne contenaient qu'une articulation. Lorsque, plus tard, elles se compliquèrent, un mot composé représenta plus ou moins une idée complexe, impossible souvent à rendre au moyen d'un dessin, même par analogie. Représenter le mot par sa première syllabe, et cette syllabe, homonyme d'un nom d'objet, par la figure de l'objet, fut un procédé qui, par sa simplicité même, dut naître presque instinctivement. Voici donc déjà des signes devenant syllabiques. Les mots les plus compliqués purent bientôt être représentés par leur décomposition en syllabes, à la façon dont nous composons nos rébus. Si pour écrire le mot *vermicelle*, nous dessinions un ver, puis la note de musique mi, puis une selle de cheval, nous emploierions la méthode par rébus qui, dans l'évolution naturelle de l'écriture, succède aux signes purement idéographiques. Pour abréger, les Égyptiens ne figuraient généralement que la première syllabe du mot. Mais une grande confusion pouvait en résulter. Beaucoup de mots commencent par la même syllabe. On ajoutait donc au signe syllabique un complément phonétique emprunté à une articulation importante dans le corps du mot, et, s'il était nécessaire, on dessinait, en outre, la figure exacte ou symbolique de l'objet ou de l'idée. Cette figure s'appelait *déterminatif*. Il y eut des déterminatifs génériques et des déterminatifs spéciaux. Parmi les signes phonétiques, il y en eut bientôt qui ne désignèrent qu'un seul son, voyelle ou consonne, et qui, par conséquent, devinrent purement alphabétiques.

Cette forme alphabétique est la dernière phase et la plus parfaite à laquelle sont arrivées les écritures humaines. Les Égyptiens étaient loin de l'avoir atteinte. Mais ils avaient dépassé, également de fort loin, la phase purement idéographique et représentative, à laquelle on les crut restés tant qu'on regarda sans les comprendre les expressifs dessins qui formaient leur écriture hiéroglyphique.

On ne peut suivre l'évolution de cette écriture que durant les quatre ou cinq mille ans qui ont laissé des témoins dans les monuments de la vallée du Nil. Cette longue période représente une phase de transition entre les deux points extrêmes — idéographique et alphabétique — que nous venons d'indiquer. Elle ne nous montre pas de progrès très notables. Aussi loin que nous pouvons remonter en arrière, nous voyons des signes phonétiques, et même purement alphabétiques, dans les documents écrits des Égyptiens; et aussi près de nous que nous pouvons descendre, nous voyons des figures rigoureusement idéographiques mêlées aux caractères syllabiques et alphabétiques.

Comme on peut s'en douter, d'après ce très rapide exposé, l'écri-

FIG. 145. — TYPES ÉGYPTIENS DE LA XIX° DYNASTIE.
(XV° siècle avant notre ère.)

Ces photogravures ont été exécutées d'après des moulages que nous avons pris à Thèbes dans une tombe royale.

ture égyptienne est extrêmement compliquée. Elle se compose en effet de plusieurs éléments principaux : *caractères syllabiques* et *caractères alphabétiques; compléments phonétiques et signes*

D'après une photographie.

FIG. 118. — COLONNADE DU GRAND TEMPLE D'ISIS DANS L'ÎLE DE PHILÆ

*idéographiques* qui sont les *déterminatifs spéciaux* ou *génériques* des mots inachevés ou peu clairs.

Il y avait vingt-deux signes alphabétiques, environ cent trente-six syllabiques et un nombre considérable de déterminatifs.

Cette complication de l'écriture égyptienne devait la rendre de plus en plus étrangère à la masse de la nation; de là son caractère presque sacré. Quel génie ne fallut-il pas de nos jours pour en trouver la clef! Quelle patience et quelle intelligence ne déployèrent pas ensuite les savants qui en ont pénétré les derniers secrets! Grâce à eux, la langue de l'ancienne Égypte nous fut révélée, et par sa langue son histoire.

## § 2. — LA LANGUE ÉGYPTIENNE

Pour connaître complètement l'égyptien antique, les érudits furent puissamment aidés par le copte, qui est à la langue des Pharaons ce qu'est l'italien à la langue des Cicéron et des Virgile. On désigne sous le nom de *copte* l'égyptien altéré que parlaient les populations chrétiennes dans la vallée du Nil aux premiers siècles de notre ère. Les livres religieux des chrétiens actuels d'Égypte sont encore écrits dans cette langue.

Avec le copte et les hiéroglyphes, on parvint à reconstituer la langue de l'Égypte antique et même la généalogie de cette langue.

Les langues de la Syrie, de l'Arabie et du nord de l'Afrique se divisent, comme leurs populations, en deux rameaux; le rameau sémitique ou syro-arabe, et le rameau chamitique ou égyptien-berbère. Comme les peuples qui les parlent, ces deux groupes de langage montrent des liens de parenté fort étroits. Ils dérivent, avec leurs différents dialectes, d'une souche unique et primitive, aujourd'hui perdue, mais dont ils ne se sont pas fort écartés.

Les langues sémitiques ont été plus loin toutefois dans leur évolution que les langues chamitiques du nord de l'Afrique. Si l'on classe ces dernières dans les langages à flexion, c'est surtout à cause de leurs rapports étroits avec les idiomes sémitiques. Sans ces rapports, très visibles, l'égyptien risquerait d'être classé encore parmi les langues agglutinatives.

Toutes les racines, et en réalité, presque tout le vocabulaire de l'égyptien antique, se composent d'éléments sémitiques; il en est de même pour sa grammaire, pour sa façon de former le féminin et le pluriel. Les mots qui, dans cette langue, ne sont pas d'origine sémitique, viennent des idiomes parlés chez les peuplades noires de l'Afrique.

Durant toute la durée de la civilisation ancienne de l'Égypte, on ne peut remarquer de changement très notable dans le langage. Ainsi qu'il arrive toujours, aussitôt que le peuple posséda une écriture, la langue écrite fixa la langue parlée, dans des formes immuables, et lui laissa peu de liberté pour progresser. Cependant nous pouvons distinguer une époque classique, qui est, pour l'égyptien, ce que le siècle de Louis XIV fut pour le français. Cette période comprend près de deux mille ans, mais ses chefs-d'œuvre se répartissent en deux moments de production abondante et brillante, qui sont la xiie dynastie et les années qui s'écoulèrent sous la xviiie et jusqu'à la xxe.

Nous verrons au chapitre qui concerne la littérature combien fut fécond en écrits de toute sorte le génie poétique, scientifique et philosophique de l'Égypte. Tous les jours en Europe, le trésor des traductions s'accroît. On s'attache surtout à transcrire les œuvres importantes et les documents historiques, qui tous se présentent sous la forme hiéroglyphique ou hiératique. On s'intéresse moins à l'écriture démotique, plus obscure encore, et n'offrant que des actes fastidieux, achats, ventes, contrats, tous relatifs à la vie civile, et d'une minutie de détails fatigante. Cependant, rien ne sera négligé dans cette évocation extraordinairement vivante, complète, lumineuse, de la civilisation la plus imposante, la plus ancienne et la plus solide du monde.

La patience laborieuse de savants peu populaires, mais fort utiles, nous rend chaque jour un fragment nouveau de cet édifice merveilleux que des milliers de générations d'hommes ont, à travers des milliers d'années, dressé, pierre à pierre, sur les plaines que le vieux Nil avait plus lentement encore élevées, grain à grain, du fond des eaux.

# CHAPITRE IV

## LES CROYANCES RELIGIEUSES DE L'ÉGYPTE

### § 1er. — ÉVOLUTION DE LA RELIGION ÉGYPTIENNE

Ce n'est pas chez les égyptologues qu'il faudrait chercher, dans l'exposé des institutions, des coutumes, des croyances de l'Égypte, les preuves de ces lois générales de l'évolution historique, à l'étude desquelles nous avons consacré la première partie de cet ouvrage. Qu'il s'agisse d'art, de religion, d'institutions politiques ou sociales, il semble pour eux que pendant cinq mille ans la civilisation de l'Égypte n'ait pas changé. A lire les livres publiés sur elle, on pourrait croire que, semblable à Minerve s'échappant tout armée du cerveau de Jupiter, elle soit sortie entièrement civilisée du néant, et qu'après cinq mille ans d'histoire elle y soit brusquement rentrée.

Il n'est pas nécessaire d'avoir déchiffré péniblement des papyrus pour être certain que les choses n'ont pu se passer ainsi. Le lecteur, bien pénétré de cette notion importante du développement progressif des choses, qui est une loi fondamentale de la nature, et sur laquelle nous avons d'autant plus insisté qu'elle est généralement fort méconnue des historiens, doit déjà pressentir à quel point cette idée de la prétendue immutabilité de l'Égypte est erronée. Vivre c'est changer : l'Égypte a vécu pendant 5000 ans; pendant 5000 ans elle a donc changé. Écrire son histoire en mélangeant des textes, des monuments, des institutions, séparés par des milliers d'années, c'est se condamner à bâtir une œuvre bien éphémère et dont l'avenir aura bientôt fait justice. Aujourd'hui, les égyptologues agissent à l'égard de la terre des Pharaons comme le fera peut-être dans cinq ou six mille ans l'historien de l'avenir qui, ayant découvert dans les ruines de notre grande capitale quelques livres et

FIG. 147. — LE GRAND TEMPLE D'ISIS, A PHILÆ.

Nous avons donné, page 253, une vue d'ensemble du même temple prise d'un autre point des rives du Nil.

monuments échappés à la destruction inévitable qui menace toutes les œuvres de l'homme, écrira une histoire de la civilisation française en réunissant dans les mêmes chapitres les institutions et les croyances de l'époque romaine, du moyen âge et des temps actuels. Jupiter et Vénus y figureront à côté des saints du moyen âge; l'esclavage y sera contemporain des principes de la Révolution. Si les lois de l'évolution historique ne sont pas mieux comprises alors qu'elles ne le sont de nos égyptologues modernes, on pourra lire de graves mémoires destinés à rechercher si Jules César utilisait les chemins de fer dans ses combinaisons stratégiques, et si Minerve ne pourrait pas être identifiée avec nos statues de la Liberté.

Il ne faudrait pas considérer de tels anachronismes comme trop invraisemblables; ils ne le seraient pas plus que ceux que professent la plupart des égyptologues sur le monothéisme primitif des Égyptiens. Il suffit d'un esprit un peu philosophique et de quelques promenades à travers les monuments de l'Égypte pour être bien fixé sur l'énormité de pareilles erreurs; mais les thèses préconçues empêchent toujours de voir les choses les plus simples; et c'est ainsi que dans la première édition de son livre sur l'histoire ancienne des peuples de l'Orient, publiée il y a dix ans, un égyptologue éminent, M. Maspéro, professeur au Collège de France, écrivait, à propos de la religion des anciens Égyptiens, les lignes suivantes conformes, d'ailleurs, aux idées enseignées encore par la plupart des historiens de profession :

« Le dieu des Égyptiens était un être unique, parfait, doué d'une science et d'une intelligence certaines, incompréhensible à ce point qu'on ne peut dire en quoi il est incompréhensible. Il est le « un unique, celui qui existe « par essence, le seul qui vive en substance, le seul générateur dans le ciel et « sur la terre qui ne soit pas engendré; le père des pères, la mère des mères. » Toujours égal, toujours immuable dans son immuable perfection, toujours présent au passé comme à l'avenir, il remplit l'univers sans qu'image au monde puisse donner ........ ... le faible idée de son immensité; on le sent partout, on ne le saisit nulle part. »

A force d'étudier les monuments des Égyptiens, M. Maspéro a fini cependant par apercevoir ce qui apparaît immédiatement à tout observateur non prévenu, et, dix ans plus tard, le monothéisme primitif des anciens Égyptiens est devenu pour lui un polythéisme parfait. Nous lisons, en effet, dans une nouvelle édition du même

ouvrage, publiée récemment : « Les monuments nous montrent
que, dès les temps des premières dynasties, les nomes avaient
chacun leurs dieux spéciaux... les divinités se répartissaient en
trois groupes d'origine différente : les dieux des morts, les dieux
des éléments, les dieux solaires. »

Quant au passage cité plus haut sur le monothéisme primitif,
l'auteur l'utilise encore, mais à la fin de son histoire d'Égypte. Le
monothéisme, qu'il considérait d'abord comme contemporain des
Pyramides, n'apparaît plus qu'à l'époque de la xxᵉ dynastie, c'est-
à-dire quelques milliers d'années plus tard. Il faut espérer que,
dans une prochaine édition, le monothéisme qui, de primitif est
devenu final, — ce qui fait disparaître l'énormité de l'anachro-
nisme — s'évanouira complètement.

C'est qu'en effet, ce prétendu monothéisme, la vieille Égypte ne
l'a connu à aucune période de son histoire : les bas-reliefs et les
peintures de ses temples et de ses monuments le prouvent sura-
bondamment. Le développement des croyances religieuses de
l'Égypte fut identique, dans ses grandes lignes, à celui dont nous
avons tracé l'histoire dans un autre chapitre de cet ouvrage, et
qu'on retrouve, d'ailleurs, chez tous les peuples. On pourra torturer
indéfiniment le *Livre des Morts* et tous les papyrus, sans y trouver
rien qui puisse indiquer l'existence d'un monothéisme réel. Sans
doute chaque ville réclame tour à tour la suprématie pour ses
dieux, et, de même que dans les livres de l'Inde, la divinité dont
on parle dans un passage est toujours la première, mais seulement
dans le passage où l'on en parle. L'Égypte a connu l'unité politique,
mais de dieu national unique, elle n'en connut jamais.

En supposant — ce qui n'a pas été d'ailleurs démontré jusqu'ici
— que quelques esprits supérieurs soient arrivés sous les dernières
dynasties à supposer que les dieux, dont les temples sont pleins,
n'étaient que les manifestations diverses d'un seul dieu, leurs spéculations n'eurent jamais la moindre influence sur les croyances générales, et l'historien n'a pas, par conséquent, à s'en occuper. Ce
qui constitue une religion, ce sont les doctrines enseignées par les
prêtres, acceptées par la foule, et non les théories que peuvent se
forger, au fond de leur cabinet, quelques rêveurs. Il y eut sans doute
des libres-penseurs au moyen âge, mais personne ne soutiendrait

que leurs convictions secrètes aient pu constituer à cette époque
une religion.

Pendant cinq mille ans, les croyances de l'Égypte s'ajoutent et se

D'après une photographie.

FIG. 148. — PHILÆ. TEMPLE HYPÈTHRE DE TIBÈRE.

Ce temple est un de ceux que la gravure a le plus fréquemment reproduits. Le dessin que nous donnons ici a été
calqué sur une de nos photographies, prise de l'un des points les plus pittoresques de l'île si remarquable de Philæ.
C'est surtout la position de ce temple au bord du Nil, au milieu d'un bouquet de palmiers, qui le rend si gracieux.
Ce monument est un des édifices les plus modernes de Philæ, mais il est la copie fidèle du plus vieux temple de l'île,
construit par Nectanébo, trente ans environ avant la conquête d'Alexandre.

superposent sans se remplacer; les dieux se multiplient, et, de
même que pour l'Inde, dont les croyances ont profondément
changé dans le cours des âges, bien que les vieux Védas soient
restés les livres sacrés, les textes égyptiens, que leur antiquité

FIG. 149. — DÉTAILS D'UN PYLÔNE DU TEMPLE D'ISIS, A PHILÆ.

rendait inviolables, donnent aux croyances une fixité apparente qu'elles n'eurent jamais.

Ces croyances religieuses de l'Égypte, appartenant à des temps divers et qui se superposèrent dans les textes sacrés, dérivent des sources suivantes : d'abord le culte des morts, et comme suite naturelle la déification des rois morts ; c'est le culte qui paraît avoir dominé à l'époque des Pyramides. A ce culte primitif s'ajoutèrent, à des périodes diverses, le culte du Soleil, celui du Nil et celui de diverses forces naturelles. Dans le cours des âges, à mesure que l'unité politique s'accentuait, ce polythéisme primitif marcha vers une sorte de monothéisme local, et non national. Mais ce monothéisme, même local, l'Égypte ne l'atteignit jamais.

Tels sont les principes généraux de la religion égyptienne. Pour tracer les détails de son évolution et de son histoire, un volume suffirait à peine. Ne disposant que d'un chapitre, nous allons simplement exposer les grands traits de cette religion, telle qu'elle nous apparaît lorsqu'elle est définitivement constituée, c'est-à-dire vers la fin de la dernière dynastie.

## § 2. — LA RELIGION ÉGYPTIENNE

Hérodote disait des Égyptiens qu'ils étaient les plus religieux des hommes. Ils furent, en effet, un des peuples les plus religieux que l'antiquité ait connus. Chez eux, de même d'ailleurs que chez tous les Orientaux, les Hindous notamment, la religion était mêlée à tous les actes de la vie publique ou privée ; on la retrouve jusque dans les écrits les plus frivoles, jusque dans les prescriptions d'hygiène et de police. Le nombre des êtres ou des objets sacrés était infini dans la vallée du Nil.

Le caractère fondamental de la plupart des divinités égyptiennes est d'avoir été des divinités purement locales. Chaque province, chaque ville, avait ses dieux. *Osiris* régnait à Abydos, *Phtah* à Memphis, *Ammon* à Thèbes, *Horus* à Edfou, *Hathor* à Dendérah, etc. L'importance de la ville faisait souvent l'importance de la divinité qu'on y adorait. Le pouvoir de certains dieux le cédait à celui de certains autres : c'était une hiérarchie féodale divine à côté de la féodalité politique. Il arrivait aussi que plusieurs dieux se combinaient en un seul; dans les occasions où, suivant leurs attributs, ils étaient supposés agir de concert, on les invoquait ensemble, on confondait même leurs noms. Il y avait Sévek-Râ, Phtah-Sokari, et même, par une triple association, Phtah-Sokari-Osiris.

La plus grande préoccupation de l'Égypte a été la vie future. Comme l'Inde, elle ne voyait dans l'existence terrestre qu'un passage, une période infime dans une durée sans bornes. Sans appliquer à tout l'univers cette notion formidable d'évolution que les vieux sages de l'Inde avaient découverte, elle croyait, pour l'âme du moins, à un perfectionnement graduel opéré pendant des cycles d'âges d'une immense longueur. L'espace de temps qui s'écoule entre la naissance et la mort n'était rien auprès de la vie antérieure et future de l'être humain.

Pour rendre sensible cette idée, elle avait trouvé un beau mythe. C'était l'histoire du Soleil : Râ ou Ammon, pendant le jour, et Osiris, durant la nuit. L'aube était une naissance; le crépuscule du soir, une mort. Et chaque jour le divin voyageur revenait à la vie, sortait du sein de sa mère *Nout*, montait glorieux dans le ciel, où il naviguait sur sa barque légère, et combattait victorieusement le mal et les ténèbres qui fuyaient devant lui. L'homme aussi, durant sa courte existence, doit lutter contre la tentation, contre tous les mauvais penchants. Mais, le soir, c'est la nuit qui triomphe. Le soleil n'est plus Râ, le puissant, l'étincelant; il devient Osiris, le dieu qui veille dans les ténèbres et dans la mort. Sa barque céleste parcourt de sombres canaux et se voit assaillie par les démons. Jusqu'à minuit, elle s'enfonce toujours plus avant dans un gouffre d'obscurité. Mais à partir de minuit, elle remonte, sa course devient plus rapide, plus facile, et le matin revient enfin avec sa victoire et ses splendeurs.

Telle est la vie, ou, plutôt, telles sont les vies de l'homme. La mort est pour lui le soir durant lequel les ténèbres l'enveloppent, l'assimilant à Osiris. Mais de nouvelles naissances, de nouvelles existences, lui permettront encore de lutter et de triompher du mal. Jusqu'à ce qu'enfin il ait conquis le repos éternel dans une glorieuse confusion avec l'essence divine, ou bien que ses fautes l'aient à jamais condamné et qu'il retombe dans l'éternel néant.

Ce combat incessant de la lumière contre les ténèbres, des dieux contre les forces mauvaises de la nature, et de l'homme contre les tentations de sa chair, était une conception essentiellement morale et qui pénétrait toute la religion égyptienne. Les principaux symboles de cette lutte étaient le Soleil dissipant journellement les ombres de la nuit, et aussi le puissant Nil refoulant par ses inondations les sables du désert. L'existence même de l'Égypte n'est-elle pas une conquête toujours recommencée de son fleuve sur la poussière redoutable du Sahara? Ainsi, pour les Égyptiens, l'existence du monde était une création sans cesse accomplie de nouveau par les dieux contre l'effort destructeur de l'esprit du mal. Ils n'imaginaient pas de démons proprement dit. *Set*, le *Typhon* des Grecs, est le seul dieu malfaisant de leur mythologie; et encore, il paraît avoir eu un rôle moins sombre au début. Frère d'Osiris, il avait gouverné l'Égypte au temps où les dieux régnaient en personne sur la terre. Il s'était, c'est vrai, emparé du trône par un crime. Mais, depuis, l'horreur qu'il inspirait se mélangeait à l'adoration. Ce dieu redouté eut toujours des autels et un culte; des bas-reliefs le représentent soutenant avec *Hor*, son adversaire bienfaisant, le bandeau sur la tête des rois.

La vraie et complète incarnation du mal, en Égypte, c'était le serpent *Apap*. Partout il est représenté combattu et foulé aux pieds par les dieux. Mais toujours il renaît, représentant tout ce qu'il faut sans cesse combattre, aussi bien les passions funestes que les fléaux naturels, et surtout ce Sahara profond et mystérieux, toujours prêt à étouffer l'Égypte sous l'envahissement de ses sables.

Elle est interminable la longue série des dieux plus ou moins puissants qui va de l'obscur Serpent jusqu'au lumineux Soleil. Celui-ci finit par devenir une des divinités les plus universellement adorées de l'Égypte. C'est lui qui, sous les noms de Râ, d'Ammon, d'Hor, de Phtah, d'Atoum, d'Osiris, domine l'immense Panthéon et rayonne au sein des temples les plus magnifiques, sur les plus fastueux autels. C'est lui, bienfaisant, lumineux, auteur de toute vie et de toute joie, qui a le plus vivement inspiré les poètes religieux de l'Égypte.

FIG. 130. — RESTITUTION DU PORTIQUE DU GRAND TEMPLE D'ISIS A PHILÆ.

D'après la Commission d'Égypte.

Un grand nombre d'hymnes à sa louange nous sont restés. En voici un que nous empruntons au *Livre des Morts* :

« Hommage à toi qui te lèves à l'horizon le jour et traverses le ciel. Tous les visages sont en joie à ta vue.

« Tu te présentes le matin de chaque jour. Prospère est la marche sous Ta Sainteté pour ceux qui ont tes rayons sur leur face...

« Incomparable est ton éclat.

« Puissé-je marcher comme tu marches, sans faire de halte, ainsi que Ta Sainteté, ô Soleil ! qui n'as pas de maître, grand traverseur d'espace, pour qui des millions et des centaines de mille d'années ne sont qu'un moment.

« Tu te couches, mais tu subsistes. Les heures, les jours, les nuits, tu les multiplies également, tu subsistes d'après tes propres lois. Tu illumines la terre en t'offrant de tes propres mains sous la forme de Râ à ton lever à l'horizon.

« Astre émergeant, grand par cette tienne splendeur éclatante, tu façonnes tes membres et t'enfantes toi-même, non enfanté, à l'horizon. O rayonnant en haut du ciel ! accorde que je parvienne en haut du ciel pour l'Éternité, que je m'unisse à ces mânes augustes et parfaits de la divine région inférieure, que je sorte avec eux pour voir tes splendeurs à ton lever, et le soir quand tu t'unis à ta mère Nout et que tu tournes ta face vers l'occident, mes mains seront en adoration à ton coucher dans la montagne de la vie. »

D'autres strophes de ce bel hymne indiquent bien quelles étaient les causes de ce culte du Soleil en Égypte. Le Soleil et le Nil sont si évidemment les créateurs directs de cette contrée et de la race qui l'habite, qu'il paraît fort naturel de les voir divinisés et adorés. Le fleuve le fut sous le nom de Hâpis. Mais il le cédait à l'astre tout-puissant dont on le croyait émané, comme le prouve la suite de l'hymne :

« Grand illuminateur sorti du Noun (l'Infini, l'Océan primordial), tu maintiens l'existence des hommes par le fleuve issu de toi; tu mets en fête la totalité des nomes, des villes et des temples; ton éclat favorise la préparation des aliments, des mets et de la nourriture. »

On pourrait encore citer toute la seconde partie de ce chapitre XV du *Livre des Morts*, dont toutes les strophes commencent par : « Hommage à toi ».

« Hommage à toi, voyageur lumineux, circulant dans son disque. Hommage à toi, le plus grand de tous les dieux, etc. »

C'est sous forme de trinités que se manifestent la plupart des dieux égyptiens. Chaque trinité comprenait le père, la mère et le fils, et chaque ville adorait plus particulièrement une de ces triades divines. Mais il y en avait une dont le culte était général dans la vallée du Nil : c'était celle d'Osiris avec Isis, son épouse, et Horus son fils. Cette trinité divine dominait les dieux locaux, si grands qu'ils fussent. Elle avait des sanctuaires partout; les plus célèbres, ceux qui attiraient la plus grande affluence de fidèles étaient situés dans l'île de Philæ.

On ne représentait pas toujours les dieux sous la forme humaine; on n'empruntait souvent au corps humain que quelqu'une de ses parties à laquelle on adaptait une partie du corps d'un animal. L'apparence de l'être divin était presque toujours fabuleuse, impossible à rencontrer dans la réalité. *Tahout*, le messager, le scribe des dieux, que les Grecs assimilaient à leur Hermès, avait un corps d'homme et une tête d'ibis; le dieu *Horus*, une tête d'épervier; la déesse *Astart*, la reine des batailles, une tête de lionne; la déesse *Hathor* ou *Nout*, mère du Soleil, était représentée avec un corps d'oiseau et une tête de femme, ou avec un corps de femme surmonté d'une tête de vache. *Ammon*, le grand dieu de Thèbes, apparaissait souvent avec une tête de bélier. *Phtah* était représenté fréquemment par un scarabée, *Thot* par l'ibis et le cynocéphale, *Anubis* par le chacal, etc.

Comme chaque nome avait son dieu, il avait aussi son animal sacré qui n'était pas toujours respecté ailleurs. Le crocodile, par exemple, adoré dans Thèbes, était pourchassé et tué dans Éléphantine.

Tous ces animaux, dont les chats, et surtout le taureau Hâpis, étaient les plus respectés, paraissaient, aux yeux du vulgaire, être non pas les symboles des dieux, mais dieux eux-mêmes. Le culte superstitieux de l'Égyptien pour les animaux a provoqué l'étonnement des autres peuples. Bien des siècles avant la phrase fameuse et dédaigneuse de Bossuet, Clément d'Alexandrie écrivait :

« Les sanctuaires des temples sont ombragés par des voiles tissus d'or. Si vous avancez vers le fond de l'édifice et que vous cherchiez la statue, un prêtre s'avance d'un air grave en chantant un hymne en langue égyptienne, et soulève un peu le voile comme pour vous montrer le dieu. Que voyez-vous alors ? Un chat, un crocodile, un serpent indigène ou quelque autre animal dangereux. Le dieu des Égyptiens paraît : c'est une bête vautrée sur un tapis de pourpre. »

Le respect et le culte de ces animaux étaient tellement profond qu'à l'époque où le roi Ptolémée n'était pas encore l'allié des Romains, et où les habitants recevaient avec le plus grand empressement les voyageurs d'Italie de crainte de s'attirer la guerre, un Romain qui avait tué un chat fut assailli dans sa maison par la populace bravant la vengeance de Rome, et ne put être soustrait à

D'après une photographie.

FIG. 151. — DÉTAILS D'UNE COLONNADE DU TEMPLE D'IS . A PHILÆ.

la punition, bien que son action eût été involontaire et que le roi eût envoyé des magistrats pour le sauver.

« Ce fait, ajoute Diodore, nous ne le connaissons pas seulement par ouï-dire, mais nous en avons été nous-même témoin oculaire pendant notre voyage en Égypte. »

Voici de son côté comment Hérodote décrit le fameux taureau Hâpis dont le temple était à Memphis, mais qui était adoré par toute l'Égypte, comme une émanation d'Osiris et de Phtah :

« Cet Hâpis est un jeune bœuf dont la mère ne peut plus en porter d'autre. Les Égyptiens disent qu'un éclair descend du ciel sur elle et que de cet éclair

D'après une photographie.

FIG. 152. — SCHADOUF, INSTRUMENT EMPLOYÉ POUR PUISER DE L'EAU DANS LE NIL ET IRRIGUER LE SOL.

On construit cet appareil aujourd'hui exactement comme on le faisait sous les Pharaons, ainsi que le prouvent les anciens bas-reliefs qui le représentent.

elle conçoit le dieu Apis. Ce jeune bœuf se connaît à certaines marques. Son poil est noir; il porte sur le front une marque blanche et triangulaire; sur le dos, la figure d'un aigle; sous la langue, celle d'un scarabée, et les poils de sa queue sont doubles. »

Ces marques sur le corps du taureau Hâpis étaient reconnues par les prêtres, qui se contentaient d'une disposition vague des épis de poils indiquant les figures nécessaires d'une façon aussi lointaine que celle dont un groupe d'étoiles dessine dans le ciel l'ourse, la lyre, ou le centaure dont il porte le nom.

Lorsque l'Hâpis mourait, c'était un deuil universel pour l'Égypte. Cependant on ne le laissait pas dépasser l'âge de vingt-cinq ans et, quelque cruelle que parût sa mort, les prêtres le noyaient dans une fontaine consacrée au Soleil. Il s'assimilait alors à Osiris, le dieu de la vallée sombre, et sa momie prenait le nom d'Osiris-Hâpis, dont les Grecs ont fait Sérapis. Le corps du bœuf, soigneusement embaumé, était déposé à côté de ses prédécesseurs dans un monument funéraire, retrouvé récemment, appelé le Sérapéum.

Un des animaux les plus respectés dans la vallée du Nil était le phénix, qui revenait tous les cinq cents ans, suivant la légende, pour brûler le corps de son père dans le temple du Soleil. La superstition populaire ne le faisait pas renaître de ses cendres au temps d'Hérodote; pourtant l'historien grec avoue naïvement que ce qu'on lui en a raconté lui paraît déjà incroyable. « S'il ressemble à son portrait, ajoute-t-il, ses ailes sont en partie dorées et en partie rouges; par la taille et la forme du corps, il ressemble beaucoup à l'aigle. »

Si l'on ajoute à l'adoration des animaux la magie élevée à la hauteur d'une science, les incantations — au moyen desquelles on contraint les dieux mêmes à agir en faveur de celui qui connaît les phrases fatidiques — les amulettes, les talismans, on aura parcouru presque en entier le cycle poétique ou grossier, profond ou naïf, des croyances égyptiennes.

Il reste encore un genre de ces croyances à indiquer. Ce sont celles qui ont trait à la conservation des morts, à leur embaumement, aux offrandes matérielles et aux inscriptions dont on garnissait leur tombe. Mais là, dans les moindres détails, le génie de la vieille Égypte se dévoile si plein de poésie et d'espérance, qu'on n'est plus tenté de sourire, même de ses rites les plus empreints de naïveté,

Quand on se rappelle que ses plus somptueux monuments étaient des tombeaux; quand on se la représente, couchée le long de son Nil, et recevant la caresse brûlante de son soleil jamais voilé; quant on voit parmi ses plaines, le hérissement de ses pyramides remplies de momies, on la comprend, on la pénètre jusque dans son intime pensée, et l'on voit apparaître le fond essentiel de toute sa religion : le culte des Morts et celui du Soleil.

Les traductions modernes nous ont révélé son livre suprême, celui que Lepsius a si bien appelé le *Livre des Morts*. Combien l'idée d'éternité devait être puissante chez un peuple qui composait une pareille œuvre, la recopiait patiemment à des millions d'exemplaires, et la mettait à côté de chaque momie comme un passeport pour la vie à venir !

« Livre, est-il dit au chapitre CXLVIII, donnant la perfection au défunt au sein de Râ, lui donnant la prééminence auprès de Toum, le faisant grand auprès d'Osiris, fort auprès du résident de l'Amenti, le rendant redoutable auprès des dieux.

« Tout défunt pour qui aura été fait ce livre, son âme sortira le jour avec les vivants, et prévaudra parmi les dieux. Il ne lui sera fait d'opposition par personne, en vérité. Les dieux l'approcheront et le toucheront, car il sera comme l'un d'entre eux. Ce livre lui fera connaître ce qui est arrivé au commencement. Ce livre mystérieux et vrai, nul autre ne l'a connu, nulle part, jamais. Aucun homme ne l'a déclamé, aucun œil ne l'a interprété, aucune oreille ne l'a entendu. Qu'il ne soit vu que par toi et celui qui te l'a enseigné. N'en fais pas de nombreux commentaires, fournis par ton imagination ou ta mémoire. Exécute-le au milieu de la salle de l'embaumement... en entier. C'est un véritable mystère, que ne connaît aucun homme du vulgaire, nulle part. Il donne l'alimentation au défunt dans la divine région inférieure, fournit des approvisionnements à son âme sur terre, et fait qu'il sera vivant à tout jamais et que rien ne prévaudra contre lui. »

Ce *Livre des Morts* contient des enseignements pour l'âme qui vient de se séparer du corps. Toutes les épreuves qu'elle traversera avant d'être assimilée aux dieux y sont prévues. Toutes les incantations magiques, toutes les prières admirables, toutes les litanies qu'elle doit prononcer pour triompher de l'esprit du mal, pour forcer les vingt portes de la demeure d'Osiris à s'ouvrir, toutes les confessions qu'elle doit débiter aux juges infernaux pour obtenir enfin d'entrer en grâce, d'atteindre à la gloire éternelle et de voguer dans la barque du Soleil, sont renfermées dans le *Livre des Morts*.

Mais avant tout, et pour que ce Livre soit efficace, il faut que le corps du défunt ait été soigneusement embaumé. L'âme ne peut échapper au néant que si sa forme terrestre échappe à la corruption.

FIG. 153. — RESTITUTION D'UN TEMPLE DE L'ÎLE DE PHILÆ.

« Salut à toi, mon père Osiris, dit le mort. J'arrive, ayant fait embaumer ces miennes chairs. Ce mien corps ne se décompose pas. Je suis intact, intact comme mon père Osiris-Khépra, qui a pour image l'homme dont le corps ne se décompose pas. »

Dans le chapitre CLIV, dont sont extraits ces mots, et à propos de la décomposition des corps, existe une formule curieuse, indiquant que l'Égypte a pu entrevoir la loi des transformations des formes vivantes, de cette mort et de cette renaissance constantes que montre la science moderne et que l'Inde avait pressenties.

« Je ne me présente pas — dit la momie assimilée aux dieux — je ne me

**PHILÆ.** Temple hypèthre.

Ce temple est un des derniers monuments de l'Art Égyptien, il porte le cartouche de l'empereur Tibère.

présente pas à ceux à qui il a été fait outrage, dont les chairs sont endommagées par la décomposition : *Mystère du changement des corps nombreux, mystère de la vie résultant du massacre de la vie.* »

Les Égyptiens croyaient l'homme composé d'une quadruple nature. Le *corps* enfermait son *double* ou son ombre, qui restait avec lui dans le tombeau, tant qu'il ne se décomposait pas; le double

D'après une photographie.

FIG. 154. — PHILÆ. LE TEMPLE DE TIBÈRE ET LES PYLÔNES DU GRAND TEMPLE D'ISIS.

Nous avons donné en détail dans d'autres planches les monuments que représente ce dessin, calqué sur une des photographies que nous avons prises dans l'île de Philæ.

enfermait l'*âme*, qui, elle, après la mort, se présentait devant un tribunal divin et errait pendant des siècles soumise à mille épreuves, avant de partager la gloire du ciel ou d'être plongée dans le néant. Enfin l'âme elle-même servait d'enveloppe à l'*intelligence*, étincelle divine destinée pendant la vie à conseiller, à fortifier l'âme, à l'aider dans sa lutte contre les penchants de la chair. Après la mort, cette étincelle divine quittait l'âme et n'y rentrait que pour la tourmenter, pour la flageller du fouet de ses péchés, si elle ne l'avait pas suffisamment écoutée sur la terre et si elle était reconnue coupable.

Le *Livre des Morts* contient ce que doit dire l'âme amenée devant le tribunal d'Osiris, lorsqu'elle plaide sa cause et qu'elle énumère le bien qu'elle a fait et surtout le mal qu'elle n'a pas commis.

Ce chapitre est pour nous du plus haut intérêt, car il résume toute la morale des Égyptiens, et nous montre quelles étaient les vertus en honneur dans la vallée du Nil. Nous pouvons y constater, non sans quelque étonnement, que la charité, la pitié, la bienveillance pour les faibles, ces sentiments si peu connus dans la dure antiquité, étaient nécessaires en Égypte pour mériter l'estime des mortels et l'absolution des dieux.

Voici cette justification de l'âme, que Champollion appelait avec justesse « une confession négative. » C'est le chapitre CXXV du *Livre des Morts*.

« Maîtres de la vérité, je vous apporte la vérité. Je n'ai fait perfidement de mal à aucun homme. — Je n'ai pas rendu malheureux mes proches. — Je n'ai pas fait de vilenies dans la demeure de la vérité. — Je n'ai pas eu d'accointance avec le mal. — Je n'ai pas fait le mal. — Je n'ai pas fait, comme chef d'hommes, jamais travailler au delà de la tâche. — Il n'y a pas eu par mon fait ni craintif, ni pauvre, ni souffrant, ni malheureux. — Je n'ai point fait ce que détestent les dieux. — Je n'ai point fait maltraiter l'esclave par son maître. — Je n'ai point fait avoir faim. — Je n'ai point fait pleurer. — Je n'ai point tué. — Je n'ai point ordonné de tuer traîtreusement. — Je n'ai fait de mensonge à aucun homme. — Je n'ai point pillé les provisions des temples. — Je n'ai point diminué les substances consacrées aux dieux. — Je n'ai enlevé ni les pains ni les bandelettes des momies. — Je n'ai point forniqué, je n'ai point commis d'acte honteux avec un prêtre de mon district religieux. — Je n'ai ni surfait ni diminué les approvisionnements. — Je n'ai point exercé de pression sur le poids de la balance. — Je n'ai pas éloigné le lait de la bouche du nourrisson. — Je n'ai pas fait main basse sur les bestiaux dans leur pâturage. — Je n'ai pas pris au filet les oiseaux des dieux. — Je n'ai point repoussé l'eau à l'époque de la crue. — Je n'ai pas détourné le cours d'un canal. — Je n'ai pas éteint la flamme à son heure. — Je n'ai pas fraudé les dieux de leurs offrandes de choix. Je suis pur... Je suis pur... Je suis pur. »

Et plus loin, dans ce même chapitre CXXV, voici ce qui est dit du mort, toujours devant le tribunal divin :

« Il n'y a ni mal, ni péché, ni souillure, ni impureté en lui; il n'y a ni

accusation, ni opposition contre lui. Il vit de la vérité, se nourrit de la vérité.
Le cœur est charmé de ce qu'il a fait. Ce qu'il a fait, les hommes le proclament, les dieux s'en réjouissent. Il s'est concilié Dieu par son amour. Il a
donné du pain à celui qui avait faim, de l'eau à celui qui avait soif, des vêtements à celui qui était nu. Il a donné une barque à celui qui en manquait... »

Ne croirait-on pas, en lisant ces paroles, entendre, bien des
siècles avant qu'ils eussent parlé, Bouddha ou Jésus proclamer leur
douce loi d'universelle charité?

Et maintenant si la justification du mort est reconnue exacte
par les juges divins, s'il est resté fidèle à ce code de morale, qui, en
somme, est très élevé: si, en outre, ses parents ont pourvu sa tombe
de toutes les offrandes qu'il doit présenter aux dieux, et sa momie
de toutes les amulettes qui doivent écarter le courroux céleste,
voici quelle sera la récompense du juste admis dans la gloire :

« Le défunt pour qui auront été faites toutes ces choses parmi les vivants
ne souffrira jamais aucun dommage. — Il sera à l'état de dieu auguste. —
Aucune chose mauvaise ne le détruira. Il sera parmi les mânes accomplis
dans l'Amenti. Il ne mourra pas de nouveau. Il mangera et boira avec Osiris
chaque jour.

« Il circulera avec les dieux du Sud et du Nord, il boira l'eau de la source
du Nil, il connaîtra les douceurs de l'Amour, il sortira le jour comme Horus,
il sera vivant, il sera comme Dieu, adoré par les vivants, ainsi que Râ. »

Par cette dernière parole, on voit combien était universel en
Égypte le culte des morts. A l'époque de la construction des pyramides il était sans doute dominant, car les images des dieux
figurent alors très rarement dans les bas-reliefs des tombeaux. A
toutes les époques, les représentations funéraires nous montrent
les parents présentant des offrandes à leurs ancêtres et les adorant. Les Pharaons, en leur qualité de souverains de tous les Égyptiens, étaient naturellement les seuls pouvant prétendre à l'adoration de tous. Aussitôt après leur mort ils entraient dans le Panthéon divin. Considérés d'ailleurs comme des fils de dieux, ils
étaient déjà traités comme des divinités pendant leur vie. Le titre
de dieu fut accordé de leur vivant à tous les souverains égyptiens, y
compris les empereurs romains à l'époque de leur domination,
comme le prouvent les inscriptions.

Pour ce peuple, si antique, même à ses propres yeux dès

les premières dynasties, il semble que le temps n'ait pas compté et que la mort n'ait été qu'un mot. Le temps, la mort, ces souverains absolus de l'univers fragile, ont trouvé dans une étroite vallée de notre petite planète, une race altière et obstinée qui n'a jamais voulu reconnaître leur empire. Tout dans la vallée du Nil, depuis les impérissables monuments, jusqu'aux coutumes presque immuables, et jusqu'à la philosophie religieuse, tout protestait contre

FIG. 155. — PHILÆ. DÉTAILS D'ARCHITECTURE DE L'UN DES PYLÔNES.

les formidables lois qui partout ailleurs se sont fait un jeu des individus, des institutions et des races. L'espérance invincible de vie sans limite qu'avaient fait germer au cœur de l'Égypte la course éternelle de son soleil dans son ciel sans nuages et l'autre course éternelle de son fleuve à travers ses plaines éclatantes, ne se découragea, ni ne s'obscurcit jamais. En vain, siècle après siècle, les momies s'entassèrent par milliers dans les sépulcres, l'Égypte ne se lassa jamais de les embaumer, de les entourer d'offrandes et de recopier pour elles les hymnes ardemment enthousiastes de son *Livre des Morts*.

Et n'avait-elle pas raison, cette vieille Égypte, de croire à l'immortalité, elle qui, si longtemps ensevelie dans son sépulcre, momie froide et muette sous ses bandelettes sacrées, vient de ressusciter à

D'après une photographie.

FIG. 156. — EDFOU. DÉTAILS DES COLONNES DU TEMPLE.
(Une vue d'ensemble de ce temple a été donnée page 83.)

nos yeux par un miracle de la science, pour nous faire entendre sa voix, nous expliquer son secret, et nous donner l'illusion de son existence par la force de son génie.

# CHAPITRE V

## INSTITUTIONS, MŒURS ET COUTUMES DE L'ÉGYPTE

### § 1er. — INSTITUTIONS POLITIQUES ET SOCIALES

L'Égypte est isolée du reste du monde par la mer et les déserts. Pendant une longue suite de siècles, elle exagéra encore son isolement en interdisant l'accès de son sol aux étrangers. Elle dut donc se développer sans maîtres, et sa civilisation est peut-être la seule qui n'ait rien emprunté à aucune autre.

Des formes primitives du développement de l'Égypte, nous ne savons rien. Il n'en reste aucun monument, aucun sphinx, auquel nous puissions arracher son secret. Les sables du désert furent les seuls témoins de ces temps reculés; et les sables ne parlent pas.

Lorsque la civilisation égyptienne apparaît brusquement dans l'histoire, il y a six ou sept mille ans à peine, ses monuments, sa langue et ses arts indiquent qu'elle était déjà bien vieille. Ce n'est pas l'aurore d'un monde qui se révèle alors à nous, mais bien plutôt son couronnement.

Pour atteindre à ce degré de civilisation, déjà si avancé, que nous constatons dès l'origine de son histoire, il fallut sans doute à l'Égypte des accumulations de siècles dont rien ne permet aujourd'hui de pressentir la durée.

Lorsque commence son histoire, elle possède des traditions religieuses fixées par l'écriture, des institutions politiques et sociales ayant l'autorité d'un long passé. Elle se trouve alors à cette période décrite par nous dans un autre chapitre de cet ouvrage, période durant laquelle les peuples isolés du reste du monde se laissent enfermer dans le réseau des traditions, et ne changent plus qu'avec une extrême lenteur.

Pendant les cinq mille ans de civilisation qui nous sont connus, l'Égypte a changé, et même profondément; mais ses changements se sont effectués avec tant de lenteur, ils se révèlent si difficilement au premier examen, que l'immutabilité de ses institutions, aussi bien que celle de ses croyances et de ses arts, est devenue une théorie classique.

Il n'est pas facile, avec les documents insuffisants que nous possédons aujourd'hui, de retracer dans ses détails l'évolution des institutions politiques et sociales de l'Égypte. Il est possible cependant d'indiquer les grandes lignes de ces transformations.

Le gouvernement de l'Égypte a passé par les phases que franchissent généralement tous les gouvernements. Il a d'abord été théocratique, puis féodal; enfin, à l'époque guerrière, il est devenu une royauté despotique.

La légende du gouvernement primitif des dieux dans la vallée du Nil, indique suffisamment que la corporation des prêtres exerça tout d'abord l'autorité. Cette croyance que leurs antiques lois leur étaient venues directement du ciel, inspirait aux Égyptiens un respect superstitieux pour leurs institutions. Leurs rois étaient considérés comme des continuateurs de la dynastie divine et adorés comme des dieux pendant leur vie et après leur mort.

Ces dieux, à qui l'Égypte était reconnaissante pour sa civilisation, ses premières villes, ses premiers essais d'irrigation et ses plus anciennes lois, nous pouvons nous les figurer comme des hommes intelligents et énergiques, semblables à tous les héros et demi-dieux qui surgissent toujours des ténèbres où s'enveloppe l'origine de chaque peuple. Après leur mort, on les adora; ils eurent des autels et des prêtres. Ils avaient appuyé leurs lois sur l'autorité divine; devenus dieux à leur tour, ils communiquèrent leur ascendant aux prêtres qui parlaient en leur nom. C'est ainsi qu'au début de toutes les civilisations, en Égypte aussi bien qu'ailleurs, prend naissance le régime théocratique.

Il dura longtemps dans ce pays de lente transformation. On peut dire qu'à un certain point de vue, il dura toujours; nous en retrouvons la trace jusqu'aux époques de royauté la plus absolue. Jamais les Pharaons ne s'affranchirent complètement de la discipline des prêtres.

« Les rois, nous apprend Diodore, ne menaient pas une vie aussi libre et aussi indépendante que ceux des autres nations. Ils ne pouvaient point agir selon leur gré. Tout était réglé par des lois; non seulement leur vie publique, mais encore leur vie privée et journalière. Ils étaient servis, non par des hommes vendus ou par des esclaves, mais par les fils des premiers prêtres, élevés avec le plus grand soin et ayant plus de vingt ans. De cette manière, le roi, ayant jour et nuit, autour de lui, pour servir sa personne, de véritables modèles de vertu, ne se serait jamais permis aucune action blâmable. »

Ces « véritables modèles de vertu », dont parle naïvement Diodore, étaient avant tout des mentors et des espions que les prêtres tout-puissants entretenaient autour du monarque. Dans la religieuse Égypte, l'autorité réelle, la force vraie, émanait du sanctuaire obscur, silencieux, redoutable. Le dieu visible et humain, assis sur le trône, coiffé de la double couronne de la Haute et Basse-Égypte, entouré de l'obéissance la plus passive et du respect le plus servile, dut toujours s'incliner devant ses glorieux ancêtres des siècles antiques, devant les premiers législateurs divins de l'Égypte, et surtout devant les prêtres, leurs interprètes et leurs représentants.

Dès l'époque de la théocratie primitive, l'Égypte était subdivisée en petites provinces, correspondant à peu près aux nomes qui la partagèrent plus tard. Chaque province avait sa ville capitale, son chef, son temple, ses dieux. Une rivalité, qui souvent dégénérait en hostilité ouverte, régnait entre les grands centres de l'Égypte, et y régna toujours, pendant toute la durée de l'histoire. L'unité de cette contrée n'a jamais été bien réelle. Si forte que fut la concentration à certains moments, et malgré la similitude des grands intérêts généraux, chaque province conserva ses coutumes, son gouvernement héréditaire, son grand-prêtre, son temple, ses dieux et ses fêtes particulières. Les illustres cités, Éléphantine, Thèbes, Memphis, Tanis, se disputèrent toujours le premier rang, et nourrirent l'une pour l'autre des sentiments d'âpre rivalité très voisins de la haine.

« Le premier homme qui ait régné sur l'Égypte fut Ménès, » dit Hérodote. Ce fut lui, en effet, qui, le premier, réunit toutes les petites provinces sous un même sceptre, et leur donna l'unité apparente. Les dynasties humaines commencent avec lui, mais non pas encore la royauté absolue. L'Égypte nous apparaît depuis Ménès jusqu'à l'expulsion des Hyksos, en plein système féodal. L'effort commun qui débarrassa le pays de ses envahisseurs, et les con-

FIG. 157. — FELLAHS ÉGYPTIENS SUR LES BORDS DU NIL.

Ce dessin a été gravé d'après une photographie instantanée que nous avons prise du pont de notre bateau pendant notre voyage dans la Haute-Égypte.

quêtes qui commencèrent avec la xviii° dynastie, centralisèrent enfin
le gouvernement, qui devint une monarchie absolue.

La féodalité égyptienne fut identique à celle qui exista en Europe
durant notre moyen âge. Le roi y fut toujours le chef suprême de
l'armée, et, à son appel, les seigneurs provinciaux devaient accourir,
suivis du ban et de l'arrière-ban de leurs vassaux. Outre le service militaire, ils devaient encore au souverain l'accomplissement
de travaux publics, qu'ils faisaient exécuter par leurs sujets, et qui
étaient de véritables corvées. L'entretien des canaux resta de tous
temps la préoccupation constante du pouvoir central. Les chefs de
province exigeaient de leurs vassaux des impôts et des journées de
travail, et leur rendaient en échange protection et bonne justice,
tout comme les barons chrétiens sous Hugues Capet ou Philippe-
Auguste.

Le mouvement national que personnifia Jeanne d'Arc et qui mit
hors de France les Anglais, suivi bientôt des guerres extérieures en
Italie, ruina la féodalité chez nous et fortifia le pouvoir royal d'une
façon très analogue à ce que fit pour l'Égypte l'expulsion des Hyksos
et les premières conquêtes en Asie. A partir de ce moment, et sauf
le contrôle religieux que nous avons indiqué, la royauté devint
absolue dans la vallée du Nil.

Le trône était héréditaire; à défaut de fils, c'était le neveu, le
cousin, le parent le plus proche qui succédait. Les femmes n'en
étaient pas exclues. Elles portaient la couronne tout comme les
hommes, et même étaient entourées de plus d'honneurs et de
respect. « La reine reçoit plus de puissance et plus d'honneurs que
le roi », dit Diodore de Sicile, et il attribuait cette coutume au souvenir laissé en Égypte par le règne glorieux de la déesse Isis.

Au roi appartenait la direction suprême de l'armée, de la justice, des travaux publics. Il était aussi la tête de la religion, et, dans
quelque lieu qu'il se trouvât, c'était lui qui officiait dans le temple
à la place du grand-prêtre. Lui seul pouvait accomplir certaines
cérémonies; lui seul pouvait ouvrir le naos, c'est-à-dire la châsse
du dieu, et contempler le mystère face à face. Dieu lui-même, il
rendait parfois un culte à sa propre image. Plusieurs bas-reliefs
nous montrent Ramsès II s'adorant lui-même.

On entourait les rois d'un cérémonial minutieux et d'honneurs

extraordinaires. Toute la cour était hiérarchisée, et il fallait être de
sang royal pour lui rendre les devoirs immédiats. Les plus humbles
services étaient accomplis, nous l'avons vu, par des fils de prêtres,
c'est-à-dire par la caste la plus orgueilleuse et la plus aristocratique.

L'idée que les Égyptiens se faisaient de leur maître leur inspirait à la fois pour lui le plus vif amour et le plus profond respect.
Il était leur père et le frère de leurs dieux; source de toute vertu,
de toute justice, il ne pouvait jamais se tromper ni pécher. Chaque
jour, et suivant la règle rigoureuse et immuable qui dirigeait les
moindres actions du souverain, le grand-prêtre énumérait devant
lui ses vertus dans le temple, le peignant tel qu'il devait être, et
n'osant l'exhorter qu'indirectement par des louanges.

Cependant cet être divin, tout-puissant, était, comme il arrive
souvent, l'esclave de sa propre grandeur.

« Il y avait un temps déterminé, dit Diodore de Sicile, non
seulement pour les audiences et les jugements, mais encore pour
la promenade, pour le bain, pour la cohabitation, en un mot pour
tous les actes de la vie. »

L'historien grec nous peint également l'amour tout à fait filial
voué par les Égyptiens à leur roi, et le deuil public, universel et
très sincère qui suivait la mort du souverain.

« Lorsqu'un de leurs rois venait à mourir, dit-il, tous les habitants prenaient le deuil, déchiraient leurs vêtements, fermaient
les temples, s'abstenaient des sacrifices et ne célébraient aucune
fête pendant soixante-douze jours. »

Le même auteur parle d'une coutume, devenue célèbre, qui
consistait à juger le roi mort avant de lui accorder les honneurs de
la sépulture. Le peuple s'assemblait pour entendre le panégyrique
du défunt, puis accueillait ce panégyrique par des acclamations ou
des murmures, suivant qu'il jugeait justes ou fausses les louanges
prononcées. Dans ce dernier cas, la momie du roi n'entrait pas
dans le tombeau ni dans le sanctuaire qui lui avaient été préparés.
On peut supposer que c'était là un simple cérémonial, et que les
rois ne furent privés de la sépulture que par des usurpateurs de
leur trône et dans la fureur des guerres civiles. Comment le peuple
égyptien aurait-il osé juger et condamner celui qu'il avait aimé
comme un père et qu'il considérait comme un dieu.

Cependant le roi ne pouvait gouverner directement un pays très peuplé, qui — toujours d'après Diodore — contenait jusqu'à trente mille villes. Il était aidé par les *nomarques*, ou gouverneurs de nomes. Le nombre des nomes a dû varier : Diodore et Strabon en comptent trente-six; mais avec l'Éthiopie, il y en eût jusqu'à cinquante-quatre. Sous les Pharaons, il en existait quarante-quatre, dont vingt-deux dans la Haute et vingt-deux dans la Basse-Égypte.

FIG. 159. — RESTITUTION D'UNE PORTION DU PORTIQUE DU TEMPLE D'EDFOU.

Ils répondaient sans doute assez exactement aux anciens territoires féodaux.

Les nomarques étaient des personnages fort considérables, généralement alliés par le sang à la dynastie royale. Ils résidaient au chef-lieu du nome, et administraient les deux sortes de terres qui composaient l'étendue de leur province : les terres cultivables et les terres marécageuses. Sur les premières on recueillait les céréales; les secondes fournissaient les plantes aquatiques, le papyrus, le lotus comestible ou fève d'Égypte, et des quantités considérables de poissons et d'oiseaux d'eau.

Le nomarque prélevait sur toutes ces richesses fournies par le

D'après une photographie.

FIG. 150. — VILLAGE D'EDFOU.

Ce pauvre village arabe est construit sur l'emplacement d'une des plus grandes villes de l'Égypte, l'*Apollonis magna* des Grecs. Il ne reste de son ancienne splendeur que le temple magnifique représenté dans diverses parties de cet ouvrage.

Nil les impôts royaux et les siens propres, le plus souvent en nature.

Les impôts furent de tout temps très lourds en Égypte. Ils formaient la source principale du trésor royal, lequel se grossissait encore du revenu des mines et des tributs payés par les provinces étrangères soumises.

A côté du chef de nome, et revêtu d'une dignité plus imposante encore, quoique possesseur d'un pouvoir plus restreint, se trouvait le grand-prêtre.

Chaque capitale possédait son collège sacerdotal, rigoureusement hiérarchisé. Le grand-prêtre ou prophète en était le chef absolu. C'est lui qui administrait les domaines religieux, et en recueillait les revenus qu'il appliquait aux magnificences du culte. Au-dessous de lui il y avait les *pères divins*, les *purificateurs*, les *scribes sacrés* ou *hiérogrammates*, les porte-encens, les musiciens, les chanteurs, etc. Le clergé était fort nombreux. Les femmes mêmes pouvaient accomplir certaines cérémonies religieuses. Les reines et les princesses officiaient aux côtés du roi. Mais, en général, le personnel féminin des temples se composait surtout des pleureuses, des danseuses et des chanteuses sacrées.

On le voit, malgré le despotisme du pouvoir royal, le gouvernement égyptien n'était pas absolument centralisé. Chaque nome avait ses chefs et son administration particulière. Cependant les Pharaons étaient toujours censés exercer sur les moindres choses leur autorité directe. Leurs noms et leurs cartouches se trouvaient dans tous les actes administratifs, judiciaires ou même civils. Toutes les affaires leur étaient soigneusement rapportées. La vallée du Nil était inondée de scribes royaux qui enregistraient pour le souverain les agissements de ses émissaires et de ses sujets. Nulle part la bureaucratie ne fut aussi développée qu'en Égypte.

Il existait un recueil officiel, intitulé : *Le Livre des villes situées en Égypte et de tout ce qui se rapporte à elles*. Ce livre contenait la description minutieuse des monuments, le nombre des habitants, leurs ressources, les richesses du temple, les noms des prêtres, ceux des juges, etc.

Il devait être refait constamment, de même que le cadastre des terres. Nous possédons une foule de documents administratifs égyptiens, rapports de police, correspondances officielles, etc., qui montrent combien la bureaucratie était méticuleuse et paperassière.

On a beaucoup parlé des castes de l'Égypte. Le mot n'est pas absolument exact : l'on ne trouvait pas dans la vallée du Nil des classes sociales hermétiquement fermées et séparées par des abîmes, comme celles de l'Inde, par exemple. Les professions diverses formaient plutôt des corporations; elles n'étaient pas rigoureusement héréditaires. Quant aux fonctions élevées des guerriers et des prêtres, elles créaient une véritable aristocratie, que l'on pourrait comparer à notre noblesse d'épée et de robe en France, mais non pas des castes exclusives; chacun pouvait y parvenir; le soldat, en temps de paix, exerçait parfois un emploi civil. Ce qui donnait, en Égypte, les vrais titres de noblesse, c'était l'instruction. Elle était exigée de tous ceux qui aspiraient à obtenir des charges dans l'administration ou dans l'armée, et il existait des examens de différents degrés analogues à notre baccalauréat et à notre doctorat.

« L'homme qui n'a point de cœur s'occupe aux travaux manuels et y fatigue ses yeux. Mais celui qui comprend les mérite, des lettres et s'y est exercé, prime tous les puissants, tous les courtisans du palais. Sache-le bien, » écrit à son élève Pentaour le chef des archivistes du palais.

Le titre de scribe était la désignation générale de tous les lettrés. Chaque homme important avait sa bibliothèque et son bibliothécaire. Mais c'est dans la classe des prêtres que l'instruction était le plus approfondie.

Les historiens anciens ne sont pas d'accord sur le nombre des castes ou classes de l'Égypte. Hérodote en compte sept : les prêtres, les guerriers, les bouviers, les porchers, les marchands, les interprètes et les pilotes. Diodore n'en reconnaît que cinq : les prêtres, les guerriers, les pasteurs, les agriculteurs et les artisans.

La différence porte sur la population civile. Celle-ci était divisée en à peu près autant de classes qu'il y avait de différents métiers. Une certaine distance sociale séparait les gens de la campagne de ceux de la ville; dans les cités, les corporations ne se mêlaient guère et habitaient des quartiers distincts.

La classe religieuse et la classe guerrière jouissaient en Égypte de privilèges tout particuliers. Elles seules, avec le roi, avaient le droit de posséder des terres, dont les agriculteurs, même opulents,

n'étaient jamais que les fermiers. Les terres de la vallée du Nil
étaient partagées en trois parts : un tiers appartenait au souverain,
un tiers aux guerriers et un tiers aux prêtres.

Le corps sacerdotal, très uni et soigneusement hiérarchisé, exerçait une influence morale immense. Cette influence tenait à son
instruction et à sa vie très disciplinée. Les prêtres paraissent avoir

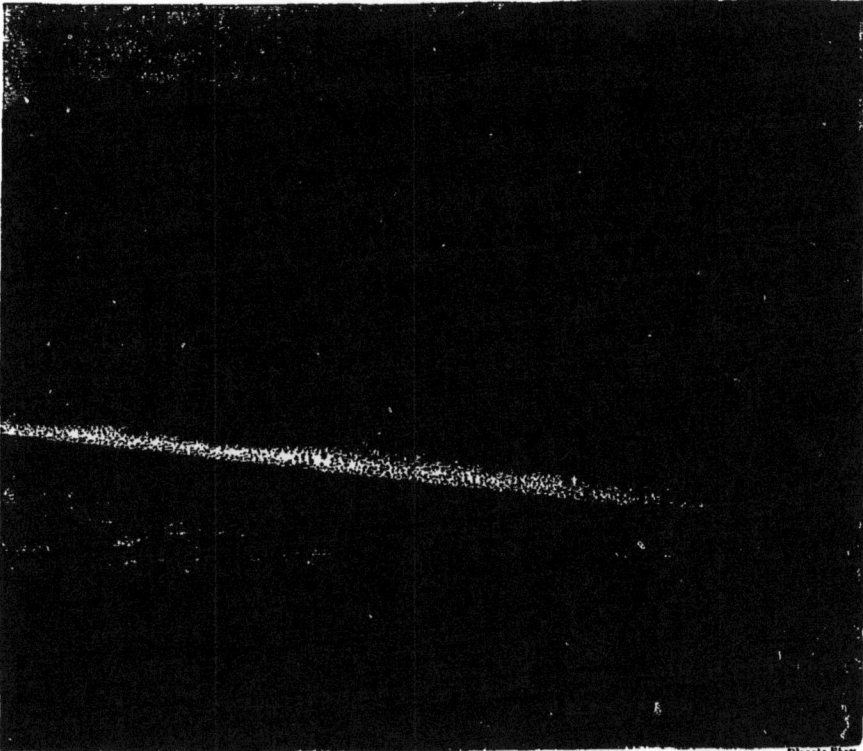

D'après Ebers.

FIG. 160. — OBÉLISQUE NON TERMINÉ ET ENCORE ENGAGÉ DANS LE ROC.

Cette figure montre que les obélisques égyptiens étaient taillés sur place dans la carrière d'où ils étaient
extraits.

donné aux populations l'exemple des vertus qu'ils prêchaient. La
science, la simplicité, la sobriété, la propreté, étaient au premier
rang parmi leurs qualités disciplinaires. Ils se vêtaient de lin ; leurs
robes plus ou moins compliquées et ornées indiquaient leur rang
sacerdotal ; ils portaient souvent une peau de léopard qui leur pen-
dait de l'épaule.

Certains aliments leur étaient interdits, entre autres le poisson et la chair du porc. Tous les Égyptiens d'ailleurs s'abstenaient de ce dernier aliment, et la classe des porchers était considérée par eux comme impure. Cependant certaines cérémonies religieuses exigeaient la présence du porc dans la vallée du Nil.

Sous l'Ancien-Empire, il n'y avait pas de caste guerrière propre-

D'après une photographie.

FIG. 161. — DÉTAILS D'ARCHITECTURE DU TEMPLE D'EDFOU.

ment dite; en temps de paix, les soldats revenaient à la vie civile. C'est après l'expulsion des Hyksos, et sous les grands rois conquérants, que l'armée fut constituée et peu à peu organisée jusqu'à devenir permanente.

Par le fait seul qu'un homme appartenait à la classe militaire, il avait droit à une terre, dont les revenus lui servaient à s'équiper; car il devait se procurer ses armes et se tenir toujours prêt. Le roi s'entourait d'une garde personnelle de deux mille hommes renouvelés tous les ans et qui, durant leur douze mois de service, étaient nourris sur le Trésor. Les mercenaires étrangers ne possédaient pas de terre, mais recevaient leurs armes et leurs costumes nationaux. D'abord peu nombreux dans l'armée égyptienne et méprisés par les indigènes, ils prirent de plus en plus d'importance et furent particulièrement favorisés par Psammétik et ses descendants.

Hérodote divisait tous les soldats égyptiens en deux groupes, les *calasiries* et les *hermotybies*, et évaluait leur nombre total à quatre cent dix mille hommes. « Il ne leur est pas permis, dit-il, d'exercer d'autre métier que celui de la guerre ; le fils y succède à son père. »

Il en était ainsi, en effet, au temps de l'historien grec ; depuis la grande époque guerrière de l'Égypte, l'armée s'était constituée en caste de plus en plus séparée de la nation.

Entre autres privilèges, les guerriers avaient celui de ne pouvoir être emprisonnés pour dettes ; la raison en était qu'ils appartenaient au roi et ne pouvaient être empêchés de répondre à son appel.

On commençait l'éducation militaire dès l'enfance. L'exemple de Sésostris et de ses petits compagnons, cité par Diodore, n'est nullement une exception.

« Tout en fournissant abondamment à tous leurs besoins, on les habituait à des exercices continuels et aux fatigues du corps. Il n'était permis à aucun d'eux de prendre de la nourriture avant d'avoir fait cent quatre-vingts stades — « environ 18 kilomètres » — à la course. »

Les enfants de troupe égyptiens gagnaient ainsi bien péniblement leur modeste repas. Pour les rendre habiles à l'arc, on ne leur donnait parfois leur déjeuner que lorsqu'ils l'avaient délogé à coup de flèche de quelque endroit élevé. Tous ces exercices continuaient pour les soldats en temps de paix. On les entraînait constamment par des manœuvres de toutes sortes, des petites guerres, des sièges simulés.

L'armée se composait de grosse infanterie et d'infanterie légère, de grosse cavalerie et de cavalerie légère. Par cavalerie, il faut entendre les hommes montés sur des chars, car c'est seulement vers les derniers temps que l'Égypte eut une cavalerie proprement dite. Cependant Moïse célébrant le passage de la mer Rouge, dit en parlant de l'armée de Pharaon :

« Le Seigneur a précipité dans la mer le cheval et son cavalier. »

La force de l'armée égyptienne était ses invincibles phalanges d'infanterie armées de lances et de grands boucliers. Un de ces carrés, qui se trouvait dans l'armée de Crésus, ne put être réduit par les Perses, et Cyrus, malgré sa victoire, se vit forcé de composer avec les soldats qui le formaient.

Les guerriers égyptiens constituaient donc une armée puissante bien instruite et bien exercée. Elle était, en outre, munie des armes offensives et défensives les plus parfaites du temps : casques, cuirasses, boucliers, lances, épées, javelots, arcs et flèches, massues, frondes. Elle avait comme instruments de musique la trompette et une sorte de tambour. Sur le front de chaque régiment était porté au bout d'une hampe l'enseigne de son chef, véritable étendard, confié au plus brave et toujours défendu avec acharnement. C'était une figure d'animal ou quelque objet symbolique, qui fait penser aux signes héraldiques des Croisés de notre moyen âge. Le roi avait de véritables bannières, que des princes du sang portaient autour de lui, non seulement en guerre, mais dans les grandes cérémonies, avec les *flabella*, longs éventails en plumes d'autruche.

L'Égypte n'avait pas, à proprement parler, de marine guerrière. Les flottes qu'elle équipa dans les derniers temps furent montées par les soldats de terre.

Comme nous l'avons vu, toute la population civile était divisée en corporations. A des titres différents, celle des scribes et celle des agriculteurs étaient les plus importantes. L'Égypte apporta toujours la plus grande intelligence et les plus grands soins à l'agriculture, dont tous les secrets dépendaient des caprices du Nil. Le roi accordait la plus vive sollicitude à cette source inépuisable de richesses. On le voyait parfois donner l'exemple et mettre un instant la main à la charrue.

Les fermiers n'avaient jamais la propriété éminente de la terre qu'ils cultivaient; ils n'en étaient les maîtres que moyennant une rente payée au titulaire, roi, prêtre ou guerrier.

Les bergers, les bateliers du Nil, formaient aussi des classes notables. Le fleuve est, en Égypte, la seule voie de grande communication. De là l'importance des bateliers, parmi lesquels comptaient surtout ceux qui, du fond de la Haute-Égypte, faisaient descendre jusque vers la mer les monolithes énormes, les gigantesques obélisques.

Bien que les métiers ne fussent pas rigoureusement héréditaires en Égypte, l'usage s'y établit de plus en plus pour les enfants d'embrasser la profession de leur père. Diodore admire cette cou-

FIG. 162. — PORTIQUE DU TEMPLE D'EDFOU (ÉTAT ACTUEL.)
Le portique restauré est représenté page 843.

tume qui développe l'habileté spéciale de chaque corporation. « Aux connaissances héritées de leurs pères, dit-il, ils ajoutent de nouveaux perfectionnements. » Dans le même chapitre, l'historien grec nous signale une loi qui défend aux artisans de s'occuper de politique. Voici les curieuses réflexions, intéressant tous les États et toutes les époques, qu'il émet sur ce point :

« L'Égypte, ajoute-t-il encore, est le seul pays où il ne soit pas permis à un ouvrier de remplir une fonction publique ou d'exercer un autre état que celui qui lui est assigné par les lois ou qu'il a reçu de ses parents; par cette restriction, l'ouvrier n'est détourné de ses travaux ni par la jalousie du maître

D'après une photographie.

FIG. 103. — GROUPE DE NUBIENS.

ni par les occupations politiques. Chez les autres nations, au contraire, on voit les artisans presque uniquement occupés de l'idée de faire fortune; les uns se livrent à l'agriculture, les autres au commerce, d'autres encore exercent deux ou trois métiers à la fois; et dans les États démocratiques, la plupart courent aux assemblées populaires et répandent le désordre en vendant leurs suffrages, tandis qu'un artisan, qui, chez les Égyptiens, prendrait part aux affaires publiques, ou qui exercerait plusieurs métiers à la fois, encourrait une forte amende. »

Les travaux les plus pénibles, tels que ceux des mines, les constructions des Pyramides, le transport des pierres, étaient exécutés par des prisonniers de guerre et par des esclaves. Les criminels étaient souvent envoyés dans les mines, où ils travaillaient sans relâche sous le bâton des surveillants.

L'esclavage paraît avoir existé de tout temps en Égypte. C'étaient des blancs amenés par des étrangers, comme le fut Joseph, des nègres capturés vers le haut Nil, ou des prisonniers de guerre qui l'alimentaient. On les achetait et on les vendait ouvertement. Lorsque l'Égypte s'ouvrit aux nations voisines ou se laissa de plus en plus envahir par les influences asiatiques, les marchands d'esclaves y amenèrent les belles femmes de l'Orient, qui, bientôt, transformèrent les mœurs presque rigides de la vieille Égypte. Les harems somptueux des derniers Pharaons, la polygamie des particuliers, naquirent du contact de l'austère Égypte avec la voluptueuse Asie.

Ce changement de mœurs nous explique les contradictions apparentes des historiens au sujet du nombre de femmes autorisé chez les Égyptiens. Hérodote nous les donne comme monogames : « Ils n'ont qu'une femme chacun, dit-il, ainsi que les Grecs. » D'un autre côté, voici ce que dit Diodore : « Chez les Égyptiens, les prêtres n'épousent qu'une seule femme, mais les autres citoyens peuvent en choisir autant qu'ils veulent. »

Il s'est écoulé quatre cents ans entre Hérodote et Diodore. Le premier pouvait encore être presque le témoin des vieilles coutumes, pourtant déjà bien ébranlées. Elles avaient disparu au temps du second. Tous les anciens monuments, les tombeaux surtout, sont d'accord avec Hérodote. D'ailleurs, si, plus tard, les Égyptiens acceptèrent pour former leurs harems les belles esclaves blanches ou noires qui servaient dans leur maison, la femme de leur race, épousée suivant leurs rites, eût toujours des droits particuliers que nous examinerons à propos de leurs lois et de leurs contrats. Là où toute différence cessait, c'était au point de vue des enfants. Tous, comme dans la Turquie actuelle, étaient légitimes, l'enfant de l'épouse et l'enfant de l'esclave; tous étaient élevés de même et héritaient également. Un père égyptien n'avait, du reste, aucune raison pour ne pas jouir orgueilleusement de sa paternité. L'éducation d'un enfant était peu coûteuse dans la vallée du Nil. Il grandissait sans vêtements et fort sobrement nourri, grâce au climat. Voici ce que dit, à ce sujet, Diodore de Sicile :

« Ils pourvoient à l'entretien de leurs enfants sans aucune dépense et avec une frugalité incroyable. Ils leurs donnent des aliments cuits très simples, des tiges de papyrus et des racines, tantôt bouillies, tantôt rôties; et comme presque tous les enfants vont sans chaussures et sans vêtements à cause du climat tempéré, les parents n'évaluent pas au delà de vingt drachmes » — un peu moins de vingt francs — « toute la dépense qu'ils font pour leurs enfants jusqu'à l'âge de la puberté. »

Si l'on considère l'Égypte antique, avec ses mœurs propres et son génie particulier, avant qu'elle eût emprunté aucun usage à ses voisins, on voit la femme y occuper une situation fort élevée, et que l'on peut attribuer peut-être à l'influence du matriarcat primitif dont les traces se retrouvent jusque au temps du Moyen-Empire.

Dans les bas-reliefs, dans les écrits de cette époque, on voit, en effet, la grand'mère maternelle prendre le pas sur tous les autres membres de la famille. Un homme se dit « fils de sa mère » et non pas « fils de son père ». Les femmes succèdent au trône et reçoivent même plus d'honneurs que le roi. Les filles sont chargées de nourrir leurs parents âgés, tandis qu'on ne demande rien de pareil aux fils — preuve que, pendant longtemps, les femmes seules avaient possédé et hérité.

Par son contrat de mariage, la femme recevait une dot de son mari. Cette dot lui était garantie par une sorte d'hypothèque perpétuelle sur les biens du mari. Lorsque celui-ci était insolvable, les droits de l'épouse sur les biens passaient avant ceux du fisc.

La femme était maîtresse absolue dans sa maison, et Diodore lui-même, qui, cependant, vit l'Égypte au temps de la décadence des vieilles coutumes, en témoigne :

« La reine, dit-il, reçoit plus de respect et de puissance que le roi ; chez les particuliers, l'homme appartient à la femme, et, selon les termes du contrat dotal, il est stipulé entre les mariés que l'homme obéira à la femme. »

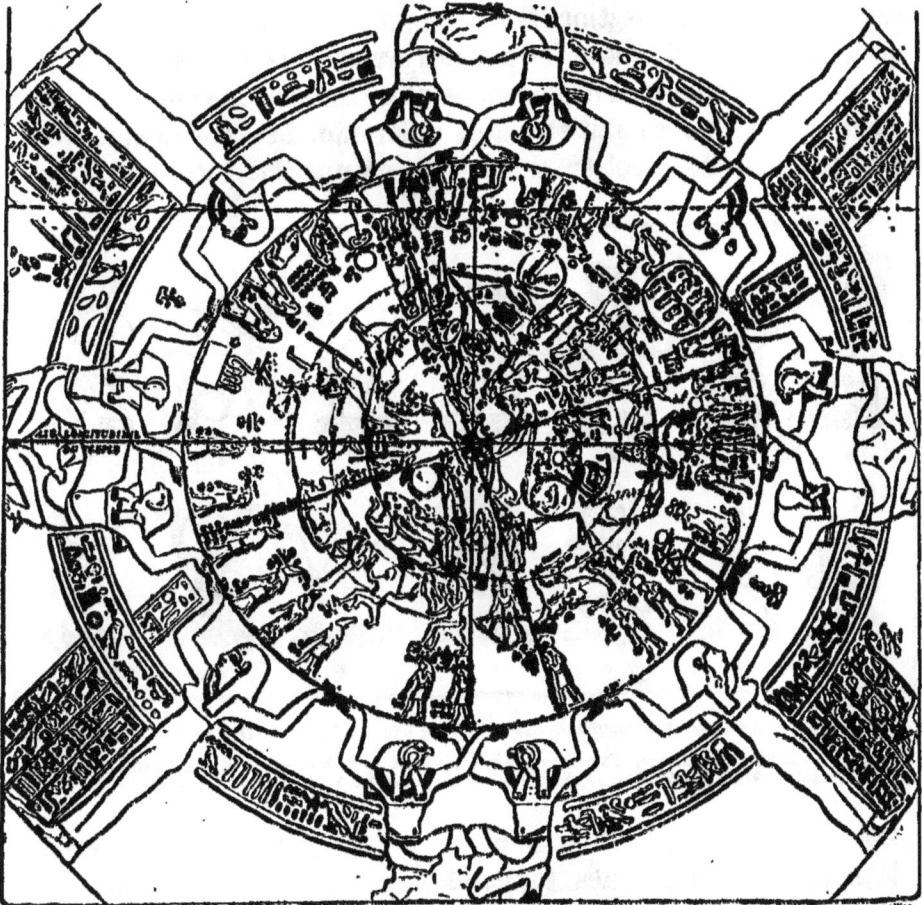

D'après Champollion

FIG. 164. — ZODIAQUE SCULPTÉ AU PLAFOND D'UNE DES SALLES DU TEMPLE DE DENDÉRAH.

Le zodiaque est vu de haut en bas à travers le plafond supposé transparent.

Ce zodiaque a été considéré pendant longtemps comme un monument d'une antiquité très reculée, et on en avait tiré toutes sortes de conclusions sur les connaissances astronomiques des Égyptiens. Nous savons aujourd'hui qu'il remonte seulement à l'époque de la domination romaine, vers les débuts de notre ère, c'est-à-dire tout à fait à la fin de l'ancienne civilisation égyptienne. Loin d'être le plus ancien monument de l'Égypte, c'est au contraire un des plus modernes. Il est probable cependant qu'il représente la copie de monuments plus anciens.

Hérodote dit de son côté :

« Chez les Égyptiens, les femmes vont sur la place et s'occupent du commerce, tandis que les hommes, renfermés dans leurs maisons, travaillent à de la toile. »

J'ai reproduit scrupuleusement dans ce qui précède les passages les plus importants des anciens auteurs grecs sur la condition
des femmes en Égypte, mais je dois faire remarquer que ces passages furent écrits à une époque où l'Égypte était arrivée au point
culminant de sa civilisation. Il est infiniment probable — d'après ce
que l'on observe chez tous les peuples arrivés à certaines phases de
développement — qu'à des époques plus reculées, la condition des
femmes égyptiennes dut être fort différente. Les documents qui
permettraient de préciser exactement ce que fut cette condition

FIG. 163. — COIFFURES SYMBOLIQUES DE QUELQUES-UNES DES PRINCIPALES DIVINITÉS ÉGYPTIENNES.

1. Ammon. — 2. Khons-Lunus. — 3. Tanen. — 4. Râ. — 5. Toum. — 6. Khnoum. — 7. Horus l'aîné (Harséris).
8. Maut. — 9. Mâ (la Vérité). — 10. Ament. — 11. Hathor. — 12. Anouké. — 13. Isis. — 14. Neith.

manquent encore, mais on peut cependant puiser dans certaines
légendes très anciennes rapportées par Hérodote des vestiges
d'une époque où la condition des femmes devait se rapprocher
davantage de la communauté primitive décrite dans un précédent
chapitre. Ces légendes prouvent en tout cas — les légendes tra-
duisant fidèlement les sentiments populaires — qu'il y eut une
époque où, de même que chez la plupart des peuples primitifs,
les Égyptiens n'avaient pas un grand souci de la vertu de leurs
femmes.

La plus curieuse des anecdotes rapportées à ce sujet par les
prêtres égyptiens et recueillie par Hérodote est celle où nous

voyons le roi Khéops, le fondateur de la grande Pyramide, manquant d'argent pour la terminer, envoyer, comme les Japonais de nos jours, sa fille dans une maison de prostitution pour y amasser de l'argent en vendant ses faveurs.

Ce n'était pas uniquement d'ailleurs pour gagner de quoi construire des Pyramides que les Pharaons — toujours suivant les légendes — envoyaient leurs filles dans des établissements semblables. Il les y adressaient pour les motifs les plus futiles. Hérodote nous rapporte qu'un autre Pharaon, voulant découvrir le voleur d'un trésor, ne trouva rien de plus ingénieux que d'envoyer sa fille se livrer à tout venant pour extraire de ses amants do passage leur secret, espérant que parmi eux se trouverait le coupable. Il est évident que pour que des légendes semblables aient pu naître, il fallait qu'elles eussent au moins le mérite de la vraisemblance et que l'acte attribué aux Pharaons parut fort naturel et conforme à l'usage.

Les anciennes mœurs égyptiennes ne paraissent pas d'ailleurs avoir été jamais bien sévères. Une femme n'ayant pas trompé son mari devait être chose fort difficile à rencontrer, si nous en croyons une autre légende d'après laquelle le fils de Sésostris ayant perdu la vue, et l'oracle ayant déclaré qu'il ne guérirait qu'en se frottant les yeux avec la salive d'une femme qui n'eût jamais trompé son mari, eut beaucoup de peine à rencontrer une Égyptienne réalisant la condition demandée. Naturellement sa propre femme ne la réalisait pas du tout. Il lui fallut sans doute essayer beaucoup de femmes avant de trouver celle qu'il cherchait, puisqu'il put peupler une ville, qu'il fit ensuite brûler, avec toutes les personnes dont il avait inutilement expérimenté la vertu. Il avait probablement connaissance de cette histoire ou d'autres analogues, le vieux sage, qui, dans le traité de morale du papyrus Prisse, composé il y a quelque cinq mille ans, définissait la femme égyptienne « un faisceau de toutes les méchancetés, un sac plein de toutes sortes de malices. »

La liberté individuelle était inconnue en Égypte, comme d'ailleurs dans la plupart des sociétés antiques : l'artisan se trouvait enfermé dans sa corporation, — laquelle était hiérarchisée, comme tous les groupes sociaux de la vallée du Nil, et avait ses chefs, sa discipline, ses maîtrises, ses jurandes. Le paysan était attaché à la glèbe. Il lui était interdit de sortir de l'Egypte, et il ne pouvait même y circuler que muni d'un laissez-passer. La vie des guerriers, des prêtres, était réglée d'une façon rigoureuse.

Nul n'avait le droit d'être oisif. Chaque Egyptien était tenu de venir déclarer de temps à autre devant les magistrats sa profession, et ses moyens d'existence. Celui qui ne se livrait à aucun travail était considéré comme une non-valeur et pouvait encourir la mort.

Cette société égyptienne si régulière, si fortement construite, aux règlements si minutieux et rigides, où chacun avait si bien sa place, sa tâche, ses devoirs et ses droits marqués, nous apparaît comme un édifice régulier, d'aspect froid et sévère, mais imposant pourtant, — vu à distance, — en sa magnifique ordonnance.

L'homme antique fut heureux dans la vallée du Nil. Tout en supportant un des jougs les plus formidables qui ait pesé sur une race, il n'en sentit que rarement le poids. Sa soumission lui était douce, car elle était tout empreinte d'un caractère filial et enfantin.

Ce n'est que vers la fin du Nouvel-Empire, après de longues et pénibles guerres, que les plaintes éclatent chez ce peuple dont on exigeait trop d'efforts. Les soldats refusent de marcher; les ouvriers renoncent à bâtir et à bâtir encore les gigantesques monuments de l'orgueil des rois. Des révoltes se produisent de toutes parts. Mais pour juger d'un édifice, il faut se le représenter dans sa splendeur intacte et non pas au moment où il tombe en ruines.

L'Egypte fut prospère et heureuse par elle-même, avant ses relations avec les étrangers. Telle était la sagesse de ses institutions que les plus habiles directeurs d'hommes, et les plus grands penseurs, Solon, Platon, Lycurgue, Pythagore, les ont empruntées ou vantées. C'est Diodore lui-même qui le reconnaît; et, de son côté, Hérodote déclare que « contents de leurs institutions, les Egyptiens ne leur en ajoutent point d'autres. »

L'admiration presque fanatique des Grecs pour l'organisation de la société égyptienne et pour la sagesse de ses prêtres est le plus beau témoignage que nous ait légué l'histoire, en faveur d'une race qui par son seul génie a créé la plus ancienne, la plus forte et peut-être la plus longue civilisation du monde.

## § 2. — MŒURS ET COUTUMES

Les mœurs des Égyptiens étaient particulièrement sociables et douces. Le principe d'obéissance, enraciné profondément en eux, guidait tous leurs actes. Chacun, — suivant une expression fami-

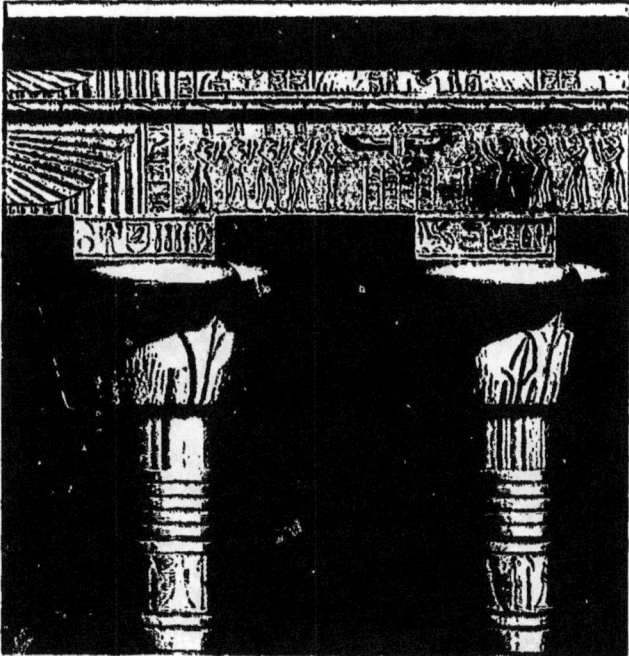

FIG. 166. — TEMPLE D'EDFOU. DÉTAILS DES CHAPITEAUX DE DEUX COLONNES.

lière, — connaissait sa place et s'y tenait dans la vallée du Nil. Le roi respectait les dieux, les hommes libres respectaient le roi, les esclaves respectaient leurs maîtres, les jeunes gens respectaient les vieillards.

« Il n'y a parmi les Grecs, dit Hérodote, que les Lacédémoniens qui s'accordent avec les Égyptiens dans le respect que les jeunes gens ont pour les vieillards. Si un jeune homme rencontre un vieillard, il lui cède le pas et se range de côté; et si un vieillard survient dans un endroit où se trouve un jeune homme, celui-ci se lève. » « Mais voici, » ajoute-t-il, « un usage bien

FIG. 167. — TEMPLE DE DAKKEH (NUBIE).

Ce temple fut fondé au temps de Ptolémée Philadelphe, par le roi d'Éthiopie Arkamoun. Comme tous les monuments éthiopiens, il est de style égyptien. Il a été restauré par Auguste.

opposé à ceux des Grecs. Lorsque les Égyptiens se rencontrent, au lieu de se saluer de paroles, ils se font une profonde révérence en baissant la main jusqu'au genou. »

La politesse, l'aménité, le respect humain, présidaient aux rapports des Égyptiens entre eux. Ces vertus semblaient toutes simples à ce peuple aimable et gai. Sans doute son caractère ouvert, enjoué, tenait en grande partie à la douceur de son climat, à la vigueur de sa constitution.

« Après les Libyens », dit encore Hérodote, « il n'y a point d'hommes si sains et d'un meilleur tempérament que les Égyptiens. Je crois qu'il faut attribuer cet avantage aux saisons, qui ne varient jamais en ce pays; car ce sont les variations de l'air, et surtout celles des saisons qui occasionnent les maladies. »

Cet heureux climat permettait aux Égyptiens de vivre beaucoup en plein air. Dans leurs habitations, les salles encloses de murs étaient peu nombreuses et restreintes. C'est dans la cour, dans le jardin ou sur la terrasse formant le toit, qu'ils se tenaient le plus généralement.

Leurs vêtements étaient assez sommaires. Pour les hommes, c'était une sorte de pagne enveloppant les reins et tombant jusqu'aux genoux, et quelquefois un grand manteau dont ils s'enveloppaient. Les femmes portaient une sorte de chemise collante, allant du col jusqu'aux chevilles. La toilette élégante des dames de qualité consistait en une robe d'une étoffe fine et transparente passée par-dessus cette chemise. Les danseuses ne mettaient que la robe transparente, qui laissait voir à travers ses plis vaporeux les formes de leur corps et les gracieux mouvements de leurs membres. Les esclaves, les servantes restaient nues, avec une étroite ceinture.

Le luxe des bijoux était très développé pour les hommes aussi bien que pour les femmes. Les bandeaux de tête, les bagues, les bracelets aux bras et aux jambes, les colliers, les riches amulettes, les ceintures garnies de pierreries ou tout au moins de perles d'émail, étaient portés par les deux sexes. Les femmes avaient des pendants d'oreille.

L'usage des fards était très répandu. Le henné rougissait les ongles, le khol et l'antimoine relevaient l'éclat des yeux.

Les Égyptiens, pour se garantir de la chaleur aussi bien que par propreté, rasaient leurs cheveux et leur barbe. Les prêtres se rasaient même le corps entier. Cependant il fallait bien protéger le crâne contre l'ardeur d'un soleil implacable. De là sans doute ce singulier usage des perruques, qui jouaient le rôle du turban moderne.

La plupart des Égyptiens et des Égyptiennes portaient perruque. C'étaient souvent de lourds édifices de cheveux tressés, bouclés, abondamment parfumés, retenus par des bandeaux de perles. Ces objets compliqués devaient coûter cher; aussi les remplaçait-on souvent par des imitations plus ou moins parfaites, ou par des étoffes plissées, tombant droit des deux côtés de la tête, coiffure ordinaire des sphinx. Les gens du peuple portaient une sorte de petit bonnet très ajusté.

Les enfants, jusqu'à l'âge de puberté, conservaient une tresse naturelle pendante sur le côté de la tête. L'héritier du trône gardait cette tresse tant que son père vivait, et même jusque dans l'âge adulte.

Comme pour les cheveux, il existait des barbes artificielles qui, attachées sous le menton, marquaient, par leur plus ou moins de longueur, le rang de celui qui s'en parait. Elles étaient toujours droites et carrées; celles des dieux seules se recourbaient à leur extrémité.

En fait de chaussures, les Égyptiens portaient des sandales de papyrus, qu'ils laissaient, en signe de respect, au seuil du temple ou des appartements du roi. Le prince ne permettait qu'à ceux qu'il voulait honorer d'une façon toute particulière de rester chaussés devant lui. C'était un privilège analogue à celui du grand d'Espagne restant couvert devant son souverain.

Les Égyptiens aimaient passionnément le plaisir. Les assemblées, les festins, les réunions joyeuses, la danse, la musique, la conversation, les jeux, la pompe des cérémonies religieuses, toute espèce de spectacle ou de divertissement en commun les ravissaient.

Les peintures des tombeaux nous montrent dans tous ses détails ce que pouvait être une fête chez un riche Égyptien, il y a plus de trois mille ans.

A peine étaient-ils arrivés, et avaient-ils salué le maître et la maîtresse de la maison, assis en grande cérémonie sur des sièges

VERNISSAGE DU BOIS.

FONTE DES MÉTAUX AU MOYEN DE SOUFFLETS MUS AVEC LES PIEDS.

TAILLE DES PIERRES.

TRANSPORT DES BRIQUES. D'après Champollion.

FIG. 168 À 171. — MÉTIERS ÉGYPTIENS D'APRÈS LES PEINTURES DES TOMBEAUX.

élevés, que les convives se voyaient entourés par de charmantes esclaves nues. Les unes couronnaient leurs cheveux et entouraient leurs cous avec des guirlandes de fleurs; les autres les couvraient de parfums; d'autres encore leur versaient du vin dans des coupes d'or, d'argent ou de bronze, et leur offraient des fruits.

Pendant qu'ils se rafraîchissaient ainsi et se reposaient sur des fauteuils confortables et élégants, les invités reconnaissaient leurs amis et commençaient par groupes, suivant les affinités, des entretiens pleins d'animation.

Cependant une douce musique remplissait l'air et se mêlait aux parfums des fleurs sans cesse renouvelées à mesure qu'elles se fanaient. La lyre, la harpe, la cithare, le tambourin, la flûte simple ou double mariaient leurs accords savants.

La musique était la passion de l'Égypte, et il est probable que cet art avait atteint un degré de perfectionnement très avancé dans la vallée du Nil. Il faisait partie de toute bonne éducation ; toutefois, pas plus que la danse, il n'était pratiqué par les gens des hautes classes. Les musiciens et les danseuses étaient des corporations dont on payait le concours pour embellir les fêtes. Parfois c'étaient des esclaves, dont le maître avait fait cultiver les dons naturels pour son plaisir et celui de ses amis.

L'arrivée du festin interrompait les divertissements et la conversation. Des serviteurs apportaient de petites tables basses toutes ser-

PRÉPARATION DE CONSERVES ALIMENTAIRES.

PÊCHEURS.

FABRICANTS DE MEUBLES.

TRAVAIL DU MÉGISSIER ET DU CORDIER.

vies, autour desquelles les convives se groupaient, assis à terre. Souvent aussi les tables étaient

TRAVAIL DU CHARPENTIER.

TRAVAIL DE L'ÉBÉNISTE.

FIG. 172 à 177. — MÉTIERS ÉGYPTIENS D'APRÈS LES PEINTURES DES TOMBEAUX.

Les diverses planches de cet ouvrage représentant les arts et les métiers égyptiens, sont la copie fidèle de peintures égyptiennes (du temple de Gournah, à Thèbes, notamment) antérieures de quinze siècles environ à notre ère. Il serait difficile d'illustrer plus exactement aujourd'hui un traité de technologie.

plus élevées, et entourées par des sièges. Des pièces de viandes, des oiseaux d'eau, des poissons, des légumes, des fruits, surtout du raisin, des dattes et des figues, formaient les principaux éléments du repas.

Les convives n'avaient ni couteaux ni fourchettes, et mangeaient à même le plat, avec leurs doigts, comme le font encore les Orientaux. Des esclaves leur passaient des serviettes pour s'essuyer la bouche et les mains. De minutieuses ablutions précédaient d'ailleurs et suivaient le repas. La bière, le vin, coulaient à flots. On servait aussi des potages, dans lesquels les invités trempaient ces charmantes cuillers au manche ciselé, dont nous possédons encore de si jolis modèles.

Autour des tables du festin, la présence des femmes apportait un attrait que n'a guère connu le monde antique, pas plus que l'Orient moderne. Mais en Égypte, partout où se trouvait l'homme, sa femme l'accompagnait. On ne séparait pas les époux comme il est de bon goût de le faire dans nos repas européens. Aucune circonstance ne brisait, fût-ce pour un instant, en Égypte, l'intimité conjugale. Le mari et la femme traversaient la vie la main dans la main, tels qu'on les voit sur leurs tombeaux.

Même au milieu de ces festins, parfois trop copieux, — car les peintures nous montrent des hommes et des femmes incommodés par un excès de bonne chère ou rapportés chez eux dans un état complet d'ivresse, — même au milieu des plus joyeuses réunions, la grave Égypte n'oubliait pas la mort, son éternelle préoccupation.

« Aux festins qui se font chez les riches, » nous raconte Hérodote, « on porte, après le repas, autour de la salle, un cercueil avec une figure en bois si bien travaillée et si bien peinte, qu'elle représente parfaitement un mort; elle n'a qu'une coudée ou deux au plus. On la montre à tous les convives, tour à tour, en leur disant : « Jette les yeux sur cet homme; tu lui ressembleras « après ta mort; bois donc maintenant et divertis-toi. »

Cette idée de la mort, telle que la concevaient les Égyptiens, n'avait rien, du reste, de terrible ou de répugnant. Elle les terrifiait si peu qu'ils se faisaient un plaisir de conserver parfois dans leur maison la momie de leurs parents morts, de longs mois avant de l'enfermer définitivement dans son tombeau. Il arrivait même qu'on réservât à l'une de ces momies la place d'honneur dans un festin, sans que la présence de ce convive muet, aux prunelles fixes, au faux visage soigneusement colorié, cachant la face sinistre du cadavre, refroidît à quelque degré que ce fût la gaîté des assistants.

Le repas était toujours suivi de distractions plus variées encore que celles qui l'avaient précédé. C'était la musique, le chant, la danse; puis les pantomimes, les plaisanteries des bouffons, les exploits des lutteurs, les tours de passe-passe des escamoteurs. Ou bien des femmes jonglaient avec des balles, se les renvoyant, et gardant des attitudes plaisantes lorsqu'elles avaient manqué à les rattraper.

Les jeux de dames, d'échecs, faisaient également la joie des Égyptiens. Et, si les grandes personnes avaient tant de sources d'amusements, il était naturel que les enfants eussent également les leurs. On a retrouvé des jouets de toutes sortes dans les tombeaux : pantins articulés, poupées, animaux, petits ustensiles de cuisine, minuscules instruments de jardinage.

Les Égyptiens n'ont jamais eu de théâtre proprement dit. Les danseuses, les lutteurs, les bateleurs, les bouffons, suffisaient à les amuser. Au dehors, leurs plaisirs étaient la chasse et la pêche. Ils avaient des chiens de chasse, de l'espèce de nos lévriers et de nos chiens courants.

L'Égypte prenait goût encore à toutes les cérémonies, religieuses ou autres, qui permettaient de déployer de la pompe et de l'éclat. Les couronnements des rois, les brillantes processions en l'honneur des dieux, les funérailles mêmes, formaient des occasions de mise en scène qui réjouissaient les yeux de ce peuple, épris des sons harmonieux, des formes magnifiques et des éclatantes couleurs.

La danse, la musique, étaient admises dans les temples et prenaient alors un caractère de gravité sacrée. Un instrument, qui ne résonnait jamais en dehors du sanctuaire, y rythmait le mouvement ou la mélodie. C'était le sistre, sorte de fer à cheval de bronze, allongé et monté sur une poignée, à travers lequel passaient des tringles mobiles et bruyantes. Les reines, les princesses, les femmes et les filles des prêtres avaient seules le droit de l'agiter durant les cérémonies. Il jouait un rôle analogue à celui de la sonnette pendant les offices dans les églises catholiques.

C'est dans les funérailles surtout que l'Égypte déployait toute sa pompe.

On voyait défiler les pleureuses, poussant des gémissements et la tête couverte de poussière ; les pleureurs se frappant la poitrine ; les esclaves portant des tables chargées d'offrandes ; les prêtres

FIG. 178. — RESTITUTION DE LA MAISON D'UN SEIGNEUR ÉGYPTIEN.

D'après Wilkinson.

tenant dans leurs mains les images des dieux ; d'autres chargés des figurines mortuaires ; puis les animaux destinés au sacrifice ; puis d'autres pleureuses, d'autres prêtres, d'autres esclaves, et, enfin, la barque sacrée, glissant sur une espèce de traîneau et portant le magnifique sarcophage. Le cortège des parents et des amis fermait la marche. Et cette interminable procession, au milieu des cris de douleur, du ruissellement des guirlandes de fleurs, de l'évaporation des parfums, et du déploiement des riches offrandes, s'embarquait sur le lac sacré, et conduisait le mort jusqu'au seuil de son éternel asile.

Les larmes répandues en cette circonstance n'étaient guère d'ailleurs qu'une marque de respect pour le mort, un accompagnement plus convenable peut-être que la musique et les danses. Elles ne témoignaient pas d'une véritable douleur. Car, pour l'Égypte, la mort ne fut point douloureuse. L'imagination confiante de ce peuple est seule parvenue à embellir le sombre mystère final de notre desti... elle seule a su changer en un sourire le rictus railleur et tragique de la Reine des épouvantements.

D'après une photographie.

FIG. 179. — PAYSAN ÉGYPTIEN MODERNE ET SA FEMME.

# CHAPITRE VI

## LE DROIT ÉGYPTIEN

Si nous ne connaissions des Juifs que la Bible, et des Égyptiens que leurs lois, telles qu'on les trouve exposées dans les historiens grecs, ces seuls documents permettraient de dire que les premiers sortaient à peine de la barbarie quand les seconds avaient déjà derrière eux un long passé de civilisation. Chez les Juifs, le droit — le droit pénal surtout — est encore empreint des coutumes de temps tout à fait barbares, tandis que le droit égyptien en est entièrement dégagé. Ce n'est pas dans le dernier qu'il faudrait chercher la peine du talion exercée par l'individu ou la famille de l'individu, base de tous les droits primitifs. Le peuple égyptien l'avait abandonnée depuis longtemps. Chez lui la société s'était substituée à l'individu dans la répression des crimes atteignant les particuliers, et toutes les fonctions — réunies dans les mêmes mains par les peuples primitifs — étaient spécialisées étroitement dans la vallée du Nil.

Mais l'Égypte représente cinq mille ans de civilisation, et derrière cette civilisation un passé dont nous ignorons la durée. Lorsque ses institutions furent étudiées par les historiens grecs, Diodore notamment, le monde égyptien était arrivé à l'apogée de son développement : il se trouvait donc, non à un point de départ, mais à un point d'arrivée.

Nous pouvons bien pressentir d'une façon générale, par l'étude comparée des divers peuples, ce que fut la genèse du droit égyptien, mais nous manquons encore de documents pour la décrire. Nous serons donc obligé d'étudier le droit, comme nous avons étudié la religion, c'est-à-dire de ne considérer que les formes ultimes atteintes par les Égyptiens, sans pouvoir insister beaucoup sur les dispositions antérieures qui les ont précédées.

Depuis les Grecs jusqu'à Bossuet, le droit égyptien a fait l'admiration de tous les écrivains. Son influence sur le droit gréco-romain, d'où dérive celui des peuples modernes, a été très grande.

Les Grecs les plus éclairés furent instruits dans les écoles égyptiennes, et tous les anciens auteurs ont montré la trace des institutions égyptiennes dans celles de la Grèce.

« Pythagore, dit Champollion-Figeac, apprit en Égypte tout ce qu'il parvint à savoir. Solon, Thalès de Milet, apprirent, eux aussi, des Égyptiens tout ce qu'ils enseignèrent à la Grèce. Nous connaissons les maîtres égyptiens du divin Platon... On montra à Strabon le collège où Eudoxe et Platon avaient étudié à Héliopolis. »

Les Juifs leur doivent également beaucoup. « De tous les élèves des doctrines égyptiennes, le plus célèbre est Moïse », dit l'auteur que je viens de citer.

Les rares écrivains modernes ayant pénétré dans l'étude du droit égyptien, ont reconnu également son influence sur celle du droit des peuples de l'antiquité. M. Révillout a justement montré combien cette influence domina dans le droit romain.

« Dans la loi des Douzes Tables même, dit cet auteur, ce qui peut rappeler un droit proprement dit est imité de l'Égypte. Le *jus gentium*, le droit des nations, dont les jurisconsultes romains nous parlent sans cesse, l'opposant au droit de leur cité, n'était pas, comme on le croyait, une création de leur esprit, mais un droit vraiment existant. La multitude de documents originaux, d'actes et de textes juridiques, qui nous arrivent à la fois de l'Égypte et de la Chaldée, nous montrent que les deux grands peuples reconnus par les Grecs comme leurs initiateurs, leurs instituteurs, leurs modèles, avaient depuis des milliers d'années créé ce droit. »

On pourrait peut-être trouver, au premier abord, une contradiction entre ce qui précède et ce que nous avons dit dans un autre chapitre de l'impossibilité qui existe généralement pour un peuple d'utiliser les institutions d'un autre. Les institutions ne sont que l'expression du sentiment et des besoins d'une nation, et c'est pour cette raison que celles qui sont excellentes pour les uns ne sont que bien rarement bonnes pour les autres. Il est évident, cependant, que des emprunts partiels peuvent être utiles lors que les peuples qui font ces emprunts sont arrivés à cette phase où de nouveaux besoins nécessitent des institutions nouvelles. En empruntant alors à un autre peuple des institutions en rapport avec ces besoins nouveaux,

FIG. 180. — FABRICATION DES BRIQUES.

FIG. 181. — FUSION D'UN MÉTAL DANS UN CREUSET.

FIG. 182. — ÉMAILLAGE.

FIG. 183. — TANNAGE DES PEAUX.

FIG. 184. — COULAGE DE MÉTAL FONDU DANS DES MOULES

Arts et métiers égyptiens, d'après les peintures des tombeaux.

ils évitent des tâtonnements; mais les emprunts seront seulement ceux que leur degré de développement comporte. Les Grecs, race civilisée et fine, pouvaient prendre beaucoup aux Égyptiens. Mais les Juifs, qu'auraient-ils bien pu leur emprunter en dehors des produits matériels de leur civilisation? Moïse, élève des Égyptiens, ne pouvait imposer à ce ramassis d'esclaves, qui formait alors la population juive, que ce que leur lourde constitution mentale pouvait recevoir. De quelle utilité auraient pu être, pour ces esclaves rendus à la vie nomade et recommençant leur existence barbare, les institutions policées de l'Égypte? Si Moïse avait pu songer un instant à les imposer, son œuvre serait morte avant lui, et l'histoire n'eût pas conservé son nom.

Nous n'entrerons pas dans tous les détails des lois civiles égyptiennes, mais nous en signalerons les principales dispositions. Tout d'abord, voici, d'après Diodore de Sicile, un résumé du Code criminel égyptien :

FIG. 185. — TRAVAIL DE L'ARGILE.

FIG. 186. — TRAVAIL DU POTIER.

FIG. 187. — ARROSAGE AU MOYEN DU SCHADOUF.

FIG. 188. — FABRICATION DES SANDALES.
Arts et métiers égyptiens, d'après les peintures des tombeaux.

« Le parjure était puni de mort, comme étant la réunion des deux plus grands crimes qu'on puisse commettre, l'un contre les dieux, l'autre contre les hommes.

« Celui qui voyait sur son chemin un homme aux prises avec un assassin, ou subissant quelque violence, et ne le secourait pas lorsqu'il le pouvait, était condamné à mort. S'il était réellement dans l'impossibilité de porter du secours, il devait dénoncer les brigands et les traduire devant les tribunaux; s'il ne le faisait pas, il était condamné à recevoir un nombre déterminé de coups de verge, et à la privation de toute nourriture pendant trois jours.

« Ceux qui faisaient des accusations mensongères subissaient, lorsqu'ils étaient découverts, la peine infligée au calomniateur.

« Il était ordonné à tout Égyptien de déposer chez les magistrats un écrit indiquant ses moyens de subsistance ; celui qui faisait une déclaration fausse ou qui gagnait sa vie par des moyens illicites, était condamné à mort.

« Celui qui avait tué volontairement soit un homme libre, soit un esclave, était puni de mort; car les lois voulaient frapper, non d'après les différences de fortune, mais d'après l'intention du malfaiteur *; en même temps, par les ménagements dont on usait envers les esclaves, on les engageait à ne jamais offenser un homme libre.

« Les parents qui avaient tué leurs enfants ne subissaient point la peine capitale, mais ils devaient, pendant trois jours et trois nuits, demeurer auprès du cadavre et le tenir embrassé, sous la surveillance d'une garde publique. Car il ne paraissait pas juste d'ôter la vie à ceux qui l'avaient donnée aux enfants; et on croyait leur causer, par ce châtiment, assez de chagrin et de repentir pour les détourner de semblables crimes. Quant aux enfants qui avaient tué leurs parents, on leur infligeait un châtiment tout particulier: on faisait, avec des joncs aigus, des incisions aux mains des coupables, et on les brûlait vifs sur des épines. Car le parricide était regardé comme le plus grand crime qui puisse se commettre parmi les hommes.

« Une femme enceinte, condamnée à mort, ne subissait sa peine qu'après être accouchée; car en punissant une femme grosse pour un crime qui lui était propre, il était absolument illégal de faire périr un enfant qui appartient également au père et à la mère; et les juges qui feraient mourir un innocent seraient aussi coupables que s'ils avaient acquitté un meurtrier.

« Parmi les lois qui concernent les soldats, il y en avait une qui infligeait, non pas la mort, mais l'infamie à celui qui avait déserté les rangs ou qui n'avait point exécuté l'ordre de ses chefs. Si, plus tard, il effaçait sa honte par des actions de bravoure, il était rétabli dans son poste. Ainsi, le législateur faisait du déshonneur une punition plus terrible que la mort, pour habituer les guerriers à considérer l'infamie comme le plus grand de tous les malheurs; en même temps ceux qui étaient punis de cette façon pouvaient rendre de grands services pour recouvrer la confiance première, tandis que s'ils avaient été condamnés à mort, ils n'auraient plus été d'aucune utilité pour l'État.

« L'espion qui avait dénoncé aux ennemis des plans secrets était con-

---

* Je ferai remarquer, en passant que le code égyptien, en concordant sur ce point avec le droit moderne, est en opposition complète au contraire avec le droit hindou. Dans le *Manava Dharma Sastra*, code de l'Inde depuis plus de 2,000 ans, la punition des peines dépend uniquement de l'importance de la caste à laquelle appartient l'offensé. Tuer un Soudra constitue un délit fort léger, mais la mort d'un Brahmane entraîne les châtiments les plus effroyables dans cette vie et dans l'autre.

damné à avoir la langue coupée. Les faux-monnayeurs, ceux qui altéraient les poids et les mesures ou contrefaisaient les sceaux, pareillement ceux qui rédigeaient des écritures fausses ou qui altéraient des actes publics, étaient condamnés à avoir les deux mains coupées. De cette manière, chacun, par la punition de la partie du corps par laquelle le crime avait été commis, portait, jusqu'à la mort, une marque indélébile qui, par l'avertissement de ce châtiment, devait empêcher les autres d'agir contre la loi.

« Les lois concernant les femmes étaient très sévères. Celui qui était convaincu d'avoir violé une femme libre était mutilé; car on considérait que ce crime comprenait en lui-même trois maux très grands : l'insulte, la corruption des mœurs et la confusion des enfants. Pour l'adultère commis sans violence, l'homme était condamné à recevoir mille coups de verges, et la femme à avoir le nez coupé *, le législateur voulant qu'elle fût privée de ses attraits, qu'elle n'avait employés que pour la séduction. »

Si l'on rapproche de ces lois criminelles la confession négative de l'âme devant le tribunal d'Osiris, que nous avons citée dans notre paragraphe sur la religion, on pourra se faire une idée suffisante de la morale des Égyptiens et de leur notion du devoir. On reconnaîtra que cette morale était très humanitaire, puisqu'elle enjoignait de bien traiter les esclaves et punissait le meurtre de l'un d'eux comme celui d'un homme libre; très délicate, puisqu'elle montrait l'honneur plus précieux que la vie et considérait le mensonge comme un crime; très juste, puisqu'elle ne tenait aucun compte du rang d'un criminel.

Pour les crimes qui n'entraînaient ni la mutilation, ni la mort, les châtiments employés étaient la prison, les travaux forcés, mais surtout, pour les fautes légères, la bastonnade, que l'on appliquait même aux femmes.

Le bâton était un instrument très respecté des Égyptiens et qui semble avoir joué chez eux un grand rôle. Leurs sculptures et peintures murales nous montrent les enfants bâtonnés à l'école, les voleurs bâtonnés sur place publique, les esclaves, les forçats travaillant sous le bâton.

---

* J'ai rencontré également ce système de répression de l'adultère sur les frontières du Tibet, dans le curieux empire du Népal. Le procédé est ingénieux, mais les habitants du pays m'ont assuré qu'il n'était pas suffisamment efficace et que pour cette raison son application tombait un peu en désuétude. « On ne peut pourtant pas couper le nez à toutes les femmes, » me disait l'un d'eux.

Beaucoup de documents nous prouvent que le vol et le brigan-
dage étaient punis dans la vallée du Nil, soit de la bastonnade, soit
des travaux dans les mines, soit même de la mort, suivant l'importance du délit. Cependant voici la coutume bizarre que Diodore

D'après une photographie.

FIG. 189. — VILLAGE MODERNE DES BORDS DU NIL SUR L'EMPLACEMENT D'HERMONTHIS.

nous rapporte. Il ne faut l'accepter évidemment qu'avec une grande
réserve :

« Il existait chez les Égyptiens une loi très singulière concernant les
voleurs. Elle ordonnait que ceux qui voulaient se livrer à cette industrie se
fissent inscrire chez le chef des voleurs et qu'ils lui rapportassent immédiatement les objets qu'ils avaient dérobés. Les personnes au préjudice desquelles
le vol avait été commis devaient à leur tour faire inscrire chez ce chef chacun
des objets volés, avec l'indication du lieu, du jour et de l'heure où ces objets
avaient été soustraits. De cette façon on retrouvait aussitôt toutes les choses
volées, à la condition de payer le quart de leur valeur pour les reprendre.

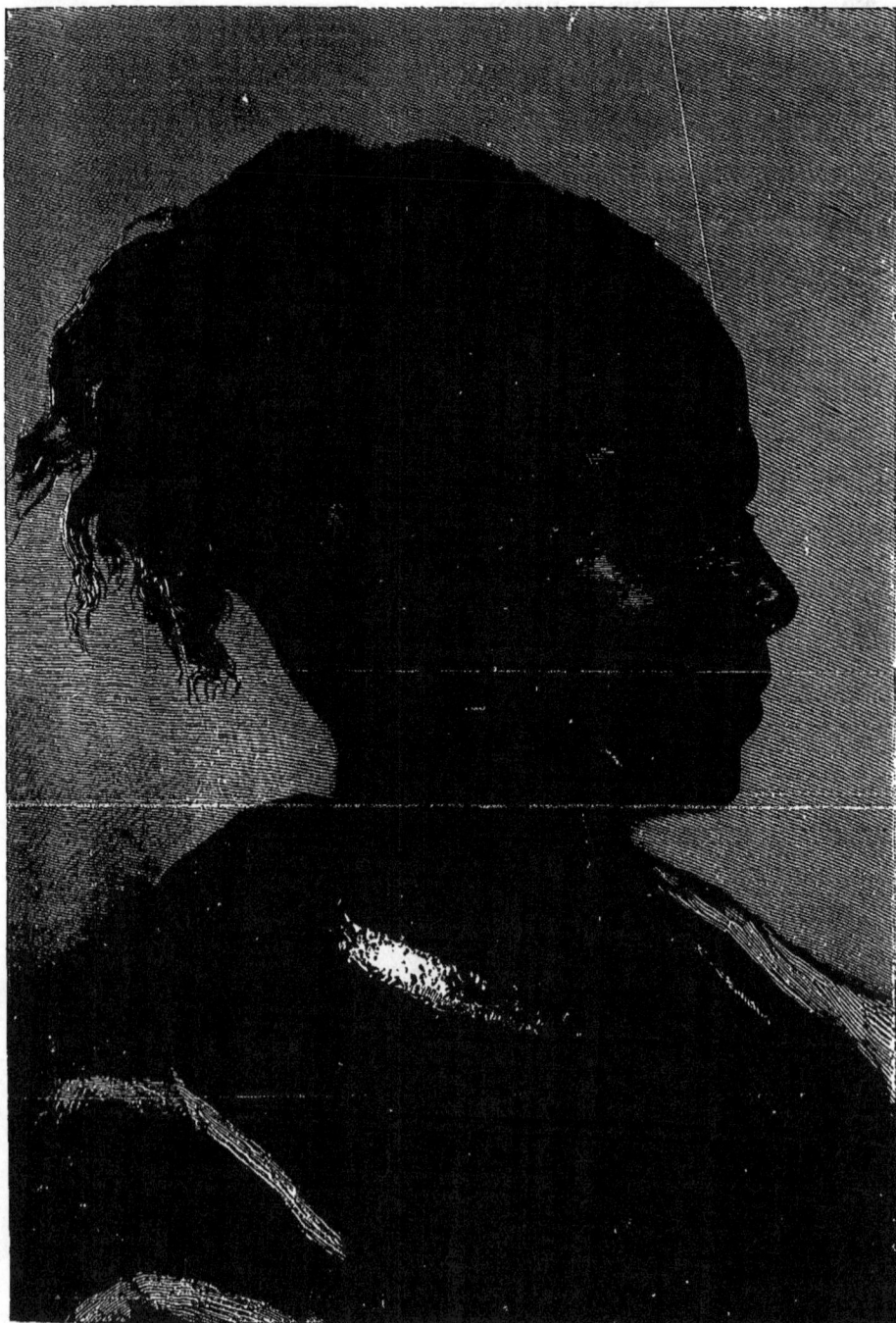

D'après Ebers.

FIG. 190. — JEUNE FELLAH EGYPTIEN MODERNE.

Dans l'impossibilité d'empêcher tout le monde de voler, le législateur a trouvé moyen de faire restituer, par une modique rançon, tout ce qui a été dérobé. »

C'était le roi qui, en Égypte, était considéré comme le chef suprême de la justice, de même qu'il était le chef suprême de l'armée et du corps sacerdotal. Il avait le droit de condamner, d'absoudre, de commuer les peines. Mais il était rare qu'il jugeât directement, et voici, toujours d'après Diodore, la façon dont la justice était rendue dans la vallée du Nil :

« Les Égyptiens choisissaient les juges parmi les premiers habitants des villes les plus célèbres, Héliopolis, Thèbes et Memphis ; chacune de ces villes en fournissait dix. Ces trente juges se réunissaient pour nommer entre eux le président ; la ville à laquelle ce dernier appartenait envoyait un autre juge pour le remplacer. Ces juges étaient entretenus aux frais du roi, et les appointements du président étaient très considérables. Celui-ci portait autour du cou une chaîne d'or à laquelle était suspendue une petite figure en pierres précieuses, représentant la Vérité. Les plaidoyers commençaient au moment où le président se revêtait de cet emblème.

« Toutes les lois étaient rédigées en huit volumes, lesquels étaient placés devant les juges. Le plaignant devait écrire en détail le sujet de sa plainte, raconter comment le fait s'était passé et indiquer le dédommagement qu'il réclamait pour l'offense qui lui avait été faite. Le défendeur, prenant connaissance de la demande de la partie adverse, répliquait également par écrit à chaque chef d'accusation ; il niait le fait, ou, en l'avouant, il ne le considérait pas comme un délit, ou si c'était un délit, il s'efforçait d'en diminuer la peine ; ensuite, selon l'usage, le plaignant répondait et le défendeur répliquait à son tour. Après avoir ainsi reçu deux fois l'accusation et la défense écrites, les trente juges devaient délibérer et rendre un arrêt qui était signifié par le président, en imposant l'image de la Vérité sur l'une des parties mises en présence. »

« C'est ainsi que les procès se faisaient chez les Égyptiens, qui étaient d'opinion que les avocats ne font qu'obscurcir les causes par leurs discours, et que l'art de l'orateur, la magie de l'action, les larmes des accusés souvent entraînent le juge à fermer les yeux sur la loi et la vérité. En effet, il n'est pas rare de voir les magistrats les plus exercés se laisser séduire par la puissance d'une parole trompeuse, visant à l'effet, et cherchant à exciter la compassion. Aussi croyaient-ils pouvoir mieux juger une cause en la faisant mettre par écrit et en la dépouillant du charme de la parole. De cette manière, les esprits prompts n'ont aucun avantage sur ceux qui ont l'intelligence plus lente, les hommes expérimentés ne l'emportent pas sur les ignorants, ni les menteurs et les effrontés sur ceux qui aiment la vérité et qui sont modestes. Tous jouissent de droits égaux. On accorde un temps suffisant aux plaignants pour exposer leurs griefs, aux accusés pour se défendre, et aux juges pour se former une opinion. »

J'ai cité jusqu'au bout ces réflexions de l'historien grec, afin de montrer quelle admiration et quel respect inspiraient les institutions judiciaires de l'Égypte à ceux qui les voyaient fonctionner de près. Le souci de la justice et de la vérité fut, en effet, poussé dans la vallée du Nil jusqu'à un degré de scrupule que l'on ne retrouve nulle part ailleurs.

Le même esprit avait inspiré les lois civiles. Le respect de la propriété était absolu. Ni la force, ni le temps ne pouvaient anéantir les droits du propriétaire. A cet égard, il n'y avait jamais de prescription. Les contrats étaient entourés des garanties les plus minutieuses. Le nombre des témoins qui les signaient s'élevait souvent jusqu'à seize.

On peut, au moyen des nombreux papyrus qui nous restent, constater que le droit civil égyptien alla toujours en se compliquant de plus en plus. Les contrats entre citoyens furent d'abord verbaux et faits devant des témoins, dont le serment suffisait ensuite à les garantir. Bocchoris, qui appartenait à la XXIVe dynastie et vivait au VIIIe siècle avant Jésus-Christ, compila, régularisa toutes les lois civiles et exigea l'écriture des contrats. A partir de son règne, les pièces écrites se compliquèrent et se multiplièrent de plus en plus; le rôle des scribes et des notaires prit une importance toujours plus considérable, et finalement l'enregistrement sur les livres royaux devint exigible pour la validité des contrats.

« En résumé, » dit M. Révillout, « non seulement en Égypte les actes, primitivement verbaux, étaient écrits depuis le code de Bocchoris, mais, sous le règne d'Évergète II, par exemple, il fallait, en outre, qu'ils fussent passés par-devant notaire, qu'ils fussent revêtus d'un nombre de signatures déterminé, suivant leur nature, qu'ils fussent écrits en leur entier sur les registres du *graphion*, où, bien entendu, on ne les recevait que quand ils portaient la mention d'un acquittement des droits, qui avait laissé sa trace sur trois autres registres, sans compter la série des registres cadastraux du *topogrammate*, du *romogrammate* et du *basilicogrammate*, s'il s'agissait de vente d'immeubles. »

Cette formidable paperasserie égyptienne nous a laissé des milliers de documents, sous forme de papyrus rédigés en écriture démotique, qui sont loin encore d'être tous déchiffrés.

Nous en connaissons un nombre suffisant pour déduire les principales lois civiles suivantes :

Si un débiteur niait par serment une dette qui n'était prouvée par aucun écrit, sa dette était nulle et le créancier ne pouvait rien contre lui.

Cette mesure fut prise par Bocchoris pour forcer les Égyptiens à écrire leurs contrats; elle nous montre également la valeur qu'on attachait au serment dans la vallée du Nil.

La propriété d'une famille était collective; tous les membres

FIG. 191. — EXERCICES DE LUTTE ET DE GYMNASTIQUE ÉGYPTIENNES.
D'après des peintures de Béni-Hassan, vieilles d'environ 5000 ans.

étaient solidaires des charges; les contrats qu'ils faisaient entre eux étaient toujours sous-seing privé.

On ne donnait pas de reçu pour le paiement d'une dette; on rendait simplement l'acte qui la constatait.

L'intérêt de l'argent était considérable en Égypte, puisqu'il s'élevait jusqu'à 30 pour cent, mais il était légal. Les intérêts d'une dette cessaient de courir dès que leur ensemble devenait égal à la dette.

La contrainte par corps n'existait pas en Égypte; les biens seuls du débiteur pouvaient être saisis.

Il existait plusieurs sortes d'hypothèques; le débiteur insolvable donnait en gage des objets précieux et même la momie de son père. Si cet objet sacré n'était pas dégagé avant la mort du débiteur, celui-ci était privé des honneurs de la sépulture.

La dot que la femme recevait de son mari en l'épousant était

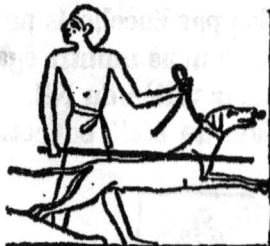

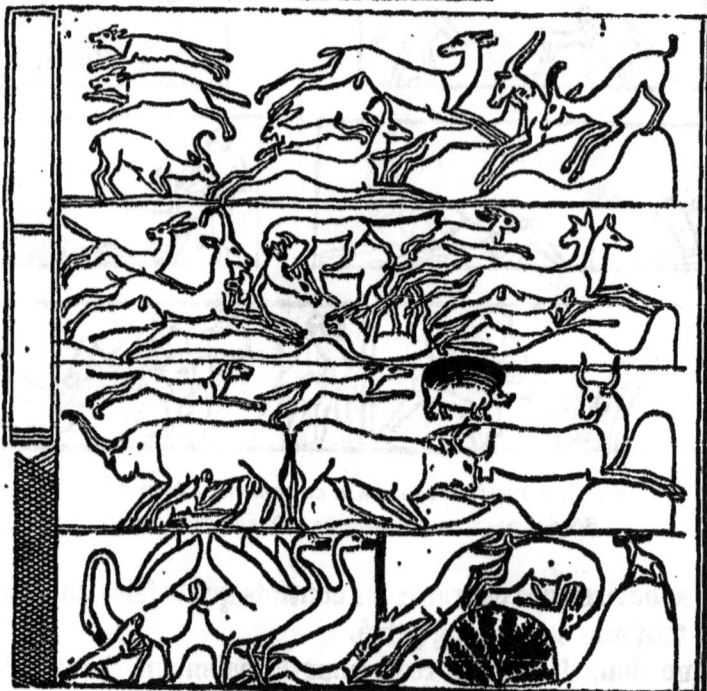

FIG. 192. — CHASSE ÉGYPTIENNE AU CHIEN COURANT.
Peinture de Thèbes (Temple de Gournah.)

assimilée à un prêt, pour lequel elle gardait hypothèque, sa vie durant, sur les biens du mari.

Nous retrouvons parmi les contrats égyptiens des actes de location, qui généralement se faisaient pour douze mois et se renouvelaient annuellement.

Les Égyptiens n'usèrent que tard de la monnaie d'or et d'argent. Ces métaux précieux s'évaluaient au poids. Le blé, l'huile, servirent pendant longtemps de monnaie d'échange. La plus grande partie des impôts était d'ailleurs payée en nature.

Toutes les transactions, en Égypte, tous les marchés, tous les dons, étaient soigneusement dressés et enregistrés par des scribes et parafés par les témoins. Tous les délits, tous les crimes étaient prévus, réprimés et punis par les juges royaux au nom de l'État. Cette intervention de la société dans toutes les querelles, tous les arrangements survenus entre particuliers suffirait, comme je l'ai dit en commençant ce chapitre, à défaut de toute autre preuve, à montrer combien était grande l'antiquité de la civilisation égyptienne et à quel point avancé elle était parvenue. En effet, nous avons vu, dans nos chapitres préliminaires, que l'attribution de la justice à l'État, la spécialisation des fonctions judiciaires au profit d'un corps organisé, constitué, ne se rencontrent que chez des sociétés arrivées à un degré très supérieur d'évolution. Les races primitives n'ont pas la plus faible notion d'une organisation semblable. Le droit de vengeance reconnu à l'offensé, la peine du talion, telles sont les premières formes de la justice chez les peuples sauvages et barbares.

L'Égypte avait depuis longtemps dépassé cette phase, non seulement à l'époque où la vit Hérodote, mais déjà au moment où débute son histoire, c'est-à-dire cinquante siècles environ avant notre ère.

A mesure que l'on pénètre davantage dans les divers éléments de la civilisation égyptienne, que l'on approfondit la constitution de la société pharaonique, on est étonné du chemin immense qu'avaient déjà accompli les Égyptiens dans la voie de la civilisation dès l'aurore de leur histoire. On voit alors se dessiner de plus en plus nettement derrière ce passé historique des temps préhistoriques d'une effrayante durée. Ce que l'on prenait pour les débuts d'une civilisation ne nous apparaît plus que comme l'épanouissement final de cette civilisation. C'est alors, avec un étonnement mêlé de respect, que l'on s'incline devant la terre du passé mystérieux et redoutable, devant la vieille Égypte, la plus ancienne société du monde, l'institutrice véritable du genre humain.

# CHAPITRE VII

## LES SCIENCES ET L'INDUSTRIE

### § 1er. — CE QUE FUT LA SCIENCE ÉGYPTIENNE ET COMMENT ELLE SE RÉPANDIT DANS LE MONDE

Il n'est guère d'ouvrages écrits sur l'Égypte où l'on ne vante longuement les connaissances scientifiques des Égyptiens; mais, lorsqu'on cherche à préciser un peu l'étendue de ces connaissances, on voit que les documents font entièrement défaut. Tout ce qu'on peut dire de clair aujourd'hui sur ce sujet tiendrait aisément en quelques pages. Écrire sur la science égyptienne un ouvrage ayant le titre que nous avons mis en tête de ce paragraphe serait une tâche probablement impossible, et qui, dans tous les cas, demanderait de fort longues recherches et une dose de pénétration qu'on ne rencontre que bien rarement chez les historiens.

Ce n'est pas d'ailleurs pour la science seule que les documents sont absents. Ils ne sont pas aussi rares pour toutes les autres branches de la civilisation égyptienne; mais il est cependant bien peu de ces branches qu'il soit possible de creuser à fond avec les documents qui subsistent encore. Les sujets les plus connus en apparence, la religion et l'architecture, par exemple, présentent encore d'immenses lacunes. Pour l'architecture, en effet, il existe des périodes de mille ans dont nous ne savons presque rien; et, pour toutes les époques, il y a des parties de l'architecture — ce qui concerne les maisons et les palais, notamment — dont il ne reste aucun vestige. En fait, ce que l'Égypte nous a laissé pendant cinq mille ans d'histoire peut être aisément présenté en un volume, alors que l'exposé de ce que nous ont laissé les Romains et les Grecs, dont l'existence fut pourtant beaucoup moins longue, représente des bibliothèques entières.

Ce n'est pas pourtant que les Égyptiens aient peu produit. Au contraire il est facile de montrer que si nous pouvions entrer dans le détail de leurs connaissances, ce n'est plus un volume, mais toute une Encyclopédie, aussi étendue sans doute que celle d'Aristote, qu'il faudrait pour les exposer.

Les raisons qui permettent de formuler cette conclusion sont

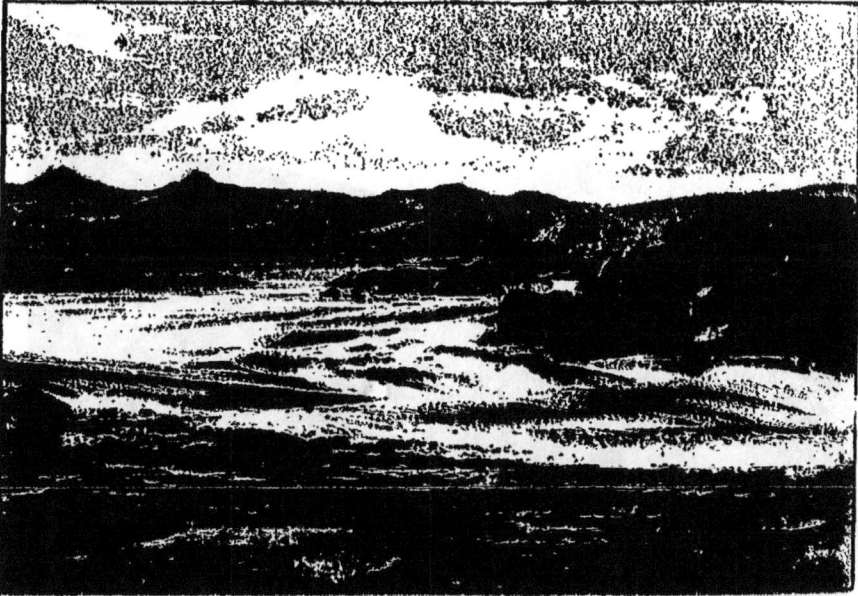

FIG. 193. — LA PREMIÈRE CATARACTE DU NIL.

Cette première cataracte n'est qu'une suite de rapides. A l'époque des basses eaux, la hauteur de la chute finale de la cataracte est de deux mètres au plus. L'imagination des anciens voyageurs était telle que, sous Louis XIV, Paul Lucas affirmait que la cataracte se précipite de ces rochers avec un tel fracas qu'à plusieurs lieues à la ronde les habitants sont sourds. La première cataracte est à 10 kilomètres d'Assouan, dernière ville de l'Égypte, et à 300 lieues environ d'Alexandrie en suivant le cours du Nil.

bien simples. Ce qui nous reste de la science des Égyptiens se borne à deux ou trois papyrus exposant des notions élémentaires, et qui probablement devaient servir à l'enseignement dans les écoles enfantines; mais si nous jugeons de cette science par ses résultats, nous voyons immédiatement qu'elle dut être très avancée. Nous ne savons presque rien, par exemple, de l'état de la géométrie égyptienne, mais nous pouvons juger, par les applications qui en ont été faites, que cette géométrie était certainement développée. Les Égyptiens savaient en effet évaluer la surface des terres — évaluation à

laquelle il est fait très fréquemment allusion dans les papyrus.
Ils connaissaient la théorie et l'application du nivellement, puisqu'ils construisirent des canaux et des lacs artificiels. Ils connaissaient aussi la théorie de la coupe des pierres, comme le prouvent
les combinaisons savantes qu'on rencontre dans les monuments, et
notamment dans les couloirs de la grande pyramide, et la perfec-

D'après une photographie.

FIG. 194. — GEBEL SILSILEH.
Façade d'un temple souterrain construit sous les rois de la XVIIIᵉ dynastie.

tion — à peine atteinte aujourd'hui — avec laquelle étaient ajustés
leurs joints.

De même pour les autres sciences. Nous ignorons entièrement,
par exemple, les méthodes d'observation des Égyptiens en astronomie, mais nous sommes certains qu'ils savaient parfaitement
orienter les monuments, qu'ils connaissaient la durée de l'année —
ce qui implique toute une série d'études préalables, que des peuples
fort civilisés n'ont réalisées que très tard. Nous pouvons supposer
qu'ils connaissaient le gnomon, puisque nous sommes certains que

les Babyloniens le connaissaient, et que, soit par les invasions guerrières, soit par les opérations commerciales, les Égyptiens avaient
toujours été en relation avec la Babylonie. Or, il ne faut pas avoir
manié un gnomon bien longtemps pour s'apercevoir que ce primitif
instrument — simple tige verticale dressée sur un plan horizontal —
permet de déterminer les points cardinaux, le midi vrai, l'époque
des solstices, l'obliquité de l'écliptique, la latitude d'un lieu, etc.

Nous ignorons encore le détail des opérations de chimie industrielle des Égyptiens; mais nous sommes certains que ces opérations étaient nombreuses et compliquées, puisqu'ils savaient extraire
les métaux les plus importants, fabriquer le verre, l'émail, le
papyrus, les parfums, les pierres précieuses artificielles, et des couleurs tellement résistantes que plusieurs milliers d'années n'en ont
pas altéré l'éclat. Nous ne savons pas davantage quelles étaient leurs
méthodes de construction, mais quand nous voyons les restes de
leurs monuments, nous constatons que ces méthodes devaient
former tout un corps de doctrines lentement élaboré et très habilement conçu.

Ces premières indications, appuyées sur des faits parfaitement
précis, nous permettent déjà de dire que les connaissances scientifiques et industrielles des Égyptiens étaient très avancées; mais
nous avons — sans parler des renseignements d'ailleurs assez vagues
d'Hérodote — d'autres sources d'information qui nous permettent
d'aller plus loin encore. Si nous voyons un peuple ne posséder
absolument aucune connaissance scientifique avant d'avoir eu des
relations avec les Égyptiens, et en posséder ensuite aussitôt que ces
relations ont été établies, nous pourrons dire assurément que le
premier a emprunté ses connaissances aux seconds; et si les connaissances du premier nous sont restées, nous pourrons pressentir
la nature et l'étendue des emprunts effectués. Le peuple ne sachant
rien avant d'avoir été en relation avec les Égyptiens, sachant beaucoup après son contact avec eux a existé : ce sont les Grecs. Nous
sommes sûrs, et cela d'après le témoignage des écrivains grecs eux-
mêmes, que les sciences furent totalement inconnues aux Hellènes
jusqu'à l'époque où un souverain d'Égypte, Psammétik, qui régnait
vers le milieu du VII<sup>e</sup> siècle avant notre ère, ouvrit aux étrangers
les ports de l'Égypte, lesquels jusqu'alors leur avaient toujours été

fermés. Navigateurs, marchands et voyageurs grecs affluèrent bientôt
sur le sol des Pharaons. Les merveilles de la civilisation égyptienne
frappèrent d'admiration ces nouveaux venus qui n'étaient guère
alors que des demi-barbares. Les plus éclairés d'entre eux essayèrent
bientôt d'acquérir les connaissances qui leur manquaient en se
mettant à l'école des prêtres égyptiens. Parmi eux se trouvaient des
hommes tels que Thalès, Solon, Platon, Pythagore, dont les noms
lumineux rayonnent dans l'histoire. Leurs connaissances furent,
en effet, profondes; mais ces connaissances, l'Égypte seule les leur
avait données. Un des plus célèbres parmi les hommes illustres que
nous venons de nommer, Pythagore, fréquenta pendant vingt ans
les écoles de Memphis et de Thèbes.

Nous ignorons tout à fait dans le détail ce que les Grecs apprirent des Égyptiens; mais ce n'est pas, je suppose, s'avancer beaucoup, que d'affirmer que la plus grande partie constituait ce que
nous trouvons dans leurs anciens livres, puisqu'ils ne savaient rien
avant d'être en relation avec l'Égypte.

Ce qui précède nous montre que les origines de la science
sont bien plus anciennes qu'on ne le suppose généralement, puisque, loin de les faire remonter aux Grecs, comme l'affirment les
historiens, il faut les placer à plusieurs milliers d'années avant
eux. Ce lent développement est conforme à ce que nous savons des
lois générales de l'évolution. Avec cette conception du développement des connaissances scientifiques, on peut considérer, ainsi que
nous le disions dans un précédent chapitre, la civilisation comme
un édifice unique auquel tous les peuples ont travaillé tour à tour.

Lors donc que l'on voudra faire le bilan de la science des Égyptiens, c'est dans les ouvrages des premiers Grecs qui furent en
relation avec eux, tels que Pythagore et Platon, qu'il faudra le
chercher.

Ce n'est pas, d'ailleurs, à cette seule source que l'historien
désireux d'écrire un livre ayant pour titre celui de ce paragraphe,
pourra puiser. Il devra s'adresser également, mais naturellement
avec plus de réserve, aux travaux de l'École d'Alexandrie.

Chacun sait que cette École fut fondée trois siècles avant notre
ère par Ptolémée Soter, à qui l'Égypte était échue à la mort
d'Alexandre, et qui y réunit les savants les plus remarquables de

l'Égypte et de la Grèce. Grecs et Égyptiens y travaillèrent ensemble, et c'est pourquoi il peut être difficile de faire la part de chaque peuple; mais si l'on se rapporte à ce que nous avons dit plus haut, on voit aisément qu'il n'y a aucune raison d'attribuer exclusivement aux Grecs les travaux de cette école, comme on le fait généralement. Si nous considérons que sous la domination grecque, l'influence égyptienne resta toujours prépondérante en Égypte, comme on le voit aisément par les monuments construits pendant cette période, nous pouvons aisément pressentir qu'elle continua à dominer à Alexandrie.

Alors même que cette influence égyptienne n'eût pas exercé une action très marquée à Alexandrie, il ne serait guère supposable qu'après avoir été les maîtres des Grecs, ainsi que nous l'avons montré plus haut, les Égyptiens eussent brusquement cessé de s'occuper des connaissances qu'ils avaient accumulées pendant cinq mille ans. A vrai dire, je crois qu'on pourrait répartir équitablement la part de chaque peuple, en disant que les Grecs furent aux Égyptiens ce que les Arabes du moyen âge furent aux peuples gréco-romains. Les Grecs, et, bien plus tard, les Arabes, firent progresser des sciences qu'ils n'avaient pas créées; et c'est précisément parce qu'ils n'eurent pas à les créer qu'ils purent leur faire accomplir d'aussi rapides progrès.

Nous devons donc considérer comme le produit de la science gréco-égyptienne les travaux de l'École d'Alexandrie; et si nous voulons présenter le bilan des travaux de cette école, qui résument en réalité cinq mille ans de recherches, nous n'aurons qu'à consulter les ouvrages de Ptolémée, qui, un peu plus de cent ans après J.-C., réunit dans une véritable encyclopédie tout ce qui était connu avant lui.

Les connaissances rassemblées par Ptolémée, en astronomie et en géographie notamment, sont trop considérables pour qu'il soit possible d'en tenter un simple résumé ici. On appréciera suffisamment leur importance en songeant que c'est de son traité de géographie et surtout de son traité d'astronomie — l'*Almageste* des Arabes — ouvrage comprenant, outre la description du ciel, celle des instruments d'observation et un traité de trigonométrie rectiligne et sphérique, que vécurent toutes les universités du moyen âge. Les

FIG. 155. — VILLAGE AU BORD DE LA MER ROUGE.

ouvrages de géographie de Ptolémée ne furent abandonnés dans nos écoles qu'au XVe siècle. Quant à son traité d'astronomie, on peut dire que, sans lui, Copernic, Képler, Newton, n'auraient pu réaliser leurs découvertes immortelles.

Ces grands créateurs de l'astronomie moderne se rattachent donc à Ptolémée, et Ptolémée se rattache directement aux Égyptiens. Nous pouvons ainsi entrevoir, malgré les formidables lacunes dont l'histoire de la science est pleine, une lente évolution de nos connaissances, qui nous conduit, au-dessus des âges et des empires, depuis les fondateurs des Pyramides jusqu'aux fondateurs de la science contemporaine. Une telle vue nous donne de nos connaissances une conception bien plus philosophique et plus haute que celles qui règnent actuellement dans les livres et continueront longtemps, sans doute, à y régner encore.

Ces préliminaires généraux étant posés, nous allons résumer successivement ce que les monuments et les livres nous ont appris des sciences égyptiennes, sans essayer, — tâche impossible à entreprendre aujourd'hui, — de rechercher ce qui est attribuable à chaque époque.

### § 2. — LA SCIENCE EN ÉGYPTE D'APRÈS LES MONUMENTS ET LES LIVRES

*Astronomie.* — Les observations astronomiques permettant aux Égyptiens de régler la durée de l'année, des mois et des saisons, se perdent dans la profondeur des âges qui ont précédé leur histoire. Elles remontent à cette période durant laquelle, d'après la tradition, les dieux gouvernaient et instruisaient les hommes. C'est à l'un de ces dieux, Theuth ou Hermès, le Mercure des Grecs, que les Égyptiens faisaient remonter l'origine de toutes leurs connaissances.

Platon, qui avait voyagé en Égypte, fait dire à Socrate, dans un de ses Dialogues :

« J'ai entendu dire qu'aux environs de Naucratis, ville d'Égypte, il y avait un des plus anciens dieux de ce pays, qu'il se nommait Theuth, et qu'il avait inventé les nombres, le calcul, la géométrie, l'astronomie, les jeux d'échecs et de dés, et l'écriture. »

Évidemment, les découvertes de ce Theuth ne représentent pas celles d'un seul homme, car nul homme n'invente tant de choses. Il ne put que réunir des connaissances qui lui étaient bien antérieures; on lui en attribua dès lors l'invention, comme le moyen âge attribua à Aristote les connaissances rassemblées dans ses écrits.

Les Égyptiens avaient trois saisons réglées par les phénomènes du Nil : 1° la saison dite du commencement, ainsi appelée parce qu'elle était la première de l'année — c'était celle de l'inondation; elle commençait à la fin de notre mois d'avril; 2° la saison des semailles; 3° la saison des moissons. Chacune de ces saisons durait quatre mois.

Le début de l'inondation marqua donc le commencement de l'année. On remarqua, dans la vallée du Nil, que ce moment coïncidait avec le lever héliaque d'une des plus belles étoiles, de Sirius, que les Égyptiens nommaient *Sopt* et les Grecs *Sothis*.

Le jour où Sirius paraît dans le ciel au même point que celui où le soleil se lève, fut le premier jour de l'année.

Celle-ci se divisa primitivement en douze mois, de trente jours chacun, répartis en trois décades de dix jours. A l'époque où commence l'histoire d'Égypte, le souvenir seul de cette année de trois cent soixante jours subsiste, car une réforme importante s'était déjà imposée.

En effet, on ne tarda pas à s'apercevoir que l'année, ainsi organisée, avançait de cinq jours et un quart sur l'année astronomique, et que les saisons officielles ne répondaient bientôt plus à celles de la nature. On ajouta donc cinq jours à l'année de trois cent soixante jours, et on les fit suivre le trentième du dernier mois. C'est ce qu'on appela les jours *épagomènes*. Ils répondaient aux 27, 28, 29, 30 et 31 de notre mois d'août.

On ne peut assigner la date de cette réforme; elle se perd dans la nuit des temps, puisque les Égyptiens la font remonter à une époque antérieure à Ménès, le premier roi de leur première dynastie.

Cependant l'année de trois cent soixante-cinq jours ne correspondait pas encore exactement à l'année réelle. Le lever héliaque de Sirius continua de retarder sur elle d'un quart de jour par an, c'est-à-dire d'un jour en quatre ans, et de trois cent soixante-cinq jours ou de toute une année au bout de $365 \times 4$ ou 1460 années astronomiques. Après 1461 ans civils, Sirius avait de nouveau — mais pour une fois seulement — son lever héliaque le premier jour

FIG. 196. — CARICATURES ÉGYPTIENNES, PRISES DANS UN ANCIEN PAPYRUS.

FIG. 197. — PEUPLES CONNUS DES ANCIENS ÉGYPTIENS, COPIÉS SUR LES PEINTURES MURALES DE THÈBES.
1. Égyptien. — 2. Nègre. — 3. Arabe ou Juif. — 4. Assyrien. — 5. Grec ou Ionien.
6. Sauvage européen vêtu de peau de bœuf.

du premier mois de l'année. Des fêtes particulièrement solennelles célébraient cette coïncidence, et l'on donna le nom de *période sothiaque ou caniculaire* à la durée de 1460-1461 ans nécessaire pour la ramener.

L'année de trois cent soixante-cinq jours, ou *année vague,* resta l'année officielle des Égyptiens, mais ils tenaient toujours compte de la position de Sirius et de la correspondance de leurs dates avec la période sothiaque.

L'astre Sirius, consacré à Isis, qui, chez eux, jouait un si grand rôle, n'était pas le seul observé. Les prêtres étudiaient constamment la voûte céleste, notaient les phases des étoiles, leurs levers et leurs couchers. Ils les divisaient en étoiles voyageuses, « qui ne reposent

D'après une photographie.

FIG. 198. — VUE DES ROCHERS FORMANT LES RAPIDES DE LA PREMIÈRE CATARACTE DU NIL.

jamais », et en étoiles fixes, « qui jamais ne bougent ». Ils connaissaient la plupart des planètes, auxquelles ils avaient donné les noms de leurs principaux dieux.

Nous ignorons entièrement les instruments et les moyens d'observation des Égyptiens. Ils durent, dès l'antiquité la plus reculée, posséder au moins le gnomon ou tout autre instrument du même genre, car, sans cela, des opérations telles que l'orientation des Pyramides, eût été impossible. Or, nous savons que les Pyramides sont orientées, à quelques minutes près, c'est-à-dire avec une précision qu'on dépasserait difficilement aujourd'hui.

« Sur une plate-forme en pierre rendue horizontale au moyen de l'équerre et du fil à plomb, » dit M. Biot, « posez une règle bien droite à arêtes tranchantes, comme on en trouve dans les tombeaux d'Égypte, et le matin, à un jour quelconque, alignez-la sur le point de l'horizon oriental où le soleil se lève; puis tracez sur la plate-forme une ligne droite suivant cette direction. Tracez-en de même une autre le soir suivant la direction où il se couche : l'intermédiaire entre ces deux lignes est la méridienne, qui vous marquera le nord et le sud. C'est l'orientation des Pyramides. »

C'est en se servant du gnomon que les prêtres égyptiens essayèrent de déterminer le diamètre du soleil. Mesurant la différence entre la longueur projetée par une tige verticale au moment où le disque solaire commence à émerger de l'horizon, et celle qu'on obtient quand il a surgi tout entier, ils en conclurent que son diamètre était égal à la sept cent cinquantième partie du cercle que l'astre semble parcourir en vingt-quatre heures.

Leurs méthodes d'observation ne réussirent pas d'ailleurs à donner aux Égyptiens une exacte idée du système réel du monde. Leurs conceptions à cet égard, furent, en effet, très primitives. Leurs bas-reliefs et leurs peintures nous montrent la terre sous la forme d'un dieu couché (*Seb*), tandis qu'un autre dieu, le dieu *Schou*, soutient au-dessus de lui la voûte céleste figurée par la déesse *Nout*, au corps étoilé.

Cette voûte céleste, personnifiée emblématiquement par la déesse Nout, était pour eux un vaste océan qui reposait sur le plafond cristallin de l'atmosphère, et au sein duquel flottaient tous les astres. Pour eux, le soleil navigue en traversant l'espace. Ils ne l'imaginent pas monté sur un char et emporté par des chevaux fougueux, comme les Grecs ou les Aryens védiques, mais bien assis dans une barque et conduit par des nautoniers divins.

Bien que, dans leur patiente observation des astres, les Égyptiens aient enregistré nombre de notions intéressantes et exactes, il faut reconnaître que la grande importance et le vrai rôle des corps célestes consistaient pour eux à dévoiler l'avenir aux mortels. Au fond, c'est plutôt l'astrologie que l'astronomie que l'on tint en honneur dans la vallée du Nil.

Voici ce que nous rapporte Diodore sur l'état des connaissances mathématiques, astronomiques et astrologiques chez les Égyptiens :

« Les prêtres enseignent à leurs fils deux sortes de lettres, les unes sacrées, les autres vulgaires. Ils s'appliquent beaucoup à la géométrie et à l'arithmétique. Le Nil, qui change annuellement l'aspect du pays, soulève par cela même, entre les voisins, de nombreux procès sur les limites des possessions. Ces procès seraient interminables sans l'intervention de la science du géomètre. L'arithmétique leur est utile dans l'administration des biens privés et dans les spéculations géométriques. De plus, elle est d'un grand secours pour ceux qui se livrent à l'astrologie. Il n'y a peut-être pas de pays où l'ordre et le mouvement des astres soient observés avec plus d'exactitude qu'en Égypte. Ils conservent, depuis un nombre incroyable d'années, des registres où ces observations sont consignées. On y trouve des renseignements sur les planètes, sur leurs révolutions et leurs stations; de plus, sur le rapport de chaque planète avec la naissance des animaux, enfin sur les astres dont l'influence est bonne ou mauvaise. En prédisant aux hommes l'avenir, ces astrologues ont souvent rencontré juste; ils prédisent aussi fréquemment l'abondance et la disette, les épidémies et les maladies des troupeaux. Les tremblements de terre, les inondations, l'apparition des comètes et beaucoup d'autres phénomènes qu'il est impossible au vulgaire de connaître d'avance, ils les prévoient, d'après des observations faites depuis un long espace de temps. »

Hérodote nous dit de son côté :

« Entre autre choses qu'ont inventées les Égyptiens, ils ont imaginé à quel dieu chaque mois et chaque jour du mois sont consacrés; ce sont eux qui, en observant le jour de la naissance de quelqu'un, lui ont prédit le sort qui l'attendait, ce qu'il deviendrait, et le genre de mort dont il devait mourir. Les poètes grecs ont fait usage de cette science, mais les Égyptiens ont mis au nombre des prodiges un plus grand nombre de faits que tout le reste des hommes. Lorsqu'il en survient un, ils le mettent par écrit, et observent de quel événement il sera suivi. Si, dans la suite, il arrive quelque chose qui ait avec ce prodige la moindre ressemblance, ils se persuadent que l'issue sera la même. »

C'est aux Égyptiens que nous devons le nom des jours de la semaine. Ce sont eux qui, les premiers, les désignèrent par les noms des planètes, de la lune, du soleil. Ils divisaient chaque jour en quatre parties, et chacune de ces parties portait le nom d'un astre. Celui de la première partie servait à désigner le jour entier. Suivant que l'influence de l'étoile était propice ou néfaste, la journée, ou le quart de journée, était favorable ou non pour certaines entreprises. La vie des Égyptiens se réglait tout entière sur les indications astrologiques de leur calendrier.

*Mathématiques.* — Nous avons indiqué, dans un précédent

FIG. 189. — MODÈLES D'ARMES ÉGYPTIENNES, D'OBJETS D'ARMEMENT ET D'ÉTENDARDS
DE DIVERSES ÉPOQUES.

paragraphe, sur quelle raison on peut s'appuyer pour démontrer
que les connaissances en mathématiques — en mathématiques
appliquées surtout — devaient être assez répandues dans la vallée
du Nil; on y connaissait forcément non seulement des instruments

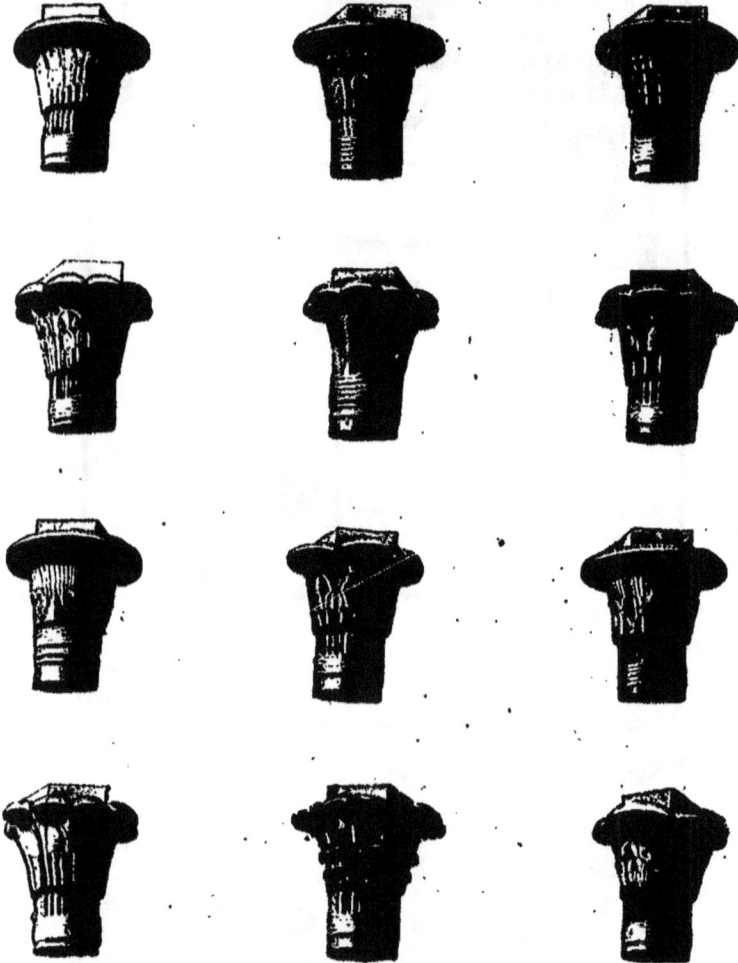

D'après la Commission d'Égypte.

FIG. 200. — ESNEH. CHAPITEAUX DU PORTIQUE DU TEMPLE.

élémentaires tels que la règle, l'équerre, le niveau du maçon, mais
encore des instruments plus compliqués; tels que le cercle divisé
en 360 degrés. Cette division figurait sur leurs zodiaques.

La mention d'un de ces cercles gradués nous a été laissée par

Diodore dans la description du monument qu'il appelle le tombeau d'Osymandias, mais qui n'est autre que le Ramesseum, dont on voit aujourd'hui encore les débris, reproduits par plusieurs de nos gravures.

« Au sommet du tombeau du roi, » dit cet historien, « il y avait un cercle d'or de trois cent soixante-cinq coudées de circonférence et de l'épaisseur d'une coudée. Ce cercle était divisé en autant de parties qu'il comprenait de coudées; chacune indiquait un jour de l'année; et on avait écrit à côté les levers et les couchers naturels des astres, avec les pronostics que fondaient là-dessus les astrologues égyptiens. Ce cercle fut, dit-on, dérobé par Cambyse dans les temps où les Perses conquirent l'Égypte. »

Les Égyptiens avaient adopté la numération décimale. Ils écrivaient les nombres d'une façon analogue à celle des Romains. Ils avaient un signe pour le nombre 1, un autre pour le nombre 10, un autre pour 100, un autre pour 1000, et ainsi de suite. Pour écrire, par exemple, le nombre 3897, ils traçaient trois fois le signe 1000, puis 8 fois le signe 100, 9 fois le signe 10 et 7 fois le signe 1. Les prêtres, dans leur écriture hiératique, arrivèrent à adopter neuf signes spéciaux pour les neuf premiers nombres. Ce sont ces signes, imités par les Phéniciens, qui sont devenus les chiffres arabes dont nous nous servons.

Tous les anciens écrivains s'accordent pour faire de l'Égypte le berceau de la géométrie. Les fréquentes allusions faites dans leurs papyrus à la mesure et à la division des terres prouvent qu'ils connaissaient l'arpentage et par conséquent les notions géométriques sur lesquelles l'arpentage s'appuie. Les éléments de la géométrie furent connus en Égypte à une époque difficile à fixer, mais à coup sûr très reculée, puisqu'ils durent servir dans la construction et l'orientation des Pyramides, les nivellements nécessités pour creuser les canaux, etc.

Le British Museum conserve, sous le nom de *Papyrus de Rhind*, le seul traité de géométrie que nous ait laissé l'Égypte. Ce document date de la xix<sup>e</sup> dynastie, mais il serait, suivant M. Birch, la copie d'un original qui remonterait jusqu'à Khéops. C'est un manuel très élémentaire contenant une série de règles pour la mesure des surfaces et des solides. Il présente même des problèmes dont on doit chercher la solution.

La connaissance de la géométrie dans ses applications au nivellement fut nécessaire au premier des rois égyptiens, Ménès, s'il fit réellement exécuter les travaux de canalisation que lui attribue Hérodote.

« Ménès, » dit l'historien grec, « qui fut le premier roi d'Égypte, fit faire, selon les prêtres, des digues à Memphis. Le fleuve, jusqu'au règne de ce prince, coulait entièrement le long de la montagne sablonneuse qui est du côté de la Lybie; mais, ayant comblé le coude que forme le Nil du côté du Midi, et construit une digue environ à cent stades au-dessus de Memphis, il mit à sec son ancien lit et lui fit prendre son cours par un nouveau canal, afin qu'il coulât à égale distance des montagnes; et encore aujourd'hui, sous la domination des Perses, on a une attention particulière à ce même coude du Nil, dont les eaux, retenues par les digues, coulent d'un autre côté, et on a soin de les fortifier tous les ans. »

*Chimie et médecine.* — La chimie, ou, pour parler plus exactement, les procédés industriels de la chimie furent très étudiés par les Égyptiens. Nous le montrerons plus loin en parlant de leurs applications, telles que l'extraction des métaux, la fabrication des couleurs, etc.

La médecine était très cultivée également, mais elle se composait uniquement d'un mélange d'insignifiantes recettes et de formules magiques. Les médecins, les spécialistes mêmes, ne manquaient pas dans la vallée du Nil. Il y en avait pour toutes les maladies. Comme de nos jours, la bienfaisante nature était là pour pallier un peu leurs bévues, et ils vivaient surtout de la confiance qu'ils inspiraient.

Ils ne possédaient d'ailleurs aucune des connaissances anatomiques et physiologiques sur lesquelles s'appuie la médecine. Les préjugés religieux s'opposaient à ce qu'ils pussent acquérir aucune notion de ces sciences. La dissection d'un corps eut été considérée comme un effroyable sacrilège. Aussi se faisaient-ils de bien bizarres idées de la structure et des fonctions de ce corps si respecté, mais si peu connu. Ils se le figuraient animé par un *souffle vital*, émanant du cœur, organe primordial, que d'ailleurs ils confondaient avec les poumons. Un malade, pour eux, était un homme soumis à une influence maligne; les principaux remèdes à lui appliquer étaient des exorcismes. Cependant ils pensaient que les aliments pouvaient occasionner des désordres internes. Aussi usaient-ils régulièrement de tous les moyens propres à dégager l'estomac et les intestins.

« Pour prévenir les maladies, » raconte Diodore, « les Égyptiens traitent le corps par des clystères, par la diète et des vomitifs; les uns emploient ces moyens journellement; les autres n'en font usage que tous les trois ou quatre jours. Car ils disent que l'excédant de la nourriture ingérée dans le corps ne

D'après la Commission d'Égypte.

FIG. 201. — RESTITUTION D'UNE PORTION DU PORTIQUE DU TEMPLE D'ESNEH.

Nous avons donné, pages 38 et 40, d'autres vues de ce temple.

sert qu'à engendrer des maladies, que c'est pourquoi le traitement indiqué enlève les principes du mal et maintient surtout la santé. Dans les expéditions militaires et dans les voyages, tout le monde est soigné gratuitement, car les médecins sont entretenus aux frais de la société. Ils établissent le traitement des malades d'après des préceptes écrits, rédigés et transmis par un grand nombre d'anciens médecins célèbres. Si, en suivant les préceptes du livre sacré, ils ne parviennent pas à sauver le malade, ils sont déclarés innocents et exempts de tout reproche; si, au contraire, ils agissent contrairement aux préceptes écrits, ils peuvent être accusés et condamnés à mort, le législateur ayant pensé que peu de gens trouveraient une méthode curative meilleure que celle observée depuis si longtemps et établie par les meilleurs hommes de l'art. »

§ 9. — CONNAISSANCES INDUSTRIELLES DES ÉGYPTIENS

Nous ignorons les détails de beaucoup de procédés techniques employés, par les Égyptiens dans leurs industries, mais nous connaissons les résultats qu'ils obtenaient, résultats prouvant que ces industries avaient atteint un degré élevé de développement.

D'après une photographie.

FIG. 202. — RUINES DU TEMPLE DE KERDASEH, NUBIE. (ÉPOQUE DES PTOLÉMÉES.)

Nous sommes beaucoup plus renseignés d'ailleurs sur l'état de l'industrie que sur tout autre point de la civilisation égyptienne. Les bas-reliefs et les peintures des tombeaux nous donnent, ainsi qu'on pourra le constater en parcourant les planches de cet ouvrage, la représentation de nombreuses opérations industrielles, et nous permettent de les comprendre parfaitement. Le court exposé qui va suivre montrera l'importance de plusieurs de ces opérations.

*Métallurgie.* — Dès la plus haute antiquité connue, les Égyp-

tiens savaient travailler l'or, l'argent, le cuivre, l'étain, et l'alliage
de ces deux derniers métaux, c'est-à-dire le bronze. Le bronze égyptien possède des qualités toutes spéciales : par sa dureté et son
élasticité, il se rapproche de l'acier. Deux mille ans avant J.-C.,
les Égyptiens savaient le couler dans des moules, et en faire ainsi
des vases et des statuettes. A une époque encore plus reculée, ils
savaient déjà l'incruster d'or et d'argent.

On discute encore aujourd'hui la question de savoir si les Égyptiens ont connu anciennement l'usage du fer. Quand on examine
leurs obélisques, hauts de trente mètres et travaillés comme des
bijoux malgré la dureté du granit dont ils sont formés; quand on
voit la netteté, la profondeur des hiéroglyphes taillés dans cette
pierre qui fausse très vite nos meilleurs instruments, on est tenté
d'affirmer que les Égyptiens devaient faire usage de l'acier trempé.
S'il ne reste aucun instrument de ce métal ou même de fer remontant à une période un peu éloignée, c'est que, peut-être, la rouille
a pu les détruire. On a retrouvé pourtant un morceau de barre de
fer encastré dans les assises de la grande pyramide de Gizeh. On
a remarqué aussi que, déjà sous l'Ancien Empire, les lames des
outils tranchants représentés par les peintures étaient de trois
couleurs différentes, les unes noires, les autres rouges et les autres
bleues, ce qui paraît indiquer qu'il y en avait en silex, en cuivre
et en acier. Dans des peintures moins anciennes, on voit des
bouchers affilant leurs couteaux sur des aiguisoirs bleutés qui
seraient des aiguisoirs d'acier.

Quoi qu'il en soit, il paraît certain que le fer n'était pas d'un usage
bien répandu pendant les premières périodes de l'histoire égyptienne, et des traces cuivreuses retrouvées dans les arêtes des sculptures permettent de penser que ces arêtes furent taillées avec du
bronze. Il est possible d'ailleurs que les pierres devenues si dures
aujourd'hui ne l'aient pas été autant autrefois.

Les incertitudes qui subsistent sur le travail du fer n'existent
pas pour le travail de l'or. Les Égyptiens savaient le fondre, le travailler, l'étirer en fils et en lames. Ils appliquaient des lames d'or
avec un marteau sur beaucoup d'objets de bois ou de métal : meubles, statues, coffres de momies. Ils savaient battre l'or en feuilles
assez minces pour servir à orner les vignettes de leurs papyrus, et

étirer les fils suffisamment pour qu'ils puissent être employés en broderies.

Toutes les espèces de broderies de l'Égypte, même les moins riches où l'or n'entrait pas, étaient fameuses pour la beauté de leurs couleurs et la finesse de leurs dessins.

Le prophète Ézéchiel, condamnant la mollesse de Tyr, dit à cette ville fastueuse :

« Le lin fin en façon de broderie apporté d'Égypte a été ce que tu étendais pour te servir de voiles. »

« J'ai suspendu mon lit, » dit Salomon, « et je l'ai couvert de courtes-pointes d'Égypte en broderies. »

L'or et l'argent servirent de bonne heure pour les échanges en Égypte, mais sans être encore une monnaie proprement dite. On estimait leur valeur au poids, et ils circulaient sous forme de lingots ou de poudre.

La balance existait chez les Égyptiens dès le commencement du Moyen Empire. Elle fut de plus en plus délicatement construite ; les derniers modèles ressemblent à nos balances à fléau, à plateaux et à colonne.

L'histoire des frères de Joseph, qui retrouvèrent dans leurs sacs le prix du blé qu'ils avaient acheté, montre un usage de l'or et de l'argent bien rapproché de l'usage monétaire. Vers cette époque, c'était sous forme d'anneaux d'un poids déterminé, et non encore sous celui de pièces, que la richesse métallique était représentée. La monnaie légale, consistant en pièces marquées d'une empreinte spéciale émanée du gouvernement, ne se rencontre pas en Égypte avant la conquête perse.

*Travail des pierres précieuses. Fabrication des émaux et des pierres précieuses artificielles.* — Les Égyptiens connaissaient les pierres précieuses, telles que la turquoise, l'améthyste, le lapis-lazuli, le jaspe, la cornaline, etc., et savaient les enchâsser dans l'or. Il est fait allusion plusieurs fois à ces bijoux dans les parties les plus anciennes de la Bible, telles que l'Exode. On peut voir au Musée du Louvre des bagues avec un chaton servant de cachet ressemblant tout à fait à nos bijoux modernes. Tel était l'amour des Égyptiens pour les joyaux, que, suppléant à leur rareté, ils en fabri-

quèrent des imitations remarquables. Dès le début des temps historiques ils ont connu le verre, et, par la coloration de cette substance au moyen d'oxydes métalliques, ils obtinrent des pierres artificielles imitant le rubis, l'émeraude, le saphyr, l'améthyste, etc.,
au point de tromper l'œil des connaisseurs. Ils imitaient également
les perles. On a retrouvé dans les tombeaux de ces imitations, qui,
aujourd'hui encore, feraient illusion.

Les Égyptiens fabriquaient des émaux dont les couleurs sont
absolument inaltérables. Ils en recouvraient les vases et les statuettes de terre; ils en cloisonnaient les métaux; ils s'en servaient pour leurs mosaïques. Les plaques de faïences émaillées
ornèrent de bonne heure l'intérieur et l'extérieur de leurs palais.
On a retrouvé de ces plaques jusque dans la pyramide de Saqqarah,
la plus ancienne de l'Égypte; on a pu déchiffrer sur elles le nom
d'un roi de la iii° dynastie.

Ces faïences émaillées, vertes et azurées, qui recouvraient les
palais égyptiens devaient leur donner un aspect dont on ne peut se
faire une idée que lorsque l'on a vu certains monuments de l'Orient
recouverts de briques émaillées, tels que la mosquée d'Omar à Jérusalem, la façade du palais de Gwalior* dans l'Inde, la grande mosquée
de Lahore, etc. L'aspect est autrement séduisant pour l'œil que les
façades grisâtres de nos maisons européennes.

*Travail du bois. Ameublement*. — L'intérieur des habitations
de l'Égypte antique, surtout à partir de la xii° dynastie, présentait
tous les raffinements d'un luxe recherché, servi par un goût très
délicat et par des procédés industriels très perfectionnés.

Les faïences émaillées revêtaient les murs, alternant avec des
plaques d'albâtre; des vases de bronze, d'or, d'argent, de porphyre,
d'albâtre, de faïence, découpés, incrustés, cloisonnés, recouverts de
glaçures vertes ou bleues — de cet admirable bleu d'Égypte qui res-
plendit après les siècles aux vitrines de nos musées — surmontaient
les degrés, les tablettes, les stèles. Des meubles en bois précieux,

---

* Représentée dans une des planches en couleur de notre ouvrage : *Les Civilisations de l'Inde*.

FIG. 283. — BORDS DU NIL A KONOSSO, PRÈS DE LA PREMIÈRE CATARACTE.

sculptés, peints, dorés, étaient dispersés çà et là. L'ébénisterie, la marqueterie, la vannerie fournirent en Égypte des produits tout à fait achevés et charmants. La richesse du bois employé et la finesse des incrustations donnaient leur prix aux objets d'ameublement, plus élégants généralement que commodes. Le fond de beaucoup de sièges était fait de sparterie; les lits étaient simples; la tête s'y appuyait sur un soutien de bois ou d'ivoire, dont il nous reste plusieurs modèles.

Les bois les plus employés en Égypte, pour l'ébénisterie, étaient l'acacia, le sycomore, le mimosa, le tamaris. On y appréciait pardessus tout l'ébène et le cèdre, qui formaient des objets d'importation ou des tributs fournis par des peuples vaincus.

*Fabrication des étoffes.* — L'Égypte n'était pas moins habile à tisser les étoffes qu'à travailler le bois, la pierre et les métaux.

La beauté de couleur, la finesse de ses tissus étaient célèbres dans l'antiquité. Les étoffes légères et transparentes, qui formaient les robes des femmes ou les vêtements des prêtres, étaient de lin. Les tissus plus lourds étaient de laine. Il est probable que l'Égypte a connu et tissé le coton. C'est sans doute la matière textile que les historiens grecs nomment *byssus*. Cependant on n'a retrouvé aucun fragment d'étoffe fabriquée avec cette substance.

Les Égyptiens possédaient des artisans fort habiles dans l'art de la teinture et du blanchiment des étoffes. Les principales substances employées pour la teinture étaient la pourpre, l'indigo, la garance. Pour blanchir, on faisait des lessives avec des cendres de plantes.

Les Égyptiens paraissent avoir connu l'art de fixer les couleurs au moyen de mordants. C'est du moins ce que nous pouvons inférer du passage suivant de l'histoire naturelle de Pline :

« En Égypte, on teint les vêtements par un procédé fort singulier. D'abord on les nettoie, puis on les enduit, non pas de couleurs, mais de plusieurs substances propres à absorber la couleur. Ces substances n'apparaissent pas d'abord sur les étoffes; mais en plongeant celles-ci dans la chaudière de teinture, on les retire, un instant après, entièrement teintes. Et, ce qu'il y a de plus admirable, c'est que, bien que la chaudière ne contienne qu'une seule matière colorante, l'étoffe qu'on y avait plongée se trouve tout à coup teinte de couleurs différentes, suivant la qualité des substances employées. Et ces couleurs, non seulement ne peuvent plus être enlevées par le lavage, mais les tissus ainsi teints sont devenus plus solides. »

*Fabrication du papier.* — Les Égyptiens fabriquaient leur

papier avec un roseau de la famille des cypéracées, nommé papyrus, qui servait également à faire des cordages et des voiles pour leurs embarcations. Cette plante célèbre a disparu de l'Égypte. Sous la domination romaine, le gouvernement, voulant s'en réserver le monopole, n'en permit la culture que dans certains nomes et la détruisit systématiquement dans tous les autres. Plus tard, quand le parchemin, puis le papier de coton, eurent prévalu, on abandonna la culture du papyrus, et la plante disparut définitivement de l'Égypte.

Pour fabriquer le papier, les Égyptiens découpaient en lames minces la tige du papyrus, longue parfois de dix à douze pieds. Ils étendaient ces lames les unes à côté des autres, puis en formaient une seconde couche ayant ses lames à angles droits avec celles de la précédente. Ils superposaient ainsi plusieurs couches, recouvertes chacune d'un léger enduit de gomme arabique; puis ils pressaient le tout pour lui donner la consistance voulue et le moins d'épaisseur possible. Ensuite ils polissaient la surface. Ils écrivaient avec deux sortes d'encre, la rouge et la noire. L'une et l'autre manquaient de fixité et pouvaient se laver lorsqu'elles étaient fraîches, ou, plus tard, se gratter facilement.

Pour suppléer au papyrus, qui coûtait fort cher, on se servait parfois, pour écrire, de peaux d'animaux préparées, de tablettes de bois vernis, ou même de plaques de faïences.

*Fabrication du verre et des poteries.* — L'art de fabriquer le verre fut poussé très loin chez les Égyptiens. Ils savaient le recouvrir de filets et de rubans de couleur qui rappellent la verrerie de Venise. Ils en fabriquaient des coupes, des gobelets, des colliers et toute sorte de verroteries.

Leurs poteries, nues, ou vernissées avec une glaçure d'émail colorée, faite de sable, de soude et d'oxydes métalliques, étaient également fort remarquables, non seulement par le travail, la fabrication, mais par l'élégance des formes, qui rappellent les plus belles productions de l'art grec auxquelles elles sont antérieures pourtant de bien des siècles. On les façonnait avec le tour à potier.

*Fabrication du vin et de l'huile.* — Les Égyptiens extrayaient

le vin du raisin au moyen du pressoir. C'est avec le même instrument qu'ils retiraient l'huile des fruits. L'huile était une richesse
pour l'Égypte et servit longtemps comme monnaie, en ce sens qu'on
échangeait des marchandises contre un nombre déterminé de
mesures d'huile. Les plantes oléagineuses dont ils faisaient usage
(olive, sésame, lin, ricin, etc.), étaient nombreuses. Ils se servaient
d'huile pour les usages culinaires et pour alimenter leurs lampes.

*Art de l'embaumement.* — La conservation des cadavres

FIG. 204. — CROQUIS INDIQUANT LES FORMES DES DIVERS TYPES DE COLONNES EMPLOYÉS
DANS LES TEMPLES ÉGYPTIENS.

constituait pour les Égyptiens une préoccupation fondamentale ;
aussi l'embaumement fut-il poussé chez eux à un degré de perfection qu'aucun peuple n'a atteint. Les momies égyptiennes
sont restées intactes pendant plus de cinquante siècles. Celle de
Sésostris, retrouvée de nos jours, conserve fidèlement encore les
traits du grand conquérant (*V.* p. 356). Il n'est aujourd'hui aucun
souverain qui puisse espérer, pour sa dépouille mortelle, une pareille conservation.

Les détails relatifs à l'embaumement ne nous étant connus que
par la description d'Hérodote, nous nous bornerons à reproduire
cette description.

« Il y a en Égypte », dit l'historien grec, « certaines personnes que la loi
a chargées des embaumements, et qui en font profession. Quand on leur

FIG. 205. — JEUNE FELLAH ÉGYPTIEN MODERNE.

apporte un corps, ils montrent au porteur des modèles de morts en bois, peints au naturel. Le plus recherché représente, à ce qu'ils disent, celui dont je me fais scrupule de dire ici le nom « — Osiris — ». Ils en font voir un second, qui est inférieur au premier et qui ne coûte pas si cher. Ils en montrent encore un troisième, qui est au plus bas prix*. Ils demandent ensuite suivant lequel de ces trois modèles on souhaite que le mort soit embaumé. Après qu'on est convenu du prix, les parents se retirent : les embaumeurs travaillent chez eux et voici comment ils procèdent à l'embaumement le plus précieux :

« D'abord ils tirent la cervelle par les narines, en partie avec un ferrement recourbé, en partie par le moyen des drogues qu'ils introduisent dans la tête; ils font ensuite une incision dans le flanc avec une pierre d'Éthiopie tranchante; ils tirent par cette ouverture les intestins, les nettoient et les passent au vin de palmier; ils les passent encore dans des aromates broyés; ensuite ils remplissent le ventre de myrrhe pure broyée, de cannelle et d'autres parfums, l'encens excepté; puis ils le recousent. Lorsque cela est fini, ils salent le corps en le couvrant de natron pendant soixante-dix jours. Il n'est pas permis de le laisser séjourner plus longtemps dans le sel. Ces soixante-dix jours écoulés, ils lavent le corps et l'enveloppent entièrement de bandes de toile enduite de gomme arabique, dont les Égyptiens se servent ordinairement comme de colle. Les parents retirent ensuite le corps; ils font faire en bois un étui de forme humaine, ils y renferment le mort et le mettent dans une salle destinée à cet usage; ils le placent droit contre la muraille. Telle est la manière la plus magnifique d'embaumer les morts. »

Hérodote décrit ensuite les deux méthodes d'embaumement moins coûteuses. Elles consistent en injections opérées dans le corps sans l'inciser et suivies d'un bain dans le natron pendant soixante-dix jours. Il ajoute un détail de mœurs assez caractéristique.

« Quant aux femmes de qualité », dit-il, « quand elles sont mortes, on ne les remet pas sur-le-champ aux embaumeurs, non plus que celles qui sont belles et qui ont été en grande considération, mais seulement trois ou quatre jours après leur mort. On prend cette précaution de crainte que les embaumeurs n'outragent les corps qu'on leur confie. »

L'embaumement ne s'employait pas seulement pour conserver les cadavres humains, il s'appliquait aussi aux cadavres d'animaux considérés comme sacrés, tels que le chat, le crocodile, par exemple. En fait, au-dessous de l'Égypte qu'arrose le Nil, il y a une autre

---

* L'embaumement de la première façon coûtait un talent d'argent ou 5,560 francs de notre monnaie; celui de la seconde, vingt mines ou 1,840 francs; et celui de la dernière, une somme très modique.

Égypte souterraine habitée par les millions et les millions de momies que la piété d'un peuple y a entassées pendant 5,000 années.

« Sans entrer », dit le docteur Guérard, « dans les milliers de grottes sépulcrales dont sont criblés les flancs de la double chaîne qui, des pyramides de Giseh, se prolonge jusqu'à par delà Philœ; sans aller jusqu'à Thèbes, où les serpents, les crocodiles, les singes, dorment par milliers à côté des rois, jusqu'à Touneh-el-Gebel, aux portes de la chaîne libyque où se trouve une ville souterraine, à rues larges, élevées, taillées au ciseau, bordées de niches pleines de singes, et de chambres latérales que garnissent d'énormes pots de terre, scellés avec du plâtre, et cachant dans leurs flancs des milliers d'ibis et d'œufs d'ibis; sans parler de Beni-Hassan, où Champollion a vu des momies de chats plus ou moins magnifiques, couvrant une surface de plusieurs milliers de mètres; et sans nous arrêter, enfin, aux immenses dépôts de chiens, de chacals, etc., montons avec M. Pariset sur le sommet de la grande pyramide, et mesurons des yeux la vaste plaine qui part du pied de ce monument et s'étend au nord, au couchant, au midi; écoutons l'Arabe qui dit en montrant de la main cette immense étendue : « Tout cela est momie, » et reconnaissons enfin qu'il est impossible de ne pas voir dans ces immenses catacombes la preuve de l'universalité de l'embaumement appliqué chez les anciens habitants de l'Égypte à tous les êtres du règne animal, depuis l'homme jusqu'au moindre oiseau, depuis le caïman jusqu'à la sauterelle. »

*Parfumerie et objets de toilette.* — L'art de la parfumerie était très cultivé en Égypte. Les pommades, les onguents, les teintures pour les sourcils, les paupières, les lèvres, jouaient un grand rôle dans l'industrie égyptienne. Les petits flacons d'émail colorés contenant ces divers produits, étaient innombrables dans le cabinet de toilette des dames de qualité, ainsi que les miroirs de métal aux manches gracieusement sculptés.

La fabrication des perruques occupait toute une classe d'artisans, car la coutume des Égyptiens, du moins pour les hommes, était de se raser la tête, à cause de la chaleur, et de porter perruque les jours de cérémonie. On a retrouvé des rasoirs égyptiens, dont l'un, entre autres, est au musée du Louvre; la lame est en bronze et très tranchante; la forme est identique à celle des rasoirs anglais.

L'art de fabriquer des fleurs artificielles était aussi répandu en Égypte que de nos jours en Europe. La mélancolie de l'imagination, les gigantesques conceptions de l'art n'excluaient dans cette contrée ni la fantaisie, ni la délicatesse, ni la grâce. Une puérilité charmante y sourit parfois à côté de la morne rigidité des sphinx et de l'austérité des pyramides. On a retrouvé des jouets d'enfants dans les tombeaux : des pantins mus par des fils, de petits animaux articulés, de petits ustensiles de ménage où des instruments aratoires en miniature. La vieille Égypte aimait l'enfance; mille indices concourent à nous le prouver.

Quel côté généreux ou intéressant de la nature humaine manquait d'ailleurs à ce peuple, un des mieux doués peut-être de tous ceux qui ont existé? Cette activité prodigieuse de l'Égypte, cette multitude de métiers, cette perfection dans les procédés et dans les produits, cette recherche du luxe, cette délicatesse d'invention, de fabrication, étonnent chez une race sérieuse et pensive qui éleva tant de tombeaux et qui vécut toujours avec l'idée de la mort devant les yeux. Mais c'est que, pour elle, cette idée n'engendrait nul effroi. La mort, dans la croyance de l'Égyptien, n'était pas la cessation de la vie. La demeure funèbre du vieil an-

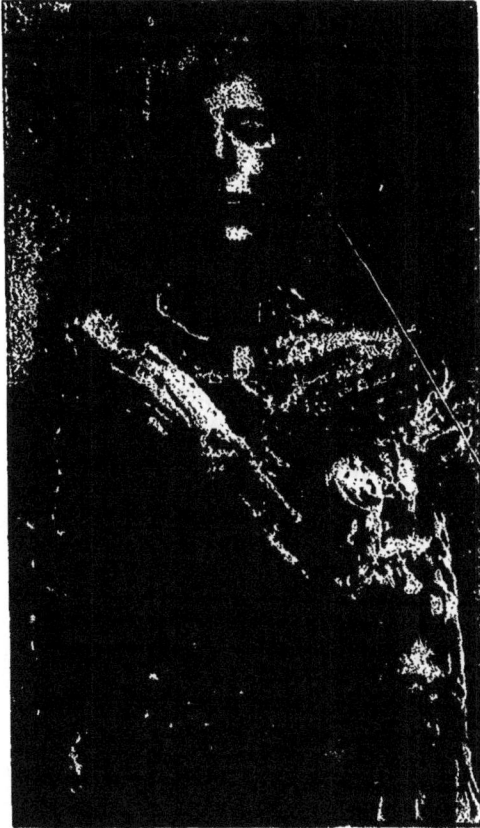

Musée de Boulaq.

FIG. 200. — MOMIE DE RAMSÈS II (SÉSOSTRIS).

Cette momie du grand Sésostris, retrouvée dans des fouilles récentes après avoir été cachée pendant 33 siècles, figure aujourd'hui au musée de Boulaq. Chaque touriste peut y contempler maintenant, la face de ce roi des rois qui couvrit l'Égypte de ses monuments, traîna prisonnier derrière son char de nombreux souverains de l'Asie et remplit toute l'antiquité du bruit d'une renommée que dépassa à peine celle d'Alexandre.

cêtre disparu depuis des siècles, était aussi gaie, aussi élégante, charmante et futile d'ornements que la maison nouvellement parée pour recevoir de jeunes époux.

Ce n'est pas dans leurs habitations ravagées par le temps et par les guerres, c'est dans leurs tombeaux cachés au sein des montagnes que nous avons retrouvé l'existence complète et véritable des anciens Égyptiens, avec tous les objets qui charmaient et embellissaient cette existence. Près de la momie glacée, raidie, effrayante d'ombre, de silence et d'antiquité, nous avons vu, disposés dans leurs jolis flacons d'émail, dans leurs boîtes d'ébène incrustées d'ivoire colorié, les parfums, les fards, les bijoux ciselés, les fleurs peintes, dont, vivante et jeune, la morte aimait à se parer — il y a quatre ou cinq mille ans — pour courir à quelque fête. A côté de ses parures, il y avait ses bibelots précieux, ses livres préférés, tous les instruments de ses occupations les plus chères. Tout cela gracieusement arrangé, pour que l'âme errante, en revenant se reposer dans ce sanctuaire, eût le sentiment de l'affection des siens et de toutes les douceurs de l'existence.   .

Et si elles reviennent encore, les âmes des momies de la vieille Égypte, visiter la profondeur silencieuse de leurs hypogées, pourraient-elles s'indigner de ce que l'inquiétude du passé qui nous tourmente nous en a fait profaner le mystère. Le respect plein d'admiration avec lequel nous recueillons leurs reliques ou nous déchiffrons leurs manuscrits vaut bien la muette caresse éternelle de la nuit dans leurs tombeaux. C'est nous seuls, après tout, qui pouvons rendre au peuple des Pharaons cette vie dont il était si avide. Ses longs siècles de labeur se réveillent et recommencent devant les yeux éblouis de la nouvelle humanité.

# CHAPITRE VIII

## LA LITTÉRATURE ÉGYPTIENNE

### § 1ᵉʳ. — ANCIENNETÉ ET IMPORTANCE DE LA LITTÉRATURE ÉGYPTIENNE

Les livres de l'Égypte sont les plus vieux du monde.

Le papyrus Prisse, que possède la Bibliothèque nationale de Paris, est bien antérieur aux poèmes d'Homère et aux plus anciens livres de la Bible. Il date de la XIIᵉ dynastie, c'est-à-dire qu'il porte des caractères tracés depuis cinq mille ans, et ces caractères sont pour la plupart des copies d'œuvres plus anciennes encore : ils reproduisent en effet la fin d'un traité de morale composé par un certain *Kaqimna*, sous le règne du roi Snéfrou, de la IIIᵉ dynastie, et les *Instructions de Phtahotep*, qui remontent à la Vᵉ dynastie.

Nous pouvons donc lire des œuvres authentiques dont les auteurs virent s'édifier les pyramides.

Les ouvrages d'époques postérieures : traités de médecine, de science, de religion, etc., contiennent des passages que les auteurs assurent avoir recopiés sur des papyrus datant des premières dynasties, et même de cette époque antérieure à Mènès où les dieux régnaient sur l'Égypte.

Nous avons des preuves que dès le début de son histoire l'Égypte possédait des collections d'ouvrages assez nombreux. On a retrouvé, en effet, dans un des tombeaux de Gizeh, parmi l'énumération de titres qui suit le nom d'un grand personnage de la VIᵉ dynastie, celui de « *gouverneur de la maison des livres* » du Pharaon, c'est-à-dire bibliothécaire royal. Quel prix l'Égypte d'il y a sept mille ans n'attachait-elle pas déjà aux œuvres littéraires pour qu'il existât dans les bâtiments royaux une « maison » destinée à

renfermer les livres, et pour qu'un haut fonctionnaire s'ennor-
gueillît d'en prendre soin!

Le goût des livres alla d'ailleurs toujours en grandissant dans la
vallée du Nil. La culture des lettres conduisait en Égypte aux situations les plus hautes. Les examens qui donnaient le titre officiel de
scribe, ouvraient la voie de toutes les carrières brillantes, dans
l'armée, dans le sacerdoce et dans la vie civile.

Sous la xii° dynastie, le scribe Douaour-sé-Kharda, dans ses
instructions à son fils Papi, après lui avoir décrit les misères de
tous les métiers, ajoute :

« J'ai vu les métiers en action et je te fais aimer la littérature, ta mère ;
je présente ses beautés devant ta face. Elle est plus importante que tous les
métiers, elle n'est pas un vain mot sur cette terre. Celui qui s'est mis à en
tirer profit dès son enfance est honoré; on l'envoie remplir des missions.
Celui qui n'y participe point reste dans la misère. »

« Certes, en te conduisant à Khennaï *, certes j'agis par amour pour toi ;
car si tu as profité un seul jour dans l'école, c'est pour l'éternité; les travaux
qu'on y fait sont durables comme les montagnes. C'est ceux-là, vite, vite, que
je te fais connaître, que je te fais aimer. »

Ce n'était pas seulement pour ce monde que l'étude était profi-
table. La connaissance des mystères religieux et des textes sacrés
faisait triompher l'âme dans les épreuves qui suivaient la mort et
lui ouvrait enfin les demeures célestes. Le *Livre des Morts* contient une multitude de prières et de formules, sans lesquelles le
défunt ne pouvait échapper aux tourments éternels de l'enfer.

Voici comment se terminent la plupart des chapitres de ce livre
fameux :

« Étant su ce chapitre, on sort le jour de la divine région inférieure, on
entre après être sorti. Celui qui ignore ce chapitre n'entre pas après être
sorti; il ne peut sortir le jour. »

« Étant su ce chapitre, le corps n'est pas endommagé, l'âme ne se sépare
pas de son corps, en vérité. »

L'Égypte, qui appréciait tellement les livres, en a composé une
quantité prodigieuse. Il nous en reste un grand nombre qui nous
permettent des jugements d'ensemble sur la pensée écrite du

* Ville de la Haute-Égypte, célèbre par ses écoles littéraires.

peuple des Pharaons. Cette pensée a parcouru tous les domaines et ses œuvres sont de toutes sortes : livres religieux, poèmes, correspondances, annales, histoire proprement dite, traités de science, instructions morales ou judiciaires, documents statistiques, romans même, on trouve tout cela dans les papyrus égyptiens. Il faut y ajouter en outre la littérature des monuments, les innombrables inscriptions, souvent fort étendues, qui ajoutent aux légers rouleaux des bibliothèques leurs majestueuses pages de granit.

FIG. 207.
ESCLAVE PHÉNICIEN.
(Peinture de Thèbes).

Toutes ces œuvres, qui fourmillèrent en Égypte, eurent, comme chez tous les peuples, leurs périodes classiques d'éclosion. Ces périodes sont les mêmes que les grandes époques d'art et de civilisation générale. Elles sont représentées pour le Moyen Empire par la xii° dynastie; pour le Nouvel Empire, par les xviii° et xix° dynasties. Cette seconde grande époque littéraire s'inspira d'ailleurs de la première. Les écrivains qui brillèrent sous la xii° dynastie restèrent toujours les modèles littéraires de l'Égypte.

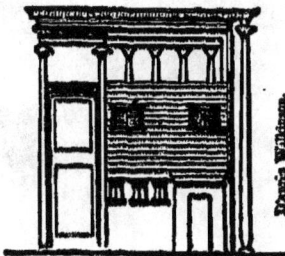

FIG. 208. — FAÇADE D'UNE ANCIENNE
VILLA ÉGYPTIENNE.
(D'après les peintures des tombeaux).

§ 2. — CARACTÈRES GÉNÉRAUX
DE LA LITTÉRATURE ÉGYPTIENNE.
COMMENT ELLE PROCÈDE
DE LA MÊME INSPIRATION QUE L'ARCHITECTURE

Avant d'entrer dans le détail des principales productions littéraires de l'Égypte, nous dirons d'abord quelques mots de leur caractère général et de leur évolution.

Cette évolution n'eut d'ailleurs rien de progressif. Loin de se perfectionner avec le temps, la littérature égyptienne ne fit en vieillissant que s'éloigner du naturel et de la simplicité. L'amour des livres en Égypte fut, dans son excès, l'obstacle même à toute pro-

FIG. 200. — Cette gravure est une réduction du frontispice du splendide ouvrage « *Description de l'Égypte* » publié par une commission de savants français à la suite de l'expédition d'Égypte. Ce livre dont l'exécution complète a demandé près de 30 années de travail a été une véritable révélation et doit être considéré comme l'origine de tous les travaux publiés ensuite sur l'Égypte. Au point de vue des reproductions et des restitutions de monuments, il n'a jamais été égalé. Le dernier volume a paru en 1828. L'ouvrage se vendait 4,000 francs l'exemplaire et comprenait 22 vol. in-f° dont 12 de planches.

duction impulsive et spontanée. La littérature n'y fut guère qu'un métier et un moyen de parvenir. Le scribe y devint de plus en plus un ingénieux assembleur de mots, mais non pas un véritable écrivain, non pas un chercheur et un créateur d'idées, un évocateur d'impressions et de sentiments. Les plus beaux passages peut-être, de toute la littérature égyptienne, ce sont les vieux fragments que nous a légués l'Ancien Empire, et qui, du moins, ont pour eux la candeur de la pensée et la naïveté de l'expression. Plus on avance dans l'histoire et l'on se rapproche de notre ère, plus le style devient alambiqué, plus les idées se compliquent, et plus se dégage de l'œuvre écrite de l'Égypte une impression — qu'il est impossible de n'en pas garder plus ou moins — de désespérante froideur. Pas une ligne en elle ne nous touche, ne nous émeut. C'est l'interminable et pitoyable griffonnage d'un peuple d'écoliers et de vulgaires bureaucrates s'appliquant à refaire durant des milliers d'années le même exercice de rhétorique.

Quelle différence entre ces pages glacées qui ne remuent rien au fond de nos entrailles et les beaux cris de passion que nous trouvons dans les *Védas* ou dans certains hymnes hébraïques! Dans les livres de l'Égypte, on ne voit jamais apparaître ni la souffrance, ni l'amour. L'Égyptien semble n'avoir pas connu ces deux sentiments, qui font véritablement de l'homme un être vivant et vibrant, qui sont les principaux stimulants du génie littéraire, et qui lorsqu'ils parlent sincèrement, fût-ce par un mot, éveillent des échos frémissants dans l'âme des générations les plus lointaines.

L'Égyptien a peu souffert. Sous son climat délicieux, toujours égal, avec son Nil qui fournissait amplement à ses faibles besoins, il n'a pas connu les angoisses des privations et des douleurs physiques. S'il a éprouvé la calme mélancolie des plaines brillantes et brûlantes, il a toujours ignoré le rêve sombre qui naît près des océans sauvages, dans les crépuscules blafards et sous des cieux tourmentés. Il n'a jamais goûté l'amertume affreuse des séparations éternelles, puisque, pour lui, la mort n'existait pas. A ses yeux, le tombeau, c'est la « Bonne Demeure »; le cimetière « la ville éternelle »; Osiris, dieu de la mort, « le divin maître du silence ». Il n'a pas de terme pour exprimer l'anéantissement, auquel il ne croit pas. Un papyrus nous raconte qu'un mari, se croyant tourmenté avec intention par l'ombre de sa femme, écrit à celle-ci, bien qu'elle soit morte, lui fait des menaces, déclare que cette lettre servira de pièce à conviction devant le tribunal d'Osiris, puis il va lire son épître dans la tombe de la malicieuse défunte et la suspend au cou de la momie, persuadé que la morte en sera fort impressionnée.

L'Égyptien n'a pas souffert non plus de l'oppression ni de la tyrannie. Il se plaisait à obéir, vénérait son Pharaon comme un dieu et le chérissait comme un père. La nature était clémente et souriante pour lui. Jamais elle ne le troubla par l'effroi de ses caprices sauvages; jamais il ne vit autour de lui ses fils se tordre dans l'étreinte de la famine; jamais il ne vit ses moissons ruinées en une heure par la féroce mitraille de la grêle, ni sa frêle maison emportée par l'eau bouillonnante d'un cyclone.

Aussi ne trouve-t-on pas dans ses hymnes les plus enthousiastes l'ardente prière de l'Aryen, riverain de l'Indus, suppliant ses dieux d'écarter de lui la dévorante sécheresse, et de lui amener les vaches célestes, les nuages abondants en pluie. On ne trouve jamais chez lui d'éloquentes supplications comme celles dont les *Védas* sont pleins. Celle-ci, par exemple :

« Ouvre pour nous, ô Indra! le pâturage des vaches célestes; accorde-nous l'opulence, ô toi qui portes la foudre. »

« Le ciel et la terre ne peuvent contenir le dieu qui donne la mort à ses ennemis. Fais descendre en vainqueur les ondes qui répandent le bonheur, et envoie-nous les vaches célestes. »

« Toi qui as une oreille ouverte à la prière, écoute notre invocation, accueille nos hymnes; Indra, rapproche-toi de nous pour écouter les vœux que t'adresse, de concert avec moi, un père de famille. »

« Nous connaissons ton extrême générosité; nous savons que tu entends notre voix suppliante; nous implorons le secours du plus libéral des dieux, qui se manifeste par mille bienfaits. »

L'Égyptien n'a pas non plus de ces explosions de reconnaissance comme celle-ci, également extraite des *Védas* :

« Les sages éclairés élèvent leur voix en l'honneur de ce dieu pur qui lance de tous côtés ses mille torrents. »

« Rapide et superbe, il apporte le bonheur. »

« La grande et douce libation a été préparée. Une large voie est ouverte à Indra s'il veut visiter la terre du sacrifice. Car Indra est le maître de la pluie. Il est généreux et digne de nos éloges; accompagné des Vaches célestes, il conduit les ondes et se montre prêt à nous secourir. »

L'Égyptien, lui aussi bénit le Nil, qui lui apporte la prospérité, mais comment mettrait-il dans ses invocations un tel sentiment d'angoisse transformé ensuite en une impression si délicieuse de

FIG. 210 A 213. — TÊTES DE PHARAONS ÉGYPTIENS PRISES SUR DES MONUMENTS.

Chaque tête est accompagnée d'un encadrement, dit cartouche, indiquant en caractères hiéroglyphiques les noms du prince représenté. Les cartouches de rois sont généralement doubles, l'un est le cartouche-prénom, l'autre le cartouche-nom. Un de ces cartouches contient le titre de « roi de la Haute et de la Basse-Égypte »; l'autre le titre de « fils du Soleil, seigneur des Deux-Mondes, etc. » Ce n'est guère que par ces cartouches que l'on peut dater les monuments.

Les quatre têtes représentées ci-dessus appartiennent à des princes des XVIIIe et XIXe dynasties. Le second à droite, en haut de la page, est Thoutmès II. Les deux têtes placées au-dessous représentent Ménephtah, le successeur de Sésostris.

délivrance. Il connaît au juste la date et la marche de l'inondation; jamais elle ne lui a fait défaut; jamais il n'a passé par de pareilles transes. Aussi de quelle froideur n'est pas son fameux *Hymne au Nil*, de la XIIe dynastie, simple énumération de jouissances paisibles et sûres, qui n'approche pas, même de loin, du brûlant lyrisme des *Védas*. On peut en juger par l'extrait suivant :

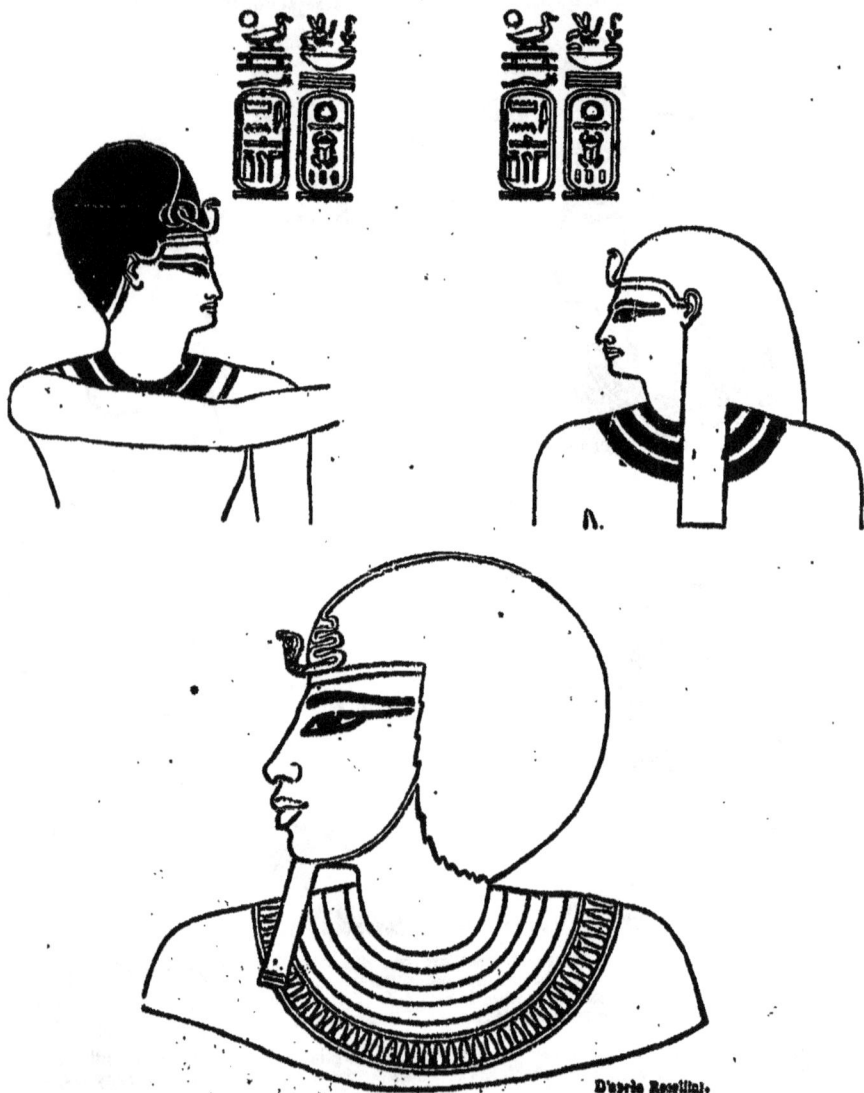

FIG. 214 et 215. — TÊTES DE PHARAONS ÉGYPTIENS PRISES SUR DES MONUMENTS.

Les deux têtes supérieures sont celles d'Aménophis II de la XVIIIe dynastie ainsi que l'indiquent les cartouches qui les accompagnent. La tête inférieure représente Aménophis III, le roi qui fit construire les colosses de Memnon. Ses traits révèlent son origine éthiopienne et prouvent que les dessinateurs et les sculpteurs égyptiens tâchaient de copier exactement leur modèle et non pas de l'idéaliser.

« Salut, ô Nil, — ô toi qui t'es manifesté sur cette terre — et qui viens en paix — pour donner la vie à l'Égypte! Dieu caché, qui amènes les ténèbres au jour qu'il te plaît — irrigateur des vergers qu'a créés le soleil — pour donner la vie à tous les bestiaux. — Tu abreuves la Terre en tous lieux, — voie du ciel qui descends — ami des pains, — qui illumines toute demeure. — Seigneur des poissons, quand tu remontes sur les terres inondées, — aucun oiseau n'envahit plus les biens utiles; — créateur du blé, producteur de l'orge, — il perpétue la durée des temples; — repos des doigts est son travail pour des millions de malheureux. »

Si l'Égyptien n'a pas connu la souffrance dans sa poignante profondeur, il n'a pas davantage connu l'amour. Pour lui, l'union de l'homme et de la femme était un acte physiologique, auquel il n'a jamais mêlé ni poésie ni passion. Le lien conjugal était fort doux, mais fort calme aussi en Égypte; la femme s'y trouvait l'égale de son mari; une affection amicale, basée sur la communauté des intérêts, unissait les époux. L'adultère était puni sans doute, mais comme l'eût été le vol ou tout autre crime entraînant un dommage pour autrui.

« L'adultère, dit Diodore, était considéré en Égypte comme entraînant trois maux très grands : l'insulte, la corruption des mœurs et la confusion des enfants. »

La jalousie n'entrait pas pour beaucoup dans l'indignation de l'époux contre sa femme coupable. Et la femme, de son côté, n'en éprouvait guère vis-à-vis de son mari. Elle laissait aller et venir autour de lui ses belles esclaves, entièrement nues, et ne s'inquiétait guère qu'il choisît parmi elles des favorites.

En dehors du mariage, l'amour n'était qu'une fantaisie passagère. La façon dont il est dépeint dans les romans égyptiens que nous possédons, n'est jamais accompagné d'un détail touchant, d'un sentiment délicat.

Le prince Satni, nous dit un vieux conte égyptien populaire, passant sur le parvis du temple de Phtah, voit « une femme fort belle, car il n'y avait femme qui l'égalât en beauté, et, de plus, elle avait beaucoup d'or sur elle. » Il s'informe, et apprend qu'elle est fille du grand-prêtre de Bubaste. Ce n'était pas, comme on voit, la première venue. Il lui envoie par un serviteur ce message : « Je te donnerai dix pièces d'or pour passer une heure avec moi. » Et la belle, sans s'effaroucher, comme en présence d'une proposition très naturelle, répond : « Je suis chaste, je ne suis pas une personne vile. S'il est que tu désires avoir ton plaisir de moi, tu viendras à Bubaste dans ma maison, où tout sera préparé, et tu feras ton plaisir de moi, sans que j'en parle à toutes les commères de la rue. »

Le prince Satni se rend à cette invitation, et la jeune fille, toujours sous prétexe « qu'elle est chaste, qu'elle n'est pas une personne vile », promet de se donner à lui, s'il consent à signer un papier la déclarant son héritière.

Dans le conte du roi Rampsinite, que nous rapporte Hérodote, on voit ce Pharaon, désirant mettre la main sur un voleur, ne pas trouver de plus ingénieux moyen que le suivant :

« Il prostitua sa propre fille dans un lieu de débauche, lui ordonnant de recevoir également toutes sortes de personnes, mais de les obliger, avant de leur accorder ses faveurs, à lui dire ce qu'ils avaient fait en leur vie de plus subtil et de plus méchant. »

Ainsi, mariage de raison ou fantaisie passagère, voilà quelles étaient les formes de l'amour dans la vallée du Nil. Telle était l'indolence du cœur et des sens chez l'Égyptien que, la plupart du temps, il ne cherchait pas au delà des murs de la maison paternelle l'idéal que d'autres hommes poursuivent quelquefois toute leur vie sans le rencontrer : il épousait tout simplement sa sœur. Cette sorte d'union était la plus naturelle et la plus fréquente.

Dans le conte de Satni, la femme du roi Ménephtah dit à son mari : « Ahouri, notre fille, aime son frère Noferkephtah; marions-les ensemble, comme c'est la coutume. »

Dans une contrée qui comprend ainsi l'amour, où jamais le cœur n'a balbutié ses délicates tendresses; où jamais les sens n'ont éprouvé de désirs bien vifs ni de désappointements bien profonds, il est inutile de demander à la littérature les pages de grâce exquise qui nous peignent les amours de Rama et de Sita dans le Ramayana, ou les voluptueuses peintures du Cantique des Cantiques, ou encore les plaintes furieuses et le délire mortel de Didon abandonnée. C'est en vain qu'on déchiffrera tous les fragments desséchés des papyrus, c'est en vain qu'on épellera, pylône après pylône, les pages dures du granit égyptien, jamais on n'y verra éclater des paroles semblables à celles-ci, extraite du Cantique des Cantiques, qui fassent tressaillir après des siècles, le cœur des hommes :

FIG. 210 A 215. — TÊTES DE PRINCESSES ÉGYPTIENNES.

Les princesses égyptiennes représentées sur cette planche appartiennent aux xviiiᵉ et xixᵉ dynasties, à l'exception de la dernière figure en bas à gauche qui représente Cléopâtre, femme de Ptolémée Soter II de la xxxiᵉ dynastie.

« Je dors, et mon cœur veille; j'entends la voix de mon bien-aimé qui frappe à ma porte. »

## Statues du prince Ra-Hotep et de sa femme Néfert.
### (Musée de Boulaq, au Caire)

Ra-Hotep et Néfert vivaient sous le roi Snéfrou de la III° dynastie. Il y a plus de 6,000 ans, c'est-à-dire avant la construction des grandes pyramides. Ces deux statues sont, avec celles de Sepa et Nésa, actuellement au Louvre, les plus vieilles du monde. Elles montrent à quel degré de perfection était déjà arrivée la statuaire Égyptienne aux époques les plus reculées.

FIG. 221 ET 222. — SÉPA ET NÉSA, LES PLUS VIEILLES STATUES DU MONDE.

Ces deux statues en calcaire, qu'on voit sur le palier du premier étage du Musée égyptien du Louvre, ont été sculptées sous la IIᵉ et la IIIᵉ dynastie, c'est-à-dire il y a plus de 6000 ans. Ce sont, avec les statues de Ra Hotep et Nefert représentées dans notre 3ᵉ planche photographique, les plus anciennes statues du monde entier. Sépa avait la dignité de « prophète et prêtre du taureau blanc ». — Sur la légende de la femme on lit : « Sa royale parente Nésa. » — J'ai déjà donné plusieurs statues égyptiennes. En y joignant celles des pages suivantes, le lecteur aura sous les yeux la collection des plus remarquables statues égyptiennes existant dans les musées d'Europe et d'Égypte. Afin de ne pas altérer l'expression des physionomies, j'ai fait reproduire les plus intéressantes par la phototypie ou la photogravure.

« Mon âme s'est comme fondue au son de sa voix. Mais je le cherchai, et je ne le trouvai point ; je l'appelai, il ne me répondit point. »

« Je vous conjure, ô filles de Jérusalem, si vous trouvez mon bien-aimé, de lui dire que je languis d'amour. »

LES PREMIÈRES CIVILISATIONS

47

Il n'y a guère qu'un passage de vrai et poétique amour dans tous les romans égyptiens, et encore l'héroïne n'est pas une fille de la vallée du Nil. C'est une étrangère, une Syrienne. Le fils du roi d'Égypte, nous dit « *le Conte du prince prédestiné* », étant parvenu à escalader la fenêtre de cette jeune fille, celle-ci touchée sans doute des efforts qu'il a faits pour parvenir jusqu'à elle et obtenir sa main, veut l'épouser, mais elle se heurte contre le refus obstiné de son père. Et la jeune fille s'écrie : « Par Phrâ-Harmakouti, si on me l'arrache, je ne mangerai plus, je ne boirai plus, je mourrai sur l'heure. » Le messager alla répéter tous les discours qu'elle avait tenus à son père; et le prince envoya des gens pour tuer le jeune homme, tandis qu'il était dans sa maison. La princesse leur dit : « Par Phrâ! si on le tue, au coucher du soleil, je serai morte; je ne passerai pas une heure de vie plutôt que de rester séparée de lui. »

Le sentiment le plus vif chez l'Égyptien, le seul qui le fasse sortir de sa froideur et renoncer à l'arrangement compliqué des mots et des syllabes pour faire entendre quelques paroles sincères et émues, c'est l'amour pour sa contrée natale, pour cette vallée du Nil qu'il appelle toujours la « Terre entière », comme si en dehors d'elle il n'y avait plus rien.

C'est ce sentiment qui a produit le plus joli passage — à mon gré — et le seul vraiment touchant de toute la littérature égyptienne. On le trouve dans une autobiographie remontant à la xii° dynastie, dans le récit des exploits et des succès de l'aventurier Sineh. Cet homme, exilé de l'Égypte, par suite d'une fausse accusation, s'est enfui en Syrie. Il a prospéré; il est devenu le chef d'une tribu, le père d'une famille nombreuse et prospère; il possède d'immenses richesses. Mais, au faîte de la puissance et du bonheur, il sent en lui-même un ver rongeur qui empoisonne ses joies : c'est le regret de la patrie. Et voici comment il l'exprime :

« J'ai quitté mon pays nu, et je suis vêtu de fin lin. Après avoir été un transfuge sans subordonnés, moi, je possède des serfs nombreux. Ma maison est belle, mon domaine large, ma mémoire est établie dans le temple de tous les dieux. Et néanmoins, ô roi! je me réfugie toujours en ta bonté. Remets-moi en Égypte, accorde-moi la grâce de revoir en corps le lieu où mon cœur passe son temps! Y a-t-il de l'opposition à ce que mon corps repose au pays où je suis né? Y revenir, c'est le bonheur. Son cœur souffre à qui s'est sauvé pour vivre sur la terre étrangère; y a-t-il un tous les jours pour lui? Lui, il écoute la prière lointaine, et il part, se dirigeant vers le pays où il a foulé la terre pour la première fois, vers le lieu d'où il est venu. »

Voilà les lignes les plus vraiment humaines que j'aie rencontrées dans toute cette littérature égyptienne, aux contours fixes, raidis, comme les arêtes des Pyramides, au sens obscur et mystique comme le sourire des sphinx. La littérature et l'architecture d'un peuple ont toujours le même aspect : le rêve écrit ressemble au rêve de pierre. Nous l'avons montré ailleurs pour l'Inde — débordante de détails, touffue, passionnée, grandiose, dans ses sanctuaires comme dans ses poèmes. Et nous éprouvons encore cette impression dans la vallée du Nil, lorsque, relevant nos yeux fatigués par la monotonie des phrases hiératiques s'alignant sur les papyrus, nous les reportons vers les lignes impassibles et éternelles des pylônes et vers la face des colosses où séjourne le reflet d'un immuable et paisible songe.

Un poids d'une infinie lourdeur vient alors accabler notre âme : le poids de ces cinq mille ans d'histoire laborieuse, d'activité résignée, le poids de toutes ces pierres entassées en monceaux effroyables, de tous ces hiéroglyphes alignés à l'infini, et d'où ne se dégage pas un seul cri d'amour, pas une plainte, pas un sanglot, rien de ce qui fait frémir à l'unisson, à des siècles de distance, les fibres secrètes du cœur. Ces masses énormes, ces édifices — les plus gigantesques qu'ait construits une race humaine, — sont moins éloquents et moins humains que la simple parabole de l'*Enfant prodigue*, par exemple, contée à un groupe de pêcheurs galiléens, ou que ces profondes réflexions de l'*Ecclésiaste :*

« La mémoire du sage ne sera pas éternelle, non plus que celle de l'insensé; et les temps à venir enseveliront tout également dans l'oubli; l'homme savant meurt comme l'ignorant. »

« C'est pourquoi la vie m'est devenue ennuyeuse, considérant que toutes sortes de maux sont sous le soleil, et que tout n'est que vanité et affliction d'esprit. »

Nous allons étudier maintenant dans leurs détails les principaux ouvrages que l'Égypte nous a laissés. Ils ne forment assurément qu'une bien faible partie des milliers de livres qui s'entassaient dans les bibliothèques des palais. Sur certains sujets, — les connaissances scientifiques, par exemple, — il ne nous est presque rien resté.

§ 3. — OUVRAGES RELIGIEUX, TRAITÉS DE MORALE

C'est parmi les ouvrages philosophiques que se classent les plus

Musée du Louvre.

FIG. 221. — STATUE DE LA Vᵉ DYNASTIE.

anciens livres de l'Égypte. Nous avons déjà nommé les deux fragments qui remontent jusqu'à l'Ancien Empire et que nous a con-

servés le Papyrus Prisse. C'est la fin du traité de morale de *Kaqimna*, et les *Instructions de Phtahotep*.

Ce Phtahotep était fils d'un roi de la v° dynastie. Parvenu à un âge avancé, il résolut de faire profiter ses concitoyens de sa longue expérience, et la résuma en des maximes d'une morale tout utili-

Musée de Boulaq.

FIG. 225. — STATUE DU ROI KHÉFREN, FONDATEUR DE LA DEUXIÈME PYRAMIDE.

Cette statue en diorite, matière plus dure que le porphyre, a été retrouvée il y a quelques années en déblayant le temple placé auprès du grand sphinx. Elle est vieille d'environ soixante siècles. Son moulage figure au Louvre. Celle que nous donnons a été faite pour cet ouvrage d'après une photographie de l'original, exécutée au Musée de Boulaq, au Caire.

taire et pratique. Le principe le plus élevé qu'il propose comme base de la conduite, c'est la docilité, le respect pour l'ordre établi. L'obéissance filiale, envers son père, quand on est jeune, et plus tard envers le roi, qui est le père de son peuple, constitue le premier devoir.

« Le fils qui reçoit la parole de son père », dit ce doyen des écrivains du monde, «deviendra vieux... L'obéissance d'un fils envers son père, c'est la joie... Il est cher à son père et sa renommée est dans la bouche des vivants qui marchent sur la terre. »

« Le fils docile sera heureux par suite de son obéissance; il vieillira, il parviendra à la faveur. »

« Je suis devenu ainsi un ancien de la terre; j'ai parcouru cent dix ans de vie avec la faveur du roi et l'approbation des anciens, en remplissant mon devoir envers le roi. »

Phtahotep donne également la recette du bonheur en ménage :

« Si tu es sage, munis bien ta maison; aime ta femme sans querelles, nourris-la, pare-la, c'est le luxe de ses membres. Parfume-la, réjouis-la le temps que tu vis; c'est un bien qui doit être digne de son possesseur. Ne sois pas brutal. »

Les livres religieux de l'Égypte ont tous été retrouvés dans les tombeaux. On en faisait des copies dont on munissait les morts et qui devaient leur servir comme de passeports et de talismans pour traverser heureusement toutes les épreuves qui précédaient dans la vie future le jugement d'Osiris et la béatitude finale.

Le *Livre des Morts* n'est pas le seul de ces recueils, mais c'est de beaucoup le plus important et le plus fameux. C'est aussi celui dont il reste le plus grand nombre d'exemplaires. Presque tous les papyrus de nos musées en présentent des fragments et il en existe plusieurs copies complètes, soit en caractères hiéroglyphiques, comme celles du Musée de Turin et de la Bibliothèque nationale, soit en caractères hiératiques, comme celle du Louvre.

Le vrai titre de l'ouvrage, c'est le *Livre de la sortie au jour*, ce qui indique bien l'idée que les Égyptiens se faisaient de la mort. Pour eux, descendre au tombeau, c'était entrer dans une nouvelle vie, plus glorieuse que la précédente, et où le jour divin, la lumière céleste se découvraient aux yeux du défunt qui en était trouvé digne.

« La vie c'est l'enveloppement du soir, » dit le mort dans un chapitre L'enveloppement du soir, c'était la mort comparée au coucher du soleil, et c'était aussi le début de la vie supérieure et véritable.

Le *Livre des Morts* ne fut pas composé tout d'une pièce. Les hymnes, prières, descriptions, dissertations et formules magiques qu'il renferme sont de date très différentes. On en découvre dans les tombeaux à partir de la xi° dynastie, mais c'est sous la xviii° seulement qu'apparaît un exemplaire complet.

Suivant le livre lui-même, un de ses chapitres, le CXXX, aurait été composé par Horus pour son père Osiris, et trouvé miraculeusement dans la grande salle du palais de Hesepti, roi de la i° dynastie. Un autre chapitre, le LXIV, aurait été découvert à Hermopolis, sur un cube de pierre écrit en bleu sous les pieds du dieu Thot, et la trouvaille remonterait au temps du roi Menkéra ou Mykérinus, constructeur de la troisième pyramide. Nous ne pouvons être aussi affirmatif quant à ces dates, ni surtout quant à la façon miraculeuse dont fut opérée la trouvaille, mais il est certain que plusieurs parties du *Livre des Morts* remontent à une très haute antiquité.

Nous avons indiqué, dans notre chapitre sur la *Religion des Égyptiens*, le rôle important du *Livre des Morts*. Grâce à ses formules mystiques, le défunt était assuré de conquérir une immortalité bienheureuse. Les prêtres récitaient les chapitres du *Livre* durant les cérémonies des funérailles; et, à certains anniversaires la famille se réunissait dans une des salles du tombeau pour en lire des passages. Le mort, toujours présent par son *double* à côté de sa momie, devait finir par les posséder ainsi sûrement et pouvait s'en servir pour vaincre les obstacles de sa vie d'outre-tombe. Par surcroît de précaution, on inscrivait les plus importants passages sur les bandelettes de la momie, sur les figurines funéraires qui remplissaient son sarcophage, et sur le scarabée, symbole de la vie éternelle, que l'on plaçait dans sa poitrine.

Il résulte de ces usages que nous possédons une multitude de copies et de fragments du *Livre des Morts*. Le texte définitif n'en est pas plus facile à établir pour cela, à cause des fautes nombreuses commises par les copistes et des variantes intentionnelles qu'ils multipliaient comme à plaisir.

Parmi les égyptologues, les uns voient dans le groupement des chapitres une suite régulière, un plan voulu. Les autres n'y aperçoivent qu'une collection faite sans harmonie, sans marche ascendante vers un but déterminé. Le but, en effet, qui serait l'apothéose du mort, semble être atteint dès le milieu du livre, tandis que le jugement de l'âme par le tribunal d'Osiris, qui devrait amener cette récompense suprême, ne se place qu'à la fin.

Cette dernière objection ne me parait pas fondée. Ce n'est pas seulement sur les actes accomplis durant sa vie terrestre que l'homme est jugé devant le tribunal d'Osiris; c'est aussi sur la conduite qu'il a tenue dans la *région inférieure,* c'est-à-dire dans ses pérégrinations après la mort. Le jugement d'Osiris et l'admission dans la barque du Soleil, terminent cette série d'épreuves.

Voici, d'ailleurs, en quelques mots, le plan que l'on peut suivre dans le *Livre des Morts.*

Dans les premiers chapitres se placent des invocations, qui forment la partie la plus réellement littéraire de l'ouvrage. Ces invocations sont adressées soit à plusieurs dieux pour les prier en faveur de l'âme qui monte vers eux, soit au Soleil, dont la splendeur se révèle à cette âme dégagée des voiles de la chair. Nous avons cité dans notre chapitre sur la religion les plus beaux passages de ces hymnes.

FIG. 220.
STATUE DE L'ANCIEN EMPIRE.
(IVᵉ ou Vᵉ dynastie.)

L'utilité de la science métaphysique est hautement proclamée ensuite; le mort ne peut espérer la félicité éternelle s'il ne connait pas tous les mystères de la cosmogonie et de la religion, s'il n'a pas approfondi dans leur plus secret principe la nature des dieux et celle de l'univers. Cette science mystérieuse est développée dans un très long chapitre, le XVIIᵉ, sorte de résumé de la mythologie égyptienne. Chaque nom y est suivi d'une explication, et souvent de plusieurs explications, suivant les divergences des principales écoles théologiques.

Musée du Louvre.

FIG. 227. — LE SCRIBE ACCROUPI (Vᵉ DYNASTIE).

Cette statue, célèbre dans le monde entier, est le morceau le plus remarquable et le plus précieux que possède le musée égyptien du Louvre. Grâce à l'insertion d'une prunelle en cristal de roche au centre de laquelle est planté un bouton de métal, le regard a une intensité de vie qu'aucune statue grecque n'a jamais possédée.

Voici un passage de ce curieux chapitre :

« Je suis celui à qui nul ne fait obstacle parmi les dieux.

« Qui est cela?

« C'est Toum dans son disque, autrement dit, c'est Ra dans son disque se levant à l'horizon oriental du ciel.

« Je suis Hier et je connais Demain.

« Qu'est cela?

« Hier, c'est Osiris, Demain c'est Ra en ce jour où il détruit les ennemis du Seigneur qui est au-dessus de tout et où il consacre son fils Horus; autrement dit, le jour où nous fixons la rencontre du cercueil d'Osiris par son père Ra. Il y fait l'acte de combattre les dieux quand l'ordonne Osiris, seigneur de la montagne de l'Amenti.

« Qu'est cela?

« L'Amenti, c'est la création des âmes des dieux quand l'ordonne Osiris, seigneur de la montagne de l'Amenti; autrement dit, l'Amenti, c'est l'excitation qu'offre Ra; chaque dieu qui y arrive livre un combat. Je connais ce dieu grand qui y réside.

« Qui est cela?

« C'est Osiris, etc. »

Lorsque le mort est suffisamment muni de cette science indispensable, il redemande aux dieux ses membres, ses bras, ses jambes, son cœur, afin de pouvoir combattre les ennemis qui vont se dresser contre lui. Sa prière est exaucée, il se trouve en état de partir pour son expédition mystérieuse :

« On me rend ma bouche pour parler », dit-il, « on me rend mes jambes pour marcher, mes bras pour renverser mes ennemis. Je ressuscite, j'existe, j'ouvre le ciel; je fais ce qui m'est ordonné dans Memphis. »

Ce qui lui est ordonné, c'est une série de luttes contre des ennemis redoutables, contre des périls sans nombre. Il combat les crocodiles, il échappe au billot infernal, il déjoue les pièges du faux nautonier, il se confie au vrai pilote, et dit sans se tromper tous les noms des différentes parties de la barque mystique. Presque toutes ses victoires sont dues aux formules magiques, qui se trouvent en grand nombre dans le *Livre des Morts*.

« Horus a répété ces incantations quatre fois et tous ses ennemis sont tombés, renversés, égorgés; l'Osiris N... (le défunt) répétera ces incantations quatre fois et tous ses ennemis tomberont, renversés, égorgés. »

Certaines de ces formules magiques doivent être, suivant une indication du chapitre CI, « écrites à l'encre gommée, repassées à la couleur sur une bande de papyrus royal et placées au cou de la momie le jour de l'ensevelissement. Cela étant mis en manière de talisman à son cou, le défunt est parmi les dieux; il s'unit aux serviteurs d'Horus. »

Grâce à toutes ces précautions, le mort traverse le fleuve infernal et vient cultiver les champs divins d'Aanrou. Pour l'aider dans ce travail, il a les nombreux serviteurs qu'on a peints à cet effet sur les parois intérieures de son tombeau ou qu'on a représentés par des figurines.

Il comparaît enfin devant le tribunal d'Osiris, prononce la confession négative que nous avons donnée tout au long dans un précédent chapitre. Son cœur, pesé dans la balance divine, est trouvé d'un poids suffisant. Il est alors jugé digne de partager l'existence des dieux, et il devient dieu lui-même.

« Dieux, habitants du ciel, qui voyez l'Osiris N... (le défunt), faites-lui adoration comme au Soleil ; il est le chef à la recherche du diadème, vérifiant ses offrandes, il est Osiris l'unique, le premier de ceux qui sont devant Ra.

« Il est Ra lui-même, disposant les rames pour le service de Noun. »

Presque tous les chapitres du *Livre des Morts* sont accompagnés de vignettes, — illustrations naïves, où la simplicité, la raideur du trait s'exagère plus encore que dans les dessins ordinaires, pour mieux donner l'idée des êtres mystiques qui circulent dans la « divine région inférieure ». On y voit le mort, précédé de son âme qui vole devant lui, le dieu Ra assis dans une barque que dirige le défunt, toutes les scènes de la culture des champs d'Aanrou, etc.

Tel est ce fameux *Livre des Morts*, plus important au point de vue du jour qu'il jette sur les idées religieuses des Égyptiens, sur leur conception de la vie, de la mort, des devoirs de l'homme, de l'éternité et des dieux, qu'au point de vue purement littéraire.

Quelques hymnes d'une inspiration élevée, quelques belles images empruntées à la marche du Soleil ou bien au cours majestueux du Nil, c'est tout ce qu'un poète retirerait de ce fatras cabalistique, où l'obscurité, la bizarrerie des formules magiques, les nombreuses répétitions n'ont rien de la simple beauté qu'on rencontre généralement dans les écrits religieux des peuples antiques, dans les *Védas*, les *Psaumes* ou le *Livre de Job*.

On peut en dire autant de quelques autres ouvrages analogues au *Livre des Morts*, et que l'on a retrouvés également dans les tombeaux. Ce sont entre autres : « *Les Lamentations d'Isis et de Nebt-hat* » et le « *Livre de ce qui est dans l'hémisphère inférieur*. »

Ce dernier raconte la marche et les aventures du Soleil alors qu'il est descendu au-dessous de l'horizon, tandis que le *Livre de ce qui est dans l'hémisphère supérieur* décrit son cours glorieux pendant la durée du jour. C'est dans ces deux livres qu'on a retrouvé les notions les plus rapprochées du panthéisme et presque du monothéisme que l'Égypte ait conçues ou du moins exprimées. Le Soleil était, nous l'avons dit, sa principale divinité. Elle voyait en lui comme un principe caché, animant et pénétrant toutes choses, comme le créateur et l'âme de l'univers.

Dans un hymne copié par M. Brugsch sur les murailles du temple de l'oasis El-Khargeh se trouvent ces paroles :

> « Dieu qui est immanent en toutes choses,
> Ame de Schou dans tous les dieux.
> Il est le corps de l'homme vivant,
> Le créateur de l'arbre qui porte les fruits,
> L'auteur de l'inondation fertilisatrice.
> Sans lui rien ne vit dans le circuit de la terre. »

> « ... Il voyage dans la nuée
> Pour séparer le ciel de la terre,
> Et ensuite pour les réunir,
> Caché en permanence dans toute chose,
>    Le Un vivant
> En qui toutes choses vivent éternellement. »

Il est curieux de rapprocher ce passage de certains hymnes à Agni (le feu) contenus dans le *Rig-Véda* :

> « Agni, dit le recueil sacré des Hindous, a fait entendre sa voix qui est celle du tonnerre. Sa langue touche et lèche le ciel et la terre; il enveloppe la ramée. A peine né, à peine allumé, *il sépare ce ciel et cette terre*, et brille au milieu d'eux.

> « Étendard du monde entier, à peine sorti du sein de sa mère, il a rempli la Terre et le Ciel.

> « ... Adorable Agni, ta forme est au ciel, sur la terre, dans les plantes, dans les ondes. Cette lumière éclatante que tu as jetée sur l'étendue de l'air se développe comme un océan. Elle forme l'œil du monde. Agni, tu t'élèves dans la mer du ciel, etc. »

Cette *mer du ciel*, c'est le *Noun* des Égyptiens, c'est l'Océan primordial.

Ce rapprochement est intéressant, mais il ne tend à rien démontrer, sinon que l'esprit et les conceptions de l'homme, à un degré semblable d'évolution, se rencontrent toujours sur certains points, et aussi que des données élevées comme le monothéisme ou le panthéisme n'ont pu être que des éclairs isolés dans le chaos des cosmogonies primitives, et se sont toujours liés à quelque

FIG. 235. — BUSTE EN PIERRE CALCAIRE DE L'ANCIEN EMPIRE.
Ce buste, vieux de plus de 5000 ans, est un des plus remarquables chefs-d'œuvre de la sculpture égyptienne. Il serait difficile à un artiste moderne de le surpasser.

notion primitive, telle que l'adoration du feu, le culte du Soleil ou celui des morts.

## § 4. — OUVRAGES HISTORIQUES

Les livres historiques de l'Égypte ont été surtout écrits sur des pages de pierre. Ce sont les inscriptions des stèles et des pylônes qui nous ont conservé les grands événements de chaque règne et leur succession, tandis que les murs intérieurs des tombeaux sont couverts, dès les époques les plus reculées, par les biographies des individus.

Les rois étaient entourés de scribes officiels, dont l'occupation consistait à enregistrer leurs faits et gestes. Les parties les plus importantes de ces chroniques étaient ensuite gravées sur les monuments, où la découverte de Champollion nous a permis de les déchiffrer.

Nous n'insisterons pas sur ce genre de littérature, puisque nous avons déjà résumé ce qu'il nous apprenait en résumant l'histoire même de l'Égypte.

Parmi les récits historiques plus ou moins légendaires que nous possédons sur papyrus, il en est cependant quelques-uns dont nous devons faire mention.

Ce sont d'abord les très curieux *Mémoires de Sineh*, datant de la xiiᵉ dynastie et traduits d'un des papyrus hiératiques du musée de Berlin.

Ce Sineh était un homme d'un caractère énergique et aventureux, qu'une disgrâce royale obligea à quitter l'Égypte et à chercher fortune ailleurs. Il s'en alla en Syrie, se joignit à des bandes nomades, sut bientôt, par son courage, son habileté, obtenir le commandement d'une d'entre elles. Il fit des conquêtes, acquit des richesses, se maria, eut une famille nombreuse et prospère. Mais, au faîte de la fortune, il songeait toujours à sa terre natale, et il ne connut le bonheur que lorsque enfin, le Pharaon l'ayant gracié, lui ayant rendu sa faveur, il put rentrer en Égypte, certain maintenant d'y achever ses jours et d'y être enseveli.

Dans un des premiers paragraphes de ce chapitre, j'ai cité le passage où Sineh exprime sa douleur d'exilé, et je l'ai donné comme le plus touchant peut-être de toute la littérature égyptienne.

Mais on trouve autre chose dans ces intéressants mémoires. Ils offrent des peintures des mœurs militaires de l'Égypte sous la xii° dynastie et aussi des tableaux de ce qui se passait à la cour du Pharaon. On voit quel était le prestige royal, de quel poids cruel s'appesantissait sur un homme le mécontentement du souverain, et quel honneur suprême c'était pour un sujet d'être nommé l'*ami du roi*.

Voici comment Sineh, qui cependant croyait supporter injustement les effets de la colère du Pharaon, parle de lui aux étrangers qui le questionnent sur les causes de son exil :

« C'est un brave qui, certes, agit de son glaive, un vaillant qui n'a point son semblable; on le voit qui s'élance contre les barbares et qui fond sur les pillards... C'est un cœur ferme en son heure. C'est un lion qui frappe de la griffe : jamais il n'a rendu son arme...

« Il saisit son bouclier, il bondit, il n'a jamais eu besoin de redoubler son coup; il tue sans qu'il soit possible de détourner sa lance, et même sans qu'il tende son arc, les barbares fuient ses deux bras comme des lévriers...

« C'est un bien-aimé qui a su merveilleusement conquérir l'amour; son pays l'aime plus que soi-même et se réjouit en lui plus qu'en son propre dieu. Roi, il a gouverné dès l'œuf; lui-même, depuis sa naissance, c'est un multiplicateur de naissances et aussi un être unique, d'essence divine, par qui cette terre se réjouit d'être gouvernée. »

On voit par cet extrait que les sentiments des Égyptiens envers leurs rois étaient voisins des sentiments d'adoration qu'ils éprouvaient pour leurs dieux.

Un très précieux papyrus, acheté par le British Museum à M. Sallier en 1839, raconte le commencement de la lutte contre les Hyksos. Ce n'est malheureusement qu'un fragment plein de lacunes. Il rend compte d'un échange de messages entre Apôpi, roi des Pasteurs, et Soknounri, roi national, gouvernant la Haute-Égypte. L'issue de cette démarche diplomatique, qui, en somme, était une sorte de défi de la part d'Apôpi, fut sans doute l'ouverture de la guerre par laquelle furent expulsés les Hyksos.

Un autre récit, plus empreint de fantaisie, mais où cependant on démêle la vérité historique, date de la xx° dynastie et a pour titre : *Comment Thoutii prit la ville de Joppé*. Le subterfuge

FIG. 223. — LE CHEIK-EL-BELED, STATUE EN BOIS DE L'ANCIEN EMPIRE.

Le nom de cette statue provient de ce que lorsqu'elle fut retirée par Mariette d'un des puits funéraires de Memphis, les habitants de Saqqarah la prirent pour la statue d'un de leurs chefs, le cheik-el-beled de maire du village. Ce fut prouve combien le type populaire a peu varié en Égypte depuis plus de 5000 ans. Cette statue était trop remarquable pour que le dessin nous ait paru suffisant pour la reproduire. Ne mieux que pour celles de La Morès (planche photographique 3), et de Sésostris (pl. 4 et 6), nous avons laissé à la photogravure le soin de la représenter.

Glyptographie SILVESTRE & Cie.

## Statue de granit de Ramsés II (Sésostris)
### (Musée de Turin)

Cette magnifique statue est vieille d'environ 3,300 ans et par conséquent bien antérieure à toutes les productions de l'art grec.

qu'employa cet officier est analogue à beaucoup d'autres que nous
rapporte l'histoire ou la légende, tel que celui d'Ali-Baba dans les

Musée du Louvre.

FIG. 230. — TAHUT NÉFER « GRAMMATE DES TROUPEAUX D'AMMON » ET SA FEMME BÉNEMBA.
(Groupe en grès, XVIIIᵉ dynastie).

*Mille et une Nuits*, le cheval d'Ulysse, le dévouement de
Zopyre, etc.

Si nous sortons du domaine de l'histoire pour entrer dans la
légende pure, nous ne manquerons pas de documents. Nous en
parlerons dans un paragraphe spécial, mais nous devons mention-

ner dans celui-ci celles des légendes égyptiennes qui ont été prises pour de l'histoire authentique sur la foi des écrivains grecs. La plus fameuse est le conte de Rhampsinite, rapporté par Hérodote. Nous ne faisons que le nommer, car il n'est pas un livre d'histoire élémentaire qui ne le rapporte. Il est inutile d'insister sur le côté contestable des récits d'Hérodote; on a été jusqu'à refuser au conte de Rhampsinite une origine égyptienne. Ce qui est certain, c'est que les prêtres le donnaient pour véritable à l'étranger qui les questionnait et qu'il était sans doute populaire dans la vallée du Nil comme le fut chez nous la légende de Roland à Ronce-vaux ou celle de saint Denis, décapité, portant sa tête sous son bras. Hérodote est un conteur charmant, et, maintenant que nous possédons tous les documents historiques dont il manquait, nous lui savons encore plus de gré de nous avoir conservé quelques-unes de ces poétiques et flottantes histoires populaires, qui nous font pénétrer dans l'esprit d'un peuple et que nous n'aurions jamais connues sans lui.

## § 5. — OUVRAGES SCIENTIFIQUES

Ainsi que nous l'avons déjà dit, les papyrus traitant de questions scientifiques venus jusqu'à nous sont extrêmement rares. Ils étaient sans doute reproduits en petit nombre, alors que les livres religieux étaient reproduits par milliers de copies. De là vient aujourd'hui la rareté des premiers et l'abondance des seconds.

Le plus intéressant des documents scientifiques de l'Égypte subsistant encore est ce traité de géométrie dont nous avons déjà parlé.

Ce que nous connaissons de la science des Égyptiens nous est surtout transmis par les applications pratiques qu'ils en ont faites.

En traitant des sciences égyptiennes nous avons dit comment on pouvait tenter de reconstituer ce que les papyrus ne nous disent pas.

Les papyrus relatifs à la médecine ne sont pas rares, mais ne méritent pas d'être placés parmi les productions scientifiques. Ces recueils de recettes bizarres, mélangées de formules magiques, peuvent être assurément rangés parmi ce que les Égyptiens ont produit de plus faible. Leur anatomie était d'ailleurs aussi fantaisiste que leur médecine. On pourra en juger par le fragment suivant tiré d'un papyrus de Berlin.

« La tête a trente-deux vaisseaux qui amènent les souffles à son intérieur; ils transmettent les souffles à toutes les parties du corps. Il y a deux vaisseaux aux seins qui conduisent la chaleur au fondement... Il y a deux vaisseaux à l'occiput, deux au sinciput, deux à la nuque, deux aux paupières, deux aux narrines, deux à l'oreille droite par lesquels entrent les souffles de la vie; il y en a deux à l'oreille gauche par lesquels entrent les souffles. »

## § 6. — PRODUCTIONS ÉPISTOLAIRES

Une des formes qu'affectaient le plus souvent en Égypte les œuvres littéraires, est celle de l'épître. Nous possédons de nombreuses lettres, sur toutes sortes de sujet, écrites soit par un père à son fils, soit par un maître à son disciple, soit par un scribe à un autre scribe.

A ce genre d'écrits se rattachent les *Instructions*, écrites il y a environ cinq mille ans, par Amenemhat Ier, fondateur de la xiie dynastie pour son fils Ousortesen Ier. C'est en même temps un document historique, car le souverain raconte les luttes qui ont rempli les premières années de son règne et ses victoires successives sur ses ennemis, tels que les Libyens et les Asiatiques.

Amenemhat Ier, parvenu à un âge avancé, avait associé au trône son fils Ousortesen, et c'est dans les loisirs de sa vieillesse qu'il écrivit ou dicta les *Instructions*, qui devinrent fameuses en Égypte et restèrent un livre classique jusqu'à la xixe dynastie.

Voici comment ce grand souverain résume son règne :

« J'ai fait que ceux qui étaient en deuil ne fussent plus en deuil, et ils n'ont plus été entendus;— les batailles perpétuelles, on ne les a plus vues,—tandis qu'avant moi l'on s'était battu comme un taureau qui ignore le passé — et que le bien-être de l'ignorant ou du savant n'était pas assuré. »

« J'ai fait labourer le pays jusqu'à Abou, — j'ai répandu la joie jusqu'à Adhou... — Je suis le créateur de trois espèces de grains, l'ami de Neprat*. —

* La divinité des grains.

Le Nil a accordé à mes prières l'inondation sur tous les champs; — point d'affamé sous moi, point d'altéré sous moi, — car on agissait selon mes ordres et tout ce que je disais était un nouveau sujet d'amour. — J'ai renversé le lion et pris le crocodile; j'ai réduit les *Ouaouaï**; j'ai emmené les *Matsion*** en esclavage; j'ai forcé les Asiatiques à marcher près de moi comme des lévriers. »

C'est également de la xii° dynastie que date une autre lettre curieuse. Elle est adressée par le scribe Douaour-se-Kharda à son fils Papi, pour le décider à embrasser la profession de scribe. J'en ai cité la conclusion plus haut, pour montrer l'importance de la littérature, qui menait à tout dans la vallée du Nil. Toute l'épître est consacrée à la description des différents métiers, montrant surtout leurs côtés ingrats et pénibles, afin de faire ressortir les avantages de la carrière littéraire.

« Le forgeron est souillé, noirci, ses doigts sont rugueux, il travaille jour et nuit; le tailleur de pierre se rompt les bras pour emplir son ventre ». Le maçon « est exposé aux rafales », construisant les chapiteaux en forme de lotus au faîte des maisons. Le tisserand a les genoux ployés, « il est lié comme un lotus de marais. » Le fabricant d'armes voyage sans cesse : « arrive-t-il à la maison le soir, il lui faut s'en aller ». Le courrier, en quittant sa famille, doit faire son testament, exposé qu'il est à tous les dangers « des bêtes sauvages et des Asiatiques. » « Le teinturier, ses doigts puent, il passe son temps à couper des haillons. » Etc...

Les détails de cette lettre, bien que formant de parti pris un tableau assez sombre, nous font connaître les principaux métiers de la vallée du Nil avec la façon dont ils y étaient exercés.

Une autre épître non moins célèbre dans la littérature égyptienne, est celle que le scribe Ani adresse à son fils Khons-Hotpou. C'est un traité de morale complet, non plus la morale utilitaire et pratique du vieux Phtahotep, mais une morale très élevée et désintéressée, se rapprochant de la belle confession négative du *Livre des Morts*, et même parfois remplie d'un spiritualisme et d'une charité presque évangéliques.

* Nubiens.
** Lybiens.

En voici quelques passages :

« Il n'est pas d'homme immuable en aucune chose; telle est la réponse de

FIG. 231. — STATUE DE LA DÉESSE SEKHET.

la mort. Aie l'œil sur ta vie. Rappelle-toi ce qui a été. Place devant toi, comme voie à suivre, une conduite toujours juste. »

« A toi viendra ton messager de mort pour t'enlever : oui! il se trouve déjà prêt. Les discours ne le serviront de rien, car il vient, il se tient prêt. Ne dis pas : « Je suis encore un enfant, moi que tu enlèves. » Tu ne sais pas comment tu mourras. La mort vient, elle va au-devant du nourrisson, de celui qui est au sein de sa mère, comme de celui qui a accompli sa vieillesse. »

« Ne perds jamais de vue l'enfantement douloureux que tu as coûté à la mère, ni tous les soins salutaires qu'elle a pris de toi. Ne fais pas qu'elle ait à se plaindre de toi, de crainte qu'elle n'élève les mains vers la divinité, et que celle-ci n'écoute sa plainte. »

« Garde-toi de la femme du dehors, inconnue dans sa ville. Ne la fréquente pas ; elle est semblable à toutes ses pareilles; n'aie pas de commerce avec elle. C'est une eau profonde et les détours en sont inconnus. Une femme dont le mari est éloigné te remet un billet, t'appelle chaque jour; s'il n'y a pas de témoins, elle se tient debout, jetant son filet, et cela peut devenir un crime digne de mort quand le bruit s'en répand, même lorsqu'elle n'a pas accompli son dessein en réalité. L'homme commet toute sorte de crimes pour cela seul. »

« Ne mange pas le pain en présence d'un assistant resté debout sans que ta main s'étende pour lui offrir du pain. »

« Parle avec douceur à qui a parlé brutalement. C'est le remède qui calmera son cœur. »

« Ne fais pas connaître ta pensée à l'homme de mauvaise langue pour lui donner l'occasion d'abuser de sa bouche. Elle circule vite la révélation sortie de ta bouche. En la répétant, tu crées des animosités. La chute de l'homme est sur sa langue; prends garde de te procurer la ruine. »

Au temps de la xx⁰ dynastie, après la période des conquêtes extérieures, on voit encore les scribes décrire dans leurs lettres la noblesse et les avantages de leur profession. Ce n'est plus alors aux métiers manuels qu'ils la comparent, c'est à la carrière militaire elle-même, cette carrière pourtant si glorieuse sous les Thoutmès III et les Ramsès II.

« Pourquoi dis-tu que l'officier d'infanterie est plus heureux que le scribe? » demandait un scribe à son élève. « Attends que je te peigne le sort de l'officier d'infanterie, l'étendue de ses misères. »

Et, en effet, voici la description des souffrances du soldat : ses blessures, ses fatigues, ses marches dans le désert, avec « son pain et son eau sur son épaule comme le faix d'un âne. »

De son côté, le scribe Amenemhat écrit à son confrère Pensoba:

« Quand te sera apporté cet écrit de communication, applique-toi à devenir scribe; tu primeras tout le monde. Arrive que je te dise les devoirs fatigants de l'officier de chars. »

Et ces devoirs sont décrits de façon à ne pas rendre bien séduisant le métier militaire.

Dans toute cette correspondance des scribes éclate une vanité de leur savoir et de leur situation de bureaucrates qui fait sourire.

Si l'Égypte a manqué d'un Molière, elle n'a certainement pas manqué de Trissotins. Heureusement, dans tout leur fatras, nous trouvons à glaner beaucoup de renseignements utiles. Mais il est rare que dans les minutieux agencements de mots des scribes, dans leur style ergoteur et pédant, nous rencontrions une phrase spontanée, une page émue ou seulement naturelle. Toutefois les fines et souvent ironiques observations n'y font point défaut. L'esprit du scribe était généralement acéré, railleur. Le musée de Turin, le British Museum possèdent des papyrus purement satiriques et même ornés de caricatures qui ne manquent pas de piquant. Nous en avons reproduit quelques-unes dans cet ouvrage.

Cette tournure d'esprit du scribe égyptien fait comprendre l'expression si vivante de la fameuse statuette du *Scribe accroupi* qui se trouve au musée du Louvre. Que l'on s'arrête un instant devant cette figure aux yeux brillants, au regard aigu, au sourire un peu railleur, et l'on sentira comme une inquiétude sourde, comme une irritation secrète, causée par la malice ingénieuse et froide contenue dans cette énigmatique physionomie. Ce contemporain des Pyramides regardait peut-être de cet œil-là les lourds monuments et leurs orgueilleux constructeurs. Il aurait eu raison de les railler un peu s'il avait su que sa fine tête vivrait aussi longtemps que les monstres de granit, et qu'on interrogerait son équivoque sourire avec la curiosité passionnée qu'excite chez notre race nouvelle le mystérieux sourire des vieux sphinx.

## § 7. — ŒUVRES POÉTIQUES

C'est sous le règne de Ramsès II Méramoun, le grand Sésostris, que fleurit la poésie égyptienne. L'enthousiasme des victoires sut inspirer un moment ce peuple froid, réfléchi, qui ne s'élevait guère d'habitude jusqu'aux emportements de la poésie lyrique.

Le seul grand nom de poète qui soit arrivé jusqu'à nous appartient à ce règne, et c'est celui de Pentaour. La seule grande œuvre poétique égyptienne est une épopée de cet écrivain fameux, racontant la victoire de Kadesch, et surtout l'épisode où Ramsès, trompé par de faux transfuges, tombe presque seul dans le gros de l'armée ennemie, et se sauve par des prodiges de valeur. Ce haut fait fut le *Passage du Rhin* du Louis XIV de l'Égypte. Les poètes le célébrèrent à l'envi; des monuments furent élevés pour en perpétuer la mémoire.

Nous possédons tout au long le poème de Pentaour, soit gravé sur les temples de Louqsor, de Karnak, d'Ipsamboul, soit sur le manuscrit hiératique que possède le British Museum. C'est une véritable épopée, au sens classique de ce mot, puisqu'on y voit survenir l'intervention des dieux. Le ton en est élevé, le style puissant, dramatique, imagé. C'est assurément une des meilleures œuvres de l'Égypte ancienne.

Musée de Boulaq.

FIG. 232. — STATUE EN GRANIT DE THOUTMÈS III.
(xviii° dynastie).

Ce souverain, le plus grand conquérant de l'Égypte, porta ses armes de l'Éthiopie et de l'Arabie méridionale à l'Euphrate et à l'Arménie.

Le point capital du récit poétique est l'apparition du dieu Ammon, dont le bras puissant s'étend au-dessus de Ramsès et le rend invincible. Cette intervention diminue, si l'on veut, le mérite du héros, mais elle est d'un grand effet dans le poème.

Nous choisirons, comme passage à citer, l'invocation de Ramsès à ce dieu, lorsqu'il se trouve seul au milieu de l'armée des Kétas:

« Qui es-tu donc, ô mon père Ammon? Est-ce qu'un père oublie son fils?

Ai-je donc fait quelque chose sans toi? N'ai-je pas marché et ne me suis-je pas arrêté sur ta parole? Je n'ai point violé tes ordres... J'ai rempli ta demeure

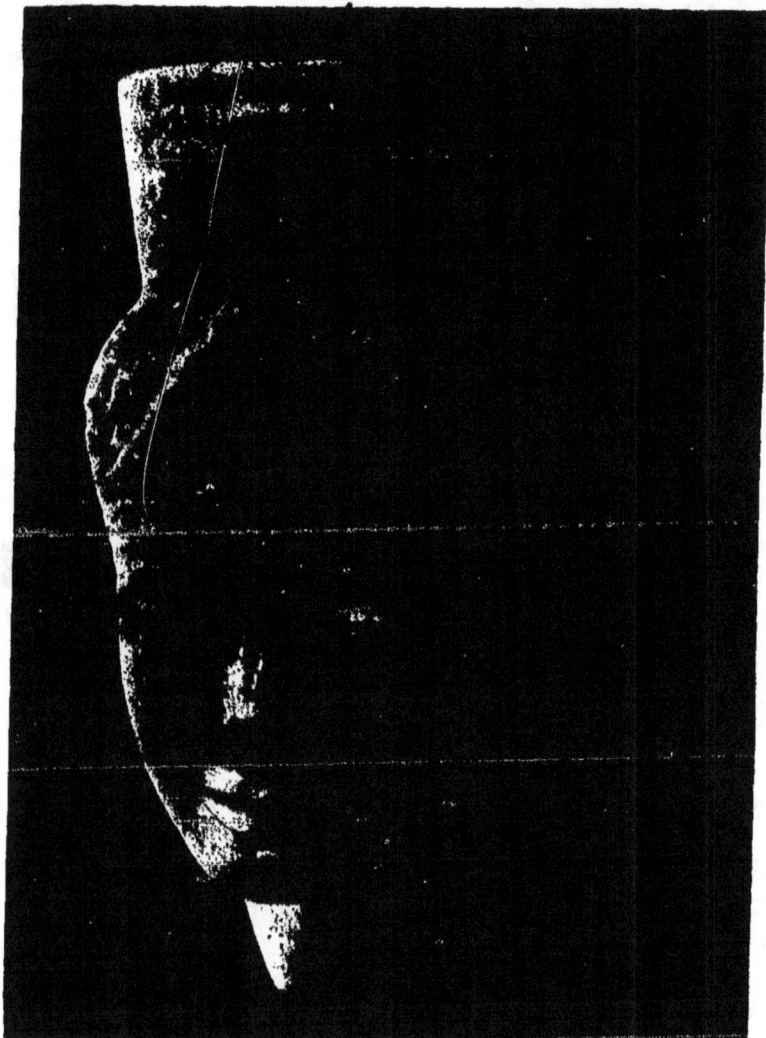

Musée de Boulaq.

FIG. 237. — LA REINE TAIA, FEMME D'AMÉNOPHIS III.
(XVIIIᵉ dynastie).

Cette tête remarquable, découverte à Karnak, est un des chefs-d'œuvre de la sculpture égyptienne il y a trente-cinq siècles.

sacrée de mes prisonniers; je t'ai bâti un temple pour des millions d'années, je t'ai donné tous mes biens pour tes magasins. Je t'ai offert le monde entier pour enrichir tes domaines... Certes, un sort misérable est réservé à qui s'oppose à tes desseins ! Bonheur à qui te connaît, car tes actes sont produits par un cœur plein d'amour. Je t'invoque, ô mon père Ammon ! Me voici au milieu de peuples nombreux et inconnus de moi. Mes nombreux soldats m'ont abandonné ; aucun de mes cavaliers n'a regardé vers moi ; quand je les appelais, pas un d'eux n'a écouté ma voix. Mais je pense qu'Ammon vaut mieux pour moi qu'un million de soldats, que cent mille cavaliers, qu'une myriade de frères ou de jeunes fils, fussent-ils tous réunis ensemble ! L'œuvre des hommes n'est rien, Ammon l'emportera sur eux. J'ai accompli ces choses par le conseil de ta bouche, ô Ammon ! et je n'ai pas transgressé tes conseils : voici que je t'ai rendu gloire jusqu'aux extrémités de la terre. »

Cette prière est éloquente ; on a du plaisir à la lire, bien qu'on ne puisse supposer aisément qu'elle se soit déroulée tout au long sur les lèvres d'un homme entouré d'ennemis et qui doit triompher promptement s'il ne veut pas mourir. Mais on pardonne ce manque de vraisemblance au poète en faveur du mérite littéraire de son invocation.

Avec le poème de Pentaour, l'œuvre la plus célèbre produite par la poésie lyrique en Égypte est l'*Hymne au Nil*, dont nous avons cité une partie en le comparant avec certains passages des *Védas*. Malgré l'admiration des égyptologues pour ce morceau, nous n'avons pu qu'en faire ressortir la froideur.

Il ne faut pas demander à l'Égypte le feu sacré, le délire poétique qui transporte un Job, un David, un Tyrtée, les sombres ou harmonieuses conceptions d'un Dante ou d'un Milton, ni même les brumeuses rêveries d'un Ossian. Dans la calme, paisible et uniforme lumière de l'Égypte, dans la monotonie de la vie réglée par l'exactitude des inondations, ne peuvent naître ni les bouleversements, ni la passion, ni le mystère, ni surtout la tristesse qui font les grands poètes. La mort seule pouvait prêter aux rêves par son obscurité et son incertitude, et l'Égypte trouva moyen de la rendre définie, tranquille et positive, comme la vie elle-même. Il n'y eut donc pas de poésie lyrique dans la vallée du Nil. La Muse ne chante que si elle sait pleurer. Les plus beaux chants s'éveillent souvent dans les larmes.

## § 8. — CONTES ET ROMANS

Il y a quarante ans à peine, on ne se doutait guère que l'Égypte eût produit des œuvres de pure imagination, qu'elle eût écrit des contes, et même des contes licencieux. Ce fut toute une révélation lorsque, en 1852, le propriétaire d'un papyrus acheté en Italie ayant prié M. de Rougé de le traduire, l'éminent savant tira du texte égyptien une aventure galante suivie d'événements fantastiques, un mélange du *Décaméron* et des *Mille et une Nuits*, qui bouleversa toutes les notions acquises sur l'austérité de la vieille Égypte.

Cette découverte fut rapidement suivie de plusieurs autres, et l'on est aujourd'hui certain que les bâtisseurs de tombeaux éternels et les contemplateurs de la mort qui vivaient sur les bords du Nil ne dédaignaient pas plus que les autres peuples un récit de piquante aventure, un beau conte héroïque et merveilleux, voire même à l'occasion un tableau grivois finement et crûment tracé dans ses moindres détails.

Nous avons déjà dit qu'en Égypte l'amour n'était pas une passion poétique, féconde en dévoûments sublimes et en crimes grandioses, et n'existait pas en dehors du mariage de raison ou du libertinage.

La facilité des mœurs y était poussée fort loin et s'étalait sans voiles. Nous l'avons prouvé par des faits divers et notamment par l'exemple, rapporté comme fort naturel, de cette fille du grand-prêtre de Bubaste à qui le fils du roi fait offrir dix pièces d'or pour passer une heure avec elle et qui lui donne aussitôt rendez-vous dans sa maison. L'aventure qui, au début n'est que légère, devient bientôt monstrueuse et tragique; le sang s'y mêle à l'orgie d'un festin, et le bruit des baisers à des râles d'agonie. Je ne crois pas qu'il soit possible de dépasser l'horreur du trait final où conduit pas à pas un entraînement voluptueux.

Ajoutons, avant de citer le conte curieux d'où est extrait le fait auquel nous faisions allusion à l'instant, que l'auteur lui-même recula sans doute devant l'abomination qu'il décrivait. Son héros se réveille innocent du cauchemar sanglant et sensuel. Il a pu mesurer seulement l'abîme où l'entraînait une imprudente obstination, et il consent ensuite à rendre un livre magique dont la possession pouvait le conduire à de semblables égarements.

Maintenant voici le récit, dont le lecteur doit, par l'artifice de l'écrivain, savourer toute l'horreur, ainsi que le héros lui-même, avant de se rendre compte que c'est là seulement la sinistre illusion d'un rêve.

Le prince Satni a suivi la belle Tboubouï dans sa maison. Écoutez la description raffinée du boudoir, du repas, des parfums. Cette fille de prêtre, qui se dit pure, est bien versée dans l'art des séductions savantes que connaissent les courtisanes :

« Satni suivit Tboubouï à l'étage supérieur de la maison qui était enduit d'un bariolage de lapis-lazuli vrai et de mâfek vrai *. Il y avait là plusieurs lits, tendus d'étoffes de lin royal, et de nombreuses coupes en or sur le guéridon. On emplit une coupe de vin, on la mit dans la main de Satni, et Tboubouï lui dit : Te plaise faire ton repas. Il lui dit : Ce n'est pas là ce que je sais bien. Ils mirent le vase sur le feu, ils apportèrent du parfum comme on fait dans le festin royal, et Satni se divertit avec Tboubouï, mais sans voir encore son corps. »

La scène de séduction commence alors. Et l'art de cette créature qui mène, degré par degré, l'homme qu'elle tient par le désir, jusqu'au plus épouvantable crime, est peint avec une habileté remarquable. Lorsqu'elle va lui demander un sacrifice plus grand que tous les autres, elle emploie l'artifice suprême. Elle se retire un instant, et revient presque nue, pour que la vue de ses charmes pousse jusqu'à la démence le désir exaspéré du prince. Il faut tout citer de cet étrange morceau.

Après le repas, que le jeune homme impatient trouvait déjà trop long, il dit à Tboubouï : « Accomplissons maintenant ce pourquoi nous sommes venus. »

Elle lui dit : « La maison où tu es sera ta maison. Mais je suis chaste, je ne suis pas une personne vile. S'il est que tu désires avoir ton plaisir de moi, tu me feras un écrit sous la foi du serment, et un écrit de donation pour argent des choses et des biens qui sont à toi. » Il lui dit : « Qu'on amène le scribe pour les rédiger. » On l'amena sur l'instant, et Satni fit faire pour Tboubouï

---

* Émail bleu verdâtre, émeraude ou turquoise.

Cliographie SILVESTRE & Cᵉ

### IPSAMBOUL (*Nubie*.)
## Statues colossales ornant la façade du temple souterrain de Ramsès.

Les colosses représentant le roi Ramsès II (Sésostris). Ils ont 20 mètres environs de hauteur. Le temple a été creusé dans le roc il y a 3,300 ans par les ordres de Ramsès II « fils du Soleil, aimé par Ammon-Râ, roi des Dieux », comme l'indique une inscription. On voit au-dessus du portail la figure du Dieu-Soleil, Râ à tête d'épervier.

un écrit sous la foi du serment, et un écrit de donation pour argent, de toutes les choses, tous les biens qui étaient à lui. Une heure passée, on vint annoncer ceci à Satni : « Tes enfants sont en bas. » Il dit : « Qu'on les fasse monter. » Thoubouï se leva, elle revêtit un voile de fin lin, et Satni vit tous ses membres au travers, et son désir alla croissant plus encore qu'auparavant. Satni dit à Thoubouï : « Que j'accomplisse à présent ce pourquoi je suis venu. » Elle lui dit : « La maison où tu es sera ta maison. Mais je suis chaste, je ne suis pas une personne vile. S'il est que tu désires avoir ton plaisir de moi, tu feras écrire tes enfants sur mon écrit, afin qu'ils ne cherchent point à disputer contre mes enfants au sujet de tes biens. » Satni fit amener ses enfants et les fit écrire sur l'écrit. Satni dit à Thoubouï : « Que j'accomplisse à présent ce pourquoi je suis venu. » Elle lui dit : « La maison où tu es sera ta maison. Mais je suis chaste, je ne suis pas une personne vile. S'il est que tu désires avoir ton plaisir de moi, tu feras tuer tes enfants, afin qu'ils ne cherchent point à disputer contre mes enfants au sujet de tes biens. » Satni dit : « Qu'on me fasse le crime dont le désir t'est entré au cœur. » Elle fit tuer les enfants de Satni devant lui, elle les fit jeter en bas de la fenêtre aux chiens et aux chats, et ceux-ci en mangèrent les chairs, et il les entendit pendant qu'il buvait avec Thoubouï. Satni dit à Thoubouï : « Accomplissons maintenant ce pourquoi nous sommes venus ; car

Musée du Louvre.

FIG. 231.

VASE DESTINÉ A ENFERMER CERTAINES PARTIES DES ENTRAILLES DES MORTS.

(XIXᵉ dynastie).

tout ce que tu as dit devant moi, on l'a fait pour toi. » Elle lui dit : « Rends-toi dans cette chambre. » Satni entra dans la chambre, il se coucha sur un lit d'ivoire et d'ébène, afin que son amour reçût récompense, et Thoubouï se coucha sur le rebord. »

Certes si les courtisanes égyptiennes étaient toutes aussi implacables, savantes et sûres d'elles-mêmes ; si elles réunissaient, avec le pouvoir de leurs charmes, les attraits d'un luxe à la fois raffiné et splendide, les murs de lapis-lazuli et d'émeraude, les vêtements de fins tissus brodés, les lits d'ivoire et d'ébène ; si elles joignaient à tout cela cet âpreté d'intérêt, cette férocité, cette lenteur de tactique, certes on comprend le conseil que le sage scribe Ani adressait à son fils :

« Ne suis point les femmes ; ne leur laisse pas prendre ton cœur... L'homme commet toutes sortes de crimes pour cela seul. »

S'il est un type connu, ressassé depuis l'origine du monde, banal, surtout à notre époque de romans réalistes, c'est bien celui de la courtisane-vampire, de la dompteuse d'hommes, de la créature effrayante et séduisante dont les mères ont peur, qui prend l'adolescent au seuil de la vie, et qui en fait sa chose, qui ne le lâche plus, qui le mène de degré en degré, jusqu'au dernier point de la dégradation, jusqu'au crime parfois, tuant sa volonté sous des caresses, étouffant sa liberté sous des baisers.

Mais jamais plume n'a dessiné plus terrible et charmant portrait que celle du scribe égyptien qui peignit Thoubouï traversant le parvis du temple de Phtah, « fort belle, car il n'y avait femme qui l'égalât en beauté, et de plus couverte d'or. »

Comme nous la voyons bien, la charmeuse, à la démarche souple, aux yeux longs et sombres, à la menteuse pudeur. Le fils du roi l'a regardée, et elle a surpris ce regard. Elle n'est pas étonnée qu'un écuyer court après elle et lui offre dix pièces d'or. Elle ne se révolte pas contre l'affront, ni même contre la modicité insultante de la somme. Elle accepte le rendez-vous. Elle sait bien qu'il n'a qu'à venir, et qu'elle aura tout, qu'elle saura tout lui prendre, sans indignation, sans violence, en restant douce et chaste, tout, jusqu'au dernier de ses trésors, jusqu'à la vie de ses enfants, jusqu'aux atroces tressaillements de son cœur de père, qu'il comprimera sous le tendre regard implacable, en entendant crier les os de ses fils sous les dents des chiens immondes.

Comme nous la voyons alors, l'Égyptienne, posant ses rouges lèvres épaisses au bord de la coupe d'or, et regardant de côté avec sa prunelle de velours impérieuse et douce, pour voir si sa victime ose reposer en tremblant sa propre coupe sans la vider. Et comme nous devinons le mouvement hâtif du malheureux qui s'empresse de boire pour ne pas déplaire à celle qu'il veut posséder à tout prix. Les chiens mangeaient les chairs de ses enfants, « et il les entendait, ajoute l'auteur du conte, pendant qu'il buvait avec Tboubouï. »

Sans doute le mythe est horrible, mais il est d'une perfection achevée; on sent, lorsqu'on le lit — et c'est le comble de l'art — le charme invincible de la femme malgré le dégoût de son atrocité. Elle a le calme serein d'une force irrésistible et consciente. Avec quelle douceur elle répète toujours la même phrase monstrueuse d'hypocrisie : « Je suis chaste. » On est sûr qu'elle devait le paraître, et que ses rougeurs, ses longs cils baissés, devaient affoler l'amant par leur contraste avec la sensualité diabolique et la nudité hardie de son corps bestial et splendide. Que sont les Laïs et les Phryné auprès de cette créature parfaite dans la beauté comme dans l'horreur. Je ne connais que Dalila capable de lui être comparée. Mais la Juive hésite et s'y reprend à trois fois pour accomplir son crime. L'Égyptienne n'a pas ces lâchetés vaines. Elle marche droit à son but, silencieuse et impitoyable, comme le Destin.

Tous les romans égyptiens n'ont pas de ces types qui méritent l'immortalité. Tboubouï sera plus connue, un jour, quand on aura rendu harmonieux son nom barbare, et qu'un peintre de génie la mettra sur quelque toile, étincelante, sensuelle et mystique, comme une sœur de Salomé.

Le seul conte qui pourrait avec le précédent devenir populaire en Europe, s'il ne l'était déjà, c'est celui des *Deux Frères*, qui semble une simple version de l'aventure de Joseph avec la femme de Putiphar. Le récit hébreu effacera toujours celui-là, car il est infiniment plus naturel et plus touchant dans ses détails.

Les contes égyptiens connus jusqu'à présent ont été réunis dans un volume. Nous y renvoyons le lecteur. Ce que nous avons dit dans le premier paragraphe de ce chapitre s'appliquait tout particulièrement à cette branche de la littérature égyptienne. Nous ne répéterons donc point ici notre appréciation. Nous avons détaché de ces contes le type de Tboubouï, parce qu'il nous semble dépasser la valeur d'un portrait local et mériter une place dans la galerie des symboles immortels.

FIG. 235. — PTAH, DIEU SUPRÊME DE MEMPHIS.
Bronze remontant probablement à la xxvie dynastie.

# CHAPITRE IX

## L'ARCHITECTURE ÉGYPTIENNE

### § 1ᵉʳ.

#### CARACTÈRES GÉNÉRAUX
#### DE
#### L'ARCHITECTURE ÉGYPTIENNE

L'architecture de l'Égypte est la plus grandiose et en même temps la plus durable du monde.

L'énormité, la stabilité, sont les deux caractères qui d'abord frappent le voyageur, soit qu'il contemple les pyramides, soit qu'il s'arrête au pied des pylônes, qu'il voie se dresser dans le désert les colosses de sphinx et de rois, ou bien encore qu'il erre parmi les fûts monstrueux des colonnes, dans le demi-jour et le silence des salles hypostyles.

A ce double point de vue, l'architecture égyptienne est bien l'émanation directe, l'expression fidèle de l'âme du peuple qui l'a créée. Ce peuple, en effet, plus que tout autre, fut préoccupé des choses éternelles. Pour lui, la vie terrestre avait moins d'importance que l'immortalité future, le corps que l'esprit impérissable dont il est animé, et la maison que le tombeau.

« Les Égyptiens, » dit Diodore de Sicile, « appellent les demeures des vivants des hôtelleries, parce qu'on y demeure peu de temps; les tombeaux, au contraire, ils les appellent « des maisons éternelles. » Voilà pourquoi ils ont peu de soin d'orner leurs maisons, tandis qu'ils ne négligent rien pour la splendeur de leurs tombeaux. »

L'architecture funéraire fut de beaucoup la plus importante dans la vallée du Nil. C'est elle qui nous a laissé le plus grand nombre de monuments et les monuments les plus propres à braver l'effort des siècles. C'est à elle qu'appartiennent ces mystérieuses Pyramides, sépulcres gigantesques construits, suivant l'expression de Diodore : « en pierres dures, difficiles à tailler, mais dont la durée est éternelle. »

« Toutes choses craignent le temps, mais le temps craint les Pyramides », a dit un écrivain arabe du XIIIe siècle.

Cette forme de la pyramide, qui tout de suite apparaît à l'esprit dès qu'on évoque les œuvres de pierre qui se dressent sur les rives du Nil, est bien la conception fondamentale

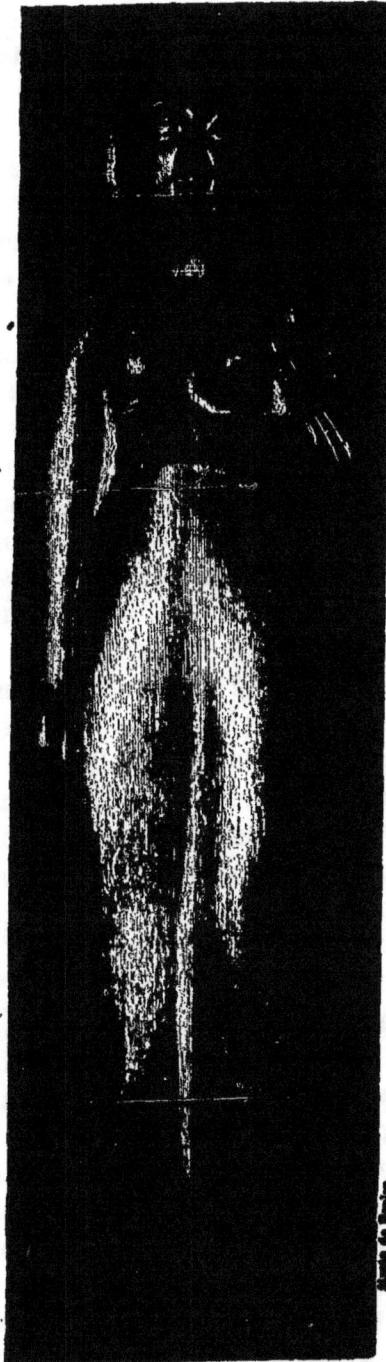

Le Louvre possède un moulage de cette statue dont l'original est au musée de Boulaq, au Caire.

Phot. de Boulaq.

FIG. 230. — AMÉNIRITIS, PRÊTRESSE D'AMMON REINE ÉGYPTIENNE DE LA XXVe DYNASTIE.

et typique du génie architectural égyptien. Partout on en retrouve les simples lignes, l'assise puissante, la hauteur médiocre comparativement à la base, l'inclinaison des plans en talus. Même dans la somptueuse Thèbes, au moment où l'imagination effrénée multiplie les colonnes, aligne les sphinx, dresse les obélisques, fait vivre les murs sous le frémissement des peintures héroïques, prodigue les colosses de granit, les statues d'or et d'ivoire, et découpe les chapiteaux en mille formes gracieuses de feuillages et de fleurs, même alors, dans les lignes fuyantes des pylônes, dans la surface légèrement oblique et dénuée d'ouvertures et d'ornements des murs extérieurs, on reconnaît l'austère idéal des anciens âges, la majesté de l'ensemble obtenue par les mêmes plans et les mêmes lignes rigides et pures, la stabilité formidable du monument trapu assis puissamment sur son énorme base; on éprouve la sensation d'écrasement, produite par la gigantesque Pyramide qui servit de sépulcre à Khéops; et parfois on constate au sommet d'un obélisque ou d'un autel, la copie même de la Pyramide, dont la silhouette étrange et symbolique hanta toujours le cerveau de l'architecte égyptien, même à ses heures d'indépendance et de fantaisie.

La solidité extraordinaire des constructions égyptiennes est due principalement à leurs dimensions, beaucoup plus étendues en largeur qu'en hauteur; elle tient aussi à la nature des matériaux employés. Bien que le bois et la brique fussent d'un usage constant dans la vallée du Nil, les monuments les plus importants étaient surtout construits en admirable pierre calcaire, tirée de la double chaîne arabique et libyque, en granit venu des carrières du sud, en grès, en albâtre, en minéraux résistants et durs, taillés en blocs énormes, et qui ne pouvaient s'altérer ou s'effriter dans la sécheresse d'un climat éminemment conservateur.

Une autre raison de l'immutabilité des constructions égyptiennes, c'est l'équilibre parfait de leur appareil. Des couvertures horizontales reposant sur des supports verticaux, tels en sont les seuls éléments et la seule disposition. La pesanteur des architraves ne faisant que consolider le mur ou le pilier perpendiculaire qu'elles pressent de haut en bas, il n'existe dans l'édifice aucune cause de désordre ou de ruine, aucune chance de destruction, et il ne peut s'écrouler que sous la violence des tremblements de terre ou sous l'effort acharné des hommes. L'obliquité des surfaces extérieures, en étendant la base, ajoute à la sécurité du monument, et donne à l'ensemble cette expression d'éternité qui s'impose tout d'abord au voyageur. Les lignes à la fois légères et hardies, les courbes audacieuses, les grêles minarets, les clochers aigus élancés dans le vide de l'espace, sur le chemin de la foudre et des vents, restèrent inconnus avant les invasions arabes. On y construisit la voûte, mais rarement et seulement dans les monuments dont la durée était indifférente, maisons particulières, magasins, greniers; et encore, presque toujours, cette voûte n'était qu'une fausse voûte, formée de blocs taillés en encorbellement, et dont les joints restaient horizontaux.

Il est vrai que cette incomparable solidité qui nous étonne dans les constructions égyptiennes, et qui frappait déjà Diodore, Hérodote et Strabon, n'était pas recherchée et obtenue pour tous les ouvrages d'architecture. Les maisons particulières, les palais eux-mêmes, n'étaient pas construits avec un tel souci de leur indestructibilité ; et la preuve en est que pas un seul de ces monuments n'a subsisté jusqu'à nous. Ce que les Égyptiens voulaient faire éternel, c'étaient les temples et les tombeaux : les premiers parce qu'ils formaient comme des prières de pierre, comme des formules magiques, comme des actes perpétuels d'adoration, qui, tant qu'ils subsistaient, rendaient le dieu favorable ; les seconds parce qu'ils protégeaient la momie, les statues des morts, parce qu'ils étaient la demeure du *double*, le refuge de l'âme sur la terre, et parce que leur hôte muet ne pouvait périr tant que ses restes subsistaient inviolés dans la profondeur du sépulcre.

Quant aux habitations des vivants, peu importait qu'elles fussent massives et durables. C'est en elles, au contraire, que l'Égyptien déploya le peu de fantaisie légère et capricieuse qu'il sut mettre dans son architecture. Les peintures des hypogées nous montrent de fraîches et gracieuses demeures, aux élégants péristyles formés par des colonnettes de bois minces et épanouies au sommet comme des tiges de plantes, aux plafonds couverts d'entrelacs et de méandres, aux murs incrustés de malachite et de lapis, aux vérandahs ombragées de tentures flottantes, aux cours égayées par des corbeilles de fleurs, par des dallages éclatants et par le bruissement des jets d'eau.

Telles étaient du moins les demeures des riches. Quant à celles des pauvres, leur simplicité était extrême ; quatre murs en pisé, une ou deux pièces pour serrer les provisions, une cour où la famille couchait en plein air, quelquefois pas même une ouverture au toit pour laisser passer la fumée, et la cuisine établie également au dehors. Telle est encore la hutte du fellah moderne dans la Haute-Égypte.

Nous ne pouvons donc pas, surtout dans un résumé si succinct, nous occuper de l'architecture civile, qui n'offrit en Égypte rien de caractéristique, sinon une adaptation bien naturelle aux besoins d'un climat très chaud. Quant à l'architecture militaire, elle fut assez remarquable, mais ne sortit pas non plus des caractères généraux que l'on retrouve dans la construction des remparts et des forteresses de tous les temps et de tous les pays. La grande inclinaison des murs, qui rappelle pourtant, là encore, la pente fuyante des Pyramides, rendait difficile l'application d'échelles pour l'escalade ; les tours étaient couronnées de créneaux, les avant-murs entourés de fossés. Les ouvertures se montraient rares et très espacées; les portes donnaient accès à des couloirs qui circulaient dans l'épaisseur des murailles en détours pleins de périls pour l'ennemi qui parvenait à s'y engager.

Bien que l'art des fortifications ait été poussé loin en Égypte, aucune de ses forteresses ne se montra imprenable, et presque toutes furent détruites par les nombreux envahisseurs. C'est dans l'ancienne ville forte d'Abydos que subsistent les seuls débris importants de l'architecture militaire. Pas plus d'ailleurs que l'architecture civile, elle ne peut exprimer le génie spécial du peuple égyptien. C'est comme nous l'avons dit dans les temples et dans les tombeaux qu'il faut étudier l'âme de la vieille Égypte.

C'est donc là seulement que nous la chercherons, au pied de ses autels et dans la profondeur de ses sépulcres. Nous décrirons dans leurs grandes lignes, les temples et les tombeaux de l'Ancien, du Moyen et du Nouvel Empire, en faisant ressortir les transformations que, malgré  apparence d'immutabilité, l'architecture égyptienne a subies à travers les siècles.

## § 2.

### ARCHITECTURE DE L'ANCIEN EMPIRE

Il ne reste en Égypte qu'un seul temple de l'Ancien Empire; c'est celui qu'on appelle le *Temple du Sphinx*, à cause de sa proximité du mystérieux colosse. M. Mariette, qui l'a découvert et déblayé en partie, resta persuadé qu'il était consacré en effet à la gigantesque idole, et qu'en fouillant le sable qui l'en sépare, on trouverait peut-être des avenues reliant le dieu à son sanctuaire.

C'est le monument le plus ancien du monde. Par la simplicité de son architecture, il constitue le trait d'union entre les constructions mégalithiques et l'architecture proprement dite. Les anciens Égyptiens le faisaient remonter plus haut encore que l'Ancien Empire. Une inscription datant du règne de Khéops, marquait qu'on l'avait découvert au temps de ce prince, en creusant le sol, et qu'il était par conséquent déjà fort antique à cette époque. On l'attribuait, ainsi que le Sphinx, aux *Schesou-Hor*, aux ancêtres, instruits par les dieux, qui, bien avant Ménès, avaient établi la civilisation dans la vallée du Nil.

FIG. 217. — STATUE DE BRONZE D'UN PERSONNAGE NOMMÉ NÉSOU.

Cette statue est originaire de Dahchie. On avait d'abord cru pouvoir la faire remonter à l'Ancien Empire, mais elle est vraisemblablement contemporaine du commencement de la XXVᵉ dynastie. Son style archaïque n'était qu'une imitation à la mode chez les artistes de cette époque comme il est et à la mode aujourd'hui de copier des meubles du temps de Louis XIII.

Musée du Louvre.

Les murs extérieurs de ce mystérieux édifice ne sont déblayés qu'en dedans et s'appuient encore de tous côtés contre le sable dont ils furent jadis envahis. Ils sont formés d'énormes masses de pierre calcaire. A l'intérieur du temple se dressent les piliers carrés qui soutenaient le plafond, et qui supportent encore plusieurs blocs posés horizontalement et formant architraves. Piliers et architraves sont en granit et en albâtre.

Le plan général du temple est d'une simplicité extrême; mais ses grandes lignes imposantes, la beauté et l'énormité des matériaux qui le composent, ne laissent pas d'impressionner vivement l'imagination, surtout lorsque à son aspect grandiose se joint la pensée de sa prodigieuse antiquité.

Il est d'ailleurs extrêmement intéressant comme point de départ de l'architecture religieuse en Égypte. Dans ce sanctuaire primitif, nous découvrons déjà tous les éléments que nous retrouverons plus tard dans les temples merveilleux du Nouvel Empire. Les lourds piliers carrés deviendront les colonnes élégantes et altières, mais elles soutiendront toujours le même système de plates-bandes horizontales; les salles auront souvent encore cette disposition en forme de T, et se creuseront de profonds réduits, fermés à toute lumière, comme on en voit dans le temple du Sphinx.

Après cet édifice et le colosse auquel il paraît avoir été consacré, c'est la pyramide à gradins de Saqqarah qui est le plus vieux monument de l'Égypte. Les grandes Pyramides de Giseh semblent presque jeunes auprès de ces constructions dont on renonce à déterminer l'antiquité formidable.

Avant de décrire les Pyramides, l'œuvre capitale de l'Ancien Empire, nous dirons à quel point était alors parvenue l'architecture funéraire, à laquelle elles se rattachent.

Le type du tombeau sous les premières dynasties, est ce qu'on appelle le *mastaba*. C'est un monument offrant l'aspect d'une pyramide tronquée à base rectangulaire, dont la longueur et la profondeur varient, mais dont la hauteur ne dépasse généralement pas six à huit mètres. Les quatre faces en sont planes, sans aucun ornement ni aucune ouverture, si ce n'est une porte du côté de l'est. Le mastaba est toujours très exactement orienté, présentant chacune de ses faces à l'un des quatre points cardinaux et ayant son grand axe dans la direction nord-sud.

C'est sur la rive gauche du Nil, à la hauteur de la pointe du Delta, que s'étendait la nécropole de Memphis, peuplée des tombes de l'Ancien Empire. Ce cimetière, le plus vaste du monde, couvrait, sur une longueur de plusieurs lieues, un plateau formé par les dernières ondulations de la chaîne Libyque. Autour des grandes Pyramides, asile des momies royales, se pressaient les mastabas, plus ou moins grands suivant la fortune du mort, régulièrement alignés, séparés par des allées, comme les quartiers d'une ville. Les déblaiements opérés depuis le commencement de ce siècle en ont mis au jour des centaines; et, du haut de la Pyramide de Khéops, on en peut deviner des milliers d'autres dont la forme géométrique soulève le sable en monticules symétriquement espacés.

L'aspect de cette ville des morts sur laquelle tournait, aux différentes heures du jour, l'ombre immense des pyramides, devait être, dans sa monotonie, plein de mélancolique grandeur. Aux époques des grandes fêtes funéraires, il s'animait de la foule empressée des parents apportant les offrandes, des processions conduites par les prêtres, des chants funèbres, des lamentations des pleureuses, et des cris des victimes amenées pour le sacrifice. Le bruit de la vie emplissait un instant ces avenues muettes, habituellement enveloppées par le double silence du désert et de la mort.

Mais ce qui nous offre, encore aujourd'hui, le plus d'intérêt dans l'antique nécropole, ce n'est pas le souvenir des cérémonies fastueuses, ni même l'étrange physionomie de ces rues bordées par les blancs mastabas, c'est bien plutôt le secret que cachaient ces tombes si simples et si bien fermées, c'est leur construction intérieure, ce sont les témoins des anciens âges, statues, peintures, inscriptions, qu'elles ont gardées pendant des siècles, grâce à l'ingénieuse sollicitude qui les fortifiait comme des citadelles, qui les scellait comme des coffre-forts, qui épaississait leur enveloppe de pierre et les rendait propres à braver tous les efforts du temps et toutes les profanations des hommes.

L'intérieur d'un mastaba comprenait trois parties essentielles : la chapelle, le couloir ou *serdab*, et le caveau.

De ces trois divisions, la chapelle seule restait accessible aux vivants. C'était la pièce dans laquelle on se trouvait lorsqu'on avait franchi le seuil du mastaba. Les parents s'y rassemblaient à certains anniversaires pour y réciter les prières des morts, et y déposer les offrandes, les provisions destinées à entretenir l'existence du *double*. C'était pour ainsi dire la salle de réception de ce double, être intermédiaire entre le corps et l'âme, véritable habitant du tombeau, dans lequel il subsistait tant que la momie n'était pas détruite.

On voyait dans la chapelle deux objets importants : la stèle et la table d'offrandes. La stèle, fixée dans une espèce de niche en face de l'entrée, portait le nom, les fonctions, les qualités, souvent la biographie tout entière du mort. La table d'offrandes consistait en un bloc de granit ou d'albâtre, dont la surface supérieure, creusée de compartiments et de rainures, recevait les aliments qui devaient former la nourriture du double. Parfois l'on dressait, à droite et à gauche de cette table, deux petits obélisques.

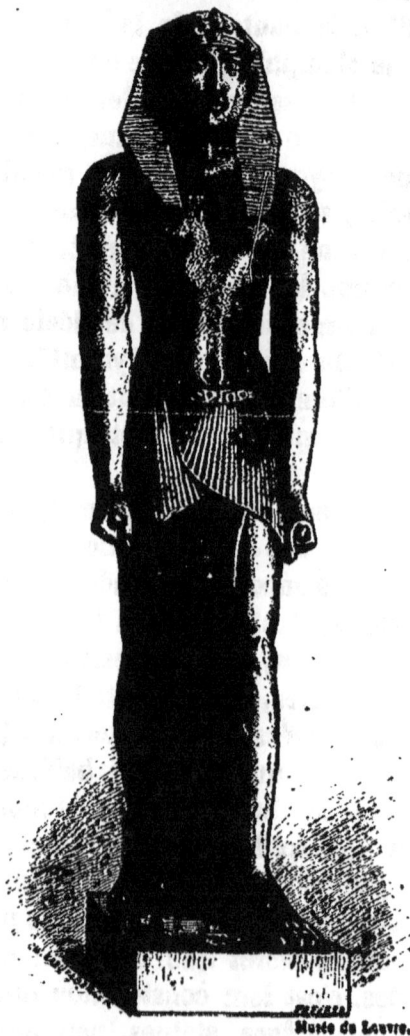

FIG. 238. — PSAMMÉTIK II.
(XXVIᵉ dynastie).

Une grande partie de cette statue est due à une restauration moderne.

Pendant les premières dynasties, les murs de la chapelle des mastabas demeurèrent dépourvus de tout ornement. Puis on commença à les couvrir de peintures représentant des scènes de la vie privée. Ce sont ces précieux tableaux qui nous font connaître, dans ses moindres détails, la civilisation égyptienne, déjà très développée à cette époque lointaine.

Les parents du défunt, qui faisaient exécuter ces peintures, y attachaient une signification superstitieuse. Représenter le mort dans tous les actes de sa vie, allant, venant, mangeant, travaillant, c'était lui rendre l'existence ainsi dépeinte, prolonger pour lui le pouvoir d'accomplir les actions ainsi figurées. Comme il était réduit

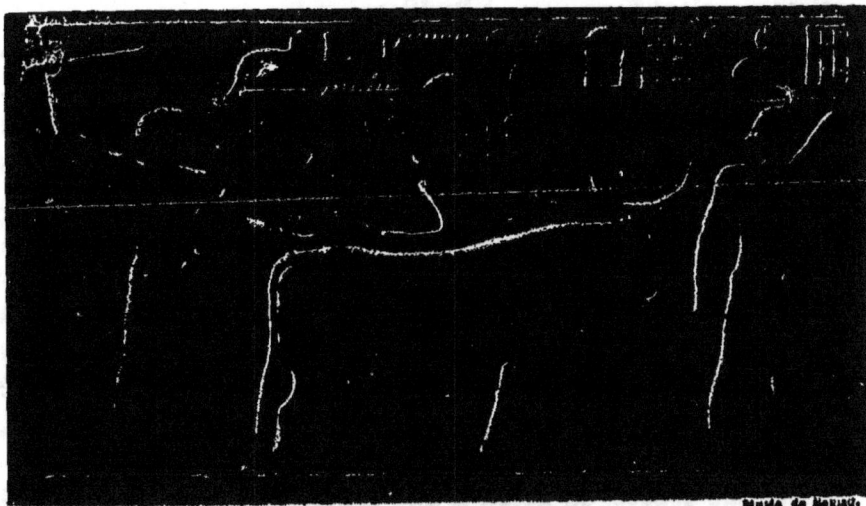

FIG. 239. — BAS-RELIEF DE LA V<sup>e</sup> DYNASTIE.

Après avoir terminé avec la gravure précédente la série des plus remarquables statues égyptiennes, nous commençons la reproduction d'une suite de bas-reliefs égyptiens depuis l'époque des Pyramides jusqu'à la fin de la période grecque. Ainsi que pour les statues, les bas-reliefs les plus anciens sont bien souvent les meilleurs. On peut en juger par la photogravure ci-dessus. Le bas-relief qu'elle représente a 6000 ans d'existence. Il serait difficile à un artiste moderne de mieux rendre la forme et le mouvement d'un animal.

à l'état d'ombre, il pouvait se contenter d'ombres de serviteurs, d'ombres d'aliments, d'ombres de meubles et d'instruments. Les peintures lui rendaient tout cela.

Ce double, dont il était si important de soutenir l'existence par toutes sortes de simulacres et de symboles, ne pouvait subsister qu'aussi longtemps que la momie demeurait intacte. Aussi allons-nous voir les précautions extraordinaires prises pour défendre cette momie contre toute les chances de destruction possibles.

Toutefois, au cas même où le corps périssait, des statues du défunt pouvaient encore jouer son rôle et soutenir la vie du double.

Aussi avait-on soin de placer plusieurs de ces statues dans les tombes. Moins bien gardées que la momie, elles étaient pourtant mises sous la protection de bonnes murailles et enfermées dans une sorte de corridor appelé le *serdab*. Ce corridor n'avait aucune communication avec le dehors, sauf parfois un étroit boyau, où l'on pouvait à peine engager la main, et qui débouchait dans la chapelle. Par cette petite ouverture, le double pouvait entretenir quelques relations avec les vivants, et entendre les prières que les prêtres venaient murmurer à l'orifice.

Jamais, dans les tombes de l'Ancien Empire on ne trouve d'inscriptions ou de peintures sur les parois du serdab ni du caveau. Elles cessent dès qu'on quitte la chapelle pour pénétrer plus avant.

La troisième et la plus importante partie du mastaba était le caveau. Il contenait le sarcophage, de granit rose, de calcaire bleu ou de basalte noir, dans lequel était enfermée la momie. Ce caveau, creusé tout au fond de la tombe et parfois dans le roc même sur lequel elle reposait, se trouvait toujours situé dans l'axe vertical du monument et formait le fond d'un puits carré qui venait aboutir au milieu même et au sommet du mastaba. Lorsque le corps avait été descendu et mis en place, on remplissait le puits de blocs de pierre, de moellons, de sable, sur lesquels on versait de l'eau et qui formaient une espèce de béton d'une excessive dureté. On comblait absolument la cavité, dont on dissimulait souvent l'orifice supérieur en dallant la plate-forme du tombeau. Cette plate-forme ne portait aucun ornement, sinon parfois des vases de terre ou d'albâtre plus ou moins enfouis dans la maçonnerie.

En dehors du sarcophage, on n'a rien retrouvé dans les caveaux de l'Ancien Empire, sinon des chevets d'albâtre, sur lesquels le *double* pouvait appuyer sa tête fatiguée, et des ossements provenant des quartiers de bœufs offerts en sacrifice au moment de l'ensevelissement.

Le plan du mastaba, tel que nous venons de le tracer rapidement, n'était pas toujours aussi simple.

Les morts de qualité, les grands personnages, montraient un grand luxe dans l'aménagement de leurs demeures éternelles. La porte s'ouvrait parfois derrière une sorte de péristyle formé de deux ou quatre piliers carrés; ou bien elle était surmontée d'un linteau

artistement sculpté. Au lieu d'une seule chapelle, il y avait plusieurs chambres funéraires, aux parois couvertes de riches peintures ou même de figures en relief. Le serdab se ramifiait en
plusieurs corridors. Le caveau lui-même, appartement particulier
de l'âme, se creusait plus profond, plus caché, renfermait un sarcophage plus somptueux.

Parmi les plus belles tombes privées de l'Ancien Empire, on
peut citer celle de Ti, celle de Phtahotep, qui nous ont conservé en
fait de peintures et de sculptures les chefs-d'œuvre de l'Ancien
Empire.

Mais les plus parfaits, les plus achevés des mastabas ne pouvaient rivaliser avec les monuments funéraires des rois, avec
ces formidables Pyramides, qui dominaient de si haut les milliers
d'uniformes monticules rassemblés dans la ville des morts, comme
la majesté du Pharaon lui-même planait au-dessus de son peuple
et confondait les têtes les plus altières et les plus humbles de la
foule dans une même égalité servile.

Pour avoir entrepris la construction de ces monuments gigantesques, il fallait avoir à sa disposition, par centaines de milliers,
les seuls instruments mis alors en usage, c'est-à-dire les bras
humains. C'est à la force des bras, aidés des machines les plus
élémentaires, que furent accumulés, dans leur ordre symétrique,
les millions de mètres cubes de pierre qui composent la grande
pyramide de Khéops. Cent mille ouvriers, se relayant tous les trois
mois y travaillèrent pendant plus de vingt ans.

Lorsque le Pharaon faisait commencer son tombeau, il dépeu-
plait d'un coup toute une province, dont les habitants, artisans,
ouvriers, agriculteurs, quelle que fût leur profession, étaient enrégi-
mentés sous les ordres des architectes et des ingénieurs royaux. Les
vieillards, les enfants venaient aussi, s'occupant aux travaux moins
pénibles, gâchant le mortier, emportant les déblais, servant les
maçons. Lorsque la première troupe était épuisée, décimée par la
fatigue du labeur terrible sous un ciel brûlant, ou par les brutalités
des contremaîtres, on la renvoyait à ses villages, et l'on recrutait
les habitants d'un autre nome.

Toutes les gigantesques constructions de l'Égypte, pyramides,
canaux, digues, souterrains et temples, furent exécutées de cette

façon. Plus tard on y employa les prisonniers de guerre, les esclaves hébreux, et l'on se rappelle que l'exode de Moïse et de son peuple fut provoquée par l'excès des travaux et des mauvais traitements.

Bien entendu il n'était pas question de salaire pour les manœuvres qui exécutaient ces formidables corvées; on les nourrissait seulement. Hérodote et Diodore racontent que les frais de cette nourriture se lisaient inscrits sur l'une des faces de la grande Pyramide. Elle portait « une inscription indiquant les dépenses en légumes et en raves consommés par les ouvriers, et ces dépenses se sont élevées à plus de mille six cents talents » (huit millions huit cent mille francs.)

Un roi, en arrivant au trône, commençait la construction de sa pyramide, et l'œuvre allait s'agrandissant toujours par l'addition de couches extérieures, à la façon de l'aubier des arbres, aussi longtemps que le règne durait. Les pyramides dont la masse est la plus considérable appartiennent aux règnes les plus longs. Khéops, qui fit exécuter la merveille du genre, haute de 137 mètres et ayant 227 mètres de côté à la base, régna cinquante-six ans. Sa grande Pyramide n'a plus tout à fait la hauteur qu'il lui donna; cela tient à ce que la pointe du sommet a été détruite ainsi que le revêtement extérieur. Telle qu'elle apparaît encore au voyageur, avec ses deux moindres sœurs, les Pyramides de Khéphren et de Mykérinus, elle produit encore un effet frappant, bien que très inférieur, d'après nous, aux descriptions enthousiastes des voyageurs. Il n'y a pas, assurément, de beauté proprement dite dans ces collines artificielles. Notre œil ne goûte pas à les contempler le plaisir que lui procure l'harmonie délicieuse et les détails délicats d'un temple grec. Mais l'esprit voit tout d'abord dans un objet sa signification, et il ne peut le trouver gracieux ou laid en dehors d'elle. Or, la physionomie des Pyramides, ce qu'elles représentent, ce qu'elles expriment dans leurs grandes lignes simples, est infiniment supérieur au pittoresque de leur aspect. L'effroyable effort dont elles sont le résultat, le nombre immense de siècles qu'elles ont vus fuir et qu'elles ont bravé dans leur impassibilité formidable; l'espèce de tranquille orgueil qu'elles respirent, si l'on peut s'exprimer ainsi; et aussi leur destination funéraire, leur situation sur le bord du désert infini, tant d'idées différentes qu'elles éveillent leur prêtent une puissance évocatrice qui ébranle notre âme et fait naître en nous toute une série de sensations.

Cependant au point de vue purement esthétique, la forme d'une pyramide n'offre rien de bien attrayant pour l'imagination, et les Pharaons qui ont fait élever celles du plateau de Gizeh ne comp-

Musée de Boulaq.

FIG. 240. — BAS-RELIEF FUNÉRAIRE DE L'ANCIEN EMPIRE.

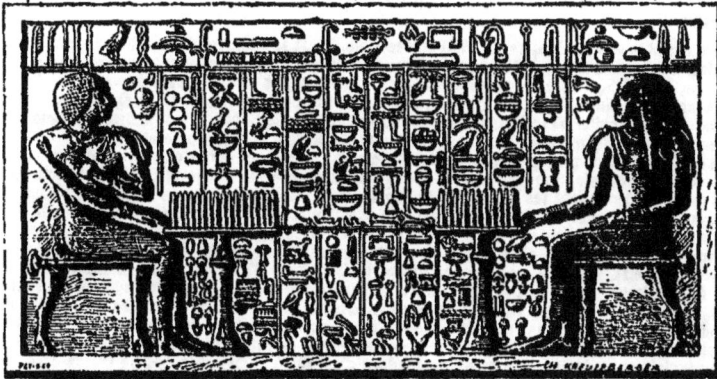

Musée de Boulaq.

FIG. 241. — BAS-RELIEF FUNÉRAIRE DE L'ANCIEN EMPIRE.

Devant les deux personnages assis sont des tables d'offrandes qui sont supposées garnies de tous les objets énumérés dans l'inscription hiéroglyphique.

taient certainement pas faire œuvre d'art. Leur but était de préparer à leur momie une cachette inviolable, un indestructible abri.

Les pyramides des rois ne sont autre chose, en effet, que les mastabas des particuliers, achevés et développés suivant des proportions dignes de leurs hôtes. On retrouve dans leur profondeur les mêmes replis tortueux du *serdab* ou galerie, et le même caveau profond, obscur, inaccessible. La chapelle seule était supprimée. Car il ne fallait pas laisser à la pyramide une seule ouverture qui, après avoir servi aux fidèles, s'offrirait, dans un jour de trouble, aux profanateurs ou aux étrangers. La chapelle des pyramides

royales était construite à une petite distance et en dehors, comme
le prouvent les ruines retrouvées.

Quant à la pyramide elle-même, elle était entièrement couverte
d'un revêtement, qui effaçait les degrés de ses assises, rendait lisses

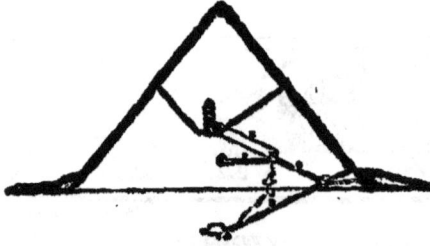

FIG. 249. — PLAN DE L'INTÉRIEUR DE LA GRANDE PYRAMIDE.

Voici, d'après Mariette, à qui j'emprunte également la figure ci-dessus, la description de l'intérieur de
la grande Pyramide :

« A est une chambre souterraine, aujourd'hui inaccessible. B est la chambre de la reine, appellation qu'aucune
tradition ne justifie. C est la chambre dite du roi. D est un palier interrompu par deux coulisses, dans lesquelles on
a dû faire glisser, autrefois, c'est-à-dire au moment où la momie royale venait d'être déposée dans le sarcophage,
les deux blocs massifs destinés à boucher hermétiquement l'entrée de la chambre. E, F, G, H sont des couloirs de
communication. I est un palier dans lequel débouche le conduit pratiqué par le calife Amrou quand il essaya de
violer la pyramide. J est le puits mystérieux qui a si fort exercé la sagacité des explorateurs.

« Tout est contenu dans ce plan pour dépister les violateurs futurs de la pyramide et leur faire prendre le change
sur la place réelle de la momie. Supposons, en effet, que l'entrée cachée sous le revêtement soit découverte. Un premier obstacle se présente : ce sont les blocs dont le couloir H est rempli. Réussit-on à briser ces blocs et à passer
outre, on arrive dans la chambre A. S'aperçoit-on que la chambre A n'est pas la vraie chambre de la Pyramide, il
faut sonder le couloir H dans toutes ses parties pour trouver le point inconnu où s'embranche le couloir qu'on
suppose définitif. Mais, cette fois, c'est à des blocs de granit qu'on a affaire, puisque deux de ces blocs sont
encore en place (palier I). Il faut alors, non pas briser, mais tourner l'obstacle, et on se trouve dans le couloir
ascendant G. A l'extrémité du couloir, le palier K n'a pas la disposition qu'il présente aujourd'hui. Il est entièrement bouché, ainsi que l'orifice du puits. Si on force le passage, il est naturel de suivre pour guide le dallage
régulier et alors l'explorateur s'engage dans le couloir F sans soupçonner qu'un deuxième couloir ascendant est sur
sa tête. Il arrive ainsi à la chambre B, ici, nouveaux doutes sur le caractère véritable de cette chambre et nouvelle
exploration du couloir pour découvrir le point de soudure d'un autre embranchement. On trouve enfin ce point de
soudure, on s'engage dans le couloir en encorbellement E, et, pour cette fois, on pénètre dans la vraie chambre, les
deux coulisses n'étant qu'un obstacle matériel facile à renverser. Il n'y a pas jusqu'au puits qui ne trouve son
explication dans cette manière de concevoir la raison d'être de la distribution intérieure du monument. Pendant la
construction de la Pyramide, des blocs de granit, de la dimension du couloir G, ont été déposés dans le couloir en
encorbellement E. La Pyramide étant achevée et la momie en place, on laisse glisser par leur seul poids les blocs
dans le couloir G, on boucha le palier K, puis les ouvriers descendirent par le puits et remontèrent à la lumière
par le couloir H qui, à son tour est obstrué par les blocs qu'on y introduisit de l'entrée extérieure du monument. »

ses quatre faces et très nettes ses arêtes, et cachait la porte menant
au caveau. Cette précaution n'était pas considérée comme suffisante. La galerie, qui, dans la pyramide de Khéops, vient s'ouvrir
à une certaine hauteur sur la face septentrionale, plonge droit dans
le sol et mène à une chambre formant impasse, située plus bas que
le niveau du Nil, et dans laquelle, si l'on en croit Hérodote, les
eaux du fleuve pouvaient pénétrer. Ainsi l'audacieux qui se serait
avancé dans le tombeau, aurait péri noyé dans l'humidité noire de
ce réduit. Le vrai couloir aboutit dans la voûte même du premier,

et l'ouverture en était soigneusement dissimulée. Il était d'ailleurs barré par un bloc de granit si dur, si énorme et si parfaitement ajusté, qu'on a renoncé à l'ébranler ou à le percer et qu'on a dû creuser dans le calcaire pour le tourner. Malgré ces précautions, et bien d'autres prises pour dérouter les recherches, et qui les déroutèrent en effet jusqu'au moment de l'invasion arabe, la persévérance, la curiosité, la cupidité surtout ont atteint enfin le sarcophage de Khéops.

C'est une énorme cuve en granit rose surmontée d'un couvercle fait de la même matière, et qui se trouve encore en place dans son caveau également dallé de granit. Ce caveau situé au cœur même de l'énorme masse de pierre, aurait peut-être pu s'écrouler sous le poids effrayant des assises supérieures; aussi les constructeurs avaient-ils eu la précaution de ménager au-dessus de lui cinq chambres de décharge superposées, dont la plus haute se trouve surmontée d'une sorte de toit formé de deux blocs inclinés qui divisait et rejetait la pression de part et d'autre de la ligne droite. Ce sont ces chambres et ces couloirs intérieurs, ces vides emprisonnés dans l'étau de millions de kilogrammes, et qui n'ont pas fléchi d'une ligne durant des centaines de siècles, qui constituent le côté vraiment extraordinaire de la construction des Pyramides. C'est en eux qu'éclate le génie des ingénieurs égyptiens d'il y a six mille ans, car le tour de force qui fut accompli là, sans connaissances scientifiques bien avancées, et presque sans machines, ne pourrait sans doute être recommencé de nos jours, malgré toutes les ressources dont nous disposons.

Les trois Pyramides du plateau de Gizeh sont les plus considérables, mais elles sont loin d'être les seules. On en compte par centaines, et de toutes les dimensions, semées sur la rive gauche du Nil dans la Basse-Égypte, au sein de l'immense nécropole de Memphis. Ce genre de tombeau n'était pas réservé aux rois d'une façon absolument exclusive. Les particuliers riches eurent aussi leurs petites pyramides, généralement construites en briques crues.

Pyramide ou mastaba, tel fut le double type des sépulcres dans l'Ancien Empire. Tous ceux qui se rattachent à l'un de ces deux genres sont antérieurs à la xiie dynastie. Ce sont eux surtout qui nous ont livré les trésors de sculpture et de peinture que nous étudierons dans un chapitre spécial; ce sont les images ou les inscriptions de leurs murailles qui nous ont fait connaître dans ses détails la plus ancienne civilisation du monde.

La pyramide est la principale expression de l'art architectural, tel qu'il existait sur les bords du Nil, il y a soixante siècles. Comme perfection de procédés, comme solidité, comme conscience dans

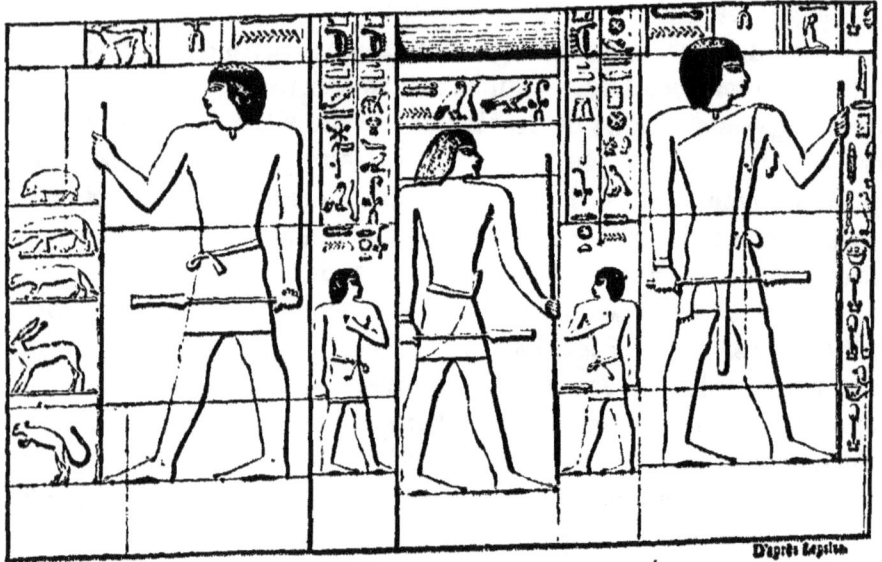

FIG. 243 — BAS-RELIEF FUNÉRAIRE D'UNE PYRAMIDE D'ABOUSIR.

(IV° dynastie).

l'achèvement des parties les moins en vue, cet art ne devait plus progresser, au contraire, il ne pouvait que décroître. Plus tard, les joints des pierres disparaissant sous la couche de stuc et les brillantes peintures, furent moins soignés, les blocs moins réguliers, moins considérables. Au point de vue de l'imagination, de l'art proprement dit, de la grâce et de la variété des formes, l'architecture égyptienne se développe dans une progression ascendante, mais cette progression ne se trouve pas dans l'exécution.

L'Ancien Empire a seul créé des œuvres qui semblent absolument éternelles, mais il a toujours agencé simplement ses lourdes masses d'albâtre et de granit. Il n'a pas connu la colonne et n'a su dresser que le lourd pilier à quatre pans. Ses chefs-d'œuvre — le

FIG. 244. — ABYDOS. BAS-RELIEFS ORNANT UNE PORTE DU TEMPLE DE SÉTI Iᵉʳ.

Au-dessus de la porte on voit Séti à genoux, avec les attributs d'Osiris, offrant ses hommages à Ammon le dieu Soleil. Derrière lui se tient assis Knoum, dieu à tête de bélier « fabricateur des dieux et des hommes. » On trouvera, pages 625 et suivantes d'autres bas-reliefs de ce temple et quelques indications sur son histoire.

temple du Sphinx et la grande Pyramide — n'offrent que des lignes
et des plans verticaux, horizontaux, obliques. Toutefois, de cette simplicité même se dégage une impression de noblesse et d'imposante
grandeur. Quel grand rêve elles avaient au fond de l'âme, ces antiques
générations, qui soulevaient le dur granit et le dressaient en
lignes si pures et si fières. Comme elles avaient compris, mieux
que nos orgueilleux pessimistes, la brièveté de l'existence et le
néant de ses joies, elles qui ne s'appliquaient et ne s'attachaient
qu'aux choses éternelles ! La mort valait mieux pour elles que la
vie, parce que la mort est victorieuse de la durée, dont la vie est un
jouet. Lorsqu'elles accroupirent le grand Sphinx sur le seuil du
désert, elles mirent dans ses yeux et sur ses lèvres le sourire de
leur espérance et la douceur de leur résignation. Et comment ne pas
les admirer, ces vieilles races patientes, puisque leurs mystérieux
travaux sont pour nous si riches en souvenirs, si féconds en pensées ! Elles ont cru savoir le secret de l'avenir, et nous qui le
cherchons encore, pour nous reposer de notre anxieuse poursuite
nous venons nous asseoir aux pieds de leur grand colosse rêveur,
qui a souri de leurs illusions comme il sourit de nos tristesses,
mais qui n'a pas d'ironie dans ses yeux pleins de songe, fixés au
loin sur l'espace et voyant peut-être là-bas le mot de l'énigme
éternelle.


## § 3. — ARCHITECTURE DU MOYEN EMPIRE

Le Moyen Empire, dont les premiers rois régnèrent trois mille
ans avant notre ère, a laissé moins de monuments que l'Ancien ou
le Nouvel Empire. Cependant certaines de ses dynasties, telles que
la xiiᵉ, sont restées célèbres par l'importance de leurs constructions.
Le lac Mœris, le Labyrinthe, qui datent de cette époque, inspirèrent
aux voyageurs qui les virent une admiration telle qu'Hérodote
n'hésitait pas à les déclarer supérieurs aux Pyramides.

Malheureusement ces gigantesques ouvrages ont laissé si peu de
traces qu'on en est réduit à les admirer sur la foi des historiens grecs.
Encore le témoignage de ceux-ci est-il parfois contesté. M. Maspéro,
pour sa part, déclare qu'il « ne croit plus à l'existence du Mœris. »

Il assure qu'il ne peut trouver dans le Fayoum, où le lac passe pour avoir été situé, un emplacement convenable pour un bassin de cette gigantesque dimension. Cette argumentation, d'ailleurs assez faible, puisque d'autres observateurs ont su trouver l'emplacement que n'a pas vu M. Maspéro, ne saurait mettre bien sérieusement en doute la valeur des témoignages oculaires des historiens grecs. Suivant Hérodote on voyait au milieu du lac deux grandes pyramides surmontées d'un colosse de pierre.

Les monuments qu'a pu élever le Moyen Empire ont été presque tous détruits par les Hyksos. La période d'invasion, surtout à son début, fut néfaste pour l'architecture égyptienne. Les peuples grossiers qui dominaient dans le Nord ne surent d'abord que briser, renverser et détruire les chefs-d'œuvre de l'art. Lorsque plus tard ils se civilisèrent et songèrent, eux aussi, à s'immortaliser par des constructions impérissables, ils ne parvinrent qu'à produire des copies dépourvues d'intérêt.

Cependant, si rares que soient les débris de temples ou de tombeaux qui nous restent de cette époque, nous pouvons, à bien des indices, suivre les évolutions de l'architecture pendant ces siècles intermédiaires, qui sont des siècles de transition.

Le mastaba, combiné avec la pyramide, était encore au début du Moyen Empire le type du sépulcre égyptien. Mais bientôt la tombe monumentale, dressée au-dessus du sol, fut abandonnée, et le règne des tombes souterraines ou hypogées commença.

Tandis que les autres peuples débutèrent généralement par se tailler des habitations, des temples, des tombeaux dans le roc, créant ainsi des cavernes artificielles à l'image des antres qui furent leurs premiers abris, les Égyptiens, au contraire, ont commencé par les constructions en plein air pour finir par les monuments souterrains.

Les hypogées de Béni-Hassan sont le seul souvenir important et complet que nous ait laissé le Moyen Empire; mais ce souvenir est beaucoup plus précieux pour nous que ne pourraient l'être le lac Mœris et ses pyramides.

C'est qu'en effet, dans ces tombes souterraines, nous retrouvons par centaines les tableaux dont les murs des chapelles sépulcrales se couvraient toujours davantage, et que dans ces peintures, dans ces bas-reliefs, si curieux, si variés, si détaillés, c'est la vie même de l'ancienne Égypte que nous voyons se dérouler à nos yeux.

Au seul point de vue de l'architecture, Béni-Hassan n'est pas dépourvu d'intérêt. Le plan intérieur de la tombe s'est peu modifié. La chapelle avec ses inscriptions, ses peintures, sa table d'offrandes; le puits muré, profond, caché, renfermant le précieux sarcophage, se retrouvent tels que nous les avons vus dans le mastaba. La porte s'ouvre dans le flanc de la montagne, assez haut pour que le sable du désert ne vienne pas l'engloutir, et pourtant assez bas sur la pente pour qu'elle soit d'un accès facile aux parents, aux amis, qui se dirigeaient vers elle les jours d'anniversaire afin de célébrer les rites sacrés en l'honneur du défunt.

Mais cette porte, creusée dans le roc vif, ouverte à tous, aurait pu permettre aux voleurs de venir dans ces lieux solitaires pour dérober les statues du mort, en agrandissant simplement l'ouverture du serdab. Aussi, dans les hypogées, les statues ne sont plus apportées et enfermées dans la tombe; elles sont taillées à même la pierre, et elles occupent, en face de l'entrée, la place de la stèle qui décorait les mastabas. L'espèce de niche dont la stèle occupait le fond, plus profondément creusée, contient maintenant en général deux figures sculpturales : celles du mort et de sa femme, couple que la tombe ne séparait pas en Égypte.

L'importance capitale de Béni-Hassan, au point de vue du développement architectural, consiste dans l'apparition des premières colonnes sur les bords du Nil. Ces colonnes, les plus vieilles de l'Égypte, aïeules encore bien simples des fûts gigantesques et des chapiteaux ouvragés qui soutiennent les salles hypostyles, comptent peut-être dans leurs descendances directes les merveilleuses colonnes des différents styles grecs. C'est du moins ce que pensa Champollion lorsqu'il les aperçut et qu'enthousiasmé il les baptisa du nom, qui leur est resté, de *proto-doriques*.

Quoi qu'il en soit, elles forment la transition entre le pilier carré de l'Ancien Empire et les superbes colonnes des dernières dynasties. Elles sont à huit ou seize pans, étant nées de l'ablation successive des angles du pilier. Chez quelques-unes, les pans sont cannelés, et ce qui les différencie du pilier sans base ni chapiteau, c'est qu'au sommet un tailloir carré sépare le fût de l'architrave. Cette espèce

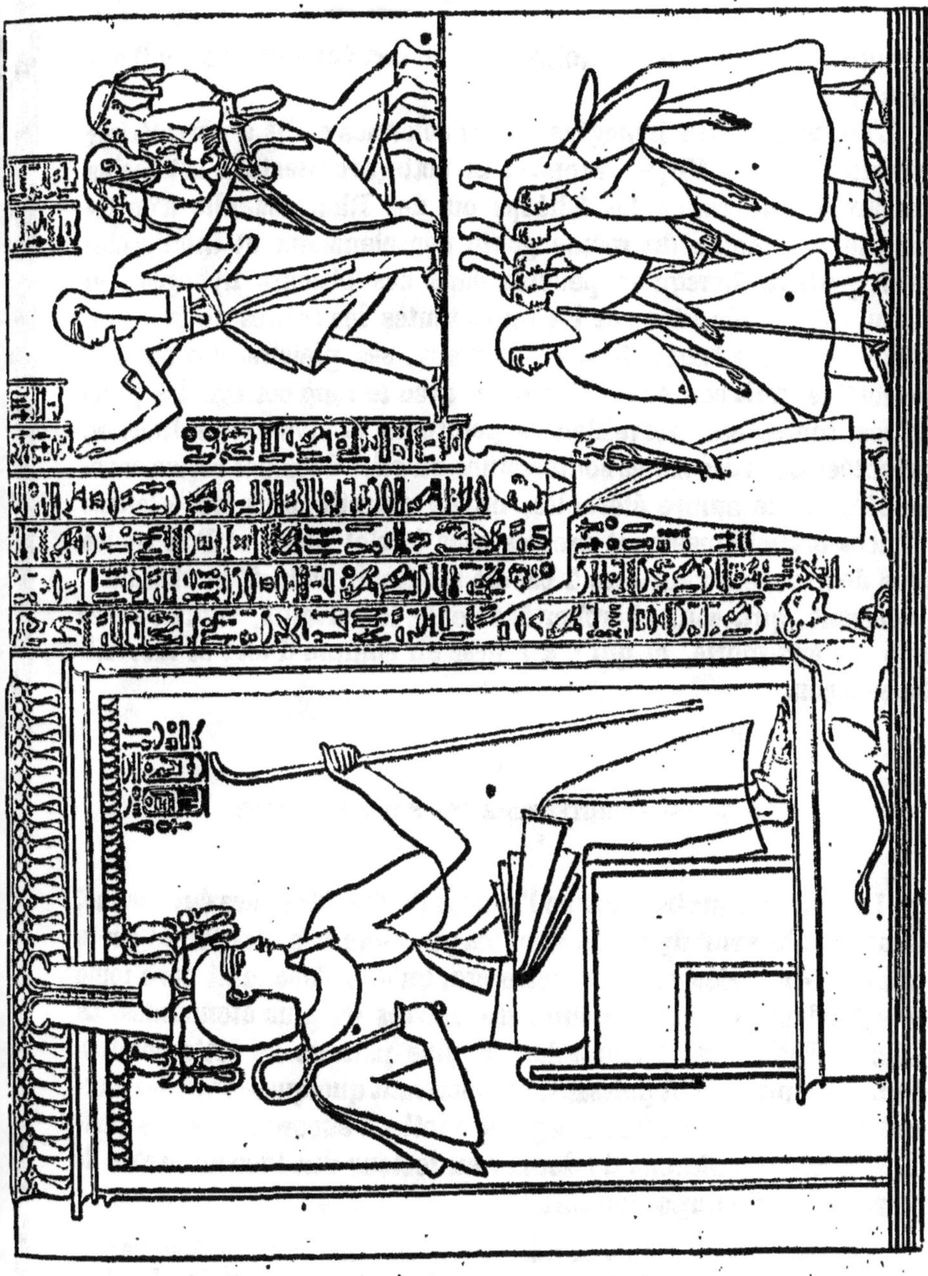

FIG. 213. — SÉSOSTRIS (RAMSÈS II) TENANT EN MAIN LES INSIGNES DE LA ROYAUTÉ, ET AYANT SUR LA TÊTE DES ATTRIBUTS DIVINS, REÇOIT DES GROUPES DE PRISONNIERS CONDUITS PAR DES CHEFS ÉGYPTIENS.

D'après Champollion.

de chapiteau carré surmontant la colonne arrondie, lui prête en effet
une ressemblance lointaine avec la colonne dorique et fait com-

prendre l'opinion plus ou moins justifiée des égyptologues enthousiastes.

L'apparition des hypogées et des colonnes suffit à caractériser
l'architecture du Moyen Empire. Si cette architecture est moins
imposante que celles des Khéops ou des Rhamsés, elle n'en témoigne pas moins du même génie consciencieux et infatigable-
ment patient. Lorsqu'on pénètre dans ces obscurs hypogées, et
qu'on voit se dérouler sur les murs toutes les scènes de la vie du
défunt et de ses funérailles, ses travaux, ses plaisirs, ses chasses,
ses festins, puis son ensevelissement avec le long cortège des pleureuses, toutes ces merveilleuses peintures, si vivantes, si fraîches,
exécutées dans ces salles souterraines où elles devaient rester enveloppées d'une ombre éternelle, on ne regrette plus les éclatants
édifices orgueilleusement dressés sous le ciel bleu, et l'on trouve
plus de grandeur peut-être à cet art modeste, plein d'un charme si
pénétrant, qui, sans chercher à éblouir les vivants, voulait prêter
une vie aux morts, et qui y a réussi en somme d'une si merveilleuse façon.


### § 4. — ARCHITECTURE DU NOUVEL EMPIRE


Le Nouvel Empire marque l'apogée de l'architecture égyptienne.
C'est sous la xviii⁰ dynastie, dont les premiers rois montèrent sur le
trône dix-huit siècles avant notre ère, qu'elle s'épanouit dans toute
sa splendeur, et qu'elle donna ses œuvres les plus étonnantes. La
ville de Thèbes est l'expression la plus parfaite de cette floraison
d'un art admirable et puissant. En décrivant quelques-unes des merveilles dont cette ancienne capitale contient encore les ruines grandioses, nous essaierons de donner au lecteur une idée de ce rêve de
pierre, dont Champollion disait :

> « Je me garderai bien d'en rien écrire; car, ou mes expressions ne vau-
> draient que la millième partie de ce qu'on doit dire en parlant de tels objets;
> ou bien, si j'en traçais une fois l'esquisse très colorée, je risquerais de passer
> pour un enthousiaste ou peut-être même pour un fou. »

Si Thèbes, même déserte et presque entièrement détruite, peut produire un pareil effet sur un homme de notre XIX⁰ siècle, à qui nul chef-d'œuvre de l'art humain n'est inconnu, comment s'étonner qu'elle hantât l'imagination des poètes antiques, et que son nom plein de prestige ait vibré sur la lyre d'airain du vieil Homère, qui consacrait déjà sa renommée il y a près de trois mille ans.

Voici comment s'exprime Diodore, qui lui-même cite le chantre de l'Iliade :

« Busiris fonda la ville nommée par les Égyptiens Diospolis la Grande, et par les Grecs, Thèbes. Il lui donna cent quarante stades de circuit, et l'orna merveilleusement de grands édifices, de temples magnifiques et d'autres monuments ; les maisons des particuliers furent de quatre et de cinq étages ; en un mot, il en fit la ville la plus riche, non seulement de l'Égypte, mais de tous les autres pays. Aussi, la renommée de sa richesse et de sa puissance s'est-elle répandue en tout lieu ; le poète lui-même en fait mention lorsqu'il dit : « Quand il offrirait toute la ville de Thèbes en Égypte, dont les édifices renferment tant de richesses, et qui a cent portes, de chacune desquelles peuvent sortir à la fois deux cents guerriers avec leurs chevaux et leurs chars... » Quelques-uns prétendent que cette ville n'avait pas cent portes, mais qu'elle a été nommée ville aux cent portes, à cause des nombreux et grands propylées de ses temples ; ce qui signifierait ville aux nombreux portiques... »

« Non seulement Busiris, mais encore tous ses successeurs ont rivalisé de zèle pour l'agrandissement de Thèbes. Aussi ne trouve-t-on pas de ville sous le soleil qui soit ornée d'un si grand nombre de monuments immenses, de statues colossales en argent, en or et en ivoire ; à quoi il faut ajouter les constructions faites d'une seule pierre, les obélisques.

« On voyait aussi à Thèbes les tombeaux des anciens rois qui, par leur magnificence, laissent à la postérité peu de chance de produire sous ce rapport rien de plus beau. »

Les tombeaux, sous le Nouvel Empire sont devenus complètement souterrains, au moins en ce qui concerne le serdab et le caveau. Quant à la chapelle, elle en a été tout à fait détachée et elle ne s'élève même plus à proximité du sépulcre. Mais sépulcre et chapelle ont atteint un degré de magnificence, qui, en effet, suivant l'expression de Diodore, est impossible à surpasser.

C'est dans le sein des collines qui entourent les villes que les Égyptiens du Nouvel Empire ont creusé ce qu'ils appelaient leurs demeures éternelles. A Thèbes une enceinte spéciale, une sorte de cirque réservé par la nature et fermé presque de tous côtés, la vallée de Biban-el-Molouk, sur la rive gauche du Nil, fut particulièrement consacrée aux sépultures royales. Comme pour les Pyramides, on commençait chaque tombe au début du règne de son hôte futur, puis on la continuait, on l'embellissait jusqu'à ce que ce règne prît fin. Seulement ce n'était plus en hauteur que se développait le tombeau, c'était en profondeur; les chambres se multipliaient, les couloirs s'allongeaient, le palais funèbre se creusait plus avant dans le sein de la montagne; et chambres, couloirs, caveaux se couvraient de bas-reliefs et de peintures plus pressés encore, et en même temps plus achevés que dans les souterrains du Moyen Empire.

Ce n'était plus uniquement la vie du défunt, ni même ses vic-

FIG. 216 et 217. — PERSONNAGES DE LA XIXᵉ DYNASTIE.
D'après un moulage exécuté à Thèbes dans une tombe royale par l'auteur de cet ouvrage.

toires et ses travaux, qui faisaient le sujet des sculptures et des peintures dans les hypogées de Thèbes. L'Égypte, en vieillissant, était devenue plus spiritualiste. Elle ne se contentait plus de fournir au *double* une existence purement matérielle. Elle suivait l'âme dans ses longues pérégrinations à travers les régions infernales ou célestes; elle montrait toutes les épreuves de la vie future : la lutte contre les ennemis surnaturels, la victoire finale du mort, et enfin — scène capitale — le jugement de l'âme devant le tribunal d'Osiris. De longues inscriptions, des chapitres entiers du *Livre des Morts* accompagnaient les tableaux. Pas un pouce de pierre ne restait nu. Les chambres, les couloirs, le caveau, le sarcophage lui-même, déroulaient dans les flancs ténébreux de la montagne cette épopée gigantesque, représentée souvent par des œuvres d'art admirables.

Ce n'était pourtant pas dans un but artistique que les Égyptiens du Nouvel Empire exécutaient ces patients et merveilleux

travaux, plus étonnants peut-être dans leur genre que les Pyramides, Ils conservaient, quoique spiritualisée en quelque mesure,

D'après une photographie.

FIG. 242. — ABYDOS. BAS-RELIEF DU TEMPLE DE SÉTI I<sup>er</sup>.

Abydos fut avec Memphis une des plus anciennes villes de l'Égypte et du monde. Elle renfermait le tombeau
d'Osiris et était considérée comme un lieu de pèlerinage. Il ne reste aujourd'hui de la ville que sa nécropole renfermant les tombeaux des rois des vi<sup>e</sup>, xii<sup>e</sup> et xiii<sup>e</sup> dynasties, et le temple construit, quinze siècles avant notre ère,
par Séti I<sup>er</sup>, père de Sésostris. C'est le Memnonium décrit par Strabon. Ce temple renferme la grande Stèle, dite
d'Abydos, dans laquelle on voit Séti faire une oblation à soixante-seize des rois qui ont régné avant lui sur
l'Égypte, en commençant par Ménès, le fondateur de la 1<sup>re</sup> dynastie. Les rois y sont placés dans le même ordre
que dans les listes de Manéthon, ce qui confirme l'exactitude de ces dernières.
    J'ai donné, page 417, une des portes de ce temple. Dans le bas-relief ci-dessus, Séti I<sup>er</sup>, invisible sur le dessin,
et représenté à part page 422, fait l'offrande de feu à Osiris assis sur son siège avec les traits du même Séti. Le roi
est précédé de deux déesses, la déesse de la Vérité (celle dont la tête est surmontée d'une plume d'autruche), et la
déesse du Temps qui se tiennent debout devant Osiris. Derrière le dieu, on voit Isis et l'Amenti. Nous donnons
page 429, une photogravure de deux des déesses représentées sur cette planche.

l'idée de la puissance magique que possédaient pour eux les représentations effectives des événements. Représenter le mort triomphant et justifié, c'était lui assurer dans la vie à venir cette situation bienheureuse. D'ailleurs, si l'âme du mort n'avait pas dû profiter de ces magnifiques pages de pierre, pour qui donc se fussent-elles déroulées dans l'ombre éternelle des tombeaux? Dès que le sarcophage était mis en place, l'ouverture du sépulcre était soigneusement murée. Puisqu'il ne contenait plus la chapelle, nul être humain ne devait y pénétrer. Parfois la porte elle-même était dissimulée avec tant de soin que l'on oubliait la situation du tombeau et que les ouvriers d'une tombe nouvelle, rencontrant une tombe ancienne sur leur chemin, se voyaient forcés de s'en détourner en modifiant leur plan.

Les Grecs appelaient *syringes* ces souterrains, à cause de leur disposition étroite et allongée qui les faisaient ressembler à un tuyau de flûte. C'est le nom qu'on leur donne encore aujourd'hui. L'architecture sépulcrale avait bien changé depuis l'Ancien Empire. La syringe, comme construction générale, ne rappelle en rien le mastaba, et cependant le même principe, la même disposition, montrent que les idées de l'Égypte sur la mort et sur la vie future étaient restées à peu de choses près les mêmes.

La préoccupation dominante était toujours le soin de cacher et de murer la momie, de façon à ce que jamais cette précieuse dépouille ne pût être profanée ou détruite. On retrouve dans les syringes toutes les précautions prises pour dérouter les recherches que nous avons signalées dans la Pyramide de Khéops. Ce sont les mêmes détours des couloirs, les mêmes impasses, les mêmes herses de granit retombant dans les cavités des passages une fois le travail fini, et barrant la route de leur masse formidable. La cupidité des envahisseurs comme la curiosité passionnée des savants, a souvent eu raison de tous ces obstacles. Mais il est certain, suivant une idée favorite de Mariette, qu'il existe en Égypte des momies si bien cachées que jamais, au sens absolu du mot *jamais*, elle ne reverront le jour.

Tels sont les tombeaux du Nouvel Empire, dont les plus admirables sont ceux des Séti et des Ramsès. Maintenant où étaient et quelles étaient les chapelles, partie autrefois intégrante du sépulore, et qui, bien que détachées de lui sous les dernières dynasties, devaient certainement l'égaler par leur magnificence.

Ici, il devient difficile d'affirmer absolument; cependant voici la théorie qui semble s'imposer à ce sujet.

La ville de Thèbes est remplie de temples admirables, dernier mot de l'art égyptien. Les plus importants de ces temples sont consacrés au grand dieu, adoré dans toute l'Égypte, mais dont le culte était spécialement en honneur à Thèbes, c'est-à-dire au dieu Ammon.

Ammon ou Râ, dont parfois on réunissait les deux noms, Ammon-Râ, se confondait avec le Soleil, et rien n'était si élevé dans le ciel; de même que sur la terre, rien n'égalait la majesté du Pharaon.

Le dieu et le roi se voyaient ensemble partout dans les sculptures des temples, et leur double emblème — le soleil ailé joint à l'urœus — surmonte encore aujourd'hui le portique des édifices sacrés.

Mais, tandis que dans les grands temples de Karnak et de Louqsor les rois sont représentés en adoration devant Ammon, il est des sanctuaires moindres sur les murs desquels le Pharaon semble occuper le premier rang, passer avant le dieu lui-même, et où parfois même il reçoit des hommages et porte des attributs divins.

Chacun de ces temples, destiné à éterniser la mémoire et les exploits d'un Pharaon, est considéré aujourd'hui comme la chapelle commémorative où le peuple venait célébrer aux grands jours de fête les rites funéraires du roi défunt, mais la chapelle agrandie, devenue digne des merveilleuses syringes, et digne surtout du degré de développement qu'avait atteint l'architecture égyptienne.

Tous les temples funéraires sont groupés sur la rive gauche du Nil à très peu de distance de la *Vallée des Rois*, de cette nécropole de Biban-el-Molouk où se creusaient les syringes royales. Chacun est consacré à un seul Pharaon, à deux tout au plus, comme celui de Gournah qui célèbre le père et le fils, Ramsès II et Séti II. Le plus ancien, le Deir-el-Bahari, fut construit pour la reine Hatasou, le Ramesseum pour Ramsès le Grand, Médinet-Abou pour Ramsès III. Sans doute Thèbes avait aussi son Aménophium, à la mémoire d'Aménophis III, mais ce dernier temple a été détruit et il n'en reste que les deux colosses qui en ornaient le premier pylône. Ces colosses, représentant tous deux le roi Aménophis, se dressent isolément aujourd'hui dans la plaine déserte, et dominent la surface calme des eaux au moment de l'inondation. L'un d'eux est le fameux colosse de Memnon que les Grecs avaient ainsi appelé et auquel ils ont rattaché une de leurs poétiques légendes. Brisé en partie par un tremblement de terre, il rendit en cet état des sons harmonieux qui se faisaient entendre au lever du jour qui cessèrent lorsque la statue eût été réparée par les soins de Septime-Sévère. La cause toute physique de ses sons est aujourd'hui bien connue, mais l'antiquité tout entière vit un fait miraculeux dans ce qui nous paraît si simple.

L'un des plus beaux de ces temples royaux, le Ramesseum, dont les murs portent des chants entiers du poème de Pentaour, à côté des peintures et des bas-reliefs célébrant les victoires de Ramsès II (Sésostris), est décrit par Diodore de Sicile, qui l'appelle le *Tombeau d'Osymandias*. Ce nom donné à un temple par l'auteur grec confirme l'idée, aujourd'hui généralement admise, de la destination de chapelles funéraires attribuée aux édifices religieux situés à Thèbes sur la rive gauche du Nil.

Ceux de la rive droite — les trois temples de Karnak, dédiés à la triade divine de Thèbes, Ammon, Mout et Khonsou, et le temple d'Ammon à Louqsor — sont des édifices exclusivement consacrés aux dieux, où les rois ne figurent que comme d'humbles adorateurs et en même temps comme médiateurs entre les hommes et les puissances divines, entre la terre et le ciel.

Ce que nous venons de dire des monuments funéraires du Nouvel Empire ne s'applique, on le devine aisément, qu'aux tombes des Pharaons. Toutes les tombes de Thèbes ne ressemblent pas aux vastes palais souterrains que nous avons décrits. Il fallait être souverain, et souverain puissant, pour se permettre un luxe pareil. Thèbes renferme beaucoup d'autres tombeaux infiniment plus simples. Parfois la sépulture consiste uniquement en une petite chapelle recouvrant un puits au fond duquel est le caveau renfermant la momie. D'autres fois la momie est simplement placée au centre d'un édifice de forme quelconque, généralement pyramidal dans lequel a été ménagée une cavité murée et précédée d'une chambre, où se trouve la momie. Dans les sépultures les plus simples, on se bornait à creuser un trou de quelques mètres de

FIG. 249. — LES DÉESSES DE LA VÉRITÉ ET DU TEMPS.
(Bas-relief d'Abydos, XV<sup>e</sup> siècle avant notre ère.)

profondeur au fond duquel on descendait le cercueil et qu'on comblait ensuite avec des pierres.

Tous les monuments funéraires sont situés sur la rive gauche du Nil. Ils appartiennent à cette partie de Thèbes que l'on pourrait nommer la ville des morts ; sur l'autre rive se trouvaient les palais et les temples.

Les plus importants de ces derniers subsistent encore on les désigne aujourd'hui par les noms de deux petits villages arabes, Karnak et Louqsor, situés côte à côte. C'est dans ces deux humbles villages que se trouvent les plus importants des temples édifiés sous le Nouvel Empire, temples que, par leurs dimensions et leur ancienneté, on peut considérer comme les plus remarquables du monde. Ce sont les seuls qui puissent, à mon avis, soutenir la comparaison avec les merveilleux édifices de l'Inde.

Le plus célèbre est celui du dieu Ammon, à Karnak. Il renferme la grande salle hypostyle, colossale merveille du génie architectural de l'Égypte. La décrire n'est pas facile ; il semble que jamais les mots ne donneront une idée suffisante de l'impression qu'elle produit. Nous laisserons ici la parole à M. Ampère :

« Au risque de passer pour un enthousiaste ou pour un fou, dit cet illustre savant, j'essayerai de donner une idée de la prodigieuse salle de Karnak et de l'impression qu'elle a produite sur moi. Imaginez une forêt de tours ; représentez-vous cent trente-quatre colonnes égales en grosseur à la colonne Vendôme, dont les plus hautes ont soixante-dix pieds de hauteur et onze pieds de diamètre, couvertes de bas-reliefs et d'hiéroglyphes. Les chapiteaux ont soixante-cinq pieds de circonférence. La salle a trois cent dix-neuf pieds de longueur, presque autant que Saint-Pierre de Rome, et plus de cent cinquante pieds de largeur. Il est à peine besoin de dire que ni le temps, ni les conquérants qui ont ravagé l'Égypte, n'ont ébranlé cette architecture impérissable.

« Elle est restée exactement ce qu'elle était il y a trois mille ans à l'époque florissante des Ramsès. Les forces destructives de la nature ont échoué ici contre l'œuvre de l'homme. Le tremblement de terre qui a renversé les douze colonnes de la cour que je viens de traverser a fait crouler le massif du grand pylône, qui me rappelait tout à l'heure une chute de montagne ; mais les cent trente-quatre colonnes de la grande salle que je contemple maintenant n'ont pas chancelé. Le pylône, en tombant a entraîné les trois colonnes plus voisines de lui ; la quatrième a tenu bon et résiste encore aujourd'hui à ce poids immense de débris. Cette salle était entièrement couverte ; on voit encore une des fenêtres qui l'éclairaient. Ce n'était point le temple, mais un vaste lieu de réunion destiné probablement à ces assemblées solennelles qu'on appelait des panégyries. L'hiéroglyphe dont ce mot grec semble être une traduction, se compose d'un signe qui veut dire *tout*, et d'un toit supporté par des colonnes semblables à celles qui m'entourent. Ce monument forme donc comme un immense hiéroglyphe au sein duquel je suis perdu. »

Tous les temples égyptiens du Nouvel Empire, quelles que fussent leurs dimensions, se composaient des mêmes éléments essentiels, à savoir : d'abord une allée de sphinx à l'extrémité de laquelle se voyaient deux obélisques précédant un pylône, porte monumentale qui formait l'entrée du temple. Elle donnait accès à une cour entourée de portiques, à l'extrémité de laquelle se trouvait une salle hypostyle, puis le sanctuaire entouré de salles plus ou moins nombreuses. Le temple proprement dit était construit en pierre. Il était toujours entouré d'un mur très haut et très épais bâti en briques crues.

Ces éléments pouvaient prendre des proportions énormes ou se répéter plusieurs fois. Généralement il y avait un propylône, ou premier pylône, relié au second par une allée de sphinx ; les cours intérieures se multipliaient, s'ornaient de petits sanctuaires, de portiques, de lacs sacrés ; un péristyle précédait l'hypostyle. Autour du sanctuaire proprement dit — toujours isolé entre des couloirs — s'ouvraient une foule de chambres, renfermant les riches vêtements des prêtres, les objets sacrés, tout le trésor du temple, souvent très considérable. L'ensemble des constructions était entouré d'un mur extérieur, dépourvu de tout ornement.

Rien n'est plus connu que la forme du pylône, cette double tour carrée, à pans inclinés, au milieu de laquelle s'ouvrait la porte. Les murs en sont plats, les lignes simples. Au sommet une courbure légère forme ce qu'on appelle la *gorge égyptienne*. Le pylône, qui procède de la pyramide et qui la remplace dans l'architecture du Nouvel Empire, se retrouve partout dans la vallée du Nil : à l'extérieur des temples, aux maisons des particuliers ; et c'est encore sa forme caractéristique qu'affectent aujourd'hui les huttes des fellahs dans la Haute-Égypte.

Au sein des temples égyptiens, la lumière allait décroissant depuis le pylône jusqu'au sanctuaire. Après le jour éclatant du dehors, les lourdes colonnes de la salle hypostyle faisaient comme une demi-obscurité, qui se changeait en obscurité complète dans les étroits réduits du fond. Cette nuit inquiétante donne aux édifices religieux de l'Égypte quelque chose de mystérieux et troublant. Elle n'était pourtant pas maintenue dans ce but, mais bien plutôt pour préserver les statues précieuses du dieu et son trésor de la poussière et des insectes. Jamais on ne célébrait de céré-

FIG. 250. — SÉTI I", BAS-RELIEF D'ABYDOS.
J'ai déjà donné, page 149, un autre bas-relief de Séti I", pris dans le même temple.

monies dans ces profondeurs écartées du temple. Le grand-prêtre, et le souverain, à certains jours, venaient y offrir les prières. Quant au *naos*, ou niche sacrée contenant l'image divine, le Pharaon seul avait le droit de l'ouvrir et de contempler face à face la majesté du dieu éternel.

C'est dans les cours, sous les péristyles, entre les colonnes des hypostyles, que se pressait la foule et que circulaient les processions. La magnificence des cérémonies se déployait dans ce décor

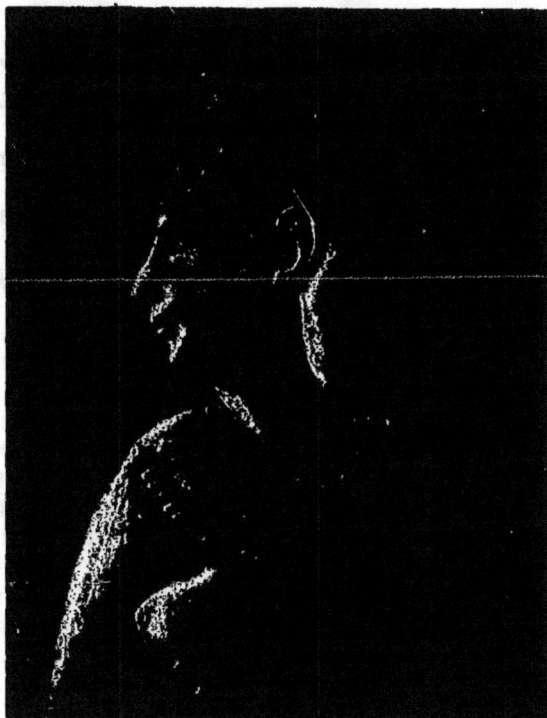

Musée de Boulaq.

FIG. 251. — BUSTE DE CLÉOPATRE.
D'après un bas-relief de Dendérah.

merveilleux, auquel il faut ajouter, pour se le figurer au complet, les énormes colosses adossés contre les murs, les obélisques dressés devant les pylônes, les hauts mâts ornés de banderoles flottantes sur le ciel bleu, et, par-dessus tout, l'éclat incomparable de l'ornementation polychrome, le déroulement infini des personnages admirablement sculptés et peints qui prêtaient leur vie aux murailles, les plafonds constellés d'étoiles, les pyramidions couverts d'or, et ces gradations de lumière savamment ménagées qui offraient, après les splendeurs du soleil d'Égypte, le demi-jour solennel des salles hypostyles, et laissaient entrevoir au delà l'ombre impénétrable où l'on sentait vivre le dieu.

Le caractère spécial des temples égyptiens, la nature des peintures dont leurs murs étaient couverts sont parfaitement expliqués par M. Mariette dans le passage suivant :

« On aurait tort de prendre un temple égyptien pour une église ou même pour un temple grec. On n'y célèbre aucun culte public; on ne s'y assemble pas pour des prières en commun, personne même n'y est admis, que les prêtres. Le temple est un proscynème royal, c'est-à-dire un monument de la piété du roi qui l'a fait élever pour mériter la faveur des dieux. C'est une sorte d'oratoire royal, et rien de plus.

« L'immense décoration dont les murs des temples sont couverts ne s'explique même que si l'on accepte ce point de départ. Remarquons bien que le principe de la décoration est le tableau, que plusieurs tableaux sont rangés symétriquement côte à côte, et que plusieurs séries de tableaux superposés par étages couvrent les parois des chambres de haut en bas. Tel est l'inévitable arrangement. Quant au sens des tableaux, il est partout le même. Le roi d'un côté, une ou plusieurs divinités de l'autre, c'est là le seul sujet de la composition. Le roi adresse une offrande (table chargée de victuailles, fleurs, fruits, emblèmes) à la divinité et demande que la divinité lui accorde une faveur; dans sa réponse, la divinité concède le don demandé. Il n'y a donc dans la décoration du temple rien autre chose qu'un acte d'adoration du roi, répété sous toutes les formes. Un temple n'est ainsi que le monument exclusivement personnel du roi qui l'a fondé ou décoré. C'est même ainsi qu'on explique la présence de ces très précieux tableaux de batailles dont les murs extérieurs de certains temples sont ornés. C'est à la divinité et à sa protection que le roi fait remonter la première cause de ses victoires. En combattant les ennemis de l'Égypte, en les amenant enchaînés dans les temples, le roi a fait un acte agréable aux dieux, comme il a fait un acte agréable aux dieux en leur offrant de l'encens, des fleurs et des membres d'animaux sacrifiés. Par là il témoigne de sa piété et n'en mérite que davantage les faveurs que la construction du temple a pour objet de lui faire obtenir.

« Les temples égyptiens sont toujours dédiés à trois dieux. C'est ce que Champollion a appelé la triade. Le premier est le principe mâle, le second le principe femelle, le troisième le produit des deux autres. Mais ces trois dieux s'amalgament de manière à n'en former qu'un. Le dieu père s'engendre lui-même dans le sein de la mère et devient ainsi à la fois son propre père et son propre fils. Par là s'expriment la non création et l'éternité de l'Être, qui n'a pas eu de commencement et qui n'aura pas de fin.

« Quant au culte, il consiste en prières récitées dans l'intérieur du temple au nom du roi, et surtout en processions. Dans les processions, que le roi est censé conduire, on porte les enseignes des dieux, on porte les coffres dans lesquels sont enfermées leurs statues, on porte les barques sacrées. Celles-ci sont ordinairement déposées dans le temple. Les jours de fête on les y vient chercher. Au milieu s'élève, caché sous un voile, le coffre dans lequel est déposé l'emblème que personne ne doit voir. Les processions circulent habituellement dans le temple, le plus souvent elles montent sur les terrasses, quelquefois elles s'étendent dans l'enceinte à l'abri du regard des profanes, comme nous l'avons dit. En de rares circonstances, on voit les processions quitter la ville et se diriger, soit par le Nil, soit par un canal qu'on appelle le canal sacré, vers une autre ville plus ou moins éloignée. A côté de tous les temples est un lac. Il est très vraisemblable que le lac devait jouer un rôle dans les processions et que les barques sacrées y étaient déposées, au moins pendant la durée des fêtes. »

Le cadre de notre ouvrage est trop étroit pour que nous puissions décrire dans tous leurs détails ces merveilles d'un autre âge, et faire parcourir au lecteur par la pensée, ce temple d'Ammon à Karnak, par exemple, que cent générations de Pharaons ont travaillé à embellir pendant 3000 ans, et où les pylônes succédaient aux pylônes, les salles hypostyles aux salles hypostyles, dans un enchevêtrement formidable, tandis qu'une allée de sphinx de deux kilomètres de long le reliait au temple de Louqsor. C'est devant le pylône de ce dernier temple que s'élevaient deux des plus beaux obélisques de l'Égypte, dont l'un a été transporté et dressé sur notre place de la Concorde.

Il est un autre genre de temples, que construisit le Nouvel Empire, et que nous nous contenterons d'indiquer : ce sont les temples souterrains, tantôt creusés entièrement dans le roc, les *spéos;* tantôt simplement adossés à la montagne, les *hémi-spéos.* Le plus fameux est le spéos d'Ipsamboul, avec ses imposants colosses, taillés dans le rocher même, de part et d'autre de la sombre entrée, et dont nous avons donné plusieurs figures dans cet ouvrage.

Après la xixᵉ dynastie, l'architecture égyptienne cessa de progresser, mais produisit encore des monuments dignes de rivaliser avec ceux de la grande époque. La dynastie saïte, la xxviᵉ, celle que les Perses renversèrent, embellit les villes du Delta de constructions vantées par Hérodote à l'égal des plus célèbres travaux dus aux Ramsès au aux Khéops. Voici comment l'historien grec parle des travaux d'Amasis :

« Il fit bâtir à Saïs, en l'honneur de Minerve, le portique du temple, édifice

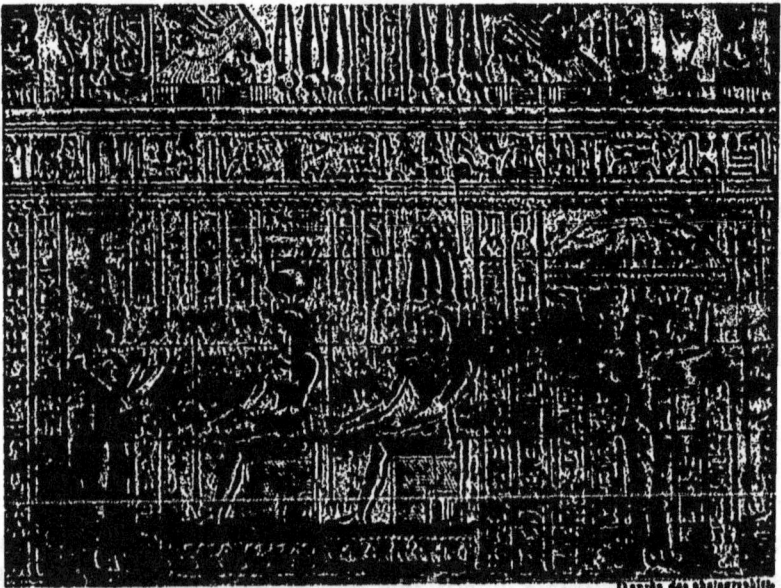

FIG. 252 et 253. — BAS-RELIEFS DU TEMPLE DE DENDÉRAH.

Les bas-reliefs dont nous donnons des reproductions sur cette page et la suivante appartiennent à la dernière époque de la civilisation égyptienne. Ils représentent des scènes d'adoration. Dans celui figuré ci-dessus, et qui ne formait qu'une seule bande (le dessin inférieur étant dans l'original à droite du dessin supérieur), on voit le souverain de l'Égypte (le seul personnage debout) présentant ses hommages à une série de dieux, parmi lesquels on reconnaît successivement, et en commençant par la déesse assise en face du roi : Hathor, Hor-Hut, la déesse de la Vérité (celle qui tourne le dos dans le dessin du bas de la page), de nouveau Hathor, avec d'autres attributs que la précédente, Horus et Taï (celle qui a les bras levés). Le titre du souverain, d'après l'inscription, est le terme grec autocrator.

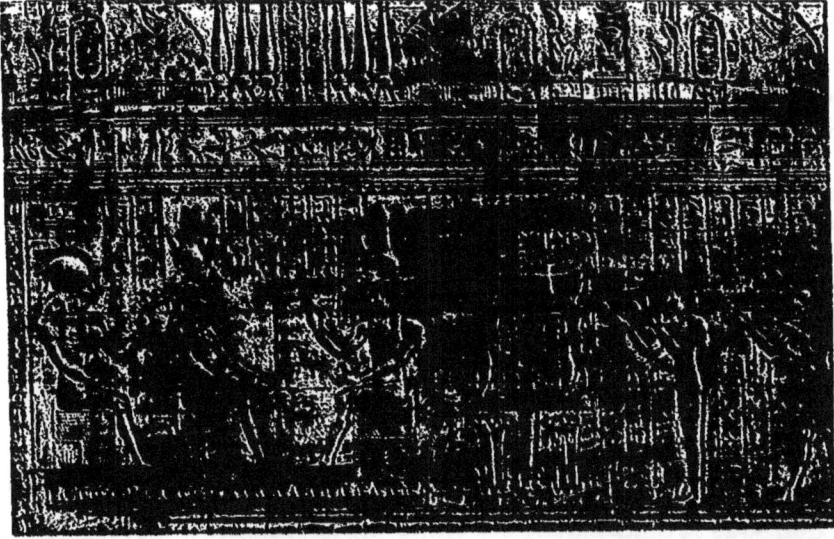

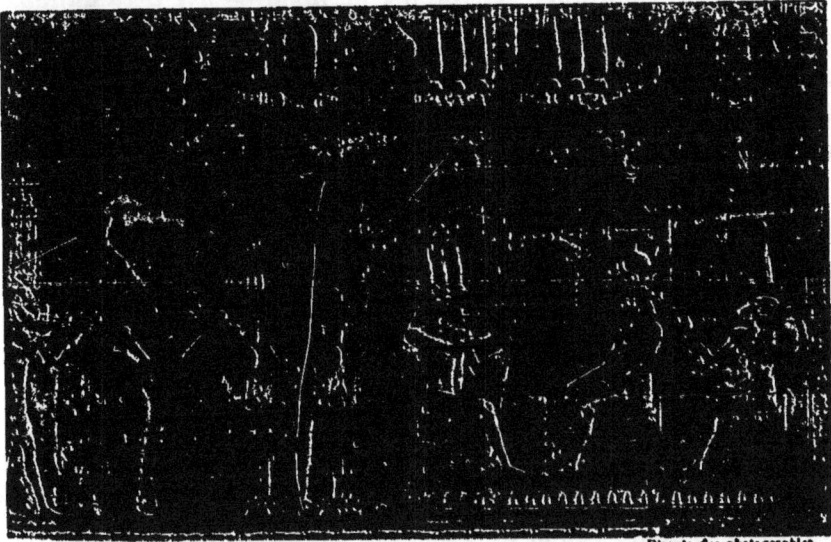

FIG. 254 et 255. — BAS-RELIEFS DU TEMPLE DE DENDÉRAH.

digne d'admiration et qui surpasse de beaucoup tous les autres ouvrages de
ce genre, tant par sa hauteur et son étendue que par la qualité et la dimension des pierres qu'il y employa. Il y fit placer des statues colossales et des
sphinx d'une hauteur prodigieuse. On apporta aussi par son ordre des pierres
d'une grosseur démesurée, pour réparer le temple. On en tira une partie des
carrières qui sont près de Memphis; mais on fit venir les plus grandes de la
ville d'Eléphantine, qui est éloignée de Saïs de vingt journées de navigation.

   « Mais ce que j'admire encore davantage, c'est un édifice d'une seule pierre qu'il fit apporter d'Eléphantine. Deux mille hommes, tous bateliers, furent occupés pendant trois ans à ce transport. Il a en dehors vingt et une coudées de long, quatorze de large et huit de haut. Telles sont les dimensions extérieures de cet ouvrage monolithe. Sa longueur en dedans est de dix-huit coudées, plus vingt doigts; sa largeur, de douze coudées; sa hauteur, de cinq. Cet édifice est placé à l'entrée du lieu sacré. On ne l'y fit point entrer, disent les Égyptiens, parce que, pendant qu'on le tirait, l'architecte, fatigué et ennuyé d'un travail qui lui avait coûté tant de temps, poussa un profond soupir. Amasis, regardant cela comme un présage fâcheux, ne voulut pas qu'on le fît avancer plus loin. Quelques-uns disent aussi qu'un de ceux qui aidaient à le remuer avec des leviers, fut écrasé dessous, et que ce fut pour cela qu'on ne l'introduisit pas dans le lieu sacré. »

Les Ptolémées furent également de grands constructeurs, et jusque sous la domination des empereurs romains, l'Égypte, imbue de ses vieilles traditions artistiques et inspirée par les admirables modèles que lui avaient légués les siècles, continua d'élever les imposants édifices qu'elle a si bien marqués de son génie propre, et dans lesquels on la retrouve, libre de toute influence étrangère, même sous le joug étroit des conquérants. Ceux-ci en effet purent enchaîner son indépendance; aucun ne réussit à asservir sa pensée.

## § 1ᵉʳ. — LA SCULPTURE.

Dès les débuts de l'Ancien Empire, c'est-à-dire à cette époque, vieille de 7000 ans, où le monde entier, en dehors de la vallée du Nil, était plongé dans la plus sombre sauvagerie, l'art de la sculpture avait déjà donné en Égypte d'incomparables produits. Ce degré de perfection où nous le voyons alors arrivé, est la preuve irrécusable de l'antiquité prodigieuse de la civilisation égyptienne. Si formidable qu'apparaisse à nos yeux la longue chaîne de siècles nous séparant de ces âges lointains, il faut en supposer une suite plus étendue encore qui les a précédés, car le temps seul, et un temps d'une immense longueur, peut permettre à l'homme de franchir l'abîme qui sépare un sauvage d'un artiste tel que celui qui sculpta le *Scribe accroupi*.

Les plus vieilles statues qui existent au monde se trouvent sur le palier de l'escalier qui, dans le musée du Louvre, conduit au premier étage de la section égyptienne. Ce sont celles d'un fonctionnaire nommé *Sépa* et de sa femme *Nésa*, représentées plus haut (*V*. p. 369). Elles sont en calcaire, et montrent un peu de gaucherie dans les formes et de raideur dans l'attitude. Mais les traits et l'expression de leurs visages offrent déjà ce caractère saisissant de vie, de personnalité, qui fait reconnaître des portraits dans les statues de l'Ancien Empire, et qui émeut si profondément le spectateur, en présence de ces êtres, presque parlants, bien que morts depuis soixante siècles.

La ressemblance, et une ressemblance scrupuleuse était en effet le but, le secret, la raison d'être, de la statuaire au temps de l'Empire memphite. Nous avons indiqué, en parlant de la religion comme en décrivant les tombeaux, cette idée fondamentale qui associait le *double* de l'être humain, le *ka*, l'habitant mystérieux du sépulcre, soit à sa momie, soit aux images de son corps qui pouvaient survivre à ce corps même. Si la momie se décomposait ou tombait en poussière, si les statues du défunt étaient brisées ou mutilées, le fantôme fragile s'évanouissait avec elles, et il n'y avait plus pour l'âme d'immortalité possible.

Cette croyance, qui dura toujours, mais en s'épurant, en se spiritualisant plus tard, existait dans toute sa force superstitieuse et matérialiste à l'époque de l'Ancien Empire. Il fallait alors, pour diminuer les chances de destruction du *ka*, non seulement embaumer soigneusement la momie et la murer dans le puits profond du mastaba, mais encore peupler les cachettes du monument avec un nombre aussi considérable que possible de représentations fidèles du défunt. C'étaient, suivant une expression ingénieuse, des « corps de rechange » qui soutenaient l'existence du double.

Pour bien remplir le but auquel elles étaient destinées, ces effigies devaient être d'une scrupuleuse ressemblance. Aussi les voit-on reproduire fidèlement jusqu'aux défauts mêmes et aux infirmités de leurs modèles. Une des plus curieuses à ce point de vue est celle d'un nain, *Nem-hotep*, retrouvée dans une des plus belles tombes de Saqqarah, et actuellement au musée de Boulaq. Rien de plus grotesque, et en même temps de plus vrai, que l'apparence de ce pauvre être. Il offre bien tous les caractères de son infirmité : torse long, jambes courtes, ventre proéminent, crâne allongé en arrière, face laide et niaise, et toutefois empreinte d'une certaine suffisance; car, le nain, comme tout le prouve dans son riche tombeau, était un personnage.

On le voit, les sculpteurs de l'Ancien Empire ne s'étaient encore imposé aucune convention et ne poursuivaient aucun idéal. Copier fidèlement la nature, tel était le but de leurs efforts. Nulle tradition antérieure, nul modèle classique ne se plaçait entre eux et la vérité des choses. Le formalisme, la monotonie, la raideur, que plus tard on put reprocher à l'art égyptien, ne gâtaient point la spontanéité naïve de leurs œuvres. Ils ne cherchaient point la beauté et ne mettaient pas leur goût propre au-dessus de la simple réalité. Ils ne faisaient même point de l'art au sens propre du mot; ils accomplissaient un travail consciencieux avec la conviction que leurs ouvrages les mieux réussis, enfermés pour toujours dans le serdab, ne charmeraient jamais les yeux des générations futures et n'attireraient point à leur mémoire les éloges et la renommée, si chers à l'âme chimérique de l'artiste.

Et toutefois ces laborieux ouvriers, qui n'ont point inscrit leur nom sur le socle des statues qu'ils ont taillées, qui n'ont point espéré la gloire et se sont endormis dans l'oubli, ont créé l'art le plus puissamment réaliste et le plus durable qui ait laissé des traces dans le monde. Ils ont animé le granit, le calcaire et le bois même d'une vie si intense, que ces inertes matières, arrachées à l'ombre séculaire des tombeaux, frémissent, palpitent sous nos yeux, et font de nous, pour ainsi dire, tandis que nous les contemplons, les contemporains d'hommes et de femmes dont nous sépare une énorme période de plus de six mille ans.

Qui donc, après avoir, soit au Louvre, soit à Boulaq, regardé attentivement le *Scribe accroupi* (p. 377), le *Cheik-el-Bêled* (p. 384), ou les statues de *Rahotep* et de *Néfert* (Pl. III), peut oublier leurs traits expressifs, et ne conserve pas le souvenir de leurs physionomies si animées, si personnelles, comme on conserve le souvenir d'un compagnon de voyage sympathique que les hasards d'une rencontre ont fait pénétrer, rapidement et pour une heure, dans le secret de notre intimité. Ce ne sont pas des inconnus pour nous, ces êtres dont le regard vif et perçant a plongé dans nos yeux, dont le geste familier nous a donné l'illusion d'un mouvement réel, dont toute l'attitude nous a trahi les habitudes et les occupations, et dont le visage, souriant, sarcastique ou grave, nous a révélé le caractère.

Certes, depuis l'époque reculée où ils ont vécu, l'art a singulièrement étendu son domaine; il a embrassé dans son essor toutes les régions de l'idéal et élargi les champs étroi's de la réalité. Mais, quelle que soit la puissance fascinatrice de nos rêves, ce qui nous intéresse toujours le plus, c'est l'homme lui-même. Et si nous nous arrêtons, émus et transportés, devant la surhumaine splendeur de la Vénus de Milo, nous sommes peut-être attirés et retenus par un charme plus invincible et plus poignant, devant la figure fine et vivante de ce simple scribe, au corps épaissi, aux traits communs, mais pétillants d'intelligence, qui, la plume à la main, semble attendre encore, pour la fixer sur

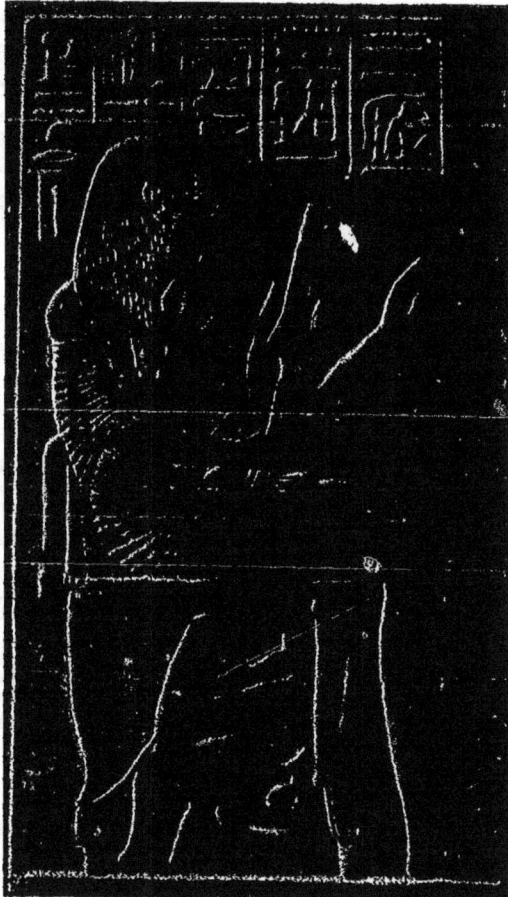

Musée de Boulaq.

FIG. 236. — Ce bas-relief d'exécution fort médiocre, surtout dans la partie inférieure du corps, est étiqueté « roi éthiopien » sur les photographies qu'on vend au Caire aux visiteurs du Musée de Boulaq et sur leur catalogue. Cette indication est aussi peu exacte que beaucoup de celles qu'on voit figurer sur les photographies de ce magnifique Musée de Boulaq, dont on peut dire qu'il est à la fois le plus riche du monde en antiquités égyptiennes mais aussi le plus mal tenu. Rien dans ce personnage n'indique une origine éthiopienne. L'inscription en caractères hiéroglyphiques qu'on voit au-dessus de sa tête le qualifie de « Chef des ouvriers des Constructions de Sa Majesté, à Memphis, le chef Ptah-mès, véridique auprès du dieu Grand ».

ses tablettes, la suite d'une phrase, interrompue il y a six ou sept mille ans.

La sculpture de l'Ancien Empire, qui savait rendre avec tant de vérité, et surtout avec une si frappante personnalité, les traits du visage humain, réussissait aussi heureusement dans la reproduction des membres du corps, avec leurs gestes, avec leurs attitudes naturelles et familières, et leurs saillies musculaires.

On ne retrouve pas seulement, dans les mastabas de Gizeh, de Méïdoum et de Saqqarah, la statue du défunt, maître et habitant du sépulcre. Autour de cette statue se groupent souvent celles de ses serviteurs : bergers, laboureurs, cuisiniers, pétrisseuses de pain, tous faisant le geste le plus fréquent dans son métier, tous d'une vérité étonnante d'attitude et de mouvement. L'ombre de ces serviteurs devait, dans l'autre monde, être aux ordres de l'ombre de leur maître et remplir pour lui tous les offices qu'il attendait d'eux sur la terre.

La statue considérée comme le chef-d'œuvre de l'Ancien Empire, est celle du roi *Khéfren* (*V.* p. 373), trouvée dans un puits du temple du Sphinx. Elle est en diorite, substance plus dure encore et plus difficile à travailler que le granit. Le Pharaon est assis, les mains sur les genoux, dans une attitude pleine de calme et de majesté, adoptée plus tard pour tous les colosses royaux. Elle dépasse déjà la grandeur naturelle, bien qu'elle soit loin d'atteindre aux proportions gigantesques données dans la suite aux effigies des souverains. La face est imposante et douce; et, malgré le caractère de gravité noble et fière dont elle est empreinte, on y retrouve cette animation singulière de tous les traits, et ce souci du détail caractéristique et personnel, qui fait sentir, devant chaque statue de l'Ancien Empire, que l'on est en face d'un portrait.

Le bas-relief ne remonte pas en Égypte moins haut que les statues indépendantes et isolées. Le plus ancien que l'on ait découvert se voit encore, bien que fort mutilé, sur les rochers de l'Ouady-Maghara, dans la presqu'île du Sinaï. Il représente le roi Snéfrou terrassant un ennemi, et remonte, par conséquent, jusqu'à la III⁰ dynastie. Les bas-reliefs découpés sur des panneaux de bois dans le tombeau d'Hosi, ne sont pas moins anciens. Ils ont beaucoup des qualités des statues contemporaines, mais déjà s'accusent en eux quelques-unes des conventions que nous retrouverons dans les bas-reliefs égyptiens de toutes les époques, entre autres celle qui consiste à représenter les épaules de face, tandis que la tête et les jambes se présentent de profil.

L'Ancien Empire s'est servi du bois pour les grands morceaux de sculpture plus que ne l'ont fait les siècles qui lui ont succédé. Cette matière était plus facile à travailler pour des artistes qui ne possédaient pas l'acier et sans doute même pas le fer, que le dur granit ou même que le calcaire. Sous le climat de l'Égypte, le bois se conservait aussi bien que la pierre. On l'abandonna cependant plus tard, lorsque la sculpture devint plus décorative et répondit moins à des besoins religieux qu'il fallait satisfaire à tout prix, parfois en toute hâte. D'ailleurs les bois à grain serré n'existent pas en Égypte, et l'on n'y a jamais rencontré de poutre assez considérable pour y tailler d'un seul bloc une effigie humaine de grandeur naturelle. Celles qui nous sont parvenues, le *Cheik-el-Béled*, au musée de Boulaq, ou la statue de bois du Louvre, dans la salle historique, sont faites de plusieurs morceaux réunis par des chevilles, et dont on voit distinctement les sutures. Ces sutures étaient rendues invisibles autrefois par un enduit fait d'une toile collée et recouverte de stuc sur lequel on étendait la couleur. Car, ainsi que nous le verrons plus loin, la peinture était en Égypte le complément indispensable de la sculpture. Les statues, les bas-reliefs de bois ou de calcaire étaient peints, sans exception. Ceux que l'on taillait dans une matière plus riche et naturellement colorée, granit rose, diorite, porphyre, basalte, albâtre, échappaient à cette loi, du moins généralement. L'Égypte ne connut pas le marbre, admirable matière dont les reflets chauds et les contours presque transparents donnent l'illusion de la chair et qui semble comme elle frémir d'une vie intérieure. Elle eut d'ailleurs la passion de la polychromie et ne laissa jamais dans leur dure nudité des substances aussi ingrates à l'œil que le calcaire ou le bois.

Du reste, il est encore une autre matière que l'Ancien Empire mit en œuvre pour ses statues funéraires : c'est le bronze, que l'on sut couler de bonne heure dans la vallée du Nil avec une perfection remarquable. Il ne servit jamais pour des figures de grandeur naturelle ; mais il existe, dans les collections, des statuettes, dont l'une au moins remonte à une étonnante antiquité. L'Ancien Empire sut couler le bronze en creux et le retoucher ensuite au burin, art que les autres nations ne devaient retrouver qu'infiniment plus tard.

Le goût des colosses, tellement prononcé en Égypte, s'y manifeste dès les époques les plus reculées. La plus ancienne œuvre d'art de la vallée du Nil en est aussi la plus gigantesque : c'est le fameux Sphinx de Gizeh, dont la face mutilée domine toujours les sables du désert, tandis que son corps immense y reste enseveli. Il ne faudrait pas croire que ce grand monstre accroupi fût un rocher dégrossi rudement et sculpté par à peu près. C'est une véritable statue, absolument achevée, et à laquelle un enduit soigneusement moulé donnait, avant les injures des siècles et des hommes, le fini qui .! manque à présent. Il était déjà bien élevé, bien grandiose u... .s aspirations, l'art qui a mis dans ses yeux de pierre ce regard indéfinissable et sur ses lèvres à jamais closes ce patient et mystérieux sourire.

Avec l'Ancien Empire s'éteignit dans l'art égyptien cette qualité qui prime toutes les autres lorsqu'elle existe, c'est-à-dire la vie, l'évocation frémissante de la réalité expressive et animée.

. Nous avons dit à propos de la littérature : l'Egypte manqua toujours des ressorts suprêmes de l'émotion — l'amour, la douleur, et nous ajouterons le doute. L'inquiétude, la préoccupation de l'avenir dans la destinée humaine, l'éternel *pourquoi* qui met tant de mélancolie au fond de nos œuvres passagères, ne se trahit pas dans les œuvres éternelles de cette race calme et forte. La majesté, la grandeur, l'immuable stabilité, le repos serein et profond de la tombe, la sécurité d'une existence éternelle et glorieuse, tels sont les principaux caractères de l'art égyptien dans toutes ses branches. Les choses éphémères, changeantes, fugitives, de la vie terrestre ne l'occupèrent qu'accidentellement, et, de bonne heure, il sut leur prêter une grâce rigide, une beauté de convention dans laquelle il les enferma, les fixa, pour les rendre dignes de prendre place au sein du concert harmonieux des choses impérissables.

Cependant le génie égyptien n'était point incapable de créer des œuvres palpitantes de vie. On le voit par les sculptures de l'Ancien Empire. Mais il fallut qu'une superstition religieuse le poussât dans cette voie, et il en sortit aussitôt que sa croyance se modifia. Les chefs-d'œuvre des premières dynasties demeurèrent comme un accident merveilleux dans l'histoire de l'art égyptien. Nous rencontrons plus tard des créations charmantes ou grandioses, mystiques, fières et fines, nous ne nous sentons plus attirés par l'invincible sympathie qu'éveillent en nous les naïves figures des anciens âges.

Un changement profond se produisit dans les conceptions religieuses et artistiques de l'Égypte entre la vɪᵉ et la xɪɪᵉ dynastie. Aucun monument ne nous permet de suivre les phases de cette évolution ; nous n'en pouvons juger que les résultats. Lorsque nous voyons apparaître de nouveau le type humain sous le ciseau des sculpteurs, ce type s'est modifié ; il a pris plus d'élégance et de sveltesse ; l'individualité y est moins accusée ; la convention s'est introduite dans l'art. Les têtes gardent encore une certaine personnalité dans les traits et dans l'expression, mais les corps sont tous copiés sur un modèle idéal, dont le galbe élancé ne rappelle en rien les tailles épaisses, les formes trapues de l'Ancien Empire.

Perpétuer par des moyens matériels l'existence du *double* a cessé d'être la préoccupation dominante de l'Égypte. Les sculpteurs ne travaillent plus exclusivement pour les tombeaux ; leurs

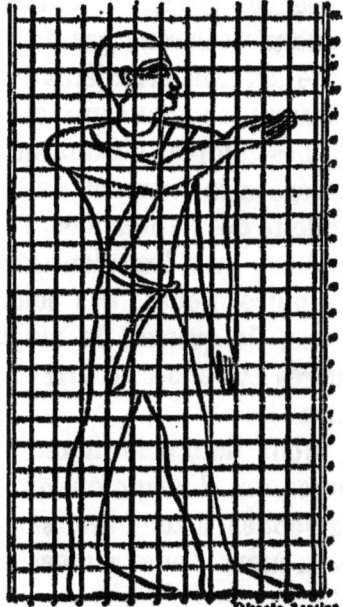

FIG. 237. — MISE AU CARREAU D'UN DESSIN ÉGYPTIEN.

(D'après une peinture de la xxvɪᵉ dynastie.)

œuvres deviennent monumentales et décoratives ; elles sont destinées à la glorification des rois et des dieux.

Il ne nous reste pas beaucoup de statues authentiques du Moyen Empire, par la raison que les souverains des dynasties postérieures ne se firent aucun scrupule de les démasquer et y faire graver leurs cartouches. Celle de Sévek-Hotep et un beau sphinx de granit rose, qui se trouve au Louvre, remontent à coup sûr à la xɪɪɪᵉ dynastie.

Une autre cause d'incertitude existe au sujet des œuvres sépulcrales du Moyen Empire. La domination des Hyksos remplit les cinq derniers siècles de cette période et eut pour centre Tanis. Or les fouilles de Tanis nous livrent un grand nombre de statues royales dont le type est manifestement différent de celui des Pharaons égyptiens. L'école tanite serait-elle une école asiatique, ou bien une école égyptienne qui se serait consacrée à la glorification des vainqueurs? Jusqu'à quel point les étrangers ont-ils adopté ou influencé l'art indigène? Les égyptologues n'ont pas encore tranché ces questions. Nous n'essaierons pas de les résoudre, et nous arriverons tout de suite aux trois premières dynasties du Nouvel Empire, qui marquent l'épanouissement complet de la statuaire en Égypte.

Les temples gigantesques de Thèbes et d'Abydos, les profonds hypogées se couvrent de bas-reliefs qui déroulent sur les murs les exploits des Ramessides. Pour rester en harmonie avec les énormes pylônes, avec les colonnades gigantesques des salles hypostyles, la sculpture produit des colosses. Les Pharaons de granit, hauts de douze, de quinze, de vingt mètres, s'asseyent au seuil des sanctuaires et s'adossent aux montagnes à l'entrée des temples souterrains.

Tous ils ont le même geste sobre et grave : leurs mains puissantes, qui si longtemps ont brandi les armes victorieuses, se posent, immobiles à toujours, sur leurs genoux, dans le repos inviolable de la mort. Leurs visages sont empreints d'une majesté douce, et telle est la noblesse de leur physionomie que jamais aucun art, même l'art grec, n'a su donner aux traits humains pareille expression de grandeur souveraine, de force consciente et d'inaltérable sérénité.

Les colosses royaux remplacent pour les Pharaons ensevelis les statues que l'on enfermait autrefois dans le serdab.

Quant aux bas-reliefs des temples, ils remplissent un but différent. Ils doivent immortaliser les hauts faits des princes victorieux. Aussi n'offrent-ils jamais l'attitude calme des statues isolées. Ils montrent le Pharaon sur son char de guerre, emporté au sein de la mêlée par le mouvement impétueux de ses chevaux; on le voit, les armes à la main, jetant l'épouvante autour de lui. Après la victoire, il extermine les vaincus, ou les traîne enchaînés à sa suite, comme un vil et tremblant troupeau. Des scènes plus douces se déroulent aussi sur les murs. Voici l'intérieur du palais : les tables de festins sont dressées; les serviteurs couronnent de fleurs les convives, tandis que de belles esclaves nues circulent parmi eux et remplissent leurs coupes; des musiciennes agitent le sistre et pincent les cordes de la harpe; des danseuses ploient en cadence leurs sveltes corps au son des instruments et ressemblent au lotus du Nil sur lesquels passe un souffle léger. Plus loin nous contemplons les mystères du harem royal. Le Pharaon, facile à reconnaître à sa taille toujours plus élevée que celle des autres hommes, est assis sur un siége richement sculpté. Des filles charmantes, Égyptiennes de haute race, Éthiopiennes voluptueuses, Asiatiques aux longs yeux troublants, se groupent autour de lui, lui présentent des fleurs et des fruits. Le roi leur sourit; sa main caresse la joue ou la chevelure de la plus proche; ou bien encore, on le voit s'absorbant avec l'une d'elles dans une partie d'échecs, jeu favori des Égyptiens, ce peuple dont les divertissements eux-mêmes avaient quelque chose de sérieux et de réfléchi.

Certes, dans toutes ces scènes de guerre ou de plaisir, le sculpteur du Nouvel Empire pouvait rivaliser de vie et de vérité avec ses prédécesseurs des premières dynasties. Il a su y mettre en effet de la variété et de l'animation. Mais l'art s'est trop éloigné de la réalité pour donner, comme dans les premiers temps, l'illusion complète de la vie. Des écoles se sont formées, des traditions se sont établies, certaines conventions ont triomphé et ont détrôné la simple nature. Les modèles que l'on étudie, ce sont les chefs-d'œuvres des maîtres, ce ne sont plus des êtres vivants. A force d'avoir pratiqué un genre gracieux mais faux, on no sait plus rendre le mouvement vrai des formes animées.

Prenons pour exemple le cheval. Cet animal a pénétré tard dans la vallée du Nil. On ne l'emploie que sous le Nouvel Empire. Partout à cette époque il apparaît sur les bas-reliefs. Mais on ne pourrait pas citer une seule représentation du cheval capable de lutter pour la perfection des formes et de l'allure avec les merveilleux animaux sculptés dans les tombes de Saqqarah. Les ânes, les bœufs, les chèvres, les oiseaux aquatiques, etc., furent, sous l'Ancien Empire, rendus avec une étonnante vérité; ils n'apparaissaient pourtant qu'en silhouette sur les murs, mais cette simple silhouette est tracée avec tant d'intelligence, de sentiment et de sûreté que —on peut hardiment l'affirmer — nul peuple moderne n'a mieux que l'ancienne Égypte compris et représenté les animaux. Les chevaux du Nouvel Empire, plus grêles que nature, avec des mouvements moins naturels, moins variés, plus symétriques, sont loin d'égaler leurs humbles frères, les ânes, trottant en troupeaux sous le bâton de l'ânier, sur les murs des chapelles des mastabas.

Les principales conventions des bas-reliefs égyptiens, conventions qui, d'ailleurs, furent identiques pour les peintures, sont les suivantes : têtes et jambes toujours de profil, tandis que les yeux, les épaules et la poitrine sont de face; la hauteur de la stature variant avec la dignité du personnage : les rois plus petits que les dieux; les prêtres et les guerriers plus petits que les rois; les esclaves plus petits que les hommes libres; l'absence totale de perspective; les différents plans d'un tableau figurés par des registres superposés au lieu de s'enfoncer en perspective; le rang, l'âge, la

D'après Ebers.

FIG. 258. — CLÉOPATRE.
(D'après une monnaie grecque.)

fonction, toutes les distinctions sociales indiquées par des attributs spéciaux, comme la tresse et le doigt dans la bouche de l'enfance, l'uræus des rois, etc. Enfin une convention singulière alignait dans le même tableau des files de personnages accomplissant tous la même geste; ce geste perd ainsi de sa valeur propre pour indiquer le mouvement et la vie; il devient un signe cabalistique et mystérieux plus qu'une action naturelle.

Le contour sommaire des objets, qui constitue l'hiéroglyphe, semble avoir hanté le cerveau des artistes du Nouvel Empire, et l'avoir impressionné de plus en plus. Les figures tendent à se raidir en des attitudes hiératiques, et cette tendance s'accentue de plus en plus, lorsque, après Ramsès II, la décadence de l'art égyptien a commencé.

Une sorte de renaissance qui se manifesta sous les dynasties saïtes fut caractérisée par un violent effort pour revenir à la nature, ou du moins pour imiter ceux qui l'imitaient, et reprendre les traditions des vieux maîtres de l'Ancien Empire. Cette renaissance produisit quelques belles œuvres que l'on peut voir dans nos mu-

FIG. 259. — BAS-RELIEF ÉTHIOPIEN DE MÉROÉ.

J'ai donné, page 236 de cet ouvrage, quelques indications historiques sur le royaume éthiopien de Méroé. Sa civilisation était entièrement égyptienne. Mais il suffirait de contempler ce bas-relief et ceux représentés plus loin, pour voir qu'on se trouve en présence d'une race bien inférieure à celle qui habitait l'Égypte.

sées. Mais elle ne dura pas, et, bien que l'Égypte eût continué à tailler la pierre pendant des siècles, elle ne donna plus d'œuvres originales. De médiocres ou ridicules copies, dans lesquelles elle exagéra les conventions du Nouvel Empire, voilà tout ce qu'elle produisit jusqu'à la persécution iconoclaste de Théodose qui porta le coup final aux arts dans la vallée du Nil.

Ainsi la période la plus glorieuse, la plus riche en chefs-d'œuvre pour la sculpture égyptienne fut celle de l'Ancien Empire. Nous n'avons pas encore tiré de la poussière du désert toutes les merveilles artistiques qu'elle a ensevelies. Peut-être si nous parve-

nons, à force de persévérance, à soulever complètement ce lourd
linceul, peut-être trouverons-nous, non seulement d'autres statues
comme celles du Scribe, mais encore les ébauches qui ont dû pré-
céder cet épanouissement extraordinaire d'un art presque absolument parfait. Nous remonterions encore quelques pas dans cette
nuit du passé, qui, parfois nous semble plus mystérieuse, plus
attirante encore que celle de l'avenir. Nous retrouverions les traces
de ces générations obstinées et patientes dont les mains inhabiles
ont dégrossi les matériaux avec lesquels nous avons pu bâtir
ensuite l'édifice splendide de nos civilisations.

## § 2. — LA PEINTURE

La couleur a joué un grand rôle dans l'art égyptien, et cependant il n'y eut pas, à proprement parler, de peinture dans la vallée
du Nil; il n'y eut que de l'enluminure. Toutes les surfaces, tous les
creux, toutes les rondeurs qu'offraient les œuvres de l'architecture
ou de la sculpture furent recouverts de nuances éclatantes, si bien
préparées au point de vue de leur fabrication, que la plupart sont
parvenues jusqu'à nous sans même avoir pâli.

Ces couleurs, destinées à mieux accuser le relief des monuments et des statues, dans un pays où le ruissellement de la
lumière efface et nivelle tous les plans, sont toujours choisies suivant une convenance étroite avec les nécessités des deux autres
arts.

En les appliquant, l'artiste visait à obtenir une harmonie d'ensemble, des gammes de tons, des rapprochements et des opposi-
tions de nuances plaisantes à l'œil, mais il ne songeait pas le moins
du monde à donner    ... jets leur couleur propre. Encore moins
essayait-il d'obtenir les effets particuliers à la peinture, par les jeux
d'ombre et de lumière, par les clairs-obscurs, par le modelage des
formes ou par la perspective aérienne. Tout cela lui était inconnu.
On lui livrait des surfaces couvertes de bas-reliefs ou de dessins;
le seul soin qu'il avait à prendre consistait à étendre ses couleurs
sans déborder en dehors des lignes. Bien souvent il n'avait même

pas le choix des nuances et devait les employer suivant certaines conventions. Pour le nu du corps humain, par exemple, il le peignait en rouge brun si c'était un homme, en jaune pâle si c'était une femme. Les règles fixes avaient encore plus d'importance en peinture qu'en sculpture. Cela est si vrai que, dans la grande question de savoir à partir de quel moment l'Égypte a connu le fer, on ne peut s'en rapporter à la couleur bleue donnée aux lames de certains instruments. Cette nuance n'est peut-être mise là que pour produire sur l'œil un effet particulier et voulu.

Les peintres égyptiens n'employèrent donc que des tons plats, mais ces tons étaient d'une vivacité, d'une richesse, d'un éclat qui, presque partout, grâce au climat, s'est conservé jusqu'à nos jours.

Les hypogées de Béni-Hassan, si instructifs au point de vue des mœurs par toutes les scènes qu'ils nous représentent, offrent, encore aujourd'hui, un coloris d'une fraîcheur extraordinaire. Ils ont l'importance toute spéciale de présenter à peu près le seul cas important connu où la peinture se soit séparée de la sculpture dans la vallée du Nil. Encore le bas-relief, pour n'être pas taillé, n'est pas moins reconnaissable dans les contours du dessin. Ce sont les mêmes procédés, les mêmes conventions, presque le même aspect. Les artistes qui ont tracé les tableaux de Béni-Hassan étaient évidemment les mêmes que ceux qui dessinaient la ligne extérieure d'un bas-relief à découper. En Égypte, le dessinateur fut tout; celui qui après lui creusait la pierre ou la recouvrait d'une couche de peinture n'était qu'un ouvrier, un manœuvre, sans invention et sans indépendance.

La ligne — la ligne simple et nue — quel rôle elle a joué en Égypte, et à quels merveilleux effets n'est-elle pas arrivée! C'est elle seule qui nous charme par sa pureté délicate, par sa netteté expressive, par sa grâce allongée, savante, d'une élégance suprême dans les dessins et dans les bas-reliefs du Nouvel Empire, où la vie devient mystérieuse, discrète, sans les violences et les exubérances de la nature, où la forme humaine, modifiée par un idéal plein de raffinements, perd son réalisme charnel pour prendre des contours étranges de fine et svelte idole. C'est elle seule, cette ligne pleine de magie, qui fixe et rend éternels les profils exquis et fiers des jeunes Pharaons. Car, par une de ces conventions dont nous avons parlé, le roi n'était jamais représenté, après l'Ancien Empire, que sous les traits de la première jeunesse. Et qui peut oublier après les avoir vues, ces têtes délicieuses des Ramsès et des Séti, au nez délicatement busqué, aux grands yeux rêveurs, aux lèvres un peu épaisses sur lesquelles se joue un sourire à la fois si hautain et si doux ?

Devant des créations si fortes et si pures, on ne saurait regretter pour l'Égypte la connaissance de toutes les ressources de l'art. C'est peut-être, après tout, à la sobriété des moyens qu'elle doit l'étonnante puissance d'impression que ses œuvres ont conservé, malgré les siècles, malgré la concurrence des autres peuples et malgré la différence des races.

## § 3. — ARTS INDUSTRIELS

Cet amour de l'Égypte pour la grâce, la pureté, la fierté du contour et de la ligne, ce goût passionné pour les formes élégantes, se retrouve dans les moindres objets qu'elle a fabriqué, dont elle s'est servie, fût-ce pour les plus vulgaires usages. Les arts qu'on est convenu d'appeler industriels, à cause de l'utilité immédiate de leurs œuvres pour les besoins de la vie, ne se sont, dans aucun pays, autant rapprochés des beaux-arts que dans la vallée du Nil.

Nous avons dit que les Égyptiens étaient avant tout dessinateurs et architectes : cela est si vrai qu'ils ont porté ces dispositions à faire harmonieux et grand jusque dans la fabrication des plus délicats objets. Leur plus mignonnes figurines, leurs bijoux les plus fouillés ont, par une habile tricherie de proportions, la majesté, la gravité de leurs colosses.

« D'autres peuples, comme les Grecs, » dit M. Chipiez, créeront des bijoux d'une légèreté plus élégante, d'une grâce plus fine; mais on n'en appréciera pas moins chez ceux de l'Égypte de hautes qualités d'ampleur et de savante noblesse. Ce qui nous paraît faire surtout l'originalité de ces ouvrages, c'est que leurs lignes maîtresses et leur coloration rappellent le style et le décor des édifices nationaux; on dirait que ce sont des architectes qui ont fourni les dessins de ces bijoux et qui en ont choisi les tons. »

Les Égyptiens ont admirablement travaillé les métaux. Nous avons vu qu'ils coulaient le bronze dès l'Ancien Empire. On suppose qu'ils avaient découvert une composition particulière pour ce métal, qui, trempé, eût acquis presque le fil et la dureté du fer. Nous avons également indiqué le doute qui reste encore quant à l'usage qu'ils ont pu faire de ce dernier métal.

Leur patience et leur courage au travail devaient être inouïs, s'ils en étaient réduits au bronze et au silex pour attaquer et ciseler des pierres comme le diorite et le granit. Leurs procédés de sculpture nous ont été conservés par les peintures tombales. Ils entamaient le bloc à la pointe sur laquelle ils frappaient avec une petite masse; ils le polissaient ensuite à la poudre de grès et à l'émeri. La difficulté énorme qu'ils rencontraient si leurs instruments n'étaient pas en acier ni même en fer, explique en partie l'aspect massif de leurs statues, dont les membres ne se détachent pas du corps, dont le cou lui-même n'est jamais svelte et dégagé, mais soutenu par d'énormes coiffures, et qui, parfois restent en partie prises dans la masse de pierre au sein de laquelle on les a découpées. La liberté d'attitude et de mouvements est bien plus grande dans les statues de bois et dans les bas-reliefs. Ce n'est donc pas toujours par un parti pris artistique, mais par suite d'une impossibilité matérielle, que les sculpteurs égyptiens ont donné aux sphinx, aux dieux et aux rois ces poses qui respirent un repos si absolu, une si immuable tranquillité.

Les métaux précieux, l'or, l'argent, l'électrum (alliage d'or et d'argent), ont été travaillés par les Égyptiens avec une perfection remarquable. Leurs damasquinages, leurs incrustations, leurs cloisonnés sont nombreux dans nos musées. Le cloisonné égyptien différait du cloisonné proprement dit en ce que les émaux ne faisaient pas un tout avec la masse, n'étaient pas recuits avec le métal; ils étaient simplement coulés dans les creux et formaient plutôt une espèce de mosaïque.

L'émail, c'est-à-dire le verre coloré, a été la passion de l'Égypte. Elle l'a employé pour ses vases, pour ses statuettes, pour ses meubles, pour les murs de ses palais, pour l'ornement de ses tombeaux. On émaillait la terre, les métaux, la pierre elle-même. Partout, sous le grand soleil, resplendissaient les tons clairs et purs de l'émail. Il recouvrait des briques, percées en arrière d'un trou qui permettait de les enfiler à une tringle et de les fixer plus solidement sur les linteaux des portes et le long des corniches. Les plus anciennes briques émaillées ont été retrouvées dans la pyramide de Saqqarah. Des temples entiers, tel que celui qu'éleva Ramsès III à Tell-el-Yahoudi, étaient revêtus de ces merveilleuses glaçures, aux nuances éclatantes et harmonieusement mariées.

Le verre, qui remonte en Égypte à la plus haute antiquité que nous connaissions, s'employait non seulement sous forme d'émail, mais de toutes les façons imaginables. Les vases, les coupes, dont la substance est traversée de filets et de rubans nuancés, rappellent les objets de verre de fabrication vénitienne. Les bijoux de verre, colliers de perles, amulettes, pectoraux, bagues mêmes, se retrouvent par milliers dans les tombeaux et remplissent les vitrines de nos musées.

Nous avons déjà parlé ailleurs de toutes les substances sur lesquelles l'Égypte épuisa son ingénieuse fantaisie et auxquelles elle donna des formes si délicieuses : non seulement les métaux et le verre, mais les pierres précieuses, le bois, l'ivoire, la corne, le cristal. Nous n'insisterons point sur ses procédés, et nous dirons seulement un mot du caractère général des œuvres auxquelles elle les appliqua.

Nulle contrée n'eut à un plus haut degré le goût de ce qu'on désigne de nos jours sous le nom de bibelot. Lorsque l'on parcourt les salles du Louvre, par exemple, on est stupéfait de la multitude d'objets mignons, parfois inutiles en apparence, qui s'entassent derrière les vitrines avec une variété de formes et de couleurs véritablement éblouissante.

Le plus grand nombre de ces flacons minuscules, de ces élégants étuis, de ces coffrets de toutes dimensions, de ces cuillers aux manches adorablement sculptés, de ces miroirs dont la poignée est parfois un chef-d'œuvre, étaient destinés à figurer sur la table de toilette. Le grand luxe de l'Égypte s'appliqua aux soins de la beauté. Ces objets devaient contenir, recueillir ou répandre des fards, des huiles, des parfums ; ils enfermaient le khol et l'antimoine qui allongeaient et bistraient les grands yeux voluptueux des Égyptiennes. On les rencontrait en grand nombre dans la demeure des vivants, mais tous ceux qui nous ont été conservés vienu.nt des tombeaux. Dans les régions éternelles, l'ombre du mort n' .bliait pas les artifices délicats qui l'avaient embelli sur la terre, · momie gardait auprès d'elle les onguents exhalant de suaves odeurs. Gracieuse superstition, qui ôte à la mort son horreur, et cache son masque grimaçant sous les parures de la vie.

Après les flacons à parfums, les étuis à collyre et les cuillers pour les pâtes, c'étaient les amulettes et les figurines mortuaires qui exerçaient le plus l'imagination ingénieuse des artistes égyptiens. Parmi les premières dominent la croix ansée, emblème de la vie, l'œil mystique, les têtes d'animaux et surtout l° .carabée, emblème de l'éternel *devenir*. Quant aux figurines, qr .lques-unes, nous l'avons dit, ont, dans leur petite taille de quelques centimètres, la majesté des colosses.

Les habitations et les sépulcres des Égyptiens contenaient un grand nombre de vases, aussi élégants par la forme que par la matière dont ils étaient faits. Ces vases, outre leurs destinations diverses, servaient comme objets d'ornement. Il y en avait en bronze, en faïence émaillée, en pierre calcaire, en albâtre, en porphyre. Une espèce d'une forme particulière, les canopes, placés dans le caveau avec le sarcophage au nombre de quatre, servaient à contenir les entrailles, le cœur et l'estomac du mort. Nous possédons une multitude de ces canopes qui, souvent, sont de véritables objets d'art. Le couvercle en est formé d'une tête d'homme ou d'animal finement ciselée. On en voit au Louvre dont les têtes sont des merveilles de grâce et d'expression.

Le mobilier jouait aussi un grand rôle dans le luxe des Égyptiens, et, comme pour les bijoux, comme pour les objets de toilette, on le trouvait plus riche et plus abondant au sein des tombes que dans les maisons. L'Égyptien ne s'accroupissait pas comme l'Oriental sur des coussins, et ne dormait pas sur des nattes ou des tapis; il avait des sièges et des lits. Ces sièges, ces lits, tiraient leur forme générale du règne animal ou végétal, les dossiers s'élançaient comme des feuillages de lotus, les bras s'allongeaient comme des cous de bêtes terminés par des faces de lion, les pieds se posaient à terre comme des griffes puissantes.

Les étoffes de l'Égypte, ses merveilleuses broderies, étaient

célèbres au loin. Nous avons cité ailleurs le passage de la Bible,
qui nous montre la mollesse asiatique s'endormant sous des tentures de broderies égyptiennes. Les artistes de la vallée du Nil
alimentaient, dans toutes les branches de l'industrie, le luxe des
peuples qui bordaient le bassin de la Méditerranée. Leur goût faisait

FIG. 260. — BAS RELIEF ÉTHIOPIEN.

loi dans le monde antique. Partout on a retrouvé des débris de leur
délicate splendeur.

Certes, ce peuple fut un des plus épris du beau, un des plus ingénieux à poétiser la vie et à embellir la mort, qui aient passé sur la
surface changeante du globe. Tout ce qui se dégage de sa poussière
est empreint de noblesse ou de grâce. Nous l'apprécierons mieux
encore et nous rappellerons avec regret son souvenir, maintenant
que nous le quittons, pour nous enfoncer dans les mystères de la
sombre Asie, voluptueuse et sanglante. Les effroyables tragédies,
les supplices raffinés, les monstrueuses hécatombes, les cruels et
répugnants sacrifices, qui rendent si lamentable la marche de

l'homme dans la voie sans fin du progrès, n'ont jamais eu pour théâtre la lumineuse vallée du Nil.

La vie s'y est déroulée pendant des centaines de siècles comme un rêve facile et charmant. La mort même y a souri : cet effrayant squelette, à la faux toujours en mouvement dans les moissons humaines, a déposé là-bas son instrument d'horreur et de destruc-

Fig. 261. — BAS-RELIEF ÉTHIOPIEN.

tion et s'est voilé le visage, pour bercer doucement dans ses bras ceux qu'il endormait et les enchanter d'un songe éternel.

Qu'elles reposent en paix les vieilles momies allongées dans leurs coffres splendides ! L'avenir n'aura point déçu leur persévérant et invincible espoir. Elles vivent, elles vivront toujours. Des liens invisibles mais profonds relient à leur pensée la pensée de l'humanité moderne. La science, en rattachant de plus en plus le présent au passé, nous a montré à quel point les idées des peuples vivants sont gouvernées par les idées des peuples morts. Depuis que les vieux Pharaons ont été couchés dans leurs sarcophages de granit, les cieux impassibles ont vu naître et mourir bien des races et bien des rêves. Si tous ces grands morts pouvaient sortir de leurs tombeaux et revoir la lumière, ils sauraient sans doute que la pensée religieuse qui guida leurs efforts pendant cinquante siècles fut une illusion, mais ils sauraient en même temps que tous ces efforts n'ont pas été perdus. Peut-être penseraient-ils que nos illusions modernes sont aussi vaines que le furent les leurs, et que, malgré tant de travaux accumulés par tant de races, durant tant de siècles, la part de vérités éternelles acquises par l'esprit humain est restée véritablement bien petite.

# LIVRE QUATRIÈME

# LA CIVILISATION CHALDÉO-ASSYRIENNE

## CHAPITRE PREMIER

### LE MILIEU ET LA RACE

#### § 1<sup>er</sup>. — LE MILIEU

L'Euphrate et le Tigre ont produit en Asie le même phénomène que le Nil en Égypte. En créant des bandes de terre verdoyantes au milieu des sables du désert, ces grands fleuves ont rendu possible l'éclosion de civilisations brillantes.

Mais les deux fleuves asiatiques n'ont pas la puissance et la régularité du Nil. Leurs débordements sont capricieux, leur cours inégal : celui du Tigre est d'une impétuosité qui nuit à la navigation; tandis que l'Euphrate, se déroulant sur une pente presque insensible, s'épanche en vastes marécages inhabitables et malsains.

Dans la Mésopotamie, le travail des hommes a dû intervenir plus activement encore que dans la vallée du Nil pour régulariser le cours des eaux. La civilisation n'y atteignit sa pleine floraison que lorsque les fleuves eurent été entièrement asservis. Dès qu'ils furent abandonnés à eux-mêmes et que les travaux d'irrigation furent interrompus, la richesse de la contrée tarit, les opulentes capitales tombèrent en ruines sur les rives de l'Euphrate et du Tigre. Nous verrons tout à l'heure ce qui put contraindre les hommes à s'adonner au labeur gigantesque et incessant que nécessitait la mise en culture de ces vastes plaines de l'Asie centrale; nous dirons aussi ce qui les en détourna plus tard.

Le sol de la Mésopotamie est aujourd'hui désert, mais l'entassement des débris de villes qu'il contient et que depuis longtemps le sable a recouverts, y forme de nombreuses collines. On ne peut remuer la poussière de cette plaine fameuse sans y découvrir les vestiges de cités jadis florissantes et splendides. Tous les jours de nouveaux témoins apparaissent, qui nous redisent la grandeur des monarchies disparues.

Et cependant rien n'est resté vivant de tant de puissance et de gloire. La terre elle-même, nourrice généreuse de tant de générations évanouies, semble s'être lassée de produire. Au printemps, vers les mois d'avril et de mai, lorsque les inondations ont rendu quelque vie à ses veines épuisées, elle se couvre encore d'une brillante parure de fleurs. Mais bientôt, desséchée par des vents qui n'apportent aucun nuage lorsqu'ils viennent se heurter dans cette immense plaine, elle se dépouille de toute verdure, sauf sur la rive étroite de ses fleuves. L'humidité même qu'elle conserve vers le cours inférieur de l'Euphrate, se tourne à son tour en fléau. Des marécages pestilentiels la rendent sur certains points absolument inhabitable. Quelques tribus arabes, habituées à ce climat malsain, osent seules établir leurs légères habitations parmi les forêts de roseaux. De primitives embarcations circulent entre les longues tiges vertes hautes de quatre à cinq mètres; ceux qui les montent s'exposent, lorsqu'ils mettent pied à terre, à cette fin sinistre, l'enlizement, très fréquent sur les bords du Bas-Euphrate.

Les deux fleuves, qui se réunissent pour former le Chat-el-Arab, n'ont pas toujours confondu leurs embouchures. A l'époque préhistorique, ils se jetaient dans le golfe Persique à une vingtaine de lieues l'un de l'autre. Comme le Nil, ils ont formé leur delta de leurs alluvions, et ils continuent à l'agrandir suivant une progression régulière qu'il est facile de mesurer. Tous deux peuvent servir à la navigation; cependant la rapidité du Tigre, comme le peu de profondeur de l'Euphrate, s'oppose à la marche de grands bateaux; et de ce côté, comme pour la culture des terres, les populations antiques avaient dû suppléer à la nature par de grands travaux de canalisation.

Il faut lire la description d'Hérodote pour se rendre compte de l'état florissant où se trouvait jadis toute la région assyrio-babylonienne, si déserte de nos jours.

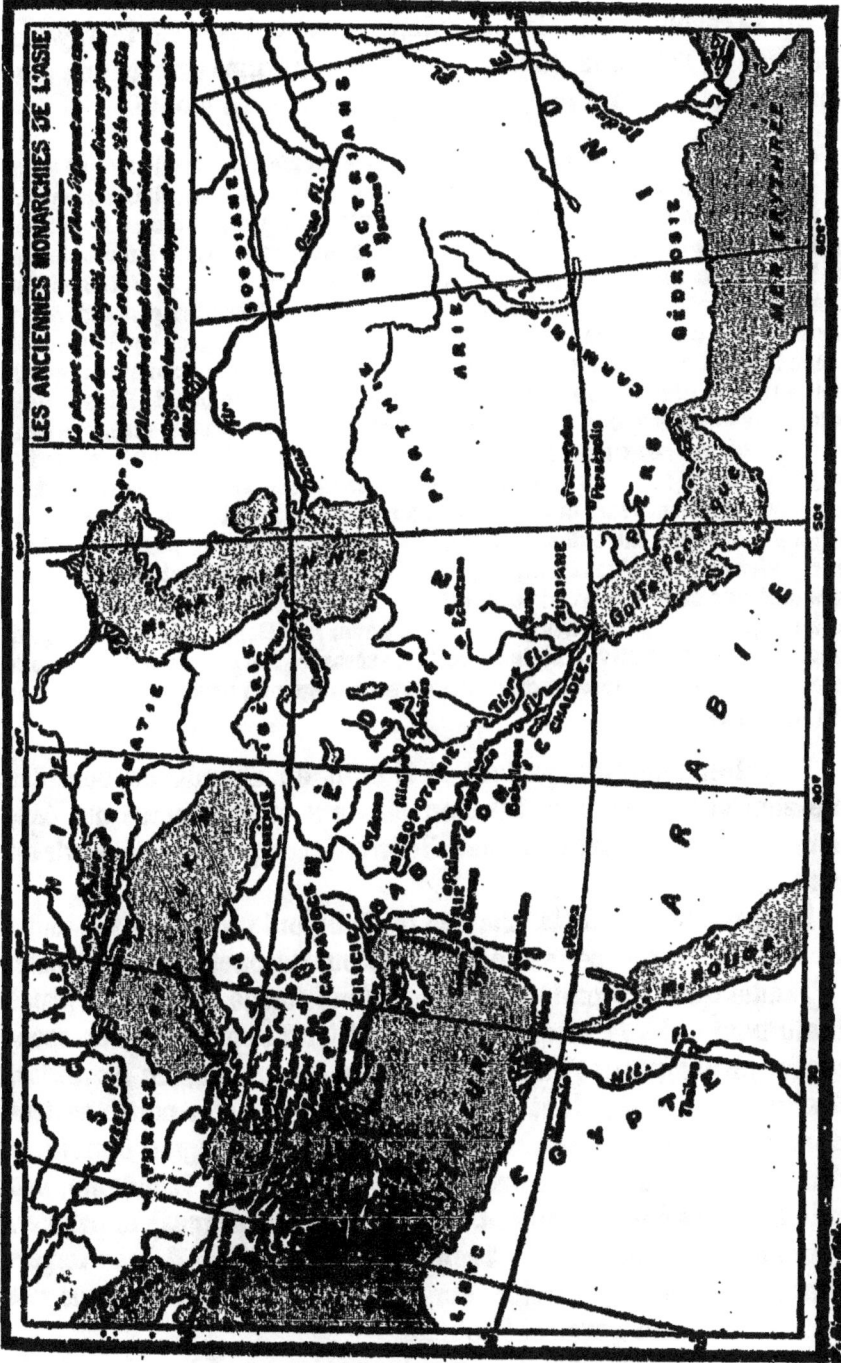

LES ANCIENNES MONARCHIES DE L'ASIE

Après avoir vanté la splendeur des villes, les incroyables richesses de Babylone, jugées d'après les énormes impôts que cette capitale payait au roi des Perses, l'historien grec ajoute :

« Les pluies ne sont pas fréquentes en Assyrie; le peu d'eau qui tombe développe les racines des grains semés; ensuite on arrose la plante avec l'eau du fleuve qui la fait arriver à maturité; il n'en est pas comme en Égypte, où le Nil se répand de lui-même dans les campagnes; ce n'est qu'à force de bras ou à l'aide de machines que se fait l'irrigation. Du reste, la Babylonie est, comme l'Égypte, entièrement coupée de canaux, dont le plus grand porte des navires. Il se dirige vers le sud-ouest, de l'Euphrate au Tigre, sur lequel était située Ninive. De tous les pays que nous connaissons, c'est sans contredit le meilleur et le plus fertile en fruits de Cérès; on n'essaye pas de faire porter à la terre des figuiers, des vignes, des oliviers; mais, en récompense, elle est si propre à toutes sortes de grains, qu'elle rapporte toujours deux cents fois autant qu'on a semé, et que, dans les années où elle se surpasse elle-même, elle rend trois cents fois autant qu'elle a reçu. Les feuilles du froment et de l'orge y ont bien quatre doigts de large. Quoique je n'ignore pas à quelle hauteur y viennent les tiges de millet et de sésame, je n'en ferai point mention, persuadé que ceux qui n'ont point été dans la Babylonie ne pourraient ajouter foi à ce que j'ai rapporté des grains de ce pays. Les Babyloniens ne font point usage de l'huile d'olive, mais de celle de sésame. La plaine est couverte de palmiers. La plupart portent du fruit; on en mange une partie, et de l'autre on tire du vin et du miel. »

Le palmier-dattier, partout où il croît en abondance, constitue une source de richesse. Strabon cite une poésie perse qui énumère trois cent soixante usages différents auxquels peut servir cet arbre.

Les productions de la Chaldée ou Babylonie n'étaient pas tout à fait les mêmes que celles de l'Assyrie ou Mésopotamie supérieure.

Tandis que la première de ces régions forme une vaste plaine absolument unie, la seconde, s'adossant à un demi-cercle de montagnes (prolongement du Taurus, monts d'Arménie, du Kurdistan) offre un sol incliné, dont l'altitude s'élève dans la partie septentrionale. Là, vers les premières croupes des montagnes surtout, le climat est moins sec, moins brûlant que dans la Babylonie; une foule de cours d'eau circulent à travers les campagnes; le palmier, l'arbre des pays chauds, y est remplacé par les hôtes de nos vergers d'Europe : cerisier, prunier, abricotier, etc., ou par ceux de nos forêts, tels que le noyer et le chêne.

Quelques chaînes intérieures sillonnent même l'Assyrie au nord.

Ces chaînes séparent, encaissent et parfois semblent vouloir barrer les deux lits du Tigre et de l'Euphrate. Ces fleuves sont obligés de s'y frayer des passages où leurs eaux bondissantes circulent seules entre de hautes murailles de basalte, et où il n'existe pas un seul sentier accessible au pied de l'homme. De hardis voyageurs, qui ont osé se risquer sur des barques légères dans ces cluses sauvages, sont restés enthousiasmés par leur effrayante beauté.

La séparation entre les deux régions, chaldéenne et assyrienne, est indiquée par une sorte de seuil naturel, vers la hauteur de la ville de Hit sur l'Euphrate et de Samarah sur le Tigre. Ce relèvement du sol, qui forme comme la rive d'un océan de sable, fut peut-être, dans les temps préhistoriques, un rivage véritable que venaient battre les flots de ce que nous appelons aujourd'hui la Mer des Indes. A l'époque où les premiers colons s'établirent dans cette plaine, il est certain que le golfe Persique s'avançait de quarante à quarante-cinq lieues plus profondément dans les terres. On trouve encore, aux environs du lieu où fut Babylone, des quantités de coquillages marins, et très loin à l'intérieur du désert le sable est imprégné de sel.

Toutes les richesses minérales de la contrée, pierre calcaire, albâtre, grès, basalte, marbre, fer, plomb, argent, antimoine, etc., se trouvent dans la partie montagneuse de la Haute-Mésopotamie. La plaine babylonienne en est dépourvue, et n'a jamais offert que des sources d'asphalte, dont les longs ruisseaux noirs serpentent sinistrement à la surface dorée des sables et vont quelquefois se perdre dans l'Euphrate.

Voici ce que nous dit à ce propos Diodore de Sicile :

« Parmi les curiosités de Babylone, on remarque surtout la quantité d'asphalte qui s'y produit. Cette quantité est telle, qu'elle suffit non seulement pour des constructions aussi immenses que nombreuses, mais encore le peuple recueille cette matière en abondance et la brûle en guise de bois après l'avoir desséchée. Un nombre infini d'habitants la puisent dans une grande source qui reste intarissable. »

S'il est facile de comprendre qu'une société ait pu se développer, que des villes aient pu s'élever, dans la Haute-Mésopotamie, vers la source fertile de deux fleuves et à l'abri d'un demi-cercle de montagnes formant un rempart contre les invasions, on s'explique moins tout d'abord qu'une civilisation brillante entre toutes ait eu pour siège la région aride et brûlante qui, du plateau de l'Iran s'étend jusqu'aux rives de la Méditerranée, et dans laquelle on retrace les limites indécises de l'empire chaldéen. Et cependant, c'est là surtout, plus que dans le nord, que se pressèrent les cités opulentes et que s'amassèrent les trésors du monde antique. Babylone l'emporta sur Ninive en gloire, en magnificence et en durée. Elle n'eut de rivale véritable que Thèbes d'Égypte, cette autre reine du passé.

Et Babylone n'est pas la seule qui ait victorieusement bravé pen-

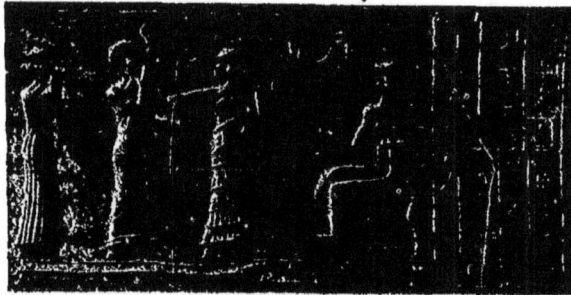

Musée Britannique.

FIG. 263. — CYLINDRE-CACHET DE LIK BAGUS, UN DES PLUS ANCIENS ROIS DE LA CHALDÉE.

Lik Bagus « le mâle puissant, roi d'Ur, roi du pays de Sumer et d'Accad » comme il se qualifie dans ses inscriptions, régnait 2400 ans avant J.-C., à Ur, ville mentionnée dans la Genèse et qui fut la patrie d'Abraham. Il construisit beaucoup de temples dont il reste des débris. L'art chaldéen était alors dans l'enfance et bien inférieur à ce qu'il était en Égypte à la même époque.

Avec cette gravure commence la série des dessins consacrés à la civilisation chaldéo-assyrienne. Ils seront nécessairement moins nombreux que ceux de la civilisation égyptienne. Non seulement nous ne possédons aucun monument complet de la civilisation chaldéo-assyrienne, mais les bas-reliefs, les statues, les objets d'art qui nous sont restés des grands palais de Ninive, Khorsabad, etc., ne représentent qu'une très courte période de l'histoire de cette civilisation. Les plus remarquables en effet furent exécutés dans les VIIe, VIIIe et IXe siècle avant notre ère. Ils représentent la période de floraison de la civilisation de la Babylonie et de l'Assyrie.

dant des siècles la force destructive du désert, et qu'à son tour le désert ait ensuite lentement assaillie et détruite. Tadmor soulève encore, de ses colonnes altières, son linceul de sable : Tadmor, fille de la même région, mais dont l'existence et la prospérité semblent plus incompréhensibles encore que celle de Babylone, puisqu'elle n'a pas même été construite sur les bords d'un cours d'eau. Par quel miracle ces immenses centres de populations subsistaient-ils, là où quelques tribus nomades ne trouvent aujourd'hui que d'insuffisantes ressources?

La réponse est simple comme la cause elle-même : c'est un

FIG. 281. — NIN OU NINIP, L'HERCULE ASSYRIEN.

Ce dieu, auquel plusieurs temples étaient consacrés, est représenté sous la forme d'un géant étouffant un lion. Les traditions le considéraient comme l'ancêtre des rois assyriens. Sa statue, représentée dans cette planche, est actuellement au Louvre; elle était placée à l'entrée du harem du palais de Sargon, à Khorsabad (VIII° siècle avant J.-C.).

fleuve, nous l'avons vu, qui a fait l'Égypte; c'est une route qui a créé les formidables empires de la Chaldée et de l'Assyrie.

Mais ce n'était point un chemin ordinaire celui qui, tracé à travers le vieux continent, marqua ses étapes par de merveilleuses cités. C'était la grande route du monde antique, la seule qui fît communiquer l'Extrême-Orient avec l'Égypte et avec l'Europe; la seule qui amenât les peuples de l'Orient sur les rives de la Méditerranée, d'où, par la marine puissante des Phéniciens, ils se mettaient en rapport avec tous les pays connus. De longues caravanes traversaient toute cette région, venues de Sidon ou de Tyr, tandis que les bateaux apportant de l'Éthiopie les matières précieuses remontaient le cours du Tigre et de l'Euphrate.

Sur les deux rives de ces fleuves, comme sur la longue ligne de leur parcours à travers le désert, l'affluence des marchands amena la création de villes nombreuses servant d'entrepôts.

Ce mouvement, cette activité, donna une vie prodigieuse aux plaines aujourd'hui solitaires de l'Asie antérieure. Le travail, en faisant affluer de toutes parts dans les villes les trésors du monde entier, apporta la richesse, fit naître les industries, développa les grands centres urbains. Et, comme l'agriculture pouvait seule nourrir les nombreuses populations, on mit en œuvre, au moyen de travaux d'irrigation considérables, ce sol de la Chaldée auquel il ne manquait qu'un peu d'eau pour être merveilleusement fécond.

Qu'importaient les efforts, qu'importaient l'or et l'argent prodigués, à ces peuples chez qui passaient et repassaient, non sans se multiplier entre leurs mains ingénieuses, toutes les richesses de la terre?

La situation de la Mésopotamie en faisait comme le cœur où refluait et venait palpiter toute la sève vitale du monde ancien. Géométriquement, elle en occupait le point central. Tous les peuples tournaient les yeux vers elle, et la retrouvaient aussi, en remontant dans leur passé, à la base de leurs traditions. Tous ont voulu voir en elle le berceau du genre humain.

Pour soutenir ce rôle, ses deux fleuves lui étaient indispensables; mais, comme ils n'eussent pas été suffisants, il fallut que la main des hommes suppléât à la nature par ces immenses travaux hydrauliques, dont les restes nous étonnent.

Lorsque la civilisation chaldéo-assyrienne s'écroula, les peuples qui la continuèrent — les Perses, les Grecs, et plus tard les Arabes — profitèrent des longs travaux de leurs prédécesseurs, et l'Asie antérieure resta longtemps florissante et fertile malgré les révolutions et les invasions ; mais le centre de la civilisation se déplaçait de plus en plus. Et tout à coup, en même temps qu'un nouveau continent fut découvert, Vasco de Gama, doublant le cap des Tempêtes, ouvrit une route inconnue entre l'Orient et l'Occident. La lente, difficile et dangereuse voie de terre fut bientôt presque entièrement abandonnée. Les transports firent le tour de l'Afrique ou passèrent par le Caire et la mer Rouge. De rares caravanes se risquèrent seules sur les anciens chemins foulés jadis par les Thoutmès, les Cambyse et les Alexandre victorieux. Le pays se dépeupla lentement. Les sables montèrent silencieusement à l'assaut des capitales devenues solitaires ; et le désert, dompté durant de longs siècles, étendit son lourd manteau sur le front des orgueilleuses cités.

## § 2. — LA RACE

Pour la Chaldée, comme pour toutes les autres contrées du globe, il est impossible de savoir exactement d'où venaient ses premiers habitants et à quelle race ils appartenaient.

Si haut que les découvertes modernes nous fassent remonter dans l'histoire, il arrive toujours un moment où nous plongeons dans une nuit épaisse, au seuil de laquelle il faut nous arrêter, puisque nous ne possédons ni guide ni flambleau qui puissent nous y guider.

L'écriture des anciens Assyriens, cette écriture cunéiforme, déchiffrée comme l'ont été les hiéroglyphes égyptiens, nous montre qu'il y avait en Mésopotamie deux langues, et par conséquent deux races distinctes : l'*assyrien* de Ninive et le *suméro-accadien* de la Chaldée.

On n'a plus de doute sur l'origine des Assyriens de Ninive : c'étaient des Sémites. Il est plus difficile de savoir à quelle race appartenaient les Chaldéens, divisés dans l'antiquité en deux rameaux : le peuple de Sumer et celui d'Accad.

Ayant reconnu dans le suméro-accadien une langue agglutinante présentant quelque analogie avec les dialectes ouralo-altaïques, on a voulu voir dans les Chaldéens un peuple d'origine touranienne. Cette opinion est très contestée aujourd'hui, et voici pourquoi :

D'abord, autant que l'on peut, par les descriptions et les bas-reliefs, se représenter les Chaldéens, on ne constate en eux aucune ressemblance notable avec les Touraniens; ils ne paraissent avoir eu ni le teint cuivré, ni les pommettes saillantes, ni les yeux obliques. Ils étaient très foncés de peau, presque noirs peut-être, mais sans présenter aucun rapport avec le type nègre. Grands, bien faits, les cheveux lisses, le nez droit, ils rappelleraient plutôt le type éthiopien, dont une autre théorie scientifique que nous ne défendrons pas, voudrait les rapprocher.

En second lieu, si leur langue offre de l'analogie avec les dialectes touraniens, elle en offre plutôt par ce qui lui manque que par ce qu'elle renferme : agglutinante, comme les langues touraniennes, elle contient beaucoup de mots kouschites.

Enfin, un témoignage qu'on ne peut accepter les yeux fermés, mais dont on est bien obligé de tenir compte, puisqu'on y trouve l'acte de naissance le plus ancien sinon le plus authentique de ces vieilles races, le témoignage de la Bible, fait de Nemrod, fils de Kousch et petit-fils de Cham, l'ancêtre des Babyloniens.

On lit en effet au chapitre X de la Genèse :

« Les enfants de Cham sont Kousch, Misraïm, Phut et Chanaan.

« Et Kousch engendra Nemrod, qui commença d'être puissant sur la terre.

« Et il fut un puissant chasseur devant l'Éternel. De là est venu ce qu'on dit : Comme Nemrod, le puissant chasseur devant l'Éternel.

« Et le commencement de son règne fut Babel, Accad et Calné, au pays de Seinhar. »

Si les renseignemeuts puisés dans la Bible ne laissaient aucune prise au doute, il en résulterait que les Chaldéens furent les frères des Égyptiens, descendus de Misraïm, et des Éthiopiens, descendus de Phut. Et nous pourrions conclure avec Rawlinson, que l'humanité est redevable de ses premiers progrès aux descendants de

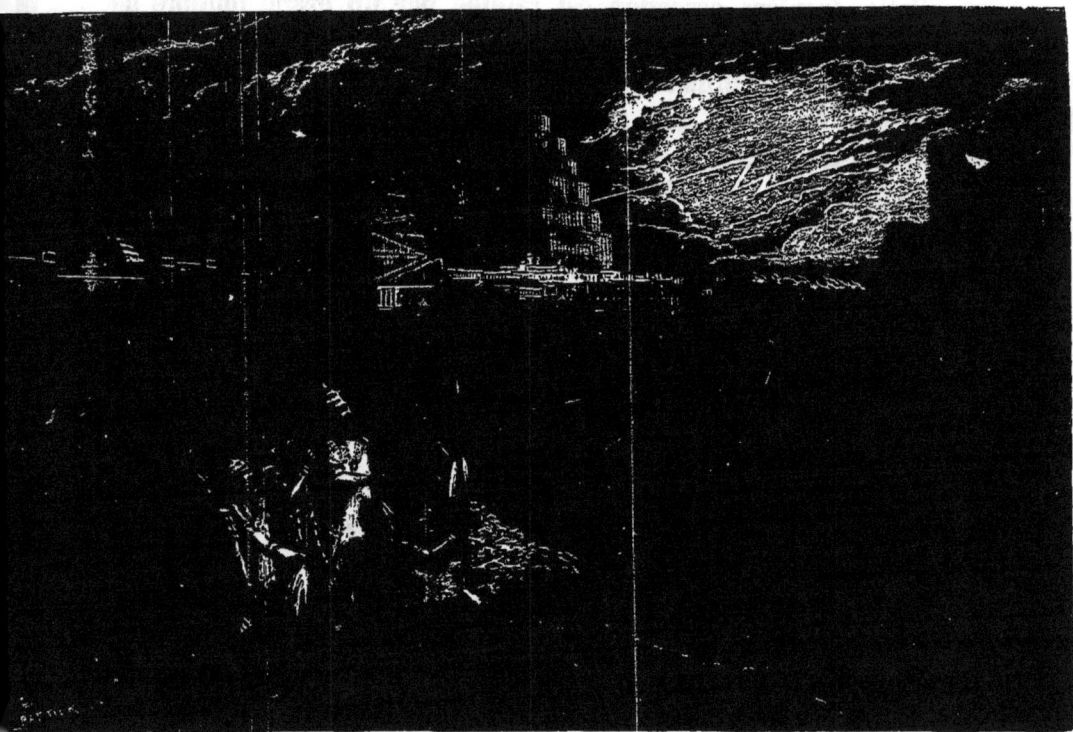

FIG. 261. — ESSAI DE RESTITUTION DES TEMPLES ET DES PALAIS BORDANT LES QUAIS DE BABYLONE.

L'idée de cette restitution nous a été donnée par la vue des magnifiques tableaux de J. Martin sur Ninive et Babylone. Ces tableaux, composés à une époque où l'on ne possédait aucun ... de ces villes célèbres, sont des ouvres de fantaisie pure sans aucune valeur archéologique. Nous offrons notre essai de restitution avec le talent artistique en moins mais avec ... titude archéologique en plus. Notre dessin a été exécuté, d'après nos croquis, par M. Kreutzberger, à qui sont dues plusieurs illustrations de cet ouvrage.

Cham. Malheureusement, bien du vague plane sur ces obscures questions de l'origine des peuples. La Bible d'ailleurs, qui d'abord donne les Chaldéens pour les plus anciens habitants de la Mésopotamie, en fait plus tard, dans le livre d'Isaïe, une simple colonie des Assyriens :

« Voici le pays des Chaldéens, dit le prophète. Ce peuple-là n'était point autrefois; Assur l'a fondé pour les gens de marine.

Cette dernière assertion est réfutée par un grand nombre de preuves. Ce qu'on ne saurait mettre en doute c'est que les Chaldéens sont un des plus anciens peuples du monde, l'aîné peut-être du peuple égyptien. Non seulement les livres hébreux, mais les traditions des autres peuples font de la Chaldée le pays le plus anciennement peuplé du globe et comme le berceau du genre humain. C'est là qu'aurait eu lieu la confusion des langues; c'est de là que seraient partis Abraham et Assur, deux fondateurs de groupes sémitiques.

Ce qu'on peut tirer de plus évident des rares certitudes comme des nombreuses hypothèses au moyen desquelles on cherche à trancher cette question, c'est que la Babylonie fut tout d'abord peuplée par un mélange de races, où figurait peut-être l'élément kouschite. Plus tard, à ce mélange qui, sans doute, avait fini par acquérir une certaine homogénéité, se superposa, sur une grande échelle, l'élément sémitique, qui finit par dominer.

Toutefois, ce ne sont pas les Sémites qui jetèrent dans la Mésopotamie les fondements d'une des plus anciennes et des plus brillantes civilisations : cette gloire revient à ces peuples reculés, les Accadiens, les Sumériens, qui d'abord s'établirent sur les bords de l'Euphrate, et qui y apportèrent la connaissance de l'écriture, une industrie relativement avancée, un gouvernement, des lois, une religion organisés.

D'où venaient-ils alors? D'Éthiopie, comme le croit M. Rawlinson, arrivant par mer et remontant le cours de l'Euphrate et du Tigre, chargés du trésor de la civilisation qui se développait alors sur le Haut-Nil? Ou bien descendaient-ils plutôt, comme je serais porté à le croire, des plateaux de l'Asie centrale, tout remplis du génie actif, entreprenants des Touraniens?

Quoi qu'il en soit, ce qu'il faut bien marquer, c'est que, malgré la prépondérance du type sémitique dans les œuvres plastiques de la Mésopotamie, et quoique les grands empires dont nous allons nous occuper aient été organisés et gouvernés par des Sémites, ce n'est pas à la race sémitique que l'humanité est redevable de la vieille civilisation chaldéo-assyrienne.

Ceux qui en ont jeté les fondements sont ou les frères, ou les contemporains des premiers Égyptiens, de ces Schesou-Hor, antérieurs même à l'Ancien Empire, et à qui, suivant la légende, les dieux mêmes firent faire les premiers pas dans la voie du progrès, où, depuis eux, l'humanité n'a cessé de s'avancer d'une marche toujours plus rapide.

# CHAPITRE II

## HISTOIRE DE L'ASSYRIE ET DE LA BABYLONIE

### § 1ᵉʳ. — LES LÉGENDES ET LES SOURCES DE L'HISTOIRE

L'histoire de l'Assyrie et celle de la Babylonie ou Chaldée, n'ont pas été moins renouvelées en ce siècle que celle de l'Égypte.

La traduction des hiéroglyphes — cette découverte merveilleuse qui nous a livré tout le passé de la vallée du Nil — a eu pour pendant, quelques années plus tard, la lecture non moins merveilleuse des caractères cunéiformes.

Cette écriture bizarre, qui tire son nom de la forme de clous ou de coins que présentent les lettres dont elle est formée, fut celle des Chaldéens, des Assyriens et des Perses. Elle servit à écrire plusieurs dialectes : aussi était-elle encore plus difficile à déchiffrer que les hiéroglyphes.

Au cours des derniers siècles, certains voyageurs avaient rapporté en Europe, à titre de curiosité, des fragments d'inscriptions cunéiformes.

Personne n'avait imaginé en les voyant que l'on pût jamais en tirer un sens quelconque. D'ailleurs la nécessité de les comprendre ne se faisait guère sentir; ces débris étaient fort rares, et les stèles commémoratives que l'on retrouvait en Asie ne semblaient pas devoir ajouter grand'chose aux connaissances historiques universellement adoptées sur la foi des écrivains grecs.

On s'en tenait alors aux vagues notions fournies par la Bible, aux légendes racontées par Hérodote, Diodore et Strabon, qui, eux-mêmes, copiaient Ctésias. Ce Ctésias, médecin grec attaché à la cour d'Artaxercès Mnémon, s'était fait l'écho des fables les plus invraisemblables. Les seuls documents un peu certains que l'on possédât étaient des fragments du livre d'un prêtre chaldéen, nommé Bérose, contemporain d'Alexandre, et qui avait écrit l'histoire de l'Assyrie

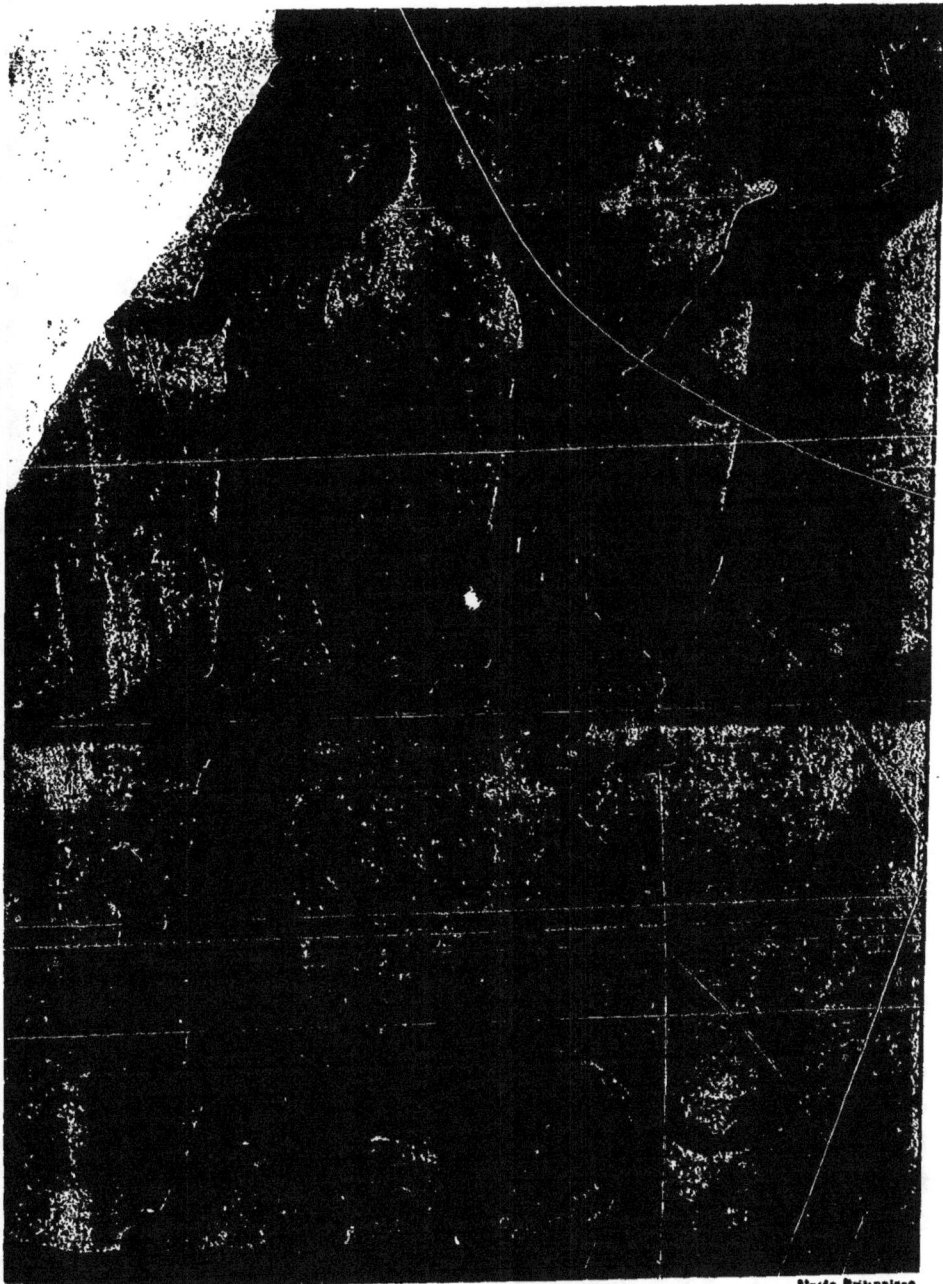

Musée Britannique.

**FIG. 260. — DÉMONS ET DIEU ASSYRIENS.**
(Bas-relief de Ninive.)

Le personnage à corps de lion et buste d'homme représente Nergal, dieu de la guerre et des enfers. Les personnages supérieurs représentent des démons.

De même que pour les statues égyptiennes, c'est par la photogravure, c'est-à-dire sans intervention de dessinateur et de graveur que j'ai fait reproduire la planche ci-dessus et celles représentant les bas-reliefs assyriens les plus importants. Pour les bas-reliefs et les statues, le dessin m'a toujours semblé impuissant à rendre la physionomie réelle des objets.

d'après les textes cunéiformes. Il aurait fait pour les peuples de l'Asie antérieure ce que Manéthon avait fait pour l'Égypte.

Malheureusement tout ce qui reste de lui consiste en des passages cités par Eusèbe, Josèphe et autres historiens.

D'après ces sources incertaines et incomplètes, voici à peu près en quoi se résumait l'histoire des premiers grands empires asiatiques :

Tout d'abord, aussi loin que l'on pouvait remonter, on retrouvait des traces du déluge; le souvenir d'une famille unique sauvée des ondes; l'arche arrêtée vers le mont Ararat, en Arménie; la tour de Babel, la confusion des langues et la dispersion des hommes. Puis apparaissait, se détachant vivement de cette pénombre le type héroïque de Nemrod, le fort chasseur devant l'Éternel.

Et ce n'étaient pas seulement les livres saints des Hébreux qui fixaient à jamais ces légendes; c'étaient aussi les traditions perpétuées jusqu'à nos jours parmi les peuplades de la Mésopotamie, de la Syrie, de l'Arabie. Les noms n'étaient pas les mêmes; au lieu de Noé, c'était Xisouthros; au lieu de Nemrod, Istoubar. Mais le fonds des récits fabuleux se montrait partout identique. Aujourd'hui même, malgré le développement de la science historique, nulle donnée précise ne peut être établie quant à ces époques lointaines. Il faut encore nous contenter de ces vagues souvenirs qui nous font entrevoir, au début des civilisations asiatiques, de grands bouleversements de la nature, d'importantes migrations de races, et aussi l'existence de héros, d'hommes aventureux qui, par leurs fondations ou par leurs découvertes, ont débrouillé quelque peu le chaos de la barbarie.

En Assyrie et en Chaldée, comme en Égypte, comme en Grèce, comme partout ailleurs, ces premiers initiateurs ont passé pour des dieux. Toutes les explications fournies par les peuples anciens sur leurs origines se ressemblent : une antiquité fabuleuse et la direction surnaturelle de personnages divins, tels en sont les deux traits constants.

Nous avons vu les Schesou-Hor sur les bords du Nil; dans Bérose nous retrouvons les dynasties divines chez les premiers Chaldéens, et les centaines de mille années entassées sans hésitation pour former le passé de ce peuple. Les rois terrestres ne commencent qu'après le déluge, et leur plus ancienne dynastie règne pendant plus de trente mille ans.

Aussitôt qu'avec Hérodote, Diodore, Strabon, Josèphe, et même la Bible, on quittait le domaine purement légendaire pour entrer dans l'histoire proprement dite, on voyait se dérouler des événements à peine moins merveilleux.

C'étaient les expéditions gigantesques de Ninus, soumettant la moitié de l'Asie. C'étaient les exploits plus extraordinaires encore de Sémiramis.

L'histoire de cette reine, admirable de beauté et de génie, qui rendait les hommes fous d'amour, domptait les peuples, élevait des villes incomparables, jetait des ponts sur les fleuves, traçait des routes à travers les montagnes, et dont la naissance et la mort même avaient été miraculeuses, charma l'imagination humaine à travers les siècles et garde encore son prestige, malgré les découvertes récentes de la science qui la réduisent à néant.

Il est impossible aujourd'hui d'admettre les aventures inouïes de Sémiramis; il est difficile même de croire qu'elle ait existé, et de reconnaître sa personnalité amoindrie dans telle ou telle reine au nom barbare et dur, au rôle plus ou moins effacé.

Et cependant, si épris que nous soyons de la vérité historique, nous ne pouvons nous défendre, avant de pénétrer dans la brutale histoire des Assyriens, avant d'esquisser la suite de guerres sauvages, de massacres et de supplices qui en fait le fond, nous ne pouvons nous défendre, de rappeler, d'après Diodore, la merveilleuse légende de Sémiramis, et d'évoquer la grande image de cette reine, qui, alors même qu'elle n'aurait jamais existé, exerça et exercera toujours sans doute un prestige universel dans la mémoire charmée des hommes.

Fille d'un mortel et d'une déesse, qui, pour cacher sa faute, l'abandonna dans un désert, Sémiramis fut nourrie pendant un an par des colombes. Des bergers la recueillirent ensuite, et elle grandit pour devenir si belle que nulle femme ne pouvait lui être comparée.

Un grand seigneur assyrien, Ménonès, gouverneur de Syrie, s'éprit d'elle et l'épousa. Peu après, cet officier accompagna le roi Ninus dans une expédition en Bactriane, et sa jeune femme le suivit.

Mais le monarque et son armée vinrent se heurter contre les murailles de la ville de Bactres, qui semblait absolument imprenable. Sémiramis « reconnut que les attaques se faisaient du côté de la plaine et des points d'un accès facile, tandis que l'on n'en dirigeait aucune vers la citadelle, défendue par sa position; elle remarqua que les assiégés, ayant en conséquence abandonné ce dernier poste, se portaient tous au secours des leurs qui étaient en danger à l'endroit des fortifications basses. Cette reconnaissance faite, elle prit avec elle quelques soldats habitués à gravir les rochers : par un sentier difficile, elle pénétra dans une partie de la citadelle, et donna le signal convenu à ceux qui attaquaient du côté des murailles de la plaine. Épouvantés de la prise de la citadelle, les assiégés désertent leurs fortifications et désespèrent de leur salut. Toute la ville tomba ainsi au pouvoir des Assyriens. Le roi, admirant le courage de Sémiramis, la combla de magnifiques présents; puis, épris de sa beauté, il pria son époux de la lui céder, promettant de lui donner en retour sa propre fille, Sosane. Ménonès ne voulant pas se résoudre à ce sacrifice, le roi le menaça de lui faire crever les yeux, s'il n'obéissait pas promptement à ses ordres. Tourmenté de ces menaces, saisi tout à la fois de chagrin et de fureur, ce malheureux époux se pendit. Sémiramis parvint aux honneurs de la royauté. »

La mort de Ninus, à laquelle certains récits prétendent qu'elle ne serait pas étrangère, laissa Sémiramis maîtresse absolue de l'Assyrie. Elle entreprit alors des travaux, qui, s'ils eussent été accomplis, dépasseraient les hauts faits des monarques les plus glorieux. Ses conquêtes s'étendaient des déserts de la Libye aux rives de l'Indus. Elle fonda la ville de Babylone, dont les murs suffisaient au passage de six chariots de front et se développaient sur un circuit de trois cent soixante stades (66 kilomètres). A l'intérieur, le pont sur l'Euphrate, large de trente pieds, était recouvert de planches de cèdre et de cyprès. De chaque côté du fleuve, Sémiramis éleva des quais magnifiques, presque aussi larges que les murailles. Elle fit construire, à chaque extrémité du pont un palais d'où elle pouvait voir toute la ville. Ces deux palais se trouvaient réunis par une galerie souterraine, de façon que la reine pouvait aller de l'un à l'autre sans traverser l'Euphrate. Elle éleva au milieu de la ville un

temple splendide au dieu Bélus, que les Grecs confondent avec
leur Jupiter.

Quant aux fameux Jardins Suspendus, qui sont quelquefois attribués à Sémiramis, Diodore en fait honneur à l'un des successeurs
de cette princesse, qui les aurait construits pour rappeler à l'une de
ses femmes les collines verdoyantes de la Perse.

Les entreprises gigantesques de Sémiramis ne lui faisaient pas
négliger les plaisirs ni oublier sa propre beauté.

« Elle ne voulut jamais se remarier légitimement, dit Diodore, afin de

FIG. 207. — SCÈNE D'OFFRANDE.
(Bas-relief assyrien).

ne pas être privée de la souveraineté, mais elle choisissait les plus beaux
hommes de son armée, et après leur avoir accordé ses faveurs, elle les faisait
disparaître. »

La fin de Sémiramis fut aussi mystérieuse que sa naissance. Elle
disparut subitement, et le bruit courut qu'elle avait été changée en
colombe. Les Assyriens vénérèrent depuis cet oiseau comme une
divinité.

Babylone ne serait pas, d'après Diodore, la seule ville qu'aurait
fondée Sémiramis. Elle en aurait élevé bien d'autres, et parmi elles,
Ecbatane, dans un site qui lui plaisait.

L'épitaphe qu'aurait écrit elle-même cette reine étonnante,
n'est pas moins fameuse que toutes ses œuvres. La voici :

« La nature m'a donné le corps d'une femme, mais mes actions m'ont égalée au plus vaillant des hommes. J'ai régi l'empire de Ninus qui, vers l'Orient, touche au fleuve Hinamanès, vers le sud au pays de l'encens et de la myrrhe, vers le nord aux Saces et aux Sogdiens. Avant moi, aucun Assyrien n'avait vu de mers; j'en ai vu quatre, que personne n'abordait, tant elles étaient éloignées. J'ai contraint les fleuves de couler où je voulais, et je ne l'ai voulu qu'aux lieux où ils étaient utiles; j'ai rendu la terre fertile, en l'arrosant de mes fleuves. J'ai élevé des forteresses inexpugnables, j'ai percé avec le fer des routes à travers les rochers impraticables. J'ai frayé à mes chariots des chemins que les bêtes féroces elles-mêmes n'avaient pas parcourus. Et, au milieu de ces occupations, j'ai trouvé du temps pour mes plaisirs et pour mes amours. »

Si nous nous sommes laissé arrêter par ce mythe qui, aujourd'hui, est considéré comme appartenant au domaine de la légende et nullement à celui de l'histoire, c'est qu'il est impossible de ne pas contempler un moment, avant de parler de l'Asie antique, ce type étrange de Sémiramis qui semble la résumer.

La puissante Babylone, si longtemps reine et maîtresse de cette Asie centrale, ne ressemble-t-elle pas en effet à la femme qui, suivant la tradition, l'aurait fondée. Altière et ambitieuse, voluptueuse et cruelle, éprise des splendeurs de l'art et des impossibles travaux, se plaisant à dompter les hommes et la nature, telle fut cette capitale.

Comme Sémiramis, Babylone a forcé les fleuves de couler où elle voulait. Comme Sémiramis elle a élevé des forteresses inexpugnables et elle a percé des routes à travers les rochers impraticables. Et, pour compléter le parallèle entre la femme extraordinaire et la ville prodigieuse, Babylone garde ainsi que Sémiramis, sa naissance et sa fin enveloppées d'un éternel mystère. On ne peut savoir au juste à quel moment elle fut construite, ni quelle main posa sa première pierre. Et aujourd'hui, la curiosité humaine soulève en vain le linceul de sable du désert : on ne reconnaît qu'approximativement les vestiges de la merveilleuse cité.

Le mythe de Sémiramis n'est donc pas dépourvu de sens, et, quand il le serait, nous n'aurions pas pu négliger cette imposante figure que la tradition a faite et fera éternellement plus vivante que tous les souverains dont la poussière de la Mésopotamie nous rend aujourd'hui les visages de pierre à jamais glacés et muets.

Après Sémiramis, les principaux types fournis par les légendes éta... le volupteux et efféminé Sardanapale; Sennachérib, dont un ange du Seigneur décima les armées; Nabuchodonosor, condamné pour son orgueil à devenir semblable aux bêtes et à brouter l'herbe des champs; Balthazar, devant les yeux épouvantés duquel une main mystérieuse écrivit des mots effrayants.

De toutes ces légendes, il reste bien peu de chose depuis que les fouilles pratiquées dans les plaines de l'Euphrate et du Tigre ont ramené à la lumière les chroniques, les inscriptions, les annales des vieux empires, et depuis que la patience laborieuse des savants est parvenue à les déchiffrer.

Ce fut un Français, M. Emile Botta, qui, le premier, en 1842, eut l'étonnement et la gloire de faire surgir des sables tout un palais assyrien, celui de Sargon, près du village moderne de Khorsabad. Les pans de murs se dégageaient sous la pioche de ses ouvriers, couverts de superbes bas-reliefs et d'une écriture encore incompréhensible.

Botta croyait avoir découvert Ninive. Il se trompait, et cependant il n'était pas loin des ruines de l'antique cité.

Malheureusement, la politique vint l'entraver au moment où il allait la découvrir. La Révolution de 1848 l'enleva à son poste, et ce fut un anglais, M. Layard, qui eut le privilège d'exhumer la capitale de l'Assyrie, si longtemps maîtresse de l'Asie.

Depuis, les fouilles furent activement poussées, aussi bien dans le sud que dans le nord de la Mésopotamie. Des palais merveilleux surgirent, révélant un art inconnu. Des bibliothèques entières, où les briques tenaient lieu de parchemins ou de papyrus, témoignèrent qu'une civilisation savante avait fleuri dans ces plaines aujourd'hui presque désertes.

L'Angleterre se passionna, s'acharna sur ces vestiges. Le British Museum rassembla la plus complète collection d'antiquités assyriennes qu'il y ait au monde.

Mais ce ne fut pas tout.

Cette littérature immense, qui sans doute contenait les secrets des peuples disparus, restait pour nous lettre close. Qui donc pouvait espérer déchiffrer jamais ces caractères cunéiformes, si différents de toutes les écritures connues, représentant des langages que depuis bien des siècles nulle lèvre humaine ne prononçait plus?

Ce que l'on peut, sans aucune exagération, appeler un miracle de la science, fut accompli cependant. Les Grotefend, les Burnouf, les Lassen, les Rawlinson et les Oppert, découvrirent, à force de génie, d'extraordinaire intuition, d'infatigable patience, la clef qui nous livrait toute l'histoire, toute la pensée d'une civilisation dont l'existence était à peine soupçonnée.

Désormais, c'est d'après les Chaldéens et les Assyriens eux-mêmes qu'on peut étudier leur lointain passé. Ce sont eux qui nous raconteront leurs guerres, leurs travaux, leurs ambitions, leurs découvertes, leurs haines et leurs amours, leurs douleurs et leurs joies.

Toutes les pages qu'ils nous ont laissées sont loin d'être déchiffrées encore. L'avenir nous promet de nouvelles lumières. Cependant celles que nous possédons sont suffisantes pour tenter la résurrection de ces peuples morts, et c'est ce que nous allons faire dans les pages qui vont suivre.

## § 2. — LES QUATRE EMPIRES DE LA MÉSOPOTAMIE

Les peuples de la Mésopotamie ancienne se divisent en deux groupes : les Chaldéens, avec Babylone pour capitale, et les Assyriens, dont la grande ville fut Ninive.

Leur histoire, dont la première date certaine se place près de 4000 ans avant Jésus-Christ, est généralement divisée aujourd'hui en quatre périodes, durant lesquelles l'une ou l'autre des deux cités eut la prépondérance. Ces périodes sont :

1° Le Premier Empire Chaldéen, depuis 4000 ans avant notre ère, jusqu'au XIIIᵉ siècle avant J.-C.

2° Le Premier Empire Assyrien, depuis une période indéterminée jusqu'à 1000 ans avant J.-C.

3° Le Second Empire Assyrien, depuis 1000 ans jusqu'à 625 avant J.-C.

4° Le Second Empire Chaldéen, de 625 à 533 ans avant notre ère.

La seule différence caractéristique au moyen de laquelle on a

**FIG. 263. — RESTITUTION D'UNE SCÈNE DU FESTIN D'ASSUR-BANI-PAL.**

Ce dessin est une interprétation, due au crayon de M. Rochegrosse, d'un bas-relief célèbre provenant de Ninive (vii<sup>e</sup> siècle
avant ère) que possède le musée Britannique. La pose du roi, de la reine et des eunuques ainsi que les têtes coupées
pendues aux arbres ont été copiées sur le bas relief assyrien.

établi ces divisions, consiste, ainsi que nous venons de le dire, dans la suprématie de l'une ou l'autre des deux capitales.

Tantôt les rois de Ninive, tantôt ceux de Babylone l'emportèrent. Mais au fond l'histoire, comme le génie des deux peuples, comme leur civilisation, comme leurs arts, est absolument identique. Les races elles-mêmes et leurs langages finirent par se confondre et il faut remonter jusqu'à une époque bien reculée pour reconnaître des différences frappantes, soit dans le type, soit dans la langue.

Babylone eut toujours la prédominance au point de vue de la culture intellectuelle, tandis que Ninive triompha presque constamment par la force des armes. Les Chaldéens furent les plus anciennement civilisés et jouèrent pour leurs voisins le rôle d'initiateurs. Leur premier dialecte, le suméro-accadien, resta toujours la langue classique et sacrée de la Mésopotamie; les textes anciens, écrits en ce dialecte, furent soigneusement conservés et traduits par les Assyriens, qui gardèrent l'habitude de dresser des inscriptions bilingues où la langue morte paraissait à côte du langage de Ninive, qui avait fini par être seul usité dans la vallée du Tigre et de l'Euphrate.

Le génie des Sémites de l'Assyrie était avant tout aventureux et guerrier. Pendant toute l'antiquité, l'Asie antérieure fut troublée par les entreprises incessantes des souverains ninivites. La Susiane, la Babylonie, l'Arménie, la Phénicie, la Syrie, la Palestine, l'Arabie septentrionale se voyaient tour à tour subjuguées par les Téglath-pal-Asar, les Sargon, les Sennachérib, les Assur-bani-pal. A peine les terribles envahisseurs s'étaient-ils éloignés, que les populations, courbées sous leur joug de fer, essayaient de se soulever. Mais tout à coup, alors qu'on le croyait occupé ailleurs, le maître fondait sur les rebelles et se livrait à des débauches de sang, à des orgies de supplices, détaillées ensuite soigneusement sur les murs de ses palais, comme ses plus beaux titres de gloire. Il n'y a que la férocité juive qui soit comparable à la férocité assyrienne dans l'histoire de l'humanité. Les monceaux de têtes, les peaux des prisonniers écorchés vifs couvrant les remparts, les longues files de malheureux expirant sur des pals, formaient les plus riants spectacles où put se complaire la vue d'un roi de Ninive.

Les soulèvements périodiques, les campagnes toujours recommencées, les effroyables exécutions, tels sont les événements qui se déroulent, non sans une sombre monotonie, à travers l'histoire des quatre empires. Si les Assyriens n'avaient pas laissé derrière eux des écrits, des chefs-d'œuvre artistiques, tous les monuments d'une imposante civilisation, on résumerait d'un mot leur épopée sanglante, puis on les laisserait à jamais dormir dans leur sinistre gloire.

Certes, on serait tenté de dire avec M. Lenormand : « Mieux vaut mille fois la barbarie qu'une pareille civilisation. Et cependant, ajoute-t-il, nous sommes forcés d'admirer la beauté artistique de ces bas-reliefs, l'habileté extrême du ciseau qui les a sculptés; nos yeux restent éblouis de l'éclat des richesses féeriques qui s'étalent sous les lambris des palais assyriens, et notre étonnement est à son comble quand nous réfléchissons que c'est à ce foyer de barbarie savante que l'humanité est en partie redevable du bienfait des sciences et des arts, ainsi inventés par des monstres de génie. »

Le seul élément qui élève l'histoire de Ninive à la hauteur d'un drame grandiose, c'est la rivalité de l'Égypte avec l'orgueilleuse cité asiatique.

Nous avons vu les Thoutmès s'avancer jusqu'à l'Euphrate, et les Sennachérib, les Assur-bani-pal descendre jusqu'au Nil, et même le remonter jusqu'à Thèbes.

Dans la lutte des deux puissances, les pays intermédiaires se trouvaient à chaque instant broyés. La Syrie, la Palestine, s'unissant à l'une pour échapper au joug de l'autre, ne faisaient que changer de maîtres et s'attiraient des représailles terribles.

« Voici ce que dit le grand roi, le roi des Assyriens », s'écrie le général de Sennachérib s'adressant aux officiers d'Ezéchias : « En quoi mettez-vous votre confiance pour oser vous opposer à moi? Est-ce que vous espérez du soutien du roi d'Égypte? Ce n'est qu'un roseau cassé; il transpercera la main de l'homme qui s'appuiera dessus. »

Une seule route, celle dont Mageddo était comme la clef, menait du Nil à l'Euphrate. Cette route, durant des siècles, vit passer et repasser soit le Pharaon victorieux, soit le farouche Ninivite altéré de pillage et de vengeance. Bien des batailles décisives se livrèrent autour de cette forteresse, et des millions de cadavres jonchèrent de leurs ossements le terrible chemin.

Nous n'entrerons pas dans le détail de toutes ces guerres. On les connaît maintenant, non point vaguement et par tradition, mais dans toutes leurs péripéties, avec les noms des chefs, l'énumération des corps d'armée, les alternatives de succès et de revers.

Tout était soigneusement inscrit à mesure, grâce à ce génie pratique, cruel, méthodique et froid, qui fut celui de l'Assyrie. Elle cataloguait les massacres et tenait registres des supplices. Nul peuple n'eut autant que celui-là la préoccupation de sa renommée future. Des malédictions effroyables se déroulent à côté des inscriptions, menaçant de la colère des dieux ceux qui détruiraient les témoignages de la grandeur et des victoires de Ninive.

Ils reparaissent aujourd'hui au jour, ces témoignages que nous a conservés la brique inaltérable et qu'ont préservés les sables du désert. Nous y puiserons les matériaux qui nous permettront de ressusciter les mœurs, les arts, les sciences, la vie et la pensée des peuples évanouis, mais nous ne nous attarderons pas à y recueillir les interminables dynasties pas plus que nous n'y suivrons dans toutes ses oscillations le sort changeant des combats. Résumons seulement en quelques mots les événements principaux qui se rattachent à chacun des quatre grands empires.

*Premier Empire Chaldéen* (de 4000 à 1360 avant J.-C.). — Cette qualification de Premier Empire Chaldéen, qui comprend aujourd'hui les vingt-six premiers siècles d'histoire de la Chaldée, n'a absolument aucune valeur historique et si nous l'adoptons ici c'est simplement parce qu'il serait sans intérêt de perdre du temps à chercher à modifier les idées reçues sur un sujet d'importance aussi secondaire au point de vue de l'histoire de la civilisation. Il nous suffira de faire remarquer qu'il n'y eut jamais un premier empire Chaldéen, mais bien de nombreux royaumes Chaldéens. Le peu que nous savons de cette période par les inscriptions nous montre le pays divisé en petits royaumes indépendants, en dynasties rivales se faisant constamment la guerre. Tantôt c'est une cité qui l'emporte, tantôt c'est une autre. Quant à fonder un empire Chaldéen, aucun de ces petits potentats, chefs le plus souvent d'une seule cité, n'y a sans doute jamais songé. La période lointaine dont nous nous occupons représente l'âge féodal de la Chaldée. Cet âge précéda presque partout celui des grandes monarchies militaires aussi bien dans l'ancien Orient que dans l'Occident moderne.

Nous savons fort peu de chose du premier ou plutôt des premiers royaumes chaldéens. Ils remontent au légendaire Nemrod. Baby-

FIG. 269. — TAUREAU AILÉ A FACE HUMAINE PROVENANT DU PALAIS DE SARGON, A KHORSABAD
(VIIIᵉ SIÈCLE AVANT J.-C.)

Les grands taureaux ailés à face humaine paraissent avoir été le symbole de Ninip, l'hercule assyrien. Ils étaient placés de chaque côté des portes principales des palais. On les considérait comme des génies tutélaires. On a retrouvé dix taureaux sur la façade du palais de Sennachérib à Ninive.

lone et la plupart des villes ont des chefs indépendants portant parfois le nom de *patesi*, c'est-à-dire prêtres-rois.

Quelques débris informes de monuments, quelques stèles couvertes d'inscriptions et de dessins représentent, à peu près tout ce qui nous reste de cette longue période. Les inscriptions témoignent que les Chaldéens possédaient déjà une civilisation avancée, presque aussi développée peut-être que celle qui florissait alors sur les bords du Nil. Il est souvent fait allusion dans les inscriptions aux grands temples que les rois édifiaient déjà à ces âges reculés.

Le plus ancien roi de cette époque dont les inscriptions aient gardé le souvenir est le roi Sarrukinu ou Sargon l'Ancien. Il était souverain du pays d'Accad et conquérant du pays de Sumer. Il fit construire dans Agadé, sa capitale, un temple, célèbre dans les annales chaldéennes. Ce temple, qui dura plus de 3000 ans, fut restauré par Nabonid, un des derniers rois de Babylone. C'est à cette circonstance qu'on doit de pouvoir fixer à 3800 ans avant notre ère l'époque où existait le souverain cité plus haut. Il est dit, en effet, dans une inscription de Nabonid, que les cylindres couverts d'inscriptions qui avaient été enfouis dans les fondations du temple n'avaient pas été vus depuis 3200 ans. Or, comme Nabonid vivait 555 ans avant Jésus-Christ, cela reporte à environ 3800 ans avant Jésus-Christ la date de la fondation du temple.

Les premiers rois chaldéens, grands bâtisseurs de villes et de temples, possédaient également, comme nous le voyons par leurs inscriptions, une langue et une écriture très perfectionnées. Le plus ancien roi connu de la Chaldée, ce même Sirrukinu, nommé plus haut, fit composer en langue suméro-accadienne des ouvrages relatifs à la magie et aux présages. Ses livres traduits trente siècles plus tard par Assur-bani-pal, un des derniers rois de Ninive, nous sont parvenus.

Le peu que nous savons des premiers royaumes chaldéens paraît montrer qu'à une époque peu éloignée de la construction des grandes Pyramides, cette région du globe possédait déjà une civilisation élevée. Les débris de cette période sont malheureusement trop insuffisants pour que l'on puisse s'arrêter longuement sur elle.

Sur ces vingt-six siècles d'histoire, les livres avaient été absolument muets jusqu'ici, et ce sont seulement les découvertes des vieilles inscriptions cunéiformes qui les ont ramenés à la lumière. Ces inscriptions nous montrent la Chaldée divisée en plusieurs dynasties. Elles mentionnent des villes célèbres, telles qu'Eridu, qui possédait un temple dont les ruines réduites en poussière forment aujourd'hui un monticule de soixante pieds de haut; Sirtella (Tel-Loh), où M. de Sarzec a découvert une curieuse collection de statues sans têtes figurant actuellement au Louvre; Ur, la patrie d'Abraham qui possédait des rois vingt-quatre siècles avant notre ère.

Parmi les événements qui se déroulèrent pendant cette période de vingt-six siècles, un de ceux qui laissa le plus de souvenir est l'invasion des Élamites (les Mèdes de Bérose) venus de l'est du Tigre (2300 ans avant notre ère) et dont Suse fut la capitale. C'est dans les sanctuaires de cette dernière cité qu'ils transportèrent les statues des dieux, telles que celles de la déesse Nana, prises dans les temples Chaldéens. Elles y furent reprises seize siècles plus tard par Assurbani-pal. Comme nous savons que ce conquérant s'empara de Suse 660 ans avant notre ère, que d'autre part il relate dans plusieurs de ses inscriptions que les statues qu'il reprit aux vaincus avaient séjourné 1 600 ans dans les sanctuaires étrangers, on voit comment il est possible de savoir que l'invasion élamite remonte à 2300 ans avant notre ère. Ce n'est que par ces moyens détournés qu'il est possible de fixer péniblement quelques dates dans ce chaos historique.

D'autres invasions suivirent d'ailleurs l'invasion élamite. Avec son morcellement en petites principautés, la Chaldée était fatalement vouée à devenir la proie de conquérants étrangers. Par les inscriptions retrouvées, on suit, avec de fortes lacunes, les Chaldéens dans l'histoire jusqu'au XIVe siècle avant notre ère, époque à laquelle la Chaldée tombe entièrement pour plusieurs siècles sous le joug de Ninive.

On ne sait pas comment se fit cette conquête. Lorsque quelque lumière se fait, le royaume d'Assur est fondé; il a la prépondérance sur tous ses rivaux. L'Asie est définitivement pliée sous la loi d'un maître.

*Premier Empire d'Assyrie* (depuis une période incertaine jusqu'à 1 020 avant J.-C.). — C'est au début du Premier Empire assyrien qu'il faut placer les légendes relatives à Ninus et à Sémiramis. Les annales assyriennes n'en font même pas mention et ne contiennent rien qui en approche. Ces légendes ont été probablement fabriquées plus tard à la cour des Perses, où Ctésias les recueillit.

Les Assyriens voyaient dans le dieu Assur le fondateur de leur empire, et dans El-Assar, sa première capitale. Elle resta la ville principale pendant la durée du Premier Empire assyrien.

Les commencements de cet empire furent difficiles. C'était l'époque où l'Égypte atteignait l'apogée de sa fortune militaire. Thoutmès I<sup>er</sup> parvint jusqu'à Karkémis; Thoutmès III imposa un tribut au roi d'El-Assar; Amenhotep II prit la ville, alors obscure, de Ninive, et descendit le cours du Tigre.

Mais bientôt parut le premier de ces grands monarques conquérants, qui devaient rendre si éclatante et si redoutable la gloire de l'Assyrie. Teglath-pal-Asar I<sup>er</sup>, infatigable guerrier, puissant chasseur comme Nemrod, renouvela les exploits du demi-dieu des Babyloniens, et compta orgueilleusement quarante-deux peuples qu'il avait vaincus en personne.

Toutefois, les chroniques de pierre qui nous racontent ses hauts faits et qui n'omettent aucun de ses actes de cruauté, sont muettes sur ce qui concerne la fin de son règne. Babylone, la cité chaldéenne, qu'il avait soumise, paraît avoir repris momentanément l'avantage. La grande lutte de l'Asie aura désormais pour but de savoir qui atteindra la suprématie entre l'Assyrie et la Chaldée.

Teglath-pal-Asar I<sup>er</sup> fut le seul roi célèbre du premier empire assyrien. L'histoire n'a conservé que le nom de quelques-uns de ses successeurs et toute cette période est enveloppée d'obscurité. Elle ne se dessine qu'avec l'apparition de la nouvelle dynastie qui fonda le second empire assyrien et fit de sa capitale la souveraine de l'Asie.

*Deuxième Empire d'Assyrie* (de 1 020 à 625 avant J.-C.). — Dès le commencement du Second Empire, l'ancienne capitale de l'Assyrie, El-Assar, fut abandonnée et les rois fixèrent leur séjour à Kalah.

Cette ville, qu'ils embellirent considérablement, était située au confluent du Tigre avec le grand Zab. Son nom actuel est Nimroud. Les fouilles que l'on y poursuit encore ont été des plus fructueuses en monuments et en souvenirs de toutes sortes.

Kalah ne garda toutefois pas longtemps le premier rang. Assurnazir-pal, le huitième ou neuvième roi du deuxième empire, celui qui, le premier de sa race, reprit l'œuvre de conquête, adopta pour capitale Ninive. Elle allait grandir et triompher, la ville « aux

D'après Botta et Flandin.

FIG. 270. — GÉNIE AILÉ ASSYRIEN.
L'original est actuellement au musée du Louvre.

richesses infinies », dont parle le prophète Nahum. Elle allait régner
sur l'Orient, étendre son joug au loin, le faire peser sur le front de
son orgueilleuse rivale égyptienne, la superbe Thèbes elle-même.
Dès les débuts du second empire d'Assyrie, nous possédons des

listes chronologiques exactes. Les Assyriens donnaient à chaque
année le nom d'un fonctionnaire important, qui était le *limmu* de
l'année. Les rois étaient *limmu* pour la première année de leur
règne.

Assur-nazir-pal fut à la fois un grand conquérant et un grand
constructeur. Les monuments qu'il a laissés sont fort nombreux, et
tous portent, détaillé, le récit de ses exploits. Il soumit toutes les
provinces que baigne le moyen et le bas Euphrate, prit Babylone,
conquit la Syrie, la Phénicie, reçut d'humbles messages de l'Égypte,
et sut maintenir son immense empire dans une étroite obéissance.

Salmanazar III continua son œuvre, cette œuvre de guerre incessante qui fut celle de l'empire assyrien. Jamais, pour Ninive, il n'y
eut de conquête une fois faite, après laquelle elle put poser les armes. Dès que son activité dévorante se relâchait, les révoltes écla-
taient, les coalitions se formaient partout.

Babylone surtout ne supportait qu'avec rage la domination de la
cité du nord. Quelques princes moins énergiques s'étant succédé
après Salmanazar, la crainte de Ninive s'affaiblit chez les vaincus, et,
suivant une légende grecque, deux chefs audacieux, Arbace le Mède
et Bélésis de Babylone, réunirent les forces des mécontents, et vinrent mettre le siège devant la capitale de l'Assyrie.

Le roi sensuel et débauché qu'ils attaquaient, le Sardanapale
des Grecs, se croyait en sûreté à l'abri de ses épaisses murailles,
étant d'ailleurs rassuré par un oracle d'après lequel il ne pouvait
courir de dangers que lorsque le fleuve combattrait contre lui.
Mais, au bout de trois ans, des pluies abondantes déterminèrent
un débordement du Tigre, qui renversa une partie des remparts et
permit aux ennemis d'entrer. Sardanapale, retrouvant quelque
énergie dans le péril, résista jusqu'au dernier moment, puis s'enferma dans son palais avec ses femmes, ses enfants, ses serviteurs
et ses trésors, et se livra aux flammes avec eux, s'il faut en croire
la légende grecque.

Toutefois l'éclipse que subit la puissance de Ninive ne dura guère
plus d'un demi-siècle. Dès 745, l'Assyrie avait retrouvé un grand
souverain dans la personne de Téglath-pal-Asar II. Les triomphes
militaires recommencèrent. L'armée devint l'idole des Ninivites,
chez qui elle faisait affluer la gloire et les richesses. Aussi lorsque,

après Téglath-pal-Asar II, son fils Salmanazar V mourut sans héritier, on plaça sur le trône le puissant généralissime Sargon, qui fonda une nouvelle dynastie et fut l'un des plus brillants conquérants du monde.

Toutes les anciennes possessions de Ninive furent réunies de nouveau sous le sceptre de Sargon. Il les augmenta du royaume d'Israël, de l'île de Chypre, du pays des Philistins, de toute l'Arménie et d'une partie de la Médie. Pour perpétuer à jamais la mémoire de son glorieux règne, Sargon fit construire le splendide palais de Khorsabad, le premier que la pioche de Botta ait fait surgir du sol il y a environ cinquante ans.

Sennachérib et Asarhaddon — de 704 à 667 avant J.-C. — soutinrent par d'incessants efforts, cet énorme empire, qui contenait en lui tant de causes de faiblesse, et qui surtout manquait de cohésion.

Sennachérib fit la guerre à Ezéchias, roi de Juda; puis il descendit jusqu'en Égypte et dressa ses tentes devant Péluse. Mais une catastrophe, dont la nature reste douteuse, le força à se retirer. Lorsqu'il revint en Assyrie, il fut assassiné par ses propres enfants.

Son petit-fils, Assur-bani-pal, porta à son apogée la puissance de Ninive. Ce fut lui qui le premier fit, au moins momentanément, la conquête de toute l'Égypte et vengea sur Thèbes l'insulte que Thoutmès avait jadis infligé à Ninive.

Il devait être donné à ce vaillant prince de satisfaire toutes les rancunes séculaires de la Mésopotamie, en effaçant aussi l'opprobre ancien que la conquête élamite avait infligée à Babylone; il ramena en triomphe de Suse, prise par lui, 660 ans avant notre ère, les dieux de la Chaldée, prisonniers depuis seize siècles.

Ce puissant souverain ne fut pas seulement un glorieux conquérant. Il protégea les arts et les sciences, acheva le palais de Sennachérib, à Ninive, où l'art assyrien atteignit son plus haut degré de perfection, et y rassembla une bibliothèque, dont la linguistique moderne nous livre aujourd'hui les trésors.

Toutefois, au moment où elle parvenait à son apogée, la puissance de Ninive touchait en même temps à sa fin.

C'est sous le propre fils d'Assur-bani-pal, que cette ville fut prise et détruite.

Un nouvel empire avait grandi à l'Orient, celui des Mèdes, dont le roi Cyaxare s'unit à la Babylonie et à l'Égypte pour renverser la ville qui, depuis tant d'années, courbait le monde sous sa loi.

La ruine de Ninive fut rapide et complète, et l'on ne peut pas trop s'étonner de cette chute prodigieuse, quand on songe au prix de quels efforts sans cesse renouvelés l'Assyrie maintenait sa domination. Cet empire, s'usait dans la lutte; il était bien le colosse aux pieds d'argile dont parle l'Écriture; lorsqu'il fût tombé dans la poussière, il ne put jamais se relever.

Cette catastrophe mémorable, unique dans l'histoire du monde, reste d'ailleurs enveloppée d'un tragique mystère. Nul écrivain ne nous en raconte les détails, et Ninive tomba dans un anéantissement, dans un oubli tel, qu'elle semble avoir disparu radicalement de la surface de la terre jusqu'au jour où la pioche des archéologues vint la troubler dans son tombeau. Tout ce qui demeure pour éclairer d'une lueur sinistre la destruction de la fière cité, ce sont les paroles pleines de haine farouche, par lesquelles les prophètes juifs annoncent au monde l'accomplissement des vengeances de Iahvé :

« Le Seigneur prononcera ses arrêts contre vous, princes de Ninive; le bruit de votre nom ne se répandra plus à l'avenir; j'exterminerai les statues et les idoles de la maison de votre dieu; je la rendrai votre sépulcre, et vous tomberez dans le mépris. »

« Ninive est détruite; elle est renversée, elle est déchirée. On n'y voit que des hommes dont les cœurs sèchent d'effroi, dont les genoux tremblent, dont les corps tombent en défaillance. »

« L'Éthiopie était sa force, et elle trouvait dans l'Égypte des ressources infinies; il lui venait des secours de l'Afrique et de la Libye. »

« Et cependant elle a été elle-même emmenée captive dans une terre étrangère; ses petits enfants ont été écrasés au milieu de ses rues, et ses plus grands seigneurs ont été chargés de fers. »

« O roi d'Assur! Vos pasteurs et vos gardes se sont endormis, vos princes ont été ensevelis dans le sommeil, votre peuple est allé se cacher dans les montagnes, et il n'y a personne pour le rassembler. »

« Votre ruine est exposée aux yeux de tous; votre plaie est mortelle; tous ceux qui ont appris ce qui vous est arrivé ont applaudi à vos maux; car, qui n'a pas ressenti les effets continuels de votre méchanceté? »        (NAHUM.)

*Deuxième Empire Chaldéen* (de 625 à 533 av. J.-C.). — Babylone hérita pour un siècle de la puissance de Ninive. Elle eut, elle aussi, son grand monarque, ambitieux et superbe, rival devant l'histoire des Sargon et des Assur-bani-pal.

Nabuchodonosor, associé de bonne heure au trône que son père Nabonassar avait fondé, devint à son tour le fléau des petits États de l'Asie antérieure. Jérusalem fut prise et son peuple traîné en captivité. L'orgueilleuse Tyr elle-même, après une résistance qui

FIG. 271. — DIVINITÉ ASSYRIENNE A TÊTE HUMAINE ET A CORPS DE LION.

D'après Layard.

dura treize ans, fut emportée d'assaut. Le roi d'Égypte Néko avait été vaincu le premier dans une bataille décisive.

Nabuchodonosor se reposa de ses conquêtes en embellissant Babylone. La splendeur de cette ville, plus artistique, plus raffinée que Ninive, en firent la merveille du monde antique.

Les historiens grecs ne trouvent nulle expression trop forte pour peindre la beauté de cette cité et l'immensité de ses dimensions.

Nabuchodonosor appliqua aussi tous ses soins aux travaux d'irrigations nécessaires en Babylonie; il fit creuser de nouveaux canaux, entretenir les anciens, et développa la navigation sur le golfe Persique.

Ce grand souverain avait donc quelque droit de s'enorgueillir de ses œuvres. Suivant la tradition biblique, il aurait poussé cet orgueil jusqu'à la démence. Pendant sept années, Dieu, pour le punir, l'aurait changé en bête et lui aurait fait brouter l'herbe des champs. Ce mythe doit probablement avoir pour origine quelque accès de folie du roi.

Les successeurs de Nabuchodonosor ne surent pas maintenir la puissance de Babylone. L'Empire Chaldéen s'affaiblit peu à peu, jusqu'à ce qu'il fut enfin conquis par Cyrus, en 533 avant Jésus-Christ. Avec cette conquête le monde oriental fut délivré pour long-temps de l'effroyable domination des Sémites.

On connaît l'histoire, ou plutôt la légende, du dernier roi de Babylone, Balthazar, surpris au milieu d'une orgie par l'armée perse, qui avait pénétré dans la ville en détournant le cours de l'Euphrate.

On sait aussi la saisissante légende biblique, faisant tracer par une main mystérieuse, sur les murailles illuminées de la salle de fête, trois mots redoutables : « *Mané, Thécel, Pharès.* »

Ces trois mots annonçaient la destruction de l'Empire Chaldéen. Et avant la fin de cette nuit même, il avait cessé d'exister.

Cette nuit-là, en effet, « un grand cri s'éleva de Babylone, dit Jérémie, un bruit de ruines et de débris retentit du pays des Chaldéens. »

« Car le Seigneur a ruiné Babylone, et il a fait cesser les voix confuses de son grand peuple. »

« C'est ainsi que Babylone est tombée, et elle ne se relevera plus. Elle sera détruite pour jamais. »

« J'enivrerai ses princes, ses sages, ses chefs, ses magistrats et ses braves, et ils dormiront d'un sommeil éternel, dont ils ne se réveilleront jamais, dit le roi qui a pour nom le Seigneur des armées. »

# CHAPITRE III

## LA LANGUE, L'ÉCRITURE ET LA LITTÉRATURE.

### § 1ᵉʳ. — LA LANGUE ET L'ÉCRITURE

Les documents écrits, retrouvés en foule dans la Mésopotamie nous ont fait connaître l'existence de deux langues usitées dans cette région : l'une, la plus ancienne, le suméro-accadien, fut parlée et écrite par les premiers Chaldéens; son vocabulaire est kouschite, ses constructions sont touraniennes. L'autre, de famille purement sémitique, est l'assyrien, qui finit par triompher de l'ancien langage et par le remplacer à Babylone comme à Ninive.

Mais, alors même que l'assyrien fut devenu la langue usuelle de toute la région, il ne fit pas disparaître l'idiome sumérien. Au contraire, ce dernier fut soigneusement conservé, étudié, et demeura en honneur, comme une langue savante et noble, que tout homme instruit devait avoir apprise. Les antiques écrits de la Chaldée furent commentés et traduits par les savants ninivites de la même façon que chez nous le sont les œuvres des auteurs grecs et latins.

Des grammaires, des vocabulaires, des dictionnaires furent composés pour répandre et approfondir l'enseignement de la langue morte. Ces sortes d'ouvrages sont les plus nombreux que nous aient laissés les bibliothèques. Les inscriptions les plus importantes se composent d'un texte sumérien à côté du texte assyrien.

Presque tout ce que nous connaissons des premières œuvres des Chaldéens comme de leur langue, nous a été conservé par la race sémitique qui les a remplacés. Elle nous en a légué le trésor, comme, à notre tour, nous léguerons aux générations futures le trésor littéraire de l'antiquité classique dont nous avons, avec une avidité passionnée, recueilli les moindres fragments échappés aux ravages des Barbares.

Ainsi, ces peuples anciens, ces rois qui élevaient des palais et des cités splendides bien avant que l'Iliade et l'Odyssée eussent déroulé leurs merveilleux récits sur les lèvres des hommes; ces maîtres d'un monde si reculé qu'il nous paraît presque fabuleux lorsque nous en retrouvons les œuvres imposantes sous la poussière du désert, ces Téglath-pal-Asar, ces Sargon, ces Assur-bani-pal, dont les noms aux rudes syllabes retentissent à nos oreilles avec un écho si prodigieusement lointain, ils étaient jeunes et modernes auprès des races qui les avaient précédés sur le théâtre ou se succèdent les scènes du grand drame humain. Et ces races elles-mêmes, ils ne les regardaient pas comme des peuplades primitives, ignorantes et sauvages : ils s'inclinaient devant elles avec la vénération qui nous courbe devant les Platon, les Aristote et les Pythagore. C'étaient chez elles qu'ils cherchaient leurs modèles, leurs initiateurs et leurs maîtres. Ils se vantaient d'être les héritiers et les continuateurs de leur civilisation, plus fiers encore de les suivre que de tracer de nouvelles voies.

Dans quelles profondeurs vertigineuses de temps écoulé de pareilles découvertes ne font-elles pas se plonger nos regards! Quel immense passé notre civilisation a derrière elle! Que de centaines de siècles n'a-t-il pas fallu pour élever cet édifice de nos connaissances dont nous croyions jadis toucher si facilement la base!

Mais qu'étaient-ce que ces vieux Chaldéens, qui, avant que nos races, nos arts, nos sciences, nos traditions, nos religions fussent nées, faisaient briller sur les bords de l'Euphrate une haute culture intellectuelle et en enfermaient les œuvres écrites dans des bibliothèques, dont nous retrouvons aujourd'hui sous les sables les livres aux pages d'argile? D'où venaient-ils? De qui tenaient-ils toutes leurs lumières? Avaient-ils aussi derrière eux des ancêtres dont ils puissent nous parler à leur tour, et qui nous fassent enfin toucher à ses racines l'arbre vivace et séculaire de la civilisation humaine?

Peut-être ces questions trouveront-elles leur réponse quand on aura déchiffré dans leur entier les monceaux de documents écrits que nous ont laissés l'Assyrie et la Babylonie, et tous ceux que les fouilles feront encore paraître au jour. La seule bibliothèque formée par le roi Assur-bani-pal dans le palais de Koyoundjik à Ninive a fourni assez de tablettes d'argile pour former une masse de cent mètres cubes, contenant assez de lignes écrites pour remplir 500 volumes de 500 pages in-quarto.

Musée Britannique.

FIG. 272. — DIVINITÉ ET DÉMON ASSYRIENS.
(Bas-relief de Ninive.)

Tous ces textes ne sont pas encore traduits, et l'on a déchiffré un bien petit nombre de ceux qui sont écrits dans l'obscure langue sumérienne. Les savants ne possèdent qu'imparfaitement cet antique langage, qui sans doute garde encore pour l'avenir de bien importants secrets.

Au point de vue de l'écriture, l'assyrien, le sumérien et les langues des peuples voisins, Mèdes, Perses, Arméniens, etc., employaient un système identique : celui des caractères cunéiformes. Ces caractères, comme l'indique leur nom, offrent la figure de clous ou de coins, disposés horizontalement, verticalement ou en forme de fer de flèche.

Cette bizarre écriture était due, comme les éléments de toutes les sciences, aux anciens Chaldéens. On s'en servit en Asie longtemps après la chute de Babylone. Les Iraniens lui empruntèrent un certain nombre de caractères avec lesquels ils représentèrent des sons, et ces cunéiformes alphabétiques, apparus au temps de Cyrus, persistèrent jusque sous la dynastie des Arsacides.

Les cunéiformes chaldéens et assyriens forment une écriture phonétique, mais point encore alphabétique, c'est-à-dire qu'ils représentent non pas des sons élémentaires, mais des syllabes. Les plus anciens découlent directement de l'écriture hiéroglyphique, et il est très facile de suivre la filiation par laquelle ils ont passé.

Nous avons déjà fait un travail analogue pour montrer le passage des hiéroglyphes égyptiens aux caractères hiératiques, puis à l'écriture cursive. Mais l'Égypte ne se débarrassa jamais complètement des caractères idéographiques ou hiéroglyphes, tandis que de très anciennes tablettes chaldéennes nous montrent déjà l'écriture syllabique et représentent pour nous les premiers exemples de cette écriture dans le monde.

Entre l'écriture hiéroglyphique et l'écriture cunéiforme, la Chaldée eut un moyen de représentation intermédiaire par lequel les contours du signe idéographique étaient représentés par des lignes droites et non par des coins. Cette écriture, appelée à tort hiératique, subsista jusque sous les Assyriens pour certaines inscriptions solennelles et taillées dans la pierre.

Dans les cunéiformes assyriens, la figure purement syllabique tirée de l'ancien idéogramme n'a plus qu'une analogie très éloignée avec lui.

Ainsi, c'est par des traits droits que l'hiéroglyphe s'est d'abord transformé. Il est probable que l'écriture n'a pas fait d'autres pro-

grés tant qu'on l'a découpée sur la pierre. Mais très anciennement,
les Chaldéens adoptèrent l'usage d'écrire sur des tablettes d'argile
molle, et c'est au petit instrument employé pour les empreintes que
fut dû sans doute uniquement cet aspect étrange de coin que prirent toutes les lignes. Cet instrument, dont on a retrouvé dans les
ruines plusieurs exemplaires en ivoire, était formé d'un style terminé par une extrémité triangulaire. En appuyant légèrement cette
extrémité sur la surface de l'argile, on obtenait la figure caractéristique dont les combinaisons infiniment variées constituent l'écriture
cunéiforme.

Cette écriture, aussi bien chez les Chaldéens que chez les Assyriens, comprenait trois sortes de caractéres : les lettres proprement
dites, représentant chacune une syllabe; les monogrammes ou
signes de convention qui n'avaient pas de valeur phonétique, mais
représentaient un nom ou un mot spécial, et enfin les déterminatifs.
Ces derniers se plaçaient devant les noms propres, et annonçaient,
si le mot qui suivait désignait un dieu, un roi, un homme ou une
femme, une ville, un peuple, un animal ou un métal.

Ces déterminatifs ne se lisaient probablement pas et avaient à peu
près la valeur de nos majuscules. Ils y joignaient une indication
déterminante fort nécessaire dans l'enchevêtrement de tous ces
signes pour la plupart polyphones.

L'écriture chaldéenne et même l'assyrienne sont en effet fort
difficiles à lire. Elles comprennent plus de 300 caractéres dont les
valeurs ne sont pas toujours bien arrêtées. Pour ajouter, il semble,
à cette difficulté, les scribes prenaient à tâche de couvrir le plus
petit espace avec le plus de texte possible. Leur écriture est parfois
si fine et si serrée qu'on ne peut la déchiffrer qu'à l'aide d'une forte
loupe.

Les inscriptions murales qui recouvrent d'immenses surfaces à
l'extérieur et à l'intérieur des palais, et qui parfois débordent jusque sur les bas-reliefs et les statues, étaient réservées pour l'usage
des rois, et contiennent toutes le récit d'événements importants.

Les souverains faisaient en outre inscrire sur des cylindres, ou
plutôt sur des prismes allongés en argile, leurs noms et les indications diverses qu'ils voulaient transmettre à la postérité, puis ils

faisaient enterrer ces cylindres dans les fondations des grands édifices qu'ils construisaient.

Les contrats entre particuliers étaient tracés sur des pains d'argile ayant la forme de nos morceaux de savon de toilette. Pour éviter tous les débats qui pourraient survenir par la suite, ceux qui rédigeaient ces contrats les enveloppaient d'une légère couche d'argile sur laquelle ils écrivaient un duplicata du texte, puis ils soumettaient une seconde fois le tout à la cuisson. Le document devenait de la sorte indestructible. Si quelque accident ou quelque fraude altérait la rédaction extérieure, la première enveloppe était brisée sous les yeux d'un juge, et le texte vrai se trouvait mis au jour.

Les livres proprement dits étaient écrits sur des tablettes d'argile. Nous avons indiqué précédemment quelle quantité prodigieuse on a retrouvé de ces tablettes dans la bibliothèque rassemblée par Assur-bani-pal dans les salles du palais que son grand-père Sargon avait commencé d'édifier à Ninive et que lui-même acheva.

M. Layard, qui découvrit ce trésor historique et littéraire, vit ces tablettes répandues sur le sol de plusieurs pièces où elles formaient une couche épaisse. Quelques-unes étaient intactes, d'autres brisées en morceaux. Leur examen, comme celui des lieux, prouva que cette bibliothèque devait occuper l'étage supérieur du palais et en avait été précipitée lorsque l'édifice s'effondra.

La majeure partie de cette bibliothèque royale se trouve aujourd'hui au British Museum. Nous verrons dans le paragraphe suivant de quoi elle se composait.

On n'a retrouvé dans ces débris, ni d'ailleurs nulle part en Mésopotamie, des traces de papier quelconque ou de parchemin. On ne peut guère douter cependant que les Assyriens, en relation avec tant de pays, et en particulier avec l'Égypte, n'eussent connu ces substances et notamment le papyrus. Mais ils ne s'en servirent pas ou n'en firent qu'un usage restreint.

La Chaldée et l'Assyrie ont eu le souci de l'avenir. Elles savaient bien qu'elles travaillaient pour les générations futures. Par les nombreux exemplaires de certaines de leurs œuvres, comme par la matière employée, comme par des réflexions recueillies çà et là, nous voyons quel désir elles avaient de créer des ouvrages indestructibles. La brique, à ce point de vue, leur convenait parfaitement. Elle est plus inaltérable que le métal ou la pierre. Le sable fin du désert enveloppant les feuillets d'argile, nous a gardé leurs révélations intactes et distinctes comme au jour où elles furent écrites.

Ces tablettes forment parfois des ouvrages de longue haleine. Elles se suivent alors dans un ordre soigneusement indiqué. La première phrase de la composition se retrouve en tête de chacune d'elles, et la dernière ligne de l'une est reproduite au haut de la suivante.

Les assyriologues qui, au prix de patients efforts, de vies en-

FIG. 273. — ENLÈVEMENT DE DIVINITÉS.
(Bas-relief de Nimroud, VIII° siècle avant J.-C.)

tières consacrées parfois à ne faire qu'un pas dans ce domaine obscur, ont enfin réussi à déchiffrer ces vieilles langues oubliées pendant tant de siècles, nous permettent aujourd'hui de connaître les pensées, les sentiments et les croyances de races qui, pendant longtemps, régnèrent sur le vieux monde asiatique.

## § 2. — LA LITTÉRATURE

Avant l'établissement des Assyriens sémites dans la Mésopotamie, alors que se développait sur les bords de l'Euphrate cette civilisation chaldéenne qui eut tant d'influence sur les peuples de l'Orient d'abord et plus tard sur les Grecs, à cette époque lointaine et mystérieuse dans l'ombre de laquelle la science commence à peine à nous

faire pénétrer, les écrivains de Sumer et d'Accad produisaient déjà
des œuvres littéraires.

Ce n'était pas seulement par des inscriptions sommaires, par de
vagues traditions, que les Chaldéens propageaient leurs découvertes
ou leurs souvenirs. Ils composaient de véritables livres, des ouvrages d'ensemble, dont les sujets étaient fort divers : histoire,
sciences, religion, et même œuvres d'imagination pure, telles que
fables et légendes.

On connaît tous ces travaux plutôt par leur renommée et par les
citations dont tous les auteurs anciens sont remplis qu'on ne les
connaît par eux-mêmes. Peut-être les traductions des vieux textes
suméro-accadiens, dont on retrouve sans cesse de nouveaux exemplaires, nous livreront-elles ces trésors. La bibliothèque d'Assur-
bani-pal est pleine de leurs fragments, et ils ont évidemment
inspiré tous les écrits ninivites. Les rois d'Assyrie les faisaient
soigneusement traduire. Mais ces traductions même nous empêchent
de juger exactement quelle fut la valeur littéraire des œuvres chaldéennes, et les appréciations sûres que nous pouvons porter n'em-
brassent guère que les compositions, originales, imitées ou traduites, des écrivains de Ninive.

Tout ce que nous pouvons statuer, dans l'état actuel de l'assy-
riologie, c'est que les Chaldéens avaient déjà des bibliothèques, des
livres, des écoles fameuses, quatre mille ans avant notre ère, du
temps de Sargon l'Ancien, dont nous avons précédemment parlé.

L'historien Bérose a composé son histoire directement d'après les
livres de Babylone. Les écrivains grecs citent sans cesse ces ouvrages restés célèbres. Dasmascius, dans son traité des *Premiers principes*, nous donne un récit de la création, tiré des écrits chaldéens,
et dont on a retrouvé une traduction assyrienne absolument identique dans la bibliothèque d'Assur-bani-pal.

Nous ne pouvons évidemment, malgré ces données, quelque
précieuses qu'elles soient, parler des œuvres chaldéennes au point
de vue littéraire, et nous nous contenterons d'analyser celles de
Ninive.

Les Assyriens eurent principalement souci de la pureté et de la
fixité de leur langue. Le plus grand nombre de leurs livres consiste
en grammaires, lexiques, syntaxes, recueils d'homonymes, de mots

polyphones et d'étymologies. Ils étudiaient avec beaucoup de soin la vieille langue chaldéenne. On a retrouvé des dictionnaires, des livres d'exercices et de thèmes, qui servaient sans doute dans les écoles pour apprendre le langage classique.

Les documents historiques abondent à Ninive, soit en inscriptions sur les murs des édifices ou couvrant les cylindres d'argile que les rois faisaient enterrer dans les fondations, soit en ouvrages suivis dans la bibliothèque d'Assur-bani-pal.

Le style des inscriptions est pompeux, plein d'épithètes sonores à l'endroit des souverains, et d'images ambitieuses. Les livres contiennent des listes chronologiques infiniment précieuses au point de vue de l'histoire, mais beaucoup moins importantes en ce qui concerne la littérature proprement dite.

On trouve aussi dans la bibliothèque de Ninive des correspondances très étendues des rois avec leurs officiers de campagne, ou avec les savants qu'ils envoyaient à l'étranger faire des observations astronomiques.

Laissant de côté ces travaux spéciaux, ainsi que les documents religieux ou juridiques, dont nous nous occuperons dans d'autres chapitres, étudions ici plus particulièrement les œuvres de littérature pure, telles que les légendes.

Il en existe un grand nombre parmi les tablettes assyriennes déjà traduites; malheureusement la plupart sont mutilées. Toutefois quelques-unes sont assez intactes pour nous montrer que les Assyriens savaient composer un récit d'imagination et le faire marcher à un dénoûment, parmi des incidents divers.

Une des plus complètes est celle qui raconte la *Descente aux enfers de la grande déesse Istar*. Cette légende ne manque pas d'intérêt, et certains détails sont d'une poésie assez élevée.

Istar, déesse de l'amour — la Vénus babylonienne — a perdu son fils, et elle prend la résolution d'aller l'arracher au séjour des morts, séjour caché dans les entrailles du monde et gouverné par la sombre déesse de la terre.

Écoutez cette description qui fait penser à certains passages de l'Enfer du Dante. Ce lieu que nous ouvre la tombe, c'est

« La demeure où l'on entre, mais dont on ne sort pas; »
« Le chemin que l'on parcourt, mais où l'on ne repassera plus; »

« La demeure où celui qui rentre trouve la nuit au lieu de la lumière; »
« Le lieu où l'on mord la poussière, où l'on mange la boue; »
« Où l'on ne voit pas le jour, où les ténèbres demeurent. »

Istar arrive sans crainte jusqu'à l'entrée du « pays immuable. » Le gardien refuse de lui ouvrir, mais, par ses menaces, elle le contraint à aller chercher la permission de l'introduire auprès de la grande déesse de la terre elle-même.

La reine des morts, rappelée par ce message au souvenir des vivants, se compare à eux, elle et les ombres qui forment son peuple :

« Nous sommes comme l'herbe coupée, eux comme le bronze; »
« Nous sommes comme la plante fanée, eux comme l'arbre fleurissant. »

Cependant, elle consent à l'admission d'Istar.

« — Va, gardien, dit-elle, ouvre-lui la porte; dépouille-la de ses vêtements suivant l'antique usage. »
« Le gardien s'en alla et lui ouvrit la porte :
« — Entre, déesse, et que ta volonté s'accomplisse. »
« Le palais du pays immuable va s'ouvrir devant toi. »
« Elle franchit la première porte, il la toucha et lui enleva la grande couronne qui ornait sa tête. »
« — Pourquoi, gardien, m'enlèves-tu la grande couronne qui orne ma tête? »
— « Entre, déesse, c'est ainsi que l'exigent les lois de la grande déesse de la terre. »

A la seconde porte, il lui enlève ses boucles d'oreille; à la troisième, son collier; à la quatrième, sa tunique; à la cinquième, sa ceinture de pierres précieuses; à la sixième, les anneaux qui ornaient ses mains et ses pieds; enfin, à la septième et dernière, son voile le plus intime.

« — Pourquoi, gardien, m'enlève-tu le voile qui couvre ma pudeur? »
« — Entre, déesse, c'est ainsi que l'exigent les lois de la grande déesse de la terre. »

Mais lorsque Istar fut en présence de l'implacable déesse, celle-ci la railla de s'être mise en son pouvoir; elle la frappa de cruelles maladies, et, après l'avoir ainsi torturée, elle l'enferma dans le séjour éternel.

Tout fut alors plongé dans le deuil sur la terre et chez les dieux.

« Le taureau ne voulut plus aller vers la vache, l'âne ne voulut plus de l'ânesse; »

« L'épouse ne voulut plus de l'époux, et lui résista jusque dans ses bras. »

Car une nouvelle pleine de tristesse était répétée partout :

« Istar est descendue sous la terre et n'en est point remontée. »

Alors les grands dieux se décidèrent à envoyer un messager auprès de la grande déesse de la terre, pour lui ordonner de mettre

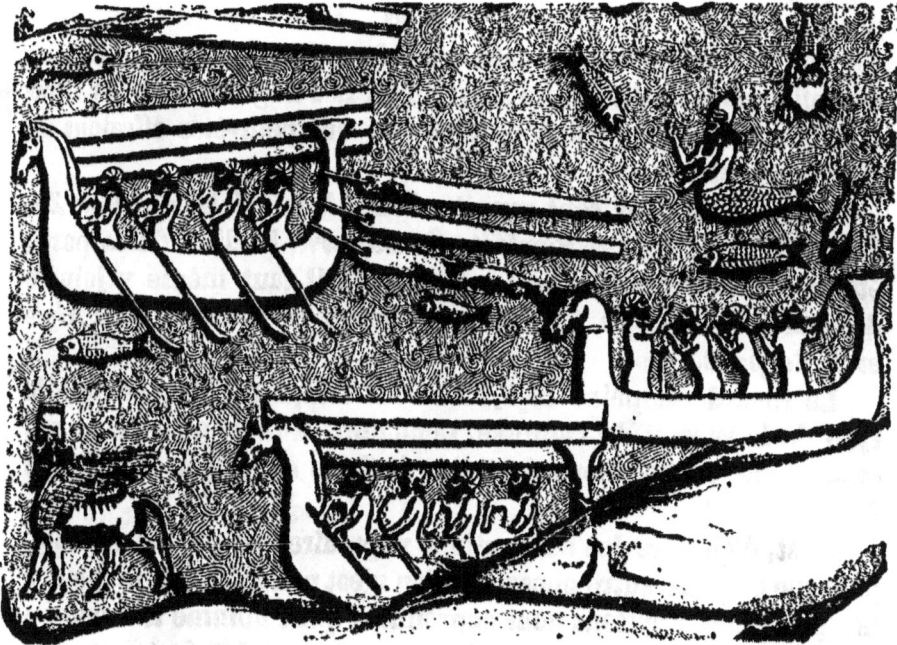

D'après Botta et Flandin.

FIG. 274. — TAUREAU AILÉ PRÉCÉDANT DES BARQUES SUIVIES DU DIEU POISSON OANNÈS.
(Bas-relief assyrien.)

Istar en liberté. Elle n'obéit qu'à contre-cœur, « humiliée, dit la légende, se frappant le front et se mordant le pouce. »

Cependant elle n'osait résister à la volonté unanime des grands dieux, et elle dit à Namtar, son conseiller :

Va, Namtar, va dans le séjour éternel; cache les tables de la connaissance de l'avenir. Puis fais boire à Istar les eaux de la vie et retire-la de ma présence. »

Istar sortit donc en repassant par les sept portes, et retrouvant au seuil de chacune le vêtement qu'elle y avait laissé.

Quant au sort de son fils, qu'elle voulait arracher au séjour des morts, il reste plus obscur. La légende s'égare vers la fin en des formules magiques et des incantations qui peut-être devaient ramener au jour l'enfant divin si tendrement aimé.

On retrouve dans cette légende l'imagination ingénieuse de l'Orient, ainsi que son goût pour les images gracieuses ou profondes. Le récit marche rapidement et n'est pas alourdi par les digressions interminables des poètes hindous. On pourrait plutôt le rapprocher des charmants contes persans et arabes.

On peut supposer que cette légende n'était pas une heureuse exception dans la littérature assyrienne. Les fragments et les titres nous sont restés de beaucoup d'autres, qui peut-être offraient un mérite semblable.

Les *Méfaits des sept esprits du mal*, le *Péché du dieu Zu*, révolté contre Bel, les *Exploits de Lubara*, le dieu de la peste, étaient des récits également populaires. Il faut même y joindre des fables : celles du *Cheval et le Bœuf*, du *Renard*, de l'*Aigle et le Serpent*.

Le renard est peint déjà, dans ces temps reculés, comme le type de la ruse et de l'adresse. Condamné à mort pour on ne sait quel crime, maître Renard se tire d'affaire au moyen d'un habile discours.

C'est, d'ailleurs des conceptions populaires qu'on pourrait dire, plus que de toute autre chose : « Rien n'est nouveau sous le soleil. » Les proverbes assyriens nous apprennent que l'homme fut toujours plus faible et ignorant que méchant, « faisant des fautes et ne le sachant pas. » Ils nous révèlent aussi que, déjà sur les bords du Tigre et de l'Euphrate, celui qui réussissait dans la vie passait pour être « né coiffé ».

« Si une femme met au monde un enfant qui a sur la tête une coiffe, le bon augure entrera à son aspect dans la maison. »

Il est permis de croire, d'après de nombreux indices, que les Assyriens connaissaient la phrase rythmée et composaient de véritables vers. Plusieurs de leurs récits héroïques sont, tout au moins par l'élévation du ton, la grandeur du sujet, l'intervention des dieux, des épopées telles que les ont conçues les écrivains classiques.

Dans ce genre, il faut mettre au premier rang les aventures du grand Istoubar, guerrier et fort chasseur, qui n'est autre sans doute que le Nemrod de la Bible. L'épisode le plus curieux du poème est un récit du déluge, identique dans ses moindres détails avec la tradition biblique.

Comme tous les peuples du monde, les Assyriens ont eu leur poés·· lyrique, composée principalement d'hymnes en l'honneur des dieux, que l'on chantait sans doute en s'accompagnant sur certains instruments. On en trouve, dans la bibliothèque de Ninive, des fragments nombreux, dont voici l'un des plus étendus et des plus élevés :

« Seigneur illuminateur des ténèbres, qui pénètres l'obscurité; »

« Dieu bon qui relèves ceux qui sont dans l'abjection, qui soutiens les faibles; » .

«.Les grands dieux dirigent leurs regards vers ta lumière; »

« Les esprits de l'abîme contemplent avidement ta face; »

« Comme un fiancé, tu te reposes plein de joie et gracieux; »

« Dans ta splendeur, tu atteins les limites du Ciel; »

« Tu es l'étendard de cette vaste terre; »

« O Dieu! les hommes qui habitent au loin te contemplent et se réjouissent. »

On le voit, les rêves poétiques qui ont enchanté le cœur de l'homme, si ignorant et grossier qu'il fût, visitèrent aussi l'âme orgueilleuse et dure de l'Assyrien. Mais ce peuple, au génie dominateur et farouche, eut des visions plus empreintes de grandeur altière que de douceur et de grâce.

Il exalte ses dieux, comme il exaltait ses rois, car, les uns par leur pouvoir surnaturel, les autres par la puissance de leur glaive, lui assurèrent longtemps la domination du monde.

« Longs jours, longues années », dit une inscription, « glaive fort, longue vie, années de gloire, prééminence sur les rois : accordez tout cela au roi, mon seigneur, qui a offert de tels présents à ses dieux. Les vastes et larges frontières de son empire et de son gouvernement puisse-t-il agrandir et compléter! Possédant la suprématie sur tous les rois, la royauté et l'empire, puisse-t-il atteindre la vieillesse et le grand âge! Et après le don de ses jours présents, dans les fêtes de la montagne d'argent, des cours célestes, de la demeure de la félicité, à la lumière des champs de délices, puisse-t-il mener une vie éternelle, sainte, en la présence des dieux qui habitent l'Assyrie ! »

# CHAPITRE IV

## LES SCIENCES ET L'INDUSTRIE

### § 1er. — LES SCIENCES

La renommée scientifique des Chaldéens remplissait le monde antique. Elle est parvenue jusqu'à nous, grâce aux échos innombrables qui l'ont proclamée à travers l'histoire.

Les Grecs, si cultivés, se disaient hautement les disciples des vieilles écoles savantes fondées sur le Bas-Euphrate dès les temps les plus reculés.

La science que l'on appelait chaldéenne continua d'être en honneur sous les empires ninivites et babyloniens. Les rois d'Assyrie envoyaient leurs sujets s'instruire à Ur, à Agadé, dans ces foyers de lumière intellectuelle dont l'éclat semble rayonner à travers la nuit des premiers âges, même avant que se fût formée aucune tradition historique.

Pour Diodore, Hérodote, Strabon, Aristote et d'autres, le développement de l'esprit humain fut aussi précoce et aussi complet sur les bords de l'Euphrate que sur les rives du Nil.

Une opinion aussi généralement admise devait reposer sur des bases solides, et la science moderne, à son tour, ne se contentant plus des fabuleuses légendes et des affirmations vagues, s'est mise à rechercher ces bases.

Jusqu'à présent, il faut bien le reconnaître, les résultats obtenus n'ont pas été fort brillants.

L'étude minutieuse des débris de cette vieille civilisation, les traductions des textes assyriens et sumériens, nous ont révélé l'existence, vers le Bas-Euphrate, d'un peuple intelligent, avide de connaissances, ingénieux dans ses spéculations, persévérant dans ses recherches, et qui, très anciennement, avant tout autre peut-

FIG. 273. — NÉBO, DIEU ASSYRIEN DE LA SCIENCE ET DE L'INTELLIGENCE.

Statue trouvée à Nimroud (VIII° siècle avant J.-C.)

être, a tâché de remonter jusqu'aux origines et aux causes des phénomènes qui s'accomplissaient sous ses yeux au sein de la nature.

Toutefois, ses plus gigantesques efforts ne furent encore que de vagues tâtonnements. Il débrouilla bien peu de chose dans ce système compliqué de l'univers dont nous tenons à peine aujourd'hui quelques fils conducteurs.

Les sciences fameuses de la Chaldée et de l'Assyrie se résument en quelques notions d'astronomie et de mathématiques, et en un immense fatras d'astrologie, de magie et d'enfantines conceptions sur l'origine des choses.

Nous allons résumer ce qui nous apparaît de ces connaissances à travers les écrivains de l'antiquité et ce que nous en retrouvons sur les pages de briques des bibliothèques assyriennes.

La moisson paraîtra pauvre à notre science moderne, qui de si loin a dépassé l'humble essor des premiers âges.

N'oublions pas cependant qu'il est plus difficile d'ouvrir la voie que de marcher dans un chemin tout tracé, et que nos plus merveilleuses découvertes ne se seraient pas accomplies sans les veilles laborieuses de ces peuples studieux et naïfs, qui cherchaient dans les profondeurs d'un ciel splendidement pur, parmi les scintillantes étoiles, les secrets de l'ordonnance universelle du monde et ceux de notre destinée.

Il est naturel que l'astronomie ait eu pour berceau la Chaldée. Dans les grandes plaines, absolument unies, que parcourt l'Euphrate, rien ne borne la vue, qui, ainsi qu'en pleine mer, embrasse tout un hémisphère du ciel. En outre, au fond de cet azur sombre, que nulle vapeur n'obscurcit, les astres brillent d'un éclat dont nous n'avons pas l'idée sous nos cieux pâlis d'Occident.

Toutes les villes de la Babylonie possédaient leur observatoire, haute tour pyramidale qui servait aussi de temple et avoisinait les palais des rois. Les astronomes, sans cesse en observations, y enregistraient soigneusement tout ce qui se passait au ciel. Ils comparaient leurs rapports, la plupart du temps écrits par ordre du souverain et placés sous ses yeux. On en a retrouvé beaucoup sur des tablettes de Ninive. En voici un exemple :

« Au Roi, mon Seigneur, que les dieux Nabu et Marduk soient propices;

que les grands dieux accordent au roi mon maître des jours longs, le bien de la chair et la satisfaction du cœur. »

« Le 27e jour la lune a disparu ; le 28e jour, le 29e et le 30e nous avons observé continuellement le nœud de l'obscurcissement du soleil. L'éclipse n'a pas eu lieu. Le 1er jour du mois suivant, le mois de Duzu (juin) nous avons vu la lune courant au-dessus de l'étoile de Nabu (Mercure) dont j'ai antérieurement envoyé l'observation au Roi mon maître. Dans sa marche pendant le jour d'Anu, autour de l'étoile du Berger, elle a été vue déclinant ; à cause de la pluie, les cornes n'étaient pas visibles très clairement et ainsi de suite pendant sa route. Le jour d'Anu, j'ai envoyé au Roi mon maître l'observation de sa conjonction. »

« Elle s'étendit et fut visible au-dessus de l'étoile du Char dans sa marche pendant le jour de Bel, elle a disparu vers l'étoile du Char. »

« Au Roi, mon Seigneur, paix et bonheur. »

Des observations de ce genre, recueillies patiemment, jour après jour durant des siècles, devaient donner naissance à des notions exactes sur le mouvement des astres. Elles permirent aux Chaldéens de prédire le retour des éclipses de lune, qui, comme on le sait, se reproduisent dans le même ordre et aux mêmes dates par périodes de 223 lunaisons ou d'environ 18 ans.

C'est cette période que l'on appela le *Saros* des Chaldéens, et que les Grecs connurent d'après eux, et entre autres Thalès de Milet. Elle a été depuis vérifiée par le calcul. Mais il ne faudrait pas croire que les savants babyloniens eussent connu les calculs compliqués qui nous permettent aujourd'hui d'annoncer d'avance le retour des éclipses.

Tous les résultats auxquels ils arrivèrent furent obtenus par des moyens purement empiriques. Ils savaient cependant que les éclipses de soleil sont causées par l'interposition de la lune entre la terre et cet astre. Ils prédisaient ces dernières beaucoup moins sûrement que les éclipses de lune, parce qu'en effet le *Saros* ne suffit pas pour les connaître d'avance.

On prétend que les astronomes babyloniens n'ont pas ignoré la précession des équinoxes. Les Grecs, qui la connaissaient, faisaient remonter cette notion jusqu'à eux. Cependant l'état général de leurs connaissances, ou du moins ce que nous en retrouvons, ne me semble pas avoir rendu possibles les calculs nécessaires pour déterminer la précession. Ils auraient pu, à la rigueur, la découvrir empiriquement, tout comme la succession régulière des éclipses. Mais il faudrait admettre alors que leurs observations se continuèrent pendant un temps prodigieusement long et reconnaître à leur civilisation une antiquité invraisemblable.

Sans doute les Chaldéens, et les Grecs après eux, faisaient remonter leurs premiers travaux astronomiques à 470 000 ans avant l'époque historique, mais nous ne pouvons évidemment admettre ce chiffre fabuleux.

La seule date que nous connaissions à coup sûr est celle du règne de Sargon l'Ancien, environ 3 800 ans avant J.-C. — Ce prince fit réunir dans un seul écrit, dont il nous reste des fragments, toutes les données auxquelles l'astronomie était parvenue de son temps.

Pour noter une observation exacte, il nous faut descendre jusqu'à l'ère de Nabonassar — 721 ans avant J.-C. — Ce roi, voulant que tout désormais datât de son règne, fit soigneusement détruire les calendriers, les listes astronomiques existant lorsqu'il monta sur le trône. Il rendit ainsi presque impossible toute excursion dans la science astronomique de l'ancienne Chaldée.

A cette époque relativement rapprochée, les Babyloniens, et par conséquent les Assyriens, connaissaient les planètes visibles à l'œil nu; il les distinguaient parfaitement des étoiles fixes et les nommaient : Ea (Saturne), Bel (Jupiter), Nergal (Mars), Istar (Vénus), et Nabu (Mercure).

Ils mettaient dans la même catégorie la lune et le soleil. Ils groupaient les étoiles fixes en constellations, et avaient déterminé les noms et les signes de la plupart d'entre elles, et en particulier de celles qui composent le zodiaque.

Ils connaissaient l'année solaire de 365 jours 1/4, mais, dans la vie civile, ils adoptaient une année de douze lunaisons ou mois, qu'ils complétaient à époques fixes au moyen d'un mois supplémentaire.

Leurs calendriers étaient fort variés: il y en avait de religieux, indiquant les fêtes des divinités et les grandes cérémonies du culte; d'autres contenaient la marche des saisons, le lever, le coucher des astres; une troisième espèce offrait des prédictions relatives aux variations du temps, à l'abondance ou à la pauvreté des récoltes.

Ces prédictions, dont quelques-unes avaient pu naître d'observations justes, n'étaient pas les seules que se permissent les prêtres

FIG. 278. — ROI ASSYRIEN ET SON GRAND VIZIR.

(Bas-relief assyrien.)

chaldéens. C'est par leur enseignement astrologique et cabalistique que les savants de Babylone se sont surtout rendus célèbres.

L'influence des astres sur le cours des saisons, la durée des jours et autres phénomènes naturels, fit croire aux hommes primitifs que tout ce qui se passait sur la terre correspondait à quelque action des corps célestes. Rechercher les rapports entre l'apparence des astres et les événements de notre destinée, prédire par ce moyen le sort des hommes et des empires, telle fut la grande occupation des Chaldéens, telle fut la science mystique et chimérique qu'ils enseignèrent au monde, et que leur empruntèrent les Grecs, les Romains, les A.abes, qui la répandirent dans notre monde occidental où ses traces subsistent encore.

Le meilleur résumé des connaissances astronomiques et des prétentions astrologiques des savants babyloniens se trouve dans Diodore de Sicile. Nos découvertes récentes ne nous ayant pas appris beaucoup plus, nous ne pouvons mieux faire que de citer l'historien grec :

« Les Chaldéens, dit-il, sont les plus anciens des Babyloniens; ils forment, dans l'État, une classe semblable à celle des prêtres en Égypte. Institués pour exercer le culte des dieux, ils passent toute leur vie à méditer les questions philosophiques, et se sont acquis une grande réputation dans l'astrologie. Ils se livrent surtout à la science divinatoire et font des prédictions sur l'avenir; ils essaient de détourner le mal et de procurer le bien, soit par des purifications, soit par des sacrifices ou par des enchantements. Ils sont versés dans l'art de prédire l'avenir par le vol des oiseaux; ils expliquent les songes et les prodiges. Expérimentés dans l'inspection des entrailles des victimes, ils passent pour saisir exactement la vérité. »

« La philosophie des Chaldéens est une tradition de famille; le fils qui en hérite de son père est exempté de toute charge publique. »

« Les Chaldéens enseignent que le monde est éternel de sa nature, qu'il n'a jamais eu de commencement et qu'il n'aura pas de fin. Selon leur philosophie, l'ordre et l'arrangement de la matière sont dus à une providence divine; rien de ce qui s'observe au ciel n'est l'effet du hasard; tout s'accomplit par la volonté immuable et souveraine des dieux. Ayant observé les astres depuis les temps les plus reculés, ils en connaissent exactement le cours et l'influence sur les hommes, et prédisent à tout le monde l'avenir. La doctrine qui est, selon eux, la plus importante, concerne le mouvement des cinq astres que nous appelons planètes, et que les Chaldéens nomment *interprètes*. Parmi ces astres, ils regardent comme le plus considérable et le plus influent, celui auquel les Grecs ont donné le nom de Kronos (Saturne) et qui est connu chez les Chaldéens sous le nom de Kélus. Les autres planètes sont appelées comme chez nos astrologues, Mars, Vénus, Mercure et Jupiter. Les Chaldéens les

appellent interprètes, parce que les planètes, douées d'un mouvement particulier déterminé que n'ont pas les autres astres qui sont fixes et assujettis à une
marche régulière, annoncent les événements futurs et interprètent aux hommes
les desseins bienveillants des dieux. Car les observateurs habiles savent, disent-
ils, tirer des présages du lever, du coucher, et de la couleur de ces astres; ils
annoncent aussi les ouragans, les pluies et les chaleurs excessives. L'apparition
des comètes, les éclipses de soleil et de lune, les tremblements de terre,
enfin les changements qui surviennent dans l'atmosphère, sont autant de
signes de bonheur ou de malheur pour les pays et les nations aussi bien que
pour les rois et les particuliers. »

« Au-dessous du cours des cinq planètes sont, continuent les Chaldéens,
placés trente astres, appelés les dieux conseillers; une moitié regarde les lieux
de la surface de la terre; l'autre moitié les lieux qui sont au-dessous de la
terre; ces conseillers inspectent à la fois tout ce qui se passe parmi les hommes
et dans le ciel. Tous les dix jours, un d'eux est envoyé, comme messager des
astres, des régions supérieures dans les régions inférieures, tandis qu'un
autre quitte les lieux situés au-dessous de la terre pour remonter dans ceux
qui sont au-dessus; ce mouvement est exactement défini et a lieu de tout
temps, dans une période invariable. Parmi les dieux conseillers il y a douze
chefs, dont chacun préside à un mois de l'année et à un des douze signes du
zodiaque. Le soleil, la lune et les cinq planètes passent par ces signes. Le
soleil accomplit sa révolution dans l'espace d'une année, et la lune dans l'espace d'un mois. »

« Chaque planète a son cours particulier; les planètes diffèrent entre elles
par la vitesse et le temps de leurs révolutions. Les astres influent beaucoup
sur la naissance des hommes et décident du bon ou du mauvais destin; c'est
pourquoi les observateurs y lisent l'avenir. Ils ont ainsi fait, disent-ils, des
prédictions à un grand nombre de rois, entre autres, au vainqueur de Darius,
Alexandre, et aux rois Antigone et Séleucus Nicator, prédictions qui paraissent toutes avoir été accomplies et dont nous parlerons en temps et lieu. Ils
prédisent aussi aux particuliers les choses qui doivent leur arriver, et cela
avec une précision telle que ceux qui en ont fait l'essai en sont frappés d'admiration, et regardent la science de ces astrologues comme quelque chose de
divin. En dehors du cercle zodiacal, ils déterminent la position de vingt-quatre
étoiles dont une moitié est au nord et l'autre au sud; ils les appellent juges de
l'univers: les étoiles visibles sont affectées aux êtres vivants, les étoiles invisibles aux morts. La lune se meut, ajoutent les Chaldéens, au-dessous de tous
les autres astres; elle est la plus voisine de la terre en raison de la pesanteur;
elle exécute sa révolution dans le plus court espace de temps, non pas par la
vitesse de son mouvement, mais parce que le cercle qu'elle parcourt est très
petit; sa lumière est empruntée, et ses éclipses proviennent de l'ombre de la
terre, comme l'enseignent les Grecs. Quant aux éclipses du soleil, ils n'en
donnent que des explications très vagues: ils n'osent ni les prédire, ni en
déterminer les époques. Ils professent des opinions tout à fait particulières à
l'égard de la terre: ils soutiennent qu'elle est creuse, sous forme de nacelle, et
ils en donnent des preuves nombreuses et plausibles comme de tout ce qu'ils
disent sur l'univers. »

Les Chaldéens divisaient leur mois lunaire de vingt-huit jours en quatre semaines de sept jours. Ce sont eux qui, les premiers, ont donné aux jours les noms des sept planètes que nous leur avons conservés. Le septième jour, consacré à un repos absolu, était chez eux analogue au sabbat des Juifs.

Les Chaldéens possédaient divers instruments qui leur permettaient d'apprécier la division du temps, ils avaient des cadrans solaires, des gnomons, des clepsydres.

La division du jour en douze parties fut, dit Hérodote, empruntée par les Grecs aux Chaldéens.

Les douze heures du jour dont parle ici Hérodote sont celles du matin au soir, sans doute, puisque, avec celles de la nuit, les Chaldéens en comptaient vingt-quatre.

Nous savons aussi qu'en Mésopotamie on avait inventé une sorte d'astrolabe pour mesurer la hauteur des astres; et il est presque permis de croire qu'ils n'ignoraient pas certaines propriétés des lentilles. On a, en effet, retrouvé une lentille de verre dans les ruines de Ninive. Certains textes ont même fait supposer que les satellites de Jupiter et même de Saturne, visible seulement avec une lentille, auraient été observés à Babylone. Il faut attendre des documents plus précis pour pouvoir se prononcer nettement sur un point aussi fondamental. Il semble difficile d'admettre qu'une découverte aussi importante que celle des instruments d'optique ait pu être faite sans avoir été connue des Égyptiens et des Grecs, dont les relations avec la Chaldée furent très étendues.

Les traces des travaux mathématiques des Chaldéens, bien que très rares, sont cependant plus remarquables que leur astronomie.

Une tablette fort ancienne, trouvée à Senkereh et actuellement au British Museum, constitue à ce point de vue un document d'une inappréciable valeur. Elle nous montre que la science des nombres, chez les anciens Chaldéens, peut être comparée comme perfection à notre science moderne, et que ce peuple a le premier possédé un système métrique absolument coordonné et comparable au nôtre.

La tablette mathématique de Senkereh porte d'un côté les cubes de tous les nombres de 1 à 60; de l'autre, une série complète des mesures de longueur.

Les Chaldéens employaient deux et même trois systèmes de numération : le système décimal, provenu de l'habitude de compter par les dix doigts de la main ; le système duodécimal, reconnu plus commode à cause des nombreux sous-multiples de 12 ; et enfin le

FIG. 277. — LE ROI ASSYRIEN SARGON SUIVI DE SERVITEURS.
(Bas-relief de Khorsabad du VIII° siècle avant J.-C.)

système sexagésimal qui a pour base 60, divisible par 10 et par 12, et qui réunit par conséquent les avantages des deux premiers.

Tous les peuples ont plus ou moins par la suite employé ces trois systèmes, dont les Chaldéens furent sans doute les premiers inventeurs. Nous-mêmes, à côté des mesures décimales, nous avons les mesures duodécimales, — la douzaine et la grosse — très populaires ; et la division sexagésimale du cercle et du temps, employée par tous les marins et les astronomes.

Le nombre 60 n'était d'ailleurs adopté pour base en Chaldée que dans les calculs des savants. Le cercle était divisé en 360 degrés, le degré en 60 minutes, la minute en 60 secondes et la seconde en 60 tierces. Les signes adoptés pour indiquer ces diverses subdivisions étaient ceux dont nous nous servons encore aujourd'hui.

Le jour se partageait en 24 heures, l'heure en 60 minutes, la minutes en 60 secondes.

Les Chaldéens appliquaient ces divisions à la durée. Ils reconnaissaient un cycle de 43 200 ans, qui leur semblait être une journée dans la vie de l'univers; ce cycle se divisait en 12 *sares* ou heures du monde, chacune de 3 600 ans; le *sare* comptait 60 *sosses* ou minutes cosmiques, chacune de 60 ans; et enfin l'année représentait la seconde dans l'existence universelle.

Quant à leur système de poids et mesures, il dérivait tout entier, comme le nôtre, d'une unité typique de longueur. Cette unité était l'*empan*, équivalant à 27 millimètres. Les carrés des multiples et des sous-multiples de l'empan donnaient les mesures de surface.

On a retrouvé des mesures de capacité et des mesures de poids babyloniennes. Les premières sont des vases en terre; les secondes sont en bronze et de formes diverses; elles représentent des lions, des sangliers, des canards, et portent l'inscription de leur valeur avec le nom du roi régnant et celui du vérificateur.

L'unité de poids la plus employée était la *mine*, qui vaut à peu près notre livre de 500 grammes. Son multiple était le *talent*, qui valait 60 mines, et elle se divisait elle-même en 60 drachmes.

Les mathématiques et l'astronomie sont les seules sciences qui se soient développées dans la Babylonie, et, plus tard dans l'Assyrie. La bibliothèque d'Assur-bani-pal nous montre cependant en outre des tentatives de classifications zoologiques et botaniques.

Les animaux sont divisés en familles; il y a celle des grands carnassiers, qui comprend différents genres : le lion, le loup, le chien; le genre chien se divise en plusieurs espèces; tous les herbivores, bœuf, mouton, chèvre, forment une autre famille. Les insectes sont classés d'après leur façon de vivre : il y a ceux qui s'attaquent au bois, à la laine, les parasites des hommes et des animaux, etc.

Les végétaux, les minéraux sont catalogués d'après leurs ressemblances et leurs usages. On retrouve également quelques travaux géographiques consistant dans l'énumération des villes connues, dont les noms sont accompagnés par la liste des productions du pays environnant.

En résumé, on peut voir que, si remarquables que soient les connaissances auxquelles étaient parvenus les Babyloniens, elles formaient plutôt des collections d'observations attentives que des sciences proprement dites. Ils connaissaient beaucoup de faits, mais ils ignoraient les lois générales qui les régissent. On ne saurait critiquer d'ailleurs leur méthode d'étude. Nos plus profonds penseurs reviennent de plus en plus aujourd'hui à ce système de notations patientes, d'accumulations de faits, qui permettent ensuite de dégager des lois. Il faut observer longtemps la nature avant de tenter de l'expliquer. Ce n'est qu'après des millions et des millions d'observations qu'on a pu constater que c'est une même loi qui oblige les fruits détachés de l'arbre à tomber et les planètes à parcourir régulièrement leurs orbites.

La Chaldée a communiqué son ardente curiosité à l'Assyrie, puis à la Grèce. C'est elle qui, la première, sur ce globe obscur, a éprouvé cette soif dévorante de connaître qui nous consume et nous pousse en avant. Elle a conquis à l'humanité ce titre de noblesse qui nous a fait sortir de l'animalité brutale, ce talisman qui nous empêche de nous arrêter dans la voie du progrès. « Savoir », telle était la devise de ses vieux sages; telle est aussi la nôtre. Et c'est pourquoi nous cherchons avec tant d'avidité, dans la poussière du désert, les débris qui renferment, quoique souvent informe et naïve, la pensée des âges disparus.

## § 2. — L'INDUSTRIE

Nous pouvons, pour l'industrie de la Chaldée et de l'Assyrie, remonter jusqu'à l'âge de pierre, car de très anciens instruments en silex ont été découverts parmi les ruines.

Il nous est également possible de reconstituer l'âge du bronze, et de retrouver, au moyen des objets ou des inscriptions, les traces du temps où le fer, encore très rare, ne servait que pour fabriquer des bijoux.

Mais durant toute la période historique, ce dernier métal fut connu et très employé. Bien plus, on a rencontré durant les fouilles des objets d'acier trempé. Cette industrie, fort ancienne, est restée très en honneur dans les pays voisins de la Mésopotamie, et l'on est porté à penser que le célèbre acier de Damas, si recherché pendant tout le moyen âge, ne serait autre chose que le produit des procédés de fabrication babyloniens qui se seraient conservés en Syrie par tradition.

En l'état actuel de nos sciences historiques, nous ne connaissons pas de peuple qui ait travaillé le fer et l'acier antérieurement aux Chaldéens et aux Assyriens, et il pourrait y avoir une grande part de vérité dans la théorie historique qui explique par la possession de ces métaux la longue et redoutable domination de Ninive sur le monde antique.

Les Assyriens eurent la passion des armes. Leurs glaives, leurs lances, leurs boucliers, leurs cottes de mailles, leurs casques, étaient des merveilles de force, d'élégance et de solidité. Les courtes et larges épées, à la garde formée par deux lions, qu'on voit sur leurs statues, entre les mains de leurs rois, sont de véritables objets d'art.

Quant aux outils de fer, on en retrouve chez eux à profusion : socs de charrue, pics, pioches, crochets, anneaux, grappins, charnières, etc.

Ce métal entrait également dans les constructions qui exigeaient une grande solidité.

Diodore de Sicile, parlant des piles d'un pont qui traversait l'Euphrate à Babylone, nous dit que les pierres étaient assujetties par des crampons de fer et les jointures soudées avec du plomb fondu.

Toutes les branches de la métallurgie florissaient d'ailleurs sur les bords de l'Euphrate et du Tigre.

L'or et l'argent y étaient employés sans alliage; on les appliquait en lames sur les murs, on les martelait pour prendre la forme des objets qu'on voulait recouvrir; on en faisait des figures entières.

« Dans le temple de Bel, rapporte Hérodote, il y a une chapelle en bas, où l'on voit une grande statue d'or qui représente Jupiter assis. Près de cette statue est une grande table d'or; le trône et le marchepied sont du même métal. Le tout, au rapport des Chaldéens, est du poids de huit cent talents. »

Diodore de Sicile, qui parle de ce temple par ouï-dire, attendu

FIG. 218. — RESTITUTION D'UNE SCÈNE D'AUDIENCE DANS LE PALAIS DE SENNACHÉRIB, A NINIVE.
(VII° siècle avant J.-C.)

Cette restitution, due à M. Rochegrosse, a été composée sur nos indications d'après des photographie
de bas-reliefs assyriens que nous lui avons communiquées.

qu'il ne le vit qu'en ruines, décrit aussi des statues d'or et d'énormes serpents en argent. Cependant, d'après lui, la statue de Jupiter et la table placée devant, auraient été simplement recouvertes de lames d'or. Dans certaines inscriptions les rois se vantent de la magnificence de leur palais aux murs revêtus d'argent. Le placage et le coulage de ces deux métaux étaient donc également pratiqués.

Le travail du bronze était très remarquable. Il existait plusieurs alliages de cuivre et d'étain, suivant l'usage auxquels ils étaient destinés. On a retrouvé des sonnettes avec leur battant dont le son est d'une pureté remarquable. Des portes massives, et même des grilles de bronze, fermaient les palais et les villes.

« On pénétrait dans la citadelle construite par Sémiramis, raconte Diodore, par une triple porte derrière laquelle étaient des chambres d'airain, s'ouvrant par une machine. »

On coulait le bronze en Babylonie comme en Assyrie, et nous possédons non seulement des statuettes, des ornements, des vases, des chaudrons, des coupes, des plats, mais encore les moules de ces objets retrouvés dans les ruines.

Ces peuples poussaient très loin l'art de découper de minutieuses images dans les pierres les plus dures : cornaline, sardoine, onyx, agate, météorite, etc. Telle est la finesse de certains de ces reliefs qu'on a dû supposer qu'ils avaient été exécutés à la loupe. La découverte d'une lentille de verre à Ninive permet peut-être de croire que les Assyriens connaissaient la propriété grossissante du verre convexe.

La glyptique se rapprochait d'ailleurs chez eux bien plus de l'industrie que de l'art. Les ouvriers devaient travailler fort vite pour satisfaire aux besoins de la population. Nous savons en effet — Hérodote nous l'apprend et les documents écrits le confirment — que chaque Assyrien avait son cachet, dont il se servait en guise de signature, l'appliquant sur l'argile molle qui portait une missive ou un contrat.

Tout acte était scellé, à Ninive comme à Babylone. Celui qui était trop pauvre pour avoir son cachet, signait d'un ou de plusieurs coups d'ongle. Mais le cas était rare, car il existait des sceaux à tout prix, depuis le bibelot de terre, le coquillage ou le caillou à peine dégrossi, jusqu'aux pierres précieuses richement travaillées.

En outre ces cachets devaient être renouvelés souvent, car la population avait l'habitude de les semer en masse dans les fondations des édifices considérables : temples, palais, forteresses. Sans doute, au cours de quelque imposante cérémonie qui inaugurait les travaux du monument, la foule, d'un mouvement prévu, mais en apparence spontané, sacrifiait ces objets dont quelques-uns étaient de grande valeur et qu'on a retrouvés à la base de certaines constructions en quantités innombrables. Nos musées en sont remplis. La plupart de ces cachets ont la forme de cylindres, et sont munis d'un axe qui permettait de les rouler et d'imprimer d'un mouvement rapide toutes leurs figures sur la tablette d'argile.

Le travail de cette argile qui, non seulement tenait lieu de papyrus ou de parchemin, mais encore formait les briques, indispensables dans un pays d'où la pierre est absente, constituait une des principales branches de l'industrie.

On fabriquait des briques crues et séchées au soleil aussi bien que des briques cuites. Les premières étant moins solides servaient ordinairement pour les murs intérieurs des édifices, et, de plus, elles étaient consolidées par des couches de roseaux et par des ciments. Les deux principaux ciments en usage étaient la boue mêlée de paille hachée et le bitume, si abondant sur les rives de l'Euphrate.

Diodore, parlant d'un des palais de Sémiramis, nous dit :

« Il était fortifié par de beaux murs très élevés et construits en briques cuites. En dedans de ce mur était une autre enceinte, faite avec des briques crues, sur lesquelles étaient imprimées des figures de toutes sortes d'animaux. »

Et Hérodote nous décrit ainsi la construction des murs de Babylone :

« A mesure qu'on creusait les fossés, on en convertissait la terre en briques; et lorsqu'il y en eut une quantité suffisante, on les fit cuire dans des fourneaux. Ensuite, pour ciment, on se servit de bitume chaud, et de trente couches en trente couches de briques, on mit des lits de roseaux entrelacés ensemble. A huit journées de Babylone est la ville d'Is, située sur une petite rivière de même nom, qui se jette dans l'Euphrate. Cette rivière roule avec ses eaux une grande quantité de bitume : on en tira celui dont furent cimentés les murs de Babylone. »

Les briques étaient, comme nous avons pu le constater, de différentes nuances : il y en avait de jaune clair, d'orangées, de rouges de brunes et de gris bleu. C'est sans doute par l'alternance de ces diverses couleurs, qui tenaient à la nature de la terre comme à la cuisson, que les architectes obtenaient les effets semblables à celui qu'offraient les murs d'Ecbatane.

Voici ce qu'Hérodote nous raconte de cette ville dont il attribue la fondation à Déjocès, roi des Mèdes, tandis que Diodore en fait honneur à Sémiramis :

« Les murailles de cette ville sont concentriques, et chaque enceinte surmonte l'enceinte voisine de la hauteur des créneaux. Il y en a sept. Les créneaux de la première sont peints en blanc; ceux de la seconde, en noir; ceux de la troisième, en pourpre; ceux de la quatrième, en bleu; ceux de la cinquième sont d'un rouge orangé. Quant aux deux dernières, les créneaux de l'une sont argentés, et ceux de l'autre sont dorés. »

La couche d'argent et d'or des deux dernières enceintes devaient être métallique. Le blanc était de la chaux et le noir du bitume. Quant aux autres couleurs, elles étaient obtenues probablement par différentes nuances de briques. On élevait souvent en Chaldée des tours pyramidales à sept étages, ainsi diversement colorées. Les sept planètes et les couleurs qui leur étaient attribuées inspiraient ce genre de constructions.

On connaissait du reste en Mésopotamie les couleurs fabriquées : le rouge était de l'oxyde de cuivre; le jaune, de l'oxyde de fer; le blanc, de l'oxyde d'étain, et le bleu, du cobalt.

On colorait avec ces substances la pâte de verre qui servait d'émail ou de glaçure pour les briques et les poteries.

L'art du potier n'a pas été très fécond ni très ingénieux au point de vue des formes, en Babylonie pas plus qu'en Assyrie. Mais il se rattrapait sur les dimensions. Les plus grands objets d'argile qui jamais aient été cuits tout d'une pièce, étaient les cercueils. Tantôt ces cercueils étaient semblables à d'énormes couvercles, de la longueur du corps humain, recouvrant le mort et les quelques objets qu'on ensevelissait avec lui, tantôt ils étaient composés de deux parties, deux jarres énormes, enfermant l'une les jambes, l'autre la tête et le buste, et qui se soudaient au milieu.

On a retrouvé quantité de ces espèces de cercueils dans le sol de la Babylonie qui semble avoir été considéré comme une terre sacrée où se faisaient ensevelir les Assyriens eux-mêmes.

FIG. 279. — LE ROI ASSUR-BANI-PAL, A PIED, SUIVI D'UN SERVITEUR RETENANT SES CHEVAUX.

(Bas-relief de Ninive, VII⁰ siècle avant J.-C.)

Le bois et le cuir servaient à une foule d'usages et entraient tous deux dans la construction des vaisseaux.

Les Babyloniens naviguaient, non seulement sur leurs fleuves et sur leurs canaux, mais encore sur la mer, et ils auraient passé pour de grands voyageurs, comme le prouve cette parole d'Isaïe :

« Voici ce que dit le Seigneur qui vous a rachetés, le saint d'Israël : J'ai envoyé à cause de vous des ennemis à Babylone ; j'ai fait tomber tous ses appuis ; j'ai renversé les Chaldéens qui mettaient leur confiance dans leurs vaisseaux. »

Ces vaisseaux, dans lesquels ils mettaient leur confiance, étaient, sans nul doute, plus compliqués et plus solides que les barques employées sur les cours d'eau et que nous décrit Hérodote. Nous allons donner ici cette description, d'autant plus curieuse qu'elle s'applique encore presque exactement aux bateaux qui descendent de nos jours le Tigre et l'Euphrate.

« Je vais parler, dit l'historien grec, d'une autre merveille qui, du moins après la ville, est la plus grande de toutes celles qu'on voit en ce pays. Les bateaux dont on se sert pour se rendre à Babylone sont faits avec des peaux, et de forme ronde. On les fabrique dans la partie de l'Arménie qui est au-dessus de l'Assyrie, avec des saules dont on forme la coque et qu'on revêt au dehors de peaux. On les arrondit comme un bouclier, sans aucune distinction de poupe ni de proue, et on en emplit le fond de roseaux. On les abandonne au courant de la rivière, chargés de marchandises et principalement de vin de palmier. Deux hommes debout les gouvernent chacun avec une perche ; l'un retire la sienne pendant que son compagnon pousse l'autre. Ces bateaux ne sont point égaux ; il y en a de grands et de petits. Les plus grands portent jusqu'à cinq mille talents pesant. On transporte un âne dans chaque bateau ; les plus grands en ont plusieurs. Lorsqu'on est arrivé à Babylone et qu'on a vendu les marchandises, on met aussi en vente la carcasse du bateau et la paille. Ils chargent ensuite les peaux sur leurs ânes et retournent en Arménie en les chassant devant eux : car le fleuve * est si rapide qu'il n'est pas possible de le remonter ; et c'est par cette raison qu'ils ne font pas leurs bateaux de bois mais de peaux. Ils en construisent d'autres de même manière lorsqu'ils sont de retour en Arménie avec leurs ânes. »

L'industrie par excellence pratiquée à Babylone, celle pour laquelle cette ville n'avait pas de rivale dans le monde antique, c'était l'industrie des tissus. Depuis les plus légères mousselines,

---

* Le Tigre, qui communiquait par des canaux avec l'Euphrate.

jusqu'aux étoffes brochées et brodées, jusqu'aux lourds et somptueux tapis, tout ce qui venait de la Chaldée était acheté fort cher
au loin. L'Asie antérieure est restée fidèle à cette tradition : les
tapis de Perse et de Smyrne remplacent aujourd'hui, dans le luxe
cosmopolite, les tapis si renommés de Babylone.

Au point de vue de l'industrie comme au point de vue des
sciences, cette ville l'emportait sur sa rivale assyrienne. L'éclat des
armes appartenait surtout à Ninive; la science et l'opulence firent
la gloire de Babylone. Ses ingénieux artisans, ses commerçants
actifs répandirent ses produits dans le monde et lui apportèrent en
échange les richesses des pays les plus lointains.

« Entre autres preuves que je vais donner de la richesse et des ressources
de Babylone, dit Hérodote, j'insiste sur celle-ci : indépendamment des tributs
ordinaires, tous les États du grand roi entretiennent sa table et nourrissent
son armée. Or, de douze mois dont l'année est composée, la Babylonie fait
cette dépense pendant quatre mois, et celle des huit autres se répartit sur le
reste de l'Asie. Ainsi cette province produit le tiers de ce que produit toute
l'Asie. »

Et Jérémie annonce que Dieu fera venir contre Babylone, cette
ville fameuse parmi les nations, une multitude de peuples qui tous
pourront s'enrichir de ses dépouilles.

Aujourd'hui encore, il reste synonyme de faste, de plaisir et de
joie sensuelle, le nom de Babylone. Nulle capitale n'eût jamais une
renommée plus éblouissante et plus tentatrice. Revêtue de ses broderies rares, couchée sur ses tapis splendides, cette fille lascive de
l'Orient conviait le monde à sa fête d'éternelle volupté. Aussi,
comme elle était vraie cette définition dont l'âpre prophète juif crut
la flétrir, et qui remplit encore nos cerveaux de visions pleines de
charme et de poésie : « Babylone est une coupe d'or dans la main
du Seigneur; toutes les nations ont bu de son vin, et elle a enivré
la terre. »

# CHAPITRE V

## INSTITUTIONS POLITIQUES ET SOCIALES, MŒURS ET COUTUMES

### § 1er. — INSTITUTIONS POLITIQUES ET SOCIALES

La vie politique et la vie privée se ressemblèrent dans leurs principaux traits chez les Assyriens et les Babyloniens.

Les deux peuples, d'abord assez différents de mœurs, de constitution, d'origine et de caractère, finirent par se fondre presque complètement. L'élément sémitique l'emporta par la puissance des armes; mais l'influence intellectuelle des anciens sages chaldéens, perpétuée par leurs descendants, resta toujours prépondérante.

La force brutale régnait davantage en Assyrie, tandis que la culture élevée de Babylone empêcha cette ville de jamais déchoir, même durant les siècles de soumission à sa rivale.

La situation diverse des deux nations tourna aussi leur activité en des voies un peu différentes. Les Babyloniens furent un des grands peuples maritimes de l'antiquité. Le double estuaire du Tigre et de l'Euphrate, s'ouvrant dans le golfe Persique, leur indiquait tout naturellement le chemin des rivages opulents et lointains : l'Inde aux trésors inépuisables et l'Éthiopie si riche en or, en ivoire et en parfums.

Les Assyriens, au contraire, confinés dans la Haute-Mésopotamie, ne furent jamais des marins. Pourquoi d'ailleurs eussent-ils travaillé à acquérir une qualité contraire à leur situation et à leur génie, alors que leurs victoires les rendaient maîtres des merveilleuses marines de Tyr et de Babylone, et qu'aux deux bouts de leur empire, par la Chaldée comme par la Phénicie, ils faisaient de la mer leur sujette.

Une autre différence que nous devons noter entre les deux

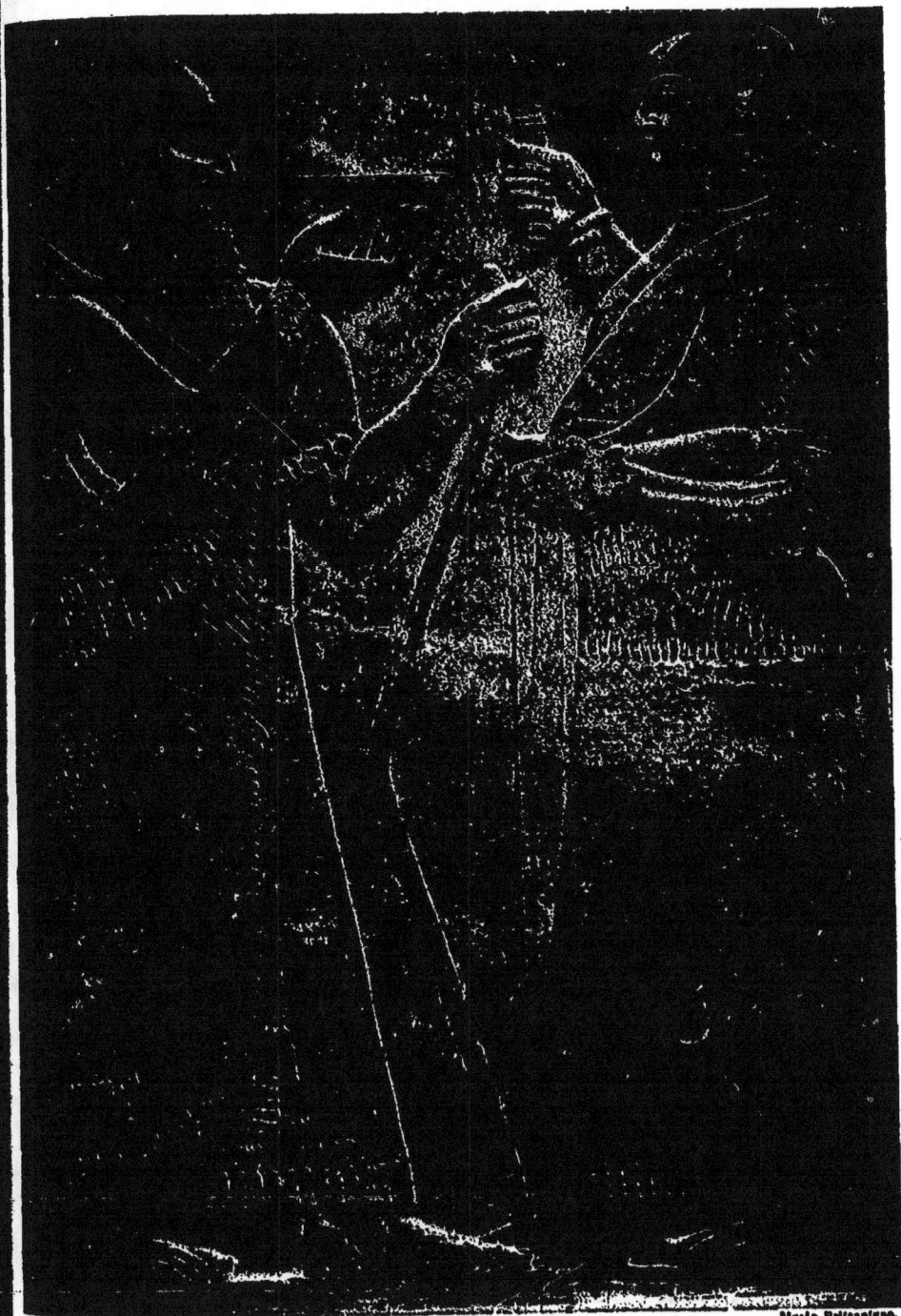

FIG. 280. — LE ROI ASSUR-NAZIR-PAL FAISANT UNE LIBATION.
(Bas-relief du palais de Nimroud, IX<sup>e</sup> siècle avant J.-C.)

Musée Britannique.

peuples ayant de décrire les nombreuses institutions qui leur étaient communes, est celle qui existait entre leurs gouvernements.

Babylone fut toujours tant soit peu théocratique, tandis que Ninive courbait la tête devant un maître absolu.

L'Assyrie fut une monarchie militaire. Son existence même dépendait de cette forme de gouvernement. L'empire, sans limites naturelles, et composé de pays très disparates, ne pouvait être maintenu que par une main de fer. Non seulement le roi de Ninive devait être implacable et despotique, mais il devait forcément être un conquérant toujours en marche. Il lui fallait sans cesse ressaisir des pays vaillants et impatients du joug, tels que la Babylonie, l'Arménie, la Phénicie, la Palestine. Dès qu'il interrompit un seul instant sa rude tâche, ce ne fut pas une diminution qui en résulta pour l'Assyrie, ce fut une disparition complète. La coalition des peuples révoltés, s'élançant, au premier triomphe, contre la ville orgueilleuse et haïe, la transforma en un monceau de ruines.

Ninive ne vécut donc qu'au prix de luttes incessantes. Le jour où elle tomba, ce fut pour ne pas se relever. Les causes qui l'avaient rendue la maîtresse du monde pendant des siècles furent les mêmes qui amenèrent sa disparition totale et qui l'effacèrent à jamais du rang des nations.

Aussi lorsque nous lisons dans Diodore la peinture de la vie molle et oisive de ses souverains, celle des débauches fameuses de Sardanapale, nous voyons immédiatement que ce sont là de pures légendes, qu'il emprunta, comme il nous le dit lui-même, à Ctésias. Nous avons aujourd'hui des témoins plus rigoureusement exacts que l'historien grec. Et ces témoins, qui sont des textes originaux et des monuments, s'accordent avec la logique pour nous montrer les rois d'Assyrie comme autant de guerriers infatigables et héroïques, nécessairement impitoyables et cruels, qui ne se délassaient de leurs formidables guerres que dans des chasses pleines de dangers, où ils luttaient corps à corps avec les énormes lions du désert.

Même en faisant la part de la flatterie que purent insinuer les artistes courtisans dans la mise en scène de leurs bas-reliefs, il reste encore assez d'exploits de tout genre au compte des monarques assyriens, pour qu'on ne puisse voir dans le Sardanapale de Diodore, alors même qu'il aurait existé, qu'une très rare exception.

Cette légende de Sardanapale, qu'aucun indice ne permet de ranger parmi les documents authentiques, est pourtant si célèbre qu'elle mérite d'être rappelée ici, et que nous la citerons textuellement :

« Sardanapale, le dernier roi des Assyriens et le trentième depuis Ninus, surpassa tous ses prédécesseurs en luxure et en fainéantise. Non seulement il se dérobait aux yeux du public, mais il menait tout à fait la vie d'une femme ; passant son temps au milieu de ses concubines, il travaillait la pourpre et la laine la plus fine, portait une robe de femme, se fardait le visage avec de la céruse et s'enduisait tout le corps avec des préparations dont se servent les courtisanes ; enfin il se montrait plus mou que la femme la plus voluptueuse. De plus, il s'efforçait de donner à sa voix un timbre féminin, et s'abandonnait sans réserve, non seulement aux plaisirs que peuvent procurer les boissons et les aliments, mais encore aux jouissances de l'amour des deux sexes, abusant sans pudeur de l'un et de l'autre. Enfin, il était arrivé à un tel degré de honteuses débauches et d'impudence, qu'il composa lui-même son épitaphe, qu'il fit mettre sur son tombeau par ses successeurs. Cette épitaphe, écrite en langue barbare, fut plus tard ainsi traduite par un Grec :

« Passant, sûr que tu es né mortel, ouvre ton âme au plaisir ; il n'y a plus de jouissances pour celui qui est mort. Je ne suis que de la cendre, moi, jadis roi de la grande Ninive ; mais je possède tout ce que j'ai mangé, tout ce qui m'a diverti, ainsi que les plaisirs que l'amour m'a procurés. Ma puissance et mes richesses seules ne sont plus. »

Aucune des inscriptions retrouvées en Assyrie ne présente un pareil langage. Toutes, depuis les stèles commémoratives semées par les rois sur les chemins que parcoururent leurs armées victorieuses, jusqu'à celles qui couvrent les murs de leurs palais, célèbrent leurs actions héroïques et jamais leurs plaisirs.

Il n'y est pas fait davantage allusion à leurs amours. Les Assyriens semblent, les premiers, avoir pratiqué au point de vue des femmes cette réserve, devenue générale en Orient, qui n'admet pas qu'on montre ou qu'on représente l'épouse, ni même qu'on parle d'elle.

Les Babyloniens n'eurent pas du tout, comme nous le verrons plus loin, le même sentiment sur ce sujet.

C'était par sa valeur guerrière, mais aussi par son impitoyable cruauté, que le maître assyrien faisait respecter ses lois. Nous avons déjà parlé de la férocité ninivite contrastant avec la civilisation avancée et le sentiment artistique de ce peuple.

C'est un trait marquant qu'il nous faut relever encore. Jamais, chez aucune race, le ciseau délicat du sculpteur ne se prêta à reproduire, dans tous leurs détails, plus horribles scènes de boucherie brutale ou de tortures raffinées.

Ici, ce sont des scribes qui dénombrent sur des tablettes les têtes coupées, amoncelées devant eux. Ailleurs, ce sont des troncs privés de bras et de jambes; plus loin, de longues files de prisonniers, un anneau passé à la lèvre ou dans les narines, attendent leur arrêt, tandis que le roi, combinant de nouveaux supplices, appuie orgueilleusement son pied sur le front prosterné du malheureux qui se trouve le plus proche ou crève lui-même les yeux à un prisonnier. D'autres, plantés sur des pals forment de longues files lugubres; d'autres encore, fixés par les pieds et les mains contre le sol ou contre un mur, sont savamment et lentement écorchés vifs. L'artiste met une complaisance spéciale à décrire ce dernier genre de supplice, l'un des plus en honneur dans la monstrueuse Assyrie. Le bourreau, son couteau pointu à la main, découpe délicatement des lignes régulières avant de soulever la peau, afin de ne pas gâter la dépouille humaine, qui revêtira ensuite comme un trophée les murs extérieurs du palais.

Jusque dans cette scène intime d'un bas-relief où le roi et la reine prennent leur repas sous les guirlandes de pampres, parmi les arbres d'un jardin, entre des eunuques attentifs qui balancent autour d'eux les larges éventails, tandis qu'ils lèvent simultanément la coupe à leurs lèvres comme s'ils portaient l'un à l'autre quelque toast amoureux, près d'eux, suspendue à une branche, la tête d'un roi ennemi récemment vaincu, montre ses yeux convulsés et laisse tomber encore une dernière goutte de sang sur le feuillage qui frissonne.

Lorsque l'on a quitté, comme nous l'avons fait dans cet ouvrage, la douce, rêveuse et poétique Égypte, pour pénétrer dans ce pays, qui, l'un des premiers, forgea le fer et l'acier en lames redoutables, et qui, grâce à l'impitoyable métal, se gorgea de sang pendant des siècles, on éprouve, pour ces Sémites au nez busqué, aux membres muscleux et trapus, à la physionomie brutale, une invincible horreur. On songe aux têtes charmantes, presque féminines, des jeunes Pharaons; aux corps élancés, graciles, que l'on a vus sur les murs des hypogées, accomplissant des rites pacifiques. On songe surtout aux exquises silhouettes de femmes qui peuplent d'une façon si charmante l'ombre des sépulcres dans la vallée du Nil.

L'Égypte possédait à un très haut degré le sentiment de la grâce et de la beauté féminines. En Mésopotamie, l'on ne retrouve plus rien de pareil. L'Assyrien, nous l'avons vu, ne peint que très exceptionnellement la femme; quant aux images plus nombreuses que nous ont laissées d'elle les sculpteurs et les lapidaires de Babylone, ce sont d'horribles caricatures, chez qui la laideur du visage n'a d'égale que la lourdeur disgracieuse du vêtement, cette longue robe à volants, qui ne laisse en rien deviner la souplesse ou l'élégance du corps.

Le roi, en Assyrie, était le centre de tout, de la religion comme de la vie

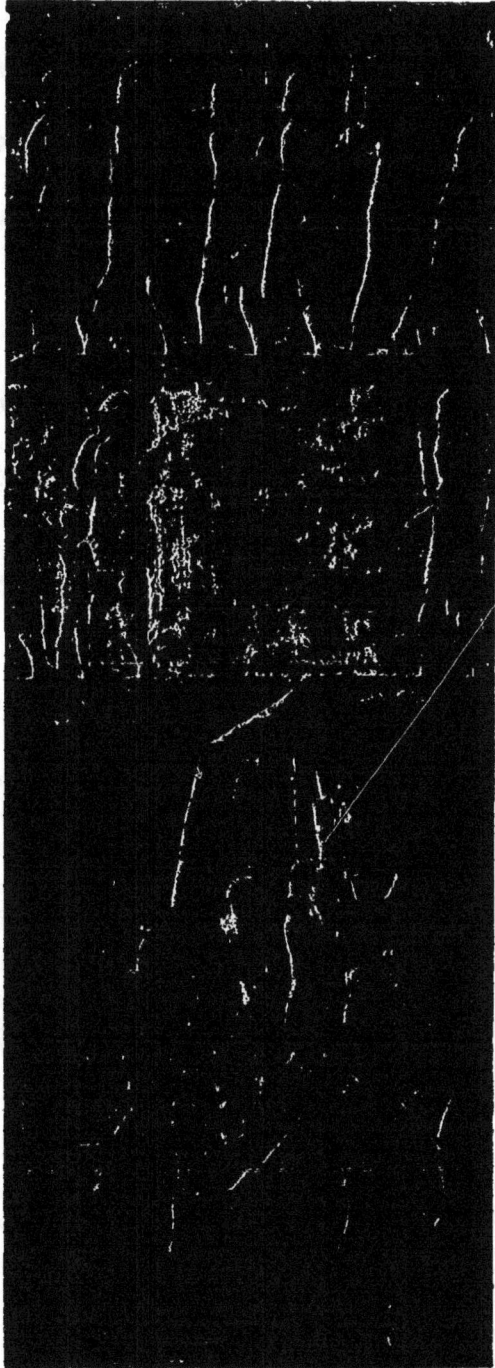

Musée Britannique.

FIG. 331. — ASSUR-BANI-PAL SUR SON CHAR SUIVI DE SES ESCLAVES
(Bas-relief de Ninive, VII<sup>e</sup> siècle avant J.-C.)

militaire et civile de son peuple. Il était sur la terre le représentant du grand dieu Assur; il en était aussi le lieutenant et le pontife. Il commandait les armées en son nom, et accomplissait les rites devant ses autels. C'était pour courber les nations sous son joug qu'il s'en allait sans cesse à la conquête du monde.

Pour les Assyriens, la personne du roi se confondait un peu avec celle du dieu. Le respect dont on entourait le souverain avait quelque chose de religieux. Nul ne pouvait lui adresser directement la parole. Sur les bas-reliefs on ne voit que deux sortes d'officiers en conversation avec lui : le grand-vizir et le chef des eunuques.

En Babylonie, au contraire, le roi subissait l'influence de la caste sacerdotale. Ces mages fameux, descendus des premiers Chaldéens, et qui se transmettaient de génération en génération le trésor de la science, formaient une sorte d'oligarchie puissante. Diodore fait d'eux une caste héréditaire; pourtant il y a exemple que des étrangers, tels que Daniel, s'il faut en croire la Bible, ont été admis dans leurs rangs.

Dans le livre du prophète juif, on peut voir quelle était l'autorité de ces mages, auxquels appartenaient les plus hauts emplois sacerdotaux et civils. Le roi lui-même n'agissait que d'après leurs conseils, d'après l'interprétation qu'ils donnaient de ses songes, ou les augures qu'ils tiraient de l'état du ciel.

L'esprit guerrier, qui fut surtout celui de l'Assyrie, se communiqua plus tard à Babylone. Cette ville, raffinée et savante, égala sous le Second Empire, en folies cruelles et ambitieuses, sa féroce rivale du Nord, et mérita d'être surnommée par Jérémie « le marteau de toute la terre. » Elle grandit soudain alors et périt ensuite par les mêmes raisons qui avaient causé la longue puissance, puis la ruine complète de Ninive.

Ces vastes empires des Assur-bani-pal et des Nabuchodonosor étaient gouvernés par des chefs ou satrapes, dont les velléités d'indépendance et les révoltes n'étaient pas un des moindres dangers pour le maître, qui devait les tenir sans cesse courbés sous son joug de fer. Voici ce que Diodore nous apprend de ce vaste système d'administration, sur lequel nous ne possédons d'autres renseignements que les siens.

« Pour la sécurité de l'empire et dans le but de maintenir ses sujets dans l'obéissance, le roi levait annuellement un certain nombre de soldats dont les chefs étaient choisis dans chaque province; il rassemblait toutes ses troupes en dehors de la ville, et donnait à chaque nation un gouverneur très dévoué à sa personne; à la fin de l'année, il congédiait ses troupes et en faisait lever de nouvelles en nombre égal. Par ce moyen, il maintenait tous ses sujets en respect, et par la présence de ses soldats campés en plein air, il montrait aux insubordonnés et aux rebelles une vengeance toute prête; le renouvellement annuel de ces troupes avait pour résultat que les chefs et les soldats étaient licenciés avant d'avoir appris à se connaître mutuellement, car un long séjour dans les camps donne aux chefs l'expérience de la guerre et les dispose souvent à se révolter et à conspirer contre leur souverain. Le roi nommait dans chaque province les commandants de l'armée, les satrapes, les administrateurs, les juges, et pourvoyait à tous les besoins du gouvernement. »

Nous ne savons rien de la discipline des armées assyriennes et peu de chose de leur tactique. Mais les bas-reliefs nous montrent les détails de leurs armes et de leur équipement, et nous pouvons juger de leur immense supériorité à ce point de vue sur tous leurs contemporains. Leurs armes défensives consistaient en casques, cuirasses, boucliers, cottes de mailles, hautes et fortes chaussures. Leurs armes offensives, l'arc, l'épée, le javelot, la fronde, la pique, certaines machines d'attaque, béliers et catapultes, représentent la perfection pour l'époque.

Les troupes se divisaient en infanterie et en cavalerie, et possédaient en outre des chariots de guerre.

Les armées asiatiques ont toujours été extrêmement nombreuses. La multitude des soldats suppléait à leur manque de discipline. On peut se représenter celles de l'Assyrie et de la Babylonie comme semblables à cette foule immense et désordonnée que Xerxès lança sur la Grèce. Cependant, quelque complaisance d'imagination qu'on mette à se les représenter, il est difficile de croire Diodore dans la description qu'ils nous fait des forces que la légendaire Sémiramis rassembla pour attaquer l'Inde.

« Son armée se composait, dit-il, toujours d'après Ctésias, de trois millions de fantassins, de cinq cent mille cavaliers et de cent mille chars de guerre. Il y avait de plus cent mille hommes montés sur des chameaux et armés d'épées de quatre coudées de long. »

Les Assyriens, et surtout les Babyloniens excellaient dans l'art des sièges. Ils employaient des machines de guerre que nous voyons représentées sur leurs bas-reliefs.

Les sources de la grandeur du double empire de la Mésopotamie furent à égal titre la puissance des armes et l'activité du commerce. Si ses chariots de guerre, ses cavaliers et la masse invincible de ses troupes firent trembler l'Orient pendant des siècles, le mouvement prodigieux de son trafic emplit ce même Orient et ne servit pas moins à sa richesse et à sa gloire.

Nous avons dit comment ce commerce avait pris naissance. Nous avons montré, en décrivant la situation géographique de l'empire chaldéo-assyrien, que cette situation pouvait être indiquée en un mot : une route. La Mésopotamie formait la grande route du monde connu, route semée de relais et d'entrepôts, et aboutissant par ses deux extrémités aux deux têtes du commerce maritime de l'antiquité : Babylone et Tyr.

Tyr, grâce à ses marins, réunissait sur ses marchés tous les produits des côtes méditerranéennes : les fines étoffes et les broderies de l'Égypte, le fer de Chypre, les beaux vases d'airain, les chevaux et les esclaves de Grèce, l'argent du Pont ou de l'Espagne; elle allait chercher l'étain jusqu'aux îles Cassitérides, près des côtes de la Grande-Bretagne; elle ajoutait à tous ces objets précieux les chefs-d'œuvre de sa propre industrie, de celle de ses voisins, et leurs productions agricoles : ses étoffes de pourpre, le bois des cèdres du Liban, les laines teintes de Damas, le froment, le baume, le miel, l'huile et la résine d'Israël, les agneaux, les béliers, les boucs des peuplades pastorales de l'Arabie.

Quant aux navires de Babylone, ils allaient chercher les perles de cette mystérieuse Ophir, qui, sans doute était une île du golfe Persique ou de l'Océan Indien; ils rapportaient l'or, l'ivoire et l'ébène de l'Éthiopie; les parfums, les mousselines, les châles, les pierres précieuses de l'Inde.

Puis toutes ces merveilles s'échangeaient de l'une à l'autre des deux villes, alimentant les longues caravanes dont tous les chemins de la Mésopotamie étaient encombrés.

Des entrepôts nombreux étaient établis dans toute l'Asie antérieure, et le luxe du monde entier venait s'y satisfaire, laissant en échange des monceaux d'or dans ces contrées favorisées.

Babylone et Ninive ne se contentaient pas d'ailleurs d'être, avec Tyr, les courtières en marchandises de l'univers. Elles avaient aussi leurs manufactures, d'où sortaient des tapisseries superbes, des ouvrages en broderies, des housses de chevaux magnifiques et des meubles précieux.

Le Tigre et l'Euphrate facilitaient le transport des objets de trafic; on se servait aussi de nombreux canaux, et l'on voyait, dans les plaines de la Mésopotamie, comme aujourd'hui dans celles de la Hollande, les navires circuler au milieu des champs.

Le mot de navire est peut-être d'ailleurs un peu ambitieux pour les constructions navales des Babyloniens et des Assyriens, au moins pour les vaisseaux qui circulaient en eau douce. Pendant longtemps ce ne furent que des radeaux soutenus par des peaux gonflées; plus tard, les bateaux se compliquèrent un peu, par l'exemple de ceux des Phéniciens, mais ils ne furent guère que de simples barques.

Sur ces appareils primitifs, on transportait pourtant les objets les plus lourds : des chevaux, des chariots,

FIG. 282. — GUERRIER ASSYRIEN.
(Bas-relief du palais de Sargon, à Khorsabad, VIIIe siècle avant J.-C.)

des planches, des pierres, et même des colosses. Les bas-reliefs en font foi, et Diodore nous le raconte :

« Sémiramis, dit-il, fit extraire des montagnes de l'Arménie, et tailler un bloc de pierre de cent trente pieds de longueur sur vingt-cinq d'épaisseur; l'ayant fait traîner par un grand nombre d'attelages de mulets et de bœufs, sur les rives de l'Euphrate, elle l'embarqua sur un radeau, et le conduisit, en descendant le fleuve, jusqu'à Babylone, où elle le dressa dans la rue la plus fréquentée. Ce monument, admiré de tous les voyageurs, et que quelques-uns nomment *obélisque*, en raison de sa forme, est compté au nombre des sept merveilles du monde. »

Quelques lignes plus haut, le même historien nous parle des entrepôts établis sur les rives des deux fleuves pour les marchandises venant de la Médie et des pays voisins.

Hérodote nous décrit en détail cette longue route qui, reliant le monde occidental au monde oriental, s'étendait des rives de la Méditerranée à celles du golfe Persique. Évidemment, il devait y avoir plusieurs chemins, mais pas plus de trois ou quatre principaux. Nous avons déjà suivi la grande voie militaire allant de l'Égypte à Ninive par Mageddo et Karkémis. Nous allons citer celle qui forme l'itinéraire d'Hérodote, et qui va de Sardes à Suse, car nous ne saurions trop insister sur ce fait que la double vallée du Tigre et de l'Euphrate fût la grand'route de l'univers durant l'antiquité, et que là fut la cause première de la naissance et du développement de Ninive et de Babylone.

« Il y a sur toute cette route des maisons royales ou stathmes* et de très belles hôtelleries : ce chemin est sûr et traverse des pays très peuplés. On voyage (en quittant Sardes) de Lydie en Phrygie, et l'on y rencontre vingt stathmes. Au sortir de la Phrygie, on trouve l'Halys, sur lequel il y a des portes, qu'il faut nécessairement passer pour traverser ce fleuve, et un fort considérable pour la sûreté de ce passage. On parcourt ensuite la Cappadoce jusqu'aux frontières de la Cilicie en vingt-huit journées. Mais, sur cette frontière même, il faut passer deux défilés et deux forts, après quoi on fait dans la Cilicie trois journées de marche. L'Euphrate, qu'on passe en bateaux, lui sert de bornes et la sépare de l'Arménie. On fait en Arménie quinze journées et l'on y rencontre quinze stathmes et des troupes en chacun; ce pays est arrosé par quatre fleuves navigables qu'il faut nécessairement traverser. Le premier

---

* Sortes de caravansérails où les étrangers étaient accueillis avec la large hospitalité orientale.

est le Tigre; le deuxième et le troisième ont le même nom, quoiqu'ils soient très différents et qu'ils ne sortent pas du même pays, car le premier prend sa source en Arménie, et l'autre dans le pays des Matianiens. Le Gynde, que Cyrus partagea en trois cent soixante canaux, est le quatrième. De l'Arménie, on entre dans la Matiane, où l'on fait quatre journées. On traverse ensuite la Cissie en onze journées, jusqu'au Choaspe, fleuve qu'on passe aussi en bateau, et sur lequel est la ville de Suse. De Sardes à Suse, il y a donc en tout cent onze journées et cent onze stathmes. »

Si la situation géographique de la Babylonie et de l'Assyrie développa leur commerce, la nature des deux pays força les habitants à donner de grands soins à l'agriculture.

Ces plaines sablonneuses ne deviennent fécondes qu'au moyen d'irrigations pratiquées constamment et sur une grande échelle. Partout autrefois elles étaient sillonnées de canaux. Ceux de la Basse-Mésopotamie se trouvaient à fleur de sol; mais en Assyrie, les rivières étant plus encaissées, il fallait appliquer différents systèmes pour élever les eaux.

La charrue était en usage; la légèreté du sol ne demandait point un grand perfectionnement pour cet instrument, qui resta assez primitif.

L'Assyrie et la Babylonie offraient à peu près les mêmes produits, et surtout une grande abondance de grains : froment, seigle, millet. Mais la première était plus riche en vin et la seconde en dattes. La culture des palmiers-dattiers formait la principale occupation des paysans babyloniens. Hérodote nous raconte qu'ils liaient les branches du palmier mâle à celles du palmier femelle, afin que celui-ci fût plus sûrement fécondé.

Les inscriptions et les bas-reliefs de Babylone et de Ninive sont muets sur l'agriculture et le commerce, ces deux grands soucis de la population. L'art des deux fières capitales élimine absolument le peuple. Le laboureur et l'artisan n'ont point posé devant les sculpteurs, qui ne représentaient que des dieux, des rois ou des guerriers.

Les documents écrits nous en apprennent davantage sur cet élément civil qui disparaît parmi l'altière société des statues. Dans la bibliothèque d'Assur-bani-pal, les prescriptions relatives aux champs et les contrats de vente ou de prêt, par leur nombre comme par leur minutie, sont venus ajouter leur témoignage à celui des historiens juifs et grecs, qui vantent l'habileté financière et la science agricole des peuples de Mésopotamie.

C'était, ne l'oublions pas, la race sémitique qui, définitivement, avait dominé dans cette contrée. Or le génie de cette race, depuis Jacob profitant de la faim de son frère pour lui acheter son droit d'aînesse contre un plat de lentilles, a été le génie de l'échange avantageux.

La passion mercantile est innée chez le Sémite; mais il apporte à la satisfaire une grande patience et une grande prudence; l'ardeur au gain s'accompagne chez lui d'une infatigable ardeur au travail, et l'une s'ennoblit un peu par l'autre. Il est toujours marchand, s'il n'est pas toujours usurier. Les tablettes de Koyoundjik en sont une nouvelle preuve. L'intérêt de l'argent y paraît énorme, s'élevant à 25 pour 100. Mais les nombreux témoins qui, suivant la coutume, apposaient leur cachet ou la marque de leur ongle sur les engagements et les contrats, montrent que tout se passait ouvertement et régulièrement.

Nous y trouvons, par exemple, des actes comme le suivant, stipulant :

« La vente d'une maison en construction, avec ses poutres, ses colonnes, ses matériaux, située dans la ville de Ninive, bornée par la maison de Mannuki-ahe, bornée par la maison de Ankia, bornée par la place des marchés. »

« Et Sil-Assur, le préposé égyptien, l'a acquise moyennant une mine d'argent de Sarladuri, de Ahassuru, et de la femme Amat-Sula, l'épouse de son mari... »

Outre l'acquéreur et les vendeurs, sept témoins ont apposé leurs noms sur cet acte de vente.

Les institutions politiques et sociales des peuples chaldéo-assyriens, ou plutôt les grands traits que nous en pouvons connaître, nous prouveraient, à défaut du type physique de ces peuples et de nombreux autres indices, que les Sémites finirent par absorber complètement les primitifs habitants de la Chaldée. Seulement, ainsi qu'il arrive toujours dans ces sortes de mélanges, l'influence de la race plus intelligente et plus instruite persista, même lorsqu'elle fut noyée dans la plus nombreuse et la plus brutale. L'Assyrie respecta toujours, et s'assimila autant qu'il fut en son pouvoir, la civilisation et les sciences des anciens Chaldéens.

Mais les traits distinctifs des Sémites l'emportent dans l'organisation sociale et politique comme dans les institutions. Ces traits sont l'esprit théocratique et militaire, la férocité, la passion du gain et du commerce, et l'absence de goût artistique. Les siècles ne les ont pas changés.

## § 2. — MŒURS ET COUTUMES

Les usages de la vie privée chez les Assyriens et les Babyloniens nous sont beaucoup moins connus que ceux des Égyptiens. Les

D'après Layard.

FIG. 289. — GUERRIERS COMBATTANT.
(Bas-relief assyrien.)

peintures détaillées des syringes et des mastabas n'ont pas d'équivalent en Mésopotamie. Les tombes asiatiques ne nous ont pas gardé tous les curieux secrets que nous pouvons lire dans celles de la vallée du Nil. Cependant, elles aussi, ont quelque chose à nous révéler.

Nous avons décrit déjà ces gigantesques poteries qui servaient de cercueils sur les bords de l'Euphrate. C'était, soit un immense couvercle de sept pieds de long sur deux ou trois de large et de haut, recouvrant le sol de briques et le lit de roseaux sur lequel reposait le mort; soit un double vase, enfermant le corps à peine plié aux genoux. Il existait aussi des caveaux, sortes de tombeaux de famille, construits en briques et dans lesquels on a retrouvé jusqu'à onze squelettes.

Ces différents abris funéraires étaient toujours enfouis dans le sol, ou plutôt ensevelis dans des monceaux de terre qui s'élevaient en monticules. Le sol de la Chaldée se trouve hérissé de ces monticules; et, l'on peut croire, d'après leur grand nombre, que cette région était considérée comme une terre sainte dans laquelle les Assyriens eux-mêmes tenaient à dormir leur éternel sommeil.

Tous les squelettes que l'on a retrouvés tenaient dans la main gauche un vase de cuivre; auprès d'eux, des plats en terre ou en métal gardaient encore des débris d'aliments : noyaux de dattes, arêtes de poisson, os de volailles.

L'usage, si répandu dans toute l'antiquité, de munir le défunt des provisions que l'on croyait nécessaires pour son grand voyage dans l'inconnu, existait donc en Mésopotamie.

Sur tous les autres points, les tombes sont muettes, et nous devons recourir aux bas-reliefs et aux récits des historiens grecs pour connaître les usages de la vie privée à Ninive et à Babylone.

Les bas-reliefs, qui nous montrent dans les plus minutieux détails tout ce qui concerne l'armée, nous fournissent peu de documents relatifs à l'existence des particuliers.

Cependant nous pouvons présumer, d'après la magnificence des costumes, la richesse des harnachements, le fini des armes, que les métiers les plus divers florissaient dans les deux capitales et que le luxe y était très développé. Hérodote nous décrit ainsi le vêtement des Babyloniens :

« Voici, dit-il, quel est leur habillement : ils portent d'abord une tunique de lin qui leur descend jusqu'aux pieds, et par-dessus une autre tunique de laine; ils s'enveloppent ensuite d'un petit manteau blanc. La chaussure qui est à la mode de leur pays ressemble presque à celle des Béotiens. Ils laissent croître leurs cheveux, se couvrent la tête d'une mitre et se frottent tout le corps de parfums. Ils ont chacun un cachet, et un bâton travaillé à la main, au haut duquel est ou une pomme, ou une rose, ou un lis, ou un aigle, ou toute autre figure, car il ne leur est pas permis de porter de canne ou de bâton sans un ornement caractéristique. Tel est leur ajustement. »

Cette singulière défense à propos de l'ornement du bâton nous est plus compréhensible qu'elle ne le fut sans doute pour Hérodote. D'abord il faut admettre qu'elle portait plutôt sur le cachet que sur le bâton, ou que la pomme de la canne pouvait au besoin servir de sceau. Or nous avons vu quelle était l'importance de cet emblème caractéristique personnel à chacun, et qui, apposé sur l'argile molle, servait de signature légale. La contrefaçon en était sans doute aussi rigoureusement interdite que, chez nous, celle des griffes commerciales ou des marques de fabrique.

L'habillement décrit par l'historien grec était celui des gens de classe moyenne. Les prêtres et surtout les rois nous sont représentés dans de plus somptueux atours. Leurs longs vêtements sont brodés des plus riches dessins et garnis de franges et de glands. Ce genre d'ornement passait sans doute en Mésopotamie pour le dernier mot de l'élégance. Les franges et les glands surchargent les habits des personnages importants et embellissent les magnifiques harnais des chevaux attelés aux chars de guerre du roi.

Pour les classes inférieures, la coutume générale était d'aller nu-tête et nu-pieds. L'épaisse chevelure crépelée dés Assyriens suffisait sans doute à les protéger contre l'ardeur du soleil. Les prêtres, les hauts dignitaires, et surtout les officiers du palais portaient des coiffures, qui variaient suivant l'emploi exercé, et dont quelques-unes avaient des formes élevées et bizarres. Les rois avaient la tête couverte d'une tiare analogue au bonnet actuel des Persans.

Quant aux chaussures, elles étaient également d'un usage restreint, ne servant qu'aux gens riches, aux princes ou aux guerriers. Cependant, il en existait différents genres, depuis la simple sandale jusqu'à la haute bottine qui montait presque au genou des soldats.

La partie de la toilette qui obtenait le plus de soin minutieux, chez les Assyriens de toutes classes, c'était l'arrangement des cheveux et de la barbe. Qu'il s'agisse d'un roi ou d'un bouvier, d'un prêtre ou d'un laboureur, toutes les têtes à ce point de vue se ressemblent et paraissent sortir des mains du coiffeur. Le désordre du combat ne semble même pas parvenir à déranger le savant agencement des boucles. Parfois un bandeau ou un simple ruban retient les mèches trop abondantes. Le plus souvent, les cheveux sont simplement rejetés en arrière et s'étagent sur la nuque en plusieurs rangs de petites boucles régulières. La barbe est longue et frisée symétriquement, comme au petit fer.

Les Assyriens avaient sans doute une nature de cheveux et de barbe telle qu'on en rencontre souvent chez les Sémites, c'est-à-dire

fort épais et roulés naturellement jusqu'à être presque crépus. La
façon qu'ils leur donnaient serait impossible à obtenir et surtout à
maintenir avec des chevelures lisses.

Nous connaissons malheureusement très peu de chose sur la
condition de la femme en Mésopotamie au temps de la grandeur de
Babylone et de Ninive. Sa beauté, son habillement, ses goûts, ses
occupations, ne nous sont dépeints nulle part. On peut à coup sûr
présumer que, semblable à toutes ses sœurs, elle se préoccupait
fort de ce qui pouvait ajouter à sa grâce naturelle, et qu'elle trou-

D'après Layard.

FIG. 281. — GUERRIERS ASSYRIENS EMBARQUANT UN CHAR DE GUERRE ET SE PRÉPARANT A TRAVERSER
UNE RIVIÈRE SUR DES OUTRES GONFLÉES.

(Bas-relief.)

vait, parmi les étoffes, les bijoux, les parfums fabriqués ou importés,
de nombreux aliments à sa passion d'élégance et de coquetterie.

La grande dame habitant la puissante Ninive ou la voluptueuse
Babylone, ne devait certainement pas le céder à ces vaniteuses filles
de Sion, dont parle Isaïe :

« Parce que les filles de Sion se sont élevées, dit l'austère prophète, parce
qu'elles ont marché la tête haute, en faisant des signes des yeux et des gestes
des mains, qu'elles ont mesuré tous leurs pas, et étudié toutes leurs démarches; »

« Le Seigneur rendra chauve la tête des filles de Sion, et il fera tomber
tous leurs cheveux. »

« En ce jour-là le Seigneur leur ôtera leurs chaussures magnifiques, leurs
croissants d'or, »

« Leurs colliers, leurs filets de perles, leurs bracelets, leurs coiffes, »

« Leurs rubans de cheveux, leurs jarretières, leurs chaînes d'or, leurs
boîtes de parfums, leurs pendants d'oreilles, »

« Leurs bagues, leurs pierreries qui leur pendent sur le front, »

« Leurs robes magnifiques, leurs écharpes, leurs beaux linges, leurs poinçons de diamants, »

« Leurs miroirs, leurs chemises de grand prix, leurs bandeaux et leurs habillements légers qu'elles portent en été. »

FIG. 285. — ROI ASSYRIEN ASSIÉGEANT UNE CITADELLE.
(Bas-relief de Ninive.)

FIG. 286. — ASSYRIENS SAPANT UNE FORTERESSE AVEC UN BÉLIER.
(Bas-relief de Ninive.)

L'usage des bijoux et des parfums n'était pas d'ailleurs réservé uniquement aux femmes. Nous avons cité le passage où Hérodote nous raconte que les Babyloniens se frottaient tout le corps avec des onguents. Quant aux Assyriens, on voit, d'après les bas-reliefs, qu'ils portaient des colliers, des bracelets, des cercles au haut du bras, et même des boucles d'oreilles. Nul doute qu'ils ne fussent possédés de cet amour immodéré pour les parures coûteuses et voyantes qui est l'un des traits distinctifs des Sémites.

Cependant, nous l'avons dit, les Ninivites étaient, selon toute apparence, une nation plus rude, plus austère que les Babyloniens. Loin de s'amollir dans le demi-jour des harems, ses chefs ne quittaient le champ de bataille que pour affronter journellement les bêtes fauves dans des chasses dangereuses. On a pu supposer qu'ils étaient monogames.

Tout autres étaient les mœurs de la voluptueuse Babylone, plus raffinée, moins avide de gloire et de sang, fière de sa supériorité intellectuelle, éprise de toutes les jouissances de l'esprit et de la chair, et cherchant surtout à dominer par le prestige de sa science et par la fascination de son luxe.

La polygamie était largement pratiquée à Babylone, au moins chez les souverains. Daniel, décrivant le festin de Balthasar, parle des femmes et des concubines du roi, qui y étaient présentes. Nous voyons aussi par ce trait que l'usage n'était pas de tenir les femmes enfermées. Les sculpteurs et les graveurs babyloniens sont moins discrets que leurs émules d'Assyrie en ce qui touche les femmes. Il est vrai que les images qu'ils nous en ont laissées sont fort peu gracieuses; mais nous devons supposer que les artistes manquaient d'adresse plutôt que les modèles de beauté.

La polygamie des rois de Babylone n'empêchait pas qu'il n'y eût une femme qui, seule, entre toutes les autres, eût réellement le titre d'épouse et partageât les honneurs royaux. Sa dignité ne lui permettait même pas de se mêler aux femmes dont son seigneur s'entourait au milieu de l'orgie. On peut le supposer du moins d'après certains passages du récit de Daniel sur le festin de Balthasar.

La scène de débauche avait atteint aux dernières limites de la licence; les courtisans et les femmes buvaient le vin dans les vases sacrés du temple de Jérusalem; les sons de la musique et les éclats de la joie bruyante parvenaient sans doute jusqu'à la reine, retirée dans ses appartements. Mais soudain le bruit cesse; un silence inquiétant, lugubre plane sur le palais, silence rendu plus profond et plus terrible par le bourdonnement à peine éteint des clameurs qui l'ont précédé. La reine solitaire se lève en tremblant. Elle appelle.

Des serviteurs effarés lui disent qu'une apparition sinistre a jeté l'épouvante au milieu de la fête, et que Balthasar lui-même reste pâle et anéanti sur son trône, le cœur glacé d'épouvante. Elle s'émeut alors à l'idée qu'un danger plane sur son seigneur; elle se rappelle le nom d'un homme qui peut-être pourra l'éclairer et le sauver; et, possédée par cette pensée, elle entra dans la salle du festin et lui dit : « O roi, vivez à jamais; que vos pensées ne se troublent point et que votre visage ne change point. »

Et elle lui rappelle le nom de Daniel, « cet homme qui a dans lui-même l'esprit des dieux saints et que Nabuchodonosor a établi chef des mages, des enchanteurs, des Chaldéens et des augures. »

Nous devons à Hérodote de très curieux détails sur certaines coutumes relatives au mariage et à la prostitution sacrée. Cette forme de prostitution, très répandue autrefois dans tout l'Orient et qui n'y a pas entièrement disparu, est le dernier vestige de la promiscuité primitive qui soit demeurée dans les sociétés civilisées. A ce titre, elle est extrêmement intéressante à observer. C'est de cette façon que certaines nations ont continué a affirmer le droit de tous à la possession de chaque femme, droit qu'un usage séculaire avait fini par rendre respectable et sacré.

« Voici, nous dit Hérodote, quelles sont les lois des Babyloniens. La plus sage de toutes, à mon avis, est celle-ci : j'apprends qu'on la retrouve aussi chez les Vénètes, peuple d'Illyrie. Dans chaque bourgade, ceux qui avaient des filles nubiles les amenaient tous les ans dans un endroit où s'assemblaient autour d'elles une grande quantité d'hommes. Un crieur public les faisait lever et les vendait toutes l'une après l'autre. Il commençait d'abord par la plus belle et, après en avoir trouvé une somme considérable, il criait celles qui en approchaient davantage; mais il ne les vendait qu'à condition que les acheteurs les épouseraient. Tous les riches Babyloniens qui étaient en âge nubile, enchérissant les uns sur les autres, achetaient les plus belles. Quant aux jeunes gens du peuple, comme ils avaient moins besoin d'épouser de belles personnes que d'avoir une femme qui leur apportât une dot, ils prenaient les plus laides avec l'argent qu'on leur donnait. En effet, le crieur n'avait pas plus tôt fini la vente des belles, qu'il faisait lever la plus laide, ou celle qui était estropiée, s'il s'en trouvait, la criait au plus bas prix, demandant qui voulait l'épouser à cette condition, et l'adjugeant à celui qui en faisait la promesse. L'argent donné provenait des belles; ainsi les belles dotaient les laides et les estropiées. Il n'était point permis à un père de choisir un époux à sa fille, et celui qui avait acheté une fille ne pouvait l'emmener chez lui qu'il n'eût donné caution de l'épouser. Lorsqu'il avait trouvé des répondants il la conduisait à sa maison. Dans le cas où les deux époux ne se convenaient pas, la loi portait qu'on rendrait l'argent. Il était aussi permis indistinctement à tous ceux d'un autre bourg de venir à cette vente, et d'y acheter chacun, s'il le voulait, une de ces jeunes filles. »

« Cette loi, si sagement établie, ne subsiste plus; ils ont depuis peu imaginé un autre moyen pour prévenir les mauvais traitements qu'on pourrait faire à leurs filles et pour empêcher qu'on ne les menât dans une autre ville. Depuis que Babylone a été prise, et que, maltraités par leurs ennemis, les Babyloniens ont perdu leurs biens, il n'y a personne parmi le peuple qui, se voyant dans l'indigence, ne prostitue ses filles pour de l'argent. »

« Les Babyloniens ont une loi bien honteuse. Toute femme née dans le pays est obligée, une fois en sa vie, de se rendre au temple de Vénus, pour s'y livrer à un étranger. Plusieurs d'entre elles, dédaignant de se voir confondues avec les autres, à cause de l'orgueil que leur inspirent leurs richesses, se font porter devant le temple dans des chars couverts. Là, elles se tiennent assises, ayant derrière elles un grand nombre de domestiques qui les ont accompagnées; mais la plupart des autres s'asseyent dans l'enclos sacré, dépendant du temple de Vénus, la tête ceinte d'une cordelette. Les unes arrivent, les autres se retirent. On voit en tous sens des allées séparées par des cordages tendus; les étrangers se promènent dans ces allées et choisissent les femmes qui leur plaisent le plus. Quand une femme a pris place en ce lieu, elle ne peut retourner chez elle que quelque étranger ne lui ait jeté de l'argent sur les genoux et n'ait eu commerce avec elle hors du lieu sacré. Il faut que l'étranger, en lui jetant de l'argent, lui dise : « J'invoque pour toi la déesse Mylitta. » Or les Assyriens donnent à Vénus le nom de Mylitta. Quelque modique que soit la somme, il n'éprouvera point de refus, la loi le défend, car cet argent devient sacré. Elle suit le premier qui lui jette de l'argent et il ne lui est pas permis de repousser personne. Enfin, quand elle s'est acquittée de ce qu'elle devait à la déesse, en s'abandonnant à un étranger, elle retourne chez elle. Après cela, quelque somme qu'on lui offre, il n'est pas possible de la séduire. Celles qui ont en partage une taille élégante et de la beauté ne font pas un long séjour dans le temple; mais les laides y restent davantage, parce qu'elles ne peuvent satisfaire à la loi; il y en a même qui y demeurent trois ou quatre ans. Une coutume à peu près semblable s'observe en quelques endroits de l'île de Chypre. »

Hérodote nous donne encore quelques détails sur les malades, les ensevel[...]ts et certaines tribus ichthyophages. Nous les citerons également tout au long, car nous n'en avons pas de plus précieux à offrir, vu la grande rareté des documents relatifs à la vie privée des anciens peuples de la Mésopotamie.

« Après la coutume concernant les mariages, dit-il en parlant des Babyloniens, la plus sage est celle qui regarde les malades. Comme ils n'ont point de médecins, ils transportent les malades sur la place publique; chacun s'en approche, et, s'il a eu la même maladie, ou s'il a vu quelqu'un qui l'ait eue.

aide le malade de ses conseils, et l'engage à faire ce qu'il a fait lui-même ou ce qu'il a vu pratiquer à d'autres pour se tirer d'une semblable maladie. Il n'est pas permis de passer près d'un malade sans lui demander quel est son mal. »

« Ils embaument leurs morts avec du miel; du reste leurs cérémonies funèbres ressemblent beaucoup à celles des Égyptiens. Toutes les fois qu'un Babylonien a eu commerce avec sa femme, il brûle de l'encens et s'assied auprès. Sa femme fait la même chose d'un autre côté. Ils se lavent ensuite l'un et l'autre à la pointe du jour; car il ne leur est pas permis de toucher à aucun vase qu'ils ne se soient lavés; les Arabes observent le même usage. »

« Telles sont les lois et les coutumes des Babyloniens. Il y a parmi eux trois tribus qui ne vivent que de poissons. Quand ils les ont pêchés, ils les font sécher au soleil, les broient dans un mortier et les passent ensuite à l'étamine. Ceux qui en veulent manger en font des gâteaux, ou les font cuire comme du pain. »

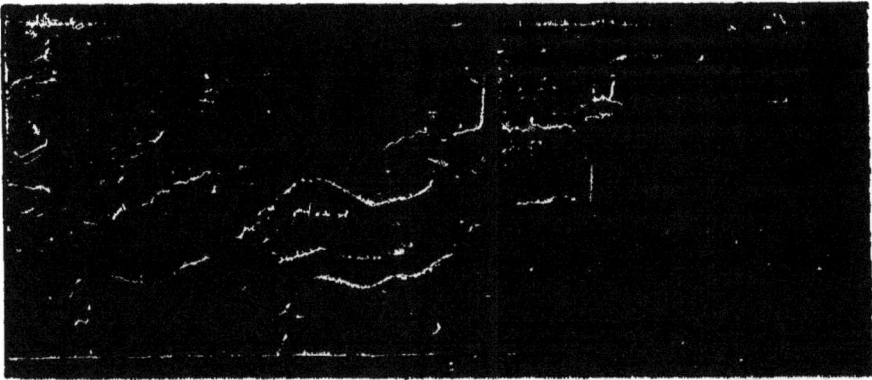

Musée Britannique.

FIG. 287. — FUGITIFS NAGEANT SUR DES OUTRES GONFLÉES VERS UNE FORTERESSE.
(Bas-relief de Nimroud.)

Les quelques traits, bien insuffisants pour la plupart, qui nous ont permis de tenter la rapide esquisse qui précède, sont à peu près les seuls qui se dégagent des documents anciens ou récents que nous possédons sur l'Assyrie et sur la Babylonie. Nous ne pouvions songer à faire revivre dans toutes ses phases intimes le passé de ces deux contrées comme nous l'avons fait pour celui de l'Égypte. Peut-être les découvertes de l'avenir nous permettront-elles d'y pénétrer davantage. En Asie les humbles n'eurent pas d'histoire. Les écrivains ou les artistes de ces orgueilleux empires ont pris soin seulement de laisser à l'avenir la mémoire bruyante d'une gloire, autour de laquelle les malédictions éloquentes des prophètes juifs ont mis comme la rouge clarté d'une sanglante auréole de haine.

# CHAPITRE VI

## LES CROYANCES RELIGIEUSES

La connaissance des caractères cunéiformes, et la lecture des textes babyloniens et assyriens, ont produit dans nos idées relatives au développement des religions un bouleversement non moins grand que dans nos connaissances historiques.

Jusqu'à ces récentes découvertes, en effet, on considérait que la Grèce, au point de vue païen, et que la Judée, au point de vue chrétien, étaient les deux berceaux d'où avaient spontanément jailli les conceptions gracieuses, sublimes ou terribles qui avaient le mieux répondu chez l'homme au sentiment du divin, et qui avaient su le mieux réjouir, fortifier ou consoler les âmes.

Il est impossible aujourd'hui de soutenir des théories semblables. Ni la Grèce, ni la Judée, n'ont rien créé dans le domaine religieux. Elles n'ont fait que développer ce qu'elles avaient reçu, suivant cette loi éternelle de l'évolution, qui s'applique aux dieux comme aux hommes. Elles ont embelli, épuré, transformé, mais elles ont docilement continué, dans les mêmes sentiers, la marche vers l'infini qu'avaient entreprise des races plus anciennes.

Pas plus qu'en voyant les Pyramides ou qu'en lisant les chants d'Homère, nous ne pouvons croire qu'ils furent les productions spontanées de peuples primitifs et barbares, pas plus aujourd'hui, devant la majesté de Jéhovah ou la grâce de l'Olympe des Grecs ne pouvons-nous admettre que ces grandes divinités soient écloses tout à coup dans le cœur et dans l'esprit d'une race.

La science, qui nous fait remonter pas à pas toute l'échelle des êtres, depuis le mammifère jusqu'au polype et depuis l'homme civilisé jusqu'au sauvage de l'âge de pierre, nous découvre aujourd'hui, dans un tableau non moins saisissant, la genèse des dieux. Nous les voyons naître, sombres, informes et terribles dans les marécages de la Basse-Chaldée, ces êtres revêtus plus tard de tant de beauté, de douceur, de force bienveillante, et vers qui tant de générations d'hommes ont levé leurs mains avec confiance, avec admiration, avec amour.

Tout le panthéon grec, comme toute la Genèse biblique, se retrouve dans les croyances religieuses de la Chaldée et de l'Assyrie. Le fonds mythique, composé par ces vieilles races ingénieuses et crédules, fut si abondant, si varié et si riche, qu'il a suffi à satisfaire toutes les aspirations vers le surnaturel et vers l'infini qui, depuis plus de trente siècles, ont tourmenté notre Occident.

Nos peuples civilisés modernes vivent encore, spirituellement du moins, des conceptions chaldéennes ou des religions qu'elles ont enfantées. Notre moyen âge s'est affolé de la sorcellerie, de l'astrologie, de la magie, nées dans les temps lointains sur les bords de l'Euphrate. Nous répétons encore involontairement des paroles familières aux mages de Babylone, lorsque nous disons d'un homme qu'il est né sous une mauvaise étoile ou lorsque nous déplorons l'influence de la lune rousse.

Et, dans ce culte que nous professons pour l'antiquité grecque; dans tous ces emblèmes, toutes ces métaphores, toutes ces œuvres d'art, qui mêlent sans cesse à notre vie la vie païenne de Rome ou d'Athènes, nous ressuscitons, sous les traits de Jupiter, de Vénus, de Mercure ou de Cupidon, les antiques divinités de l'Asie, simplement embellies et adoucies par le génie grec.

La race aryenne, en effet, n'a jamais créé de religion. Merveilleusement douée au point de vue du sentiment et de l'imagination, elle a paré les dieux d'une beauté surhumaine. Mais elle n'a pas su les concevoir. La race qui les a fait surgir du sein mystérieux de la nature, du chaos des éléments, ou de la sereine profondeur des cieux, c'est la race sémitique.

C'est aux Sémites, aux Sémites farouches et mystiques, que l'humanité est redevable de ses symboles religieux les plus simples en même temps que les plus élevés, les plus complets, les plus universels. Ce sont les Assyriens sémites, qui, démêlant les rêves confus de la vieille Chaldée, ont inventé les grands types divins qui devaient ensuite rayonner d'une façon si éclatante au sommet de l'Olympe grec. Ce sont les Juifs sémites qui ont fait tonner du haut du Sinaï le redoutable Jéhovah, et qui, plus tard, ont fait lever sur le monde l'aurore du christianisme. Ce sont les Arabes sémites qui, parvenus les premiers au monothéisme absolu, poursuivent toujours, au nom d'Allah, la conquête de l'univers — conquête morale qui continue à s'étendre après la prodigieuse conquête matérielle, dont il ne reste guère de traces.

Les Sémites ont asservi l'Occident à leurs rêves, et qui peut dire ce qu'ils ont fait pour l'Orient? L'Inde est bien près de la Mésopotamie, et Bouddha ressemble étonnamment à Jésus. La réputation des sages chaldéens, qui attirait à Babylone les Grecs eux-mêmes, malgré l'orgueil de leur esprit, put faire venir des bords du Gange des pèlerins avides de vérité. Sans d'ailleurs forcer encore des rapprochements que rien ne démontre, nous avons assez pénétré aujourd'hui dans la langue, dans la littérature, et, par suite, dans la religion chaldéenne, pour affirmer qu'elle fut la mère de toutes les religions de l'Asie antérieure : juive, syrienne, phénicienne, etc., et même, comme nous le disions tout à l'heure, de la mythologie grecque.

Nous ne considérerons, pour la Chaldée primitive, comme pour les divers empires babyloniens et assyriens, qu'une seule religion. Et, en effet, il n'y en eut pas deux. L'adoration des forces de la nature, qui, avec le culte des morts fut, sur les bords du golfe Persique, comme partout ailleurs sur la terre, le premier culte des hommes, devint, transformée par le génie sémite, le panthéon de dieux personnels qui nous apparaît dans les monuments et dans les écrits cunéiformes.

Ce panthéon fut plus tard celui des Grecs. Seulement, dans la lumineuse Hellade, sur les clairs sommets du mont Olympe, les sombres dieux de l'Assyrie, avec leurs généalogies confuses, se distinguèrent mieux des éléments qui leur avaient donné naissance; leurs personnalités devinrent plus accusées, plus distinctes, plus douces et plus bienveillantes aussi; leurs groupes familiaux furent mieux organisés; on vit mieux les rapports qui les unissaient et le rôle particulier de chacun d'eux.

Que d'épithètes admiratives, que de pages poétiques n'a-t-on pas accumulées à propos de cet esprit ingénieux de la Grèce qui

## Tête d'un taureau ailé d'Assurnazirpal.

Provenant du Palais de Nimroud, et actuellement au Musée Britannique. Ce monument remarquable de l'art Assyrien a été sculpté 9 siècles environ avant notre ère. La hauteur de la tête est d'environ 1 mètre.

peuplait l'univers d'êtres divins, qui faisait pleurer la nymphe au bord des sources, rire le faune entre les arbres des forêts, et monter Phébus sur le char glorieux du Soleil !

« Regrettez-vous », a dit Musset,

> « Regrettez-vous le temps où le ciel, sur la terre,
> « Marchait et respirait dans un peuple de dieux ;
> « Où Vénus Astarté, fille de l'onde amère,
> « Secouait, vierge encor, les larmes de sa mère,
> « Et fécondait le monde en tordant ses cheveux ? »

FIG. 288. — LE ROI ASSUR-BANI-PAL TUANT UN LION.
(Bas-relief de Ninive, VII<sup>e</sup> siècle avant J.-C.)

Musée Britannique.

Mais ce temps, que regrettait le poète, est bien plus vieux qu'il ne pouvait s'en douter. Lorsque Vénus apparut, « vierge encor », sur les flots bleus de la mer Égée, elle ne naissait pas, elle renaissait. Sa virginité pudique était feinte ; son nom même n'était pas nouveau. Elle était encore Astarté, l'Istar chaldéenne, « délices des hommes et des dieux » qui, depuis de longs siècles, enivrait l'Asie de ses voluptés. Et son fils, — qui, plus tard, devint l'enfant joueur et malin, le petit Cupidon aux yeux bandés, mais que les vieux vases grecs nous montrent adolescent et pâmé d'amour sur le sein de la déesse dans un inceste divin, — son fils, il vivait déjà, lui aussi ; il lui avait déjà prodigué, au fond du ciel assyrien, ses doubles caresses d'enfant et d'époux. Il s'appelait alors *Tammouz;* et c'était lui, que, poussée par sa passion désespérée, Istar était allée arracher aux enfers et à la mort, bravant le courroux de sa sœur Allat, la Proserpine asiatique, la reine des régions inférieures, dans une expédition fameuse dont nous avons cité déjà la légende poétique.

Et Jupiter, le dieu tonnant, le maître redoutable, dont le froncement de sourcils ébranlait l'Olympe, il avait déjà régné, lui aussi, sous le nom d'Assur ou de Bel; déjà il avait tenu le foudre, déjà il avait eu l'aigle pour emblème.

Les Grecs eux-mêmes ne s'y trompaient pas. Hérodote, décrivant le temple de ce dieu souverain, tel qu'il le vit à Babylone, l'appelle tantôt *Jupiter-Bélus,* et tantôt simplement Jupiter.

Les analogies sont d'ailleurs tellement nombreuses que nous ne pouvons, dans un si court aperçu, qu'indiquer les principales.

*Oannès,* le dieu poisson, qui, suivant les Chaldéens, était sorti des flots du golfe Persique pour leur apporter les premiers éléments de civilisation, correspondait à Neptune. *Ana,* l'époux d'Allat et le roi des enfers, c'était Pluton. Vul, dieu de l'atmosphère, fut l'aïeul de Saturne. Hêa ou Salman — le sauveur — est le type de l'Hercule grec.

Dans la mythologie assyrienne, comme en Grèce, il y avait douze grands dieux. Ils se divisaient en triades, dont l'une est identique à celle que formaient les trois frères, Jupiter, Neptune et Pluton, fils de Saturne.

La coutume qu'eurent les Grecs, et que nous tenons d'eux, d'attribuer aux astres, aux planètes surtout, aux constellations et aux signes du zodiaque des noms de dieux, de demi-dieux et d'êtres fabuleux, est l'héritage directe de la Chaldée.

L'astrologie, nous l'avons vu, fut la science par excellence, sur les bords du bas Euphrate. Elle s'y confondait avec la religion. Les noms d'Uranus, Saturne, Jupiter, Vénus, Mars, Mercure, Hercule, les Pléiades, Castor et Pollux, etc., que nous retrouvons dans notre ciel occidental et chrétien, ces noms, prononcés par des bouches chaldéennes, et parfois à peine différents, désignaient déjà les mêmes astres il y a cinquante ou soixante siècles. Seulement, ils représentaient alors de véritables divinités, personnelles et agissantes, car l'adoration des astres fut le premier culte qui naquit dans le cœur de l'homme sous les cieux purs de la Chaldée.

Après avoir indiqué sommairement la part que doit la Grèce aux vieilles religions de la Mésopotamie, disons ce que leur prit le judaïsme, et, par suite, le christianisme, qui en est sorti.

Toute la Genèse biblique : le chaos primitif, avec l'esprit de Dieu qui flottait sur les ténèbres humides; la séparation des eaux d'en bas avec celles d'en haut; la création du monde, avec l'existence des animaux précédant celle de l'homme; le déluge, l'arche, la Tour de Babel, la confusion des langues, sont des récits que l'on retrouve, absolument identiques, dans les plus vieux textes cunéiformes. Le nom d'Elohim, donné à Dieu par les Juifs, comme le nom d'Allah par lequel les Musulmans l'invoquent, sont tous deux babyloniens par leur racine *El* ou *Al*, qui désignait en Chaldée l'Être suprême.

D'une façon générale nous pouvons dire que nos grandes religions occidentales dérivent des religions sidérales et naturalistes de l'ancien Orient, mises en œuvre et simplifiées par le génie sémite, puis spiritualisées et embellies par l'imagination aryenne.

Maintenant, si nous remontons très haut dans les cultes assyriens et babyloniens, y retrouverons-nous, comme base fondamentale, ce qui fait le fond de toutes les religions naturalistes, et ce que nous avons déjà vu en Égypte : le culte du Soleil et le culte des morts?

L'astre du jour était, en effet, l'un des principaux dieux de la Chaldée. Il avait des autels partout, mais une ville surtout lui était consacrée, c'était Sippara, où, dans les temples, brûlait sans cesse en l'honneur du Soleil un feu qui ne s'éteignait point.

Quant aux morts, s'ils ne jouaient pas en Mésopotamie, le rôle prépondérant qu'ils tenaient dans la vallée du Nil, ils n'en exerçaient pas moins une grande influence sur la conduite des vivants.

La Chaldée et l'Assyrie ont cru à l'immortalité de l'âme. Elles n'avaient pas, sur cette immortalité, les notions claires et précises de l'Égypte. L'existence au delà de la tombe leur apparaissait comme flottante et indistincte; assez triste, s'il faut en croire la description qui se trouve dans la descente d'Istar aux enfers, et que nous avons citée. Les âmes végétaient dans une ombre éternelle, se nourrissaient de poussière, et pleuraient la lumière du jour. Le sort des méchants et des bons paraissait confondu. L'idée de rémunération n'intervenait point dans le tombeau.

Cependant, il était une souffrance terrible qui pouvait atteindre les morts : c'était le tourment de rester sans sépulture et d'errer, ombres inquiètes et sans repos, entre le ciel et la terre. Mais alors leur vengeance poursuivait les parents oublieux ou sacrilèges. L'esprit irrité devenait un démon malfaisant qui faisait pleuvoir les maux sur la tête des coupables. Au contraire, le défunt qui se trouvait soigneusement embaumé, respectueusement enseveli, pourvu des objets qu'il avait aimés pendant sa vie et des aliments nécessaires à son existence d'ombre, ne revenait sur la terre que pour exercer une action bienfaisante en faveur de ceux qui lui avaient assuré le repos éternel.

Le nombre des tombeaux retrouvés dans la Basse-Chaldée est prodigieux, tandis que, dans l'Assyrie, on n'a pu en découvrir un seul. En vain, Layard promit une récompense considérable à celui qui mettrait au jour une tombe assyrienne authentique, pas une ne surgit des fouilles.

On explique cette singularité par le fait que la Chaldée aurait été une terre sainte, où tous les habitants de la Mésopotamie, même ceux du Nord, désiraient être ensevelis. Chaque fois qu'une famille possédait les moyens de construire une tombe, elle la faisait édifier sur les rives du Bas-Euphrate, et elle y transportait ses morts par le moyen du fleuve, qui conduisait rapidement et facilement le dépôt sacré à destination. Les pauvres seuls, les artisans, les laboureurs, dormaient leur dernier sommeil sous une légère couche de terre, à proximité du village natal, et le travail du temps a bientôt mêlé leurs cendres à la poussière du désert sans qu'il en reste la moindre trace.

Cette façon de transporter les morts pour les ensevelir au loin dans une terre consacrée, subsiste encore, même de nos jours, dans cette partie de l'Asie. Les Musulmans chiites de la Perse portent à grands frais leurs parents défunts dans la ville de Kerbela pour les enterrer auprès du tombeau qui contient les restes d'Ali; des entrepreneurs ont organisé ces transports et en ont accaparé le monopole.

FIG. 239. — LE ROI ASSUR-NAZIR-PAL A LA CHASSE.
(Bas-relief de Nimroud, IX<sup>e</sup> siècle avant J.-C.)

Musée Britannique

Les Assyriens et les Babyloniens n'étaient pas arrivés aux procédés merveilleux d'embaumement pratiqués dans la vallée du Nil. Ils attachaient cependant une grande importance à la longue conservation du corps, qu'ils enveloppaient de bandes enduites de bitume. De plus, ils établissaient sur les pentes du monticule cachant la tombe un système ingénieux de drainage, destiné à empêcher l'humidité de pénétrer à l'intérieur.

Ces précautions n'ont point préservé les chairs de la destruction, mais elles ont, en général, conservé les squelettes. On en retrouve par milliers dans les immenses nécropoles de Warka. Seulement, dès qu'on les touche, ces débris humains, qui dormaient dans l'ombre depuis tant de siècles, s'évanouissent et tombent en poussière.

Ce n'étaient pas seulement les âmes des morts qui jouaient, pour les habitants de Babylone et de Ninive, le rôle de bons ou de mauvais génies.

Toute l'atmosphère était pour eux peuplée d'êtres invisibles, dont l'influence sur les événements de la vie était considérable, et qui répandaient le bonheur ou le malheur suivant que l'on avait su les rendre ou non favorables.

Il serait impossible de décrire ou d'énumérer tous ces démons familiers dont l'imagination chaldéenne avait rempli l'espace, à l'époque d'ignorance où tout, pour les hommes, est sujet d'inquiétude ou de terreur. On les représentait sous les formes les plus étranges et parfois les plus monstrueuses. Les cylindres, les chatons de bague, les tablettes de brique, les cachets, sont couverts de leurs figures effrayantes ou grotesques.

L'un d'eux, le démon du vent du sud-ouest, celui qui représente le souffle aride et desséchant du *Kâmsin*, le simoun de la Mésopotamie, a sa statuette au Louvre. Il se dresse debout sur ses pieds de derrière terminés par des serres d'aigle; il a le corps maigre et robuste d'un fauve; ses épaules portent d'immenses ailes; sa face camarde et décharnée est hideuse à voir; son front est surmonté de cornes, et de sa gueule grimaçante semble sortir un rugissement de fureur.

Les Babyloniens ont épuisé les ressources du monstrueux dans ces représentations qui combinent toutes les laideurs de la bête et de l'homme dans des corps hideux et puissants.

Il semble que tous ces génies soient des génies du mal; et, en effet, aucun ne se montrait gratuitement favorable. Il fallait acquérir leurs bienfaits, ou, tout au moins détourner leur colère, par des incantations, par des sortilèges, par des opérations magiques sans cesse renouvelées.

Les amulettes, les talismans, les philtres, les syllabes fatidiques ne furent nulle part plus en honneur que dans la Chaldée. Cette contrée est la vraie patrie de la magie. Ses prêtres furent les prédécesseurs des alchimistes, des astrologues et des sorciers de notre moyen âge.

Le mauvais œil, les sorts, les envoûtements sortirent de son sein. Tout le cortège des mystérieuses terreurs, qui, pendant les siècles obscurs, a hanté l'imagination humaine, est venu des bords de l'Euphrate. Il semble qu'il suffise de relire les phrases pleines de démence par lesquelles les mages étaient censés conjurer les esprits, ou seulement de contempler pendant quelque temps les hideuses figures dessinées ou découpées en nombre infini par les artistes babyloniens, pour sentir passer dans son cerveau comme un tourbillon de folie. Devant de pareilles impressions, on ne comprendrait pas que la Chaldée, source de tant d'erreurs, ait été en même temps un foyer de science et de lumière, si l'on n'admettait que ses prêtres n'eussent fait des superstitions populaires un moyen de domination, et ne les eussent entretenues dans le but de maintenir leur ascendant, mais en les dédaignant pour se livrer en secret à de plus hautes poursuites.

Les prêtres de Babylone conservèrent, en effet, un renom de sagesse et de science qui se répandit dans tout le monde antique. L'Assyrie elle-même, qui, si souvent triompha de sa rivale par le fer et le feu, leur resta moralement soumise. Assur-bani-pal, l'orgueilleux conquérant lui-même, envoyait ses sujets étudier dans les écoles fameuses d'Ur, de Sippara, de Babylone.

Bien que la religion des deux empires fût, surtout vers les derniers siècles, absolument la même, il y eut cependant une nuance qui distingua toujours le culte de Ninive de celui de Babylone : le premier fut plus cruel, le second plus raffiné, plus voluptueux. En

Assyrie, on faisait couler le sang sur les autels, on pratiquait des sacrifices barbares, parfois même on immolait des victimes humaines. En Babylonie, on cherchait à pénétrer les secrets de la nature et des dieux, on se livrait à des spéculations hardies, et le seul sacrifice qui semblât devoir plaire au ciel était celui de la chasteté.

Dans le chapitre relatif aux mœurs et aux coutumes, nous avons cité la page consacrée par Hérodote à décrire les pratiques voluptueuses qui s'accomplissaient dans le temple de la déesse Mylitta.

FIG. 300. — ROI ASSYRIEN CHASSANT LE BUFFLE SAUVAGE.

(Bas-relief de Ninive.)

Toute femme devait, au moins une fois dans sa vie, offrir sa beauté à la déesse en un sacrifice absolu.

Mais, en dehors de cet hommage universel, tout sanctuaire avait ses prostituées sacrées, qui appartenaient au dieu seul, — ou plutôt, il faut le croire, à ses représentants, c'est-à-dire à ses prêtres. Il en était sans doute des dieux babyloniens comme du Krishna hindou, qui délègue volontiers ses pouvoirs.

Voici la coutume caractéristique qu'Hérodote nous décrit à ce sujet :

« Dans la dernière tour du monument consacré à Jupiter Bélus, est une grande chapelle, dans cette chapelle un grand lit bien garni, et près de ce lit une table d'or. On n'y voit point de statue. Personne n'y passe la nuit, à moins

FIG. 231. — SUPPLICE DES PRISONNIERS APRÈS UNE BATAILLE.
(Interprétation de bas-relief assyriens.)

Les supplices variés représentés sur ce dessin, le prisonnier écorché vif au premier plan, les hommes empalés à gauche et l'individu auquel le roi crève lui-même les yeux, ont été copiés sur des photographies de bas-reliefs assyriens que nous avons confiés à M. Rochegrosse, auteur de cette restitution.

que ce ne soit une femme du pays, dont le dieu a fait choix, à ce que disent les Chaldéens qui sont les prêtres de ce dieu. »

« Ces mêmes prêtres ajoutent que le dieu vient lui-même et qu'il se repose sur le lit. Cela ne me paraît pas croyable. La même chose arrive à Thèbes en Égypte, s'il faut en croire les Égyptiens ; car il y couche une femme dans le temple de Jupiter Thébéen, et l'on assure que ni l'une ni l'autre de ces femmes n'a commerce avec un homme. La même chose s'observe aussi à Patare, en Lycie, lorsque le dieu honore cette ville de sa présence. Alors on enferme la grande-prêtresse la nuit dans le temple, car il ne se rend point en ce lieu d'oracles en tout temps. »

L'élément féminin occupait d'ailleurs une place prépondérante dans la religion chaldéo-assyrienne. Nulle autre croyance peut-être ne reconnut autant de déesses et ne leur attribua plus de pouvoir.

Aucun dieu n'était isolé, car chacun possédait une épouse, qui était véritablement sa *moitié* dans toute la force du terme, partageant son rang, ses attributs, ses autels, les honneurs qu'on lui rendait, et jouissant de la même autorité. Si étroite était l'union des couples divins, qu'on pourrait croire, dans bien des cas, non pas à un mariage, mais bien à l'hermaphrodisme d'un seul et même être. Il semble, lorsque le dieu, puis la déesse, sont invoqués successivement, qu'ils ne possèdent pas deux personnalités distinctes, mais qu'il s'agit d'une divinité unique, complète par elle-même, et envisagée tour à tour dans son principe mâle, puis dans son principe femelle.

Voici, à ce point de vue, un hymne caractéristique :

« L'astre femelle est la planète Vénus ; elle est femelle au coucher du soleil. »

« L'astre mâle est la planète Vénus ; elle est mâle au lever du soleil. »

« La planète Vénus, au lever du soleil, Samas est le nom de son possesseur à la fois et de son rejeton. »

« La planète Vénus, au lever du soleil, son nom est la déesse d'Agadé. »

« La planète Vénus, au coucher du soleil, son nom est la déesse d'Uruk. »

« La planète Vénus, au lever du soleil, son nom est Istar, parmi les étoiles. »

« La planète Vénus, au coucher du soleil, son nom est Bellt, parmi les dieux. »

A propos de cette confusion des sexes, il faut ajouter encore cette autre confusion du fils et de l'époux, dont nous avons parlé plus haut et que l'on trouve indiquée à la troisième strophe de cet hymne. Ces mélanges de rapports familiaux, de noms, d'attributions, sont fort difficiles à débrouiller, et ajoutent à l'obscurité dont s'enveloppe, dans ses détails, la religion des Assyriens.

Cette mythologie, qu'a éclaircie pour son usage l'esprit logique des Grecs, resta toujours confuse sur les bords de l'Euphrate et du Tigre. Elle est beaucoup moins distincte même que celle de l'Égypte, qui s'en rapprochait par certains côtés, et qui, sans doute, n'était qu'un rameau de la même souche, séparé de bonne heure et isolément développé.

Un dernier point sur lequel nous devons insister, et qui, précisément ressemble à ce que nous avons vu au fond des croyances égyptiennes, c'est le dualisme de la nature, la lutte éternelle du bien et du mal, de la lumière contre les ténèbres, qui prédomine dans les croyances chaldéo-assyriennes. Cette multitude de génies, qui peuplaient l'atmosphère, étaient perpétuellement en guerre les uns contre les autres. Le meilleur moyen d'échapper à celui qui voulait du mal à un homme, était, pour cet homme, de s'assurer l'alliance d'un démon plus puissant, qui livrait combat au premier et le mettait en fuite. Partout, sur les sculptures, on voit ces monstres aux prises.

Cette notion fondamentale fut encore celle qui domina plus tard au sein des religions qui, dans les mêmes contrées, firent revivre encore, sous des formes peu différentes, les antiques croyances de la Chaldée. Les Perses, par leur principe de dualisme, comme par l'adoration du soleil et du feu, se montrent les héritiers directs de ces vieilles croyances qui ont su nourrir, à travers les siècles, tant de générations diverses affamées d'infini et de vérité.

Le culte du feu, qui se confondait avec celui du soleil, était, en effet, l'un des plus en honneur sur les bords du Tigre et de l'Euphrate, comme le prouve l'hymne suivant :

« O feu, seigneur suprême, qui s'élève dans le pays. »
« Héros, fils de l'Océan, qui s'élève dans le pays. »
« Feu, par ta flamme éclatante, tu fais la lumière dans la demeure des ténèbres; tu établis la destinée pour tout ce qui porte un nom.
« Celui qui mêle le cuivre et l'étain, c'est toi. »
« Celui qui purifie l'argent et l'or, c'est toi. »
« Celui qui bouleverse d'effroi la poitrine du méchant dans la nuit, c'est toi. »

« L'homme, fils de son dieu, que ses œuvres étincellent de pureté. »
« Qu'il brille comme le ciel! »
« Qu'il soit pur comme la terre! »
« Qu'il étincelle comme le milieu du ciel! »

Non seulement le feu, mais toutes les forces de la nature — répétons-le encore — étaient adorées dans la Mésopotamie. L'Océan, le vent, les fleuves, et surtout les astres, peuplaient de divinités

FIG. 292. — ASSUR-BANI-PAL A LA CHASSE.
(Bas-relief de Ninive, VII° siècle avant J.-C.)

l'Olympe chaldéen. C'était là surtout, bien avant que la civilisation eût atteint la gracieuse Hellade, que le ciel sur la terre

« Marchait et respirait dans un peuple de dieux. »

Les peuples de la Mésopotamie furent parmi les plus religieux du monde; et ce sentiment, chez eux, loin d'être toujours une aveugle superstition, acquérait parfois une grande profondeur, par la conscience de la misère et de la dépendance humaines, et par l'idée des devoirs élevés que la sainteté divine exige de nous. On peut en juger par l'hymne suivant, comparable aux plus remarquables des psaumes juifs :

Seigneur, la violente colère de ton cœur, qu'elle s'apaise!
Le Dieu que je ne connais pas, qu'il s'apaise!
mage des aliments de colère, je bois des eaux d'angoisse.

De la transgression envers mon dieu, sans le savoir, je me nourris.

Dans le manquement à ma déesse, sans le savoir, je marche.

Seigneur, mes fautes sont nombreuses, grands mes péchés.

Déesse qui connaît l'inconnu, mes fautes sont très grandes, très grands mes péchés.

J'ai fait des fautes, et ne les connais pas.

J'ai commis le péché, et ne le connais pas.

Le Seigneur, dans la colère de son cœur, a rougi de fureur contre moi.

Le dieu, dans la fureur de son cœur, m'a accablé.

La déesse s'est irritée contre moi et m'a amèrement troublé.

Je suis prosterné et personne ne me tend la main.

Je crie ma prière et personne ne m'entend.

Je suis exténué, languissant, et personne ne me délivre.

Je m'approche de mon dieu miséricordieux, et je prononce des lamentations.

J'ai commis des fautes, que le vent les enlève.

Mes blasphèmes sont très nombreux, déchire-les comme un voile.

O mon dieu, mes péchés sont sept fois sept — absous mes péchés.

Absous mes fautes, dirige celui qui se soumet à toi.

Ton cœur, comme celui d'une mère qui a enfanté, qu'il s'apaise.

Cette profonde religiosité de la Chaldée, en s'épanchant à travers les siècles, comme un grand fleuve, a rafraîchi et désaltéré des millions de cœurs humains. Elle a été la source des croyances les plus élevées et les plus consolantes qui aient charmé et encouragé notre race dans son long chemin vers un but qui recule toujours sans lasser son effort. De nouvelles aspirations, de nouveaux besoins, demandent aujourd'hui pour nos âmes une nourriture plus forte. Mais nous devons nous tourner avec reconnaissance vers ces vieux mages, qui à force d'interroger leur beau ciel toujours pur, en ont fait descendre sur la terre tant d'illusions sublimes ou charmantes dont notre cœur s'enchante encore alors même que notre raison n'y croit plus.

# CHAPITRE VII

## L'ARCHITECTURE

### § 1er. — CARACTÈRES GÉNÉRAUX DE L'ARCHITECTURE CHALDÉO-ASSYRIENNE

Les Babyloniens et les Assyriens furent de grands constructeurs. La beauté de leurs villes, la magnificence de leurs édifices, étaient célèbres parmi les nations de l'antiquité. Les Grecs, connaisseurs en fait d'art, parlaient avec admiration de leurs monuments, et citaient les jardins suspendus et les murs de Babylone parmi les sept merveilles du monde.

C'est grâce à leurs écrivains, — Ctésias, Hérodote, Diodore, Strabon, — que cette renommée des peuples de la Mésopotamie, au point de vue de l'architecture, resta vivante à travers les âges. On l'admettait sans discuter, sur la foi de ces vieux auteurs. Personne en Europe ne songeait, il y a seulement cinquante ans, que le témoignage de nos yeux pourrait un jour appuyer les récits des historiens grecs, et que les vieilles cités de l'Orient allaient surgir, avec les vestiges de leur splendeur, de la poussière du désert qui les couvrait depuis deux mille ans.

Ce fait inattendu s'est produit pourtant. Botta, Layard, etc., ont ressuscité Ninive, dont Xénophon ne retrouvait plus l'emplacement quatre cents ans avant Jésus-Christ. Ils ont dégagé les palais des Sargon, des Sennachérib, des Assur-bani-pal. Ils en ont parcouru les salles, dont la disposition leur a révélé la vie intime des souverains de l'Assyrie; ils ont retrouvé les traces des chars aux portes des villes, les anneaux de fer où l'on attachait les chevaux dans les écuries, les alcôves où se dressaient les lits dans les chambres du harem. Ils ont pu faire le plan des salles, des cours, et, s'aidant des représentations figurées sur les bas-reliefs, ils ont reconstruit par la pensée les frontons détruits et les portiques écroulés.

Cependant, quelque étonnantes que soient leurs découvertes, et quelque lumière qui en ait jailli pour éclairer l'histoire des civilisations humaines, il ne faut point se figurer les ruines de Ninive et de Babylone comme semblables à celles de Thèbes ou de Palmyre, et comme offrant au voyageur un spectacle émouvant et grandiose en harmonie avec les souvenirs qu'éveillent, sur les bords de l'Euphrate ou du Tigre, les noms de Ninus et de Sémiramis.

En Mésopotamie, on ne rencontre point, comme sur les rives du Nil, des colonnes altières ni des colosses au front mutilé mais imposant encore; on ne voit pas se dresser des pylônes aux bases inébranlables, ni des sphinx, dont la face de pierre, à peine effleurée par les siècles, fait rêver l'homme à sa propre fragilité, et, tout en évoquant devant lui le souvenir des âges disparus, le contraint de songer à son propre néant.

C'est en creusant le sol que l'on retrouve les villes qui furent les reines de l'Asie. Rien ne se dresse, dans les plaines de la Chaldée et de l'Assyrie, sinon des monticules informes, amas de briques écroulées, sur lesquels le vent a rapidement amoncelé les sables, et qui, durant de longs siècles, ont semblé des collines naturelles, sur les hauteurs desquelles le paysan arabe venait volontiers construire son village, à l'abri des miasmes de la plaine, des moustiques dévorants et des vapeurs insalubres des marécages.

Des monceaux de débris et de poussière, voilà quel était, voilà quel est encore, dans toute la Chaldée, l'aspect des temples et des palais fameux, des imprenables forteresses. La pioche des ouvriers de Botta et de Layard a éventré quelques-uns de ces monticules, et a pu leur arracher leurs trésors. Mais ce qui a été fait pour Ninive n'a pas encore été commencé pour Babylone. On a calculé, en effet, que 20 000 ouvriers, travaillant pendant dix ans, suffiraient à peine à déblayer les millions de mètres cubes de sable que représente une ruine telle que Birs-Nimroud, par exemple. L'argent manque pour de telles entreprises à nos pays européens, rongés d'impôts et obligés de jeter à profusion leur or dans le gouffre de la paix armée.

Babylone reste donc toujours dans l'état où la voyait d'avance la haine clairvoyante du prophète juif, lorsqu'il disait, avec une justesse d'expression qui reste frappante aujourd'hui : « Babylone sera réduite en monceaux, »

Une raison bien simple explique la ruine presque totale des édifices assyriens et babyloniens ; c'est la nature des matériaux employés pour les construire. La pierre en fut, à peu de chose près, absolument exclue; ils ne furent formés que de briques, et, en partie même, de briques crues, c'est-à-dire d'argile simplement séchée à l'ardent soleil de la Mésopotamie.

On comprend cette façon de bâtir pour les Chaldéens, qui, dans leurs vastes plaines, n'avaient sous la main que la terre glaise. Mais elle étonne chez les Assyriens, pour lesquels des carrières de calcaire et de granit s'ouvraient largement dans les montagnes qui enferment au nord le double bassin du Tigre et de l'Euphrate.

La tradition sans doute obligea ces derniers à copier en tout leurs maîtres au point de vue de l'art et des sciences, c'est-à-dire les Babyloniens. On a pu constater que le même style d'architecture fut cultivé dans la Haute et dans la Basse-Mésopotamie. Babylone servit de modèle à Ninive; et les Assyriens n'osèrent sans doute s'écarter d'aucune des règles qui avaient permis d'élever des édifices aussi fameux que le Temple de Bel et les Jardins suspendus.

Mais ils avaient encore un autre motif pour construire en briques. C'était le désir de faire vite. Chaque roi, en effet, voulait avoir son palais, et désirait lui voir dépasser en magnificence tous ceux de ses prédécesseurs. Dans chaque monticule d'Assyrie que l'on a déblayé, on a découvert une demeure royale et chacune au nom d'un souverain différent. On a retrouvé le palais de Sargon à Khorsabad, celui d'Assur-bani-pal, à Ninive. Tandis que les Pharaons d'Égypte commençaient leurs tombeaux en montant sur le trône et ajoutaient, année par année, plus de grandeur et de solidité à leur demeure éternelle, les rois d'Assyrie faisaient élever en hâte le palais qui devait être le témoin de leurs jouissances et de leur gloire durant leur vie. Ils n'avaient point le temps de faire ouvrir le flanc des montagnes, d'amener lentement les monolithes et de façonner le granit. Ils répandaient à travers la plaine des milliers d'esclaves et de prisonniers de guerre, qui pétrissaient la molle argile, et qui avaient promptement élevé ces demeures somptueuses mais peu durables, que le linceul des sables a conservées

en les engloutissant, mais qui, sans lui, ne seraient, depuis longtemps, que boue et poussière.

C'est le sort qui les attend, maintenant qu'elles ont revu le
jour. Les bas-reliefs sont à l'abri dans nos musées. Les plans
sont sauvés par nos dessinateurs. Les descriptions de nos explorateurs s'ajouteront au témoignage des auteurs grecs. Mais les
villes de la Mésopotamie ne seront sorties de la poussière que

FIG. 203. — RESTITUTION DE LA FAÇADE DU PALAIS DE SENNACHÉRIB, A NINIVE.
(VIIᵉ siècle avant J.-C.)

J'emprunte la restitution précédente à l'ouvrage de M. Layard, un des savants qui ont fait revivre l'Assyrie.
Malgré la très grande autorité de l'auteur, sa restitution ne me semble devoir être acceptée qu'avec de grandes
réserves. Les bas-reliefs connus jusqu'ici ne permettent guère de supposer qu'on ait fait un emploi habituel des colonnes ni que les palais aient possédé plusieurs étages.

pour y rentrer. Le grand air, le vent et la pluie font leur œuvre de
destruction dans ces antiques murailles d'argile dont la plupart disparaissent à mesure qu'elles surgissent à la lumière, n'échangeant
l'ombre de l'oubli que pour celle du néant.

Tel est d'ailleurs le nombre des briques dont l'amoncellement
forme des collines entières dans la Mésopotamie que les habitants
actuels s'en servent encore pour bâtir leurs maisons sans risquer de
les épuiser, et que les paysans d'Hillah ou de Birs-Nimroud repo-

sent à l'abri de modestes chaumières dont les matériaux sont estampés au nom du grand roi Nabuchodonosor.

Dans la destruction presque totale des villes anciennes de l'Asie les travaux de moindre importance ont naturellement disparu sans laisser de traces. Ce n'est que par les bas-reliefs que nous pouvons nous faire une idée, d'ailleurs assez incomplète, de l'habitation ordinaire des Assyriens et des Babyloniens. Leurs maisons devaient ressembler à celles que l'on voit encore aujourd'hui dans tout l'Orient, très simples extérieurement, et construites de façon à conserver, grâce à l'étroitesse des ouvertures, quelque fraîcheur dans ce climat brûlant; les toits étaient le plus souvent construits en terrasses, bien que nous en voyions représentés en formes de dômes hémisphériques ou ovoïdaux. Hérodote affirme qu'à Babylone les maisons des particuliers avaient jusqu'à trois et quatre étages. On est tenu de croire cet écrivain, car il se montre d'une exactitude scrupuleuse pour tout ce qu'il a vu de ses propres yeux. Cependant la pluralité des étages n'a été constatée jusqu'ici par aucun indice dans les ruines des palais les plus considérables. L'édifice très particulier, nommé *zigurat*, que nous décrirons plus loin, présente seul cette superposition d'étages, qui ne se rencontre guère dans aucune habitation privée des anciens, et qui devait aussi être exceptionnel à Babylone.

Les monuments de l'Assyrie et de la Chaldée que l'on arrive à reconstituer dans les moindres détails sont les temples, les palais et les fortifications des villes. Il y en a d'autres, tels que les jardins suspendus et le pont construit par Sémiramis sur l'Euphrate, qui n'ont pas laissé de traces, au moins parmi les ruines explorées jusqu'à présent. Cependant on est certain qu'ils ont existé par le nombre des témoignages recueillis sur eux dans les écrits des auteurs grecs. Nous pouvons d'autant mieux à présent admettre les descriptions de ces auteurs que les découvertes récentes n'ont fait que confirmer leurs rapports sur tous les points où il a été possible d'établir des rapprochements. Peu de leurs assertions restent douteuses: cependant quelques savants demeurent incrédules devant les maisons à plusieurs étages d'Hérodote, dont nous parlions tout à l'heure, et devant le tunnel que, selon Diodore de Sicile, Sémiramis aurait fait construire sous le lit de l'Euphrate entre deux de ses palais.

Ces réserves indiquées, écoutons ce que rapporte cet auteur sur les fameux Jardins suspendus :

« Il y avait dans la citadelle le jardin suspendu, ouvrage, non pas de Sémiramis, mais d'un roi postérieur à celle-ci : il l'avait fait construire pour plaire à une concubine. On raconte que cette femme, originaire de la Perse, regrettant les prés de ses montagnes, avait engagé le roi à lui rappeler par des plantations artificielles la Perse, son pays natal. Ce jardin, de forme carrée, avait chaque côté de quatre plèthres » — environ cent vingt mètres — « on y montait, par des degrés, sur des terrasses posées les unes sur les autres, en sorte que tout présentait l'aspect d'un amphithéâtre. Ces terrasses, ou plates-formes, sur lesquelles on montait, étaient soutenues par des colonnes qui, s'élevant graduellement de distance en distance, supportaient tout le poids des plantations; la colonne la plus élevée, de cinquante coudées de haut » — près de vingt-cinq mètres — « supportait le sommet du jardin, et était de niveau avec les balustrades de l'enceinte. Les murs, solidement construits à grands frais, avaient vingt-deux pieds d'épaisseur, et chaque issue dix pieds de largeur. Les plates-formes des terrasses étaient composées de blocs de pierre dont la longueur, y compris la saillie, était de seize pieds sur quatre de largeur. Ces blocs étaient recouverts d'une couche de roseaux mêlés de beaucoup d'asphalte; sur cette couche reposait une double rangée de briques cuites, cimentées avec du plâtre; celles-ci étaient, à leur tour, recouvertes de lames de plomb, afin d'empêcher l'eau de filtrer à travers les atterrissements artificiels, et de pénétrer dans les fondations. Sur cette couverture se trouvait répandue une masse de terre suffisante pour recevoir les racines des plus grands arbres. Ce sol artificiel était rempli d'arbres de toute espèce, capable de charmer la vue par leur dimension et leur beauté. Les colonnes s'élevaient graduellement, laissaient par leurs interstices pénétrer la lumière, et donnaient accès aux appartements royaux, nombreux et diversement ornés. Une seule de ces colonnes était creuse depuis le sommet jusqu'à sa base; elle contenait des machines hydrauliques qui faisaient monter du fleuve une grande quantité d'eau, sans que personne pût rien voir à l'extérieur. »

Nous avons cité tout au long Diodore, car, malgré les découvertes récentes faites sur le sol de la Mésopotamie, c'est encore à sa description que l'on doit s'en tenir pour ce qui touche l'un des monuments les plus célèbres de Babylone.

Le souvenir de ces fameux Jardins suspendus subsiste encore en Mésopotamie. Les habitants veulent en voir les débris dans un des monticules de ruines appelé le *Kasr*, dont les briques, comme presque toutes celles de Babylone, portent le nom de Nabuchodonosor. Au sommet de ce monticule, croît dans la poussière des crevasses un maigre tamaris que les Arabes montrent avec respect aux voyageurs comme le dernier survivant des ombrages splendides dont parle Diodore.

Il faut bien rappeler toutes ces légendes qui naissent partout où la science est forcée de se taire et qui ont leur importance dans l'histoire de l'esprit humain.

Toutefois, il est un point que l'on peut rectifier à coup sûr dans la description de l'historien grec. C'est l'emploi qu'il fait du mot « colonne ».

Malgré l'assertion de Diodore, il semble bien douteux aujourd'hui que les Assyriens aient fait usage de la colonne comme moyen de support. Sans doute ils la connaissaient puisqu'elle figure dans de nombreux bas-reliefs, mais elle ne semble avoir servi que comme élément d'ornement encastré dans les murs et ne supportant aucun plafond.

En revanche, ils ont partout construit la voûte, dont ils peuvent être regardés à bon droit comme les inventeurs. Ils ont pratiqué plusieurs systèmes de voûtes, dont la solidité était remarquable. C'est sur deux ou trois assises de voûtes superposées que s'élevaient les Jardins suspendus. Les murs qui séparaient ces voûtes, se présentant de profil entre les cavités qu'elles formaient, prenaient l'aspect de piliers, et c'est sans doute ce qui a trompé Diodore, du moins dans les descriptions qu'on lui en a faites ou dans les représentations qu'il a pu voir; car il ne put juger par ses propres yeux — les Jardins suspendus, construction peu solide, due à un caprice de courtisane, et coûteuse à entretenir, n'existant plus au temps où cet historien visita Babylone.

Ce qu'il nous dit du pont de l'Euphrate est sans doute plus exact que la peinture un peu fantaisiste des Jardins suspendus.

« Ce pont, » dit-il « reposait sur des piles enfoncées à une grande profondeur et à un intervalle de douze pieds l'une de l'autre; les pierres étaient assujetties par des crampons de fer, et les jointures soudées avec du plomb fondu. Les faces de chaque pile, exposées au courant de l'eau, étaient construites sous forme de saillies anguleuses qui, coupant les flots et amortissant leur impétuosité, contribuaient à la solidité de la construction. Le pont était recouvert de planches de cèdre et de cyprès, placées sur d'immenses madriers de palmiers; il avait trente pieds de large, et ce n'était pas le moins beau des ouvrages de Sémiramis. De chaque côté du fleuve, elle éleva des quais magnifiques, presque aussi larges que les murailles, dans une étendue de cent soixante stades, » — près de 30 kilomètres.

Sauf le nom de Sémiramis, — qui ne se retrouve nulle part, pas plus à Babylone qu'à Ninive, alors que les briques déchiffrées ramènent au jour les noms des plus vieux rois — à part ce nom légendaire, les dernières lignes citées peuvent sans doute être considérées comme vraies.

L'Euphrate fut pour les souverains de Babylone un sujet de préoccupation et de travail constants. Sujet à des débordements

FIG. 294. — RESTITUTION D'UNE PORTION DE LA FAÇADE DU PALAIS DE SARGON A KHORSABAD.
(VIIIe siècle avant J.-C.)

FIG. 295. — TAUREAUX AILÉS ORNANT LA FAÇADE D'UN PALAIS ASSYRIEN.

qu'il fallait régulariser, comme ceux du Nil; entraînant avec lui des quantités de sables qui obstruaient son lit et qui en ont souvent changé le cours, le fleuve devait être canalisé, endigué, pourvu de vastes bassins où il pût s'épancher sans menacer la ville.

Tous ces travaux furent exécutés sur une grande échelle par les anciens Babyloniens. Des levées subsistent encore sur la rive gauche — restes de ces quais immenses dont parle Diodore.

Mais, comme nous l'avons déjà dit, les deux genres de monuments dans lesquels apparaît dans toute sa grandeur l'architecture chaldéo-assyrienne, ce sont les temples et les palais. Les édifices religieux furent plus imposants et plus splendides à Babylone. A

Ninive, au contraire, les demeures royales représentent le dernier mot de l'art ; les sanctuaires n'en sont plus qu'une dépendance presque secondaire. Le dieu invisible le cède en pompe et en faste au dieu visible, c'est-à-dire au roi, son représentant sur la terre.

Cette distinction est, du reste, la seule qu'on puisse établir entre les édifices de la Chaldée et ceux de l'Assyrie. Ils sont bâtis sur des plans semblables, avec les mêmes matériaux, et, d'après une inspiration et des traditions identiques. Nous les décrirons donc suivant leur destination religieuse ou civile, et non selon la région où ils s'élevèrent.

Pour les temples et pour les palais, nous n'aurons plus besoin de recourir aux descriptions des anciens. Nous avons vu sortir de terre depuis une quarantaine d'années, assez de ces vieux édifices pour en parler en connaissance de cause, et pour que, dans les restitutions qui en ont été faites par nos artistes, l'imagination n'ait eu à jouer qu'un rôle insignifiant.

## § 2. — LES TEMPLES

Les temples chaldéo-assyriens furent construits sur un plan unique, d'après une conception qui ne changea jamais.

Nous avons déjà vu cette unité de plan pour les temples égyptiens, dont il nous a été facile de reconstruire le type théorique. Mais, dans la vallée du Nil, cette unité s'accordait avec une prodigieuse diversité. Les pylônes suivaient les pylônes, les salles hypostyles succédaient aux salles hypostyles ; des obélisques se dressaient devant les portes ; d'immenses allées de sphinx s'alignaient en avant du sanctuaire ; des scènes pleines de vie et de magnificence se déroulaient le long des murs.

Nous ne rencontrons rien de pareil en Mésopotamie. Le type du temple est la *zigurat*, c'est-à-dire, à peu de chose près, la pyramide, dont les Égyptiens réservaient à leurs morts seulement l'austère et pesante grandeur.

Certes, dans les plaines absolument plates de la Babylonie ces sortes de montagnes artificielles devaient produire un grand effet ;

d'autant plus que, comme nous allons le voir, on leur avait prodigué, par les couleurs des revêtements, par les rampes diversement disposées, par les statues colossales du sommet, tous les ornements qu'elles comportent. Toutefois notre imagination ne s'émeut et ne s'enflamme guère en face des plus belles restaurations que l'on en ait faites, surtout lorsque nous avons d'abord conduit cette même imagination à travers les colonnades grandioses de la salle hypostyle de Karnak.

La zigurat n'était, en effet, qu'une pyramide à étages. Le nombre de ces étages était généralement de sept, dont l'ensemble atteignait souvent à une très grande hauteur.

Les nombres que donnent les auteurs grecs sont certainement exagérés. Les fouilles récentes ont montré jusqu'à trois et quatre étages de certaines zigurats, celle du palais de Khorsabad, entre autres, que l'on a nommée l'*Observatoire* à cause de sa destination scientifique autant que religieuse. La hauteur des étages les plus élevés ne dépasse pas dix mètres. En admettant pour chaque zigurat le nombre de sept étages, — nombre le plus généralement adopté, et considéré, pour ainsi dire, comme fatidique, — nous arrivons, en tenant compte du soubassement ou plate-forme inférieure et de la chapelle du sommet, à quatre-vingt-dix ou cent mètres comme plus grande hauteur.

La zigurat, comme les palais et tous les monuments importants en Mésopotamie reposait sur une immense plate-forme de briques. Parfois elle occupait le milieu de cette plate-forme, mais souvent elle se rapprochait davantage de l'un des côtés. On montait jusqu'au sommet par une rampe en spirale, bordée d'un parapet dont les dentelures élégantes se détachaient heureusement sur la monotonie de l'ensemble. Il existe aussi des zigurats à double rampe, mais ce second type, quoique plus riche et plus varié, paraît avoir été exceptionnel.

Chacun des sept étages de la zigurat était peint d'une couleur différente. Ce nombre sept, ces sept couleurs, rappelaient les sept planètes et les nuances qui les symbolisaient.

Le premier étage était peint en blanc avec de la chaux; le second était peint en noir avec du bitume; le troisième, le quatrième et le cinquième construits en briques de diverses nuances ou vitrifiées au feu, offraient les couleurs rouge, bleu et orange; le sixième était argenté et le septième était doré. .

La petite chapelle qui surmontait l'édifice était également revêtue de lames d'or, et le dôme qui la couvrait brillait au loin comme un astre mystérieux. Parfois des statues colossales, dorées comme le sanctuaire se dressaient isolément aux extrémités de la dernière plate-forme.

La masse énorme du monument et ses couleurs étincelantes, les dieux éblouissants du sommet, l'harmonieux enroulement des rampes, tout cet ensemble devait avoir une beauté spéciale qui justifierait les descriptions enthousiastes des écrivains grecs.

Ces masses énormes et rigides ne présentaient pas les remarquables dispositions intérieures des Pyramides, dont elles se rapprochent extérieurement. L'on n'a pas retrouvé une seule chambre dans les ruines des zigurats. C'étaient des agglomérations de terre et de briques, qui ne tenaient du monument que par le dehors, mais qui, en dedans, étaient de simples monticules.

Quelques chapelles ou reposoirs s'offraient le long de la rampe aux fidèles, qui s'y arrêtaient dans leur fatigante ascension. Au fond, la vraie destination de ces montagnes artificielles était moins d'offrir aux dieux un sanctuaire digne de leur majesté, ou à la multitude un lieu consacré pour y célébrer son culte, que de fournir aux prêtres un observatoire commode et suffisamment élevé. La science des astres ne se séparait pas de la religion dans la Chaldée. La piété du peuple était surtout alimentée par l'ardente curiosité des mages.

Lorsque le culte de Babylone passa chez les Assyriens, peuple moins savant et plus guerrier, la zigurat réduisit ses proportions. On ne voit pas à Ninive le temple indépendant du palais. La tour à étages, moins élevée, moins monumentale qu'en Chaldée, devient une simple dépendance dans la demeure des rois. Quant aux astronomes, ils émigrent constamment vers la Basse-Chaldée, et s'en vont faire leurs études et leurs observations dans les écoles de Babylone, la vieille cité, la mère de toute science.

Ce qui reste maintenant de la plus haute et de la plus célèbre zigurat, le fameux temple de Bélus, c'est une ruine encore imposante, nommée le Birs-Nimroud.

Parmi les élucubrations des anciens théologiens, se trouvent d'abondantes dissertations sur la tour de Babel dont parle la Bible. La plus longue de ces dissertations est celle qui fut imprimée à Amsterdam, en 1679, par le célèbre jésuite Kircher. Elle forme un gros volume in-f°, richement illustré, dédié à l'empereur d'Allemagne Léopold Ier. Bien que l'ouvrage n'ait absolument aucune valeur archéologique, nous en avons extrait, à titre de curiosité, la gravure ci-dessus.

Dans la grande plaine qui s'étend sur la rive droite de l'Euphrate, on aperçoit de loin cette colline surmontée d'un pan de construction en ruines, et dont l'ensemble domine encore le désert d'une hauteur de 71 mètres.

Quand on quitte le petit village de Hillah, seul groupe d'habitations qui représente aujourd'hui l'antique Babylone, et que, rêvant à ces grands souvenirs, on aperçoit la masse mélancolique du Birs-Nimroud, on est impressionné peut-être plus qu'on ne le serait par quelque ruine encore imposante et splendide.

On approche, et, tandis qu'on erre autour de la colline, on voit se lever et disparaître de maigres loups, effrayés par le bruit des voix et des pas humains.

Alors on songe à l'orgueil, au luxe déployés jadis par cette reine de l'Asie dont on foule la muette poussière, puis la parole du prophète revient à la mémoire :

« Et Babylone sera réduite en monceaux. Les dragons viendront y demeurer avec les faunes; elle servira de retraite aux autruches; elle ne sera plus habitée ni rebâtie dans la suite de tous les siècles... Personne n'y demeurera plus. »

## § 3. — LES PALAIS ET LES FORTERESSES

Les palais et les fortifications des villes furent les chefs-d'œuvre de l'architecture chaldéo-assyrienne.

Les murs de Babylone comptaient au nombre des sept merveilles du monde.

Hérodote les a vus et les a décrits, avec leur développement immense, leur hauteur et leur épaisseur prodigieuses, le fossé qui se creusait à leurs pieds, les tours massives qui les garnissaient de distance en distance et leurs cent portes d'airain.

Ici nous nous garderons bien de taxer l'auteur grec d'exagération. Ce que les fouilles nous ont révélé dépasse encore ses descriptions. Quand Diodore ou lui-même parlent de murs sur lesquels on aurait pu mener plusieurs chariots de front, ils restent encore en deçà de la vérité et semblent avoir craint de n'être pas crus dans leur pays s'ils donnaient les dimensions véritables.

Les murs de Khorsabad, que l'on a pu mesurer, avaient, en effet, vingt-quatre mètres d'épaisseur; à l'endroit des portes, l'ensemble des constructions donnait une profondeur de soixante-sept mètres. La hauteur était à proportion. Diodore, en l'évaluant d'après Ctésias à quatre-vingt-dix mètres pour les murs de Babylone, ne nous étonne nullement; du fond des fossés au haut des créneaux, il ne devait pas y avoir beaucoup moins.

A l'intérieur même des palais, nous rencontrons des murs ayant jusqu'à huit mètres d'épaisseur.

Ces énormes dimensions, qui impressionnaient si vivement les voyageurs grecs, sont d'ailleurs, au point de vue architectural, une marque d'infériorité, et montrent combien l'architecture assyrienne était encore primitive.

L'épaisseur et la hauteur des murs sont, en effet, les moyens les plus élémentaires de pourvoir à la défense d'une place. Point n'est besoin de combinaisons d'ingénieurs ou de savants pour imaginer cela. Comme exécution, rien n'est plus simple, pourvu qu'on dispose d'un grand nombre de bras et de matériaux faciles à manier et à entasser, telles que les briques, tirées à profusion, comme Hérodote nous l'indique, de la tranchée qui, ensuite, constituait le fossé de la ville.

Derrière des murs pareils, on comprend que Ninive et Babylone aient pu soutenir les longs sièges dont l'histoire nous parle. Les catapultes, les béliers, les trous de mine ne pouvaient presque rien dans de semblables épaisseurs. La largeur du chemin de ronde, le nombre des tours permettaient de poster toute une armée sur les murailles, et les assaillants en bas, dans la plaine, n'avaient pas l'avantage de la situation.

Quant à la famine, on savait y parer en donnant aux villes une étendue extraordinaire pour leur population, ce qui procurait des espaces vides que l'on mettait sans doute soigneusement en culture.

En acceptant ce point de vue, on peut admettre certaines assertions des anciens auteurs, suivant lesquelles Babylone aurait occupé un emplacement équivalent à sept fois celui du Paris actuel et égal environ à tout le département de la Seine.

Le seul danger pour ces immenses capitales en temps de siège, c'était leur fleuve, sans lequel pourtant elles auraient péri de sécheresse.

La brèche qu'il ouvrait restait toujours un point faible, et ses eaux, surtout au moment des inondations, rongeaient les murs de briques, pour lesquels l'humidité est une cause de ruine.

Durant un des sièges que soutint Ninive, l'oracle avait prédit que cette ville ne serait jamais prise d'assaut, à moins que le fleuve lui-même ne se déclarât son ennemi. Elle résista durant deux ans avec bonheur. Mais la troisième année, il tomba des pluies si abondantes que les eaux du Tigre inondèrent une partie de la ville, et renversèrent les murs sur une certaine étendue, causant ainsi une brèche par laquelle l'ennemi pût entrer.

Lorsque Balthasar passait son temps dans les orgies, confiant dans la force de ses murs, Cyrus, détournant en partie le cours de l'Euphrate, pénétra dans Babylone par le lit du fleuve et détruisit l'empire des Chaldéens.

Jusqu'à présent, nous n'avons vu que l'énormité des constructions assyriennes; il nous reste à en faire ressortir les beautés spéciales.

Il ne faut pas y chercher la richesse et la variété de formes que l'architecture tire de ses propres ressources. La colonne isolée, la combinaison des lignes droites et des lignes courbes, la légèreté de certaines parties contrastant avec le caractère massif des autres, furent complètement ignorées ou négligées par l'Assyrie. Tous les édifices ou portions d'édifice y sont des parallélogrammes; toutes les lignes sont rigides; tous les angles sont droits.

Pour embellir ses œuvres, l'architecture assyrienne a dû recourir à d'autres arts; à la sculpture surtout, et à l'ornementation magnifique fournie par les briques émaillées.

Les colosses, les bas-reliefs et la polychromie, en couvrant les surfaces nues des murs, en masquant les angles des portes, en étincelant le long des corniches, ont donné aux édifices assyriens ce caractère de richesse et de splendeur qui émerveilla les Grecs, et qui, même parmi des ruines informes, éblouit encore le chercheur moderne quand il erre dans les palais écroulés de Ninive ou de Khorsabad.

Les portes des villes comptaient parmi les monuments pour lesquels les Assyriens se montraient le plus prodigues d'ornementation.

Il existait deux espèces de portes: celles qui étaient réservées aux piétons, et celles par lesquelles entraient les cavaliers, les chars de guerre et les chariots des paysans.

Ces dernières, exposées à toutes sortes de heurts et d'accidents, étaient fort simples. Mais les portes réservées aux piétons, et dans lesquelles on entrait par de larges degrés, offraient toutes les beautés des plus riches édifices.

De hautes tours crénelées les flanquaient de chaque côté. On

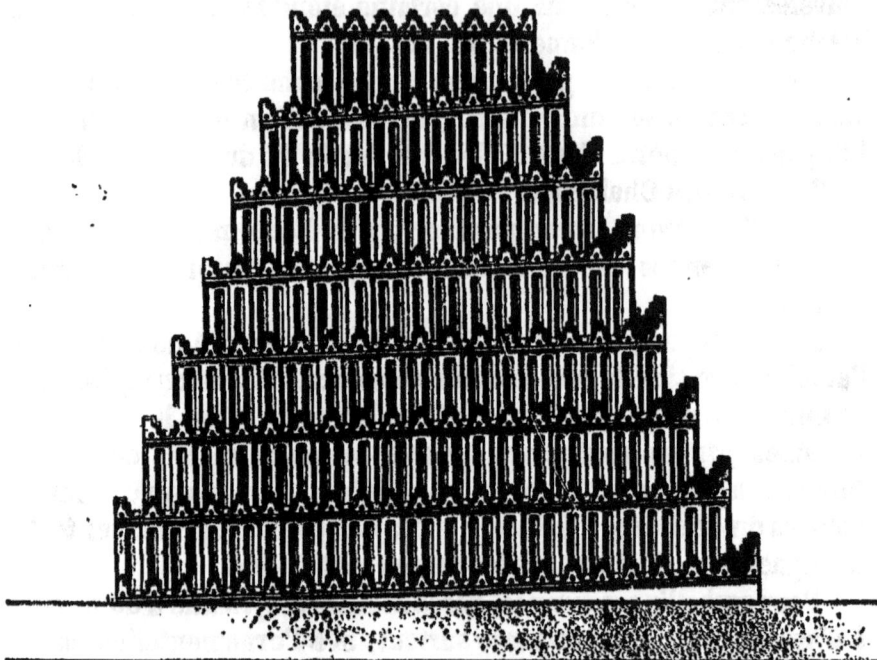

D'après Place.

FIG. 597. — RESTITUTION DE L'OBSERVATOIRE DE KHORSABAD.

voyait se dresser à l'entrée les superbes taureaux androcéphales de cinq à six mètres de haut, chef-d'œuvre de la sculpture assyrienne. La partie supérieure de la porte formait une voûte dont l'archivolte présentait un large bandeau de briques émaillées, aux dessins charmants et aux éclatantes couleurs.

Le long du vaste passage intérieur, des colosses semblables à celui qui, au Louvre, étouffe un lion sous son bras gauche, se dressaient comme pour garder l'entrée de la ville et pour en montrer la grandeur.

Une série de bâtiments prolongeaient ce passage, des deux côtés duquel s'ouvraient des chambres pour les corps de garde et des abris profonds où les passants pouvaient s'arrêter et jouir de la fraîcheur que procurait l'énormité des murs.

Les portes des villes et des grands édifices jouaient alors comme elles jouent encore en Orient un rôle tout particulier. Elles représentent l'*agora* des Grecs, le *forum* des Romains. C'est là qu'on vient se réunir pour causer des bruits publics, pour flâner, pour écouter les nouvelles, et même pour rendre la justice.

Dans la Bible, nous voyons les anciens, les magistrats, se tenir aux portes de la cité; Mardochée constamment assis à la porte du palais; Booz réunissant ses parents à la porte de la ville. De cet usage est venu le nom de Porte, de Sublime Porte, donné d'abord à l'entrée du Vieux-Sérail, à Constantinople, puis appliqué au Conseil qui s'y tenait, et enfin au gouvernement même du Sultan.

Il faut se rappeler ces coutumes pour comprendre et se représenter les portes monumentales dont on retrouve les restes à l'entrée des villes d'Assyrie.

Les palais en Mésopotamie formaient eux-mêmes de véritables villes fortifiées au sein de la ville populaire. Les murs, les portes, étaient construits sur le même plan, et presque d'après les mêmes dimensions que ceux de la cité.

La demeure royale s'adossait toujours à l'un des côtés de la ville, et gardait une sortie sur la campagne, par où l'on pût fuir ou s'alimenter en cas de révolte intérieure. Les anciens tyrans orientaux employaient les mêmes moyens de défense contre leurs sujets que ceux-ci contre l'adversaire extérieur. Mêmes issues secrètes, même épaisseur des murs, même division en quartiers distincts, indépendants les uns des autres.

Les rois asiatiques vivaient dans un tel secret que leurs propres femmes ne connaissaient pas toujours leur visage. Ces femmes ne communiquaient jamais entre elles; elles vivaient dans des parties séparées du harem, et le harem lui-même formait un corps de bâtiment complètement isolé du reste du palais.

L'examen du plan des demeures royales assyriennes nous montre bien que telles étaient les mœurs des Sargon, des Sennachérib et des Assur-bani-pal. Tous les farouches et soupçonneux tyrans de l'Asie eurent des coutumes semblables, et Hérodote nous les décrit dans une anecdote caractéristique à propos de Smerdis le Mage.

Otane, un seigneur perse, ayant fait demander à sa fille Phédyme, femme de Smerdis, si c'était bien avec le fils de Cyrus qu'elle habitait, Phédyme répondit qu'elle n'avait jamais vu celui qui l'avait admise au nombre de ses femmes. « Si tu ne connais pas Smerdis, lui fit encore dire Otane, demande à Atossa, ta compagne. » Sa fille répondit. « Je ne puis parler à Atossa ni voir aucune des autres femmes. » Et, pour s'assurer si son époux avait eu les oreilles coupées, elle en fut réduite à lui tâter la tête, au péril de sa vie, tandis que dans la nuit, il reposait auprès d'elle, profondément endormi.

Les palais assyriens n'ayant qu'un étage, s'étendaient sur un immense espace. Celui de Sargon, à Khorsabad, a plus de deux cents chambres et un grand nombre de cours très vastes. Je ne connais aucun monument du monde ne couvrant plus de terrain, si ce n'est le temple d'Ammon à Thèbes et la grande pagode de Sriringam dans le sud de l'Inde.

Tous les palais se divisaient en trois groupes d'édifices distincts : le *sérail* comprenant les appartements privés du souverain et les salles de réception ; le *harem*, habitation des femmes, et le *khan*, qui renfermait les chambres des officiers du palais, les communs, les magasins, les cuisines, les écuries.

Ces différents bâtiments se composaient de chambres rectangulaires groupées autour de cours également rectangulaires. Les plus grandes salles paraissent toujours relativement étroites pour leur longueur et affectent à peu près la forme de galeries. On a attribué cette disposition à la difficulté qu'éprouvaient les Assyriens pour couvrir de larges espaces, n'employant que le bois ou la brique, et n'ayant jamais su utiliser la colonne ou le pilier pour soutenir leurs plafonds.

On n'a en effet jamais trouvé sur le sol pavé de briques des monuments la trace de l'emplacement d'un pilier, et l'on n'a découvert dans toutes les ruines qu'un seul tronçon de colonne. Cependant l'un des motifs d'ornementation les plus usités dans les palais, c'est la forme de la colonne avec chapiteau et base, parfois reposant sur un lion ; mais elle est appliquée contre la muraille et ne correspond à aucun but d'utilité pratique. Les bas-reliefs nous la montrent quelquefois, soutenant des terrasses et même des jardins; mais les sculpteurs déployaient sans doute dans leurs représentations une audace facile, que l'architecte ne pouvait encore se permettre.

Dans l'enceinte de tous les palais assyriens on a retrouvé les ruines d'une zigurat. Comme nous l'avons déjà indiqué, le temple chaldéen était devenu dans la Haute-Mésopotamie une simple dépendance de la demeure royale.

Rien ne peut être comparé, d'ailleurs, à la richesse d'ornementation de ces palais. Nous décrirons en détail, au chapitre de la sculpture et des arts décoratifs, les principaux sujets des innombrables bas-reliefs qui couvraient les murs. Partout se déroulaient sur les frises les bandeaux de faïence émaillée, aux nuances éblouissantes. Et ce n'était pas seulement l'heureuse combinaison des couleurs qui faisait la beauté de ce genre d'ornement. Des scènes tout entières étaient représentées, soit sur les briques émaillées, soit à fresque sur les murs. On a retrouvé les traces de ces décorations à personnages peints qui confirment la description suivante de Diodore :

« Sur les tours et les murailles, » dit l'historien grec, « on avait représenté toutes sortes d'animaux, parfaitement imités par les couleurs et le relief. On y voyait une chasse, composée de différents animaux qui avaient plus de quatre coudées de haut. Dans cette chasse, Sémiramis était figurée à cheval, lançant un javelot sur une panthère; auprès d'elle était Ninus, son époux, frappant un lion d'un coup de lance. »

Pour donner une idée d'ensemble des palais assyriens, nous emprunterons la description de M. Place, le consul français qui, après Botta, a déblayé les ruines du grand palais de Sargon à Khorsabad :

« En considérant l'ensemble des bas-reliefs d'un palais ninivite, on ne peut mieux le comparer qu'à un poème épique célébrant la gloire du fondateur. C'est lui le héros de ces longs récits; il est toujours en scène et tout s'y rapporte à sa personne. Comme dans les poèmes écrits, l'épopée débute par une sorte d'invocation aux esprits supérieurs représentés par les figures sacrées qui occupent les seuils. Après cette pensée donnée aux génies protecteurs de l'Assyrie, on passait à la narration elle-même. Pendant de longues heures, l'intérêt se trouvait surexcité par une succession d'épisodes émouvants. Peuples de soldats, les Ninivites se complaisaient dans ces souvenirs qui flat-

FIG. 298 à 301. — DESSINS D'ORNEMENTATIONS ASSYRIENS.

(Bas-reliefs de Ninive.)

D'après Layard.

taient l'amour-propre du prince et entretenaient l'esprit belliqueux de la
nation.

« Les façades les plus longues du palais, celle des cours et des grandes
galeries qui s'offraient les premières sur l'itinéraire des visiteurs, sont vouées
de préférence aux manifestations de la pompe souveraine. Ces cérémonies,
exécutées presque toujours dans des proportions colossales, montrent de longues files de prisonniers ou de tributaires se dirigeant vers le monarque.
Celui-ci, reconnaissable à la place qu'il occupe, à son entourage, à ses insignes, à son attitude, reçoit ces hommages avec un calme, ou, pour mieux dire,
avec une placidité presque dédaigneuse. Il est tantôt debout, tantôt assis sur

son trône, entouré de ses officiers et de ses serviteurs. Les personnages s'y suivent processionnellement sans confusion, sans précipitation, et gardent quelque chose de cette froideur hautaine qui devait signaler les réceptions royales.

« C'est plus loin, dans des salles plus petites et sur une plus petite échelle que le drame commence et que l'artiste manifeste plus d'entrain, de verve et d'invention. Marches, batailles, escalades de montagnes, constructions de digues, passage de rivières, se suivent nombreux et pressés, racontés en quelques traits expressifs. Ici, la mêlée est terrible et les guerriers luttent corps à corps ; là, couverts de boucliers, ils combattent à distance avec l'arc et la fronde, l'air est sillonné de flèches et de projectiles ; plus loin les blessés et les morts jonchent le sol ou sont précipités dans les flots, ou écrasés sous les roues des chars ; on voit même des vautours qui déchirent les entrailles des cadavres.

« Le roi prend part au combat, quelquefois à pied ou à cheval, le plus souvent sur un char attelé de coursiers magnifiques. Parfois un dieu figuré dans un disque ailé, ou bien un aigle qui plane au-dessus de la tête du monarque, semble prendre parti pour les Assyriens. Ailleurs, c'est une ville attaquée. L'assaut se prépare ; les machines de guerre battent la muraille ; les mineurs creusent la maçonnerie, les assiégés se défendent encore avec des pierres, des liquides brûlants, des torches, des chaînes pour détourner les machines, ou enfin, réduits à la dernière extrémité, les mains levées au ciel, ils implorent la clémence des vainqueurs ; mais ceux-ci sont impitoyables ; on les voit, chargés de butin, chasser devant eux des hordes de prisonniers, parmi lesquels se pressent, pêle-mêle, des hommes et des femmes traînant leurs enfants par la main ou les portant sur les épaules, suivis de leurs troupeaux et prenant le chemin de l'exil pour aller travailler aux monuments que le vainqueur élèvera bientôt en souvenir de cette nouvelle conquête.

« Voici, en effet, le roi lui-même qui préside à la construction du palais. Il commande, et ses soldats, le bâton levé, surveillent sur le chantier une multitude d'esclaves qui pétrissent l'argile, façonnent la brique et la transportent sur leurs épaules. Le monticule artificiel s'élève et déjà les monolithes gigantesques sont traînés péniblement par de longues files de travailleurs attelés ; puis ce sont de nouvelles guerres, de nouveaux triomphes : l'artiste ne se fatigue jamais de ces images et trouve toujours une manière nouvelle de les traiter. Et toujours quelle réalité saisissante !

« Après le carnage de l'action, on assiste à des vengeances impitoyables. Ce sont des prisonniers écorchés vifs, sciés en deux, empalés, mis en croix, ou qui ont la tête tranchée en présence du monarque, pendant qu'un scribe impassible inscrit froidement sur un papyrus le compte des têtes qui s'amoncèlent. Comme dernier trait, pour peindre ces conquérants barbares, le roi, de sa propre main, crève les yeux d'un captif qu'on lui amène un anneau passé dans les lèvres. Narrateur fidèle, le sculpteur ne cherche jamais à atténuer les horreurs qu'il présente et qui, du reste, étaient racontées tout au long dans les inscriptions. Il les exprime avec une brutalité naïve bien propre à nous faire comprendre la terreur qu'inspiraient les Assyriens, et dont les livres saints contiennent tant de témoignages. . . .

« Après les tableaux héroïques, les scènes de chasse occupent le premier rang. Les souverains assyriens, dignes enfants de Nemrod, ont manifesté une grande passion pour cet exercice violent, véritable diminutif de la guerre. On voit dans les bas-reliefs de Koyoundjik le roi chassant la gazelle, l'hémione, le cerf et principalement le lion, qui, à en juger par la multiplicité des tableaux, devait être le gibier qu'il préférait. En char, à cheval, à pied, il poursuit lui-même les animaux ; il manie la pique, le javelot, l'arc et la flèche avec assurance et c'est presque en se jouant que parfois, le poignard à la main, il semble vaincre ses redoutables adversaires.

« A la fin, fatigué de carnage, il offre aux dieux les prémices de sa chasse, ou bien il se livre au repos. On le voit retiré au fond du harem, à demi couché sur un lit somptueux devant une table chargée de mets. La reine, assise en face de lui, prend part au festin. La fête est égayée par de jeunes esclaves accompagnant leurs voix des accords de la harpe, l'instrument préféré des poètes bibliques. Mais ce tableau, tiré de Koyoundjik n'a pas été vu à Khorsabad, où le terrible Sargon n'apparaît jamais que dans l'éclat de sa majesté royale.

« D'autres bas-reliefs nous font assister au détail de la vie privée de ses sujets. Des intérieurs de villes ou de maisons, mis à découvert en vertu d'une coupe géométrique très singulière, nous montrent les Assyriens occupés des soins les plus vulgaires de leur ménage, dressant les lits, faisant rôtir les viandes, pansant les chevaux et se livrant à divers métiers ; ou bien ce sont encore des gens en marche avec leurs chariots remplis par des familles, chargés de grains, d'objets divers, et traînés par des bœufs où il nous semble reconnaître la race des bœufs à bosse de l'Inde ; ou bien encore, c'est une halte dans laquelle les animaux dételés se reposent et mangent pendant que les hommes portent la main à un plat ou boivent dans des outres.

« Au-dessus de ces bandes de bas-reliefs dont l'effet d'ensemble vient d'être décrit, régnait un autre ruban décoratif emprunté à un élément absolument original et spécial à l'art assyrien : c'était une double rangée de briques émaillées à fond bleu sur lesquelles ressortaient des sujets représentant des ornements empruntés à la vie végétale et animale. »

En suivant tous les détails de cette description, où l'enthousiasme de l'auteur ne l'entraîne guère au delà des bornes de la vérité, on croirait voir apparaître dans toute leur fraîcheur des merveilles écloses d'hier sous le ciel radieux de l'Orient.

Ceux qui les virent autrefois, ces merveilles, les vieux historiens grecs, auxquels nous pouvions à peine ajouter foi, n'en ont pas pu parler avec plus de vivacité ni les décrire plus minutieusement.

Cette résurrection du passé est un des miracles de la science moderne. Le sable muet des déserts de la Mésopotamie a parlé comme avaient parlé peu auparavant les sphinx égyptiens. Depuis moins d'un siècle, de grands peuples voilés d'ombre et d'oubli ont surgi du fond de l'histoire.

Nous qui les méprisions comme des barbares et qui regardions leurs exploits comme un tissu de fables, nous sommes obligés de nous incliner devant leurs œuvres.

Ils ont été les maîtres de nos maîtres, car ce sont eux qui ont

FIG. 508. — RESTITUTION DU PALAIS DU ROI SARGON, A KHORSABAD,
CONSTRUIT AU VIII° SIÈCLE AVANT J.-C.

instruit les Grecs. Ils ont largement contribué à construire les assises de l'édifice immense de la civilisation. Ces vieux empires représentent les degrés qui séparent l'homme sauvage des premiers âges, de l'homme policé de nos jours. Ce n'est qu'en ramenant ainsi à la lumière les peuples morts que nous pouvons comprendre la genèse de nos sociétés modernes et soulever parfois le voile mystérieux qui nous cache l'avenir.

# CHAPITRE VIII

## SCULPTURE, PEINTURE ET ARTS INDUSTRIELS

### § 1er. — LA SCULPTURE

Il n'y eut pas en Mésopotamie deux arts, l'un chaldéen, l'autre assyrien. Il n'y en eut qu'un seul. Comme l'art de l'Égypte et comme celui de chaque race, il eut sa période de naïveté, de tâtonnements, d'imitation gauche mais sincère de la nature; puis son apogée brillant, suivi d'une phase où le convenu domine toujours davantage, où l'on copie les modèles illustres sans renouveler l'inspiration, jusqu'au moment où l'art, étouffé par les traditions, tombe dans la décadence et meurt.

Cette histoire, qui est celle de toutes les écoles artistiques, nous pouvons la suivre chez maints peuples anciens ou modernes. La multitude de monuments que nous a laissés l'Égypte nous a permis de la retracer dans la vallée du Nil.

On n'a pas retrouvé encore toutes les phases de cette évolution en Mésopotamie. Bien des lacunes nous forcent à deviner plutôt qu'à indiquer avec précision quelle marche y suivit l'art. Les fouilles de l'avenir permettront peut-être de combler ces lacunes et de placer dans les cases vides des œuvres qui marqueraient la gradation entre les différents groupes de celles qui nous sont parvenues.

Jusqu'à présent, on n'a retrouvé, en fait de sculptures, que des échantillons de deux périodes : la période presque primitive et celle qui représente l'apogée de l'art, mais au moment où cet art commence à glisser dans la routine et dans le convenu.

En Babylonie, à Tel-Loh, avec les statues exhumées par M. de Sarzec et actuellement au musée du Louvre, nous voyons une des phases très anciennes de l'art en Mésopotamie. A Nimroud, à

Khorsabad, à Koyoundjik, nous assistons à l'épanouissement de cet art, mais nous constatons en même temps qu'il a cessé presque partout d'imiter la nature, qu'il possède des canons, des traditions, et que, plus il vieillira, plus il sera empreint de formalisme, de froideur et de convenu.

Pour juger de ce qu'il a pu devenir par la suite, il serait indispensable de retrouver, sous les monticules de la Babylonie, les œuvres d'art que Nabuchodonosor fit exécuter en si grand nombre, et dont il doit rester au moins des débris.

Au point de vue de la magnificence, le Second Empire chaldéen dépassa les souverains de Ninive, mais il reste à savoir si, dans les statues d'or et dans les bas-reliefs dont parlent avec tant d'admiration Hérodote et Diodore, l'art égalait la richesse des matériaux. Y eut-il alors une renaissance, un retour vers la nature? Il est difficile de le croire. Les orgueilleux rois de Babylone, jaloux d'effacer la gloire de leurs prédécesseurs ninivites, devaient tenir à la quantité des travaux exécutés, plutôt qu'à leur qualité, et faire copier en hâte les modèles fameux dont s'était embellie la capitale du Nord, plutôt que d'attendre et d'écouter une inspiration nouvelle.

Il y a cependant un point qui semblerait marquer quelque différence entre la statuaire babylonienne et la statuaire assyrienne : c'est qu'à Babylone seulement on a retrouvé des statues isolées, détachées de la muraille et travaillées avec autant de soin dans le dos que de face : telles sont les statues de Tel-Loh, type d'un art très primitif, mais très vivant et très consciencieux. En Assyrie, on ne fit, pour ainsi dire, que le bas-relief. Les rares statues isolées, celle du dieu Nébo, celle du roi Assur-nazir-pal, sont destinées à s'appuyer contre une muraille et ne peuvent être vues que de face; de profil et de dos, elles sont informes et plates.

Or les statues indépendantes semblent avoir reparu à Babylone au temps de la splendeur du dernier empire. Hérodote et Diodore ont vu dans le temple de Bel des statues d'or gigantesques.

Les statues de Tel-Loh, qui sont les plus vieilles de la Mésopotamie et dont la mission de M. de Sarzec a doté le Louvre, ne remontent pas aussi haut que les antiques chefs-d'œuvre égyptiens, le *Scribe accroupi* ou le *Cheik-el-Béled*. On peut approximativement fixer la date de leur exécution à dix-huit siècles au plus avant notre ère. Elles portent le nom de Goudéah, qui peut-être fut un roi de Babylone. Ce n'est pas ce nom inconnu qui leur sert d'acte de naissance, mais bien le style des caractères dont sont formées les inscriptions gravées sur elles.

Ces statues ne pouvaient être des ouvrages de l'ancien art babylonien, car l'or qui les recouvrait n'aurait pas manqué pendant tant de siècles de tenter la cupidité de quelque vainqueur, soit élamite, soit ninivite.

Babylone avait donc conservé quelques traditions indépendantes de celles de Ninive.

Ces statues, en petit nombre, debout ou assises, et dont les têtes ont disparu, sont d'une grande importance au point de vue de l'histoire de l'art. Elles sont empreintes de gaucherie et de raideur, mais, comme les plus anciennes statues égyptiennes, elles sont marquées par un grand effort pour arriver au mouvement et à la vie qu'offre la nature. On y peut admirer surtout les attitudes des membres et les saillies des muscles rendues avec assez d'exactitude.

Deux têtes datant de la même époque et assez mutilées sont plus insignifiantes.

Si l'art babylonien a persévéré dans cette voie, il a dû créer des œuvres très intéressantes que l'on retrouvera sans doute quelque jour.

Malheureusement, quand on peut suivre de nouveau ses traces, c'est en Assyrie, à Nimroud, dans cet art officiel, consacré exclusivement à la glorification des rois, qui, tout en dépassant infiniment comme habileté les œuvres naïves des sculpteurs de Sirtella (nom antique de Tel-Loh) a pour jamais perdu le souci des vraies attitudes et de la vraie beauté du corps humain.

La courte période pendant laquelle l'art assyrien nous est très connu va du règne d'Assur-nazir-pal jusqu'à la fin de celui d'Assur-bani-pal, en embrassant toute l'époque glorieuse des Sargonides. Elle dure donc à peine deux siècles et demi (de 882 à 625 ans environ avant Jésus-Christ).

Si peu étendue qu'elle soit, elle nous a laissé une telle quantité d'œuvres intactes que nous pouvons les grouper suivant trois phases très caractérisées, qui sont comme les subdivisions des grandes époques dans l'histoire générale de cet art.

Les œuvres de chaque phase répondent à la construction d'un palais. Nous avons d'abord le palais d'Assur-nazir-pal à Nimroud (ancienne Kalah), celui de Sargon à Khorsabad (ancienne Dur-Sarkin) et le palais d'Assur-bani-pal à Koyoundjik (ancienne Ninive).

Deux autres demeures royales, celle de Sennachérib à Ninive et celle d'Assarhaddon à Kalah, renferment des œuvres d'art qui, par leur caractère comme par leur date, peuvent être classées entre les deux dernières phases.

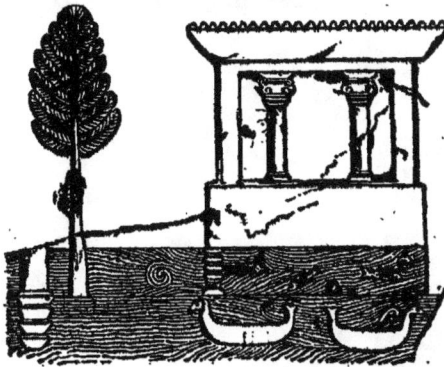

FIG. 303. — PETIT TEMPLE ASSYRIEN.
(Bas-relief de Khorsabad.)

Le musée du Louvre possède un grand nombre de bas-reliefs venant de Kalah et surtout de Khorsabad. Mais il n'est pas aussi riche en antiquités assyriennes qu'en antiquités égyptiennes. Tandis que pour ces dernières, la France n'a de rivale que Boulaq, c'est le British Museum, à Londres, qui tient le premier rang pour les monuments venus de la Mésopotamie.

On peut considérer les œuvres des palais de Nimroud, de Khorsabad et de Koyoundjik, comme formant trois écoles, et l'on y observe les différences suivantes :

La première était plus grandiose et plus rude, plus simple

FIG. 304. — ORNEMENTATION DE L'ENTRÉE D'UNE PORTE D'UN PALAIS.
(Bas-relief de Ninive.)

aussi. Peu de personnages, toujours d'une très grande taille, se voient sur ses bas-reliefs, dont les fonds sont dépourvus de tout accessoire. Les scènes, tout en représentant souvent des épisodes de

guerre ou de chasse, offrent relativement un caractère plus pacifique, plus calme, plus noble. On en a des exemples dans certains
bas-reliefs du Musée britannique : celui, par exemple, représenté

FIG. 305 et 306. — LION DE BRONZE ASSYRIEN, SERVANT DE POIDS, ACTUELLEMENT AU MUSÉE DU LOUVRE,
PROVENANT DU PALAIS DE SARGON, A KHORSABAD.

(VIIIᵉ siècle avant J.-C.)

page 529 de cet ouvrage, qui nous montre Assur-nazir-pal offrant une
libation, et qui a 2 mètres 31 centimètres de hauteur. Ces grandes
proportions ne se retrouvent plus dans la suite. Les tablettes d'al-

bâtre ont toujours la même hauteur, puisqu'il s'agit de couvrir les mêmes espaces des murailles, entre le lambris généralement peint en noir et les revêtements de faïences émaillées qui courent en haut près du plafond; mais à Khorsabad, et surtout à Koyoundjik, les plaques se divisent en plusieurs registres, les figures se rapetissent de plus en plus; les fonds se chargent; de gauches essais de perspective sont tentés; on aperçoit derrière les personnages les murailles des villes, les arbres de la forêt, le fleuve qui circule à travers la campagne avec ses bateaux et ses pêcheurs. Plus on se rapproche de notre ère, plus les bas-reliefs s'encombrent, ne gagnant pas toujours en véritable animation ce qu'ils perdent en harmonie et en noblesse.

Un détail caractéristique suffirait d'ailleurs, même pour un œil inexpérimenté, à faire reconnaître les bas-reliefs les plus anciens des plus modernes. Les premiers sont chargés d'inscriptions qui s'étalent au beau milieu du sujet, couvrant en partie les personnages; plus tard, ces inscriptions disparaissent ou ne se rencontrent plus que sur le champ du tableau.

A force de rapetisser et de s'appliquer au détail, les sculpteurs assyriens devinrent d'une habileté de main remarquable. Les feuilles des arbres se découpent avec une netteté, une variété qui ne laissent jamais de doute sur la nature de la plante; on distingue parfaitement les palmiers, les figuiers, la vigne dont les grappes et même les vrilles sont figurées avec la dernière exactitude. Les moindres détails des harnachements, des vêtements, les franges, les glands, les broderies, si chers aux luxueux Ninivites, sont rendus avec une minutie impossible à dépasser.

L'art, d'ailleurs, se noie dans ce détail. On est loin à Koyoundjik de la vie naïve mais saisissante des statues de Tel-Loh, et même de la noble simplicité des grands bas-reliefs de Nimroud. La sculpture n'est plus qu'un métier qui répète à l'infini les mêmes modèles. Elle ne s'inquiète presque plus du personnage humain; un type unique, trouvé depuis longtemps lui sert pour les rois comme pour les esclaves, pour les officiers comme pour les simples soldats. Elle répète ce même type à des milliers d'exemplaires, le découpant sans peine, sans effort, sans recherche d'invention, d'étude ou d'imagination, dans l'albâtre docile et mou. Le groupement même des figures finit par ne plus changer; c'est éternellement ce même

roi sur son char, ces mêmes ennemis amenés en foule à ses pieds,
les mêmes chasses, les mêmes supplices, les mêmes files interminables de prisonniers, marchant péniblement sous le bâton de leurs
gardiens. Mais on sent que lorsque ces quelques scènes qui reviennent toujours avaient été esquissées à grands traits par un maître
sur les plaques d'albâtre déjà fixées au mur, — car les matériaux
étaient mis en œuvre sur place, — alors venait l'armée des manœuvres, qui s'acharnaient à fouiller cette pierre tendre et à surcharger
de détails ces mannequins royaux ou populaires, dont l'éternelle
victoire, étalée le long des salles immenses des palais, pouvait
flatter la vanité nationale, mais lasse bientôt les yeux des étrangers.

La monotonie, une monotonie désespérante, est, en effet, le
défaut capital de la sculpture assyrienne. C'est toujours le même
thème, la même inspiration qui faisait courir dans la pierre le
ciseau de l'artiste : il fallait montrer le roi vainqueur, écrasant ses
ennemis à la guerre, massacrant les lions à la chasse, et, en guise
de repos et de distraction, faisant écorcher et empaler devant lui
les vaincus ou leur crevant lui-même les yeux. Quand le sculpteur,
après avoir étudié des modèles semblables sur les murs des palais, et les avoir exécutés lui-même un certain nombre de fois, se
voyait condamné à ne pas reproduire autre chose durant toute son
existence, il devait se sentir pris d'une morne lassitude, qui perce
dans son œuvre, et qui envahit bientôt le spectateur après un moment de séjour au sein de ce cauchemar de force physique épa-
nouie, d'inconsciente férocité et de brutal triomphe.

L'orgie de succès sanguinaires à laquelle se livra Ninive pendant deux cents ans est fidèlement représentée sur ses murs. Jusque dans l'exagération des articulations et des muscles, dans le
retroussement féroce des narines, dans la fixité farouche des grands
yeux, on sent l'idée impérieuse, dominante, qui hanta ce peuple et
qui inspira le premier de ses arts.

Ni charme, ni grâce, ni ironie dans son œuvre. Il ne connut pas
le rire et encore moins le sourire. Il a le sérieux épouvantable de
la bête de proie qui ne retrousse sa lèvre que pour rugir ou dévorer. Jamais ses traits ne se détendent, jamais ses muscles monstrueux, raidis sous sa peau comme des câbles, ne s'amollissent un
seul instant.

L'art ninivite n'a vu dans le corps humain qu'une machine à combattre, une façon de bélier ou de catapulte; il n'en a jamais senti la souplesse, la grâce, la merveilleuse harmonie. Du reste, ce corps, que les Égyptiens firent si svelte, d'une grâce si fière, et que les Grecs devaient diviniser, il ne l'avait jamais vu nu. Dans l'antiquité, comme d'ailleurs encore de nos jours, les Orientaux ont considéré la nudité comme une honte.

« Chez les Lydiens, dit Hérodote, comme chez presque tout le reste des nations barbares, c'est un opprobre, même pour un homme, de se laisser voir nu. »

Non seulement les Babyloniens et les Assyriens n'allaient jamais nus, mais encore ils se couvraient de vêtements très longs, très épais; des robes tombant jusqu'aux chevilles, des châles s'enroulant autour du buste, dissimulant entièrement la taille, des tiares couvrant la tête, descendant fort bas sur le front. Avec cela, le système pileux abondant des Sémites : la barbe cachant les joues jusqu'au nez, ne laissant pas même deviner le dessin des lèvres, du menton; les cheveux bouclés ne dégageant jamais la nuque. Comment les sculpteurs de la Mésopotamie auraient-ils connu et représenté ce corps humain qui rayonna, pour ainsi dire, sous le ciseau des Phidias et des Praxitèle, jusqu'à devenir digne des dieux, et qui, dans la vallée du Nil, se montra paré d'une grâce un peu voulue mais pleine d'un charme si expressif et si puissant ?

Quant à la femme, nue ou même habillée, elle ne fut presque jamais représentée en Assyrie. Les quelques exceptions qu'on a rencontrées sont fort rares. La forme disgracieuse que l'artiste leur donne montre qu'il était peu habitué à représenter des modèles féminins. Quelques statuettes d'Istar, la déesse fameuse de la volupté, l'enchanteresse, « délices des hommes et des dieux, » la grande Vénus asiatique — ont été retrouvées et reconnues précisément à leur nudité. Mais quelle triste tentative! Quelle formidable distance entre ces traits lourds et vulgaires et ceux de la gracieuse reine égyptienne Taïa.

Les reproches que l'on peut faire à l'art assyrien s'appliquent, on le voit et nous allons le montrer davantage, plus au caractère de la race qu'aux qualités de cet art même. Chaque fois qu'il put prendre un libre essor hors des entraves de toutes sortes qui lui

Dupré Layard.

FIG. 307 à 312. — DESSINS D'ORNEMENTATION RELEVÉS SUR DES BAS-RELIEFS ASSYRIENS.

étaient imposées, il produisit des œuvres fort belles. On le constate aisément en considérant les animaux sculptés par les artistes assyriens, et qui sont les plus beaux qu'aucun art ait jamais produits.

Les Égyptiens ont certainement été des animaliers remarquables, mais ils ont traités leurs bêtes surtout en silhouette et ils en ont peu varié les attitudes; puis ils n'ont jamais su représenter le cheval, introduit tard dans la vallée du Nil, au moment où l'art, cessant de progresser et d'apprendre, s'en tenait aux vieilles traditions, c'est-à-dire à la copie des modèles classiques.

Dans la Mésopotamie, au contraire, on trouve, soit en bas-relief, soit en ronde-bosse, des animaux étonnants d'expression, de vie, et, pour ainsi dire, d'individualité. Tandis que tous les hommes semblent coulés dans le même moule, et qu'Assur-bani-pal, par exemple, a le même visage, la même expression que le conducteur de son char, qui tient les rênes à côté de lui, les animaux, eux, ne se ressemblent jamais. Il n'y a pas deux lions qui rugissent de la même façon, pas deux chiens qui poursuivent le gibier ou l'attaquent avec la même allure; pas deux bêtes blessées qui agonisent dans la même attitude. L'une, comme la fameuse *Lionne blessée* du Musée Britannique — un des chefs-d'œuvre de la statuaire de tous les temps — la colonne vertébrale brisée par les flèches, traîne ses membres de derrière paralysés et pousse un long cri dont il semble qu'on ait dans les oreilles le son aigu et plaintif; un autre lion mord avec fureur la roue du char d'où est parti le trait qui le torture; un troisième se tourne vers le dard entré dans son épaule avec un mouvement saisissant de rage et d'impuissance. Nous pourrions remplir un volume en décrivant les magnifiques chiens de chasse, les bœufs, les vaches, les gazelles, et même les animaux étrangers, dromadaires, éléphants, singes, autruches, qu'a si bien rendus le ciseau assyrien. Ce ciseau nous a légués également des chevaux très remarquables; mais il les a mieux réussis dans leurs libres mouvements, à l'abreuvoir, au repos, ou bien à l'état sauvage, que sous les pompeux harnais et atte... ux chars de guerre. Dans cette dernière attitude, en effet, le convenu intervient trop, et le cheval prend bien vite la monotonie des personnages.

Ainsi quand l'artiste assyrien pouvait saisir la vie sur le vif, comme il l'a fait dans l'espèce animale; lorsqu'il n'était pas enfermé

dans les bornes étroites d'un seul sujet, dans les traditions rigoureuses inhérentes à ce sujet, et maintenu en face de formes alourdies
ou cachées par des amas de vêtements, il produisait des œuvres hors
ligne, dignes d'être comparées aux plus belles parmi celles de toutes
les autres races.

D'ailleurs, nous le verrons plus loin, les arts de la Mésopotamie
ont enfanté ceux de la Grèce et de Rome. La Minerve de Phidias, la
Vénus de Milo, le Jupiter d'Olympie et l'Apollon du Belvédère, sont
les descendants légitimes et directs de ces gauches statues de Tel-
Loh, si rustiquement assises sur leur piédestal. Nous indiquerons
cette filiation. Qu'il nous suffise de la marquer ici, pour bien montrer que l'art assyrien a manqué d'occasion de se développer plutôt
que d'un véritable mérite.

Cet art, toutes les fois qu'il fut livré à lui-même et dégagé des
traditions officielles, fut tout à fait réaliste. Des œuvres d'imagination, il n'en composa guère. Ce n'est qu'accidentellement que les
Assyriens représentaient leurs divinités avec des formes moitié animale, moitié humaine, comme le faisaient les Égyptiens. Ils le firent
quelquefois cependant et avec un grand succès. C'est à cette catégorie qu'appartiennent les fameux taureaux androcéphales, les
*Kérubims* des Israélites, dont le type fut reproduit par toute l'Asie
antique et notamment par les Perses. Ces monstres majestueux, dont
la partie antérieure se dégage du mur en ronde-bosse, tandis que le
corps s'amincit et s'aplatit contre l'édifice, ornaient admirablement
les portes des palais qu'ils étaient censés protéger.

Leur corps puissant, avec le déploiement de ses ailes, et le
mouvement gracieux des jambes qui l'entraînent en avant, leur
tête majestueuse, à l'expression grave, douce, au sourire presque
fin, sont à peu près la seule production qui mette un peu d'idéal dans
l'art violent et matériel de l'Assyrie.

Ces grandes figures imposantes et fières rappellent les sphinx
du Nil, dont ils n'ont pas le dédaigneux repos. Les taureaux
assyriens allongent le pas comme pour repousser l'audacieux qui
menacerait la demeure royale. Les sphinx, eux, oublieux des rois et
des hommes, tournent leurs yeux vers le désert et semblent
prendre plaisir à s'enchanter d'un songe.

C'est d'ailleurs à peu près seulement dans la production de ces grands colosses et dans les figures d'animaux qu'on peut établir un parallèle entre la sculpture de l'Égypte et celle de la Mésopotamie : à tout autre égard la dernière aurait une infériorité trop marquée.

D'après Layard.

FIG. 314. — BRODERIES DE LA PARTIE SUPÉRIEURE DE LA ROBE DU ROI SENNACHÉRIB.
(Bas-relief de Ninive.)

L'inspiration n'était pas la même sur les bords du Nil et sur les rives du Tigre et de l'Euphrate. En Égypte, on trouvait l'art supérieur à la terre et digne de représenter surtout la vie future, les nobles actions des dieux, les majestueuses figures des rois fils du Soleil. Lorsque cet art descendait jusqu'à reproduire les mille occupations familières qu'il nous a si bien rendues, il répandait sur elle une exquise poésie. Et d'ailleurs il se sentait si bien au-dessus du monde, cet art simple et charmant, qu'il enfermait ses plus belles œuvres dans l'ombre éternelle des tombeaux, mettant uniquement sa gloire à enchanter pour jamais l'œil immobile des momies.

En Assyrie, l'artiste n'était intérieurement tourmenté par aucun

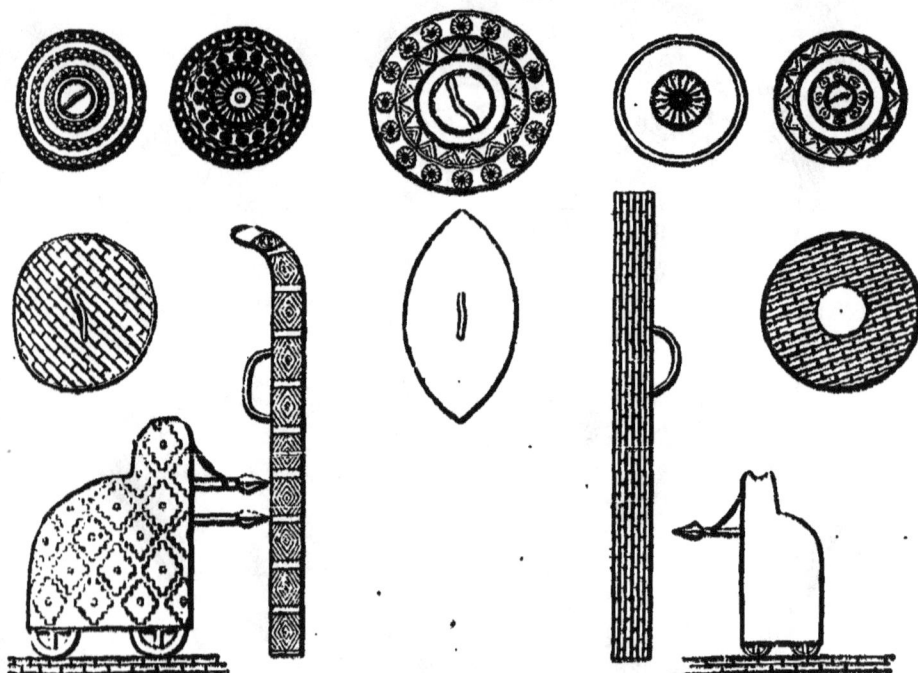

FIG. 315 à 321. — BOUCLIERS ET RÉLIEFS ASSYRIENS.
(D'après des bas-reliefs.)

D'après Botta et Flandin.

*au delà.* La brutalité d'une vie guerrière, d'une domination maintenue au prix d'une lutte sans trêve et sans merci, n'y laissait aucune place au rêve. L'orgueil démesuré du souverain était le seul idéal pour lequel travaillait le sculpteur. La beauté de l'expression, la grâce du geste, la poésie de la ligne, si passionnément cherchées par l'artiste égyptien, ne préoccupaient guère son collègue de Khorsabad ou de Ninive.

Celui-ci n'avait pas même ce souci de la ressemblance que donnaient aux sculpteurs de l'Ancien Empire leurs fortes croyances religieuses. Aussi, les sentiments de sympathie presque personnels qui nous retiennent devant le Scribe, devant le prince Ra-hotep et surtout devant la ravissante reine Taïa, nous ne pouvons les éprouver en face de ces personnages des bas-reliefs assyriens, aux mollets et aux biceps lourdement musclés, aux narines farouches, au nez busqué et dont les profils identiques respirent tous la même stupide férocité. Il me semble toujours, quand je parcours la salle assyrienne du Louvre, que ce dut être pour l'Orient une période pleine de sombres cauchemars celle où dominèrent ces sanguinaires Sémites.

Pour effacer cette pénible impression, je traverse volontiers la voûte et j'entre dans ces salles où les douces et intelligentes figures égyptiennes me regardent avec des yeux profonds, comme si tous, les dieux, les sphinx, les pharaons, et même jusqu'au modeste scribe, sentaient à tant de siècles de distance que mon rêve est le frère du leur.

## § 2. — LA PEINTURE ET LES BRIQUES ÉMAILLÉES

L'Orient a toujours été épris des couleurs éclatantes et durables, et il a de bonne heure connu l'art de les fabriquer.

Nous avons expliqué, à propos de l'Égypte, la raison de ce goût, qui prend naissance dans la nécessité de lutter contre l'éblouissante lumière du soleil et de faire valoir les reliefs des sculptures et des édifices, fondus lorsqu'ils restent blancs dans l'uniforme et universelle clarté.

Nous achetons aujourd'hui à grand prix les magnifiques tapis d'Orient, teints de nuances inaltérables. Le secret de leurs couleurs remonte peut-être jusqu'aux plus anciens Chaldéens. Les peuples de la Babylonie et de l'Assyrie ont été épris des tons vifs et variés, jusqu'à en couvrir des murailles entières, comme celles de leurs temples et de leurs palais. La décoration des murs d'Echatane procédait du même amour immodéré de la couleur.

Toutefois, la polychromie fut plus discrètement appliquée sur les bas-reliefs dans la Mésopotamie qu'en Égypte. Dans la vallée du

Nil, les scènes sculptées sur les murs étaient peintes entièrement. Il n'en fut pas de même à Babylone et à Ninive. On se contentait d'y relever par des tons vifs certains détails, tels que la barbe, les cheveux, les prunelles, les tiares, les chaussures, les franges, les armes, le harnachement des chevaux.

Ce procédé artistique devint ensuite celui de la Grèce, dont l'Assyrie fut, il ne faut pas l'oublier, la véritable institutrice.

On a quelque temps balancé avant de trancher la question relative à la polychromie assyrienne. Cette polychromie était-elle universelle comme en Égypte, ou restreinte et discrète comme plus tard en Grèce? Aujourd'hui, l'évidence s'est imposée même aux plus prévenus. Les traces de couleurs que l'on a retrouvées apparaissant toujours sur les mêmes détails des sculptures, et jamais sur de grandes surfaces, comme les fonds, par exemple, ou comme le nu et les draperies des vêtements, on ne peut admettre évidemment qu'elles se soient toujours effacées aux mêmes endroits, tandis qu'elles se maintenaient régulièrement sur d'autres. Si le temps était la cause de leur destruction, on les retrouverait plutôt dans les creux des bas-reliefs que sur les parties saillantes. Or c'est souvent le contraire qui s'est produit : les prunelles arrondies des taureaux, par exemple, sont souvent restées colorées, tandis que les découpures profondes qui imitent la frisure de leur poil n'ont pas conservé la moindre trace de peinture.

Ces remarques ont surtout paru frappantes au moment où l'on a exhumé les bas-reliefs, car les couleurs, conservant encore une certaine vivacité avant d'être exposées à l'air, faisaient un contraste plus marqué que maintenant avec les parties restées blanches.

D'ailleurs, c'est seulement à la sculpture que la polychromie, en Assyrie et à Babylone, fut si discrètement appliquée. Partout où les bas-reliefs ne couvraient pas les murs, ceux-ci disparaissaient sous des couleurs, soit étendues directement en fresque, soit chatoyant à la surface des briques émaillées.

L'on n'a pas encore tranché la question de savoir si les Assyriens connaissaient la peinture murale à la détrempe, c'est-à-dire la fresque proprement dite. Mais il est certain qu'ils ont appliqué directement des couches de peinture sur les murailles. La disposition intérieure des palais était généralement celle-ci : une plinthe coloriée, le plus souvent en noir; au-dessus de la plinthe une hauteur considérable de bas-reliefs, et enfin, près du plafond, un revêtement de briques émaillées.

Quand les Assyriens ont dessiné ou peint des personnages sur les murs, le contour général était celui du bas-relief et la coloration ne consistait, comme en Égypte, que de teintes plates appliquées uniformément, sans ombres ni nuances, et par conséquent n'était que de l'enluminure.

La peinture proprement dite n'exista donc, comme art indépendant, ni à Babylone, ni à Ninive, pas plus que dans la vallée du Nil.

Mais un art merveilleux la remplaça, et ce fut celui des briques émaillées.

Le voyageur ne peut faire un pas en Mésopotamie sans rencontrer des fragments de ces briques. Appliquées en abondance sur des pans entiers de murailles, mariant leurs tons à la fois éclatants et doux avec un goût délicat et sûr qui n'a point été dépassé, offrant une grande variété de dessins charmants, ces briques devaient former la plus magnifique des décorations sous la lumière franche et pure du soleil oriental.

Telle était la beauté de ce genre d'ornement, que tous les peuples qui ont ensuite passé dans la Mésopotamie, depuis les Perses jusqu'aux Mogols, se sont empressés de l'imiter. Babylone et l'Assyrie ont fait des élèves, qui ont souvent égalé la perfection de leurs modèles, mais sans la dépasser.

Pour faire leurs briques émaillées, les Assyriens les cuisaient d'abord légèrement, puis ils appliquaient la couleur et les dessins, les recouvraient d'une glaçure vitreuse, et ensuite recuisaient le tout.

Les couleurs dont ils se servaient étaient des oxydes métalliques. Les tons n'en étaient jamais aussi vifs que ceux que l'on a retrouvés sur les bas-reliefs : le bleu pâle, le vert olive, le jaune, le blanc dominaient; le noir paraît plus rarement, et quand au rouge, — si fréquent sur les sculptures, — il est extrêmement rare sur les briques émaillées. Le minium qu'employaient les Assyriens tourne au jaune par l'effet d'une très forte chaleur, et la nuance rouge ne survivait que rarement à la seconde cuisson.

Les dessins qui ornent les briques émaillées sont d'une variété, d'une grâce, d'un fini incomparables. Les figures d'hommes et d'animaux ont, du reste, les qualités et les défauts des bas-reliefs. Mais là où excellaient les Assyriens, c'était dans les motifs d'ornement. Ils ont combiné avec bonheur les formes purement géomé-

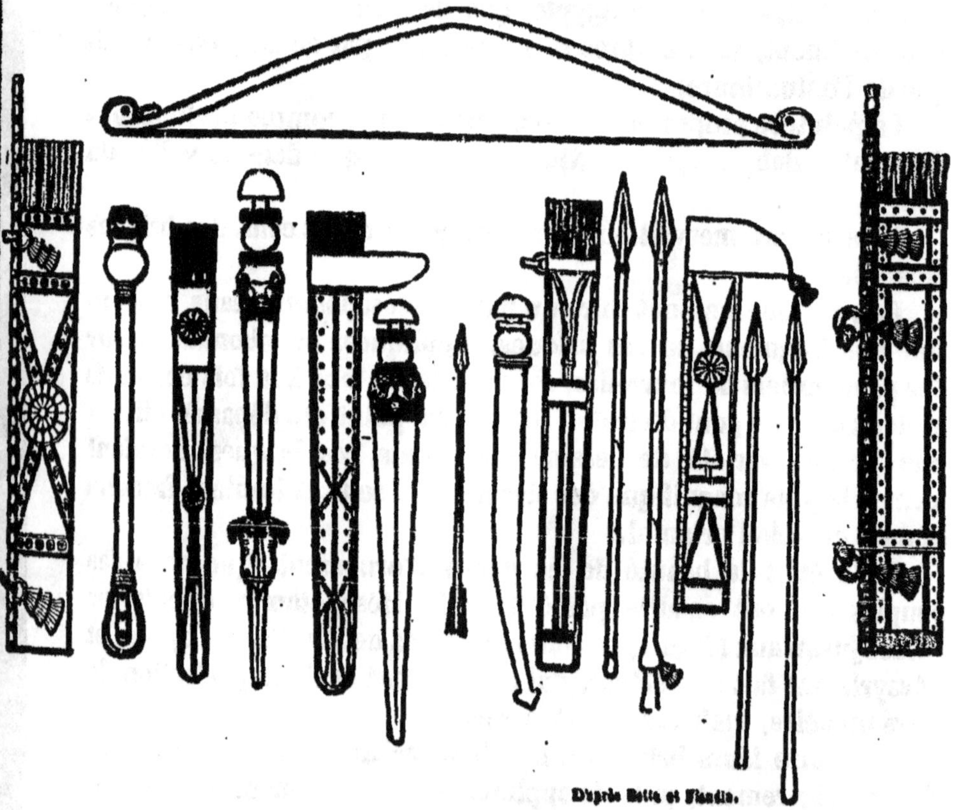

D'après Botta et Flandin.

FIG. 325 à 340. — ARMES ASSYRIENNES.

(Copiées sur des bas-reliefs.)

triques — losanges, carreaux, étoiles, rosaces — avec les sujets tirés du règne végétal : fleurs, boutons, marguerites épanouies, sveltes tiges, touffes gracieuses. Ils se sont aussi servis, au point de vue décoratif, du groupement harmonieux de leurs caractères cunéiformes. Les Arabes, après eux, ont encore étendu ce genre de décoration et ont pris l'enchevêtrement de leurs lettres élégantes comme principal motif d'ornement sur leurs faïences émaillées.

Souvent, en Assyrie, un grand nombre de briques concouraient à former un même tableau. Dans ce cas, ce n'était pas seulement le groupement ingénieux de modèles variés qui donnait l'effet obtenu. Il fallait d'abord dessiner et peindre toute la scène sur un grand nombre de tablettes rassemblées, les cuire séparément, puis les réunir ensuite à la façon d'un jeu de patience.

On ne peut assez vanter le goût et l'habileté des Assyriens dans ce genre de décoration. Ce sont eux qui en ont doté le monde, et c'est à cause d'eux que, dans tout l'Orient et le nord de l'Afrique, des bords du Gange aux rives de l'Atlantique, tant d'éblouissantes merveilles se dressent encore aujourd'hui, étonnant et charmant les yeux des voyageurs occidentaux.

## § 3. — LES ARTS INDUSTRIELS

Comme on vient de le voir à propos des briques émaillées, l'art de travailler l'argile était très avancé dans la Mésopotamie. Cette substance joua d'ailleurs sur les bords de l'Euphrate et du Tigre un rôle plus important que partout ailleurs. Répandue en abondance dans de vastes plaines marécageuses, et facilement mise en œuvre, elle fut appliquée à une foule d'usages.

Sous forme de briques cuites ou crues, elle entra presque seule dans la construction des monuments, tandis que sous celui de faïence émaillée, elle en devint l'ornement principal; réduite en tablettes minces, elle tint lieu de papier et composa les bibliothèques; pétrie en forme de vases gigantesques, elle servit même de cercueils.

Cependant, malgré le parti que les Assyriens surent tirer de l'argile, ils ne furent jamais de très habiles potiers. Ils connurent le tour, et façonnèrent un nombre prodigieux d'ustensiles de terre, à en juger par la quantité qui nous est parvenue. Mais il est bien rare de trouver une forme un peu artistique ou gracieuse parmi ces innombrables échantillons. Le modèle rencontré le plus fréquemment est la jarre ovoïde, à fond pointu, que l'on plantait dans le sable ou sur un support pour la faire tenir.

Les objets de verre ne sont pas beaucoup plus élégants. Cette substance a été fabriquée très anciennement dans la Mésopotamie. On possède un vase portant le nom de Sargon, découvert à Nimroud, et qui est le plus antique échantillon de nos musées.

Les coupes, les vases de verres assyriens, offrent une irisation très remarquable, qui les a fait comparer aux produits de Venise, et qui, à première vue, émerveilla les explorateurs. On s'est rendu compte bien vite que ces fines nuances changeantes sont un effet du temps et ne devaient pas exister lors de la fabrication primitive.

Il ne nous est parvenu aucun débris de l'industrie textile des Assyriens ni des Babyloniens. Mais nous pouvons juger de la décoration de leurs tissus par les dessins figurant sur les bas-reliefs. Nous savons d'ailleurs, par les écrivains grecs et hébreux, quelle était la renommée des tapis et des étoffes fabriqués en Mésopotamie. Après la prise de Jéricho, nous voyons un Israélite, nommé Hachan, transgresser la loi d'interdit qui livrait tout le butin aux flammes et s'exposer à la mort pour s'approprier « une belle robe de Seinhar » (Chaldée).

Comme pour les faïences émaillées, nous pouvons dire que cette industrie ne s'est jamais éteinte dans le pays où elle a été si florissante. Les teinturiers et les tisserands chaldéens ont encore aujourd'hui des élèves parmi les ouvriers qui fabriquent les admirables tapis de Smyrne.

Tous les arts industriels atteignirent d'ailleurs un rare degré de perfection dans la Mésopotamie. Jamais civilisation ne fut plus fastueuse que celle de Ninive et de Babylone. Les bijoux, les vêtements, les armes, les meubles, que nous voyons figurés sur les sculptures, sont d'une richesse et d'une finesse de travail qui n'ont été dépassées par aucun peuple. Les broderies des robes et des manteaux des rois sont la répétition des principales scènes des bas-reliefs. Les poignées des glaives sont formées par des lions affrontés; les dossiers des sièges sont soutenus par des rangs de captifs sculptés dans le bois ou l'ivoire; les objets d'un usage familier, tels que les peignes, sont ornés de personnages ou de motifs d'ornement ciselés. Rien n'est simple, rien n'est uni, dans ces villes opulentes et fières, dont le luxe est resté proverbial. Non seulement il fallait satisfaire sans cesse à leurs fastueux besoins, mais encore fournir aux mar-

chés étrangers qui venaient s'alimenter dans les fabriques célèbres
de la Chaldée et de l'Assyrie. Aussi nous pouvons imaginer, derrière
la mollesse de Babylone et l'activité guerrière de Ninive, une classe
qui fit peu de bruit dans l'antiquité, mais qui n'en joua pas moins
un rôle actif pour le progrès de la civilisation : la classe innombra-
ble et ignorée des laborieux artisans.

Comme il nous est impossible d'entrer dans le détail de tous les

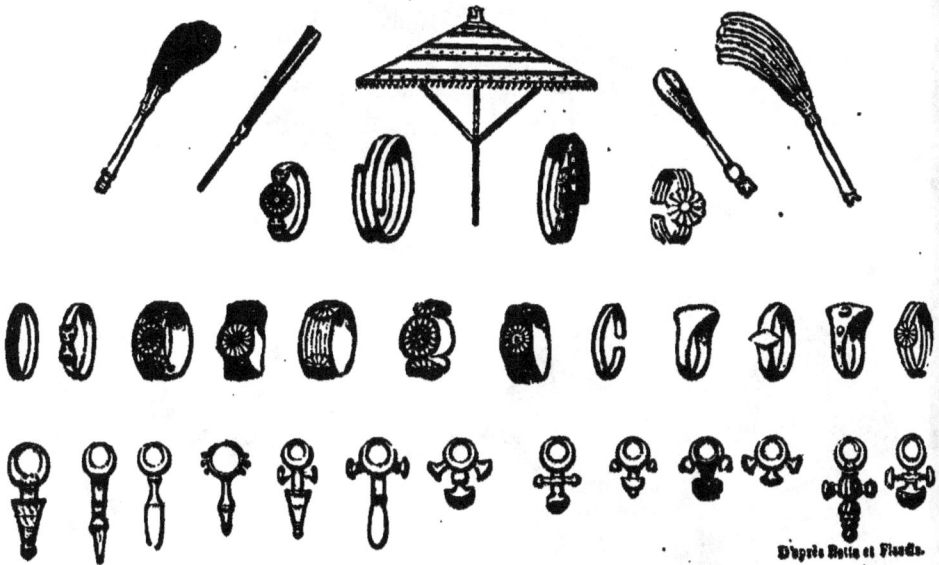

FIG. 341 à 374. — SPÉCIMENS DIVERS DE BIJOUTERIE ASSYRIENNE.
(Chasse-mouche, parasol royal, bracelets et boucles d'oreilles.)

métiers qui florissaient en Mésopotamie, nous dirons seulement
quelques mots de ceux qui prirent le plus d'importance et touchè-
rent de plus près à l'art, c'est-à-dire le travail des métaux et la
glyptique.

Pour l'extraction et le travail des métaux, les Assyriens et même
les anciens Chaldéens dépassèrent tous les peuples de l'antiquité et
ne peuvent être rapprochés que des nations modernes. En effet, ils
connurent les métaux les plus importants, notamment le fer, et
surent fabriquer l'acier.

On a attribué à la possession du fer et à la découverte du secret
de l'acier la longue et écrasante domination de Ninive sur l'Asie.
Une supériorité aussi manifeste n'a pu avoir évidemment une seule

cause, mais il est certain que celle-là doit être comptée parmi les plus importantes. Dans le magasin des fers du palais du Khorsabad, on a retrouvé une quantité énorme d'instruments de toutes sortes, soit tout en fer, soit en fer avec pointes d'acier : c'étaient

FIG. 375. — HARNACHEMENT DE LA TÊTE D'UN CHEVAL DE CHAR.
(D'après un bas-relief assyrien.)

FIG. 376. — ZODIAQUE BABYLONIEN
(du XII° siècle avant notre ère),
actuellement au musée Britannique.

D'après Rawlinson.
FIG. 377.
JOUEUR DE HARPE ASSYRIEN.
(Bas-relief de Nimroud.)

des grappins, des chaînes, des marteaux, des socs, des pics, des pioches, etc., symétriquement disposés.

Ninive ne fut pas la première qui employa le précieux métal ; Babylone l'avait précédée sur ce point comme sur tant d'autres. La découverte d'objets en bronze, en fer, en or, dans les plus vieilles tombes de la Babylonie, prouve que la métallurgie était fort avancée déjà chez les anciens Chaldéens. Les hachettes, les faux en métal s'y trouvent parfois à côté des mêmes instruments en silex taillé. On surprend là l'éclosion de l'âge du bronze et de celui du fer au milieu même de l'âge de la pierre.

Les habitants de la Mésopotamie tiraient la plupart de leurs métaux des montagnes qui enveloppent le double bassin de l'Euphrate et du Tigre. Ils ne paraissent pas avoir jamais été très riches en or; ce métal venait probablement de l'étranger, de l'Inde ou de l'Égypte. Quant à l'étain, on n'a pas découvert encore d'où ils pouvaient l'obtenir, à moins que ce ne fût par l'intermédiaire des Phéniciens. Il n'en existe pas de mines dans cette partie de l'Asie, et cependant les Chaldéens s'en servaient déjà pour fabriquer un bronze de qualité remarquable.

Les objets d'art en bronze, statuettes, vases, bas-reliefs, etc., remontent jusqu'aux plus lointaines époques connues de la civilisation chaldéenne. Les Babyloniens, comme les Assyriens, ont excellé dans le travail au repoussé. Les portes des palais et des villes étaient recouvertes de lames de bronze, dont il nous est resté de magnifiques échantillons.

L'usage des bijoux était très répandu en Mésopotamie. Les hommes, comme les femmes, portaient des boucles d'oreilles, des colliers, des bracelets, des bagues et des anneaux aux bras. Au temps où le fer était peu répandu, on fit des bijoux avec ce métal; plus tard, ils furent surtout en bronze. Ceux d'or et d'argent demeurèrent rares. Généralement ils sont d'un travail délicat et d'un joli dessin.

La glyptique, en Mésopotamie, mériterait qu'on lui consacrât des pages nombreuses. C'est un des arts dont on peut le mieux suivre l'évolution, depuis les premiers cailloux grossièrement taillés, jusqu'aux magnifiques cylindres de cornaline. Son histoire jette un certain jour sur celle de la sculpture avec laquelle elle marche toujours de pair, tout en offrant moins de lacunes. Les pierres taillées babyloniennes ou assyriennes nous sont parvenues en effet par milliers, et nous offrent toutes les variétés de date, de travail et de matière mise en œuvre.

Nous avons déjà dit quelle était l'importance légale du cachet en Mésopotamie; imprimé sur l'argile fraîche il servait de signature. Hérodote nous apprend que chaque citoyen en avait un qu'il portait toujours sur lui; les pauvres le remplaçaient par la marque de leur ongle, un peu à la façon dont nos illettrés signent d'une croix.

Ces cachets, qui devaient déjà être très nombreux pour suffire à toute la population, étaient en outre renouvelés à certaines occasions. Lorsqu'un souverain posait la première pierre d'un édifice important, palais, temple ou porte de ville, le peuple venait en foule jeter dans les fondations les fameux cachets, dont il fallait naturellement racheter de nouveaux exemplaires. C'est dans les assises des édifices qu'on a recueilli la plus grande partie de ceux que nous possédons. Enfoncés dans le terre-plein d'argile molle sur lequel on posait les grosses pierres de fondation, la plupart ont été retrouvés intacts.

Ces cachets sont rarement plats, tels que ceux dont nous nous servons; ils ont en général la forme cylindrique, et sont percés d'un trou par lequel passait sans doute un axe muni d'une manivelle qui permettait de les rouler légèrement et rapidement sur l'argile fraîche. Pour bien étudier les sujets qui les couvrent, on les roule ainsi aujourd'hui sur des tablettes de plâtre fin qui fournissent en relief le développement de l'intaille.

La glyptique, en Mésopotamie, en est restée à la gravure en creux et n'a jamais atteint le camée, qui, du reste, eût moins répondu au but que devait remplir le cachet.

Il s'en faut d'ailleurs que tous les cylindres qui nous sont parvenus aient la même valeur artistique. En dehors des pierres travaillées soigneusement et destinées aux gens riches, il y avait la fabrication courante et à bon marché, qui, comme toujours et partout, a fourni le plus d'échantillons. D'ailleurs les Assyriens ne sont pas arrivés tout à coup à la perfection du travail des pierres fines et dures. Il leur a fallu des siècles pour y atteindre. Les premiers Chaldéens commencèrent par tracer d'un trait creux de grossières figures dans des cailloux; puis ils se risquèrent à travailler ainsi l'albâtre, l'onyx et le porphyre; peu à peu les artistes s'attaquèrent à des pierres demi-fines, et enfin, bien plus tard, dans les derniers temps de Ninive, aux pierres fines, telles que la cornaline, la calcédoine, qu'il faut user avec leur propre poussière, et dans lesquelles ils arrivèrent à tracer des scènes qui ont à la fois l'ampleur et le fini des bas-reliefs.

Tous les vieux cylindres chaldéens gardent une naïveté de dessin, une gaucherie d'exécution qui les rend peu appréciables si ce n'est comme documents pour l'histoire de l'art, tandis que parmi les derniers exécutés à Ninive, il s'en trouve de fort remarquables comme beauté de matière, comme fini de travail et comme expression artistique.

FIG. 378. — CYLINDRE-CACHET D'UN SCRIBE DE LA COUR DE BABYLONE.

Cette photogravure a été faite d'après un moulage que nous avons fait exécuter sur l'original que possède le musée Britannique. D'après l'inscription en caractères cunéiformes, on voit que le propriétaire de ce cylindre se nommait « Sulilatsu le scribe, fils de Siauri Meni, serviteur de la dame de Babylone. »

Ce fut surtout par ses productions d'art industriel que la civilisation assyrienne pénétra dans tout l'Occident. C'est par tous ces menus objets d'usage journalier — meubles d'ivoire incrusté, vases de bronze, étoffes brodées, glaives, armures, bijoux et pierres taillées, que le goût, la pensée, l'esprit, les types de la Mésopotamie, s'en allèrent éveiller le génie des races encore engourdies dans leur vie monotone de barbares sur les bords de la Méditerranée.

Lorsque, plus loin, nous étudierons la propagation de la civilisation de l'Orient à travers l'Occident, nous verrons comment la Chaldée et l'Égypte ont civilisé la Grèce et préparé, par leurs quatre ou cinq mille ans de lents labeurs, si longtemps ignorés par l'histoire, l'éclosion merveilleuse dont le monde moderne devait sortir un jour.

# LIVRE CINQUIEME

## LA CIVILISATION JUIVE

### CHAPITRE PREMIER

### LE MILIEU, LA RACE ET L'HISTOIRE

§ 1ᵉʳ. — PART DES JUIFS DANS L'HISTOIRE DE LA CIVILISATION

Les Juifs n'ont possédé ni arts, ni sciences, ni industrie, ni rien de ce qui constitue une civilisation. Ils n'ont jamais apporté la plus faible contribution à l'édification des connaissances humaines. Jamais ils ne dépassèrent cet état de demi-barbarie des peuples qui n'ont pas d'histoire. S'ils finirent par posséder des villes, c'est que les conditions de l'existence, au milieu de voisins arrivés à un degré d'évolution supérieur, leur en faisaient une nécessité; mais, leurs villes, leurs temples, leurs palais, les Juifs étaient profondément incapables de les élever eux-mêmes; et, au temps de leur plus grande puissance, sous le règne de Salomon, c'est de l'étranger qu'ils furent obligés de faire venir les architectes, les ouvriers, les artistes dont nul émule n'existait alors au sein d'Israël.

Et pourtant cette obscure petite tribu de Sémites, dont le développement intellectuel fut si faible, joua, par les religions issues de ses croyances, un rôle tellement capital dans l'histoire du monde, qu'il est impossible de ne pas s'occuper d'elle dans une histoire des civilisations. L'étude de ses luttes intestines, des divagations de ses prophètes, des généalogies obscures de ses rois, forme, chez tous les peuples de l'Europe, une partie fondamentale de l'éducation; et, alors qu'un homme lettré moderne pourra ignorer complètement l'histoire des splendides civilisations qui fleurirent sur le sol de l'Inde, il n'oserait confesser qu'il ignore les exploits de Samson ou les aventures de Jonas avalé par une baleine.

FIG. 379. — ARABE DE LA PALESTINE ET SA VILLE.

Ce rôle considérable joué par la pensée juive dans l'histoire de l'Europe civilisée depuis près de vingt siècles, semblera sans doute un problème des plus intéressants aux écrivains de l'avenir. Lorsque, dans quelques milliers d'années, nos civilisations auront été rejoindre dans le gouffre du passé celles qui les ont précédées, que nos arts, nos littératures, nos croyances, ne seront plus que des souvenirs, et que l'on nous étudiera comme nous étudions aujourd'hui les Égyptiens et les Assyriens, c'est-à-dire avec le calme philosophique qui seul permet de comprendre les événements his-

FIG. 380. — SYRIEN JOUEUR D'INSTRUMENT.

toriques, et par suite de les expliquer, l'historien considérera sans doute comme un phénomène remarquable, que les peuples les plus civilisés du monde aient été pendant de longs siècles soumis à une religion dérivant des croyances d'une obscure tribu de nomades; que, pour ces croyances, dont la valeur scientifique est si nulle, des nations puissantes se soient massacrées sur tous les champs de bataille de l'Occident et de l'Orient, et qu'au nom des mêmes croyances de grands empires aient été élevés et détruits. Peu de faits historiques aussi curieux seront offerts aux méditations des penseurs de l'avenir.

Il est aisé de pressentir qu'ils seront quelque peu sceptiques, ces penseurs de l'avenir. Bien dégagés des préjugés qui nous obsèdent encore aujourd'hui, plus pénétrés que nous ne le sommes des liens qui rattachent le passé au présent et des lois générales de l'évolution des choses, ils jugeront sans doute ce qui passionne encore l'homme moderne avec des yeux tout différents des nôtres. Les problèmes qui nous semblent bien complexes aujourd'hui leur paraîtront fort simples, parce qu'ils sauront les réduire aux éléments dont ils sont formés. Sans doute alors les religions ne seront plus considérées comme la création d'un homme, mais comme celle de milliers d'hommes, comme la synthèse des idées, des besoins d'une race. On ne verra plus dans leurs fondateurs que des esprits supérieurs incarnant inconsciemment l'idéal d'un peuple et d'une époque. Le christianisme et l'islamisme laisseront voir les liens qui les rattachent, à travers la religion juive, à ces âges lointains où naquirent les dieux asiatiques. Nul n'ignorera alors que les religions, tout en conservant un même nom, ont constamment évolué à travers les siècles, et que c'est par une pure fiction qu'on a toujours

---

(*) (fig. 381) *Restitution du temple de Jérusalem.* — Bien que les Juifs n'aient jamais été assez civilisés pour posséder une architecture, et que nous sachions par la Bible que leurs monuments furent construits par des ouvriers étrangers, des générations d'archéologues se sont acharnées à essayer la restitution du temple de Jérusalem. Les styles les plus dissemblables ont été adoptés par les auteurs de ces restitutions, ce qui indique bien à quel point elles sont œuvres d'imagination pure. Tout ce que nous pouvons savoir d'à peu près précis du temple de Jérusalem, c'est qu'il fut de style égypto-assyrien. Nous ne voyons pas l'intérêt qu'il peut y avoir à représenter un monument qui n'avait aucun caractère juif et ne possédait aucune trace d'originalité. Cependant puisque des savants distingués tels que MM. de Vogüé, Perrot, Chipiez, etc., ont cru devoir consacrer de gros livres à la restitution de cet édifice, nous avons réservé une de nos planches au temple de Jérusalem. Notre restitution a été surtout inspirée par les travaux des auteurs cités plus haut. Le lecteur doit être cependant bien prévenu que cette restitution, de même d'ailleurs que toutes celles publiées jusqu'ici sur le même sujet, ne reposent que sur des indications fort vagues. De toutes celles parues dans cette ouvrage, la planche suivante est à peu près la seule qui ne s'appuie sur aucun document précis.

FIG. 351. — ESSAI DE RESTITUTION DU TEMPLE DE JÉRUSALEM ET DU PALAIS DE SALOMON.

Les indications relatives à cette restitution se trouvent en note au bas de la page ci-contre (8).

reporté sur leurs créateurs apparents les transformations qu'elles ont dû subir pour s'adapter à de nouveaux besoins; que la religion étant, comme les institutions et les arts, l'expression des sentiments d'un peuple, n'a jamais pu passer d'une race à une autre sans se modifier; que des Hindous, des Chinois, des Turcs, par exemple, peuvent bien professer une religion — telle que l'islamisme — ayant un seul nom, mais qu'en passant d'une race dans l'autre cette religion subit, comme les arts, la langue, les institutions, des transformations profondes qui la mettent en rapport avec les sentiments des peuples qui l'ont adoptée. Sans doute, alors, on regardera du même œil l'incrédule de nos jours, dont toute la science se borne à la tâche facile de montrer les côtés enfantins de tous les cultes, et le croyant, dont l'esprit très clair sur des sujets scientifiques, se courbe devant ces superstitions enfantines. Il est aussi facile de nier que d'affirmer; mais ce que l'on demandera à l'écrivain de l'avenir, ce sera surtout de comprendre et d'expliquer. Les temps où l'historien se croyait obligé de juger et de s'indigner seront évanouis pour toujours. L'histoire ne sera plus alors œuvre de littérateur, mais œuvre de savant.

L'histoire des Juifs et des religions sorties de leur sein différera beaucoup sans doute dans l'avenir de ce qu'elle est encore dans les livres. Le moins sémite des Sémites a été le fondateur du christianisme tel que la légende l'a faite, et ce n'est pas sans raison qu'il a été renié et crucifié par son peuple. Ce grand halluciné a joué dans l'histoire un rôle qu'il ne pouvait prévoir, et que des circonstances bien indépendantes de lui-même devaient engendrer, en portant sur son nom les aspirations qui se faisaient jour dans le monde lorsqu'il parut. La grande conception de charité universelle et le pessimisme sombre qui furent d'abord le fond de sa doctrine, comme ils avaient été cinq cents ans avant lui, le fond de celle de Bouddha, n'avaient rien de sémitique. De tels principes ne pouvaient être conçus par ce petit peuple juif, intolérant, égoïste, vaniteux et féroce, mais ils se greffèrent sur l'idée de monothéisme local vers laquelle a toujours plus ou moins penché l'esprit exclusif et simpliste des Sémites demi-barbares, tels que les Juifs et les Arabes.

Le temps n'est pas encore venu où l'on pourra tracer d'une main impartiale la genèse de ces grandes croyances. L'aurore de ce temps commence à peine à poindre : croyants et sceptiques sont encore cantonnés dans des affirmations ou des négations, et ne raisonnent guère. L'homme moderne est encore courbé sous le poids d'une hérédité bien lourde. Depuis tantôt deux mille ans, les influences héréditaires ont enfermé les âmes de l'Occident dans des moules qui commencent à se désagréger, mais sont bien tenaces encore. Le passé a laissé dans notre esprit des empreintes sur lesquelles les flots du temps devront passer et repasser durant des siècles pour les effacer.

L'Europe, malgré les développements du rationalisme moderne qui commence à peine à effleurer sa surface, reste chrétienne à un degré que les observateurs superficiels ne peuvent saisir. Les brusqueries de la libre pensée montrent seules, par les résistances qu'elles provoquent, la profondeur du vieux fonds biblique sur lequel nos sociétés vivent encore.

Le peuple juif eut assurément bien peu de part dans l'édification de ce monument séculaire. Mais les siècles ont tellement grandi son rôle apparent, qu'il est bien peu d'esprits assez indépendants du passé, même parmi les plus sceptiques, pour juger Israël à sa juste mesure.

On peut se douter de quel poids le passé pèse sur nous, quand on voit nos penseurs les moins crédules, tels que M. Renan, écrire à propos des Juifs, des lignes comme les suivantes : « Pour un esprit philosophique, c'est-à-dire pour un esprit préoccupé des origines, il n'y a vraiment dans le passé de l'humanité que trois histoires de premier intérêt : l'histoire grecque, l'histoire d'Israël et l'histoire romaine. Ces trois histoires réunies constituent ce qu'on peut appeler l'histoire de la civilisation, la civilisation étant le résultat de la collaboration alternative de la Grèce, de la Judée et de Rome. »

L'heure n'est pas venue encore où les lignes qui précèdent pourront être utilement proposées comme une preuve de l'indestructible influence du passé de l'homme et de son éducation sur l'état de son esprit. L'auteur que je viens de citer échappe parfois sans doute à cette influence, mais jamais pour bien longtemps. Il s'y soustrait quand il montre que toute la cosmogonie juive ne fut

qu'une simplification de la cosmogonie chaldéenne, et que c'est
grâce à la transformation qu'ils subirent en traversant l'âme simpliste des Sémites, que les mythes compliqués des Babyloniens
purent être adoptés par le monde civilisé de l'Occident. Il n'y
échappe plus quand il attribue aux Juifs un rôle prépondérant
et passe entièrement sous silence des peuples tels que les
Égyptiens et les Chaldéens, dont l'action fut si grande dans l'histoire des progrès de la civilisation, alors que celle des Juifs fut si
insignifiante.

Les anciens Juifs n'ont jamais dépassé les formes inférieures de
la civilisation qui se distinguent à peine de la barbarie. Lorsque ces
nomades sans culture sortirent de leur désert pour se fixer en
Palestine, ils se trouvèrent en contact avec des peuples puissants,
civilisés depuis longtemps, et, comme toutes les races inférieures
placées dans des conditions semblables, ils n'empruntèrent à ces
peuples supérieurs que les côtés infimes de leur civilisation, c'est-
à-dire leurs vices, leurs coutumes sanguinaires, leurs débauches et
leurs superstitions. Ils sacrifièrent à tous les dieux de l'Asie, à
Astarté, à Baal, à Moloch, beaucoup plus qu'au dieu de leur tribu,
le sombre et vindicatif Iahvé, dans lequel, malgré toute la violence
de leurs prophètes, ils n'eurent pendant bien longtemps qu'une
confiance très restreinte. Ils adoraient des veaux de métal, mettaient leurs enfants dans les bras rougis au feu de Moloch, et
livraient leurs femmes à la prostitution sacrée sur les hauts lieux.

Quant à faire faire le moindre progrès à la civilisation dont ils
empruntèrent les éléments les plus inférieurs, les Béni-Israël s'en
montrèrent incapables à un degré véritablement prodigieux. Lorsque
leurs puissants instincts commerciaux leur eurent permis d'amasser
des richesses, ils ne purent jamais trouver parmi eux des architectes
et des artistes capables de bâtir des temples et des palais, et c'est à
leurs voisins, les Phéniciens surtout, comme le montre la Bible,
qu'ils durent s'adresser. Toutes leurs connaissances se bornaient à
l'élevage des bestiaux, à la culture de la terre et surtout au trafic.

Leur prospérité d'ailleurs ne dura qu'un instant. Leurs instincts
de rapine et leur intolérance les rendirent insupportables à tous
leurs voisins et ces derniers n'eurent pas de peine à les réduire en
servitude. Ils vécurent d'ailleurs presque constamment dans la plus

FIG. 382. — JÉRUSALEM. VUE D'ENSEMBLE.

Cette vue comprend quelques-uns des monuments les plus célèbres de Jérusalem, notamment l'église du Saint-Sépulcre, la mosquée d'Omar (à gauche du dessin) et le Jardin des Oliviers (sur la montagne). Je l'ai prise de la galerie supérieure d'une école française située dans l'intérieur de la ville.

effroyable anarchie, et leur triste histoire n'est que le récit d'horreurs de toutes sortes : prisonniers sciés vivants ou rôtis dans des fours, reines données à manger à des chiens, populations des villes massacrées en y comprenant femmes, vieillards et enfants. Les Assyriens eux-mêmes ne déployèrent jamais une férocité plus grande.

Ce fut pourtant sans doute la noire misère où tomba bientôt Israël qui empêcha sa désagrégation complète et lui permit de conserver son unité remarquable. L'antipathie profonde qu'il inspira toujours à tous les peuples qui se trouvèrent en contact avec lui l'empêcha de disparaître en se fondant avec eux. Écrasé par de puissants voisins, toujours réduit en esclavage par les grands empires asiatiques, livré à ses perpétuelles luttes intestines et à une incurable anarchie aussitôt qu'il recouvrait une ombre de liberté, il réalisait entièrement ces conditions où l'âme humaine, n'ayant rien à espérer, ne connaît plus que les suggestions du désespoir. C'est alors qu'apparaissent ces hallucinés et ces convulsionnaires qui ont toujours eu une influence si profonde sur l'âme des foules. Jamais peuple ne posséda autant de voyants, d'inspirés et d'illuminés qu'Israël. En fait d'hommes remarquables, il ne compta guère que des prophètes et des poètes.

Prophètes et poètes puisaient d'ailleurs aux mêmes inspirations. Ils vivaient dans la même atmosphère d'excitation cérébrale constante dont toutes leurs œuvres portent l'empreinte.

Pendant ses longs siècles d'histoire, Israël n'a produit qu'un livre, l'Ancien Testament, et de ce livre, quelques poésies lyriques seulement sont tout à fait remarquables. Le reste se compose de visions d'hallucinés, de froides chroniques, de récits obscènes et sanglants.

Ce livre eut pourtant une fortune qu'aucun autre, en dehors peut-être du Coran, n'a obtenu dans le monde. La Bible et le Coran sont assurément les deux livres qui ont eu le plus de lecteurs dans l'univers, et qui ont le plus influencé les âmes. Ils ont inspiré de grands conquérants, précipité l'Occident sur l'Orient, et c'est en leurs noms qu'ont été fondés et détruits de gigantesques empires.

L'influence extraordinaire de la Bible constitue un des plus frappants exemples que l'on puisse citer du rôle que jouent les illusions

dans l'histoire des peuples. Ce livre eut en outre ce sort merveilleux
d'être lu par des millions d'hommes qui y ont vu chacun ce
qu'il voulait y voir, mais jamais ce qui s'y trouvait réellement. Un
pareil phénomène d'imagination déformante ne se produira plus
sans doute sur une semblable échelle dans l'histoire du monde. Les
pages où des générations et des générations d'hommes ont su
trouver les plus sublimes enseignements de morale sont les récits
de débauches et de massacres qui constituent la véritable histoire
des Juifs. Les ruses de Jacob, l'inceste des filles de Loth, l'adultère
de David, les prostitutions sur les hauts lieux, les exécutions sans
pitié, et toutes les insignifiantes chroniques d'un peuple barbare,
enseignent depuis deux mille ans aux peuples chrétiens la vraie
nature et la toute-puissance de leur Dieu. En remontant plus haut
encore, on voit que c'est la vieille cosmogonie chaldéenne — la
création en sept jours, Adam et Ève, le paradis, le déluge, l'arche
de Noé — qui nourrit depuis tant de siècles les générations occidentales. Il a fallu un merveilleux effort d'imagination aux nations
aryennes pour reconnaître leur Dieu universel et bienveillant dans
les traits du sombre et féroce Jéhovah, l'idole obscure de l'obscure
tribu des Béni-Israël, l'idole qui réclame toujours des sacrifices,
des holocaustes, de la viande grillée et du sang. Les légendes
enfantines ou monstrueuses que les écrivains bibliques avaient
compilées pour faire croire à une peuplade ignorante que son dieu
la gouvernait directement, la châtiant et la récompensant tour à
tour d'une façon évidente; ces légendes qui firent alors si peu
d'impression sur l'incrédulité des Juifs, et dont l'un d'eux, Job, a
si magistralement réfuté la théorie fondamentale; ces légendes
sont devenues la base de religions qui ont satisfait l'Occident
durant plus de vingt siècles; elles ont été la vérité pure pour des
esprits tels que saint Augustin, Galilée, Newton et Pascal.

C'est en observant des phénomènes semblables que j'en suis
arrivé à conclure que les illusions jouent un rôle tellement considérable dans l'évolution des peuples, qu'il serait difficile d'en exagérer l'importance.

Je n'ai pas à traiter dans cet ouvrage de l'histoire et de la formation des religions qui ont régné depuis près de deux mille ans
sur l'Occident; un volume comme celui-ci ne suffirait pas à réaliser

une telle tâche. Je n'ai donc pas à rechercher par quelle série de
circonstances ce fut précisément le peuple juif — le plus réfractaire
aux grandes idées simplistes de sa race — qui a fait triompher ces
idées dans le monde. Je n'ai pas davantage à montrer que l'apparition du christianisme ne fut pas un phénomène brusque — comme
cela s'enseignera longtemps encore — mais qu'il se rattache par
une série d'évolutions graduelles au vieux Panthéon chaldéen et
aux vieilles formes des primitives religions aryennes. Notre tâche
doit se borner à montrer la part des Juifs dans l'histoire de la civilisation.

On peut résumer dès à présent le contenu de ce chapitre en
disant qu'au point de vue matériel, l'influence des Juifs dans l'histoire de la civilisation a été parfaitement nulle, mais qu'au point de
vue moral cette influence a été au contraire immense. S'il est vrai
que l'humanité est surtout conduite par des fantômes, il faut reconnaître que c'est du sein de la nation juive qu'est sorti un des plus
formidables de tous ceux qui ont régné sur le monde. L'Occident a
été pendant deux mille ans plié sous sa loi, et pendant bien des
siècles sans doute il y restera courbé encore. Le représentant des
doctrines prêchées par un charpentier d'un petit village de la
Galilée est aujourd'hui encore le plus puissant monarque du monde,
le seul dont les arrêts soient tenus pour infaillibles, et dont on
puisse dire que trois cents millions d'âmes sont soumises à son
joug.

C'est en raison de cette influence, exercée indirectement par les
Juifs dans le monde, que nous leur avons consacré quelques pages
dans notre histoire des premières civilisations, bien qu'ils n'aient
mérité à aucun titre d'être rangés parmi les peuples civilisés.


§ 2. — LE MILIEU ET LA RACE


Les Israélites étaient des Sémites, c'est-à-dire qu'ils appartenaient
à la même race que les Assyriens et les Arabes.

Il est établi aujourd'hui que l'Arabie centrale et septentrionale
fut le berceau des Sémites. Mais, tandis que la plupart d'entre eux

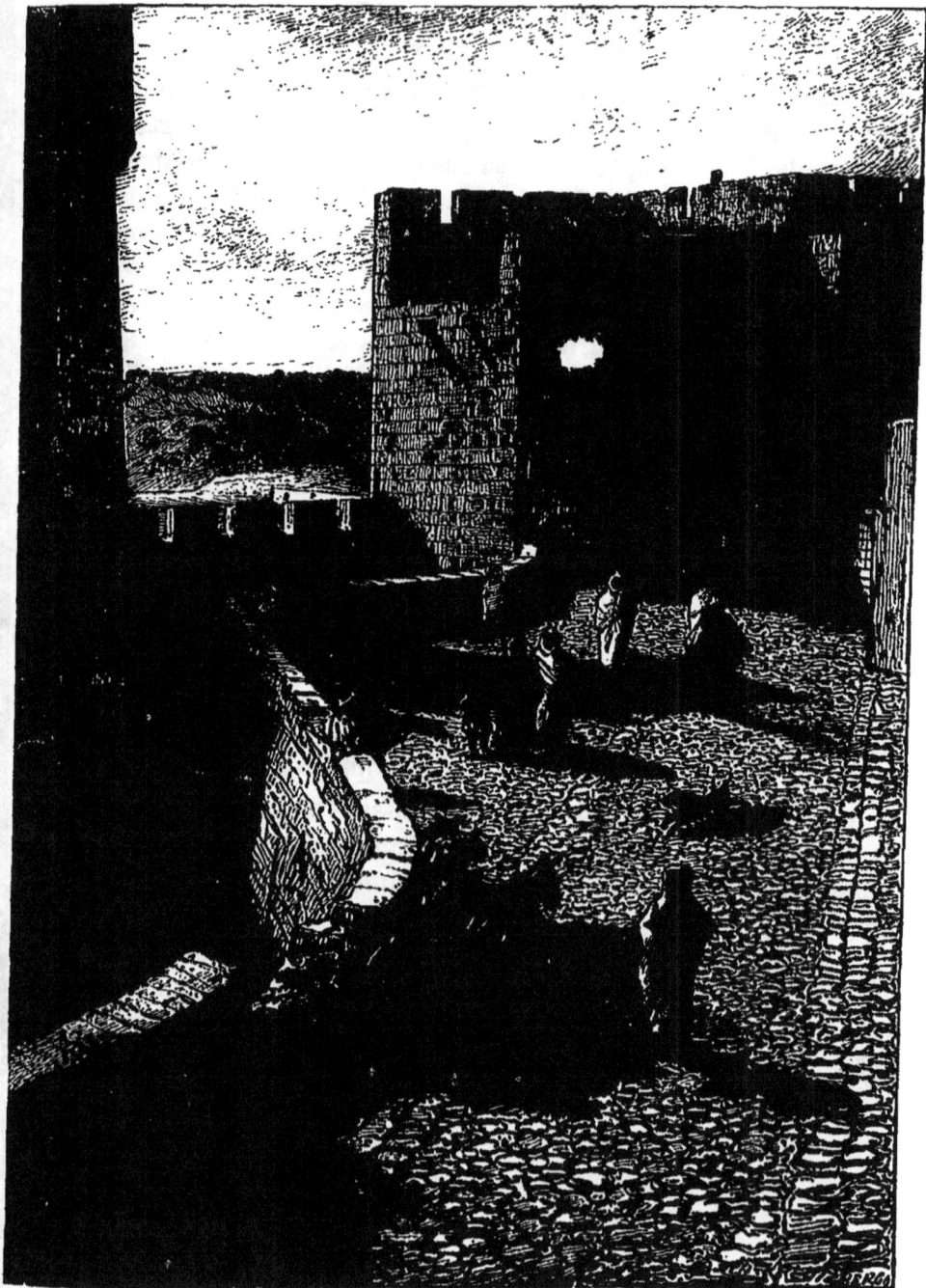

D'après une photographie.

FIG. 363. — JÉRUSALEM. PORTE DE JAFFA.

C'est par cette porte qu'entrent à Jérusalem les voyageurs venus par Jaffa et Ramleh. C'est d'une maison placée à l'intérieur de la ville que j'ai pris la photographie instantanée reproduite dans ce dessin.

restaient dans la péninsule et s'étendaient vers le sud, d'autres, au contraire, émigraient vers le nord, pénétraient dans la Babylonie, où régnait la civilisation des Sumers et des Accads, y séjournaient assez longtemps pour s'imprégner à un très haut degré de cette civilisation, puis, devenus trop nombreux, émigraient de nouveau, à des époques différentes, soit plus avant vers le nord, soit vers l'ouest.

Les Sémites qui restèrent en Arabie furent les ancêtres du peuple arabe. Ceux qui passèrent par le foyer de civilisation du Bas-Euphrate, et rayonnèrent ensuite sur toute l'Asie antérieure, furent les Assyriens et les Israélites.

Le séjour des ancêtres du peuple d'Israël en Mésopotamie est prouvé, non seulement par leurs traditions, qui font sortir Abraham de la ville d'Ur, en Chaldée, mais encore par les traces nombreuses que laissèrent dans leurs croyances et dans leurs mœurs la religion et les coutumes des Sumers et des Accads.

Tandis que les Sémites du sud, c'est-à-dire les populations arabes, conservaient le génie de leur race pur de toute influence étrangère, et nous apparaissent encore aujourd'hui comme le type de ces nomades aux idées simples, au culte peu compliqué, aux mœurs primitives et immuables, que nous nous représentons d'après les tableaux de la Genèse; les Sémites du nord, au contraire, compliquèrent leur cosmogonie, surchargèrent leur culte de rites et de détails, adoptèrent une foule de dieux ignorés au désert, bâtirent des villes, établirent des institutions variées, et tentèrent de fonder des nations organisées et puissantes à l'image de celles dont les arts, les sciences, les avaient éblouis et avaient transformé leur imagination.

Même à l'époque de leur domination si étendue et de leur magnifique civilisation, les Arabes restèrent plus simples dans leurs idées générales et dans leur culte que les Assyriens, les Phéniciens et les Juifs. L'islamisme, après tout, est la seule religion rigoureusement monothéiste que les Sémites aient créé, la seule qui se montre absolument dépourvue de toute infiltration fétichiste et qui repousse complétement les images taillées.

Allah est autrement élevé, majestueux, et d'une essence plus purement spirituelle que le féroce Iahvé, qui, avec ses jalousies, ses colères, ses mesquines vengeances, est un frère à peine dégrossi des Moloch et des Kamos.

Mahomet, en adoptant la cosmogonie des Juifs, adoptait en réalité celle des vieux Chaldéens. Les conceptions vagues des Sémites trouvèrent un corps dans ces doctrines matérielles, concrètes, qu'ils n'eussent pas inventées, mais sans lesquelles il leur eût été impossible d'avoir par la suite aucune prise sur l'esprit plus positif et plus représentatif des Aryens.

Ainsi donc, la profonde différence que l'on constate entre les Sémites du sud et ceux du nord, prouve que ces derniers se sont éloignés du type primitif de la race par le fait d'un long contact avec des peuples beaucoup plus civilisés qu'eux-mêmes. La tradition biblique, et, mieux encore, les traces évidentes des croyances chaldéennes, la cosmogonie tout entière empruntée à Babylone, montrent que ces peuples, chez qui séjournèrent les Sémites du nord, furent les Sumers et les Accads, c'est-à-dire les populations les plus anciennement établies dans les plaines du Bas-Euphrate.

Après les avoir quittés, les Israélites se fixèrent, à travers des péripéties que leurs historiens ont complaisamment rapportées en les exagérant, dans la vallée, peu remarquable en apparence, du Jourdain.

Ils ne tinrent pas la mer, comme leurs voisins les Phéniciens, car c'est à peine s'ils furent jamais bien maîtres du rivage. Un peuple non sémite, venu de Crète à ce qu'on croit, les Philistins, possédait la côte et s'y maintint énergiquement. Les Juifs n'en eurent pendant longtemps qu'une partie, celle qui s'étend de Joppé à la pointe du Carmel. C'est là que se trouve située l'admirable plaine de Saron, dont les prairies et les moissons s'étendent presque au bord des flots. Mais la rive proprement dite est sablonneuse et peu propre à l'établissement d'un port.

Ce ne fut donc pas la proximité de la mer qui rendait avantageuse la possession de la Palestine. Ce n'était pas non plus sa fertilité, grande cependant lorsqu'elle n'était pas comme aujourd'hui entièrement déboisée.

Mais la Palestine, comme la Babylonie, bien qu'à un moindre degré, était une des principales routes du monde antique. Ses étroites vallées constituaient la seule voie terrestre de communication par laquelle les deux plus grands centres de civilisation du monde, la Mésopotamie et l'Égypte, pouvaient entretenir leurs relations, échanger leurs produits en temps de paix, ou faire passer leurs armées durant la guerre.

La clef de ces vallées, c'était Mageddo, au sud, et Kadesch, au nord : aussi ces deux villes ont-elles prêté leur nom à bien des batailles célèbres et sanglantes.

Cette situation intermédiaire n'était pas sans péril. Le petit peuple d'Israël, placé entre la terrible Ninive et la puissante Égypte, s'appuyant sur l'une pour résister à l'autre, était souvent broyé dans la lutte et finit par y être définitivement écrasé.

Mais aussi, dans l'intervalle des guerres, alors que les longues caravanes chargées d'étoffes, de bijoux, de poudre d'or et d'ivoire travaillé, traversaient incessamment la Palestine, l'Israélite, de tout temps habile au commerce, âpre au gain, ne laissait pas tant de richesses traverser son territoire sans en retenir quelque chose.

Le transit fut la principale source de l'opulence qui se développa souvent et rapidement dans la Judée. Le luxe des beaux tapis, des tissus précieux, des vêtements éclatants, des joyaux voyants et massifs, qui toujours fut la passion des fils de Jacob et contre lequel tonnaient les prophètes, eut sa source dans cette situation d'intermédiaires et de courtiers que les Juifs durent à la position particulière de la contrée qu'ils habitaient.

Le génie du commerce, l'esprit mercantile, resté comme le trait dominant de leur nation, prit naissance, ou du moins se fortifia, par le rôle qu'ils eurent à jouer dans l'antiquité, entre l'Asie et la vallée du Nil, à voir sans cesse leurs chemins occupés par les nombreux convois qui transportaient d'une région à l'autre toutes les splendeurs des deux civilisations les plus avancées et les plus raffinées du monde.

Comme climat et comme production, la Palestine fut d'ailleurs une des contrées favorisées de l'Asie antérieure. Couverte par les ramifications du Liban, elle offrait à la fois, grâce à ses différences d'altitude, toutes les saisons et tous les produits des autres régions.

Au-dessous des sommets étincelants de neige, s'étendaient les pentes couvertes de forêts et de pâturages, tandis que les plaines développaient des champs où croissaient de riches récoltes de lin, d'orge, de blé.

Dans toute l'antiquité, la fertilité de la Palestine était célèbre.

D'après une photographie

FIG. 384. — VUE PRISE SUR LES BORDS DE LA MER MORTE.

La mer Morte ou lac Asphaltite a 75 kilomètres de longueur et près de 400 mètres de profondeur. Son niveau est de 400 mètres au-dessous de celui de la Méditerranée. Elle reçoit les eaux du Jourdain. Elle contient 25 pour 100 de matières solides. Aucun être ne vit dans son sein. C'est, d'après la légende, sur les bords de la mer Morte que se trouvaient les villes célèbres de Sodome et de Gomorrhe.

Elle étonna les Hébreux, lorsqu'ils sortirent de l'aride presqu'île du Sinaï et que leurs émissaires leur apportèrent des descriptions enthousiastes de cette contrée, « où coulaient en ruisseaux le lait et le miel », et leur montrèrent des échantillons de ses fruits savoureux, les énormes grappes de raisin qu'un seul homme ne pouvait porter.

La vigne, le figuier, l'olivier, formaient les principales richesses agricoles du pays, et la Bible les mentionne fréquemment.

Tous les arbres fruitiers venaient bien sur les nombreux coteaux qui ondulent par tout le pays, de la riante Galilée jusqu'aux rives de la mer Morte.

Aujourd'hui les déboisements, l'incurie de l'administration musulmane et la terreur des nomades pillards, ont laissé les sables du désert conquérir du terrain et réduire à l'état de souvenir l'abondance d'autrefois. Mais dans l'antiquité, la main de l'homme suppléait à ce que la nature ne répartit pas en assez grande quantité sur tous les points de cette région. Des irrigations artificielles faisaient rendre à la terre tout ce qu'elle ne donne pas à présent faute d'eau, et la presque totalité de la Palestine ressemblait, pour la fraîcheur et la fertilité, aux ravissantes oasis que font naître encore sur leurs bords les torrents qui roulent vers la mer Morte ou vers la Méditerranée.

Les Israélites surent tirer bon parti de cette heureuse région. Ils furent des agriculteurs habiles. Ils n'excellèrent du reste qu'en cela seul. N'ayant ni art, ni science, ni industrie, et ne se livrant au commerce que comme intermédiaires, ils donnèrent tous leurs soins à leurs champs et à leurs troupeaux.

Leurs livres saints sont remplis de peintures pastorales, de comparaisons et d'exemples empruntés à la vie des laboureurs et des bergers. Ce peuple eut à un vif degré le sentiment de la nature. Pour donner une idée du grand nombre de paraboles et de cantiques composés par Salomon, l'auteur du livre des Rois dit « qu'il a parlé des arbres, depuis le cèdre qui est au Liban jusqu'à l'hysope qui sort de la muraille, et de toutes les bêtes : des oiseaux, des reptiles et des poissons. »

Pour le Sémite nomade, qui n'avait quitté les déserts de l'Arabie que pour les plaines brûlantes de la Mésopotamie, et qui avait vu en Égypte les terrains plats coupés de canaux de la terre de Gessen, l'admiration causée par les sites variés, les riantes collines, les produits si divers de la Palestine, ne s'effaça jamais, pas même par l'effet de la possession et de l'habitude.

Voici comment le prophète Jérémie annonce leur délivrance aux captifs de Babylone :

« Ainsi, a dit l'Éternel : Je te rétablirai encore et tu seras rebâtie, ô vierge d'Israël!... Tu planteras encore des vignes sur les montagnes de Samarie: ceux qui plantent planteront, et en recueilleront les fruits pour leur usage. »

« Ils viendront donc et se réjouiront avec un chant de triomphe, au lieu le plus élevé de Sion, et ils accourront aux biens de l'Éternel, au froment, au vin, et à l'huile, et au fruit du gros et du menu bétail. »

Ainsi, même après son contact prolongé avec la brillante civilisation chaldéenne, même après son séjour en Égypte, l'Israélite était demeuré un peuple d'agriculteurs et de bergers. Les vieilles habitudes contractées dans les vastes pâturages primitifs, la simplicité des mœurs sémitiques, continuèrent à dominer en lui. Les influences étrangères que nous avons constatées dans ses mœurs, dans sa religion, et qui le différencièrent de ses frères, les Arabes du désert, ne le modifièrent en somme que superficiellement.

Il resta, même sous ses rois, le nomade à la fois épris d'aventures, de surprises, de razzias, de querelles sanglantes, et passionné pour ses troupeaux, qui se lève plein d'énergie pour quelque lutte acharnée, puis, après l'effort, se repose dans une molle rêverie, les yeux perdus dans l'espace, nonchalant et vide de pensées comme le paisible bétail qu'il surveille.

Absolument réfractaire aux arts, et n'ayant qu'un goût médiocre pour l'existence des villes, Israël n'éleva des temples et des palais que par vanité. Ce qu'il préférait, suivant sa propre expression, c'était, après le carnage, « le repos à l'ombre de sa vigne et de son figuier. »

Sa plus belle fête, c'était la *Fête des tentes*, alors que pendant huit jours on abandonnait les maisons pour vivre sous des abris improvisés qui rappelaient le séjour au désert.

Lorsqu'on veut connaître l'Israélite, il ne faut pas le juger par ses compilations écrites, dont la plus grande partie sont des souvenirs de la Chaldée. Il faut percer la couche légère de civilisation qu'il avait à grand'peine empruntée aux puissants empires dans le sein desquels il vécut, et il faut le voir là où il est bien lui-même, dans les tableaux de la Genèse, par exemple, qui représentent sa vie préférée, la vie pastorale, ou bien encore le retrouver dans les habitants actuels des régions qu'il occupa, dans ces petites tribus nomades de l'Arabie septentrionale et de la Syrie, qui, depuis six ou huit mille ans, n'ont changé ni de mœurs, ni de coutume.

La Palestine elle-même, la Terre promise, ne fut qu'un milieu factice pour les Israélites. Leur vraie patrie, c'était le désert. C'est lui, qui, avec son uniforme et calme aspect, avec son existence monotone, réduite à la satisfaction des besoins les plus élémentaires, a élargi et simplifié l'âme des Sémites, dans laquelle il a mis l'éternel et calme reflet de ses horizons infinis.

C'est lui qui, en rendant leur imagination stérile comme son propre sol, y a étouffé les germes des superstitions multiples qui, ailleurs, ont envahi l'âme humaine, semblables à une végétation dangereuse par sa luxuriance même. C'est grâce à lui que les Sémites, par le vague de leurs conceptions religieuses d'où toute forme palpable est absente, ont créé le Dieu lointain, majestueux, éternel, qui, parce qu'on ne pouvait le définir ni le représenter, sembla plus tard d'une pureté toute spirituelle et étendit son règne sur les nations les plus civilisées du monde.

Israël perdit un moment ce Dieu en s'encombrant des superstitions de l'Égypte et de l'Asie; mais ses prophètes le proclamèrent, et c'est en retrouvant la pure tradition sémitique que les fils de Jacob devinrent capables de convertir l'univers à leur foi.

## § 3. — HISTOIRE DES JUIFS

L'histoire des Juifs ne commence réellement qu'à l'époque de leurs rois.

Jusqu'à Saül, le peuple d'Israël fut moins une nation qu'une

Depuis une photographie.

FIG. 383. — CANA DE GALILÉE.

C'est dans ce village que se seraient passées les noces célèbres où, d'après la Bible, l'eau fut changée en vin.

agrégation confuse de bandes indisciplinées, une réunion incohé-
rente de petites tribus sémitiques, qui traversa les différentes
aventures des nomades : querelles et conquêtes, cruelles famines,
pillages de petites villes dans lesquelles on jouissait tout à coup de
quelques jours d'abondance pour reprendre ensuite la vie errante
et misérable.

Le groupe sémitique des Béni-Israël s'était formé comme tous les
clans. A l'origine, il se composait d'une seule famille reconnaissant
un ancêtre unique. Cet ancêtre, pour les Israélites, était un nommé
Jacob ou Israël, descendant lui-même d'Abraham, qui, le premier
de la race, avait quitté la Chaldée pour chercher fortune.

Un grand nombre d'autres petits peuples, les Edomites, les
Ammonites, les Ismaélites, faisaient remonter leur origine jusqu'à
Abraham. Les Hébreux se prétendaient les seuls descendants
directs et légitimes, tout en reconnaissant leur parenté avec les
autres.

A partir de Jacob surnommé Israël, il n'y avait plus eu de scis-
sion dans la famille principale, dont les membres furent nommés,
pour cette raison, les Béni-Israël ou les fils d'Israël.

Poussés par la famine, Jacob et ses fils étaient descendus en
Egypte au temps des rois pasteurs. Ils s'établirent dans le Delta et
s'y multiplièrent. Les Egyptiens les réduisirent à l'état d'esclavage,
mais leurs descendants se lassèrent de leur triste condition et profitèrent d'une époque de troubles pour s'enfuir de la terre de servitude, peu de temps après le règne du grand Sésostris.

Un certain nombre d'Égyptiens mécontents, de prisonniers,
d'esclaves insurgés, se joignirent à eux ; et, lorsqu'ils traversèrent
la mer Rouge, les Béni-Israël représentaient bien ce que nous
entendons par un clan, c'est-à-dire une réunion de gens persistant à se reconnaître comme les descendants d'un seul homme,
mais qui, en réalité, ouvrent leurs rangs à tous les transfuges prêts
à adopter leur nom, leurs traditions et leurs idoles familiales.

Rendus à la vie nomade, les Béni-Israël, qui en avaient perdu
l'habitude, la trouvèrent d'abord assez dure et se révoltèrent souvent contre le chef qu'ils s'étaient donné.

Ce chef, que la légende appelle Moïse, mais dont nous ne savons
probablement pas le véritable nom, eut l'habileté de leur faire

croire, pour les ramener à la discipline, qu'il était en communication avec le ciel et qu'il leur apportait les ordres d'un dieu spécial, celui de leur tribu. Profitant des orages terribles qui éclatent au sommet et sur les flancs du Sinaï, il inspira une salutaire terreur à cette bande d'esclaves, que le ciel serein et les horizons plats de l'Égypte n'avaient pas habitués aux phénomènes naturels des pays de montagnes.

La presqu'île du Sinaï étant réellement trop pauvre, trop aride pour nourrir même des nomades, les Béni-Israël se dirigèrent vers le nord et essayèrent de pénétrer sur les terres des petits peuples chananéens, ces terres dont la fertilité les étonna et les remplit d'envie quand ils en approchèrent.

Telle était en effet alors la richesse des pays avoisinant le Jourdain, que les tribus de bergers errants sorties de l'Arabie sémite en quête de pâture, s'y fixaient immédiatement et quittaient leurs mœurs pastorales pour devenir des populations agricoles.

Les Hébreux subirent la même transformation, et de nomades devinrent sédentaires lorsqu'ils eurent enfin pris pied sur cette terre de leurs rêves, cette terre promise, si longuement, si âprement convoitée.

Malgré les récits emphatiques de leurs historiens, les énumérations de victoires, les populations passées au fil de l'épée, les murs de Jéricho s'écroulant au son des trompettes, Josué arrêtant le soleil pour prolonger le carnage, il n'y eut pas de conquête proprement dite.

Quelques petites bourgades furent prises d'assaut, il est vrai, et la grande division des clans chananéens explique ces succès de la part des Béni-Israël, doués de peu de goût, de peu de talent pour la guerre, et de plus fort mal armés.

Mais, en somme, l'établissement des Hébreux dans la Palestine s'effectua plutôt par pénétration progressive. Ils mirent très longtemps, non seulement à se rendre maîtres du pays, mais même à y dominer à un faible degré.

Partagés, comme les Chananéens, en un grand nombre de petits clans, dont les principaux portaient les noms des fils de Jacob, et qui furent les tribus, ils ne s'entendaient même pas entre eux pour accomplir l'œuvre de conquête.

Toute la période des Juges, qui fut l'époque héroïque de leur histoire, se passa à guerroyer partiellement, par petits groupes, chacun défendant avec peine la parcelle de territoire dont il avait pu s'emparer.

Cette sorte de lutte entre laboureurs et pasteurs, entre sédentaires et nomades, est bien connue et se produit encore constamment de nos jours, en Syrie, en Algérie, partout où les Sémites apparaissent avec leurs mœurs que le temps n'a pu modifier.

Parfois, le nomade se contente d'opérer une razzia dans les pays de culture; le coup de main fait, le butin chargé sur ses chevaux ou ses chameaux, il s'enfuit à toute bride, s'enfonce et disparaît dans le désert. Mais souvent aussi, pris de jalousie pour l'existence assurée, régulière des agriculteurs, il se glisse parmi eux, s'y établit par la violence, et, après une période d'hostilité, finit pas être adopté de ses voisins et par se confondre avec eux.

L'invasion des Béni-Israël en Palestine ne se produisit pas autrement. Seulement l'événement eut une assez grande portée, étant donné le nombre et les besoins de ces Béni-Israël, que leurs misères d'Égypte et les terribles années de privations dans le désert avaient unis, concentrés, rendus désespérés, comme une troupe de maigres loups que la faim pousse jusque dans les villes.

C'est environ quinze siècles avant J.-C. que s'accomplit l'Exode, et c'est seulement dans les premières années du XIe siècle que les Israélites songèrent à former une nation et à se donner un roi.

Or, à l'avènement de Saül, la conquête de la Palestine était loin d'être achevée. Les Jébuséens, les Asmonéens, une foule de petits peuples y vivaient côte à côte avec les Israélites. Les Philistins, seule race probablement aryenne de la contrée, y dominaient. C'est même pour ne pas être complètement écrasés par eux que les diverses tribus, pour la première fois depuis l'entrée en Chanaan, se réunirent sous un seul chef.

Pas un des Juges, en effet, n'avait étendu son autorité sur tous les Israélites. Chacun de ces gouverneurs ou cheiks prenait la direction militaire d'un groupe, lorsque ce groupe se trouvait directement menacé, et ne gardait même pas le commandement après la victoire.

La situation dura ainsi, presque sans changement, pendant quatre siècles.

Des événements aussi insignifiants n'appartiennent pas à l'histoire, ou plutôt s'ils y appartiennent, c'est pour des raisons tout à
fait indépendantes de leur importance. C'est ainsi que le siège et la
prise d'une petite ville de la Troade par une bande de barbares,
douze siècles avant J.-C., est devenu un événement capital dans

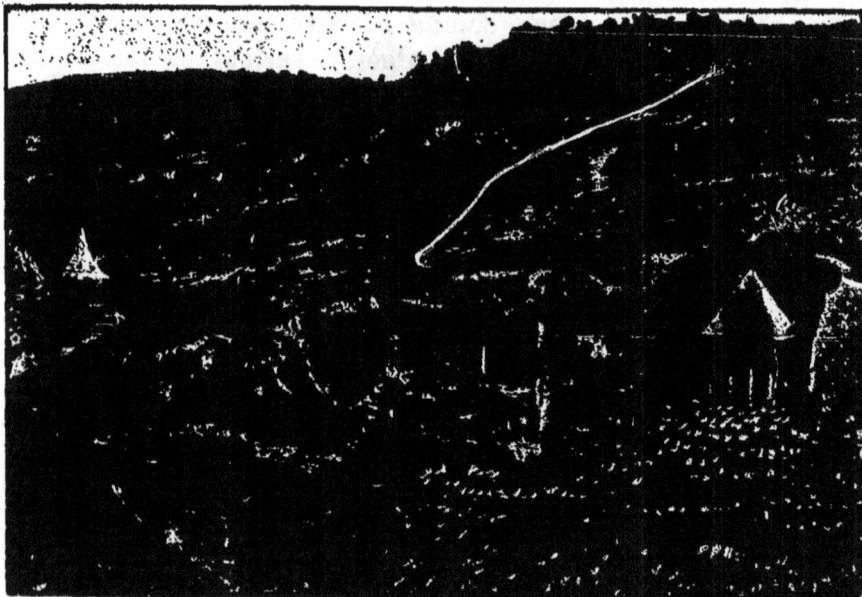

D'après une photographie.

FIG. 386. — TOMBEAUX DITS D'ABSALON, DE SAINT-JACQUES ET DE ZACHARIE, DANS LA VALLÉE DE JOSAPHAT.

Le tombeau dit d'Absalon est celui qu'on voit à gauche du dessin. Il est d'ailleurs représenté à une plus grande
échelle plus loin, p. 641. Ce monument, de même d'ailleurs que les tombeaux voisins, n'a absolument rien de ju-
daïque. Les ornements, notamment les chapiteaux ioniques, prouvent qu'il appartient à la période gréco-romaine.
Suivant la tradition chrétienne, c'est dans cette vallée de Josaphat, dont notre photogravure représente une
partie, que se fera le jugement dernier. La vallée étant visiblement un peu étroite, la légende admet que les montagnes s'écarteront pour faire place à la foule immense des ressuscités.

l'histoire du monde, non pas à cause de ses conséquences, mais
parce qu'Homère l'a chanté.

Le mirage de l'imagination chrétienne a donné plus de grandeur encore aux misérables querelles de petits clans de Bédouins
pillards, se disputant une vallée qu'un ruisseau rendait fertile, il y
a plus de trois mille ans.

Les historiens juifs, qui rédigèrent bien après coup ces événements et les enflèrent considérablement, les ont moins grossis
encore que l'Église chrétienne ne l'a fait par la suite.

Quand on lit, avec un peu de sens critique, le livre de Samuel et celui des Juges, on peut encore se rendre assez bien compte de ce que fut pour les Israélites la pénible période de l'établissement en Palestine. Mais ces mêmes récits, vus à travers les vapeurs de l'enthousiasme religieux, ont pu donner l'illusion d'une brillante et miraculeuse conquête.

Avec Saül, les Israélites commencent à former une nation, et méritent qu'on ouvre la toute petite page de vraie histoire qu'ils remplissent dans le monde.

Ce premier roi les débarrassa de la terreur perpétuelle des Philistins, porta à ces étrangers des coups terribles.

Son successeur David est une figure historique extrêmement curieuse.

Je le comparerais volontiers, quoi qu'il ne l'égalât point, à ce Mogol Baber qui, chef d'un village dans sa première jeunesse, conquit ensuite tout le nord de l'Hindoustan, déploya une audace invraisemblable, massacra et tortura des milliers d'hommes, et malgré sa barbarie fut un poète et un lettré.

Ce n'est qu'en Orient, sous ce soleil de feu qui arrache à la nature des productions gigantesques et fait naître les plus grands arbres, les animaux les plus énormes, les héros les plus surhumains, que l'on rencontre des types pareils. Dans notre Occident, les dominateurs et les ambitieux ont des âmes plus âpres, plus concentrées. Ils n'échangent pas volontiers leur épée sanglante contre la lyre, et ne plient pas leur voix faite pour commander au rythme amolli des vers.

Il s'en faut d'ailleurs que David ressemble au souverain pieux, affamé de justice, suffoqué par les sanglots du repentir, et gémissant les psaumes de la pénitence, que la tradition nous a conservé.

Nous savons qu'il fut chantre et poète, mais, sauf son élégie sur Saül et Jonathan, morts en combattant les Philistins sur les montagnes de Gelboé, nous ignorons les hymnes qu'il a composés. Il doit y en avoir dans les psaumes fort peu dont il fut l'auteur.

Comme guerrier, nous le connaissons mieux. Son plus beau titre de gloire est d'avoir donné aux Israélites une capitale et de l'avoir admirablement choisie. Sans Jérusalem, le rôle des Juifs était à jamais diminué. Cette ville devint la tête et le cœur d'Israël. Elle fut un sommet, un symbole. Elle rayonne encore sur le monde, du fond de son passé, avec une auréole, prêtée sans doute par l'enthousiasme, par la foi, par l'illusion de millions d'hommes, mais dont l'éclat est incontestable.

Quel nom fut plus souvent, plus glorieusement, plus passionnément répété que celui de cette ville mystique? Sur nos lèvres incrédules, ses magiques syllabes passent encore avec une douceur qui nous charme, nous transporte en un rêve splendide et lointain. L'humanité ne désapprendra pas de sitôt à tourner ses regards vers la cité divine. Et même lorsque l'homme désabusé ne cherchera plus son salut sur la colline où domine sa grande ombre, elle saura l'enchanter encore par la magie des souvenirs.

Pour donner à son peuple cette capitale, située dans la position la plus favorable et la plus facile à défendre de la Palestine, David dut expulser les Jébuséens, maîtres de la colline de Sion. Ce ne furent pas les seuls ennemis qu'il eut à vaincre. Dans son règne, où il déploya une infatigable activité, il fonda l'unité juive, et mit le petit royaume hébreu à la tête de tous les peuples qui se partageaient la Syrie.

« David », dit M. Renan, dans une belle page de son Histoire d'Israël, « David fut le fondateur de Jérusalem et le père d'une dynastie intimement associée à l'œuvre d'Israël. Cela le désignait pour les légendes futures. Ce n'est jamais impunément qu'on touche, même d'une manière indirecte, aux grandes choses qui s'élaborent dans le secret de l'humanité.

« Nous assisterons de siècle en siècle à ces transformations. Nous verrons le brigand d'Adullam et de Siklag prendre peu à peu les allures d'un saint. Il sera l'auteur des Psaumes, le chorége sacré, le type du Sauveur futur. Jésus devra être le fils de David. La biographie évangélique sera faussée sur une foule de points par l'idée que la vie du Messie doit reproduire les traits de celle de David! Les âmes pieuses, en se délectant des sentiments pleins de résignation et de tendre mélancolie contenus dans le plus beau des livres liturgiques, croiront être en communion avec ce bandit; l'humanité croira à la justice finale sur le témoignage de David, qui n'y pensa jamais, et de la Sibylle, qui n'a point existé. *Teste David cum Sibylla!* O divine comédie! »

Salomon, fils de David, recueillit les fruits de l'activité dévorante de son père, et marqua l'apogée de la destinée du peuple juif, qui, après lui, retomba dans l'ère des divisions et de l'anarchie.

Ce roi, qui vécut en vrai souverain oriental, avec ses dieux multiples, son harem peuplé de centaines de femmes, le faste orgueilleux de ses vêtements, de ses palais, de ses gardes étrangères, subit, dans l'imagination des hommes, une transformation non moins grande que celle qui avait absous et sanctifié son père.

Il construisit le temple, non par piété mais par orgueil, pour imiter les fastueux souverains de l'Égypte et de l'Assyrie, dont il fit copier la double architecture.

Enfoncé dans toutes les voluptés asiatiques, inconnues jusque-là, parmi les rudes clans des Béni-Israël, il ne songea qu'à jouir égoïstement de l'œuvre de David, accablant le peuple d'impôts pour payer ses plaisirs, et préparant ainsi les révoltes futures.

On a pourtant fait de lui le sceptique désabusé qui parle dans le livre de l'Ecclésiaste, et l'on a fermé les yeux sur ses fautes en songeant à sa jeunesse, durant laquelle, suivant la légende, Dieu lui parla directement, lui trouvant les mains assez pures pour édifier son sanctuaire.

Salomon, tant qu'il vécut, eut du moins l'habileté de ménager à son peuple d'utiles alliances. Le roi d'Égypte devint son ami, et lui donna l'une de ses filles en mariage; Hiram, roi de Tyr, entretint avec lui des relations d'amitié et de commerce; la reine de Saba vint, au dire de la légende, du fond de l'Arabie lui apporter des présents et éprouver par des questions sa science et sa sagesse.

Le royaume d'Israël s'étendait alors de Damas à l'Égypte et de la Méditerranée jusqu'au fond du désert oriental.

S'il ne fit pas la guerre, Salomon conquit cependant des territoires, mais il les conquit sur les sables. Il recula les limites des terres cultivables, et il construisit, dans un endroit qui nous semble aujourd'hui absolument inhabitable, la ville superbe de Palmyre. Mais la destinée de cette cité fameuse semble avoir été bien éphémère. C'est par des prodiges d'industrie et d'activité qu'un grand centre de population pouvait se maintenir en plein désert, loin de tout cours d'eau important. Lorsque, après Salomon, les guerres civiles absorbèrent et épuisèrent le peuple d'Israël, la cité orientale se vit abandonnée, jusqu'au jour où elle fut de nouveau occupée et rebâtie par les Romains. Aujourd'hui, ses hautes colonnes se dressant dans la solitude, étonnent le voyageur et lui remplissent l'âme d'une singulière mélancolie.

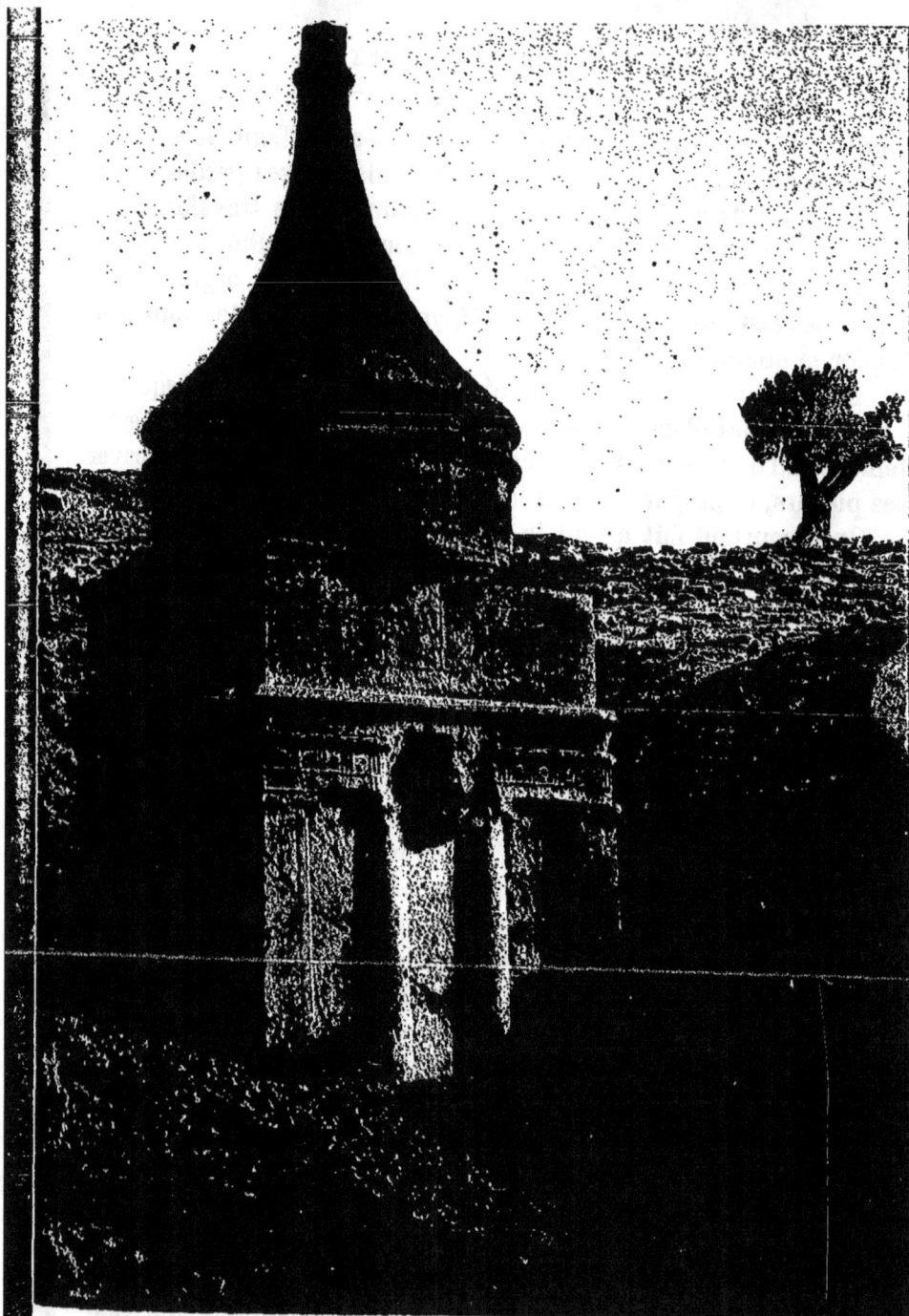

FIG. 387. — TOMBEAU DIT D'ABSALON, DANS LA VALLÉE DE JOSAPHAT, PRÈS DE JÉRUSALEM.

si que je l'ai déjà indiqué plus haut, p. 637, les ornements de ce monument prouvent qu'il appartient à la période gréco-romaine.

Salomon, Palmyre, ces grands noms qui éblouissent encore la pensée, surgissent avec un éclat tout à part dans la sombre histoire d'Israël. Quand on s'en détourne, on ne voit plus après eux qu'un gouffre obscur et sanglant, dans lequel glisse, d'une lamentable chute, ce malheureux petit royaume à qui le génie de David et de son fils donnèrent quelques années de grandeur.

Pendant quelques siècles, Jérusalem où règne encore la famille de David, conserve toutefois un certain ascendant moral. Elle reste le centre intellectuel du pays. C'est là que les scribes compilent patiemment les légendes et que les grands prophètes font entendre leur voix, travaillant les uns et les autres, mais bien en vain, à reconstituer l'unité d'Israël, par l'unité de ses traditions et de son culte.

Quant au royaume des dix tribus, fondé par Jéroboam, et qui eut pour capitale, d'abord Sichem, puis Samarie, il est le théâtre des plus sombres tragédies. Les usurpations, les massacres, les lâches appels à l'étranger, excitent le mépris des nations voisines, qui toutes réclament l'extinction de ce foyer de désordres et de rébellion.

En 721 avant Jésus-Christ, Sargon, roi de Ninive, détruit le royaume de Samarie. Celui de Jérusalem, beaucoup plus petit, mais conservant un peu d'ordre, de dignité, le prestige de sa capitale, dure un siècle et demi de plus environ.

Il doit, du reste, sa conservation précaire aux révolutions qui bouleversent les grands empires de l'Asie. La chute de Ninive recule celle de Jérusalem.

Mais enfin, les rois de Juda encourent la colère de Nabuchodonosor en s'alliant contre lui au Pharaon d'Égypte, et, en 586, le puissant souverain de Babylone prend Jérusalem, la détruit de fond en comble, renverse le temple et emmène les Juifs en captivité.

Désormais la Judée peut être rayée du rang des nations.

C'est en vain que Cyrus rend un édit qui permet aux Hébreux de rentrer dans leur pays, de reconstruire leur ville et leur temple. Ils ne rebâtissent Jérusalem qu'en tremblant, et sous la menace constante des rois de Perse, qui, sur de faux rapports, prennent ombrage pour la moindre pierre ajoutée aux murailles, et ordonnent brutalement, à plusieurs reprises, d'interrompre le travail.

En réalité, l'indépendance des Juifs ne sera plus que nominale. Les Perses, les Grecs, les Romains, étendront tour à tour leur ombre redoutable sur le chétif royaume qui s'aigrira dans cette sujétion continuelle, et n'aura pour se consoler de son impuissance que ses vaniteux discours.

Les grands rêves de ses prophètes, qui, jadis, n'ont pu lui inspirer ni le patriotisme, ni l'énergie, ni la confiance dans ses destinées, l'enivrent dans son humiliation et dans son infortune, et lui donnent d'autant plus d'orgueil qu'il est plus écrasé, plus abattu.

Assez pusillanime au fond — malgré quelques impulsions héroïques sous les Juges, sous David, dans le désespoir de la lutte contre Babylone — le peuple juif n'attend plus, à la fin, son relèvement que d'un miracle. L'interprétation fantaisiste des ouvrages de ses écrivains patriotiques et religieux le remplit de prodigieuses illusions. Son jargon vantard étonne la toute-puissante Rome elle-même, qui, sachant bien qu'elle pourra écraser d'un geste ce nid de fanatiques bruyants quand cela deviendra nécessaire, se contente pendant longtemps de le mépriser. La discorde, l'anarchie et les clameurs de cet encombrant petit peuple finirent pourtant par lasser la patience du colosse, qui, pour ne plus entendre parler de lui, se décida à l'anéantir.

En l'an 70 de notre ère, Titus prit Jérusalem, la livra aux flammes, et la dispersion des Juifs commença.

Mais au moment même où cette race obstinée allait cesser de compter au rang des nations, alors que sa poussière, dispersée à tous les souffles de l'espace, allait s'abattre sur les chemins du monde pour y être foulée dédaigneusement pendant des siècles sous le pied des peuples en marche, à cette minute tragique de sa vie qui semblait être la dernière, naissait dans son sein le grand illuminé dont le nom devait pendant plus de deux mille ans régner souverainement sur l'Occident. Un obscur ouvrier galiléen allait devenir le Dieu redouté des peuples les plus civilisés du monde.

# CHAPITRE II

## INSTITUTIONS, MŒURS ET COUTUMES DES HÉBREUX

Les Israélites demeurèrent, jusqu'aux derniers temps de leur histoire, à un degré très inférieur de civilisation confinant à la pure barbarie.

Ils ne dépassèrent que très peu les mœurs des peuples agriculteurs et pasteurs, soumis au régime patriarcal et qu'on peut considérer comme à peine entrés dans le cycle de l'évolution sociale.

L'un des symptômes qui caractérisent le mieux l'état de la civilisation d'une race, c'est la plus ou moins grande division du travail. Chez les Hébreux, c'est à peine si, vers l'époque des rois, on commence à distinguer les métiers.

Pendant la plus longue période de leur histoire, nous voyons chaque famille suffire à ses propres besoins, cuire elle-même son pain, filer, tisser les étoffes dont elle fabrique ses vêtements, cultiver ses champs, élever ses bestiaux, les tuer et préparer leurs peaux.

Le travail du forgeron fut celui qui, le premier, s'exerça à part. Mais les métaux ne furent jamais très abondants chez Israël. Les instruments de pierre et de bois étaient les plus répandus; les armes elles-mêmes n'étaient pas toujours en fer ni même en bronze. Un caillou ramassé dans le torrent frappait plus sûrement qu'un javelot dans la main de ces pâtres-soldats. C'est avec une fronde que David tua le géant Goliath.

Ces coutumes sont celles des tribus arabes qui vivent encore de nos jours sur les confins du désert.

Même au contact des brillantes civilisations de l'Égypte et de l'Assyrie, Israël ne les changea pas.

Il resta un peuple exclusivement agriculteur et pasteur. L'éle-

FIG. 388. — VUE D'UNE PARTIE DE JÉRUSALEM. — Le monument couvert d'un dôme qu'on voit à gauche du dessin est la célèbre mosquée d'Omar, construite sur l'emplacement du temple de Salomon.

vage des troupeaux, la culture du blé, du figuier, de l'olivier, de la vigne, fut toujours sa grande occupation.

Ses héros, avant de le mener à la victoire, avaient poussé la charrue ou tondu les brebis. Gédéon était occupé à battre le blé et à le vanner, lorsque lui apparut l'ange qui lui ordonna de délivrer son peuple du joug des Madianites. Saül cherchait les ânesses de son père lorsque Samuel lui annonça qu'il serait roi. David s'enhardit à la guerre en repoussant les bêtes féroces qui venaient attaquer son troupeau lorsqu'il était simple berger.

La division du travail, en concentrant toute l'habileté de l'ouvrier sur un seul objet, amène le perfectionnement de l'industrie et facilite l'éclosion de l'art. Cette division ne fut jamais poussée assez loin chez les Hébreux pour produire de tels résultats.

Il n'y eut en Palestine aucune industrie, quelle qu'elle fût. Jamais un objet de fabrication juive ne valut la peine d'être exporté. Lorsque le luxe naquit vers l'époque de Salomon, il fut exclusivement alimenté par des produits venus du dehors.

L'exportation, pour les Hébreux, consista uniquement dans les fruits de la terre : blé, vin, huile, baume, etc. Ils les envoyaient surtout dans la Phénicie, qui n'avait qu'un territoire trop restreint pour alimenter ses grandes villes. Cette contrée, en échange, introduisait en Judée les bijoux, les meubles, les armes, les étoffes, les bois et l'ivoire travaillé qu'elle tirait de ses propres fabriques ou de celles du monde entier, avec lequel elle était en rapport.

Même pour des métiers assez grossiers, tel que celui du charpentier, Israël, au temps de sa splendeur, est absolument dépourvu d'ouvriers habiles.

« Donne à tes serviteurs ordre qu'ils coupent pour moi des cèdres du Liban », fait dire Salomon à Hiram, roi de Tyr, « et je donnerai à tes serviteurs telle récompense que tu me demanderas; car tu sais qu'il n'y a personne parmi mon peuple qui sache couper le bois comme les Sidoniens. Et envoie-moi aussi quelque homme qui s'entende à travailler en or, en argent, en airain, en fer, en écarlate, en cramoisi et en hyacinthe. »

Salomon donnait à Hiram chaque année vingt mille mesures de froment et vingt mille mesures d'huile, ce qui indique suffisamment en quoi consistait la richesse d'Israël.

Ce fut également de Phénicie que vint un ouvrier très habile,

« qui travaillait en bronze », dit l'Écriture, « et qui était rempli de sagesse, d'intelligence et de science pour faire toutes sortes d'ouvrages en bronze. » Il surveilla la fonte et la pose des colonnes et des vases d'airain qui ornèrent le temple.

L'industrie n'étant pas sortie en Judée de l'état le plus rudimentaire, on peut prévoir ce qu'y fut l'art, ou plutôt ce qu'il n'y fut pas, car il ne s'y manifesta jamais par la plus faible tentative.

Aucun peuple ne fut dépourvu de sens artistique au degré où le furent les Juifs.

La loi qui leur défendit les images taillées ne fit pas perdre au monde des chefs-d'œuvre, car on se demande ce qu'eussent pu être ces images. D'ailleurs, les infractions du deuxième commandement — infractions dont ils ne se privèrent pas — ne donnèrent naissance qu'à ces éternels veaux de bronze ou d'or, leurs idoles préférées, qu'ils fondaient tant bien que mal, aux pieux grossiers, symboles de la force mâle, qu'ils dressaient sous les bocages d'Astarté, et à ces idoles du foyer ou *téraphim*, sortes de poupées grotesques, dont l'une, couchée dans le lit de David et la tête enveloppée par les soins de sa femme, donna un instant le change aux soldats de Saül envoyés pour le tuer.

On ne peut donc parler ni de la sculpture, ni de la peinture des Israélites. Quant à l'architecture, ils n'en eurent pas davantage. Leur fameux temple, sur lequel ont été publiées tant de fastidieuses dissertations, fut un monument de style assyro-égyptien, uniquement construit par des architectes étrangers, ainsi que la Bible nous l'indique.

Les palais du même roi n'étaient que de chétives copies des palais égyptiens ou assyriens. Quant à la ville de Palmyre, dont il fut le fondateur, il ne faudrait pas croire qu'il y édifia les splendides colonnes qui ont résisté à l'effort des siècles et que l'on y admire encore aujourd'hui. Ces colonnes sont bien postérieures. La Palmyre de Salomon fut détruite de fond en comble par Nabuchodonosor et il n'en reste plus une seule pierre.

Le seul des beaux-arts que les Hébreux cultivèrent fut celui de tous les peuples primitifs, la musique. Ils l'aimèrent passionnément, la mêlèrent à leurs plaisirs, à leurs exercices militaires, à leurs fêtes religieuses. Très analogues sans doute aux mélopées plaintives des Arabes modernes, elle dut être fort peu compliquée. Parmi leurs instruments figurent la harpe, le sistre, les cymbales, la flûte, la trompette, le tambour.

La guerre elle-même, que les Israélites pratiquèrent pourtant constamment, ne devint pour eux ni un art, ni une science. Ils manquèrent de stratégie et ne triomphèrent jamais que par une sorte de *furia*, analogue à celle des Bédouins modernes. Naturellement craintifs, ils ne devenaient terribles que par une exaltation momentanée que les chefs et les prophètes tâchaient d'éveiller par leurs discours.

« Tous les Israélites ayant vu Goliath », est-il dit dans les Rois, « fuirent devant lui tremblants de peur. »

Lorsque Gédéon marcha contre les Madianites, il tint ce discours à ses troupes : « Que celui qui est timide et qui manque de cœur s'en retourne. » Et vingt-deux mille hommes sur trente-deux mille le quittèrent pour s'en retourner chez eux.

Tous les lecteurs de la Bible connaissent l'impitoyable férocité des Juifs. Il n'y a qu'à parcourir pour s'en convaincre le passage des Rois qui nous montre David faisant brûler, écorcher et scier la totalité des vaincus. Les massacres en masse suivaient toujours, régulièrement, la moindre conquête. Les populations étaient vouées à l'interdit, c'est-à-dire condamnées en bloc et exterminées au nom de Iahvé, sans distinction de sexe ni d'âge. L'incendie et le pillage accompagnaient l'effusion du sang.

Après la prise de Jéricho, dit le livre de Josué, « ils passèrent au fil de l'épée tout ce qui était dans la ville, depuis l'homme jusqu'à la femme, depuis l'enfant jusqu'au vieillard, même jusqu'au bœuf, au menu bétail et à l'âne... Puis ils brûlèrent la ville et tout ce qui y était; ils mirent seulement l'argent et l'or, et les vaisseaux d'airain et de fer au trésor de la maison de Iahvé. »

L'esclavage était pratiqué chez les Juifs sur une large échelle, mais, de même que chez tous les Orientaux, la situation de l'esclave n'avait rien d'intolérable. L'esclave de race israélite était traité comme un membre de la famille, et, au bout de sept années, il avait le droit de choisir s'il voulait reprendre sa liberté ou demeurer dans la servitude. Au cas où, par inquiétude du lendemain, par incapacité de se suffire à lui-même, par affe 'ion pour de bons maîtres, il prenait le second parti, il devenait alors esclave pour sa vie tout entière.

S'il se décidait à partir, on ne devait point le renvoyer sans ressources.

« Quand tu le renverras libre d'avec toi, » dit le Deutéronome, « tu ne le renverras point à vide; mais tu ne manqueras point de le charger de quelque

-D'après une photographie.

FIG. 389. — JÉRUSALEM. PORTE DE DAMAS.

Cette porte, la plus importante de celles par lesquelles on pénètre dans Jérusalem, fut, suivant une inscription, reconstruite en 1537 par l'empereur Soliman le Magnifique.

chose de ton troupeau, de ton aire et de ta cuve; tu lui donneras des biens dont Iahvé, ton Dieu, t'aura béni, te souvenant que, toi aussi, tu as été esclave au pays Égypte. »

Dans le Lévitique, nous voyons l'ordre de traiter, non comme des esclaves, mais comme des serviteurs à gages, les enfants d'Israël qui auront été vendus pour dettes:

« Mais pour ce qui est de ton esclave et de ta servante qui seront à toi », ajoute le législateur, « achète-les des nations qui sont autour de vous; vous achèterez d'elles l'esclave et la servante. »

Comme chez tous les peuples soumis au régime patriarcal, les membres de chaque tribu formaient chez les Juifs une famille très unie dont tous les membres se donnaient toujours une aide réciproque.

« Quand un de tes frères sera pauvre parmi toi, dans quelque lieu de ta demeure, tu n'endurciras point ton cœur, et tu ne resserreras point ta main à ton frère qui sera dans la pauvreté », dit le Deutéronome.

« Mais tu ne manqueras pas de lui ouvrir la main, et de lui prêter sur gage, autant qu'il en aura besoin, pour l'indigence où il se trouvera. »

L'usure qui, de tout temps, fut une pratique favorite chez les fils d'Israël vis-à-vis des étrangers, était rigoureusement interdite entre eux. L'idée de la solidarité de race fut toujours la seule barrière assez puissante pour mettre un frein à l'âpreté du Juif.

L'esprit de famille, antique sentiment, né sous la tente et nourri dans le désert, ne s'éteignit pas après la conquête. L'autorité du père fut toujours sacrée; la bénédiction et la malédiction paternelle eurent toujours la même portée, presque surnaturelle.

Cependant le chef de famille perdit le droit de vie et de mort sur ses enfants, et celui d'intervertir l'ordre de leurs naissances en reconnaissant pour l'aîné celui qu'il préférait.

D'ailleurs le droit d'aînesse ne conférait en Palestine que des avantages purement moraux avec une très légère augmentation d'héritage, les biens étant partagés entre tous les enfants, même les filles.

Une postérité nombreuse semblait être la plus haute faveur que Iahvé pût accorder à un homme. La stérilité pour la femme était un opprobre.

Lorsqu'un homme mourait sans enfants, son frère cadet était tenu d'épouser la veuve, et, suivant l'expression biblique de « susciter lignée à son frère. »

Si le défunt n'avait pas de frère, c'était le plus proche parent qui devait épouser la veuve. Le refus en pareil cas était une action déshonorante.

La femme que son beau-frère refusait d'épouser devait se rendre à la porte de la ville, devant les anciens qui y siégeaient — car la porte jouait chez les Juifs, comme dans tout l'Orient, le rôle de forum et de tribunal. Nous avons déjà signalé cet usage à propos des portes monumentales de l'Assyrie.

Et la veuve repoussée devait dire aux anciens :

« Mon beau-frère refuse de relever le nom de son frère en Israël, et ne veut point m'épouser par droit de beau-frère. »

Les anciens alors faisaient venir le récalcitrant et l'exhortaient à remplir son devoir. S'il persistait dans son refus, sa belle-sœur lui ôtait un soulier et lui crachait au visage devant les anciens, disant :

« C'est ainsi qu'on fera à l'homme qui ne soutiendra pas la famille de son frère.

« Et, » ajoute le Deutéronome, « son nom sera appelé en Israël la maison du déchaussé. »

La polygamie fut toujours très répandue en Israël, et ne rencontra jamais aucune opposition de la part de la loi civile ou religieuse. Dès l'époque patriarcale, nous voyons Abraham, Jacob, avoir plusieurs femmes. Jacob épousa régulièrement les deux sœurs, Lia et Rachel. Salomon avait plusieurs centaines de femmes. On les obtenait comme aujourd'hui chez les Arabes par voie d'achat.

La virginité était très estimée chez les Juifs. Lorsqu'un homme prouvait que la jeune fille qu'il avait épousée n'était pas vierge, alors que les parents la lui avaient donnée pour telle, on assommait la coupable à coups de pierre. Si l'accusation du mari était fausse, il était condamné à payer aux parents cent pièces d'argent, et il lui était interdit de divorcer.

Celui qui faisait violence à une jeune fille était forcé de la doter et de l'épouser.

Mais si la jeune fille était fiancée, le viol équivalait à un adultère et était puni de mort.

Une singulière disposition voulait que la jeune fille fut reconnue coupable de complicité et lapidée si l'acte criminel avait eu lieu dans un endroit habité, parce qu'elle aurait dû appeler à l'aide et ne l'avait pas fait. En pleins champs, elle était reconnue innocente, car elle avait pu crier sans être entendue.

La foi conjugale était respectée chez les Israélites, et l'adultère réputé comme un crime capital, que la loi punissait de mort. Il s'agit ici, bien entendu, de l'adultère de la femme. Celui de l'homme n'existait pas, puisqu'il pouvait prendre autant d'épouses légitimes ou illégitimes que ses moyens le lui permettaient. L'homme n'était réputé criminel que lorsqu'il touchait à une jeune fille fiancée ou à une femme mariée, auquel cas il encourait la peine de mort.

L'adultère n'était pas d'ailleurs le seul crime que la loi devait interdire au tempérament lascif des Israélites. Les plus violents débordements étaient énumérés dans leurs codes, chacun en regard d'une peine sévère. Mais cette sévérité même montre que les transgressions étaient fréquentes.

L'inceste, avec sa sœur, avec sa propre mère, le commerce des hommes entre eux et des femmes entre elles, la bestialité sous toutes ses formes, tels étaient les péchés les plus habituels de cette race, dont Tacite a remarqué l'insatiable sensualité.

Comme chez tous les peuples voluptueux, on voulut toujours en Israël mêler les plus grossiers plaisirs aux rites sacrés et les sanctifier par la religion. Les prostitutions en l'honneur d'Astarté; les orgies pieuses sur les tapis de fleurs, à l'ombre des bois d'oliviers, dans les nuits tièdes, constituèrent un genre de culte qui ne cessa jamais d'être pratiqué en Palestine, malgré l'indignation des prophètes.

Les interdictions contenues dans le chapitre xviii du Lévitique telles que celles de l'inceste, des rapports des hommes entre eux, des rapports des hommes ou des femmes avec des animaux, défenses que la plupart des codes n'ont pas promulguées les considérant comme inutiles, montrent le degré de lubricité auquel était arrivé le peuple juif.

La femme dans la société juive, de même d'ailleurs que chez tous les peuples primitifs, était très dépendante. On la considérait comme une propriété que l'on achetait à son père en l'épousant, et dont on était le maître presque absolu.

Un vœu ou un serment d'elle ne comptait pas si le mari ne le ratifiait.

Cependant elle n'était point enfermée ainsi que la femme orientale de nos jours. Lorsqu'elle était douée de qualités exceptionnelles, elle pouvait même jouer un certain rôle, comme Marie, la sœur de Moïse, et Débora, qui exerça l'autorité d'un juge.

Les femmes étaient aptes à hériter chez les Juifs. La mère de famille avait droit au respect tout comme le père. « Honore ton père et ta mère, » dit l'Exode. Celui qui frappait son père ou sa mère était puni de mort.

La loi criminelle des Israélites reposait tout entière sur le sys-

D'après une photographie.

FIG. 390. — RÉSERVOIR MAMILLAH, PRÈS DE JÉRUSALEM.

Ce réservoir est probablement la Piscine dite des Serpents, mentionnée par l'historien Josèphe. Il a 90 mètres de longueur. Il alimente un autre réservoir situé dans l'intérieur de Jérusalem et dont la construction est attribuée au roi Ézéchias.

tème barbare et primitif de la peine du talion. Elle se résume dans les lignes suivantes du Lévitique :

« On punira de mort celui qui aura frappé à mort quelque personne que ce soit. »

« Celui qui aura frappé une bête à mort la rendra ; vie pour vie. »

« Et quand quelque homme aura fait outrage à son prochain, on lui fera comme il a fait. »

« Fracture pour fracture, œil pour œil, dent pour dent, on lui fera le même même mal qu'il aura fait à un autre homme. »

Cette loi était appliquée même aux animaux :

« Si un bœuf heurte de sa corne un homme ou une femme et que la personne en meure, le bœuf sera lapidé sans aucune rémission. »

C'était au nom de la communauté que les criminels étaient jugés et punis. Cependant un reste des mœurs tout à fait primitives, où l'offensé se fait justice à lui-même, subsistait encore dans la société juive. C'était le droit de vengeance attribué au plus proche parent d'un homme assassiné. Ce proche parent, appelé le *garant du sang*, avait le droit de tuer le meurtrier, excepté toutefois dans le temple et dans certains lieux de refuge.

Cette trace d'un degré inférieur d'évolution au-dessus duquel les Juifs ne s'élevèrent jamais beaucoup, n'est pas la seule que l'on constate dans leurs usages. Ainsi le *jubilé* est une forme atténuée du communisme primitif.

Tous les quarante-neuf ans — une semaine d'années, comme disaient les Juifs, sept fois sept ans — s'ouvrait l'*année du jubilé*, la cinquantième, pendant laquelle on laissait la terre en friche, où tous les esclaves étaient mis en liberté, et où chaque famille israélite était réintégrée dans l'héritage de ses pères, dans la part donnée à ses ancêtres au moment du partage.

Outre l'*année du jubilé*, il y avait tous les sept ans l'*année de relâche*, où les dettes étaient remises et où les Israélites que leur pauvreté avaient réduits en esclavage recouvraient la liberté. « Afin, disait la loi, qu'il n'y ait pas de pauvres parmi vous. »

On le voit, c'est tout à fait le communisme antique, l'obstacle primordial de tout progrès, auquel le socialisme d'État voudrait nous ramener. Peut-être faut-il chercher dans la persistance de ces institutions primitives une des principales raisons qui empêchèrent le développement industriel, artistique, intellectuel de la société juive.

L'attentat à la propriété était une faute grave punie par la restitution au double, au triple, de la valeur de l'objet dérobé; parfois même il fallait rendre cinq fois, sept fois cette valeur.

Un châtiment très grave, appliqué dans plusieurs cas, était le retranchement de l'assemblée d'Israël, autrement dit une sorte de mort civile. Celui qui supportait cette excommunication perdait les précieux avantages que donnaient le titre d'Israélite et cette puissante solidarité dont bénéficiait le moindre des descendants de Jacob.

Le gouvernement des Hébreux rappela toujours le régime patriarcal observé chez tous les nomades.

Les *anciens* gardèrent, même sous la monarchie, une grande autorité dans chaque ville.

Pendant des siècles, les cheiks ou juges recevaient le commandement en temps de guerre à la façon des chefs de bandes nomades.

Les rois eux-mêmes eurent ce caractère paternel ou militaire d'où relevait toute autorité en Israël. Ils ne ressemblèrent jamais aux orgueilleux souverains de l'Asie, sortes de demi-dieux dont on n'approchait qu'en tremblant et au péril de sa vie. Saül, David, Salomon lui-même et tous leurs successeurs, vécurent très près du peuple, sans étiquette, accessibles à tous, rudoyés par les prophètes, impunément insultés parfois, comme David par Scimhi, qui lui jeta des pierres.

La vie privée des Israélites était simple. Leurs plus grandes richesses consistaient en troupeaux, en fruits, en blé, en vêtements de rechange.

Ils s'habillaient à peu près comme les Arabes de nos jours et portaient des sandales. De tous temps, ils eurent le goût des bijoux. La coquetterie des femmes devint très grande vers les derniers temps de la royauté. La recherche de leurs parures souleva la colère des prophètes. J'ai cité à propos du luxe de Babylone l'énumération des ajustements de ces vaniteuses filles d'Orient, tels qu'ils se trouvent détaillés dans la bouche sévère d'Isaïe.

Le plus grand faste qui fut jamais déployé en Israël parut à la cour de Salomon.

« La reine de Saba », racontent les Chroniques, « fut toute ravie en elle-même lorsqu'elle vit la maison qu'il avait bâtie et les mets de sa table, les logements de ses serviteurs, l'ordre et le service de ses officiers, leurs vêtements, ses échansons et leurs vêtements, et la montée par laquelle il montait dans la maison de l'Éternel. »

On peut voir à l'étonnement respectueux avec lequel l'historien décrit les boucliers d'or dont Salomon orna son palais, son trône d'ivoire incrusté d'or, sa vaisselle d'or, quelle impression un tel déploiement de luxe pouvait faire sur l'esprit simple des Hébreux.

Il est curieux de remarquer que, dès cette époque, les Juifs se plaisaient à l'étalement brutal des richesses, au luxe coûteux et voyant plutôt qu'aux précieux objets d'art, dont ils n'adoptèrent jamais le goût que par esprit d'imitation.

Pour décrire les magnificences étalées par Salomon, l'auteur des Chroniques n'a que le mot d'*or* à la bouche. Ce mot revient douze fois en quelques lignes.

« Il avait cinq cents boucliers d'or faits avec neuf cents pièces d'or..., le trône était d'ivoire couvert d'or..., le marchepied était d'or..., les accoudoirs étaient d'or..., la vaisselle était d'or... Il n'y en avait pas d'argent; l'argent n'était point estimé au temps de Salomon. »

Comme l'étalage de cet or sous toutes les formes, dans des palais et dans un temple dépourvus de toute beauté artistique, montre bien l'âme juive, avec une candeur presque grossière.

La source de ces richesses était le commerce, et surtout à ce moment le commerce maritime, dont Salomon fit un essai qui ne dura pas. Israël ne se souciait pas de la mer. Les navires et les matelots dont le roi fit usage étaient empruntés à la Phénicie, comme le bois de cèdre et les architectes du temple.

« Hiram lui envoya des navires et des serviteurs expérimentés dans la marine, qui s'en allèrent avec les serviteurs de Salomon à Ophir, et qui rapportèrent de là quatre cent cinquante talents d'or...

« Et les navires du roi allaient à Tarsis avec les serviteurs du roi Hiram; et les navires de Tarsis revenaient en trois ans une fois, apportant de l'or, de l'argent, de l'ivoire, des singes et des paons. »

Les maisons des Israélites ne différaient guère de celles que l'on voit aujourd'hui en Syrie. Celles des riches étaient en pierre et celles des moins fortunés en briques.

Elles étaient simples intérieurement, meublées de lits, de tables, de sièges et de vases à parfums, probablement assez ordinaires comme matière première et comme forme.

Le premier luxe que les législateurs aient essayé de généraliser en Israël, et qu'ils semblent avoir eu bien du mal à obtenir, c'était la propreté. Elle était indispensable à cette race malsaine plus qu'à toute autre, pour ne pas être absolument rongée par les ulcères, la gale, les dartres, la lèpre. Le plus clair héritage des enfants d'Israël, indépendamment des douteuses promesses de Iahvé, c'est un sang vicié, toujours prêt à les couvrir de maladies cutanées.

Leurs législateurs avaient constaté que la chair du porc, les

D'après une photographie.

FIG. 391. — VUE DE BETHLÉEM.

C'est dans cette ville que, suivant la tradition, naquit Jésus-Christ. Elle fut la patrie de la famille de David et habitée par ses descendants les plus illustres. De l'ancienne Bethléem, détruite plusieurs fois, il ne reste que des souvenirs.

viandes saignantes, les mollusques, les coquillages favorisent le développement des affections de la peau, et c'est pour cette raison sans doute qu'il leur interdisaient rigoureusement cette nourriture. Manger du porc était en abomination à Iahvé. Quant à la viande de boucherie, on ne devait en faire usage qu'absolument exsangue.

Il fallait également des prescriptions légales sévères pour empêcher les Israélites de manger du chien, des charognes et toutes sortes de malpropretés.

Les purifications, les ablutions leur étaient ordonnées. La circoncision fut également une mesure d'hygiène. Des soins extrèmes devaient être pris par les femmes dans toutes les situations où la nature leur impose d'inévitables souillures.

Toutes ces mesures portaient avec elles une sanction religieuse, qui en rendait l'infraction redoutable.

Des chapitres entiers du Lévitique sont consacrés à la description des maladies de la peau et aux précautions nécessaires d'isolement qui devaient empêcher leur contagion. Dès qu'un homme était atteint seulement d'un bouton de chaleur, il devait se montrer aux prêtres qui décidaient si le cas pouvait devenir grave ou non. Les vêtements portés par les malades, les objets touchés par eux devaient être brûlés.

Ce n'est qu'au prix de pareilles précautions hygiéniques qu'Israël réussit à se perpétuer.

Les Juifs, contrairement à la plupart des Orientaux, redoutaient beaucoup la mort, au delà de laquelle ils n'entrevoyaient qu'un triste repos dans un lieu sombre. Ils célébraient avec exaltation la fête de la vie, et pleuraient ceux qu'ils perdaient en témoignant une douleur exubérante qu'il fallut parfois réprimer.

On hurlait, on gémissait, on se frappait la poitrine, on déchirait ses vêtements, on se couvrait de cendres en signes de deuil. Nul témoignage de douleur ne semblait exagéré en un jour de funérailles. Le mort était porté au tombeau de famille, creusé dans le roc. C'est là, suivant l'expression biblique, qu'il était « recueilli avec ses pères ».

Les manifestations bruyantes apparaissaient, du reste, dans la joie comme dans la tristesse. David, amenant l'arche de Iahvé à Jérusalem, était si joyeux, que tout à coup il enleva ses vêtements et se mit à sauter de toute sa force avec des cris de joie, scandalisant fort d'ailleurs sa femme Mical, fille de Saül, qui le traita de fou.

Si l'on voulait résumer en quelques mots la constitution mentale du peuple juif telle qu'elle se dégage de ses livres, on pourrait dire qu'il resta toujours très voisin des peuples les plus primitifs. Il était volontaire, impulsif, imprévoyant, naïvement féroce, comme le sont les sauvages et les enfants. Il manqua toujours cependant de la grâce qui rend si charmante la jeunesse des hommes et des races. S'étant trouvé, encore barbare, tout à coup plongé au sein de la civilisation asiatique, vieillie, raffinée, corruptrice, il devint vicieux, tout en restant ignorant. Il perdit les qualités du désert, sans acquérir le développement intellectuel qui est l'héritage des siècles.

Au point de vue des institutions, le tableau de la société juive peut se résumer en deux mots : une organisation patriarcale avec les mœurs, les goûts, les vices, les superstitions des cités asiatiques devenues trop vieilles.

Ezéchiel exprime cette idée au chapitre xvi lorsqu'il rappelle la naissance infime et les débuts mesquins de la nation juive, puis l'enivrement qui suivit l'établissement en Palestine.

« Tu ne t'es point souvenue de ta jeunesse, dit Iahvé à la race rebelle, mais tu t'es prostituée avec les enfants d'Assur, et maintenant tu portes sur toi l'énormité de tes abominations. »

# CHAPITRE III

## LA RELIGION D'ISRAEL

La religion juive n'a pas été de tous temps ce que nous désignons aujourd'hui par le nom de judaïsme.

Il fallut de longs siècles pour que les tendances monothéistes des Sémites, unies à la cosmogonie babylonienne et peu à peu débarrassées du polythéisme asiatique, devinssent la religion que les Juifs ont pratiquée depuis Jésus-Christ, et qui remonte à peu près au retour de la captivité.

Le Dieu des Juifs d'aujourd'hui, qui s'identifie au Dieu des chrétiens, père du Sauveur, n'a aucun trait de ressemblance avec Iahvé ou Jéhovah, le dieu du Sinaï dont on le fait descendre. Il ressemblerait plutôt à Élohim, le grand dieu vague des patriarches, qui n'eut point la personnalité restreinte ni le caractère farouche de Iahvé.

Élohim est, en effet, le nom que nous voyons donner à la divinité dans les plus anciens livres des Juifs.

On ne peut pas dire qu'Élohim était un seul dieu, car son nom est un collectif, et tous les mots qui s'y rapportent se trouvent au pluriel.

C'étaient donc *les Élohim* qu'Israël adorait durant la vie nomade des premiers âges.

Il n'aurait pas fallu alors demander à ce peuple simple une définition bien rigoureuse de l'objet de son culte. Les conceptions de l'esprit sémitique ont la tournure grandiose, monotone et vague des horizons du désert. Il ne précise rien, il n'enferme rien dans les formes nettes, arrêtées et multiples, si facilement créées par l'imagination aryenne. Aujourd'hui encore, malgré son islamisme apparent, le Bédouin du désert n'a qu'une religion bien vague et qui ne le préoccupe guère.

L'absence d'idoles parmi les Sémites, leur besoin de simplicité, les prédisposaient au monothéisme et les y ont fait rapidement parvenir.

Ce serait trop affirmer, toutefois, que de confondre le vague

FIG. 393. — NOMADES DES BORDS DU JOURDAIN.

Le hasard m'ayant mis pendant, mon séjour en Palestine, en présence d'une des tribus nomades qu'on rencontre entre le désert et le Jourdain, j'ai profité de l'occasion pour photographier les types les plus intéressants. Cette planche est une copie de l'une de ces photographies.

déisme de leur primitive existence avec l'affirmation d'un Dieu unique proclamé par eux plus tard.

Certes, l'Élohim nébuleux, sans sexe et sans nom, à la fois unique et multiple des anciens âges, se rapproche plus du Dieu universel des grandes religions modernes que ne s'en rapproche l'atroce Iahvé, ruisselant du sang des peuples massacrés et de la graisse des sacrifices, protecteur étroit d'une misérable petite peuplade, frère de Moloch et de Baal.

Il serait difficile d'ailleurs de s'étendre longuement sur la religion tout à fait primitive des Juifs, car c'est presque seulement par les peuples sémitiques du Sud que nous pouvons la juger, c'est-à-dire par ceux de cette race qui n'ont pas subi d'influence étrangère.

Aussi loin que nous remontions dans l'histoire des Sémites du Nord (Ammonites, Ismaélites, Juifs), nous ne pouvons connaître leur religion que postérieurement à leur séjour en Mésopotamie, et déjà marqué par le sceau indélébile de la pensée chaldéenne.

Le polythéisme de l'Asie éclate dès les temps les plus reculés de l'histoire juive, et jusque dans la famille d'Abraham. Ce sont trois êtres divins qui annoncent à ce patriarche la destruction de Sodome. Rachel, en quittant la maison paternelle, emporte les idoles de Laban.

On voit également, dès cette époque, par l'histoire d'Isaac, l'existence des sacrifices humains, qui durèrent si longtemps en Israël.

Le séjour en Égypte laissa très peu de traces dans la religion des Hébreux. C'est probablement à tort qu'on a voulu voir un souvenir d'Hâpis dans le veau d'or.

Le jeune taureau, emblème de la force mâle, fut répandu dans toute l'Asie et était d'origine chaldéenne. Bien longtemps après l'Égypte, et alors qu'ils étaient le plus fortement imbus de toutes les idées religieuses de la Mésopotamie, les Israélites adorèrent des veaux de métal. C'était la forme préférée par laquelle ils symbolisaient Iahvé.

De l'Égypte, Israël ne prit que des détails tout extérieurs : le pectoral des prêtres, l'arche sainte ou *naos* portatif, qui renfermait Iahvé sous la figure de deux pierres.

On se rappelle qu'en Égypte le Pharaon, égal aux dieux, avait seul le droit d'ouvrir le naos et de contempler l'emblème mystérieux et terrible.

En Judée, le grand-prêtre seul pénétrait, une fois l'an, dans le *Saint des saints* où se trouvait l'arche.

Ce coffre sacré portait malheur à celui qui osait le toucher. Les Philistins, qui l'avaient emporté dans leur butin, furent frappés de maux terribles jusqu'à ce qu'ils l'eussent rendu. Un officier de

David, croyant que l'arche tombait et voulant la soutenir, expira sur-le-champ.

C'est à ces superstitions que se borna tout ce qu'Israël sut emprunter à la grande civilisation égyptienne, beaucoup trop élevée pour lui. Il les abandonna avec toutes les autres, au fur et à mesure qu'il s'imprégna des croyances asiatiques. La dernière mention de l'arche faite par les livres hébreux se trouve dans Jérémie. Parlant du triomphe d'un dieu unique et spirituel en Israël, le prophète ajoute :

« En ces jours-là on ne dira plus : l'arche de l'alliance de l'Éternel; et elle ne leur reviendra plus dans l'esprit, ils n'en feront plus mention, et ils ne la visiteront plus, et cela ne se fera plus. »

La religion, ou plutôt les nombreux cultes que pratiqua Israël depuis son établissement en Palestine jusqu'au retour de la captivité, avaient pris naissance dans le bassin de l'Euphrate.

Les noms mêmes de ses divinités indiquent, pour la plupart, leur origine accadienne.

Élohim est un pluriel de *El*, qui désignait en Chaldée un dieu suprême. *Bab-El*, en Mésopotamie, veut dire : la porte d'*El*, comme *Béth-El*, en Judée, veut dire la maison d'*El*.

Le lieu où Jacob lutta contre Dieu fut appelé *Péni-El*, et le patriarche lui-même prit désormais le nom d'*Isra-El* (plus fort que *El*).

Ashéra ou Astarté, la grande déesse voluptueuse que les Hébreux adoraient sur les hauts lieux, parmi les bocages, et en l'honneur de laquelle ils se livraient aux prostitutions sacrées, n'est autre qu'Istar, la Vénus babylonienne.

Le Baal qu'Israël donna longtemps pour rival à Iahvé et qui finit par se fondre avec lui, n'était pas le Bel chaldéen, mais il en descendait indirectement, ayant passé par la Phénicie, à qui les Hébreux l'empruntèrent.

Mais plus encore que les noms, signes tout extérieurs, le fond de la religion montre bien de quel centre de conceptions mythiques les croyances juives étaient émanées.

L'antique cosmogonie babylonienne, retrouvée dans les écrits cunéiformes, et dont l'invention fut antérieure de bien des siècles à la Bible, s'est trouvée être semblable à celle de la Genèse qui n'en offre qu'une copie simplifiée.

L'idée babyloninne de la création du monde en six jours, c'est-à-dire par époques progressives, est d'ailleurs fort remarquable pour l'époque reculée où elle prit naissance. Ce n'est pas assurément un peuple sémite, avec ses conceptions vagues, qui aurait pu l'entrevoir.

L'espèce de logique qui se trouve dans les récits de la Genèse, la merveilleuse ingéniosité de leur composition, la puissance d'imagination qu'ils témoignent, dépassent aussi d'une façon incalculable les facultés des Béni-Israël.

L'Église vit un miracle dans l'éclosion de cette grandiose cosmogonie au sein d'une bande de nomades ignorants et grossiers, et en conclut naturellement qu'elle provenait d'une révélation divine.

Le miracle s'expliqua et l'hypothèse de la révélation s'évanouit, quand on retrouva tout le début de la Bible dans les écrits des sages chaldéens, écrits bien antérieurs à l'époque de l'Exode.

« Le pasteur nomade, dit avec raison M. Renan, n'eût pas inventé ces étonnants récits; mais il en a fait le succès. La cosmogonie chaldéenne n'aurait jamais conquis le monde sous la forme exubérante qu'elle avait dans les textes assyriens; la simplification qu'en fit le génie sémitique se trouva juste ce qu'il fallait à l'heure où l'esprit humain voulut des idées claires sur ce qu'on ne peut savoir clairement... Des monstruosités, qui seraient restées étouffées dans le fatras de l'Orient, sont devenues d'apparentes évidences. L'imagination nette et sobre d'Israël a fait ce miracle. Ce qui est grotesque dans Bérose a paru, dans les récits de la Bible, si vrai, si naturel, que notre crédulité occidentale y a vu de l'histoire, et a cru, en adoptant ces fables, rompre avec la mythologie. »

Ce n'est pas seulement dans la Genèse qu'on rencontre les mythes chaldéens. Leurs traces se retrouvent, bien que moins distinctes, dans des livres postérieurs. Dans celui des Juges, l'histoire de Samson en est un exemple.

Samson, avec sa prodigieuse force, ses exploits accomplis par des moyens très simples, représente l'Hercule israélite. Or, Hercule est d'origine babylonienne. Son type est ce fameux Ninib, le colosse assyro-accadien qui étouffe un lion d'une seul main. Samson aussi déchire un lion avec les mains. Son nom d'ailleurs, non pas

Samson, mais *Schimeschon*, signifie « soleil ». C'est un demi-dieu solaire, comme il en existait beaucoup sur les bords de l'Euphrate.

Nous n'avons pas le loisir d'exposer ici les découvertes de l'exégèse moderne sur ces questions. Nous nous bornerons à mentionner encore un des emprunts faits par les Juifs aux cultes de la Chaldée.

L'une des fables qu'Israël adopta le plus volontiers, c'est l'his-

FIG. 393. — VUE DE BÉTHANIE.

Ce village est célèbre parmi les chrétiens pour avoir été souvent visité par Jésus. On y montre encore la place supposée de la maison de Marthe et de Marie.

toire de *Tammouz*, ce divin fils d'Istar que la déesse va chercher jusqu'au fond des enfers.

La mort de Tammouz, qui devint l'Adonis des Grecs, représentait la fin du printemps. Le beau jeune dieu mourait tous les ans, pour renaître après chaque hiver. Lorsque les premières ardeurs de l'été annonçaient qu'il n'était plus, on le pleurait solennellement. Les femmes surtout célébraient les rites funèbres et se lamentaient sur son sort.

Ezéchiel dit qu'encore de son temps, on voyait dans le temple de l'Éternel « des femmes qui pleuraient Tammouz. »

Examinons maintenant sans trop entrer dans les détails le caractère et les attributs des principales divinités d'Israël.

Ces divinités — Iahvé, Baal, Ashéra — avaient comme toutes celles de la Chaldée, une nature et des attributs planétaires, atmosphériques ou solaires.

L'impression profonde, ineffaçable que firent sur les premiers habitants de la Mésopotamie, l'aspect d'un ciel resplendissant, toujours pur, et les étranges phénomènes de brusques et effroyables orages, se transmit à tous les Sémites qui séjournèrent dans cette contrée.

L'adoration directe du soleil, de la lune et des étoiles, subsista longtemps chez tous les peuples de la Syrie, les Israélites notamment.

A l'époque d'Ezéchiel, vers les derniers jours du royaume de Juda, on pouvait voir, dans le temple même de Jérusalem, des Juifs qui, le visage tourné vers l'orient, se prosternaient devant le soleil.

Le culte solaire se confondait alors avec celui des animaux, car, sur les murs mêmes du sanctuaire de Iahvé étaient peints, à ce que rapporte le prophète : « toutes sortes de figures de reptiles, et de bêtes, et de choses abominables, et tous les dieux infâmes de la maison d'Israël. »

La grande réforme iahvéiste du roi Josias avait cependant, peu d'années auparavant, débarrassé le temple des idoles qui l'encombraient.

Ce prince en avait retiré, nous disent les Rois :

« Tous les ustensiles qui avaient été faits pour Baal et pour Ashéra et pour toute l'armée des cieux... et il avait aboli les encensements à Baal, au soleil, à la lune, aux astres et à toute l'armée des cieux. »

« Il ôta aussi de l'entrée de la maison de Iahvé les chevaux que les rois de Juda avaient consacrés au soleil, et il brûla les chariots du soleil. »

Mais le peuple d'Israël était trop profondément plongé alors dans le polythéisme pour que la volonté d'un roi ou les discours d'un prophète pussent l'en arracher.

Une de ses idoles préférées était l'horrible Moloch, dieu du feu, représenté par des statues d'airain, dans les bras chauffés au rouge desquelles on plaçait de petits enfants.

Le pieux Josias combattit également cette cruelle superstition :

« Il profana aussi Topheth, qui était dans la vallée du fils de Hinnom, dit la Bible, afin qu'il ne servît plus à personne pour y faire passer son fils ou sa fille par le feu de Moloch. »

Moloch était le dieu du feu malfaisant. Il représentait la foudre qui incendie les moissons, et les ardeurs du soleil dévorant qui stérilise les plaines. C'était un dieu redoutable, qu'il fallait toujours apaiser.

Baal, au contraire, personnifiait le soleil bienfaisant, qui faisait mûrir les fruits de la terre et rougir la grappe parfumée parmi la verdure des pampres. C'était un dieu particulièrement adoré des Phéniciens et que la Sidonienne Jézabel surtout mit en honneur chez les Hébreux.

Lors d'une grande sécheresse, survenue sous le règne d'Achab, mari de cette princesse, Élie, prophète de Iahvé et les prêtres de Baal luttèrent pour savoir lequel de leurs dieux ferait descendre la pluie et rendrait aux champs leur verdure. La prière d'Élie parut avoir plus d'effet que celle de ses rivaux, ce qui mécontenta fort la reine Jézabel.

Quant à Aschéra — l'Astarté des Phéniciens, l'Istar ou la Mylitta de Babylone — elle eut, par les rites voluptueux de son culte, un succès considérable chez les fils lascifs d'Israël.

Ses autels se dressaient sur les collines, au-dessus des plaines brûlantes, dans un air vif et frais, à l'abri des moustiques infestant les régions basses. On les entourait de bois d'oliviers, où gémissaient sans cesse d'amoureuses tourterelles. Des jeunes filles, dont le beau corps constituait le vivant holocauste constamment préparé pour être brûlé par les feux de la déesse de l'amour, passaient leurs jours à broder des tentes pour le bocage et les nuits à satisfaire les fidèles qui y accouraient en foule.

Un pieu fiché en terre, grossier symbole phallique, suffisait pour évoquer l'idée d'Aschéra et consacrer un bocage.

Ces prostitutions sacrées prenaient un caractère répugnant lorsque, dans la nuit épaisse et tentatrice du bocage, c'étaient, non

plus des femmes, mais des eunuques qui se vendaient aux fidèles.
Malgré le qualificatif de « chiens » que leur donnent les prophètes
et la défense de consacrer à Iahvé le salaire de ces impurs, les fils
d'Israël ne renoncèrent jamais à leurs rapports avec eux. C'est en
raison de ces turpitudes que les prophètes Isaïe, Jérémie, et surtout
Ezéchiel, appliquent à Jérusalem l'épithète de prostituée insatiable
de luxure.

> « Tu t'es confiée en ta beauté, » dit Iahvé à la ville coupable, « et tu t'es
> prostituée à cause de ta renommée, et tu as poussé ta prostitution jusqu'à te
> livrer à tout passant. »
> « Et tu as pris de tes vêtements, et tu t'en es fait des vêtements de diverses
> couleurs pour tes hauts lieux, tels qu'il n'y en a point et n'y en aura point de
> semblables, et tu t'y es prostituée. »

Ce Iahvé, qui montra tant de jalousie pour les idoles rivales, fut
le dieu dont les prophètes ou *nabis* se servirent pour ramener Israël
à l'idée sémitique du monothéisme.

Ils le choisirent pour la raison très simple qu'il était le dieu
national, et que, personnification du peuple, arbitre de la bonne et
de la mauvaise fortune des Béni-Israël, il avait plus de chances que
les autres d'être uniquement accepté.

Iahvé était né au Sinaï, de la terreur causée aux descendants
d'Israël par le spectacle des effrayants orages de montagnes,
inconnus dans la vallée du Nil.

Il fut d'abord pour eux simplement le dieu de l'atmosphère. La
foudre, les vents, les nuages étaient ses coursiers, ses messagers,
ses emblèmes.

Sa présence dans l'arche était représentée par deux pierres —
sans doute des aérolithes tombés au désert, sous l'œil d'Israël stupéfait.

La colonne de fumée et la colonne de flamme qui guidaient le
peuple dans la solitude — effets du vent jouant dans les sables —
furent encore des signes par lesquels se manifesta Iahvé.

Dans tous les livres de la Bible, même les moins anciens, les phénomènes atmosphériques accompagnèrent et annoncèrent toujours
ce dieu.

Elie le fait descendre sur l'autel sous forme de flamme; il le rencontre au mont Carmel, qui passait dans un léger souffle; Job entend sortir d'un tourbillon la parole de Iahvé.

Le psaume XVIII raconte ainsi l'apparition de ce dieu de l'atmosphère:

« Une fumée montait de ses narines et de sa bouche un feu dévorant, tellement que des charbons en étaient embrasés. »

« Il abaissa les cieux et descendit, ayant une obscurité sous ses pieds. »

D'après une photographie.

FIG. 391. — BÉDOUINS NOMADES DE LA PALESTINE.

C'est aux environs de Jéricho que j'ai eu l'occasion de photographier la tribu de nomades dont la photogravure ci-dessus donne les types les plus curieux.

« Et il était monté sur un kérubim, et il volait; il était porté sur les ailes du vent. »

« Il mit autour de lui les ténèbres pour sa retraite, comme une tente; les ténèbres des eaux qui sont les nuées de l'air. »

« De la splendeur qui était devant lui les nuées furent écartées, et il y avait de la grêle et des charbons de feu. »

« Et Iahvé tonna des cieux, et il jeta sa voix avec de la grêle et des charbons de feu. »

Ce dieu, créé par la terreur du désert, finit par être considéré en Israël comme un dieu particulier à ce peuple, une sorte de propriété nationale.

C'était un usage général en Asie, de même d'ailleurs en Égypte et chez tous les anciens peuples, que chaque ville, chaque tribu, tout en reconnaissant une foule de dieux, eût son dieu spécial, tutélaire ; Moab avait Kamos ; Tyr, Melqarth ; les Philistins, Dagon ; Israël eut Iahvé.

Jusqu'à la captivité, Israël, même dans l'idée de ses prophètes les plus imbus de monothéisme, n'adora pas un dieu qui pût jamais devenir celui des autres nations. Les réformes des nabis eurent toujours un caractère exclusivement local. Tout ce qu'ils demandaient, c'était de faire prédominer en Israël le culte de Iahvé aux dépens des idoles étrangères. Quant à rêver d'un dieu éternel, universel, nul n'y songea en Palestine, avant Isaïe, Jérémie, les grands prophètes de l'exil, qui entrevirent à peine cette glorieuse synthèse.

Tout en défendant la suprématie de Iahvé, les livres juifs ne contestent nullement l'existence des dieux étrangers.

« Quel est, dit le Deutéronome, la nation si grande, qui ait ses dieux près de soi, comme nous avons Iahvé près de nous chaque fois que nous l'invoquons ? »

Ce même Deutéronome ordonne aux Israélites de détruire de fond en comble les villes, les lieux de culte, les idoles des peuples qu'ils vaincront, afin de ne pas être obligés de servir les dieux des pays étrangers ; car, sans cette destruction, il allait de soi qu'en prenant la terre, on adoptait également les divinités qui y habitaient.

Iahvé devint donc le dieu national des Israélites. Mais, malgré son naturel jaloux, il lui fallut vivre en bonne intelligence avec une foule de dieux, de déesses, d'animaux sacrés, — tels que le veau, le serpent, — jusqu'à ce que l'évolution religieuse d'Israël eût ramené la race à ses tendances premières, faussées par le séjour en Mésopotamie, c'est-à-dire au monothéisme sémitique.

Ce Iahvé était particulièrement féroce. Quand le sang ne ruisselait pas, quand la graisse ne fumait pas sur l'autel, il n'était pas satisfait.

On lui offrait de monstrueux sacrifices. Salomon égorgea en une seule fois tant de taureaux et de moutons que l'autel d'airain sur lequel on les immolait ordinairement se trouva trop petit, et que le roi s'installa au milieu du grand parvis, tuant ou faisant tuer sans relâche pendant toute une semaine. Suivant les chroniques, il massacra ainsi vingt-deux mille taureaux et cent vingt mille brebis pour satisfaire les instincts sanguinaires de son dieu.

Ce n'était pas seulement de sacrifices d'animaux que se contentait Iahvé, il lui fallait aussi des sacrifices humains, et la coutume s'en prolongea fort tard chez Israël. Jephté sacrifia sa propre fille; Abraham faillit sacrifier son fils. Samuel sacrifia Agag, roi des Amalécites, qu'il fit mettre en pièces devant Iahvé à Guilgal.

Le caractère particulièrement sanguinaire de Iahvé se reconnaît dans la plupart des prescriptions qu'il fait à son peuple.

« Quant tu entreras dans une ville, » dit-il à la nation élue, « tu ne manqueras pas de faire passer les habitants de cette ville au fil de l'épée, et tu les détruiras, à la façon de l'interdit, avec tout ce qui y sera, faisant même passer ses bêtes au fil de l'épée. »

Et c'est pourtant cette effroyable idole que le doux Jésus appelait « mon père », et devant laquelle les tendres femmes chrétiennes font depuis tant de siècles joindre les mains de leurs petits enfants!

Cependant, par une sorte d'instinct, ce n'est pas le nom de *Jéhovah*, traduction de Iahvé, que le christianisme emploie de préférence. Le *Seigneur* est un terme plus généralement adopté. Il est grandiose et vague comme l'Élohim des patriarches.

Suivre pas à pas la longue évolution qui, lentement, année par année, siècle après siècle, a transformé le Iahvé du Sinaï, le dieu-foudre représenté par deux aréolithes, et l'a fait devenir d'abord l'idole sanglante, gorgée d'hécatombes de David et de Salomon, puis l'Éternel d'Isaïe, qui déjà prétend au règne universel, et enfin le père du Christ, en la nature duquel se confondait le doux Réformateur, serait une tâche trop longue pour que nous puissions essayer de l'entreprendre ici; nous n'indiquerons pas davantage comment naquirent et se développèrent certains dogmes du christianisme, tels que la résurrection et la vie future sur laquelle la Bible est à peu près muette. La mort ne fut jamais pour les Juifs qu'un lourd sommeil sans réveil. Ce n'était pas dans une vie future, mais dans l'application dès ici-bas d'une loi sévère, que devaient se réaliser les menaces et promesses de Iahvé.

La religion polythéiste des Juifs, telle que nous venons de la décrire, subsista avec ses nombreux cultes, ses rites multiples, ses mythes touffus, jusqu'à l'époque de la captivité.

Puis un pas tellement brusque semble être fait vers le monothéisme qu'on pourrait se croire en présence, non pas d'une évolution régulière, mais d'une véritable révolution.

Une telle lacune ne pouvait se manifester ni dans l'histoire ni dans la pensée d'Israël. Elle est tout entière dans ses livres sacrés.

La Bible est un livre composé à des époques fort diverses; elle est pleine de raccords, de mélanges, de récits arrangés, faits après coup. La haute poésie spiritualiste d'Isaïe suit de trop près par sa date et par sa place dans l'Ancien Testament le polythéisme et les récits barbares des vieux âges. Il y a là sans doute une lacune de plusieurs siècles que les documents bibliques ne permettent pas de combler.

Nous n'avons pas à rechercher ici comment elle pourrait l'être. Nous avons suivi les Juifs jusqu'à l'époque où ils cessèrent de former une nation et nous ne peindrons pas les transformations que subit leur pensée dans la suite des âges. Nous avons suffisamment montré par quelle évolution les doctrines chaldéennes, adoptées par un peuple nouveau, devinrent la religion juive. Ce serait dépasser les limites de cet ouvrage que de montrer comment cette religion juive, dérivée des croyances chaldéennes, devint, en s'associant à la mythologie aryenne, la grande religion qui a régi les nations civilisées de l'Europe pendant près de deux mille ans.

FIG. 395. — VUE PRISE PRÈS DE PÉTRA.

D'après une photographie.

# CHAPITRE IV

## LA LITTÉRATURE HÉBRAÏQUE

Les Juifs, si complètement dénués d'art et d'industrie, si fermés à toute beauté qui ne peut s'évaluer au poids de l'or, eurent cependant une littérature aussi riche que variée, dont quelques parties sont d'une élévation remarquable.

Ce phénomène ne s'est pas produit exclusivement en Israël, mais on le constate chez presque tous les peuples sémitiques, les Arabes notamment, dont la poésie antérieure à l'Islam, est justement célèbre. La poésie, d'ailleurs, est, avec la musique, l'art de tous les peuples primitifs. Loin de suivre un développement parallèle à celui de la civilisation, son importance, aussi bien que son influence, se restreint à mesure que les peuples progressent. Il faut de longs siècles de civilisation pour inventer la machine à vapeur et découvrir les lois de l'attraction, alors que de grands poèmes tels que l'Odyssée, l'Iliade, les chants d'Ossian peuvent naître dans des époques de barbarie.

La vie nomade du désert a toujours empêché parmi ceux qui la menaient la naissance des arts plastiques et les a laissés insensibles à la combinaison harmonieuse des lignes. Elle a poussé toutes leurs facultés dans le sens de la poésie, et surtout de la poésie lyrique.

Les plus anciens chants des Arabes sont les plus beaux. Plus tard, lorsqu'il habita les villes, ce peuple garda l'habitude d'aller sous la tente retremper son inspiration. C'est chez ses frères les nomades qu'il se mettait comme à l'école pour apprendre le beau langage, les rythmes sonores, les rêves héroïques.

Chez les Hébreux, les nabis, poètes ou prophètes, suivirent cette tradition des races sémitiques. Même à l'époque de prospérité, de faste, aux premiers temps de la royauté, ceux qui firent entendre les plus fortes paroles, les avaient conçues dans la solitude et furent toujours des hallucinés, des cerveaux excités, des rêveurs.

Le désert exerce sur les Sémites une invincible fascination. On avait la nostalgie de ses horizons immenses, même dans les palais de cèdre et d'or que bâtit le roi Salomon. Il a été l'inspirateur de tous les grands chantres d'Israël : Job, Isaïe, Jérémie, Ézéchiel. Parmi les psaumes, les plus anciens, ceux qui furent sans doute composés sous la tente, avant l'établissement définitif en Palestine, sont de beaucoup supérieurs aux autres.

La poésie lyrique, très remarquable chez tous les Sémites, produisit en Israël des œuvres réellement hors ligne. Les autres branches de la littérature, chez les Hébreux, furent loin d'avoir la même valeur, mais elles furent excessivement variées. Elles sont précieuses pour nous parce qu'aucun des peuples appartenant aux premières civilisations ne nous a laissé autant d'écrits que les Juifs.

Les livres de l'Ancien Testament, qui ne représentent qu'une partie des œuvres littéraires d'Israël, puisqu'il s'en faut de beaucoup qu'elles nous soient toutes parvenues, contiennent des échantillons de la plupart des genres dans lesquels s'est exercé l'esprit humain.

Histoire, légendes, contes fantastiques, idylles, fragments de drame, morceaux didactiques, romans, hymnes religieux, chants guerriers, poèmes érotiques, recueils de préceptes, généalogies, codes, etc., toutes les variétés imaginables se rencontrent dans la Bible. Nous allons les passer rapidement en revue.

Les principaux livres historiques sont : les Juges, les Rois, les Chroniques, Esdras, Néhémie, les Macchabées.

Quant au Pentateuque, que l'on classait autrefois parmi eux, il se compose de légendes chaldéennes et d'une multitude de lois très minutieuses dont la naissance et l'application datent d'une époque bien postérieure à celle qui se trouve décrite dans la Genèse et dans l'Exode. Les livres du Pentateuque furent écrits sous les Rois. L'un d'eux, le Deutéronome, de beaucoup le plus récent, se distingue fortement des autres par un esprit plus idéaliste.

Non seulement Moïse ne peut être considéré comme l'auteur du Pentateuque, mais il est lui-même une figure bien plus légendaire qu'historique, considérablement arrangée, comme celle de Bouddha, après coup.

On distingue, dans tous les livres israélites qui se donnent pour des livres d'histoire, le souci très évident de tirer une théorie de l'arrangement des faits. Ils ne furent pas écrits simplement pour garder la mémoire d'événements intéressants. Leur but est de prouver quelque chose, et, comme tous les ouvrages composés avec un parti pris, ils font généralement preuve d'une bonne foi médiocre.

Ce que les Hébreux nous ont laissé de leur histoire fut compilé par des scribes royaux, dont le but était de faire triompher l'idée théocratique et monarchique.

Ils s'efforcèrent de montrer Israël constamment et directement conduit par son dieu national, Iahvé, lequel prenait pour interprètes des Juges ou des Rois avec qui il s'entretenait d'une façon fréquente et familière. Toute désobéissance à Iahvé recevait une punition immédiate; la piété envers lui était couronnée des plus grandes prospérités.

Lorsqu'il s'agissait d'événements trop récents ou trop connus, il était difficile à l'auteur de les dénaturer absolument. Il se contentait d'y adapter ses interprétations fantaisistes.

Pour le gros de l'histoire juive, après Saül, on peut à peu près se fier à ses écrivains. Leur mérite considérable, mais inconscient, c'est de nous avoir conservé, avec exactitude, non pas toujours les faits, mais le tableau de la société dans laquelle ces faits se sont accomplis.

Toutes les coutumes d'Israël, toutes ses croyances, nous les retrouvons aujourd'hui dans ses livres, où elles étaient consignées depuis tant de siècles, mais où l'aveuglement des scrupules religieux empêchait de les voir.

L'Europe chrétienne a, pendant longtemps, lu les historiens juifs dans l'esprit où ils voulaient être lus. Ce qu'ils ont voulu faire accroire à leurs contemporains fut admis avec moins de peine par les Augustin, les Pascal, les Bossuet, les Chateaubriand, que par la race ignorante et obstinée qu'ils essayaient de convaincre.

Si les écrivains juifs ne furent pas des historiens véridiques, ils furent des peintres fidèles. Les tableaux indignés qu'ils tracèrent

FIG. 396. — PALMYRE OU TADMOR. RUINES DU TEMPLE DU SOLEIL. — Cette ville aurait été, suivant l'Ancien Testament, construite par Salomon. Toutes ses ruines actuelles datent seulement de l'époque romaine. C'est au troisième siècle de notre ère que Palmyre, placée sous le protectorat de Rome, atteignit l'apogée de sa splendeur.

de l'idolâtrie invétérée d'Israël, les descriptions naïves des mœurs pastorales, les interminables généalogies, les traits de caractère saisis sur le vif, sont des documents d'une incomparable valeur.

Littérairement, ils nous offrent de très belles pages. Les premiers chapitres de la Genèse forment un monument remarquable pour la grandeur et la simplicité. C'est bien ainsi, c'est bien avec une pareille mise en scène et dans un pareil langage qu'on peut imaginer l'ouverture du grand drame humain.

Si le fond est chaldéen, la forme est hébraïque. Il fallait la sobriété du Sémite pour peindre en quelques mots ces formidables conceptions, et leur donner, par la simplicité même des moyens, une si étonnante apparence de vraisemblance et de vie.

A côté des livres historiques ou légendaires des Hébreux, il y a le roman proprement dit, qui n'a aucune prétention à passer pour un récit véridique, qui ne s'inquiète pas des anachronismes, et n'a pour but que de captiver le lecteur et quelquefois de l'amener à une déduction morale.

Les écrivains juifs ont excellé dans ce genre : ils y ont mis une animation, un naturel, un charme de détails tout à fait particuliers.

Outre le plaisir qu'on peut éprouver à relire ces récits touchants ou tragiques : Judith, Ruth, Tobie, Esther, etc., on y trouve des détails de mœurs caractéristiques. Tel est le scrupule que Judith, prête à commettre un meurtre, éprouve à manger de la viande d'animaux qui n'auraient pas été tués suivant les rites, ou la façon dont Ruth rappelle à Booz qu'il est le plus proche parent de son mari, et que, par conséquent, il doit l'épouser suivant la loi d'Israël, malgré l'immense différence de leurs positions qui rend la jeune femme si timide.

Cette histoire de Ruth est d'ailleurs un des plus délicieux contes pastoraux qui jamais aient été écrits.

Le caractère délicat, désintéressé, courageux, modeste, de l'héroïne; la noble nature, droite et loyale de Booz; la tristesse résignée, la dignité de Nahomi, sont rendues avec une sûreté de plume, une finesse de touche qui semblent le dernier mot de l'art. Comme cadre au récit se déroulent les plaines chargées d'épis dorés, avec la rude activité des moissonneurs et leur repos ensuite, sous le ciel étoilé, dans la magnificence des nuits de l'Orient.

Il est curieux de constater que, malgré leur caractère licencieux les Juifs produisirent une littérature légère particulièrement senti- mentale et chaste. Les récits propres à offenser la pudeur se trou- vent dans leur propre histoire et non dans leurs écrits de pure imagination.

Le plus sensuel de leurs ouvrages, le Cantique des cantiques, peint l'amour le plus passionné avec des expressions plutôt poétiques que lascives. Le plaisir des sens n'est pas seul en question dans ce ravissant poème : on sent que le cœur est pris, pour employer une expression familière. La Sulamite est une amoureuse aussi tendre qu'ardente, et, même dans le feu du désir, l'expression est toujours contenue, procédant par images pour sauver le côté scabreux de certains épanchements.

Jamais l'amour contrarié n'a trouvé des accents plus émouvants que dans le Cantique des cantiques. Jamais la passion violente ne s'est voilée sous de plus délicates images.

C'est le plus joli poème d'amour que nous ait laissé toute la littérature sémitique. Les œuvres de ce genre ne manquent pas chez les Arabes, qui n'ont guère chanté que les femmes, les coursiers, les combats. Mais, pour ces derniers, les sens dominent tout. La prédilection, le choix, c'est-à-dire le sentiment, est à peu près exclu de leurs œuvres. Ils cherchent surtout à éveiller la volupté. Toute femme leur est bonne, si elle est jeune et bien faite.

Dans le Cantique des cantiques, au contraire, la Sulamite et son berger s'aiment exclusivement et souffriront tant qu'ils ne seront pas réunis. Cette idée, plus voisine du sentiment romanesque de nos jours que de l'aveugle sensualité orientale, est peut-être le trait le plus frappant de ce célèbre poème d'amour.

L'Église chrétienne a voulu voir dans ce chant d'amour éperdu une œuvre d'austère morale, peignant les délices de la communion étroite avec Dieu.

On ne saurait citer un exemple plus frappant de la subjectivité des jugements humains. Des femmes chastes et austères se sont édifiées pendant des siècles à méditer des phrases brûlantes, telles que celles-ci :

« J'ai cherché dans mon lit durant les nuits celui qu'aime mon âme : je l'ai cherché et je ne l'ai point trouvé.

« ... Venez, mon bien-aimé, sortons dans les champs, demeurons dans les villages.

« Levons-nous dès le matin pour aller aux vignes : voyons si la vigne a fleuri; si les fleurs produisent des fruits; si les pommes de grenade sont en fleur : c'est là que je vous offrirai mes mamelles. »

La littérature juive ne manque pas d'œuvres purement morales, indépendamment des grandes compositions religieuses. Certains livres, tels que les Proverbes, l'Ecclésiaste, la Sagesse, sont des recueils de maximes pratiques destinées à diriger la conduite de la vie, mais qui ont peu de chose à voir avec les dieux, quels qu'ils soient.

L'esprit général de ces maximes est un épicuréisme sceptique. L'affirmation, que le plus clair de nos devoirs est de jouir de l'existence, qu'au delà, il n'y a rien, que c'est folie de sacrifier le moment présent à de vaines chimères, n'a pas été avancée plus hautement dans l'antiquité païenne par les Anacréon ou les Horace.

C'est dans ces sortes de livres qu'on peut voir à quel point les Juifs étaient dénués de toute espérance au delà de la tombe.

« Un chien vivant vaut mieux qu'un lion mort », dit brutalement l'Ecclésiaste.

Il n'est guère question, ni dans les Proverbes, ni dans l'Ecclésiaste, de la fameuse théorie des écrivains monarchiques qui montre la justice de Iahvé s'exerçant dès ce monde pour récompenser les justes et punir les méchants.

« Tout arrive également », dit l'Ecclésiaste, « au juste et à l'injuste, au bon et au méchant, au pur et à l'impur, à celui qui immole des victimes et à celui qui méprise les sacrifices. L'innocent est traité comme le pécheur et le parjure comme celui qui jure dans la vérité. »

De tous temps, les recueils de proverbes ont eu une grande importance dans la littérature d'un peuple, en ce qu'ils permettent plus que tout autre ouvrage de pénétrer dans la pensée intime de ce peuple.

Ceux des Israélites ne font pas exception.

Nous ne sommes plus là en présence d'un travail fait de parti pris pour répandre des vérités assez difficiles à faire admettre. Nous sommes également loin des grandes visions toutes personnelles des prophètes.

Dans ces proverbes, qui ne furent pas composés par un seul homme, mais qui circulaient de bouche en bouche, et dans lesquels se condensait l'expérience de longs siècles, nous surprenons la vraie pensée d'Israël.

Cette pensée était tout utilitaire et pratique. Elle est bien celle qui devint dominante chez cette race depuis l'époque de la conquête, à partir du moment où la possession, la jouissance, en satis-

FIG. 397. — KÉFR BIRIM (GALILÉE).

Ruines supposées juives, mais appartenant réellement à la période gréco-romaine.

faisant les convoitises, les instincts secrets d'un peuple sensuel, lui apprirent la valeur de tous les biens de la terre et le rendirent circonspect, habile, intéressé, âpre au gain, assez étroit dans ses horizons et peu disposé à sacrifier le bénéfice du moment présent pour les bienfaits incertains d'une vie à venir et d'un Dieu rémunérateur.

« ... L'imprudent croit tout ce qu'on lui dit; l'homme prudent considère tous ses pas. »

« ... Le sage craint et se détourne du mal; l'insensé passe outre et se croit en sûreté. »

« ... Le pauvre sera odieux à ses proches mêmes; mais les riches auront beaucoup d'amis. »

« ... Où l'on travaille beaucoup, là est l'abondance; mais où l'on parle beaucoup, l'indigence se trouve souvent. »

« ... Allez à la fourmi, paresseux, considérez sa conduite et apprenez à devenir sage. »

« ... La main relâchée produit l'indigence; la main des forts acquiert les richesses. »

« ... Celui qui amasse pendant la moisson est sage; mais celui qui dort pendant l'été est un enfant de confusion. »

« ... Il y a une voie qui paraît droite à l'homme, dont la fin néanmoins conduit à la mort, car l'âme de celui qui travaille, travaille pour sa propre vie. »

Les Proverbes préconisent une certaine sagesse, qui n'est guère que la prudence mondaine, mais qui parfois semble encore assez élevée, comme dans cette phrase :

« Peu avec la justice vaut mieux que de grands biens avec l'iniquité. »

Mais l'Ecclésiaste est plus franchement sceptique :

« J'ai dit en moi-même : Si je dois mourir aussi bien que l'insensé, que me servira de m'être plus appliqué à la sagesse? Et m'étant entretenu de ceci en mon esprit, j'ai reconnu qu'il y avait en cela même de la vanité. »

L'Ecclésiaste, par une erreur presque incompréhensible, a été confondu avec le roi Salomon. Rien n'est plus éloigné de ce que nous connaissons de la vie et du caractère de ce monarque que ne l'est ce livre amer et profond. Si l'auteur met ses paroles dans la bouche d'un roi puissant, c'est par une fiction fréquente en littérature. Il en a voulu doubler le poids. Pour se dire désabusé de tout en ce monde, il faut avoir tout connu, la fortune, le pouvoir, l'éclat du trône, la pompe des cours et l'adulation des hommes.

« J'ai été roi », dit l'Ecclésiaste, « ... je me suis accru, je me suis agrandi plus que tous mes prédécesseurs... Je me suis amassé de l'argent et de l'or, et de précieux joyaux et des provinces... Je n'ai rien refusé à mes yeux de tout ce qu'ils ont demandé, et je n'ai épargné aucune joie à mon cœur. »

Non seulement l'Ecclésiaste a possédé tous les biens que l'ambition la plus insatiable peut désirer, mais encore il a été doué d'une vaste intelligence. Il a connu les austères voluptés que procure la science; il a pénétré jusqu'au fond de la sagesse humaine.

« Mon cœur a vu beaucoup de sagesse et de science, dit-il; j'ai appliqué mon cœur à connaître les erreurs et la folie. »

Le héros du livre, qui en est aussi l'auteur, est accompli. Rien ne lui manque. Tout ce qui, soit intellectuellement, soit physiquement, peut donner à l'homme ce qu'on est convenu d'appeler le bonheur, l'Ecclésiaste le possède.

Et voilà qu'au faîte du pouvoir, au sommet de la science humaine, au sein des voluptés les plus exquises, il fait un retour sur soi-même, il s'interroge.

A-t-il rempli le but pour lequel il est sur la terre? Connaît-il seulement ce but? Quel est le fond de toutes choses? Est-ce la joie? L'Ecclésiaste est-il heureux?

« Voici », dit-il, « j'ai pensé en mon cœur sur l'état des hommes, que Dieu leur fera connaître, et ils verront qu'ils ne sont que des bêtes.

« Car l'accident qui arrive aux hommes et l'accident qui arrive aux bêtes est un même accident; telle qu'est la mort de l'un, telle est la mort de l'autre, et ils ont tous un même souffle, et l'homme n'a point d'avantage sur la bête, car tout est vanité.

« Tout va en un même lieu; tout a été fait de la poussière et tout retourne dans la poussière. »

Mais il n'en est pas tout à fait ainsi : l'homme n'est point complètement semblable à la bête, car celle-ci mange, boit, jouit de tous ses sens, et meurt dans une inconscience sereine. Tandis que l'être humain porte en soi le germe d'un tourment immortel et mystérieux.

Et l'Ecclésiaste qui, plus que tous a connu cette angoisse étrange, cette invincible aspiration, cette inquiétude du néant, s'écrie avec une indicible amertume :

« Où il y a abondance de science, il y a abondance de chagrin; et celui qui s'amasse de la science, s'amasse de la douleur. »

Toute la morale de l'auteur, le seul conseil qu'il donne, c'est, s'il nous est possible, de nous rapprocher de la brute inconsciente et tranquille, de chasser à jamais de notre âme le souci de ce qui est juste, infini, éternel, de fermer nos yeux, de boucher nos oreilles, d'étouffer le cri désespéré de notre cœur, et de jouir des seuls biens tangibles et palpables, ceux qui peuvent satisfaire notre chair ou flatter notre orgueil.

« Il n'y a rien de meilleur pour l'homme que de manger et de boire et de se réjouir; c'est ce qui demeurera de son travail durant les jours de sa vie, que Dieu lui donne sous le soleil. »

... « Certainement, les vivants savent qu'ils mourront, mais les morts ne savent rien et ne gagnent plus rien; car leur mémoire est mise en oubli. »

« Aussi leur amour, leur haine, leur envie a déjà péri, et ils n'ont plus aucune part au monde, dans tout ce qui se fait sous le soleil. »

« Va donc, mange ton pain avec joie, et bois gaiement ton vin, que tes vêtements soient blancs en tous temps, et que le parfum ne manque point sur ta tête. »

« Vis joyeusement tous les jours de ta vie avec la femme que tu as aimée..., car c'est là ta portion dans ta vie..., et dans le sépulcre où tu vas, il n'y a ni œuvre, ni discours, ni science, ni sagesse. »

Voilà les conseils que donne l'Ecclésiaste, et, dans l'accent dont il les donne, on voit qu'il envie ardemment ceux qui pourront les suivre.

Car lui, plus que tout autre, il se sent étreint par les angoisses, par les aspirations qu'il combat, qu'il écrase et qu'il raille avec une si implacable froideur. Il a l'horreur de ce néant qu'il aperçoit avec une épouvantable clairvoyance. Les joies matérielles qu'il préconise, il n'a jamais pu les goûter en paix. Elles ont été empoisonnées pour lui par l'éternel *pourquoi* qui torture depuis tant de siècles les plus nobles âmes.

« J'ai dit touchant le rire : Il est insensé; et touchant la joie : de quoi sert-elle ?

... « Il m'arrivera comme à l'insensé. Pourquoi donc alors ai-je été plus sage ? C'est pourquoi j'ai dit en mon cœur que cela aussi est une vanité. »

« La mémoire du sage ne sera point éternelle, non plus que celle de l'insensé, parce que dans les jours à venir tout sera oublié. Et pourquoi le sage meurt-il de même que l'insensé ? »

« C'est pourquoi j'ai haï cette vie, à cause que les choses qui se sont faites sous le soleil m'ont déplu, parce que tout est vanité et tourment d'esprit. »

Les doctrines évolutionnistes qui enthousiasment les philosophes de notre époque ont été entrevues par l'Ecclésiaste, et n'ont pas consolé son incurable mélancolie.

Il s'est dit, lui aussi, que s'il ne recueillait pas ici-bas tout le fruit de ses œuvres, il en léguait du moins l'héritage aux générations futures; qu'il ne périrait pas tout entier, puisque sa pensée lui survivrait; que, si l'individu est anéanti, l'humanité, elle, continue à vivre, à progresser, et que, dans cette œuvre grandiose, aucun effort n'est perdu, aucun ouvrier n'est trop humble.

Cette pensée n'a point suffi à compenser pour lui le déboire gigantesque, la duperie de l'existence.

« J'ai haï, » dit-il, « tout mon travail qui a été fait sous le soleil, parce que je le laisserai à l'homme qui sera après moi. »

« Et qui sait s'il sera sage ou insensé? Cependant il sera maître de tout mon travail auquel je me suis occupé, et de ce que j'ai fait avec prudence sous le soleil. Cela aussi est une vanité. »

Et voici la conclusion définitive de ce livre, le plus froidement pessimiste qui jamais ait été écrit:

« C'est pourquoi j'estime plus les morts qui sont déjà morts que les vivants qui sont encore en vie. »

« Même j'estime celui qui n'a pas encore été plus heureux que les uns et les autres, car il n'a point vu les méchantes actions qui se font sous le soleil. »

C'est là le dernier mot de l'Ecclésiaste, et il ne faudrait pas croire sorties de sa bouche les paroles finales qui, par une interpolation pieuse, ont été glissées comme conclusion à son livre, le démentant tout entier :

« Crains Dieu et garde ses commandements, car c'est là le tout de l'homme. »

Ce n'est pas une œuvre de résignation dévote, celle que nous venons d'analyser. Ce n'est pas non plus un cri de révolte impie. Non : la révolte, comme le reste, « est une vanité. » Ce n'est pas un blasphème. C'est pire que tout cela. Car dans la souffrance indignée, dans le blasphème, il y a la passion, la vie, et comme une espérance secrète, puisqu'on croit adresser ses paroles de colère à quelque être qui les entend.

Le livre de l'Ecclésiaste est une des plus amères négations que des lèvres mortelles aient jamais proférées. C'est l'hymne de désespérance des damnés. Il pourrait servir d'épitaphe à la race humaine, quand la terre dépeuplée aura enseveli sous son linceul de glace le dernier de ses habitants.

Ce qui, jusqu'à nos jours, a voilé le froid réalisme, le pessimisme sombre, de ce livre immortel, c'est le sentiment pieux qui, depuis deux mille ans, travaille à défigurer la Bible. Lorsque, débarrassé de préjugés séculaires, on écoute l'Ecclésiaste, le cœur se serre d'une indicible angoisse. Quelle philosophie, quelle espérance résisterait à cette effroyable analyse?

Ce qui soutient l'humanité au-dessus du néant, d'après le sombre écrivain, ce n'est pas la joie de vivre, c'est la curiosité :

« Tous les fleuves vont à la mer, et la mer n'en est point remplie... l'œil n'est jamais rassasié de voir ni l'oreille lasse d'ouïr. »

Et comme il n'est pas possible que ce sentiment même ne soit pas, lui aussi, creux, vide et sans fruit, l'Ecclésiaste ajoute :

« Ce qui a été, c'est ce qui sera; ce qui a été fait, c'est ce qui se fera, et il n'y a rien de nouveau sous le soleil. »
« Y a-t-il quelque chose dont on puisse dire : Regarde, cela est nouveau? Il a déjà été dans les siècles qui ont été avant nous. »

Auprès de l'Ecclésiaste, le sombre livre de Job paraît presque doux et consolant.

Et cependant, l'affreuse détresse morale peinte dans toute la première partie de ce second ouvrage ne rencontre comme remède qu'une confiance aveugle en Dieu. Renoncer à chercher, renoncer à comprendre, se soumettre sans âpre curiosité, sans murmure, aux mystérieuses lois qui dirigent nos destinées, telle est d'après l'auteur la seule chance d'apaisement que nous puissions jamais obtenir.

Avec quel sang-froid, avec quelle obstination, avec quelle habileté, quelle clairvoyance profonde, ces grands pessimistes juifs ont sondé nos éternelles blessures !

Depuis plus de deux mille ans qu'ils ont parlé, la science n'a encore rien trouvé de bien précis à leur répondre?

L'illusion pieuse de Job, et l'illusion sensuelle de l'Ecclésiaste, se sont partagé les hommes pour les bercer, sinon pour les guérir. L'on n'a découvert rien de mieux pour entraîner l'humanité vers un avenir qui n'est peut-être pas fait pour elle.

Le monde reste divisé encore entre les jouisseurs et les idéalistes, entre les disciples de l'Ecclésiaste et les disciples de Job.

En ce siècle quelques penseurs, fatigués de l'un et de l'autre chemin, ont recommencé à se poser les questions que débattirent si hardiment les deux écrivains hébreux.

Mais qu'est notre mélancolie auprès de la leur? Quel est le pessimiste moderne qui ait osé affirmer comme eux, sans détours, sans phrases, le néant des choses humaines? Où est celui qui a fermé aussi résolument à l'homme les portes de l'espérance?

De tels livres ne sont pas bons à lire. N'était le sentiment religieux qui les adoucit, et n'était l'admirable poésie qui les enveloppe, il faudrait les enfermer dans quelque caveau profond, accumuler sur eux les assises de quelque immense pyramide, pour empêcher leur voix amère de se faire entendre et de paralyser le cœur défaillant de la vieille humanité.

Ce merveilleux et douloureux livre de Job est d'ailleurs, au point de vue purement littéraire, un des chefs-d'œuvre de l'esprit humain.

Il a l'allure d'un drame d'Eschyle; mais le poète grec lui-même ne s'est jamais soutenu si longtemps dans les régions du sublime. Aucune œuvre, si élevée qu'elle soit, ne peut présenter une plus complète unité.

Il y a cinq personnages dans le drame : Job, ses trois amis et Dieu.

Nous ne parlons pas d'Elihu, dont tout le discours est une interpolation, introduite évidemment plus tard pour adoucir le caractère tragique du livre, avec lequel, du reste, il tranche absolument.

Job, c'est l'homme, l'homme qui souffre et qui demande pourquoi. Les trois amis ce sont les représentants de la fameuse doctrine israélite qui prétend que Iahvé récompense les bons et punit les méchants, et que toute douleur suppose une faute antérieure.

Job n'a pas de peine à mettre cette doctrine à néant. Dans son indignation, il va même jusqu'à l'excès contraire et affirme que les méchants seuls prospèrent ici-bas.

« Pourquoi donc les impies vivent-ils si heureusement? » s'écrie-t-il. « Pourquoi sont-ils si élevés et si remplis de richesse? »

« Ils voient leur race fleurir et se conserver devant leurs yeux; ils sont environnés d'une grande troupe de leurs proches et de leurs petits-enfants. »

« Leurs maisons jouissent d'une paix profonde, et la verge de Dieu ne les touche point. »

Lorsque le dialogue entre Job et ses amis s'est prolongé suffisamment, Dieu apparaît, et déclare, dans un langage d'une remarquable poésie, que l'homme est trop ignorant, trop chétif pour l'interroger, et ne doit point chercher à pénétrer le mystère de ses voies.

La conclusion, sans doute, n'en est pas une, mais elle est la seule à laquelle un esprit religieux puisse parvenir. La science suprême de la vie et de la mort est cachée pour nous, et nous pouvons toujours dire d'elle avec Job :

« Où trouvera-t-on la sagesse et quel est le lieu de l'intelligence? »

« L'abîme dit : Elle n'est point en moi; et la mer : Elle n'est point avec moi. »

« Elle est cachée aux yeux de ceux qui vivent; elle est inconnue aux oiseaux même du ciel. »

« La perdition et la mort ont dit : Nous en avons ouï parler. »

La conception du livre de Job n'est égalée, dans sa grandeur, que par la beauté de la forme. Le langage est à la hauteur du sujet.

Il est impossible de détacher des passages de ce livre, qu'il faudrait citer tout entier.

Lorsque l'Éternel parle et décrit les merveilles de la nature qu'il a créée, on croit entendre en effet comme l'écho d'une voix divine.

L'immensité de l'univers, la splendeur des cieux étoilés, la majesté de l'Océan, la diversité infinie des plantes et des animaux, la beauté, la vigueur du cheval, la force et la fierté de l'aigle, sont rendues dans des descriptions aussi exactes que magnifiques.

Et il y a une grandeur dont l'effet est saisissant dans cette question que Dieu répète à l'homme chétif qui l'interroge :

Aurais-tu fait ces choses, et sais-tu seulement comment elles se sont faites ?

« ... Où étais-tu quand je jetais les fondements de la terre, et que les astres au matin me louaient tous ensemble? »

« ... Les portes de la mort te sont-elles ouvertes? Les as-tu vues, ces portes noires et ténébreuses? »

FIG. 396. — CASCADE DANS LE LIBAN.

Les sommets du Liban fort dénudés aujourd'hui étaient couverts jadis de cèdres. C'est du Liban que Salomon fit venir les arbres employés dans la construction du temple de Jérusalem.

« ... Peux-tu commander aux tonnerres et partiront-ils à l'instant? et en revenant ensuite te diront-ils : Nous voici. »

« Peux-tu joindre ensemble les étoiles brillantes des pléiades et détourner l'ourse de son cours? »

« ... As-tu donné la force au cheval?... Est-ce par ta sagesse que l'épervier se couvre de plumes, étendant ses ailes vers le Midi? »

La poésie lyrique des Hébreux, qui nous a laissé les Psaumes et tous les livres des grands et des petits prophètes, sans compter beaucoup de morceaux semés dans toutes les parties de l'Ancien Testament, est trop riche en œuvres pour que nous puissions l'apprécier autrement que dans ses caractères les plus généraux.

Elle est abondante, élevée, souvent sublime, fertile en images, d'une éloquence passionnée.

Les sujets religieux ne furent pas sa seule source d'inspiration. Elle célébra le vin, les femmes, la guerre, mais ce sont surtout les hymnes pieux qui ont été recueillis et qui nous sont restés.

Un des plus anciens monuments de la poésie hébraïque est le beau chant de guerre de Débora qui se trouve au livre des Juges.

Quant aux Psaumes, ils appartiennent à des époques très diverses. David, à qui on les a longtemps attribués, fut sans nul doute un poète remarquable et fécond, mais il est impossible de savoir quels sont, parmi les chants hébreux, ceux dont il fut l'auteur. Le seul qui lui appartienne authentiquement est l'hymne funèbre qu'il composa après la mort de Saül et de Jonathan.

La poésie lyrique d'Israël est d'une grande magnificence. Elle dépasse beaucoup, dans son expression comme dans son inspiration générale, les compositions martiales ou galantes des autres Sémites et même des Arabes.

Elle n'est pas formée par des vers proprement dits, mais elle possède une cadence particulière résultant de ce qu'on a nommé le *parallélisme des membres*.

Chaque strophe, dans la poésie hébraïque, est divisée en deux membres de phrase, qui contiennent la même pensée exprimée par des mots presque semblables, de sorte qu'on croirait entendre dans le second comme l'écho du premier. Cet écho produit un effet très frappant, à la fois sur l'oreille et dans la pensée.

En voici un exemple. C'est un fragment de l'admirable psaume CII :

« Jahvé est miséricordieux et plein de tendresse — il est patient et tout rempli de miséricorde. »

« Il ne sera pas toujours en colère — il n'usera pas éternellement de menaces. »

« Il ne nous a pas traités selon nos péchés — il ne nous a pas punis selon la grandeur de nos iniquités. »

« Car autant le ciel est élevé au-dessus de la terre — autant a-t-il affermi sa miséricorde sur ceux qui le craignent. »

Ce parallélisme des membres, tout à fait particulier et très caractéristique chez les poètes hébreux, ne se retrouve pas chez les Arabes ou autres Sémites du Sud. On l'a rencontré, au contraire, dans quelques œuvres accadiennes de la plus haute antiquité. Il nous fournit donc une nouvelle preuve du séjour des Sémites du Nord dans la Mésopotamie, et nous montre un emprunt de plus fait par les Juifs à la Chaldée.

Le splendide épanouissement de la littérature hébraïque ne fut donc pas absolument spontané. Par sa forme, comme par ses conceptions religieuses, cette littérature se rattache à un très ancien foyer de culture oriental.

Le génie sémitique livré à lui-même n'aurait pas atteint à de telles hauteurs. L'âme du Sémite ressemble à son corps sec et nerveux : elle est nette, agile, ingénieuse, mais peu profonde et assez pauvre d'imagination.

Les choses entrevues jadis, les paroles écoutées dans des âges lointains sur les bords de l'Euphrate, hantèrent Israël à travers toute son histoire.

C'est en Chaldée qu'il avait puisé cette soif de connaître le commencement et la fin de tout, cette dévorante curiosité qui torturait les vieux mages.

S'il était resté sous sa tente, dans les plaines monotones de l'Arabie, il n'aurait point trouvé des accents pour ébranler, convaincre, enthousiasmer le monde.

Les prophètes juifs furent injustes envers Babylone.

Isaïe, lui annonçant sa destruction prochaine, s'écrie :

« Tous ces malheurs t'accableront à cause de la multitude de tes enchantements et de l'extrême dureté de tes enchanteurs. »

« Tu t'es tenue assurée dans ta malice. C'est ta science et ta sagesse même qui t'ont séduite. Tu as dit en ton cœur : Je suis souveraine, et il n'y en a point d'autre que moi. »

« Viens avec tes enchanteurs et avec tous tes secrets de magie, auxquels tu t'es appliquée avec tant de travail dès ta jeunesse... »

« Que tes augures qui étudient le ciel, qui contemplent les astres, et qui comptent les mois pour en tirer les prédictions qu'ils veulent te donner de l'avenir, viennent maintenant, et qu'ils te sauvent. »

Cette raillerie semble dure dans la bouche d'un de ces grands poètes juifs, qui devaient tant à la Chaldée.

Les plus sublimes éclosions du génie humain ressemblent aux fleurs des arbres qui tirent toute leur beauté, toute leur fraîcheur, tout leur éclat, des noires racines lointaines, enfouies dans le sol ténébreux. L'arbre met de longues années à se développer; la fleur éclot en un jour. Elle aurait tort, la fière corolle, si elle méprisait le rameau rugueux qui la porte et sans lequel elle ne serait pas née.

Et nous qui, devant les effets les plus merveilleux, nous sommes donné pour tâche de remonter aux humbles causes, nous apercevons deux choses derrière la magnificence des poèmes hébreux :

Nous apercevons d'abord la tente, au désert, si petite en face des monotones horizons infinis; puis nous voyons encore, sur le sommet des grands temples de la Chaldée, le mage pensif essayant d'arracher au ciel muet le secret de nos destinées.

C'est le souvenir de l'humble tente et du temple altier qui, en inspirant le poète juif, ont grossi la somme des rêves dont s'est enchantée l'humanité.

# LIVRE SIXIÈME

## Apparition des Aryens dans l'Histoire de la Civilisation.

# LES PERSES ET LES MÈDES

## CHAPITRE PREMIER

### LA RACE, LE MILIEU ET L'HISTOIRE

§ 1er. — RÔLE DES PERSES DANS L'HISTOIRE DE LA CIVILISATION

Le rôle des Perses a été très grand dans l'histoire politique du monde, mais très faible dans l'histoire de la civilisation.

Pendant les deux siècles qu'a duré leur puissance, ils ont fondé un gigantesque empire; mais dans les sciences, les arts, l'industrie, la littérature, ils n'ont rien créé, et n'ont ainsi rien ajouté au trésor des connaissances amassées par les peuples auxquels ils succédaient.

L'avènement des Perses sur la scène de l'histoire est cependant d'une importance capitale et ouvre une ère nouvelle. Jusqu'à eux, en effet, le vieux monde avait été gouverné par des Sémites, tels que les Assyriens, ou par des demi-Sémites, tels que les Égyptiens. Avec les Perses, le génie aryen fait son apparition dans l'histoire. Il commence à mettre en œuvre tous les matériaux de civilisation qu'il n'a pas découverts, mais auxquels il sait donner un développement immense. Il renouvelle la sève des races vieillies, et grandit peu à peu, jusqu'à ce qu'il atteigne son apogée avec les Grecs, ces héritiers de l'antique Asie.

Au moment où la monarchie babylonienne s'écroule sous les

coups des Perses dirigés par Cyrus, le rôle des Sémites est provisoirement fini.

Mille ans plus tard, avec les Arabes, cette race semblera de nouveau prendre la tête de la marche en avant poursuivie par l'humanité. Mais la civilisation que propageront les disciples de Mahomet n'aura rien de sémitique. Elle sera le legs direct des Grecs et des Romains, dont les Arabes ne seront que les continuateurs.

Ces Sémites, sortis de leurs déserts à la voix de Mahomet, feront pour l'œuvre aryenne d'Athènes et de Rome, ce que les Perses aryens avaient fait pour l'œuvre sémite de Ninive et de Babylone.

Les Perses furent donc des propagateurs et non des créateurs. Leur rôle, au point de vue de la civilisation, ayant été très faible, le lecteur ne doit pas s'attendre à nous voir entrer, en parlant d'eux, dans des développements analogues à ceux que comportaient les civilisations de l'Égypte et de la Mésopotamie.

L'apport réel des Perses dans le fonds commun du progrès humain est si minime que nous eussions pu réduire encore les pages que nous allons leur consacrer.

## § 2. — LA RACE

Bien des conjectures ont été émises sur l'origine de la race aryenne, dont descendent la plupart des nations peuplant l'Asie antérieure et l'Europe, des bords du Gange à ceux de la Tamise.

Ses débuts ne sont pourtant pas plus obscurs que ceux des Kouschites et des Sémites. Tous ces grands rameaux du genre humain se sont détachés d'un tronc primitif, ou se sont développés séparément, à une époque tellement lointaine qu'il nous est impossible d'en percer la nuit épaisse.

On s'est passionné tout particulièrement pour les Aryens, parce que, dès que cette race a paru sur la scène du monde, elle y a joué le rôle prépondérant ; parce qu'aujourd'hui encore elle distance de bien loin toutes les autres dans la voie du progrès, et enfin parce que c'est d'elle que nous nous croyons descendus.

Aussi loin qu'on puisse retrouver sa trace, on la voit établie au centre du continent asiatique, errant sous forme de tribus à la fois agricoles et guerrières dans les grandes plaines traversées par l'Iaxarte et l'Oxus — le Syr-Daria et l'Amou-Daria de nos jours.

C'est de là, semble-t-il, que par lentes et progressives poussées, elle aurait débordé sur l'Occident.

Son exode se serait accompli graduellement, correspondant à l'accroissement de la population, et, de temps à autre, brusquement précipitée par des invasions venues du Nord.

Pour s'épancher au delà des contrées qui peut-être lui ont servi de berceau, la race aryenne n'avait guère qu'une seule issue, le grand isthme formé par le continent d'Asie entre la mer Caspienne et le golfe Persique.

Vers le nord, en effet, s'étendaient des steppes désolées, peu tentantes pour les peuples agricoles, et d'où s'échappaient d'ailleurs de temps à autres des torrents d'avides Touraniens, se dirigeant eux-mêmes vers des terres plus fertiles.

A l'est se développait tout le système de montagnes énormes et de plateaux escarpés qui isolent l'Extrême-Orient du reste du monde. Au sud c'était la barrière plus redoutable encore de l'Himalaya.

Le côté occidental était donc le seul largement ouvert, et encore ne l'était-il que sur une largeur de 700 kilomètres à peine, puisque la mer Caspienne au nord et le golfe Persique au sud ne laissent entre eux que ce médiocre espace.

C'est précisément dans cet étranglement du continent asiatique que s'étend ce qu'on a appelé le plateau de l'Iran.

Les Aryens s'y établirent de bonne heure et s'en rendirent si bien maîtres qu'ils en prirent le nom. Les Iraniens, opposés aux Touraniens dans une lutte séculaire, ne sont autres que les Aryens disputant aux Scythes mongoliques les vallées fertiles de l'Asie centrale.

C'est environ trois mille ans avant notre ère que les Aryens envahirent les provinces iraniennes, refoulant les populations kouschites ou sémites qui s'y trouvaient. La lutte fut vive dans le nord, pour la possession de la riche Médie, où la population resta mélangée, tandis qu'au sud, sur les bords du golfe Persique, les Perses, pur rameau aryen, s'établissaient sans difficulté dans la région déserte et austère à laquelle ils ont donné leur nom.

Peu après que le gros de la race aryienne eut peuplé ces contrées, une nouvelle poussée se produisit qui fit franchir à une
partie de ses tribus la barrière himalayenne elle-même.

Une invasion aryenne pénétra dans l'Inde par les passes de
Kaboul, et s'établit dans les plaines de l'Indus où bientôt elle développa la civilisation védique.

Dès lors, le développement de la race fut double. Les Aryens de
l'Iran et les Aryens de l'Inde suivirent une marche qui ne tarda pas
à diverger (*).

Alors que les premiers devenaient des peuples guerriers, conquérants, et se trempaient pour les futurs triomphes dans la lutte
contre les Touraniens et les Sémites, dans le conflit perpétuel produit par le choc des races sur l'étroite plate-forme centrale de
l'Asie, les seconds asservissaient facilement les populations indiennes inférieures, conservaient plus longtemps leurs mœurs primitives, et, pour se maintenir les maîtres, s'organisaient en castes
rigides. Tandis que les Iraniens, par la grande réforme de Zoroastre,
adoptaient une religion arrêtée, distincte, fondée sur le principe
du dualisme, les Aryens de l'Inde conservaient leur panthéisme
vague et continuaient à offrir leurs pacifiques sacrifices aux mânes
des aïeux et aux forces de la nature.

Le tableau de la civilisation védique, que nous avons tracé lon-

(*) Les mœurs des primitifs Aryens de l'Inde appartenant à ces temps demi-barbares
qui ont précédé l'aurore des civilisations, nous n'avons pas à nous occuper d'eux dans une
histoire des premières civilisations. Une autre raison nous a empêché de comprendre
l'Inde dans cet ouvrage. Les invasions aryennés en Europe appartiennent aux temps
préhistoriques; aucune ne s'est produite en Occident pendant l'âge de la civilisation.
Rien n'indique d'ailleurs que la civilisation de l'Inde, très postérieure aux anciennes
civilisations de l'Asie antérieure, et même de l'Europe, ait eu aucune influence sur elles.
Comme la Chine et l'Amérique, l'Inde, séparée du reste du monde par de formidables
barrières, s'est développée d'une façon à peu près indépendante. Contrairement aux
préjugés qui se sont maintenus pendant longtemps, la civilisation de l'Inde est loin
d'avoir une antiquité comparable à celle de l'Égypte ou de la Chaldée. Alors que les
plus anciens r.    ments de l'Égypte sont de 5,000 ans antérieurs à notre ère, les plus
vieux monuments de l'Inde ne remontent qu'au roi Asoka, c'est-à-dire à 250 ans environ
avant J.-C. La civilisation de l'Inde ne se rattachant, pas plus que celle de la Chine, à
aucune autre, doit être étudiée séparément. Il n'y aurait eu aucun intérêt à l'étudier dans
un ouvrage consacré aux civilisations de l'Orient dont sont sorties, par une évolution
régulière, toutes celles de l'Occident.

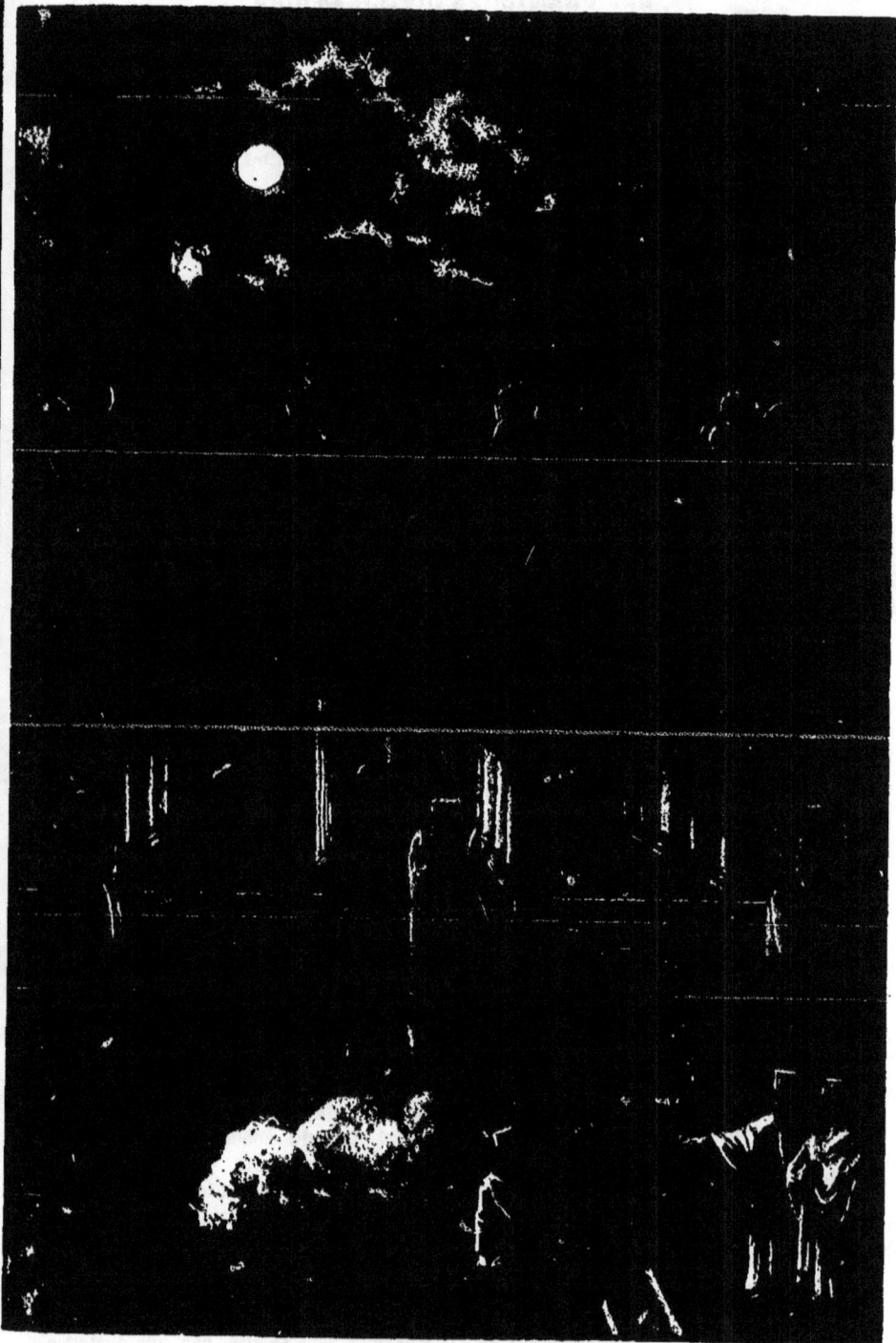

FIG. 390. — ESSAI DE RESTITUTION D'UNE SALLE D'UN PALAIS DE PERSÉPOLIS (V⁰ SIÈCLE AVANT J.-C.).

Cette restitution, exécutée d'après nos croquis par M. Kreutzberger, a été faite d'après les documents divers reproduits dans ce chapitre et ceux qui le suivent.

guement dans notre ouvrage : *Les Civilisations de l'Inde,* ne convient donc pas dans tous ses traits aux Aryens iraniens, et représenterait plutôt l'état où ils vivaient sur les bords de l'Oxus, avant la conquête de la Médie et de la Perse.

Pourtant les institutions primitives, les grands villages administrés par les anciens, les libertés cantonales, les mœurs agricoles, subsistèrent sans trop de changement jusqu'au jour où la menace de l'Assyrie contraignit les Mèdes à prendre un roi, et, pour les Perses, jusqu'au moment où le désir de secouer le joug des Mèdes les unit sous le commandement de Cyrus.

## § 3. — LE MILIEU

L'Iran, qui comprend la Médie et la Perse, se divise en deux régions : la région montagneuse et celle des plaines.

La première comprend un vaste amphithéâtre dont la partie la plus élevée est constituée par la chaîne de l'Elbourz, au sud de la mer Caspienne, et qui se prolonge vers l'est jusqu'au massif de l'Hindou-Kousch, et vers le sud jusqu'au golfe Persique.

Ce dernier prolongement, formé de plusieurs chaînes parallèles, séparait les Mèdes et les Perses des Assyriens et des Babyloniens, et leur servit longtemps de rempart contre les rois de Ninive.

La région montagneuse de l'Iran, qui appartenait en grande partie au royaume des Mèdes, est la plus favorisée. Ses vallées et les croupes de ses montagnes sont d'une admirable fertilité. Une foule de petits cours d'eau, qui naissent sur les pentes, et vont pour la plupart se jeter dans le Tigre, arrosent des vergers dont la fraîcheur ne peut être comparée qu'à celle de nos vergers européens.

Tous nos arbres à fruits : cerisier, pommier, prunier, coignassier, pêcher, croissent dans les vallons, tandis que de riches moissons se déroulent sur les premières croupes des montagnes et que des forêts de pins et de chênes en couronnent les hauteurs.

La région des plaines, c'est-à-dire la Perse antique, est âpre au contraire, couverte d'argile dure, de salines, de déserts sablonneux, de marécages pestilentiels, et dévorée par les feux d'un soleil ardent.

Dans l'antiquité, son aspect, grâce aux persévérants travaux des hommes, était sans doute moins désolé. Mais jamais cependant elle ne put nourrir une population très dense.

Les Perses furent toujours peu nombreux, et, pour former leurs armées formidables, ils durent enrôler toutes les nations qu'ils avaient successivement vaincues.

Ce qui leur donna l'ascendant prodigieux qu'ils exercèrent sur l'Asie, ce fut précisément la rudesse de leur contrée qui les rendit sobres, énergiques, indomptables. D'après Hérodote, les Perses n'apprenaient que trois choses à leurs enfants, depuis cinq ans jusqu'à vingt ans : monter à cheval, tirer de l'arc et dire la vérité.

Le caractère de ce vaillant peuple changea lorsque son succès rapide eut fait affluer chez lui les richesses du monde entier et qu'il eut goûté à la coupe de délices dont la voluptueuse Babylone, au dire du prophète, « avait enivré la terre ».

Mais, jusqu'à l'avènement de Cyrus, cet âpre plateau de l'Iran, avait formé lentement et fortement trempé par l'ardeur de son soleil, la dureté de sa terre ingrate et les rudes souffles de ses vents, une race vigoureuse et hardie, toute prête à devenir, entre les mains d'un conquérant de génie, un incomparable instrument de victoire.

## § 4. — HISTOIRE DES MÈDES ET DES PERSES

Comme toutes les histoires des peuples anciens, celle des Mèdes et des Perses présente un début légendaire, dont les faits positifs ne se dégagent qu'à partir du VIᵉ siècle avant J.-C.

Les récits fabuleux des premiers temps furent recueillis et compilés par Ctésias de Cnide, qui, vivant à la cour d'Artaxerxès II, s'efforça de les arranger d'une façon flatteuse pour les Perses. Hérodote, après lui, les répéta, et, de la bouche de ce grave historien, on les accepta sans discussion. La sagesse du législateur Déjocès, la préservation miraculeuse de Cyrus enfant, le dévouement de Zopyre, devinrent des certitudes au même degré que les aventures de Sémiramis et le festin de Balthazar.

L'historien moderne ne peut plus tenir aucun compte de ces charmants mais puérils récits.

Les seules traces irréfutables qui restent au fond des poétiques légendes rapportées par les écrivains grecs et qui se dégagent des livres sacrés des anciens Perses, sont celles d'une lutte acharnée, séculaire, qu'auraient soutenue les Aryens en Médie avant de s'y établir aux dépens des Touraniens.

A peine cette lutte s'apaisait-elle, laissant le plateau de l'Iran sous la domination de la nouvelle race, qu'un danger, tout aussi grand, surgit à l'ouest, où se développait l'ambitieuse Ninive.

Les Mèdes et les Perses ne tardèrent pas à devenir tributaires de la puissante capitale des Sémites.

Ils supportèrent ce joug sans trop de peine. Leurs mœurs n'étaient pas encore devenues conquérantes. S'ils avaient combattu jusque-là, c'était pour s'assurer la possession de champs fertiles et des vastes pâturages nécessaires à leurs troupeaux. Dispersés dans leurs grands villages autonomes, ils ne s'inquiétèrent pas tout d'abord du pouvoir lointain qui prétendait les asservir, et qui n'était pas encore assez fort pour faire sentir bien lourdement son autorité.

Des légendes fort douteuses attribuent cependant à un Mède, Arbacès, une première destruction de Ninive, qui aurait eu lieu en 788 avant J.-C. Mais, à supposer qu'un soulèvement se fût produit vers cette époque, il n'aurait pu résulter d'un mouvement national chez un peuple qui n'était pas encore réuni en corps de nation; on pourrait y voir tout au plus un coup de main du gouverneur placé par les rois assyriens à la tête des confédérations aryennes du plateau de l'Iran.

Quoi qu'il en soit, cet événement n'aurait donné aux Mèdes qu'une indépendance passagère. Leur soumission devint plus complète encore sous les Sargonides, qui les déportèrent en masse, et établirent chez eux des étrangers afin d'arrêter le mouvement de cohésion qui eût pu faire de leurs tribus rassemblées une puissance unique et redoutable.

Les persécutions des vainqueurs eurent d'ailleurs, comme toutes les persécutions, un effet absolument contraire à celui qu'elles voulaient produire.

Elles exaspérèrent les Mèdes, et les contraignirent à chercher dans une union solide, la force de résistance nécessaire, les poussant ainsi vers cette unité nationale, que, laissés à eux-mêmes, ils n'eussent peut-être jamais atteinte.

Les premiers héros des tribus aryennes, Déjocès, Phraorte, prirent dans les légendes des proportions évidemment exagérées. L'œuvre de législation accomplie par l'un, les victoires attribuées à l'autre, durent être le fruit de longs tâtonnements et de rudes

FIG. 400. — VUE D'ENSEMBLE DES RUINES DE PERSÉPOLIS.

Persépolis, capitale de l'empire des Perses, fut détruite par Alexandre 330 ans avant J.-C. Pendant les deux siècles que dura la puissance des Perses, elle fut une des plus brillantes cités de l'Asie. Ses monuments et ses bas-reliefs donnent une idée exacte de ce que furent l'architecture et les arts sous les Perses et montrent à quel point ce peuple sut s'assimiler la civilisation des empires qu'il avait conquis, mais se montra incapable de créer aucune œuvre originale.

efforts et demander plus que deux vies d'hommes. Mais, comme toujours, l'imagination populaire condensa, sous un nom ou deux, une œuvre collective péniblement et lentement accomplie.

Ce n'est que vers la fin du VIIe siècle avant J.-C. qu'apparaît enfin un héros authentique, Cyaxare, qui, héritier des travaux accomplis par ses prédécesseurs, se trouve à la tête d'une véritable nation, celle des Mèdes, et reçoit l'hommage et le secours d'un peuple voisin, les Perses, encore divisé en tribus nombreuses, mais marchant, lui aussi, vers l'unité.

Cyaxare donna le premier aux Mèdes une armée nationale et régulière. Avec cette armée, il attaqua Ninive. Il allait en triompher, lorsqu'une invasion des Scythes recula son succès et la chute de l'Assyrie, qui touchait d'ailleurs à son déclin.

Sous ce nom général de Scythes, on désignait dans l'antiquité des populations barbares, aryennes ou touraniennes, établies au nord de la mer Noire et de la mer Caspienne, dans les vastes steppes de ce qui forme aujourd'hui une partie de la Russie asiatique et de la Russie européenne.

Les Scythes aryens portèrent aussi le nom de Cimmériens. Ils avaient, peu avant le règne de Cyaxare, ravagé et dominé toute l'Asie Mineure. Vaincus et entraînés par les Scythes touraniens, ils formèrent avec ceux-ci une redoutable multitude qui se jeta sur les provinces affaiblies et mal soudées de l'empire assyrien, et répandit l'épouvante d'Ecbatane jusqu'à Jérusalem.

Ces barbares furent pendant sept années maîtres de la Médie. Mais, impuissants à organiser leur conquête, ils s'usèrent par la dispersion, comme par mille excès, et virent s'éteindre bientôt leur domination passagère.

Cyaxare, s'aidant d'ailleurs de la trahison, massacra leurs chefs dans un festin, et délivra la Médie.

A peine remonté sur le trône, il reprit ses projets contre Ninive. S'alliant avec Nabopolossar, gouverneur de Babylone, il renversa l'empire assyrien et fit goûter à la Médie cette gloire militaire dont elle ne tarda pas à vouloir s'enivrer.

Cyaxare lui-même ne s'arrêta pas sur les bords du Tigre. Il conquit une partie de l'Asie Mineure, et ne fut arrêté que par la plus forte puissance de cette contrée, la Lydie, elle-même belliqueuse et jalouse de son indépendance.

Après six ans de lutte, une éclipse de soleil, survenue au moment de livrer bataille, ayant arrêté les combattants, cet événement détermina la signature d'une trêve, qui donnait le fleuve Halys à la Médie comme frontière occidentale.

Cyaxare mourut quelque temps après. Il avait fondé l'empire des Mèdes. Il le légua, étendu et florissant, à son fils Astyage, qui ne chercha pas à l'agrandir.

Ce prince, pacifique et ami des plaisirs, n'avait pas l'énergie nécessaire pour maintenir une puissance nouvelle et encore mal affermie. Par sa faute, la suprématie descendit du nord au sud et passa de la Médie à la Perse.

Un Perse obscur, Cyrus, qui, dès son plus jeune âge, avait montré des aptitudes extraordinaires et le goût du commandement, sut persuader à ses compagnons de travail que le sol ingrat de la Perse lassait inutilement leurs bras, tandis qu'ils pourraient employer ces mêmes bras à secouer le joug de la riche Médie et à en conquérir les fertiles vallées.

Il fut écouté, obtint l'appui du premier général d'Astyage, que celui-ci avait offensé; puis, sûr de ses partisans et des intelligences qu'il s'était créées autour du roi des Mèdes, il marcha contre Ecbatane, capitale de la contrée du nord, s'en empara, renversa Astyage et prit sa place, mettant du même coup la Perse au premier rang dans la confédération aryenne qui grandissait au cœur de l'Asie.

Il était impossible que cet insurgé hardi, qui bientôt allait devenir le maître de tout le monde asiatique, ne vit pas les légendes se former autour de son nom comme les nuées à l'entour du front d'un géant des montagnes.

Le premier effort des historiens, en face de ces étonnantes ascensions d'un homme obscur au faîte de la puissance et de la gloire, consiste à rattacher cet homme à quelque illustre famille.

Les traditions perses firent remonter l'origine de Cyrus aux rois de Médie, d'une part, et, d'autre part, à la race des Achéménides, la plus considérée de la Perse.

On forgea une histoire de persécution exercée par Astyage contre son petit-fils, qu'il aurait voulu faire disparaître, afin d'expliquer comment l'enfant avait passé les premières années de sa vie dans l'obscurité et parmi les derniers rangs du peuple.

Nous n'insisterons pas sur ces légendes, devenues si célèbres, grâce à la gravité d'Hérodote, qui les appuya, en y ajoutant son charme d'incomparable narrateur.

L'aventurier Cyrus, élevé sur le double trône des Mèdes et des Perses, ne trouva pas encore cette extraordinaire fortune à la hauteur de son ambition. C'était l'empire du monde qu'il lui fallait, et il ne tarda pas à le conquérir.

Deux puissances pouvaient encore rivaliser en Asie avec la Perse. C'était la Lydie, agrandie par Alyatte et son fils Crésus, et Babylone que Nabuchodonosor avait élevée à l'apogée de sa gloire.

Ces deux puissances, craignant l'empire naissant de Cyrus, se coalisèrent contre lui. Elles furent l'une après l'autre ruinées sans espoir de revanche.

La conquête de toute l'Asie Mineure suivit, pour Cyrus, la prise

D'après Flandin.

FIG. 401. — RUINES DU PALAIS DE DARIUS, A PERSÉPOLIS.

*Les portes qu'on voit sur le dessin sont la copie évidente de pylônes égyptiens.*

de Sardes et la défaite de Crésus. La chute de Babylone, dont il s'empara après un long siège, lui livra toute l'Asie antérieure jusqu'aux limites de l'Égypte.

Entre la destruction des deux puissances, qui s'opposaient à son extension du côté de l'Occident, Cyrus avait agrandi son empire vers l'Orient, par la conquête de la Bactriane et de la Sogdiane.

En dix années (549-539), Cyrus s'était emparé des vieux foyers de civilisation dont la gloire éclairait le monde depuis tant de siècles. L'Égypte seule resta en dehors de ses conquêtes. Quant à la Grèce, elle ne comptait pas encore.

En se substituant aux souverains de l'Assyrie et de la Babylonie, Cyrus héritait en même temps de leur formidable puissance. Jamais, depuis que l'humanité avait constitué des nations, autant de peuples divers n'avaient obéi aux lois d'un seul maître.

D'après Flandin.

FIG. 402. — COLONNES D'UN PALAIS DE PERSÉPOLIS.

Les historiens qui racontèrent l'œuvre de cet homme remarquable, ne s'accordèrent pas sur la façon dont il est mort.

Xénophon le fait expirer dans son lit, Ctésias au cours d'une guerre en Bactriane, Hérodote dans une lutte malheureuse contre Thomyris, reine des Massagètes.

Son fils Cambyse, qui lui succéda, acheva l'œuvre de Cyrus en ajoutant l'Égypte à son immense empire.

Cette fois, le but prodigieux du berger perse était atteint. La conquête du monde antique était terminée.

Après une usurpation du mage Smerdis, qui se fit passer pour le deuxième fils de Cyrus, et après la mort de Cambyse, le trône de Perse se trouva occupé par Darius I".

C'était l'homme le mieux fait pour organiser les gigantesques États que Cyrus et Cambyse avaient réunis par la force sans les plier encore sous une même direction politique. Nous verrons comment il sut gouverner les peuples si divers de son empire en leur laissant leurs coutumes, leurs mœurs et leurs lois.

Les puissants monarques perses, qui tous suivirent l'exemple de Darius, appliquèrent les premiers cette politique large et éclairée, qui devait si bien réussir plus tard, d'abord aux Romains, puis aux Anglais dans l'Inde.

Alexandre, qui méconnut l'importance de ce principe et voulut transformer en Grecs tous les peuples qu'il soumettait, ne poursuivit qu'une absurde utopie et ne fit qu'une œuvre éphémère.

Darius, tout en étant un prince organisateur, n'abandonna pas les traditions conquérantes des rois qui l'avaient précédé. Il pénétra dans l'Inde et s'empara d'une partie du Pundjab, dont il fit une satrapie nouvelle.

Puis, arrêté à l'Orient par les formidables barrières que la nature a dressées au cœur de l'Asie, il se retourna vers l'Europe, entreprit une expédition contre les Scythes, qui, quoique malheureuse, ne fut pas sans fruit, car elle amena la réunion de la Macédoine à l'Empire.

Ce moment marque l'apogée de la domination des Perses. C'est alors, en 492, que s'ouvre le drame des guerres médiques.

La Grèce, chétive et encore presque sans histoire, se dresse en face de la formidable Asie, la tient en échec, écrase et disperse à Salamine les dix-sept cent mille hommes de Xerxès, fils de Darius, et va porter la guerre jusqu'au sein de l'empire.

Nous ne referons pas, après tant d'autres, le récit de Marathon, des Thermopyles, de Salamine, de Platée, de Mycale; ces noms sont écrits en traits ineffaçables dans la mémoire de l'humanité.

Non seulement la Grèce défendit victorieusement son indépendance contre les Perses, mais elle rendit la liberté à la Macédoine, à la Thrace, à ses colonies de l'Asie Mineure. Elle aida puissamment l'Égypte, qui, dès les premières défaites des Perses, s'était empressée de secouer le joug.

Les règnes de Xerxès I", fils de Darius, d'Artaxerxès I", de Xerxès II, de Darius II s'usèrent dans ces luttes.

Malgré les révoltes, les foyers de rébellion qui naissaient de toutes parts après chaque victoire des Grecs, le grand empire tenait encore. La puissante organisation que lui avait donnée Darius maintenait contre tant de nations impatientes, l'œuvre gigantesque de Cyrus.

Toutefois moins de deux siècles après Cyrus, la décadence de l'empire avait commencé.

Les causes de cette décadence furent celles qui se produisirent chez tous les grands empires asiatiques. Créés par le génie d'un seul qui réunit tous les pouvoirs en sa personne, ils se dissocient aussitôt qu'ils n'ont plus un homme supérieur à leur tête. Les gouverneurs se révoltent, les populations profitent de l'occasion pour secouer le joug, l'anarchie devient générale, et de nouveaux envahisseurs peuvent s'emparer sans résistance de l'empire.

L'Asie d'ailleurs devenait bien vieille, la domination des Perses n'avait fait que continuer celles de Babylone et de Ninive. En héritant de leur puissance, ils avaient hérité de leur civilisation et de leur luxe. Les rudes guerriers de la Perse s'étaient amollis au contact d'une civilisation raffinée. Le vif et pur torrent de sang aryen apporté dans les veines du monde asiatique par les Mèdes et par les Perses, n'était pas assez abondant pour y renouveler les sources de la vie. Il se perdait dans les artères desséchées et arides de peuples usés, qui avaient donné au monde tout ce qu'ils pouvaient donner et ne demandaient plus qu'à s'endormir dans la torpeur du néant.

La race aryenne, qui devait renouveler en Europe la sève de l'humanité, n'avait pu développer en Asie qu'un rameau vigoureux mais isolé, bientôt étouffé par une végétation empoisonnée et désormais stérile.

Déjà c'était de l'Occident que ces peuples attendaient la force et la vie. Les chefs des dernières armées de l'empire étaient des Grecs. C'est avec des Grecs à la tête de leurs troupes et de leurs flottes que les derniers rois de Perse luttèrent contre les révoltes des provinces et les tentatives ambitieuses des satrapes.

Des tragédies de palais vinrent précipiter encore la ruine de la monarchie de Cyrus, Artaxerxès III Okhos s'affermit sur le trône en massacrant tous les princes de sa famille. Il est lui-même empoisonné. Son successeur meurt également de mort violente après quelques semaines de règne.

Le dernier roi des Perses, Darius Codoman, monte sur le trône en 338 avant J.-C. Comme ses prédécesseurs, il est forcé de prendre les armes pour se défendre contre le péril qui grandissait toujours

FIG. 403. — TAUREAUX AILÉS DU PALAIS DE XERXÈS, A PERSÉPOLIS.

à l'Occident. Comme eux il voit avec effroi se dresser, au seuil de la sombre et brumeuse Europe, la Grèce charmante et redoutable, la vierge armée, symbolisée par la Minerve du Parthénon.

Une heure grave et solennelle a sonné dans l'histoire. Le centre de gravité du monde va se déplacer par une formidable oscillation. L'adversaire que Darius Codoman voit venir à lui d'une marche rapide, marquant tous ses pas par une victoire, s'appelle Alexandre.

Le dernier grand empire asiatique s'écroule. Et la civilisation, qui, depuis l'origine des races, s'est développée du côté où le soleil se lève et sous des climats radieux, émigre vers des régions plus sévères, là où l'azur pâle du ciel s'obscurcit de lourdes nuées, et où retentit toujours, comme un écho mélancolique, la plainte de l'Océan sans bornes, cet Océan qui deviendra son esclave et que les anciens ne connaissaient pas.

Le génie aryen, qui va sembler désormais, à la tête de l'humanité, être comme la colonne de feu guidant Israël au désert, n'a jeté en Perse qu'un transitoire éclat. Il va se rallumer en Europe et éclairer le monde d'une lumière nouvelle. Sur le plateau de l'Iran, ce génie ne fut que le continuateur des antiques et laborieuses races dont nous avons étudié les travaux. Il ne déploiera toute sa force originale que dans notre Occident, au seuil duquel nos présentes recherches s'arrêtent.

La civilisation des Perses est une civilisation intermédiaire. Ce peuple, héritier des vieux âges est en même temps le précurseur du monde moderne. C'est à ce titre surtout que son rôle et ses œuvres doivent nous intéresser.

# CHAPITRE II

## INSTITUTIONS, MŒURS ET COUTUMES

Nous connaissons surtout les usages des Perses par les écrivains grecs : Ctésias, Hérodote, Xénophon, Diodore, Strabon. Le livre d'Esther nous a gardé le tableau fidèle de la cour du Grand Roi. Aucun détail politique, administratif, officiel, ne nous est inconnu. Mais il nous est difficile de pénétrer dans la vie privée des classes populaires, qui n'a guère laissé de souvenirs.

L'organisation politique de l'immense empire perse est une des plus remarquables de l'antiquité. Les Romains seuls et les Anglais ont su, par des moyens identiques, établir des dominations aussi solides et aussi étendues.

Le principe fondamental sur lequel s'appuya Darius, fils d'Hystaspe, pour organiser les vastes conquêtes de ses prédécesseurs, fut de laisser à chaque pays ses coutumes, sa religion, sa langue, ses magistrats, et, jusqu'à un certain point, son autonomie.

Ce n'était pas, en effet, un état homogène que ce prince avait à diriger. De l'Indus au Nil et de la mer Noire au golfe Persique, cent peuples divers étaient établis, parlant au moins vingt langages différents. Les soumettre tous aux mêmes lois eût été une entreprise absurde autant que dangereuse, et dont le seul résultat aurait été de faire naître des résistances désespérées.

Darius ne demanda donc à ses nombreux sujets que des impôts réguliers, proportionnés aux ressources de chaque région, et des contingents militaires. Comme autorité, il ne fit peser sur eux que celle qui lui parut strictement nécessaire pour obtenir avec sûreté ces aliments de sa puissance : de l'argent et des soldats.

Il eut soin, tout d'abord, de créer dans l'empire des divisions nouvelles destinées à séparer les peuples trop semblables et à détruire les groupements par races et par nations. Ses États furent divisés en dix-neuf satrapies, auxquelles il en ajouta bientôt une vingtième, celle de l'Inde.

Deux satrapies privilégiées, sur le dévouement desquelles on pouvait compter, l'Arménie et le Pont, gardèrent comme gouverneurs leurs rois héréditaires. De petits royaumes, entre autres ceux de l'Indus, subsistèrent également à l'intérieur des autres satrapies, et c'est pourquoi le souverain tout-puissant, maître de ces nombreux monarques, porta le titre de Roi des Rois ou de Grand Roi.

Mais les peuples mêmes qui perdirent leurs chefs nationaux gardèrent, comme nous le disions, leur administration et leurs lois. Le satrape, loin d'imposer les règlements propres aux Perses, veillait soigneusement à l'application de ceux en usage dans la contrée qu'il gouvernait. Il n'exerçait de contrôle direct que pour la perception des impôts et la levée des troupes, ayant des fonctions à peu près identiques à celles des résidents anglais actuels auprès des rajahs de l'Hindoustan.

Les immenses revenus que les rois de Perse tiraient de leur empire ont été évalués à plus de 662 millions de notre monnaie. Ils étaient payés en lingots ou en dariques — monnaie frappée à l'effigie de Darius — ou encore en pièces portant le sceau des petits souverains particuliers, car le droit de battre monnaie est un de ceux que les conquérants avaient sagement respectés.

De nombreux tributs en nature s'ajoutaient aux taxes régulières : la Médie envoyait des chevaux, des mulets, des moutons; l'Égypte, les revenus de la pêche du lac Mœris; Babylone, de jeunes eunuques.

La Perse proprement dite ne payait pas de tribut en argent, mais ses habitants offraient au roi des dons volontaires : coursiers, armes, étoffes, fruits, grains, meubles, bijoux, etc.

Auprès de la personne de chaque satrape était placé un secrétaire royal, sorte de surveillant ou d'espion, chargé de défendre les intérêts de la couronne et d'envoyer des rapports sur l'état des provinces. Le satrape, nommé par le roi, était mis à mort non seulement pour une tentative de révolte, mais souvent sur un simple soupçon. On expédiait vers lui son successeur, chargé de pleins pouvoirs, et il était exécuté sans avoir le droit de présenter la moindre explication.

Un général perse exerçait dans chaque satrapie l'autorité militaire. Les troupes en garnison comprenaient toujours un certain nombre de Perses, de Mèdes et de Saces, soldats absolument dévoués au pouvoir central.

Dans les expéditions générales, l'armée était commandée par un

FIG. 404. — TYPES DIVERS DE COLONNES PERSÉPOLITAINES.

Les trois colonnes du côté gauche ont environ 20 mètres de hauteur, c'est-à-dire la dimension d'une maison à 5 étages

chef suprême ou deux tout au plus. La plupart du temps c'était le roi lui-même qui en prenait le commandement.

Les armées formaient des multitudes immenses. Il est probable cependant que les écrivains grecs en ont donné des chiffres exagérés, pour grandir encore de cette façon la gloire de leur patrie. Hérodote évalue l'armée de Xerxès à un million sept cent mille hommes.

Il s'en fallait que toutes ces troupes fussent d'une valeur égale. Les Perses, exercés par une éducation toute martiale, en formaient l'élite; ils étaient surtout d'admirables cavaliers. Depuis eux, les Parthes — leurs élèves d'ailleurs sous ce rapport — et les Arabes, ont seuls mérité de leur être comparés. La cavalerie légère des Perses fondait sur l'ennemi comme la foudre, puis disparaissait avec la même rapidité. Son système était de harceler, de harasser l'adversaire.

Le soldat perse sautait à bas de son cheval ou se remettait en selle tandis que l'animal était au galop; il lançait la flèche ou la javeline avec la même sûreté quelle que fut l'allure de sa bête.

La grosse cavalerie avait un autre genre de manœuvres. Elle formait une masse redoutable d'attaque, les hommes et les chevaux étant couverts de plaques de métal et de cottes de mailles, comme dans notre moyen âge.

L'infanterie n'était pas moins vaillante et bien armée. Son équipement se composait de tiares de feutre, de tuniques à manches, de cuirasses de fer à plaques imbriquées, de longs pantalons et de hauts souliers attachés avec des cordons; ses armes étaient le bouclier d'osier, le court javelot, l'arc, les flèches, le poignard suspendu à la ceinture et tombant sur la cuisse.

Les soldats des différentes provinces de l'empire manquaient de la valeur et de l'ardeur des troupes

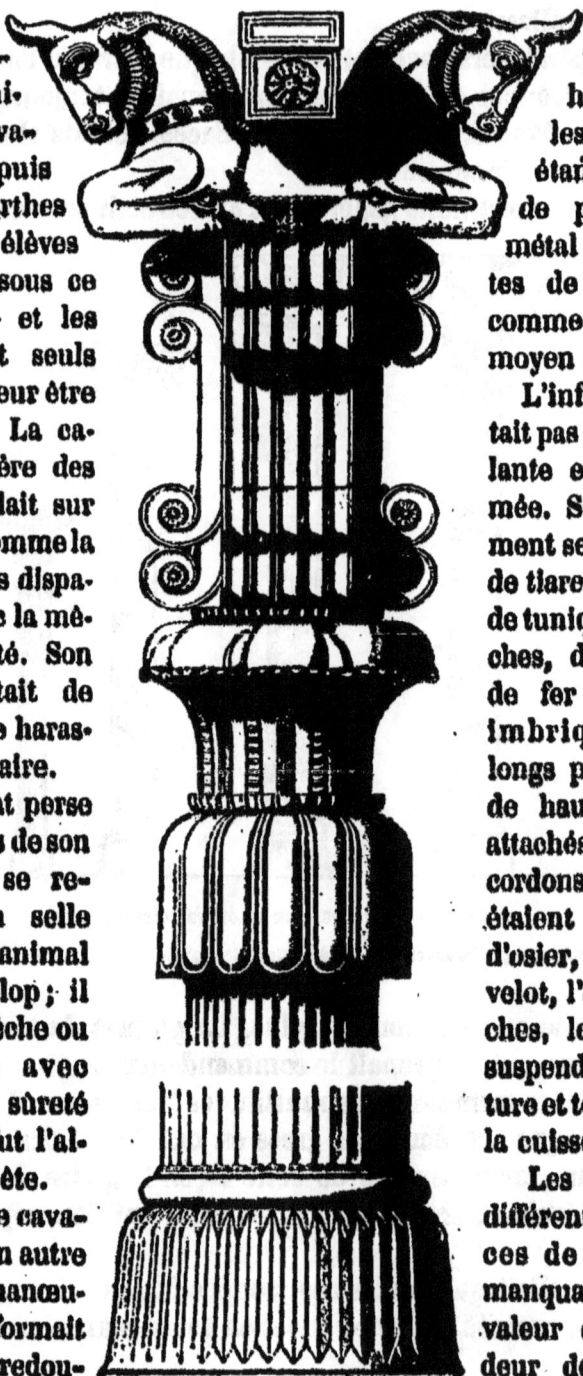

D'après Flandin.

FIG. 405. — DÉTAILS D'UNE COLONNE D'UN PALAIS DE PERSÉPOLIS.

perses; ils remplaçaient mal la qualité par la quantité. On était
souvent obligé de les mener sur le champ de bataille à coups de
fouet, et, dès la première panique, leurs bandes effarées se dis-
persaient, semant le désordre parmi les troupes aguerries.

Chaque contingent marchait isolé dans son costume national.
L'immense armée de Xerxès devait ainsi présenter le plus pittoresque des spectacles.

On y voyait les casques au cimier brillant des Assyriens et leurs
cuirasses en lin matelassé; les bonnets pointus des Scythes; les
tuniques blanches des Indiens; les cimeterres des Caspiens et leurs
sayons en poil de chèvre; les longues robes retroussées des Arabes;
les peaux de léopard des Éthiopiens; les toques de renard des
Thraces et les casques de bois des habitants de la Colchide.

Au milieu de ce défilé venaient les statues des dieux et la personne sacrée du Grand Roi, qui ne marchaient pas confondus avec
la multitude.

« A la tête du deuxième corps d'armée, » nous dit Hérodote, « étaient mille
cavaliers choisis entre tous les Perses, suivis de mille hommes de pied armés
de piques, la pointe en bas; troupe d'élite, comme la précédente. Venaient
ensuite dix chevaux sacrés niséens, avec des harnais superbes. On leur donne
le nom de niséens parce qu'ils viennent de la vaste plaine niséenne, en Médie,
qui en produit de grands. Derrière ces dix chevaux paraissait le char sacré de
Jupiter, traîné par huit chevaux blancs, et derrière ceux-ci marchait à pied
un conducteur qui tenait les rênes : car il n'est permis à personne de monter
sur le siège. On voyait ensuite Xerxès sur un char attelé de deux chevaux
niséens. Le conducteur allait à côté; il était Perse, fils d'Otane, et s'appelait
Patiramphès. »

Lorsque le roi était fatigué de se tenir sur son char, il prenait
place dans une litière. Ce moyen de transport était en général réservé aux femmes.

Beaucoup de femmes suivaient l'armée dans les expéditions
lointaines. Le roi et les grands seigneurs emmenaient les leurs, et
se faisaient suivre par un train de maison compliqué, voulant vivre
à l'étranger avec tout le luxe de la cour de Suse ou de Persépolis.

Après leur victoire à Platées, les Grecs trouvèrent dans le camp
de Mardonius :

« Des tentes tissues d'or et d'argent, des lits dorés, des lits argentés,
des cratères, des coupes, et autres vases à boire qui étaient d'or; et, sur des

voitures, des chaudières d'or et d'argent dans des sacs. Ils enlevèrent aux morts leurs bracelets, leurs colliers et leurs cimeterres qui étaient d'or, sans s'embarrasser de leurs habits de diverses couleurs. Les Ilotes volèrent beaucoup d'effets qu'ils vendirent aux Eginètes, et ne montrèrent que ce qu'ils ne purent cacher. Telle fut la source des grandes richesses des Eginètes, qui achetaient l'or des Ilotes, sans doute comme si c'était du cuivre. »

Pausanias, roi de Sparte et vainqueur de Mardonius, eut le dixième du butin, en y comprenant les femmes, les chevaux et les chameaux.

C'étaient donc des populations entières que les rois de Perse traînaient à leur suite en temps de guerre. La difficulté de nourrir tant d'hommes, de femmes, d'enfants et de gros animaux, fut toujours habilement prévue et l'on sut y faire face. Des bagages énormes accompagnaient les troupes, renfermant d'abondantes provisions de blé; des vaisseaux chargés de vivres suivaient les côtes, et, en outre, des réquisitions étaient faites dans les pays qu'on traversait.

Ce qui manquait aux armées perses, c'était le matériel de siége; elles ne semblent pas avoir fait grand usage des tours roulantes et des béliers. La ruse leur livra des places fortes, comme Sardes et Babylone; la famine fit tomber les autres entre leurs mains.

En général, les Perses se montrèrent assez cléments pour les vaincus. Ils n'exerçaient pas sur les prisonniers de guerre les atroces cruautés qui rendirent si terrible la domination assyrienne. Volontiers ils laissaient même aux princes qu'ils avaient soumis la liberté et parfois la couronne. Ceux qu'ils emmenaient captifs vivaient à la cour, entourés d'égards, comme Crésus.

La rébellion seule était sévèrement châtiée. La dureté avec laquelle Cambyse traita le roi d'Égypte Psamménit, eut surtout pour cause le massacre des messagers perses envoyés à Memphis pour traiter. Après la révolte et la longue résistance de Babylone, Darius fit mettre en croix trois mille Chaldéens parmi les plus distingués de la ville.

La mutilation était un des moyens de répression les plus usités, aussi bien pour les crimes ordinaires que pour les attentats politiques.

Xénophon, pour prouver la vigilance exercée par le jeune Cyrus dans l'administration de sa satrapie d'Asie Mineure, fait observer qu'on rencontrait sans cesse des gens auxquels il avait fait couper soit le nez, soient les mains, les oreilles ou la langue, en punition de quelque méfait.

Malgré le caractère relativement assez humain des Perses, leur histoire est pleine des traits de sanglante tyrannie attribués à leurs souverains. Mais il faut faire la part de l'autorité sans contrôle dont jouissaient ceux-ci, autorité qui devait porter leur orgueil jusqu'à la démence et leur rendre insupportable la moindre contradiction.

Nous voyons en effet Cambyse prendre pour cible le fils de Prexaspe, afin de prouver son adresse à l'arc, devant le malheureux père lui-même. Xerxès fait couper en deux le corps d'un jeune homme parce que la famille de celui-ci avait humblement demandé qu'il ne partît pas pour la guerre, envoyant du reste quatre de ses frères à l'armée. Amestris, femme de ce même Xerxès, fait saisir dans un accès de jalousie, la propre belle-fille du roi, lui fait couper les seins, le nez, les lèvres, la langue et les oreilles, et donne les débris sanglants à manger aux chiens, sous les yeux de l'infortunée.

La soumission des Perses à l'égard de leurs rois était absolue. Les personnages élevés recevaient du souverain les traitements les plus cruels et les plus outrageants sans oser faire entendre un murmure. Prexaspe voyant la flèche de Cambyse dans le cœur de son fils, dit simplement : « Je ne crois pas qu'un dieu même puisse tirer aussi juste. »

Cambyse encore, voulant épouser sa propre sœur, pour laquelle il éprouvait une vive passion, convoqua les juges royaux et leur demanda s'il n'y aurait pas quelque loi qui permît au frère de se marier avec sa sœur s'il en avait envie. Les juges lui répondirent, pour ne pas se compromettre, qu'il n'existait point de loi de ce genre, mais qu'il y en avait une qui permettait au roi des Perses de faire tout ce qu'il voulait.

Étant donné le danger de résister ouvertement au souverain, .es Perses ne pouvaient se soustraire à sa tyrannie que par des conspirations.

La plupart étaient découvertes, à cause des précautions extraordinaires dont s'entourait le roi. Nul ne pouvait pénétrer en sa présence sans y être invité, et celui qui osait le faire, fût-il de sang royal, était immédiatement mis à mort. Le monarque seul pouvait sauver l'audacieux en étendant vers lui son sceptre.

D'après Flandin.

FIG. 406. — RESTITUTION DE LA FAÇADE DU PALAIS DE DARIUS, A PERSÉPOLIS.

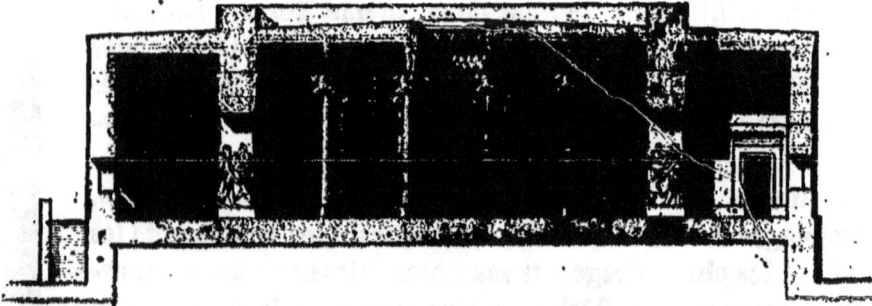

FIG. 407. — COUPE TRANSVERSALE DU PALAIS PRÉCÉDENT.

FIG. 408. — COUPE LONGITUDINALE DU MÊME PALAIS.

Ces mœurs nous sont dépeintes d'une façon tout à fait vivante dans les premiers chapitres du livre d'Esther.

Une conspiration a été ourdie contre le roi, au sein même du palais, par deux de ses eunuques. Mardochée l'a sauvé en l'en avertissant.

Artaxerxès Mnémon (l'Assuérus de la Bible), vivant dans une crainte incessante, au milieu d'intrigues sans cesse renouvelées, n'en fait pas moins bon marché de l'existence des hommes, et, sur le conseil de son grand-vizir, ordonne, sans enquête, l'extermination de tous les Juifs restés dans Suse après la promulgation de l'édit de Cyrus.

Esther, pour sauver son peuple, brave la rigoureuse consigne qui défend à qui que ce soit de pénétrer en présence du monarque sans y être appelé, et serait mise à mort, si Assuérus, qui l'aime, n'étendait son sceptre vers elle.

Cette charmante Esther, qui a tout pouvoir sur le cœur de son époux, parvient à changer complètement les intentions du roi, et, par un capricieux revirement, celui-ci fait pendre son favori Aman à la potence préparée pour Mardochée.

Les mœurs despotiques, sanguinaires et voluptueuses des cours orientales se retrouvent avec leurs moindres traits dans le récit de cette intrigue de harem.

Le livre d'Esther nous peint en outre une foule d'usages très caractéristiques.

On y voit d'abord quel était le rôle du grand-vizir ou premier ministre. Le roi se reposait en tout sur lui d'une façon absolue, et ce haut dignitaire exerçait la souveraineté, ne différant du monarque que par les moindres honneurs qui lui étaient rendus.

Aussi lorsque Aman, croyant avoir mérité une faveur, veut désigner la seule qu'il puisse encore obtenir, il demande à être revêtu des vêtements royaux, à monter le cheval du roi et à porter la couronne.

Ce qui distinguait extérieurement le souverain, c'étaient, en effet, ses longues et magnifiques robes, et surtout sa coiffure, le *kidaris*, sorte de tiare évasée par en haut et entourée d'une bande bleue et blanche.

Si le roi accordait à un sujet un pouvoir presque égal au sien, c'est que la mollesse orientale s'empara bientôt de princes trop riches et trop puissants, dès que la période des conquêtes fut terminée.

Il fallait une forte dose d'énergie et une grande capacité de travail pour administrer directement les vingt satrapies, écouter les rapports que les courriers apportaient chaque jour, et peser toutes les questions soulevées à chaque instant sur tous les points de l'immense empire.

Le roi de Perse se faisait encore aider dans l'administration de l'empire par un conseil de sept membres. C'étaient de hauts seigneurs de Perse et de Médie, comme nous l'apprend la Bible.

C'est ce grand conseil qu'Assuérus consulte pour savoir comment il punira la désobéissance de la reine Vasthi.

Les eunuques étaient nombreux à la cour des rois de Perse, et paraissent y avoir joui d'une certaine influence.

La foule des officiers, des serviteurs, qui peuplaient la demeure royale était considérable. Le roi nourrissait journellement jusqu'à quinze mille personnes. Comment s'étonner que les groupes de palais dont on a retrouvé les ruines à Suse et à Persépolis soient les plus vastes du monde.

Dans ces fastueuses demeures se donnaient des fêtes telles qu'aucune cour n'en célébra jamais ailleurs, pas même à Babylone.

Artaxercès Mnémon ou Assuérus, la troisième année de son règne, fit un festin pour tous les grands seigneurs du royaume et les gouverneurs de provinces, festin renouvelé journellement pendant six mois. Au bout de ce temps, un autre repas fut donné, dans le parvis du jardin royal, à tous les habitants de Suse, depuis le plus grand jusqu'au plus petit, et ce repas se prolongea pendant sept jours.

Voici, d'après le livre d'Esther, quelle était la décoration du palais durant ces réjouissances :

« Les tapisseries de couleur blanche, verte et d'hyacinthe, tenaient avec des cordons de fin lin et d'écarlate, à des anneaux d'argent et des colonnes de marbre; les lits étaient d'or et d'argent, sur un pavé de porphyre, d'albâtre et de marbre tacheté. »

« On donnait à boire dans des vases d'or qui étaient de diverses façons, et il y avait du vin royal en abondance, comme le roi le pouvait faire. »

On trouve dans le même livre la trace d'une institution fameuse de Darius, c'est-à-dire de la première poste royale régulière qui ait été instituée.

Pour être sans cesse au courant de ce qui se passait dans ses vastes domaines, et pour faire parvenir partout ses ordres sans retard, Darius avait organisé un service de courriers, qui, par des relais bien disposés, desservaient les satrapies les plus lointaines avec une étonnante rapidité.

Lorsque les édits royaux arrivaient dans une province, ils étaient immédiatement traduits et promulgués dans la langue du pays, car, ainsi que nous l'avons vu, les souverains perses res-

FIG. 409. — RESTITUTION D'UNE COLONNADE D'UN PALAIS DE PERSÉPOLIS.
(Façade principale.)

D'après Flandin.

FIG. 410. — COUPE DU MÊME PALAIS.

pectaient chez tous leurs sujets la langue et les institutions nationales.

« Les secrétaires du roi furent appelés, » dit la Bible, « et l'on écrivit aux Juifs comme Mardochée le commanda, et aux satrapes, aux gouverneurs et aux principaux des provinces, qui étaient depuis les Indes jusqu'en Éthiopie, savoir, cent vingt-sept provinces, à chaque province selon sa façon d'écrire, et à chaque peuple selon sa langue, et aux Juifs selon leur façon d'écrire et selon leur langue. »

« On écrivit donc des lettres au nom du roi Assuérus; et on les cacheta de l'anneau du roi; puis on les envoya par des courriers, qui étaient montés sur des chevaux, des mulets et des juments. »

L'anneau du roi, qui portait son cachet, était le plus important insigne de la toute-puissance. Tout édit revêtu de ce sceau était authentique et exécutable. Assuérus, voulant mettre Aman à même de satisfaire sa haine contre les Juifs, retira l'anneau qu'il portait au doigt et le remit à son grand-vizir; c'était le plus éclatant témoignage de confiance qu'un roi de Perse pût donner à l'un de ses sujets.

Les rois et les grands seigneurs n'écrivaient pas de leur main. Ils se servaient seulement d'un cachet, comme les Assyriens, en guise de signature. L'écriture était un métier exercé par les scribes.

Nous voyons, par le livre d'Esther, que, dans les palais de Suse

FIG. 411. — BAS-RELIEF DU PALAIS DE DARIUS, A PERSÉPOLIS.

et de Persépolis, comme dans ceux de Khorsabad et de Koyoundjik, un corps de bâtiment isolé formait l'habitation des femmes.

Les rois de Perse possédaient en effet des harems nombreux, mais, parmi leurs femmes, une seule portait le nom d'épouse et le titre de reine. Les concubines passaient, à tour de rôle, une nuit dans les appartements du roi. Chacune se parait avec le plus grand soin, dans l'espoir que le souverain l'élèverait au rang de favorite.

La polygamie ne paraît pas avoir été très générale en Perse avant l'époque des grandes conquêtes. Les plus anciens livres du Zend-Avesta l'interdisaient. Mais les mœurs faciles des voluptueux empires asiatiques n'eurent pas de peine à triompher sur le plateau de l'Iran de l'austérité primitive.

Les Perses semblent avoir appliqué les premiers à leurs femmes le système de réclusion strictement suivi de nos jours en Orient. Jamais les femmes perses ne se montraient en public. Lorsqu'elles sortaient, c'étaient soigneusement cachées sous les rideaux de leur litière. En fait d'hommes, elles ne voyaient que leurs maris et leurs fils. Mardochée, oncle de la reine, ne peut approcher d'elle; Otane, père de Phédyme, une des femmes de Smerdis le Mage, ne peut communiquer directement avec sa propre fille. Lorsque Esther reçoit Aman à sa table, c'est par une faveur toute spéciale du roi; et Vasthi, première femme d'Assuérus, ne dut sa disgrâce qu'au refus, motivé par la force des coutumes, de paraître en un festin devant les seigneurs de la cour.

Ces règles étaient moins rigoureusement observées pour les concubines et pour les femmes du peuple.

Le plus grand mérite pour un Perse, après la valeur guerrière, c'était le grand nombre des enfants. Tous les ans le roi faisait distribuer des récompenses à ceux qui possédaient le plus de fils vivants.

S'il faut en croire Hérodote, l'énergie et la sobriété antiques des Perses s'étaient singulièrement atténuées par le contact avec les vieilles civilisations amollies et corrompues de l'Asie antérieure, et ils auraient été jusqu'en Europe chercher de nouveaux vices.

« Ils se portent avec ardeur aux plaisirs de tous genres dont ils entendent parler, » dit l'historien, « et ils ont emprunté des Grecs l'amour des jeunes garçons. »

Ils poussaient à l'excès le goût de la parure et des parfuns. Les hommes comme les femmes portaient des étoffes magnifiques, et toute espèce de bijoux : bracelets, colliers, boucles d'oreilles. Ils se servaient de fards, de cosmétiques, de faux cheveux, et se faisaient des coiffures compliquées, superposant plusieurs rangs de boucles à la façon des Assyriens.

La chasse était une de leurs distractions favorites; mais, à mesure qu'ils s'amollirent, ils l'abandonnèrent de plus en plus pour le jeu de dés.

La passion du jeu était aussi vive chez eux que chez leurs frères, les Aryens de l'Inde. Un des plus beaux hymnes du Rig-Véda, qui peint les entraînements de ce goût funeste, aurait pu être composé sur le plateau de l'Iran. Les Perses risquaient des enjeux énormes, et quelquefois jouaient leur propre personne ou celles de leurs enfants, qui devenaient esclaves du gagnant.

Une qualité distinctive des Perses était leur amour pour la vérité, leur horreur de toute tromperie, et même le mépris du commerce, qui ne peut réussir sans une certaine astuce.

« Il ne leur est pas permis de parler des choses qu'il n'est pas permis de faire, » dit Hérodote. « Ils ne trouvent rien de si honteux que de mentir, et, après le mensonge, que de contracter des dettes; et cela pour plusieurs raisons, mais surtout parce que, disent-ils, celui qui a des dettes ment nécessairement. »

L'amour filial des Perses était très profond; le respect pour leurs parents, très vif.

« Ils assurent, » dit encore Hérodote, « que jamais personne n'a tué ni son père ni sa mère, mais que, toutes les fois que de pareils crimes sont arrivés, on découvre nécessairement, après d'exactes recherches, que ces enfants étaient supposés ou adultérins. Car il est contre toute vraisemblance qu'un enfant tue les véritables auteurs de ses jours. »

Les rois eux-mêmes, malgré leurs caprices autoritaires, respectaient leur mère et suivaient ses avis. La reine mère occupait à la cour une plus haute position que l'épouse du souverain.

Les Perses avaient à un vif degré le sentiment de la hiérarchie sociale. Ils établissaient des nuances jusque dans la façon de saluer suivant la situation que les gens occupaient.

Hérodote donne à ce propos les curieux détails qui suivent :

« Quand deux Perses se rencontrent dans les rues, on distingue s'ils sont de même condition, car ils se saluent en se baisant à la bouche; si l'un est d'une naissance un peu inférieure à l'autre, ils se baisent seulement à la joue; et si la condition de l'un est fort au-dessous de celle de l'autre, l'inférieur se prosterne devant le supérieur. »

Il y avait donc chez les Aryens du plateau de l'Iran des classes très tranchées. N'étant pas comme ceux de l'Inde perdus au milieu d'une multitude de populations très inférieures, ils ne transformèrent.pas comme ceux-ci leurs classes en castes fermées. Cependant ils s'estimaient d'une race fort supérieure à leurs sujets, et même aux antiques nations civilisées de la Mésopotamie ou de la vallée du Nil.

Citons encore Hérodote :

« Les nations voisines sont celles qu'ils estiment le plus, toutefois après eux-mêmes. Celles qui confinent à leurs voisins occupent le second rang dans leur esprit; et, réglant ainsi leur estime proportionnellement au degré d'éloignement, ils font le moins de cas des plus éloignées. Cela vient de ce que, se croyant en tout d'un mérite supérieur, ils pensent que le reste des hommes ne s'attache à la vertu que dans la proportion dont on vient de parler, et que ceux qui sont les plus éloignés d'eux sont les plus imparfaits. »

Tout en n'ayant point établi le système rigoureux des castes, les Perses de haute naissance ne se mésalliaient jamais. Les rois ne choisissaient leur épouse légitime que dans un très petit nombre de familles nobles. Aussi la haute fortune de la Juive Esther fut-elle un cas tout à fait exceptionnel. Encore eut-elle soin de ne point révéler sa nationalité au roi avant d'être bien sûre de l'amour qu'elle inspirait, et ce fut l'extrême péril de son peuple qui seul put lui faire faire un aveu si dangereux pour elle-même.

Toute la nation perse se divisait en dix tribus. Quelques-unes de ces tribus gardèrent les mœurs pastorales et nomades; d'autres se livrèrent à l'agriculture, et les plus élevées comprirent l'aristocratie propriétaire du sol, qui occupait les hautes fonctions à la cour, dans l'administration et dans l'armée.

La culture de la terre fut toujours le premier souci des Perses, et le laboureur était aussi estimé chez eux que le marchand l'était peu.

Les habillements des riches étaient amples, de formes très variées et d'étoffes magnifiques. Ils portaient généralement une robe longue, des souliers, et, sur la tête, un bonnet de feutre ou un bandeau. Les Perses furent les premiers à imaginer certains raffinements pour les vêtements de dessous, tels que chaussettes et caleçons; ils connurent même l'usage des gants.

Hérodote prétend que les os de leur crâne étaient plus faibles que chez les autres hommes; et il attribue ce fait, remarqué par lui sur les squelettes du champ de bataille de Péluse, à l'usage de porter de hautes tiares qui affaiblissaient la tête. Ni cette particularité, ni la raison qu'en donne l'historien grec ne paraissent suffisamment prouvées.

Les Perses étaient certainement un peuple intelligent ; mais ils possédaient plutôt de vives aptitudes à s'assimiler les connaissances de leurs voisins que des facultés créatrices.

Nous verrons plus loin, dans le chapitre consacré à l'art, qu'ils n'ont absolument rien produit d'original.

Même dans leurs plus simples usages, ils ont vite cessé d'être

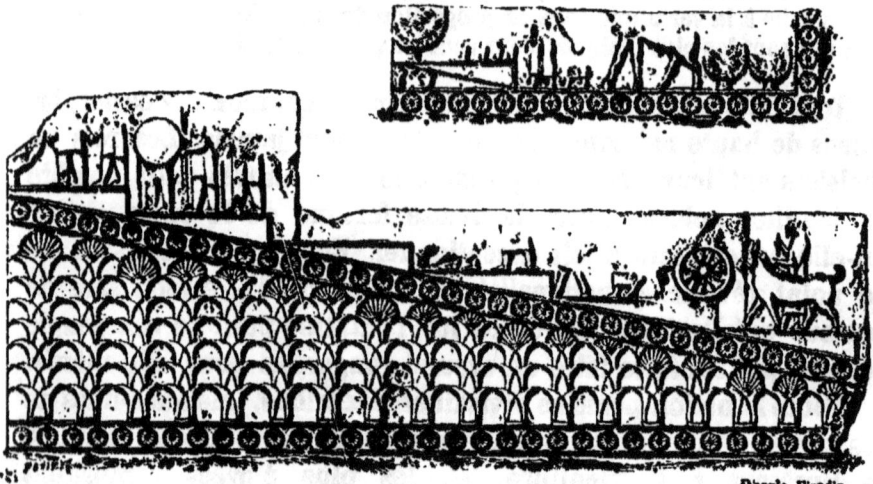

FIG. 412. — RAMPE DU PALAIS DE DARIUS, A PERSÉPOLIS.

personnels lorsqu'ils sont entrés en contact avec le reste de l'Asie.

Nul peuple n'a été plus promptement marqué par l'empreinte de ses voisins. Chaque conquête apporte de nouveaux éléments à l'art, à la religion et même aux usages privés des Perses. On voit à la cour de Suse des médecins grecs, un oculiste égyptien, des architectes de Ninive, des sculpteurs de Babylone, des mages de la Médie, des ouvriers et des artistes de toutes les provinces de l'empire.

Tout aventurier de talent, forcé de quitter sa patrie par suite de quelque faute ou pour chercher fortune, était sûr de trouver bon accueil auprès du Grand Roi.

La conquête perse et le caractère assimilateur de ce peuple eurent pour effet de fondre ensemble, pour ainsi dire, tous les éléments dispersés de la civilisation antique. A partir de Cyrus, le cœur de l'Asie fut comme une chaudière en ébullition où vinrent s'amalgamer tous les minerais précieux que la vieille humanité avait arrachés si difficilement du sein de la nature. L'héritage dont allait s'enrichir le merveilleux génie grec fut ainsi tout préparé pour être saisi et mis en œuvre par les compatriotes de Miltiade, de Thémistocle et d'Alexandre. Le foyer de la civilisation se déplaçait. Les Perses ne surent pas le garder en Orient, mais du moins ils surent en nourrir la flamme et l'alimenter de tous les matériaux amassés depuis soixante siècles sur différents points du monde. Leur rôle, pour être transitoire, n'en eut pas moins une immense importance.

# CHAPITRE III

## LA RELIGION

Les grandes religions qui ont régné sur le monde ne nous sont guère connues que par les livres fondamentaux qui les enseignent, et c'est pour cette raison que les lois de leur évolution sont généralement si méconnues. Les religions comme les institutions, les littératures et les arts évoluent sans cesse : or des livres tels que les Védas, la Bible, l'Avesta, le Coran, ne nous représentent qu'un moment de cette évolution. Ce n'est que par voie d'analogie, en étudiant des religions pour lesquelles on peut puiser à d'autres sources — les monuments surtout — qu'il est possible de découvrir les lois générales du développement des croyances, telles que nous les avons exposées au commencement de cet ouvrage.

La religion des Perses, connue surtout par leur livre fondamental, l'Avesta, a déjà subi, quand elle apparaît dans l'histoire, une longue évolution, et il est fort difficile de remonter pas à pas jusqu'à ses origines.

On peut cependant distinguer trois phases dans la religion des Iraniens, c'est-à-dire des Aryens établis sur le plateau de l'Iran :

1° Les vieilles croyances primitives, très analogues aux plus anciennes doctrines des Aryens de l'Inde, telles que nous les trouvons renfermées dans les Védas;

2° La grande réforme attribuée à Zoroastre et qui créa le zoroastrisme ou mazdéisme;

3° Enfin, le magisme, qui fut surtout la religion des Mèdes, et consista en un mélange des croyances aryennes avec les vieilles traditions scythiques et chaldéennes des peuples qu'ils avaient vaincus.

De ces trois phases, la plus importante fut celle qui vit fleurir les enseignements de Zoroastre.

Que ce réformateur ait véritablement existé ou non, il est infiniment probable que l'ensemble de croyances qui porte son nom
fut une œuvre collective lentement accomplie par de nombreuses
générations. Cette religion représente la plus fidèle expression du
génie mystique des Aryens iraniens après leur séparation d'avec

FIG. 413. — GUERRIERS PERSES.
(Bas-relief de Persépolis.)

leurs frères de l'Inde et avant leur contact avec les peuples touraniens, chamitiques et kouschites de l'Asie antérieure.

C'est donc au zoroastrisme proprement dit que nous donnerons
la plus large place dans notre court résumé. Cependant, pour expliquer sa naissance, cherchons à jeter un coup d'œil dans les temps
obscurs qui le précédèrent.

La tendance vers les grandes abstractions, vers le monothéisme
vague, que nous avons constatée chez les Sémites nomades, se
retrouve chez les primitifs Aryens. C'est que des causes semblables
font naître inévitablement les mêmes effets.

Les ancêtres — au moins par la langue — des races indo-euro-

FIG. 414. — BAS-RELIEF DE PERSÉPOLIS.

D'après Flandin.

péennes, menèrent longtemps, dans les vastes plaines qu'arrosent l'Iaxarte et l'Oxus, la vie des tribus sémitiques de l'Arabie. L'existence monotone des peuples pasteurs, mère des rêves indistincts et grandioses, fut identique dans la brûlante péninsule et dans le cœur âpre et sauvage du continent asiatique. Les pâturages étaient maigres et rares dans les deux régions ; les horizons y offraient les mêmes lignes droites et sans fin, et la même mélancolie. Aussi, malgré les différences profondes que montrèrent, en se développant, les deux races de Cham et de Japhet, leurs premières conceptions offrent une ressemblance frappante.

Plus tard, l'imagination exubérante des Aryens leur fit créer des mythologies compliquées ; il fallut que le calme génie des Sémites les ramenât aux idées simples, au monothéisme primitif. Mais tant que les premiers ne sortirent pas des vastes plaines unies que l'on considère comme leur berceau, ils gardèrent, dans leurs conceptions, et dans leurs rites, la simplicité absolue qui resta la caractéristique des seconds.

Dans les parties les plus anciennes des livres religieux de la Perse et de l'Inde, on retrouve les traces de ces premières traditions.

De grandes divinités flottantes, sans formes définies, et qui semblent n'être que les divers attributs d'un seul être suprême ; le culte des morts et celui des forces de la nature ; point de temples, point encore de sacrifices sanglants, point d'ordre sacerdotal constitué ; les rites naïfs que l'on rencontre au premier chapitre de la Genèse comme dans les plus vieux hymnes des Védas ; quelques pierres dressées sur une hauteur, arrosées d'huile ou de *sôma* ; parfois une flamme légère et brillante jaillissant sur l'humble autel ; les prières prononcées par le père de famille, seul prêtre autorisé, telles furent les premières pratiques religieuses des Aryens de l'Asie centrale comme des Sémites de l'Arabie.

Mais le genre de vie des premiers changea, et, dans des régions nouvelles, le génie ingénieux de leur race s'éveilla de diverses façons.

Une séparation profonde se produisit entre leurs tribus. Tandis que la plupart, s'arrêtant dans les vallées fertiles de la Bactriane, échangèrent leurs habitudes pastorales contre des mœurs agricoles, d'autres s'aventurèrent plus loin encore, et, tournant le massif de l'Hindou-Kousch, s'établirent dans le Pundjab.

En présence d'une nature nouvelle, les conceptions religieuses des Aryens se compliquèrent.

Le rameau indien, profondément impressionné par les spectacles grandioses de l'Himalaya, de l'Indus et du Gange; par les caprices foudroyants du climat; par les désastreuses sécheresses suivies de torrents diluviens; par tous les phénomènes dont l'Hindoustan est le théâtre, et en face desquels l'homme se sent si petit et trouve la nature si grande, pencha vers le panthéisme. Ses dieux ne prirent des formes distinctes que pour se confondre avec les forces de l'univers. Et peu à peu fut créée cette religion naturaliste du Rig-Véda qui anime le monde avec une puissance si étrange, donnant une vie frémissante et consciente aux nuages, à la foudre, aux vents, aux fleuves, aux montagnes, aux forêts, et faisant de l'homme le jouet ignorant et tremblant de ces capricieuses manifestations de l'âme universelle.

Le rameau iranien, demeurant dans un tout autre milieu, ne pouvait devenir panthéiste. Les vallées dans lesquelles il se fixa avant d'escalader le plateau de l'Iran, l'invitèrent à devenir essentiellement agricole. Dès qu'il commença à labourer, à semer, il fut frappé de la peine avec laquelle l'homme arrache au sol les moissons; il vit dans le travail du paysan une lutte perpétuelle dans laquelle son énergie et sa volonté se trouvent aux prises avec la dureté rebelle de la terre, et dans laquelle aussi les pluies bienfaisantes, les fécondants rayons ont pour adversaires les sécheresses dévorantes et les fureurs de la grêle.

L'antagonisme du bien et du mal dans la nature physique lui apparut avec tant d'évidence qu'il fut conduit au dualisme, et qu'il soumit l'univers entier, dans le domaine matériel comme dans le domaine spirituel, au double pouvoir mystérieux qui semblait se heurter dans l'étroite limite de son champ.

Les Aryens iraniens furent les premiers qui constituèrent une religion tout entière sur la base fondamentale du dualisme. Pourtant, bien avant eux, cette théorie de la lutte perpétuelle de la lumière contre les ténèbres, de la santé contre la maladie, de la vertu contre le vice, avait été entrevue par les Égyptiens et par les

Chaldéens. Nous avons montré quel rôle cette conception jouait dans les croyances religieuses des deux peuples, et nous n'avons pas hésité à rattacher à la religion des seconds le dualisme distinct et raisonné de leurs héritiers, les Perses.

Il est évident qu'en se rapprochant de la Mésopotamie, cet antique foyer de lumière, de science et de foi, les Iraniens, même encore nomades et barbares, durent en recevoir quelques rayons, et il faut ajouter cette influence à celle que nous avons reconnue comme étant celle de leur nouveau milieu.

C'est durant leur séjour en Bactriane que les Aryens groupèrent leurs croyances en corps de doctrines, et créèrent la religion à laquelle on a donné le nom de *mazdéisme*.

Leurs livres sacrés, dont l'ensemble forme le Zend-Avesta, gardent la trace d'une réforme, qui aurait établi cette religion, et dont l'auteur serait un nommé Zarathustra (splendeur d'or), que nous appelons Zoroastre.

Il est impossible de connaître la vie de Zoroastre ou de savoir seulement s'il a existé. Les historiens qui en ont parlé, Pline entre autres, se sont fait l'écho de légendes fort anciennes et se sont accordés pour lui attribuer une très haute antiquité. S'il a vécu, il n'a certainement pas été postérieur au viii° siècle avant Jésus-Christ.

Son imposante et vague figure flotte dans les ténèbres des temps impénétrables, et paraît avoir l'importance de celle d'un Bouddha ou d'un Jésus.

Les événements de sa vie ressemblent, d'après les traditions, à ceux que l'on retrouve dans l'existence de tous les grands réformateurs.

L'isolement, la méditation, les dialogues face à face avec l'Être suprême, les tentations, les miracles, en forment les principaux traits et rappellent toutes les légendes dont s'entourent les noms de Moïse, de Çakya-Mouni, du Christ et de Mahomet.

Il paraît vraisemblable qu'à un certain moment un homme de génie ait réuni, condensé, personnifié les croyances flottantes qui commençaient à dominer parmi les Iraniens, comme d'autres l'ont fait chez les Hindous, chez les Juifs, chez les Arabes.

La réforme à laquelle Zoroastre donna son nom paraît avoir eu lieu en Bactriane. Elle fut altérée plus tard en Médie, où prédomina le magisme, mais elle se conserva toujours assez pure dans la Perse proprement dite. Trois siècles après Jésus-Christ, la dynastie des Sassanides lui assura un dernier triomphe et courba de nouveau l'Iran sous la loi religieuse du Zend-Avesta.

Aujourd'hui le mazdéisme ne se conserve à peu près sous sa forme primitive que chez les Guèbres ou Parsis de l'Inde, population dispersée dans le Guzerat aux environs de Bombay.

Cette religion était au début très élevée, très simple, d'un spiri-

D'après Rawlinson.

FIG. 415. — DÉBRIS DE LA PORTE DE LA SALLE AUX CENT COLONNES, A PERSÉPOLIS.

tualisme presque absolu. Les complications matérialistes qui s'y mêlèrent, la personnification des forces de la nature sous la forme de génies bienfaisants ou malfaisants, l'adoration directe du feu, les sacrifices sanglants, l'influence de la caste sacerdotale, les traditions relatives à la création, au paradis terrestre, au déluge, résultèrent de modifications postérieures, dues à l'action des éléments scythes et chaldéens.

Comme il est impossible de suivre pas à pas les différentes phases que traversa le mazdéisme dans son évolution, nous allons décrire la religion de Zoroastre telle qu'elle fleurit au temps le plus brillant de l'empire perse, c'est-à-dire sous Cyrus et les premiers Achéménides, vers l'époque environ où Hérodote écrivait.

Les Iraniens avaient alors une cosmogonie tout à fait opposée aux conceptions panthéistiques de leurs frères, les Aryens de l'Inde.

Ils se représentaient la divinité comme indépendante de l'univers, et comme ayant tout tiré du néant par sa seule volonté et par la puissance du Verbe. Leur récit de la création se rapproche beaucoup de celui de la Genèse.

Ahura-Mazda (Ormuzd), le grand dieu des Perses, parlant à son prophète Zoroastre, lui dit :

« J'ai prononcé cette Parole, qui contient le Verbe et son effet, pour obtenir la création du ciel, avant la création de l'eau, de la terre, de l'arbre, de la vache quadrupède, avant la naissance de l'homme véridique à deux pieds. »

Cet Ahura-Mazda, maître et créateur de l'univers, en est aussi la Providence. C'est lui qui donne et entretient la vie de tous les êtres, qui fait prospérer les États, qui rend la terre fertile, qui inspire les bonnes pensées. Tout ce qui est beau, sain, vertueux, utile et heureux sur la terre est son œuvre.

Il ressemble au Iahvé des Israélites; non pas à la sombre idole, avide de massacre et de sacrifices, qui présidait à l'époque héroïque de l'établissement en Palestine, mais à l'Éternel spiritualisé et affiné des prophètes.

Cette analogie fut sentie très vivement par les Juifs et par les Perses lorsque la prise de Babylone par Cyrus mit les deux peuples en présence.

Lorsque le conquérant parle du dieu des vaincus, comme lorsque les écrivains d'Israël font mention d'Ahura-Mazda, ils n'établissent aucune distinction; les deux personnalités divines se confondent.

« L'Éternel, le Dieu des cieux », déclare Cyrus, « m'a donné tous les royaumes de la terre, et lui-même m'a ordonné de lui bâtir une maison à Jérusalem, qui est en Judée. »

Et Isaïe dit de son côté :

« Ainsi a dit l'Éternel à son oint, à Cyrus... »

Ahura-Mazda, dont le nom signifie « le souverain et l'omniscient », est une personnalité divine fort élevée, et que les Iraniens auraient peut-être adorée exclusivement dans un monothéisme infiniment plus pur que celui d'Israël, si le grand problème de l'existence du mal dans le monde n'était venu tourmenter leurs esprits.

Ne pouvant admettre qu'Ahura-Mazda, tout-puissant et infiniment bon, fût l'auteur des maux sans nombre qui désolent la surface de la terre, les créateurs du mazdéisme opposèrent à leur dieu du bien un dieu du mal. En face d'Ahura-Mazda, ils placèrent Agra-Mainyous (Ahriman).

Cette divinité funeste a quelque ressemblance avec le Satan biblique. Mais, au lieu d'être simplement un ange révolté, il participe de la nature même des dieux; il est le frère d'Ahura-Mazda, possède une puissance égale à la sienne, et, comme lui, a existé de toute éternité dans le passé. En outre, son rôle ne se borne pas, comme celui du tentateur juif et chrétien, à induire les hommes au mal : Ahriman est l'auteur de tout ce qui est mauvais, non seulement dans l'ordre moral, mais dans l'ordre matériel. C'est lui qui déchaîne l'ouragan sur les récoltes, qui fait naître les maladies, les difformités, la laideur; il est le père de la nuit, tandis qu'Ahura-Mazda est le père du jour; il étend à la surface de la terre les grands espaces arides et désolés, qui résistent à toute culture; le froid, la faim, la mort, comme l'incrédulité, le mensonge et l'impureté, sont ses œuvres.

Une lutte perpétuelle est ouverte entre le dieu du bien et le dieu du mal, entre Ahura-Mazda et Agra-Mainyous (Ahriman). C'est là le fameux dualisme qui fait le fond de la religion perse.

L'univers est un champ de bataille, et, comme dans tout combat formidable, ce ne sont pas seulement deux adversaires, ce sont deux armées qui sont en présence. Chacun des chefs a sous ses ordres d'innombrables génies, dont les uns s'acharnent à créer, les autres à détruire, les premiers à propager tout ce qui est bon, les seconds à multiplier tout ce qui est mauvais.

Une hiérarchie parfaitement distincte, et la même pour l'armée du bien comme pour l'armée du mal, distinguait les différentes espèces de génies.

Immédiatement au-dessous de chaque divinité venaient six grandes puissances, malfaisantes ou bienfaisantes. Après celles-ci, des milliers d'esprits, anges ou démons, se subdivisaient encore en classes plus ou moins élevées.

Une catégorie curieuse était celle des *fravashi*, sortes de

doubles de tous les êtres vivants, types spirituels des créatures char-
nelles, à la fois intercesseurs et représentants des hommes devant
Dieu.

Chaque fois qu'un enfant venait au monde, un fravashi s'attachait à sa personne, le protégeant un peu à la façon d'un ange gardien; il le suivait dans toute son existence et ne le quittait qu'à sa
mort. Plus un homme était vertueux, plus son fravashi était bienfaisant et puissant.

Tous ces génies, qui se personnifièrent de plus en plus et formèrent une immense légion dans le panthéon iranien, n'étaient au
début que de simples attributs de la divinité.

On ne songeait ni à les voir agir d'une façon indépendante, ni à les
individualiser, ni à les adorer.

Le mazdéisme primitif se distinguait par une opposition manifeste à toute idolâtrie. Son dualisme
ne sombra que peu à peu dans un
polythéisme mitigé. Au temps
d'Hérodote, les Perses avaient conservé les vieilles traditions qui leur
interdisaient les temples et les
images taillées; cependant ils adoraient séparément certains de leurs
génies, qu'ils confondaient avec
les idoles des peuples qu'ils avaient vaincus ou bien avec les dieux
védiques.

D'après Rawlinson.
FIG. 416.
SOUVERAIN PERSE LUTTANT CONTRE UN LION.
(Bas-relief de Persépolis.)

« Les Perses », dit l'historien grec, « n'élèvent aux dieux ni statues, ni
temples, ni autels; ils traitent au contraire d'insensés ceux qui le font; c'est,
à mon avis, parce qu'ils ne croient pas, comme les Grecs, que les dieux aient
une forme humaine. Ils ont coutume de sacrifier à Jupiter sur le sommet des
plus hautes montagnes et donnent le nom de Jupiter à toute la circonférence
du ciel. Ils font encore des sacrifices au Soleil, à la Lune, à la Terre, au Feu,
à l'Eau et aux Vents, et n'en offrent de tout temps qu'à ces divinités. Mais ils
y ont joint dans la suite le culte de Vénus céleste ou Uranie, qu'ils ont
emprunté des Assyriens et des Arabes. Les Assyriens donnent à Vénus le
nom de Mylitta, les Arabes celui d'Alitta, et les Perses l'appellent Mitra. »

D'après Flandin.

FIG. 417. — TOMBE DE DARIUS, FILS D'HYSTASPE.

A la partie supérieure du tombeau on voit le roi en adoration devant le dieu Ormusd et l'autel du feu. Les monuments funéraires de Cyrus et de ses ancêtres étaient des tours carrées comme les tombes lyciennes; ceux de Darius et de ses successeurs sont, comme les spéos des dernières dynasties égyptiennes qui leur ont servi de modèles, creusés dans le flanc des montagnes.

On le voit, le culte, d'abord très spiritualiste, des Iraniens, s'était peu à peu mêlé d'une forte dose de naturalisme. Cependant Hérodote se trompe en disant que les Perses offraient des sacrifices à la Terre, au Feu, à l'Eau et aux Vents. Les quatre éléments étaient sacrés pour eux, mais n'étaient point considérés comme des divinités.

Les victimes devaient être immolées en présence de ces éléments, mais sans les souiller. Le feu était trop pur pour dévorer les chairs, le sang ne pouvait tomber dans une rivière, le corps ne devait, en se corrompant, infecter ni l'air, ni le sol. On évitait ces profanations en mangeant les membres de la victime dans des repas sacrés.

L'embarras n'était pas moins grand pour l'ensevelissement des morts. On ne pouvait faire disparaître un cadavre ni par submersion, ce qui eût souillé une rivière, ni par inhumation, ce qui eût profané la terre, ni en le brûlant, par respect pour la flamme, ni en le laissant se corrompre au grand air dans le souffle sacré des vents.

La seule façon de s'en tirer était de le faire dévorer par des êtres vivants. Aussi les Perses construisaient-ils de grandes tours rondes, dans lesquelles ils exposaient les corps de leurs morts dont les oiseaux de proie faisaient leur pâture.

Un de ces singuliers cimetières existe encore à Bombay, pour les Parsis de l'Inde, et porte le nom significatif et lugubre de « Tour du Silence. »

Des tombeaux somptueux furent cependant élevés par les Perses à leurs souverains, car il existait un moyen terme qui permettait d'enterrer les morts sans commettre un sacrilège. On enduisait le cadavre de cire pour en éviter le contact au sol avoisinant.

« Les usages relatifs aux morts étant cachés, je n'en puis rien dire de certain, » écrit Hérodote. Les Perses prétendent qu'on n'enterre point un corps qu'il n'ait été auparavant déchiré par un oiseau ou par un chien. Quant aux mages, j'ai la certitude qu'ils observent cette coutume, car ils la pratiquent à la vue de tout le monde. Une autre chose que je puis assurer, c'est que les Perses enduisent de cire les corps morts et qu'ensuite ils les mettent en terre. »

L'usage des sacrifices sanglants paraît ne s'être introduit qu'assez tard chez les Perses. Zoroastre défendait de tuer tout être vivant créé par Ahura-Mazda. Les animaux nuisibles étant l'œuvre d'Agra-Mainyous devaient au contraire être exterminés. C'était une des principales occupations des mages, à ce que raconte Hérodote, de tuer les fourmis, les serpents, les sauterelles et autres créatures nuisibles.

La victime que les Perses considéraient comme la plus agréable à leur dieu était le cheval. Hérodote nous parle d'un sacrifice de chevaux blancs accompli sur les bords du Strymon. Les mages, d'après un usage scythique introduit par eux dans la religion iranienne, tirèrent des présages des entrailles des victimes.

C'était au moment de la fameuse expédition de Xerxès contre les Grecs. S'il faut en croire Hérodote, des sacrifices humains furent alors accomplis pour assurer le succès de l'entreprise, et ces sacrifices n'eussent pas été les seuls de ce genre qu'eussent pratiqués les Perses.

« Ayant appris, » dit l'historien, « qu'ils se trouvaient dans un canton appelé les Neuf-Voies, ils y enterrèrent tout vifs autant de jeunes garçons et de jeunes filles des habitants du pays. Les Perses sont dans l'usage d'enterrer des personnes vivantes ; et j'ai ouï dire qu'Amestris, femme de Xerxès, étant parvenue à un âge avancé, fit enterrer quatorze enfants des plus illustres maisons de Perse, pour rendre grâce au dieu qu'ont dit être sous terre. »

De telles coutumes ne furent introduites dans le mazdéisme que par les mages de Médie, caste sacerdotale établie dans le pays bien avant l'invasion des Iraniens, et qui sut se faire admettre parmi les Aryens comme une tribu nouvelle, puis conquérir peu à peu sur les vainqueurs l'influence dont ils avaient joui chez les vaincus.

Ils s'établirent comme intermédiaires entre les dieux et les hommes ; nulle cérémonie religieuse ne put être accomplie sans eux. «Sans mage, point de sacrifice possible, » dit Hérodote. L'astrologie, les incantations, les exorcismes, la divination furent mêlés par eux aux simples pratiques de l'ancien culte zoroastrien. L'usage de prédire l'avenir d'après la disposition de brins de tamaris réunis en faisceau fut transmis par eux des Scythes aux Mèdes ; chez les premiers c'étaient des roseaux ou des baguettes de saule qui servaient à ce genre de divination ; en Médie, on ne voyait jamais un mage sans son *bareçman*, ou bouquet de tamaris.

Il y eut parfois chez les Iraniens de violentes réactions politiques et religieuses contre l'ambition envahissante des mages. La *magophonie*, ou massacre des mages, qui suivit le renversement du faux Smerdis, devint un anniversaire joyeusement célébré en Perse, et durant lequel aucun mage n'osait se montrer en public.

Le magisme ne fut pas d'ailleurs la seule hérésie qui vint altérer les doctrines du mazdéisme primitif.

Une des plus célèbres fut le zarvânisme, sorte de tentative monothéiste, qui mettait au-dessus d'Ahura-Mazda et d'Agra-Mainyous
un dieu unique, éternel, nommé Zarvân-Akarana ou le « Temps sans
bornes, » Cette conception finit par triompher chez les partisans du
mazdéisme, bien qu'elle soit relativement récente, et qu'on n'en
trouve aucune trace dans les écrits contemporains de la réforme
zoroastrienne.

Voici, d'après les zarvâniens l'origine des dieux et du monde :

« Avant que rien existât, ni ciel, ni terre, ni aucune des créatures qui
sont dans le ciel et la terre, il y avait un être appelé Zarvân, nom que l'on
interprète « fortune » ou « gloire ». Pendant mille années, Zarvân sacrifia,
pensant qu'il lui naîtrait un fils nommé Ahura-Mazda, qui ferait le ciel et la
terre et tout ce qu'ils contiennent. Et après avoir sacrifié pendant mille ans, il
commença à réfléchir et se dit : « Ces sacrifices que j'ai accomplis me servi-
ront-ils? Me naîtra-t-il un fils, ou ma peine sera-t-elle en vain? Comme il
disait ces choses, Ahura-Mazda et Agra-Mainyous, furent conçus, dans le sein
de leur mère, Ahura-Mazda pour le sacrifice, Agra-Mainyous pour le doute.

« Agra-Mainyous naquit le premier, et Zarvân lui dit: « Qui es-tu? » Il
répondit : « Je suis ton fils. » Zarvân répliqua : « Mon fils est odorant et lumineux, tu es ténébreux et infect. » Tandis qu'ils conversaient, Ahura-Mazda,
lumineux et odorant, vint, né en son temps, se placer devant Zarvân qui, le
voyant, reconnut aussitôt que c'était son fils, celui pour lequel il avait sacrifié. Agra-Mainyous obtint, par droit d'aînesse, un règne de neuf mille ans, au
bout desquels Ahura-Mazda régnera et fera ce qu'il voudra. Alors, Ahura-
Mazda et Agra-Mainyous commencèrent à créer, et ce que fabriquait Ahura-
Mazda était bon et droit; ce que produisait Agra-Mainyous était mauvais et
pervers. »

Le pur enseignement de Zoroastre niait l'éternité du principe
mauvais dans l'avenir. Agra-Mainyous ou Ahriman devait être exterminé, vaincu, et le triomphe définitif d'Ahura-Mazda serait annoncé
par la venue de trois grands prophètes qui établiraient le mazdéisme
dans le monde entier. La secte des Manichéens, créée beaucoup
plus tard, au IIIᵉ siècle de notre ère, proclama l'éternité des deux
principes et la lutte sans relâche à travers le temps infini d'Agra-
Mainyous contre Ahura-Mazda.

Cette doctrine décourageante n'avait pas encore pris naissance,
lorsque, sur les collines de l'Iran, le Perse des anciens âges entretenait au sommet de son simple autel le feu sacré, symbole d'Ahura-
Mazda, le feu éternel qu'on ne laissait jamais s'éteindre.

Le croyant accomplissait alors, pour sa part, avec confiance, la lutte du bien contre le mal, qu'une victoire suprême devait à la fin couronner.

La morale du mazdéisme était très élevée. Elle exigeait qu'on fût juste, véridique et chaste, non seulement en action, mais en parole et même en pensée. Elle inspirait avant tout l'horreur du mensonge. Les Perses, d'après Hérodote, enseignaient trois choses à leurs enfants : monter à cheval, tirer de l'arc et dire la vérité. La

FIG. 418. — TOMBEAUX DES ROIS ACHÉMÉNIDES A NAKCHÊ-ROUSTEM, PRÈS DE PERSÉPOLIS.

pureté des mœurs, la droiture, l'amour du travail, sont les principales vertus recommandées par les livres sacrés.

L'occupation la plus méritoire, à laquelle pût se livrer un Iranien, c'était de labourer la terre. La fonction de l'agriculteur était presque religieuse; en étendant le territoire fertile, en restreignant l'espace aride, il faisait triompher Ahura-Mazda, auteur des moissons, contre Agra-Mainyous, père des solitudes et de l'infécondité.

« Juste juge », dit Zoroastre à Ahura-Mazda, « quel est le point le plus pur de la loi des Mazdéens?

— C'est de semer sur la terre de fortes graines. Celui qui sème des grains et le fait avec pureté, remplit toute l'étendue de la loi des Mazdéens. Celui qui pratique cette loi est comme s'il avait donné l'être à cent créatures, à mille productions, ou récité mille prières. »

Le Zend-Avesta proclamait l'utilité du repentir, la nécessité des pénitences, des purifications et de la prière.

La croyance à l'immortalité de l'âme constituait un des dogmes fondamentaux du mazdéisme. Trois jours après la mort, cette âme quittait son enveloppe charnelle et se présentait devant le tribunal divin. Le juge le plus influent était Mithra, personnification de la lumière et de la justice. Lorsque les actions bonnes et mauvaises du mort avaient été pesées, l'âme passait sur un pont extrêmement étroit, le pont *Chinvat*, qui devait la conduire à son éternelle demeure. Si le jugement de Mithra avait été favorable, le passage s'effectuait heureusement et l'âme allait prendre place à côté d'Ahura-Mazda, sur un trône d'or, dans une félicité qui ne prendrait jamais fin. Si, au contraire, la condamnation avait été prononcée, l'âme coupable ne parvenait pas à franchir le pont *Chinvat*, mais glissait et tombait dans un abîme de ténèbres où les démons, serviteurs d'Agra-Mainyous, venaient la tourmenter. Le châtiment, toutefois, n'était pas éternel. Lors du triomphe définitif du bon principe, l'enfer lui-même devait être anéanti, et, toutes les créatures appelées à se réjouir sous le règne glorieux d'Ahura-Mazda.

Les Perses admettaient que les intercessions des vivants pouvaient être utiles aux morts.

Leur culte était d'une simplicité qui n'a jamais été dépassée. Comme nous l'avons vu, ils n'élevaient point de temples et ne taillaient point de statues. Ils dressaient sur les sommets des collines des autels sans aucun ornement, sur lesquels ils entretenaient perpétuellement le feu sacré autour duquel ils chantaient des hymnes et récitaient des prières.

Parfois, ils faisaient des libations avec le jus du *hôma*, qui n'est autre que le *sôma* des Aryens védiques.

Cette sobriété étonnante de formules, de cérémonies et de symboles, disparut en partie lors du triomphe des mages, qui établirent les sacrifices, les incantations, les rites compliqués.

Pourtant, les Perses conservèrent toujours leur horreur native pour les maisons de pierre destinées à enfermer les dieux et pour les images taillées. Dans toutes leurs conquêtes, ils se firent remarquer par la destruction systématique des temples, des statues et des objets matériels du culte. Leur fureur iconoclaste frappa les écrivains grecs, qui ne manquent pas une occasion de la peindre.

Les extravagances sacrilèges de Cambyse en Égypte paraissent

FIG. 410. — FIROUZ-ABAD, RUINES D'UN PALAIS.

D'après Flandin.

à peine exceptionnelles, quand on lit ce que les Perses accomplirent à Didyme, à Naxos, à Érétrie, à Athènes, etc. Leur spiritualisme farouche n'admettait pas qu'on emprisonnât la divinité dans des murs, ni qu'on essayât de la représenter par des figures de pierre ou de bois.

Les Perses empruntèrent cependant aux Assyriens quelques-uns de leurs symboles : les lions et les taureaux ailés qui, pour eux, étaient des emblèmes, non des dieux, mais des génies. Ils allèrent même plus loin, et représentèrent leur grand Ahura-Mazda sous la figure d'Assur : un homme debout au centre d'un disque ailé. Mais cette image ne fut jamais qu'une sorte d'hiéroglyphe du dieu et ne devint jamais l'objet d'un culte.

Il faut donc le reconnaître, parmi toutes les religions de l'antiquité, aucune ne fut plus spiritualiste, plus morale, plus dégagée de rites grossiers et de superstitions que la religion mazdéenne.

Malheureusement, son évolution s'accomplit en sens inverse de sa valeur rationnelle et pratique. Elle alla se compliquant toujours davantage, empruntant, de-ci, de-là, des formes idolâtres, jusqu'au jour où elle fut complètement écrasée par les persécutions des Musulmans.

C'est que l'imagination aryenne ne put rester longtemps restreinte aux horizons monotones des antiques solitudes. Il lui fallut

D'après Flandin.

FIG. 420. — FIROUZ-ABAD.

Façade restaurée d'un palais qu'on supposait d'abord remonter seulement à l'époque des rois Sassanides, mais que l'on considère aujourd'hui comme appartenant à la période des rois Achéménides.

peupler le ciel à mesure que la race qu'elle guidait fondait des villes et édifiait des empires.

La facilité extrême d'assimilation qu'ont les Aryens leur fit perdre aussi l'originalité de leurs premières conceptions au contact de races différentes. « Les Perses », nous dit Hérodote, « acceptent facilement les coutumes étrangères. »

Il fallait qu'elle fît encore bien des expériences, cette race aventureuse, et qu'elle tentât bien des systèmes, avant de revenir à la simplicité primitive de son sauvage berceau, et de reconnaître encore une fois qu'on n'enferme pas l'infini dans des temples de pierre et qu'on ne met pas la face de l'abîme sur le morne visage impassible des statues de pierre ou d'airain.

# CHAPITRE IV

## LA LITTÉRATURE ET LES BEAUX-ARTS

### § 1ᵉʳ. — LITTÉRATURE

La plus ancienne langue parlée par les Iraniens porte le nom de *zend.*

Cette désignation n'est pas exacte et ne nous apprend rien sur cet antique langage.

La signification du mot *zend* est littéralement : « commentaire. » *Zend-Avesta* veut dire : « le commentaire et le texte sacré ».

La langue zende pourrait être plus proprement appelée : langue bactrienne ou bactro-persique. Tout semble indiquer, en effet, qu'elle fut parlée par les Iraniens durant leur séjour en Bactriane, avant la conquête de la Médie et de la Perse.

Le zend, très voisin du sanscrit, a donné naissance au vieux perse, qui, lui-même, par son mélange avec les dialectes sémitiques de la Mésopotamie, est devenu le *pehlvi,* d'où est dérivé, après des mélanges avec l'arabe, le persan moderne.

Le zend est la langue des livres sacrés de Zoroastre; le vieux perse est celle des inscriptions cunéiformes composées sous les Achéménides; le pehlvi florissait sous la dynastie des Sassanides.

Ces différentes formes d'un même langage appartiennent à la famille des idiomes indo-européens. Ce n'est pas seulement par la similitude des racines qu'on établit cette parenté. Les anciens dialectes de la Perse se rattachent au sanscrit et à nos langues européennes par leur syntaxe, leurs cas, leurs genres, leurs déclinaisons, la conjugaison de leurs verbes, aussi bien que par la forme de leurs mots.

On a discuté la question de savoir s'il y eut un langage mède, distinct de celui de la Perse. Quelques auteurs ont prétendu que le zend était parlé en Médie, tandis que le vieux perse appartenait plus particulièrement à la région méridionale. C'est une pure hypothèse, facile à réfuter.

Nous ne connaissons, en effet, le zend que par les livres de Zoroastre : or ces livres ne purent être écrits en Médie, où dominait le magisme, fort différent du mazdéisme. Ils durent être composés en Bactriane, avant la division des Iraniens en Mèdes et en Perses.

En dehors des noms propres, nous ne connaissons que quelques mots mèdes. Mais ces mots, comme ces noms, ont une analogie frappante avec le vieux perse. Le zend et la langue des Achéménides sont certainement issues l'une de l'autre et n'étaient pas des dialectes frères, parlés simultanément dans la Médie et dans la Perse.

La haute antiquité du Zend-Avesta n'est pas une preuve que les Aryens aient connu l'écriture en Bactriane. Les traditions religieuses ont pu fort bien être conservées oralement jusqu'au jour où la conquête de l'Iran, plaçant les Aryens dans le voisinage de la Mésopotamie, leur eût livré le secret de l'écriture cunéiforme. Nous ne connaissons aucun système d'écriture propre aux Perses avant celui qu'ils apprirent des Chaldéens. Sur ce point, comme sur tous les autres, ils n'ont possédé que ce qu'ils empruntaient.

En adoptant l'écriture de la Mésopotamie, les Aryens la simplifièrent. Ils la reçurent des Touraniens de Médie, qui, déjà, l'avaient réduite. Les Perses lui firent accomplir un immense progrès, en la rendant alphabétique. Ils se servaient de trente-six ou trente-sept caractères purement phonétiques.

Les premiers spécimens d'écriture cunéiforme apportés en Europe et déchiffrés par Grotefend, avaient été tirés de Persépolis, et, par conséquent, représentaient le perse ancien et l'écriture alphabétique employée sous les Achéménides. Les travaux des savants européens se trouvèrent ainsi simplifiés, et purent aller du plus facile au plus difficile. Grâce à des inscriptions en deux langues, ils purent passer du perse ancien — langue indo-européenne, dont les racines étaient connues — à l'assyrien, langue dont les racines étaient entièrement inconnues.

La langue de Darius est aujourd'hui connue comme celle de Périclès ou d'Auguste. Le zend même n'offre plus que peu d'obscurité.

Les Perses écrivaient de gauche à droite, comme presque tous les peuples aryens. On peut supposer qu'ils avaient une écriture cursive et qu'ils se servaient de parchemin. Ctésias parle de cette substance comme étant en usage. C'est sur elle qu'étaient tracées sans doute la lettre d'Harpage à Cyrus, les chroniques qu'Assuérus se faisait lire durant son insomnie, et les lettres que, d'après Daniel, Darius le Mède écrivit à tous les satrapes et gouverneurs de provinces.

Il ne nous reste, comme monuments littéraires de l'époque des Achéménides, que les inscriptions gravées, par l'ordre de ces princes, sur des stèles ou sur des pans entiers de rochers dans les différentes régions de leurs vastes États.

Les plus anciennes de ces inscriptions datent de Cyrus; mais c'est Darius qui en laissé le plus grand nombre, et, parmi elles, cette fameuse inscription du rocher de Béhistoun, la plus étendue que jamais souverain ait fait tailler dans la pierre.

En voici la description d'après M. François Lenormant :

« A une lieue environ au nord de Kirmanschah, à gauche de la route de Bagdad à Hamadan, dans le Kurdistan perse et sur le territoire de l'ancienne Médie, se trouve le rocher de Béhistoun, le mont Bagistan des géographes classiques, qui a une hauteur perpendiculaire de quatre cent cinquante-six mètres. Sur son flanc est sculpté un bas-relief colossal, au-dessus d'une inscription tellement étendue, que le voyageur Ker-Porter disait qu'il faudrait deux mois pour la copier. Le bas-relief représente une scène des plus intéressantes : au-dessus du tableau et le dominant, on voit la grande figure d'Ormuzd dans le disque ailé, comme la divinité suprême du panthéon assyrien. Darius, appuyé sur son arc et faisant le geste du commandement, pose le pied sur la poitrine d'un malheureux qui lève le bras pour demander grâce; il regarde neuf autres personnages qui sont debout devant lui, la corde au cou, enchaînés l'un à l'autre et les mains liées derrière le dos. A côté du roi, se tiennent des officiers de sa cour. L'explication de cette scène, déjà éloquente par elle-même, nous est fournie tout au long par le texte qui l'accompagne. Nous savons ainsi que le personnage auquel Darius inflige le dernier outrage en lui marchant sur le corps, est le mage Gaumatès; les autres captifs sont les chefs qui, profitant du désordre causé par l'usurpation de ce dernier, se soulevèrent dans toutes les provinces. L'inscription, dont on doit la conquête et la publication à M. Henry Rawlinson, répète trois fois le même texte, dans les trois langues officielles de la chancellerie des Achéménides. Elle comprend, dans le texte perse seulement, quatre cent seize lignes, et raconte l'avènement de Darius et les faits de son règne jusqu'à l'an 515 avant J.-C. »

Les inscriptions dressées par les Achéménides dans les provinces centrales de leur empire, étaient rédigées en trois langues : perse, assyrien et scythe. Dans les satrapies les plus éloignées, elles étaient écrites dans la langue nationale de la contrée. Enfin on a trouvé, sur quelques vases, des inscriptions quadrilingues : la quatrième transcription est en hiéroglyphes égyptiens.

D'après Flandin.

FIG. 421. — COUPE DU PALAIS REPRÉSENTÉ PAGE 744.

Toutes ces inscriptions ont une valeur plutôt linguistique et historique que littéraire.

Les œuvres de la littérature perse ancienne, sont : le Zend-Avesta et le *Schah-Nameh*, ou Livre des Rois.

Nous avons déjà parlé du Zend-Avesta, au point de vue religieux. Il se divise en plusieurs livres.

On y rattache une composition, relativement récente, le *Boundehesch*, dont nous ne connaissons que la traduction en pehlvi.

Le Boundehesch est un traité de cosmogonie, qui ne put être rédigé que postérieurement à la conquête du plateau de l'Iran. On y voit la trace évidente des croyances chaldéennes. Le récit de la création, de la chute et du déluge, offre des analogies frappantes avec la Genèse, comme avec les antiques écrits retrouvés dans la bibliothèque de Ninive.

Le Zend-Avesta reste le monument le plus authentique et en même temps le plus caractéristique de l'ancienne littérature perse.

Il ne donne pas une très haute idée de l'imagination ni du don poétique des premiers Iraniens. On n'y trouve rien de comparable à l'élévation, au souffle puissant, à l'abondance et à la variété d'images, au lyrisme débordant du Rig-Véda.

Sans doute, les arides plateaux de l'Asie centrale étaient moins capables d'inspirer les chantres sacrés que la nature indienne avec ses magnificences. Les livres du Zend-Avesta sont secs et monotones comme de grandes plaines nues, où se heurtent les vents;

D'après Flandin.

FIG. 422. — FIROUZ-ABAD, FAÇADE LATÉRALE DU PALAIS PRÉCÉDENT.

tandis que les hymnes védiques semblent refléter la lumière éclatante et les paysages splendides de la vallée de l'Indus.

L'auteur ou les auteurs du Zend-Avesta, ont surtout visé à l'exactitude, à la clarté, à l'autorité guindée et pédante. Les cris éloquents de l'âme, le vague délicieux de la rêverie, l'amertume profonde du doute, sont absents de leur œuvre. Ils affirment avec une précision froide qui exclut toute poésie.

On rencontre toutefois, dans les livres sacrés de la Perse, comme un écho des longues migrations et des luttes pénibles par lesquelles les Aryens arrivèrent enfin à s'établir sur le plateau de l'Iran.

Suivant la légende sacrée, à peine Ahura-Mazda, le dieu du bien, avait-il fait parvenir ses serviteurs dans une contrée favorable, que le dieu du mal, Agra-Mainyous, suscitait contre eux quelque fléau qui les forçait à se remettre en marche. C'était la sécheresse, l'épizootie, les sauterelles, la peste, l'incrédulité, tous les maux physiques ou moraux qui peuvent accabler les hommes.

Les combats des Aryens contre les Touraniens sont aussi rappelés dans le Zend-Avesta. Mais l'on ne trouve nulle émotion, nulle chaleur, nulle poésie dans cette lourde et monotone composition.

On pourrait porter un jugement presque identique sur l'immense poème de cent vingt mille vers dans lequel Firdousi rassembla, vers la fin du X° siècle après J.-C., toutes les légendes de la Médie et de la Perse.

C'est à la demande du sultan gaznévide Mahmoud, que le poète composa cette gigantesque épopée, prenant l'histoire de sa race au début du monde et la menant jusqu'à la conquête musulmane.

Le *Schah-Nameh* (Livre des Rois) de Firdousi appartient à l'ancienne civilisation perse par les sujets dont il traite, mais sa valeur historique est moindre encore, s'il se peut, que sa valeur littéraire. Cet interminable conte persan est aussi inexact que fastidieux.

On le voit, l'histoire de la littérature perse est vite faite, et l'appréciation peut en être également sommaire.

Ce n'est pas sur le plateau de l'Iran que devait se produire l'éclosion complète du génie aryen. L'aridité morne des plaines de la Bactriane, puis le brusque étouffement dans l'atmosphère lourde et voluptueuse de l'Asie antérieure, empêchèrent le développement de la fleur merveilleuse, qui s'épanouit si largement parmi les splendeurs de l'Inde, et qui devait atteindre à un si radieux éclat dans les vallées riantes de la Grèce.

En littérature, comme en industrie et comme en art, les Perses n'ont rien produit de personnel et de marquant.

Leur architecture, que nous allons étudier, est la vraie pierre de touche où se montre leur impuissance à créer, en même temps que la prodigieuse facilité avec laquelle ils s'imprégnaient des goûts et des idées de tous les peuples avec lesquels ils furent en contact.

## § 2. — L'ARCHITECTURE

Quand on voit les ruines merveilleuses de Persépolis, les sveltes colonnes, les imposants portails ornés de taureaux gigantesques, les admirables escaliers de marbre blanc assez larges et assez faciles pour que dix cavaliers puissent les gravir de front, on a peine à croire que le peuple auteur de pareils édifices ait été dans l'enfance de l'art au point de vue de l'architecture.

Et pourtant il en est ainsi. Les Perses, il faut en convenir, ont tiré un parti extrêmement ingénieux de tous les éléments artistiques empruntés aux nations qu'ils avaient soumises. Ils ne furent dénués ni d'habileté, ni de goût. Ce qui leur manqua, ce fut l'invention.

On ne s'en doutait pas avant d'avoir ressuscité les temples et les palais de Ninive et de Babylone, et aussi avant que la critique fût devenue plus savante et moins aisément satisfaite. Jusqu'à notre époque, les débris encore imposants des palais de Persépolis passaient en Europe pour le chef-d'œuvre du génie oriental antique.

Ce n'était pas cependant aux seuls Sémites de la Mésopotamie que les Perses étaient redevables de ce qu'ils ont fait de mieux. Nous allons, en décomposant leurs plus somptueux monuments, montrer ce qu'ils ont pris à la Grèce, à l'Égypte, et même aux primitifs Touraniens de la Médie.

D'ailleurs, pour établir d'emblée la théorie que nous avançons, nous n'avons qu'à dépeindre un des rares édifices que les Perses aient construit sans en prendre le modèle nulle part. L'infériorité étonnante de ce monument en face des merveilles de Persépolis prouvera combien les ouvrages des Perses furent différents, suivant qu'ils les copiaient ou qu'ils étaient réduits à les tirer de leurs propres ressources.

Nous faisons allusion à ce qu'on est convenu d'appeler « le Tombeau de Cyrus. »

Les Perses — comme nous l'avons vu dans le chapitre consacré à leur religion — n'avaient guère de choix dans la façon d'ensevelir leurs morts, car ils ne devaient les livrer ni à la flamme, ni à l'air, ni à la terre, ni à l'eau.

Ils les faisaient dévorer par des oiseaux de proie.

Mais cette coutume dut paraître barbare à la longue, surtout après le contact de peuples qui poussaient à l'excès le respect des cadavres et le soin de leur conservation.

On se fit scrupule de livrer aux bêtes la dépouille des souverains. L'idée vint de construire une sorte de tombeau dans lequel le corps serait suffisamment isolé des quatre éléments pour ne pas violer la loi religieuse. Mais ce genre de tombeau n'existait pas chez

FIG. 423. — FIROUZ-ABAD.
(Bas-relief.)

D'après Flandin.

les peuples connus par les Perses à l'époque de Cyrus, et ceux-ci en furent réduits à le composer de toutes pièces.

Le monument qu'ils élevèrent, malgré le magnifique matériel dont ils se servirent — du marbre blanc de la plus grande pureté — est d'une simplicité presque barbare et absolument dépourvu de tout caractère artistique. La grosseur des blocs employés à le construire rappelle aussi les efforts des peuples primitifs, qui toujours ont remplacé l'habileté de l'agencement par l'énormité des matériaux.

Le « Tombeau de Cyrus » est une sorte de maisonnette placée sur un piédestal de forme pyramidale. Ce piédestal est formé de sept couches en retrait les unes sur les autres. La maisonnette n'a qu'une ouverture donnant accès dans une chambre intérieure, sorte de caverne artificielle, où l'on déposa le sarcophage.

Jusque dans ce monument si simple, on peut constater l'influence de deux arts étrangers : le grec et le chaldéen. La pyramide à sept étages qui forme le piédestal n'est en effet que la réduction d'une ziggurat babylonienne. Quant au tombeau proprement dit, on dirait une grossière copie d'un temple grec dont il a le fronton triangulaire.

Cette gauche combinaison est tout ce que les Perses purent trouver pour élever le seul genre d'édifice qui leur soit propre.

FIG. 494. — BAS-RELIEF PERSE, A DARABGERD.

Les Aryens, lorsqu'ils conquirent le plateau de l'Iran, ne possédaient aucun art. Livrés à leurs propres ressources, ils en eussent créé certainement, comme ils le firent plus tard dans l'Inde.

Mais bien avant d'avoir découvert la voie de leur génie propre, ils se trouvèrent sur le plateau de l'Iran en contact avec des peuples arrivés à un très haut degré de civilisation, et presque aussitôt, par les conquêtes de Cyrus et de Cambyse, ils se virent les maîtres de toutes les merveilles artistiques du monde ancien, fruits de cinquante ou soixante siècles de travaux. Des palais de Ninive jusqu'aux Pyramides, et du temple d'Ephèse à la salle hypostyle de Thèbes, ils possédèrent tout ce que le génie humain avait produit avant eux.

Pouvaient-ils, en présence de pareils modèles, et dans le temps relativement court de leur domination, s'engager pas à pas dans la voie lente des tâtonnements et des innovations?

Evidemment non. Ce qu'ils pouvaient faire de mieux était de prendre un peu partout les inspirations et les types qui convenaient le plus à leur caractère, à leur goût, à leurs conditions d'existence.

Ils le firent d'une façon très heureuse, sans échapper toujours cependant aux fautes que devait entraîner leur inexpérience.

C'est ainsi, par exemple, qu'ils ne se rendirent pas suffisamment compte des ressources que leur offraient les superbes matériaux dont ils pouvaient disposer.

Ils avaient en abondance la pierre calcaire et le marbre qui manquaient aux Assyriens. Cependant ils prirent la peine de faire les murs épais que ceux-ci devaient construire pour suppléer à la fragilité de la brique. Sachant se servir de la colonne et de la voûte, qui leur permettaient d'élever et d'agrandir leurs salles, ils composèrent pourtant leurs palais de pièces relativement basses et étroites, si nous en exceptons quelques salles hypostyles.

Et encore, dans ces dernières, le rapprochement des colonnes devait donner un aspect un peu étouffé et réduit à l'ensemble. L'air et l'espace manquaient. On devait y éprouver le sentiment d'oppression que cause parfois une forêt, au lieu de l'élargissement — pour ainsi dire — que l'on croit ressentir dans l'immense vaisseau d'une de nos cathédrales.

Là où les Perses pourraient paraître le plus originaux — et nous allons voir qu'ils ne l'étaient pas — c'est dans la construction de la colonne.

Ils ne s'en servirent véritablement qu'après la conquête de l'Egypte où ils prirent le modèle de leurs salles hypostyles.

Ils lui donnèrent une élégance et une légèreté qu'il est impossible de retrouver au même degré dans aucune ruine antique.

Jamais avant eux on n'avait réduit à ce point le diamètre de la colonne par rapport à sa hauteur. Son rapport à celle-ci est souvent de un treizième. Or, plusieurs des colonnes restées debout à Persépolis ont encore aujourd'hui vingt mètres de haut. Leur solidité égalait donc leur sveltesse. Elles étaient faites de blocs de marbre superposés et réunis par des crampons de fer.

La délicate finesse de leurs fûts ne fut pas cependant une invention aryenne.

Les Assyriens, qui n'avaient pas employé la colonne comme support parce qu'ils bâtissaient en briques, en avaient créé des modèles charmants, soit adossés contre leurs murs, soit représentés sur leurs bas-reliefs. En outre, les Touraniens de la Médie, vivant sur la limite d'immenses forêts, construisaient leurs demeures en bois, et devaient, comme toujours dans ce genre d'architecture, élever des colonnes fort minces et ressemblant à des troncs d'arbre.

Les colonnes médiques en bois ont naturellement disparu; mais on ne peut douter que la colonne perse ne leur dût quelque chose de sa grâce.

Quant aux éléments dont se compose cette dernière, elle les a tirés à la fois de la Grèce, de l'Égypte et de l'Assyrie.

C'est dans les colonies grecques de l'Asie Mineure que les Perses ont trouvé le modèle de leurs fûts cannelés, légèrement fuselés et des volutes ioniques, qui, placées verticalement, composent une partie de leurs longs chapiteaux. C'est en Égypte qu'ils ont pris les feuilles de lotus qui leur font des bases si gracieuses. C'est à l'Assyrie qu'ils ont emprunté les têtes de taureaux soutenant les architraves.

De cet ensemble un peu hétéroclite résulte, comme nous l'avons dit, une des plus ravissantes colonnes qui jamais aient été dressées.

Ce qui la distingue surtout, outre sa légèreté, c'est sa longueur et le double demi-taureau ou demi-bélier qui en forme la partie supérieure. Bien que toutes les parties qui la composaient fussent empruntées, elle reste encore l'élément le plus caractéristique de l'architecture perse.

Les ruines les plus considérables des monuments élevés par les rois Achéménides se trouvent à Persépolis. On en trouve d'autres, fort intéressantes à Pasargade et à Suse. Les souverains changeaient souvent de résidence et de capitale. Les seuls édifices importants qu'ils construisirent furent des palais. La religion mazdéenne, comme on l'a vu, ne comportait ni temples ni tombeaux.

Pourtant, le désir d'élever des monuments funéraires à de grands personnages fit tourner la loi religieuse, et donna naissance à de lourdes et gauches constructions, dont les unes sont des tours carrées, et dont la plus belle, si l'on peut s'exprimer ainsi, est le Tombeau de Cyrus que nous citions tout à l'heure.

Dès que les Perses eurent conquis l'Égypte, ils abandonnèrent ce genre de sépulcre pour construire des *spéos* ou tombes creusées dans le roc, telles qu'ils en avaient vu dans la vallée du Nil.

Ces spéos remplissaient en effet le même but que leur caverne artificielle ménagée au haut d'une construction de marbre. Les derniers Achéménides, et entre autres Darius, furent ensevelis dans des tombes de ce genre, indestructibles naturellement et visibles encore, quoique d'un accès difficile.

La façade du rocher autour de l'ouverture est découpée sur un espace qui affecte la forme d'une croix grecque. Dans la partie supérieure de la croix sont sculptés des bas-reliefs représentant le roi en adoration devant Ahura-Mazda et des défilés de personnages. Sur la partie du milieu se détachent des colonnes qui forment portique autour de l'entrée; et enfin la partie inférieure est nue ou porte une inscription.

Pour visiter l'intérieur de la tombe, il faut se laisser glisser et se faire remonter au moyen de cordes. C'était déjà du reste le seul moyen usité au temps de Darius. Quand on a franchi l'ouverture, on se trouve dans une petite chambre voûtée au fond de laquelle s'ouvre une sorte de niche. Dans la niche sont creusées en sens vertical une ou plusieurs cavités destinées à recevoir les sarcophages et que l'on fermait ensuite avec une dalle de pierre.

Nous allons maintenant donner une idée générale des plus belles œuvres architecturales de la Perse ancienne, en restituant par une description sommaire les édifices groupés sur un même point aux environs de Persépolis, et dont les ruines, imposantes encore, n'ont pas eu besoin d'être exhumées d'un linceul de sable, comme celles de Ninive ou de Suse.

Ces édifices étaient les palais de Darius, de Xerxès et d'Artaxerxès II Okhos. Leur ensemble comprenait, outre les trois demeures royales distinctes, des salles d'audience supportées par des colonnes,

des propylées ou portails monumentaux et des escaliers gigantesques.

Leurs diverses constructions s'élevaient sur des terrasses de
hauteurs inégales. Le palais de Darius était le plus élevé. La plate-
forme qui le supportait se dresse encore de quinze mètres au-dessus

FIG. 415. — DARABGERD, DÉTAILS DU BAS-RELIEF FIGURANT SUR LE ROCHER
REPRÉSENTÉ PAGE 753.

Lorsque l'empire des Perses fut renversé par Alexandre, l'an 330 avant J.-C., il resta pendant quelque temps
sous la domination des lieutenants qui héritèrent des diverses provinces de ses gigantesques États. La dynastie des
Séleucides qu'ils fondèrent fut bientôt renversée par un roi Parthe qui établit (256 ans avant J.-C.) la dynastie des
Arsacides à laquelle fut soumise une partie de l'ancien empire des Perses. Elle fut renversée en 226 après J.-C. par
la dynastie des Sassanides qui ne fut détruite que par la conquête musulmane en 652 de notre ère. Pendant cette
longue période, la Perse vit s'élever plusieurs monuments dont le style fut emprunté aux peuples avec lesquels elle
avait été en relation. L'art ne se modifia profondément en Perse et ne devint réellement original que sous les
Arabes. Alors naquit un art nouveau résultant de la combinaison de tous les arts antérieurs et dont les plus beaux
spécimens peuvent se voir encore dans le nord de l'Inde, de Lahore à Delhi notamment.
    Toutes les planches qui vont suivre appartiennent comme celle ci-dessus à la période Sassanide.

de la plaine, tandis que la terrasse inférieure n'a qu'une hauteur de
sept mètres.

Cette façon de construire les palais sur de vastes soubassements
était, comme on se le rappelle, un usage de la Mésopotamie.

Mais tandis que les terrasses étaient en briques sur les bords du
Tigre et de l'Euphrate, celles qui supportaient les palais de Persé-

polis étaient en blocs de pierre de très grand appareil, reliés par des crampons de fer.

La solidité des matériaux employés fait que ces terrasses s'élèvent encore aujourd'hui intactes au-dessus de la plaine avec les escaliers qui en réunissent les différents étages.

L'aspect de ces escaliers à rampes douces, entièrement construits en marbre blanc, que dix cavaliers peuvent aisément gravir de front, et dont les murs latéraux sont couverts de sculptures, est du plus noble effet.

De longues processions de serviteurs, semblant apporter dans le palais les fruits, les fleurs, les vases à parfums dont leurs mains sont chargées, se déroulent à l'intérieur des rampes de pierre; tandis qu'extérieurement apparaissent des scènes moins familières et revient souvent ce groupe fameux, l'un des chefs-d'œuvre de la sculpture perse : le lion furieux dévorant un taureau.

Cette alliance de la sculpture avec l'architecture est encore un emprunt fait à l'Assyrie.

Les sujets mêmes des bas-reliefs ont tous été pris à Ninive.

Lorsque, ayant franchi les magnifiques escaliers, on atteint la première terrasse, on aperçoit parmi les ruines imposantes d'un propylée, de grands taureaux ailés copiés sur les modèles assyriens du temps de Sennachérib et d'Assur-bani-pal. Sur les murs croulants des palais, on voit encore les scènes de chasse si fréquentes à Koyoundjik et à Khorsabad, et le roi combattant corps à corps avec des lions ou des monstres dans lesquels nous reconnaissons les fauves effrayants et les démons difformes de l'Assyrie.

La disposition intérieure des demeures royales est peu compliquée : c'est généralement une salle peu vaste, supportée par des colonnes, et entourée de chambres étroites, aux murs massifs, aux rares ouvertures. Les appartements privés, la maison des femmes ou harem — formant, comme en Mésopotamie, un corps de bâtiment séparé — n'ont pu être qu'imparfaitement reconstitués, car ils ont disparu presque en totalité. Mais ce que l'on peut dépeindre dans les moindres détails, ce sont les magnifiques salles hypostyles, dont le modèle fut emprunté à l'Égypte, et dont la plus vaste était la *Salle aux cent colonnes* de Xerxès.

Dix rangs, comprenant chacun dix de ces élégantes colonnes persépolitaines que nous avons décrites, formaient un carré parfait d'environ soixante-dix mètres de côté.

La vaste salle dont ces cent colonnes soutenaient le plafond était entourée de murs couverts de bas-reliefs et percés de huit portes dont deux s'ouvraient en avant sous un portique formé par seize colonnes et flanqué d'immenses taureaux androcéphales.

De fausses fenêtres, surmontées ainsi que les portes par un ornement égyptien d'oves et de feuilles de lotus, coupaient la monotonie des murs. Les seules fenêtres réelles, au nombre de sept, se trouvaient placées du côté du portique. La salle eût donc été insuffisamment éclairée, si, comme il est permis de le supposer, une certaine quantité de jour n'eût été admise par le toit.

Si nous ajoutons par la pensée à cette somptueuse architecture le trône doré sur lequel siégeait le souverain, la foule des gardes aux armes étincelantes s'agitant entre les colonnes, et les magnificences que nous décrit le livre d'Esther : « Les tapisseries blanches, vertes et couleur d'hyacinthe, retenues par des cordons de fin lin et d'écarlate à des anneaux d'argent fixés aux piliers de marbre; le pavé de porphyre et de marbre tacheté », nous pourrons nous faire une idée du spectacle éblouissant que devait offrir une audience solennelle à la cour de Persépolis au temps de Darius ou de Xerxès, Roi des rois.

A tant d'éléments d'éclat et de splendeur, on peut ajouter encore les vives nuances des briques émaillées.

Les Perses, qui surent choisir avec tant de goût parmi les arts de leurs sujets ceux qui pouvaient le mieux embellir leurs nouvelles capitales, ne négligèrent certainement pas les ravissants motifs de décoration fournis par les émaux colorés si abondants en Mésopotamie.

Ils eurent sans doute moins d'occasion de les appliquer, car l'usage constant qu'ils firent de la colonne, des fausses fenêtres ornées, des bas-reliefs et des tentures, laissait chez eux peu de surfaces nues sur les murailles. Mais on ne peut douter qu'ils s'en servirent avec bonheur.

Nous avons des échantillons de leurs productions en ce genre dans les bas-reliefs recouverts d'un revêtement émaillé que la mission dirigée par M. Dieulafoy a rapporté en France.

Deux frises, celle dite des *Archers* et celle des *Lions*, appartiennent aujourd'hui au Musée du Louvre.

La douceur des tons et la beauté de dessin de ces frises sont appréciables en dépit du triste barbouillage de mauvais goût dont l'administration du Louvre a cru devoir orner les murs qui les supportent.

Les éloges que nous dispensons volontiers à ces produits de l'art sous les Achéménides doivent toujours — il ne faut pas l'oublier —

FIG. 486. — BAS-RELIEF DE LA PÉRIODE SASSANIDE.

D'après Flandin.

être rapportés, pour la plus grande partie, à des peuples tout à fait distincts des Aryens du plateau de l'Iran.

Non seulement les Perses empruntèrent aux Grecs, aux Égyptiens, aux Assyriens, leurs procédés et leurs modèles, mais encore ils firent travailler pour leur propre profit et leur propre gloire les artistes et les ouvriers de ces différentes nations.

Plus d'un bas-relief de Persépolis, plus d'une frise émaillée de Suse, fut certainement l'œuvre immédiate d'ouvriers venus de la Mésopotamie, soit poussés par l'ambition et la soif du gain, soit amenés en Perse par le hasard des combats.

Il est curieux de constater le silence presque absolu fait par les historiens grecs autour des plus beaux produits de l'art dans les capitales des Achéménides.

Hérodote, qui sans doute vit Suse, ne parle pas de ses palais. Ctésias, qui y vécut, n'en parle pas davantage.

Sans doute, aux yeux des contemporains, les emprunts faits par les Perses de tous côtés, étaient plus manifestes encore que pour nous. Les combinaisons hétéroclites qui en résultaient désorientaient les voyageurs habitués à contempler ailleurs, tout à fait purs,

FIG. 487. — CHIRAZ. BAS-RELIEF DE LA PÉRIODE SASSANIDE.

D'après Flandin.

les types qu'ils voyaient en Perse altérés et mélangés. Certains monuments, qui ne manquaient pourtant ni de grandeur ni d'harmonie, leur firent peut-être l'effet de médiocres pastiches.

Toutefois, malgré ce silence dédaigneux des Grecs, on ne peut, en face des ruines, encore si poétiques et si grandioses de Persépolis, s'empêcher de rendre justice à un peuple, qui, s'il n'eût pas le temps de se créer un art personnel, eut assez de finesse et de goût pour fondre et pour marier d'une si remarquable façon les produits les plus achevés par lesquels le génie humain se fût exprimé avant lui.

LES PREMIÈRES CIVILISATIONS    96

§ 3. — SCULPTURE ET ARTS INDUSTRIELS

Le paragraphe auquel nous arrivons, sera forcément plus sommaire encore que ceux qui le précèdent.

En fait de statuaire et d'arts industriels, dans la Perse ancienne, nous ne pouvons même plus parler d'imitation, car nous sommes en face de la nullité complète.

A part quelques cachets et quelques cylindres, nous ne possédons pas le moindre vestige d'œuvres de ce genre nées sur le plateau de l'Iran, entre la conquête de Cyrus et celle d'Alexandre.

La Perse antique ne nous a légué ni statues, ni bronzes fondus ou repoussés, ni objets de bois ou d'ivoire, ni étoffes, ni armes, ni poteries fabriqués sur des modèles créés par elle.

Tous les produits de ce genre qui ont alimenté son luxe, lui sont venus de l'étranger.

Les rois de Perse, qui savaient apprécier l'élégance de la forme, la beauté des couleurs et le fini du travail partout où ils les rencontraient, avaient soin de faire largement contribuer, par des dons en nature, les pays qui leur payaient déjà des impôts en argent.

C'est grâce à ces dons en nature, qu'on voyait affluer à la cour du Grand Roi les tapis merveilleux de Babylone, les ivoires et les bijoux de l'Égypte, les mousselines de l'Inde, les vases et les statuettes de l'Asie Mineure, tous les produits délicats et charmants de l'art déjà ancien et du luxe raffiné du vieux monde.

Il eût fallu des siècles aux ouvriers perses avant d'égaler ces chefs-d'œuvre. Aussi, les classes laborieuses de la race aryenne, loin de tenter une impossible concurrence, se contentèrent-elles de suivre la première loi de Zoroastre et de cultiver la terre.

Le seul art qui, à côté de l'architecture ait pris quelque essor sur le plateau de l'Iran, c'est la sculpture. Et encore suivit-elle, avec une application servile, toutes les traditions de l'Assyrie.

Les bas-reliefs perses présentent les mêmes qualités et les mêmes défauts que ceux de Ninive. La monotonie des défilés, l'uniformité des types, les têtes toujours représentées de profil

par suite de l'incapacité de l'artiste à dessiner une autre attitude,
nous feraient croire que nous n'avons pas quitté les bords du
Tigre, si la physionomie aryenne, avec ses traits affinés, ne rem-
plaçait la rude et farouche silhouette du Sémite.

Les grands taureaux de Persépolis n'offrent que quelques légères différences avec ceux de Ninive ou de Khorsabad. Ils sont
plus gigantesques encore, et, malgré leurs énormes proportions, ils
sont traités d'une façon plus vivante, plus vraie. Ils ne sont pas
tous androcéphales et ailés. Quelques-uns sont la fidèle image de
l'animal de nos étables. Ils n'ont point cinq jambes, comme en
Assyrie; leurs proportions sont habituellement mieux gardées.

FIG. 428 et 429. — DÉTAILS DE CHAPITEAUX DE COLONNES APPARTENANT A LA PÉRIODE SASSANIDE.

Les animaux sont, en général, bien traités par les sculpteurs
perses. Les lions, même sur les frises émaillées, ont une énergie
d'allure et d'expression tout à fait remarquable.

En somme, la sculpture perse n'est qu'une branche à peine distincte de la sculpture assyrienne. Rien n'indique d'ailleurs que les
artistes de Persépolis n'appartenaient pas à la même race que ceux
de Ninive et n'étaient pas des Sémites aux gages des Aryens, comme
les ouvriers de Salomon étaient des sujets d'Hiram, roi de Tyr.

Nous en dirons autant des artistes qui produisirent les beaux
cylindres perses que nous voyons dans nos musées.

Au moment où les Aryens commencèrent à jouer un rôle en

Asie, l'art de la glyptique avait atteint la perfection en Assyrie et en Chaldée. Cet art, d'une évolution si lente, ne pouvait naître tout à coup sur le plateau de l'Iran; les belles intailles sur pierres fines que nous retrouvons dans les ruines de Suse eurent certainement pour auteurs les graveurs habiles sortis des ateliers de Ninive ou de Babylone.

Un art voisin de la glyptique et auquel Darius donna une grande impulsion, celui des monnaies, resta en Perse tout à fait dans l'enfance. Les dariques et autres pièces, avec leur roi tirant de l'arc, leurs trirèmes et leurs fortifications, montrent un relief peu accentué et une grossièreté de dessin très primitive.

Le rôle des Perses dans l'histoire de la civilisation, si nous voulons le résumer, nous apparaît donc à la fois comme très minime et très grandiose.

Ce peuple fut sans passé, sans avenir, mais il eut un moment de vie complète, éblouissante.

A peine sort-il, barbare encore, sans littérature, sans art, sans connaissances scientifiques, des déserts de l'Asie centrale, qu'il se voit le propriétaire et le maître du monde civilisé. Durant deux siècles, il possède et condense les suprêmes résultats des efforts de l'humanité depuis cinq ou six mille ans.

N'ayant jamais jusqu'alors taillé le marbre, il se fait élever des palais où s'épanouissent dans un ensemble harmonieux toutes les grâces longtemps cherchées par les consciencieux artistes de l'Égypte, de l'Asie Mineure et de la Chaldée. Ne sachant rien, ne pouvant rien pénétrer des mystères de la science, il tient dans sa main les fameuses écoles d'Ur, de Babylone, de Memphis et de Thèbes.

Tout ce que l'âme humaine a rêvé, tout ce que l'esprit a produit, tout ce que l'imagination a enfanté depuis les débuts du monde, cette race nouvelle-venue s'en empare et sait en jouir avec une aisance, une noble tranquillité qui n'est pas sans grandeur.

Dès les premiers jours, elle semble à la hauteur de son extraordinaire fortune. Le souple génie des Aryens s'approprie sans étonnement et sans gaucherie les dépouilles opimes de la civilisation laborieuse de l'univers.

Au moment où la marche de l'humanité dévie, où le mouvement si longtemps poursuivi du côté de l'Orient va s'incliner vers l'Occident, le peuple perse apparaît comme au carrefour des deux routes, et forme le trait d'union entre le monde ancien qu'il résume et le monde moderne auquel il ouvre la voie.

En brisant les résistances de vingt nations différentes, en pliant au même joug tant de races dissemblables, ce peuple, à la destinée singulière, énerve pour ainsi dire les énergies dernières de l'antique Orient et prépare une proie gigantesque et facile à l'ambition naissante des Grecs.

Car l'Égypte et l'Asie antérieure ont désormais donné tout entière leur large part à l'éternel progrès humain. Épuisées par leurs longs efforts, elles vont s'endormir dans le rêve ancien et laisser la place à des générations nouvelles.

L'Europe aryenne va hériter de l'Orient chamitique et sémite. Mais l'œuvre qu'elle va entreprendre ne sera pas un recommencement. Héritière des trésors amassés, elle saura s'en servir pour en découvrir d'autres, et n'en laissera pas un seul dont elle ne sache tirer parti.

Et la Perse qui, dans le grand mouvement progressif de la civilisation n'a eu qu'un rôle transitoire, apparaît entre les deux suprêmes étapes de l'humanité, comme en une période de repos fermant la marche accomplie et précédant les luttes futures.

Cette nation privilégiée, tout étincelante des rayons d'une civilisation qui n'est point son œuvre, semble marier dans la gloire qui l'entoure les feux splendides d'un couchant empourpré et les lueurs indécises d'une aube nouvelle.

L'avenir est à sa race, à cette race aryenne qu'elle vient d'introduire d'une façon si brillante sur la scène du monde, mais dont la grandeur sera faite pour une part considérable par les labeurs des générations anciennes qui ont ouvert les voies et tracé les premiers sentiers.

# LIVRE SEPTIÈME

## Comment les Civilisations de l'Orient se propagèrent en Occident.

# RÔLE DES PHÉNICIENS DANS L'HISTOIRE

## CHAPITRE PREMIER

### LES PHÉNICIENS

§ 1. — RÔLE DES PHÉNICIENS DANS L'HISTOIRE DE LA CIVILISATION.

Les deux grandes civilisations du vieux monde antique, mères de toutes celles de l'Occident, furent la civilisation égyptienne et la civilisation chaldéo-assyrienne. Les Grecs n'apparaissent dans l'histoire que quand les peuples de l'Égypte et de la Chaldée sont arrivés à leur déclin et ont terminé leur rôle. Ils recueillent alors le double héritage des Égyptiens et des Assyriens, c'est-à-dire les résultats de près de cinq mille ans d'efforts. N'ayant qu'à continuer des civilisations lentement élaborées avant eux, et déjà puissamment développées, leurs progrès deviennent forcément très rapides. Saisissant d'une main virile le flambeau du progrès qui pâlissait en Asie et sur les bords du Nil, ils le portent en Occident, sortent l'Europe de la barbarie, et préparent cette puissante civilisation gréco-romaine qui devait éclairer à son tour tant de peuples barbares et dont les nations modernes vivent encore.

Ce fut par l'intermédiaire des Phéniciens que les Grecs reçurent ce précieux héritage, et c'est pourquoi, bien que la Phénicie n'ait pas possédé une civilisation sortie de son sein, nous lui avons consacré plusieurs pages de cet ouvrage.

Sans avoir eu ni arts, ni sciences, ni littérature, sans avoir réalisé par eux-mêmes aucun progrès, les Phéniciens firent éclore des arts, des sciences et des lettres chez des peuples qui n'en possédaient pas avant eux.

Leur rôle fut singulièrement actif, leur influence civilisatrice immense. S'ils n'avaient pas existé, l'on peut dire que la civilisation de notre Occident eût été retardée de bien des siècles. Ils remplissent toute l'antiquité de leur nom.

Cependant, telle fut leur étrange destinée, que leur souvenir a pu périr presque entièrement pendant plusieurs siècles. On a mis fort longtemps à soupçonner l'importance de leur rôle. Bossuet ne leur a pas donné la moindre place dans son *Histoire universelle*, et, sans les découvertes archéologiques modernes, ces vaillants explorateurs du monde antique resteraient dans un profond oubli.

De même que les Assyriens et les Babyloniens, les Phéniciens reviennent maintenant à la lumière. Ce n'est pas sans étonnement qu'on découvre aujourd'hui leurs traces partout et qu'on est obligé de constater qu'ils ont jeté les fondements sur lesquels se sont élevées les brillantes civilisations de la Grèce et de Rome.

Une des causes qui firent tomber les Phéniciens dans l'oubli fut l'absence complète chez eux d'arts, de sciences ou de littérature personnels. Ils ne purent transmettre à la postérité un seul monument qui portât leur cachet national et qui les personnifiât, pour ainsi dire, dans l'imagination, comme les Pyramides personnifient l'Égypte, comme Babylone et ses splendeurs personnifient la Chaldée, comme la Bible personnifie Israël.

On fut bien longtemps même avant de leur attribuer l'exécution de ces objets d'art, où ils ont mêlé l'inspiration de l'Assyrie et de l'Égypte, et qui ont servi de modèles aux Grecs primitifs.

Le caractère mixte de ces débris, d'ailleurs fort rares, les faisaient considérer, soit comme les derniers représentants de l'art oriental en décadence, soit comme les primitifs échantillons de l'art archaïque grec, suivant les influences qui dominaient en eux.

On voyait d'ailleurs alors un abîme entre les arts de l'Orient et ceux de la Grèce. La séparation semblait complète; et telle était la force de l'idée préconçue, qu'elle subsista même après les pre-

D'après une photographie.

FIG. 430. — AFKA. SOURCE DU NAHR IBRAHIM, L'ANCIEN FLEUVE ADONIS.

A quelques lieues à l'ouest se trouve Djebel, le Gebal de la Bible, le Byblos des Grecs, principal sanctuaire
du culte d'Adonis.

mières grandes fouilles de ce siècle et en face d'objets où la filiation se montrait avec une évidence frappante.

Les découvertes cependant se succédaient, et, une fois de plus, il fallut bien reconnaître que sur ce point, comme sur tant d'autres, nos vieilles idées classiques en histoire étaient profondément erronées. Du même coup, s'évanouissaient les vaines et interminables dissertations sur le génie créateur des Grecs, qui remplissent encore tous nos écrits historiques.

Il est impossible de contester aujourd'hui que les Grecs aient été simplement des continuateurs et non pas des créateurs.

Les arts dont ils s'inspirèrent, après s'être bornés à les imiter servilement pendant longtemps, leur parvinrent par une double source : la voie de terre, à travers l'Asie Mineure, dont les rives occidentales étaient peuplées par des populations grecques, et la voie de mer, exclusivement parcourue par les Phéniciens.

Ce dernier peuple, par son génie spécial, comme par sa position exceptionnelle, était prédestiné au rôle, peu glorieux peut-être, mais extraordinairement fécond, de propagateur et d'intermédiaire.

Il fut le premier et pendant longtemps le seul peuple maritime de l'antiquité. Lui seul — alors que toutes les autres nations avaient encore pour la mer une terreur fondée sur l'ignorance ou sur une crainte superstitieuse inspirée par la religion — osa se hasarder sur la grande plaine liquide, menaçante et inconnue. Il le fit d'abord timidement, ne perdant pas de vue les côtes, ramenant chaque soir ses barques sur le rivage. Puis il franchit les bras de mer qui séparent le continent des grandes îles de Chypre et de Rhodes, et enfin il gagna le large, atteignit dans la navigation une habileté qui ne fut point dépassée jusqu'à l'invention de la boussole, et se vit ainsi le maître absolu de la Méditerranée, dont il couvrit les rives de ses comptoirs.

Or la mer, lorsqu'on sait la franchir, loin d'être une barrière, devient le plus sûr et le plus commode moyen de communication. Un navire la traverse aisément, et, sauf un naufrage qui n'est que l'exception, porte jusqu'à ses extrémités les produits et l'influence des contrées les plus diverses et les plus éloignées. Une chaîne de montagnes, un désert de quelque étendue, forment des obstacles autrement infranchissables.

A quel point de richesse et de puissance matérielle et morale ne put donc pas s'élever un peuple qui se trouva, comme les Phéniciens, être pendant des siècles le maître absolu de la navigation, non seulement dans une mer importante, mais, on peut le dire, dans toutes les eaux du monde alors connu.

La prospérité de ce petit peuple devint, en effet, immense, et finit par égaler celle de puissants empires. Pour y atteindre, les Phéniciens s'étaient faits les courtiers de toutes les nations, mais, en même temps, ils devinrent, très inconsciemment d'ailleurs, les agents les plus actifs de la civilisation.

Ils mirent en relation des contrées qui, sans eux, eussent ignoré longtemps encore leur existence réciproque. Or, parmi ces contrées, les unes, comme l'Égypte et la Mésopotamie, étaient arrivées à l'apogée de leur développement, possédaient le monopole de tous les arts, de toutes les sciences, et ne pouvaient plus que tomber en décadence si leur œuvre n'était reprise et renouvelée par des races différentes et jeunes; les autres, comme la Grèce, l'Italie, l'Espagne, renfermaient des populations ignorantes, sauvages même pour la plupart, mais dont le génie sommeillant encore devait s'élever à une hauteur prodigieuse, lorsqu'il serait éveillé par la révélation des civilisations antiques, dont la connaissance lui épargnerait les premiers tâtonnements toujours si laborieux et si lentement productifs.

Or, à l'époque reculée dont nous nous occupons, la civilisation du monde n'était représentée ni résumée par des bibliothèques considérables, par des théories abstraites, par des mémoires de savants ou par des machines compliquées. Elle se manifestait surtout par les objets matériels nécessaires à l'entretien ou au luxe de la vie, et dont la perfection et l'élégance étaient le plus sûr critérium du degré de développement propre au peuple qui les fabriquait.

Dans les sociétés orientales antiques, l'intelligence, moins ambitieuse qu'elle ne devait se montrer chez les spéculatifs Aryens, se donnait tout entière à l'embellissement matériel de l'existence.

Là où se dressaient les temples les plus majestueux, les palais les plus splendides; où se découpaient les vases les plus gracieux, les statuettes les plus élégantes, les meubles les plus artistiques; où se tissaient et se brodaient les plus riches étoffes; où se fabriquaient les plus belles armes, les bijoux les plus délicats et les plus fins, là certainement était le foyer de la lumière et du progrès.

Or, tous les objets que nous venons d'énumérer, sauf les édifices, s'exportent et se vendent. En les répandant sur tous les rivages de la Méditerranée, c'était la civilisation même que les Phéniciens emportaient, pour la propager, dans la coque de leurs vaisseaux.

Chez les nations les plus rudes, ils commencèrent par porter les objets de première nécessité, et même de fabrication commune : les poteries, les armes grossières, les verroteries, les étoffes peu coûteuses, ainsi que nous le faisons chez les sauvages de l'Afrique et de l'Océanie, qui nous livrent en échange les produits naturels de leurs pays.

L'Espagne, la Gaule, les Iles-Britanniques, les côtes occidentales de l'Afrique, ne reçurent guère autre chose de l'Asie, parce qu'elles se trouvaient à un degré d'évolution trop inférieur pour être influencées directement par les civilisations raffinées de l'Orient.

Il en fut tout autrement pour les populations pélasgiques de l'Italie et de la Grèce, et pour la race géniale, à l'esprit assimilateur, des Hellènes.

Les Grecs, nous l'avons dit, et nous le répéterons encore, furent les héritiers directs des vieilles civilisations orientales. Bien avant d'aller puiser directement à leurs sources abondantes, ils leur empruntèrent les éléments de leurs propres arts et de leurs propres sciences par l'intermédiaire des Phéniciens. Ils mirent dix à quinze siècles à devenir eux-mêmes navigateurs et conquérants. Pendant cette longue période, ils furent les tributaires, commercialement et intellectuellement, de Sidon et de Tyr, dont ils devaient devenir les rivaux.

Ce ne fut pas seulement par leur marine que les Phéniciens exercèrent le rôle exceptionnel qui fut le leur pendant si longtemps. Leur génie commercial, leur âpreté au gain, aidés par leur situation particulière, les avaient rendus maîtres des routes de terre comme des voies maritimes. Leurs caravanes couvraient sans cesse tous les chemins de l'Asie. Elles allaient et venaient régulièrement entre Babylone, Ninive et Memphis ; elles s'enfonçaient bien avant dans les solitudes de l'Arabie, allant recueillir sur les rivages du pays de Pount et du golfe Persique, les chargements venus par mer de l'Inde ou de l'Éthiopie.

L'étroite bande de terre, qui s'étend au pied du Liban et que l'on nomme la Phénicie, devint donc l'entrepôt de toutes les marchandises du monde entier, comme ses habitants devinrent les courtiers et les facteurs de toutes les nations dont ils surent d'ailleurs imiter et développer les différentes industries.

Absolument dépourvue de littérature, de sciences et d'arts nationaux, la Phénicie eut à un haut degré le don de l'imitation et de l'assimilation. Elle sut copier très habilement et combiner avec bonheur les modèles divers qu'elle trouvait à l'étranger. Ses œuvres bâtardes devinrent, par leur caractère plus général, plus effacé, par leur exécution plus simple, mieux accessibles aux peuples nouveaux chez lesquels elles furent bientôt répandues à profusion. Les Grecs y trouvèrent, si l'on peut ainsi parler, comme le musée de toutes les créations de l'humanité antérieure, et purent dégager et choisir les caractères les plus sympathiques à leur génie propre, caractères qu'ils devaient développer jusqu'à les rendre presque méconnaissables à force de perfection.

Les Phéniciens, qui possédèrent le génie de l'industrie à un degré non inférieur à leur génie du commerce, firent d'ailleurs tomber dans la fabrication courante bien des modèles des arts élevés de l'Égypte et de la Mésopotamie. Les vases, les amulettes, les bijoux, les armes, les meubles, les broderies des étoffes, rendirent populaires, dans les contrées les plus lointaines, les motifs splendides de l'architecture et de la statuaire orientales.

Il serait impossible d'exagérer le rôle de cette nation aventureuse, ingénieuse et active, dans la propagation, et par conséquent dans le progrès de la civilisation.

Elle n'a rien inventé cependant : ni le verre qu'elle tenait de l'Égypte, quoi qu'on ait dit, ni même l'écriture alphabétique, dont, plus tard, on a retrouvé les éléments parmi les hiéroglyphes.

Mais ces deux découvertes mêmes, qu'on lui a longtemps attribuées, serviraient, par la façon dont elle les mit en œuvre, d'exemples frappants pour mettre en lumière son génie assimilateur et essentiellement pratique.

Nous verrons, tout à l'heure, à propos de leur industrie, comment elle perfectionna le verre et quel usage elle en fit.

Parlons seulement de l'alphabet.

Les Phéniciens en prirent l'idée chez les Égyptiens. Mais tandis que, depuis des siècles, ceux-ci se servaient de caractères alphabétiques sans jamais avoir pu s'affranchir des caractères syllabiques et même idéographiques, les Phéniciens n'adoptèrent que les premiers, faisant d'un seul coup table rase de tous les signes compliqués qui embarrassaient encore l'écriture dans la vallée du Nil.

Leurs vingt-deux signes, dérivés directement des hiéroglyphes, même pour la forme extérieure, devinrent les types de tous les alphabets qui sont en usage aujourd'hui dans notre monde occidental.

Telle était la puissance de propagation de ce peuple, les débouchés dont il disposait, que, dans tous les pays qui composent de nos jours l'ensemble du monde civilisé, il a établi, directement ou indirectement, l'usage, non seulement de l'alphabet, mais encore de son propre alphabet, plus ou moins modifié dans la suite des siècles.

On a dit que cet alphabet était son principal article d'exportation, et l'on ne pouvait mieux caractériser ce peuple, qui, sans avoir aucune idée étrangère à son commerce, fit circuler avec tant d'ardeur le flambeau de la civilisation. On a encore essayé de peindre les Phéniciens en les comparant aux Anglais modernes. Une différence fondamentale existe toutefois entre les deux peuples.

Tous deux ont été, ou sont, il est vrai, de grandes puissances maritimes; tous deux doivent leur prospérité à leurs vaisseaux, et tous deux ont parcouru le monde, non pour le civiliser, mais pour s'enrichir.

Ce sont là leurs traits communs. Leur façon de procéder est toute différente. L'Anglais fait des conquêtes et colonise. Le Phénicien — à part Carthage, qui fut une seconde Tyr et non pas même une colonie proprement dite — n'eut jamais que des comptoirs.

Il fondait de simples établissements de commerce, facilement défendus contre des populations primitives par une ligne de fortifications et un armement supérieur.

La Phénicie, tellement restreinte comme territoire, n'eut jamais l'excédant de population nécessaire pour fonder des colonies. Aussi, lorsqu'elle tomba, ce fut bien plus par suite d'une concurrence commerciale que devant la force des armes. Les terribles sièges que soutint Tyr, contre Sargon, contre Nabuchodonosor, contre Alexandre même, ne lui portèrent pas des coups plus décisifs que la rivalité maritime des Grecs dans le bassin oriental de la Méditerranée.

Les élèves étaient passés maîtres à leur tour, et bientôt ils devaient dominer leurs initiateurs. Tyr fut renversée par les Grecs, comme Carthage par les Romains. Les armes intellectuelles et matérielles, si largement distribuées par la Phénicie, devaient se retourner contre elle.

Ce qui empêche de la plaindre, et même de l'admirer, c'est que le bien qu'elle fit au monde, loin d'être volontaire, résulta, en somme, de l'action des passions basses, dominantes chez sa race. Le génie mercantile fut, en effet, le seul levier qui éleva cette nation au premier rang, et qui, par elle, souleva le monde.

La rapacité des Phéniciens était la terreur du monde antique. On avait besoin d'eux et on les craignait. On saluait avec joie l'apparition de leurs voiles sur les mers, car ils apportaient mille objets utiles ou précieux, impatiemment attendus, et ils ouvraient des débouchés pour les produits superflus de la contrée; mais, tant qu'ils demeuraient à terre, on redoutait toujours quelque coup de main.

Avant d'être marchands, ils furent pirates, et jamais n'oublièrent complétement leurs anciennes habitudes. Au moment de s'embarquer, ils tâchaient généralement d'attirer sur leurs vaisseaux les enfants et les belles filles, puis levaient l'ancre précipitamment. Ils se procuraient ainsi des esclaves qu'ils allaient vendre chèrement ailleurs.

Dès les temps homériques, on peut constater quelle réputation ils s'étaient faite. L'histoire d'Eumée dans l'Odyssée est le récit d'un enlèvement de ce genre, et présente en même temps un tableau curieux de la façon dont les Phéniciens pratiquaient leur commerce.

Nous citerons à ce sujet une demi-page d'Hérodote qui raconte un pareil acte de piraterie, et mentionne en même temps la croyance, confirmée de nos jours, qui plaçait la demeure primitive des Phéniciens sur les bords du golfe Persique (mer Erythrée).

« Les Phéniciens, étant venus des bords de la mer Erythrée sur les côtes de notre mer de Grèce, entreprirent des voyages sur mer au long cours, aussitôt après s'être établis dans le pays qu'ils habitent encore aujourd'hui, et ils transportèrent des marchandises d'Egypte et d'Assyrie en diverses contrées, entre autres à Argos. Cette ville surpassait alors toutes celles du pays connu sous le nom de Grèce. Les Phéniciens y étant abordés, se mirent à vendre leurs marchandises. Cinq ou six jours après leur arrivée, la vente étant presque finie, un grand nombre de femmes se rendirent sur le rivage, et, parmi elles, la fille du roi Inachus, nommée Io. Tandis que ces femmes, rangées près de la poupe, choisissaient et achetaient quelques marchandises, les Phéniciens, s'animant les uns les autres, se jetèrent sur elles. La plupart prirent la fuite ; mais Io fut enlevée et d'autres femmes avec elle. Les Phéniciens, les ayant fait embarquer, mirent à la voile et firent route vers l'Égypte. »

Ainsi la reconnaissance que le monde civilisé aurait pu vouer aux Phéniciens en raison de la grandeur de leur œuvre, fut, dès l'antiquité, et par suite de leur caractère, transformée en haine et en mépris.

L'avarice et l'astuce des Phéniciens n'étaient égalées que par leur cruauté. Les supplices qu'ils infligeaient aux prisonniers de guerre étaient effroyables. On en a un exemple dans la façon dont Carthage, digne fille de Tyr, traita Régulus. La foi punique, *fides punica*, était dans l'antiquité synonyme de mauvaise foi.

Les Phéniciens ont employé des ruses de toute sorte pour cacher aux autres peuples le secret de leurs routes, les pays visités dans leur voyage, conserver le monopole de leur commerce et être seuls à se procurer les métaux précieux, les longues dents d'ivoire, les plumes chatoyantes, l'ambre transparent, les parfums mystérieux dont ils remplissaient les marchés de leurs villes natales. Ils ont si bien gardé leurs différents secrets que la plupart demeurent encore impénétrables.

Jamais on ne saura quelle était cette île si vaste et si merveilleusement fertile à laquelle ils touchaient au loin parmi les flots mystérieux de l'Océan occidental. Diodore la décrit d'après des récits vagues. On croit reconnaître une des Açores. C'était peut-être l'Amérique.

On n'identifie qu'à peu près les noms de Tarsis, d'Ophir, noms qui devaient sonner aux oreilles éblouies des anciens comme aux nôtres ont sonné ceux de la Californie et du Pérou. Contrées lointaines et fabuleuses d'où les rudes marins, à l'âme impénétrable, revenaient, la bouche fermée, mais les mains pleines d'or et de perles.

Pendant longtemps les Grecs ont cru que l'ambre de la Baltique se recueillait sur les rives du Pô. Une foule de notions fausses et de légendes étaient systématiquement répandues par les habiles marchands de Tyr et de Sidon.

Aussi tous les peuples de l'antiquité avaient-ils à la fois la haine et la crainte de cette Phénicie, dont ils ne pouvaient se passer, et que le prophète Isaïe caractérise si bien en l'appelant « la foire des nations, »

Nulle poétique tradition ne perpétua son nom dans le monde

FIG. 431. — BEYROUTH ET LE LIBAN.

lorsque sa puissance eut disparu, et, malgré son rôle immense, elle attendit jusqu'à nos jours pour être de nouveau comptée par l'histoire.

Ce qui rendait sa résurrection très difficile, c'est que presque rien d'elle ne restait sur son propre sol, et que, parmi les innombrables vestiges qui subsistent de son industrie sur toutes les côtes de la Méditerranée, il n'est pas aisé de distinguer ce qui vient d'elle des produits archaïques indigènes fabriqués d'après son inspiration.

A mesure cependant que les reliques du monde ancien surgissaient de terre, en Asie, en Syrie, en Asie Mineure, en Grèce, en Italie, en Afrique; à mesure surtout que les merveilleuses découvertes de la linguistique vinrent aider les archéologues dans leurs travaux si délicats et si ardus, on put constater le rôle considérable qu'avait joué la Phénicie et l'étendue de la place qu'il fallait lui faire dans l'histoire de la civilisation du monde.

Quand on se représente le monde antique divisé en deux régions bien distinctes : l'Orient avec ses vieilles et splendides civilisations, l'Occident avec ses grands pays inexplorés, habités encore par l'homme de l'âge de pierre, pays qui s'appellent aujourd'hui la France, l'Angleterre, l'Espagne, on ne peut oublier que ce fut des galères phéniciennes que sortirent les premières lueurs qui éclairèrent l'Europe et la firent se dégager de la barbarie.

La face de la terre a changé depuis lors. Ce sont maintenant les navires partis de l'Occident qui retournent vers l'Orient avec les produits d'un commerce perfectionné, avec les semences des découvertes et des évolutions de l'avenir.

Mais les puissants vaisseaux modernes ne sauraient dédaigner sans injustice les humbles nefs construites avec les bois du Liban, qui, sur la mer dangereuse, sans autre guide que les étoiles, ont commencé la grande tâche en dehors laquelle il n'est pas de civilisation humaine possible : faire connaître les peuples les uns aux autres, mettre en circulation les richesses et les idées, aplanir les barrières, et donner ainsi pour point de départ à tout effort nouveau l'ensemble de ceux qui furent accomplis avant lui.

## § 2. — LA RACE, LE MILIEU ET L'HISTOIRE.

Les questions d'origine et de race relatives aux Phéniciens restent encore assez obscures.

La Bible, qui contient les notions écrites les plus nombreuses que l'antiquité nous ait laissées sur eux, les range parmi les peuples chamites.

D'un autre côté, des analogies de type, de mœurs et de langue avec les Hébreux, sembleraient indiquer qu'ils sont de race sémitique.

Ils ne forment d'ailleurs qu'un groupe restreint de ces populations chananéennes qui dominèrent longtemps en Syrie, et auxquelles les Israélites enlevèrent la Palestine.

Parmi les Chananéens, ils ne seraient même pas les seuls qui auraient joué un rôle important. Les Kétas ou Hittites, dont on retrouve les traces de plus en plus nombreuses dans le sol de l'Asie Mineure comme dans les inscriptions hiéroglyphiques, tinrent en échec le grand Sésostris lui-même.

Or, ces populations chananéennes avaient des rapports de parenté fort étroits avec les Juifs, et parlaient des dialectes très rapprochés de l'hébreu.

On est donc fondé à croire que les peuples sémitiques et chamitiques n'étaient que deux rameaux issus d'un tronc unique. Les plus grandes divergences que l'on puisse constater entre eux se sont produites bien loin de leur berceau commun et par des mélanges avec les races noires.

Les Égyptiens, les Éthiopiens, les Chaldéens, généralement considérés comme de race chamitique, n'étaient sans doute si différents des Sémites que parce qu'ils avaient changé de milieu et surtout parce qu'ils s'étaient fortement imprégnés d'éléments étrangers.

Entre des Sémites, tels que les Assyriens et les Hébreux, et des Chamites, tels que les Phéniciens et les Chananéens de l'Asie antérieure, il est très difficile au contraire de marquer des différences fondamentales.

Autant qu'on a pu reconstituer le type du Phénicien d'après

les statues, on l'a trouvé très rapproché de la physionomie israélite : nez busqué, yeux bien fendus, système pileux abondant et foncé. Les caractères moraux n'offrent pas moins d'analogie : c'est le même génie commercial, la même âpreté au gain, le même tempérament à la fois lascif et cruel. Enfin l'identité des deux langues est frappante; l'une semble n'être qu'un simple dialecte de l'autre.

Les deux peuples devaient avoir conscience de leur parenté, car ils s'entendirent fort bien ensemble et s'unirent toujours contre l'ennemi commun, Philistin, Égyptien ou Ninivite. L'alliance de Salomon et du roi Hiram, le mariage de la Sidodienne Jézabel avec le roi d'Israël Achab, la facilité avec laquelle les Hébreux acceptèrent les dieux Phéniciens, sont autant de témoignages d'une constante amitié.

Chamites ou Sémites, les Phéniciens sont donc frères des Juifs.

On retrouve leurs traces dans l'histoire antérieurement à leur établissement sur les bords de la Méditerranée. Leur premier habitat paraît avoir été situé sur les rives du golfe Persique, et peut-être y exercèrent-ils déjà leur goût pour les occupations maritimes.

Vers le XX° siècle avant J.-C., les Phéniciens furent entraînés vers l'ouest par une émigration générale des peuples chananéens. Le contre-coup de ce mouvement produisit en Égypte l'invasion des Pasteurs.

Les différentes peuplades chananéennes s'établirent dans les vallées de la Syrie, et les Phéniciens prirent pour eux l'étroite bande de territoire qui s'étend entre le Liban et la mer, depuis l'île d'Arad jusqu'à la pointe du Carmel.

C'est là qu'ils fondèrent leurs villes fameuses, dont une seule, Beyrouth — l'ancienne Béryte — garde encore de nos jours quelque importance.

Ces villes étaient, en allant du Nord au Sud : Arad, Amrit, Gébal — la Byblos des Grecs, ville sacrée, célèbre par les mystères d'Adonis — puis Béryte, Sidon, Sarepta, Tyr — dont le nom antique était Tsour ou Sour — et enfin Aco, devenu par la suite Saint-Jean-d'Acre ou Ptolémaïs.

Toutes ces cités étaient construites sur des îles ou à la pointe de promontoires. Non seulement elles avaient besoin de la mer pour vivre, mais encore comme protection en cas d'attaque.

Sans leur ceinture de vagues, ces cités étaient livrées à la merci du premier conquérant venu. Celle qui se défendit le plus heureusement et le plus longtemps fut Tyr, parce qu'elle était presque complètement insulaire, n'ayant qu'un faubourg, Palétyr, sur le continent. Elle ne tomba que lorsque Alexandre l'atteignit par une digue et sut la réunir à la terre ferme.

Dans ces îles étroites, sur ces promontoires aigus, des populations relativement considérables s'entassaient dans des maisons de six, sept et huit étages.

L'approvisionnement d'eau douce était la grande question, surtout en temps de guerre. Pendant longtemps, Tyr ne fut abreuvée que par un service de barques amenant du continent l'eau de source dans des outres. En cas de siège il fallait se contenter d'eau de pluie. Arad exploitait une source d'eau douce, découverte dans le bras de mer qui la séparait de la terre ferme, et qu'on faisait monter à la surface au moyen d'un tube tel que ceux de nos puits artésiens.

Aussi ne faut-il pas s'étonner que les monuments les plus considérables, les mieux agencés des Phéniciens, et ceux qui se sont le mieux conservés, soient leurs énormes citernes.

Dans les vallées, l'eau douce ne manquait pas. Une foule de torrents descendaient des flancs du Liban, faisant naître sur les pentes une opulente verdure. Leurs sources, s'ouvrant parmi les rochers et bondissant à travers les forêts de pins et de cèdres, forment encore des sites qui sont parmi les plus pittoresques du monde.

Telle est celle de l'Adonis, le fleuve sacré, dont les eaux se coloraient d'une teinte rougeâtre au printemps et à l'automne. Dans les sables, au bord de la mer, elles s'étendaient en flaques lugubres semblables à du sang, et les femmes du pays se livraient à de pieuses lamentations, croyant que cet effrayant liquide sortait des blessures du jeune dieu mis en pièces par un sanglier.

Il ne faut pas se représenter la Phénicie comme un territoire continu sur lequel eût pu s'établir une domination unique. C'est une série d'étroites vallées, perpendiculaires à la mer, si bien enfermées dans leurs rochers abrupts plongeant dans les flots, qu'il n'existe souvent pas de communication de l'une à l'autre, sinon de véritables sentiers de chèvre.

Cette disposition fait comprendre pourquoi la Phénicie ne forma jamais un seul royaume. Chacune de ses villes était autonome. Il y avait le roi de Tyr, le roi de Sidon, le roi d'Arad, et, dans chaque ville, au-dessous de chaque roi, la puissante aristocratie des marchands qui contre-balançait son pouvoir.

On ne connaît que vaguement la forme de gouvernement des cités phéniciennes. Mais on les voit toujours divisées entre deux partis : le parti démocratique, sur lequel s'appuyait le souverain, et le parti aristocratique, formé par les grands négociants, dont les comptoirs, les vaisseaux, les magasins donnaient du travail, du pain et de l'influence à toute la ville, et qui, par conséquent se trouvaient les maîtres du pouvoir.

Les mêmes conditions d'existence font tout naturellement naître une organisation politique semblable.

L'oligarchie aristocratique, fondée sur la richesse et la puissance commerciale, dut être le gouvernement des villes phéniciennes, comme il fut celui de Carthage, de Venise, de la Hollande.

Il arrivait quelquefois à Tyr et à Sidon, comme au XVIᵉ siècle d'ailleurs dans les Pays-Bas, que des luttes sanglantes se produisaient entre le peuple des ouvriers et les riches marchands toujours portés à l'exploiter. C'est à la suite d'un conflit semblable entre le parti aristocratique et le parti populaire, qu'Elissar — la Didon de Virgile — sœur du roi de Tyr Pygmalion, s'exila avec ses partisans et s'en alla fonder Carthage sur les côtes du continent africain.

Non seulement les diverses villes de la Phénicie n'étaient point soumises à un gouvernement central unique, mais elles n'avaient aucun intérêt à se soutenir les unes les autres, étant plutôt rivales qu'alliées. La chute de Sidon fit la fortune de Tyr.

Ces différentes cités n'avaient même pas besoin d'être indépendantes pour prospérer. Jamais la prospérité de la Phénicie ne fut plus grande que lorsque cette contrée fut vassale de l'Egypte.

La marine de Sidon fut, pour ainsi dire, du XVIIᵉ au XVᵉ siècle avant J.-C., la marine officielle des Pharaons. Tout un quartier de Memphis était habité par des marchands phéniciens.

La Phénicie n'échappa d'ailleurs au joug de l'Egypte que pour passer sous celui de l'Assyrie, puis sous la domination de Babylone et enfin sous celle des Perses. Ninive seule lui inspira de l'antipathie; mais elle accueillit Cyrus comme un libérateur.

Peuple de marchands, ne devant leur grandeur qu'au commerce, les Phéniciens avaient besoin de la paix pour prospérer. Ils l'achetèrent presque toujours au prix de leur indépendance.

Le caractère de la race phénicienne fut d'être pratique avant tout. Elle écartait toute entreprise inutile, dont le résultat n'eût été qu'une vaine gloire, et qui l'eût détournée sans résultats directs de ses occupations fructueuses. Mais elle savait, quand il le fallait, courir aux armes, et tenir vaillamment tête à l'ennemi. Dans plusieurs sièges fameux, Tyr tint l'Asie en échec, et pendant longtemps Carthage balança la fortune de Rome.

L'histoire des Phéniciens peut se résumer succinctement en trois périodes :

Celle de la puissance de Sidon jusqu'à sa destruction par les Philistins, vers 1209 avant J.-C.

Celle de la puissance de Tyr jusqu'à sa lutte contre Nabuchodonosor, en 574 avant J.-C.

Et celle de Carthage jusqu'aux guerres puniques (III⁰ siècle avant J.-C.).

Tyr ne fut complètement ruinée que par Alexandre, en 332 avant J.-C., mais, depuis deux siècles déjà, la rivalité des Grecs dans le bassin oriental de la Méditerranée, et celle des Carthaginois à l'Occident, lui avaient enlevé la situation prépondérante qu'elle avait occupée pendant des siècles.

L'époque de la puissance de Sidon marque la prise de possession par les Phéniciens de tout le commerce de la mer Égée, de la mer Noire et de la Méditerranée jusqu'à la Sicile.

Les principaux comptoirs ou colonies des Sidoniens furent ceux de Chypre, de Rhodes, de Crète, de Cilicie, de Lycie, de Paros, de Thasos, etc. Ils envoyèrent des vaisseaux dans la mer Noire jusqu'en Colchide, et fondèrent Cambé sur l'emplacement actuel de Tunis, là où devait plus tard s'élever Carthage.

A cette époque se rattache également la fondation de Thèbes, en Béotie, par le Phénicien Cadmus.

Tyr, en prenant la suite des entreprises de Sidon, alla plus loin encore. Elle fonda Utique et Hippone sur la côte d'Afrique, couvrit de ses comptoirs l'île de Malte, les côtes de la Sicile, de la Corse, de la Sardaigne, de la Bétique, les îles Baléares, se risqua sur l'Océan, et alla peut-être avant Carthage jusqu'aux îles Açores et aux Cassitérides.

Vers 839 avant notre ère, avait été fondée cette ville qui devait devenir sa rivale, et qui se lança dans des aventures plus hardie encore en explorant la côte occidentale de l'Afrique jusqu'à quelques degrés de l'équateur.

Rien n'intimidait l'esprit entreprenant de la race phénicienne. Si Rome n'avait pas détruit Carthage, le cap des Tempêtes eût été doublé avant Vasco de Gama et l'Amérique découverte avant Christophe Colomb.

Nous ne saurions entrer ici dans le détail des expéditions accomplies par les Phéniciens, pas plus que dans les événements particuliers dont leurs différentes cités furent le théâtre.

## § 3. — LA RELIGION.

La religion des Phéniciens était étroitement apparentée à celle de l'Assyrie et contribua à donner naissance à celle des Grecs.

Le rôle d'intermédiaire que joua ce peuple au point de vue des arts, de l'industrie et des connaissances générales, il le joua également en ce qui touche les croyances religieuses.

Son Baal, qui n'est autre que le Bel Chaldéen, devint le Jupiter des Grecs; son Melkarth, fils des dieux dompteurs de lions de la Mésopotamie, fut le prototype d'Hercule; son Adonis, le beau jeune dieu du printemps, est Tammouz, le fils chéri qu'Istar alla chercher jusqu'au fond des enfers, et qui se transmit dans la mythologie grecque sans même changer de nom. Quant à son Astarté, c'est l'éternelle déesse de l'amour, la grande voluptueuse que l'Asie avait adorée dès les plus anciens temps sous le nom d'Istar, et qui régna par sa grâce toute-puissante sur la Grèce et sur Rome, sous les noms d'Aphrodite et de Vénus.

Pour cette déesse surtout, la filiation est facile à suivre.

FIG. 432. — SIDON. ÉTAT ACTUEL DE LA FORTERESSE.

Nous l'avons vue déjà, dans Babylone, présider à la fête éternelle de l'amour et de la vie, cette divinité dont le beau corps nu tentait déjà le ciseau maladroit des artistes chaldéens et hanta l'imagination des hommes jusqu'à ce que les Phidias et les Praxitèle l'eussent fait jaillir du marbre dans son imposante splendeur.

Déjà nous l'avons vue conduisant, sous les portiques de son temple, la foule palpitante et secrètement troublée des femmes qui venaient, pour la seule fois de leur vie, se livrer à un inconnu, et qui attachaient une idée religieuse à cette étonnante aventure.

Nous l'avons rencontrée également chez les fils lascifs d'Israël, dissimulée dans le mystère des bocages où roucoulaient ses tourterelles sacrées.

Et nous savons comme elle domina, radieuse, embellie par la poétique imagination des Aryens, dans les archipels délicieux de la mer Égée, à Chypre, à Cythère, cette île riante et corrompue, dont le nom devint synonyme de toutes les voluptés.

Plus femme que déesse alors, elle cessa d'être, parmi les bois de myrtes et de roses, et dans la caresse éternelle des flots d'azur, la sombre Astarté phénicienne, qui demandait des mutilations, des flagellations, des jeûnes, des contorsions de démoniaques aussi bien que des prostitutions et de licencieux sacrifices. Elle ne garda de ses attributs que la colombe, blanche comme le marbre blanc sous lequel elle sembla sourire, soupirer et frémir.

Cependant, quoique changée, elle n'aurait pu nier son origine. C'étaient les Phéniciens qui avaient institué son culte à Chypre, à Cythère, comme à Éryx, en Sicile; et les Grecs, en l'adorant sous le nom d'Aphrodite, continuèrent à l'appeler encore Cypris, Cythérée, Éricina, montrant bien où ils avaient appris ses mystères et qui les y avaient initiés.

Les types des dieux de l'Asie furent répandus par les Phéniciens sur tous les rivages de la Méditerranée au même titre que leurs nombreux objets d'exportation.

Non seulement ils leur élevèrent des sanctuaires dans la plupart des comptoirs qu'ils établirent, mais encore ils colportèrent leurs images dont ils faisaient un considérable trafic.

Les populations primitives qu'ils visitaient n'avaient pour la plupart aucune idée de la statuaire, de la sculpture de l'ivoire, de la fonte des métaux, et, ne sachant donner que des figures grossières à leurs propres dieux, s'émerveillaient devant les statuettes de pierre, de bronze, d'ivoire, de terre cuite, que leur apportaient les Phéniciens. Elles accueillaient avec faveur des divinités qui, bien que d'un travail fort sommaire la plupart du temps, leur semblaient des êtres supérieurs et admirables.

On a retrouvé sur toutes les côtes de la Méditerranée ces figurines, ces amulettes, que les habitants de Tyr et de Sidon transportaient par quantités prodigieuses.

Les fabriques de dieux pour l'exportation ne devaient pas être les moins prospères que ces habiles négociants possédassent.

Tous les types populaires en Égypte et en Mésopotamie : êtres divins, hommes, animaux, monstres, génies, reproduits en verre, en ivoire, en métal, en terre cuite, devinrent familiers depuis Chypre jusqu'aux bords du Guadalquivir.

Le scarabée, le sphinx, le globe ailé, la figure nue d'Istar, le dieu Bès, le cône sacré, les taureaux ailés, les génies difformes, furent placés sur les autels des temples ou portés comme talismans, en bagues, en colliers, en cachets, par tous les peuples que visitaient les vaisseaux phéniciens. Il y en avait toujours un chargement à côté des armes, des poteries, des verroteries, des étoffes de pourpre qu'apportaient les ingénieux marchands.

En Phénicie même, le culte était moins idolâtrique que sidéral et naturaliste. Les montagnes, les fleuves, les astres restèrent, au fond, les divinités les plus respectées par ce peuple réfractaire aux abstractions.

Par là encore il se montra l'héritier direct des vieux Chaldéens.

Son principal dieu, Baal, représentait le soleil, comme Astarté s'identifiait avec la lune. Il adorait encore les sept planètes sous le nom de *Cabires*. Un huitième Cabire était *Eshmoun*, le chef de cette pléiade, lequel n'était autre que l'étoile polaire.

Quel culte instinctif, passionné, fanatiquement superstitieux, cette nation de marins ne devait-elle pas avoir voué à la mystérieuse étoile du Nord, seule conductrice de ses vaisseaux sur le sombre abîme des mers !

On ne trouve en Phénicie que de faibles traces du culte des morts. Cette forme constante de l'évolution religieuse avait sans doute été dépassée depuis longtemps par eux lorsqu'ils apparurent dans l'histoire. Comme leurs frères les Juifs, ils ne croyaient que bien vaguement à l'immortalité des âmes.

Un grand nombre de superstitions leur étaient d'ailleurs communes avec les Béni-Israël. La principale était le culte des pierres.

On se rappelle les deux pierres que contenait l'arche sainte, et celles dressées par les Hébreux en commémoration de tout événement un peu important. Ils croyaient ces blocs de rochers sanctifiés par la présence de leur dieu.

Jacob, raconte la Genèse, prit une pierre et la dressa pour monument, et il versa de l'huile sur le sommet de cette pierre et il l'appela Béth-El, ce qui veut dire : « maison de Dieu. » Ce mot hébreu de *béth-el* « maison d'El », devenu en phénicien *bétyle*, désigna toutes les pierres sacrées, que le peuple dressait, adorait ou portait en guise d'amulettes.

La représentation la plus vive que les Phéniciens eurent jamais de leurs divinités, était une pierre, généralement sous forme de colonne ou de cône.

Ce culte des pierres subsista très tard, et jusqu'à l'époque de la domination romaine. Au temps de Tacite, Astarté était encore figurée dans son temple par un bétyle. L'empereur syrien Héliogabale était pontife de la pierre noire d'Émèse. Cette superstition, populaire chez les Chananéens et les Sémites, subsiste encore parmi les Arabes dans l'adoration de la pierre noire, enchâssée dans la Kaaba, à la Mecque.

Les principaux temples phéniciens présentaient, à droite et à gauche de l'entrée du sanctuaire, deux colonnes, qui étaient, sans doute, moins un motif d'ornement qu'une représentation divine. Hérodote mentionne les deux colonnes du fameux temple de Melkarth, à Tyr : « L'une, dit-il, était d'or fin, et l'autre d'émeraude, qui jetait la nuit un grand éclat. »

Cette colonne d'émeraude lumineuse n'était probablement qu'une colonne de verre coloré et traversé par la lumière d'une lampe.

Le temple de Jérusalem, ayant été construit par des architectes phéniciens, eut aussi ses deux colonnes, qui furent placées, disent les Chroniques, l'une à main droite et l'autre à main gauche e avant du lieu saint. « Et Salomon appela celle qui était à droite *Jakin*, et celle qui était à gauche *Bohaz*. »

Ces noms donnés aux colonnes montrent bien qu'elles étaient personnifiées comme des divinités.

La religion, en Phénicie, se ressentait de l'organisation fédérative de la contrée. Chaque ville avait son Baal, qui changeait un peu de physionomie suivant les lieux. Il y avait Baal-Tsour, Baal-Sidon, Baal-Hermon, Baal-Phégor, etc.

Melkarth, le grand dieu de Tyr, n'est que le Baal de cette ville, dit une inscription retrouvée dans l'île de Malte.

Les attributs des grands dieux variaient pour des raisons plutôt géographiques et politiques que philosophiques. Au fond, le Phénicien avait une tendance vague à reconnaître un dieu supérieur à tous les autres. Les nombreux Baalims et Baalats, c'est-à-dire les dieux et les déesses secondaires, étaient plutôt des attributs personnifiés de Baal que des êtres indépendants.

Astarté elle-même est appelée sur les inscriptions : « Astarté, nom de Baal ». Tanit, l'Astarté carthaginoise, est désignée comme « Tanit, face de Baal. »

La plus haute personnification de Baal était ce Melkarth, spécialement adoré à Tyr, et dont les Grecs ont fait leur Héraclès.

Melkarth, avec ses prodigieux travaux, bien autrement considérables que ceux d'Hercule, est l'incarnation du génie phénicien. C'est à lui qu'on attribuait toutes les grandes découvertes, celle de l'alphabet comme celle même de la navigation, et la création des plus lointains comptoirs.

C'est lui qui, de ses bras puissants, avait écarté l'Europe de l'Afrique en créant le détroit de Gadès, ouvrant ainsi à ses fils aventureux de nouveaux espaces et des mers inconnues. Au seuil du redoutable Atlantique se dressaient les deux montagnes appelées les Colonnes d'Hercule, dont la vue rappelait, à l'âme troublée du marin, les mystérieuses colonnes d'or et d'émeraude si souvent contemplées dans la cité natale aux deux côtés du sanctuaire. Il lui semblait alors que le grand Melkarth le protégeait et le suivait encore sur les vagues inexplorées où il risquait son vaisseau fragile.

Melkarth inspirait aux Phéniciens le désir de conquérir toutes les mers, comme le sombre Assur imposait à Ninive le devoir de lui soumettre toutes les nations.

A Carthage, la religion fut la même que dans la mère patrie. Le couple divin : Baal et Astarté, devint Baal-Hammon et Tanit. Il eut un caractère plus exclusivement sidéral; sous ces deux noms, les Carthaginois adoraient surtout le soleil et la lune.

Mais à Carthage comme à Tyr, comme à Sidon, le caractère du culte fut d'être à la fois lascif et sanguinaire. Les raffinements de la volupté n'y étaient égalés que par les raffinements des supplices. Les bras rougis au feu de Baal-Moloch étaient constamment ouverts pour recevoir leur proie : les beaux enfants que leurs parents eux-mêmes venaient offrir à l'idole monstrueuse.

Peut-être, par ces hétacombes volontaires, espérait-on fléchir l'implacable avidité des flots, et sauver la vie de tant de matelots voguant au loin, par des mers sauvages, sous des cieux sans étoiles.

Tous les peuples marins sont superstitieux. De nos jours, les chapelles des Notre-Dame-des-Flots sont pleines de touchants ou naïfs ex-voto. Que de vœux sont prononcés et accomplis par les fiancées, les sœurs et les femmes, dans la terrible anxiété de l'attente, alors qu'on donnerait tout pour voir apparaître au loin la voile bien connue, ou sur le port le visage bronzé, qui peut-être ne reparaîtra jamais et repose là-bas sous la sinistre caresse du flot livide.

Et là-bas, dans la rude Tyr, dans la fanatique Carthage, on faisait aussi des promesses à Moloch : des promesses de chairs blanches, de membres délicats et de belles jeunes chevelures. Et les mères farouches, au retour de l'époux, n'oubliaient pas, car la sombre menace de la mer planait toujours, et le châtiment ne se fût pas fait attendre.

C'était un génie impitoyable et farouche que celui de ces populations toujours aux prises avec un mystérieux danger. Les orgies succédaient aux sacrifices, car ils devaient se hâter de jouir, ceux qui repartiraient demain peut-être pour toujours.

Nul peuple n'apporta, à un tel degré, dans la satisfaction des instincts licencieux et cruels, la même âpre et froide fureur.

Et naturellement, en Phénicie comme partout ailleurs, les rites religieux portaient l'empreinte des passions populaires et n'en étaient le plus souvent que la consécration.

La Phénicie eut ses écrivains religieux.

Le plus célèbre est Sanchoniathon, qui, à une époque indéterminée mais très antérieure à notre ère, réunit, dans un ouvrage malheureusement perdu, toutes les légendes et toutes les croyances de sa patrie.

Quelques fragments des écrits de Sanchoniathon nous ont été transmis par Philon de Byblos, qui le traduisit. On y retrouve les traces d'une cosmogonie vague, à caractère matérialiste et panthéistique, directement dérivée de la cosmogonie des Chaldéens. Pour Sanchoniathon, la matière est éternelle; l'univers est issu de l'union du souffle et du chaos; les dieux sont nés, comme les hommes, par une série d'évolutions spontanées.

Ce sont bien là les antiques conceptions babyloniennes, profondes et grandioses, supérieures aux enfantines créations qu'on en a tirées en les simplifiant et dont l'esprit humain s'est contenté pendant des siècles. La Phénicie, d'ailleurs, s'en fit l'écho sans les comprendre. Cette nation pratique ne s'attardait pas à chercher d'où était sorti l'univers, qu'elle se contentait d'exploiter avec une activité dévorante.

Il n'y eut guère sans doute de rêveurs et de poètes chez ces marchands à l'âme positive. Les prophètes juifs n'y auraient trouvé nul écho. Israël, resté plus voisin du désert, gardait encore des visions impossibles dans les étroites et bruyantes cités de Sidon, de Tyr et d'Arad.

Et la mer, cette grande charmeuse, devint trop rapidement aux yeux des Phéniciens la dispensatrice de toutes les richesses palpables et matérielles, pour qu'ils s'attardassent sur ses rives à écouter ce que ses vagues disent à l'âme des hommes, lorsqu'elles chuchotent le soir sous les étoiles ou lorsqu'elles chantent le matin parmi les caresses du soleil.

## § 4. — LES ARTS ET L'INDUSTRIE.

L'art phénicien fut un art de fusion et de transition.

Toutes les œuvres qu'il produisit pourraient être réparties en trois classes : celles qui furent inspirées par l'Égypte; celles qui offrent un caractère purement assyrien; et enfin celles qui présentent mêlées les deux influences de l'Assyrie et de l'Égypte.

Les statues et les édifices qui appartiennent à cette dernière catégorie sont de beaucoup les plus nombreux. Leur production fut tout à fait particulière à la Phénicie, qui, placée à égale distance de Memphis et de Ninive, et soumise tantôt à l'une, tantôt à l'autre des deux capitales, remplaça l'originalité qui lui manquait complètement par une imitation alternative ou combinée des types célèbres de l'art oriental antique.

On peut deviner facilement que, durant la domination égyptienne, l'art porta plutôt le cachet égyptien, et que l'Assyrie, à son tour, fit prévaloir son influence artistique avec son autorité politique.

En effet, les œuvres les plus anciennes de la Phénicie, exécutées durant la période où Sidon obéit aux Pharaons, se rapprochent plus de celles écloses dans la vallée du Nil, que celles que vit naître l'époque où Tyr obéit aux rois d'Assyrie.

Cependant cette loi n'est pas absolue. Les circonstances variées du commerce et des relations générales, comme le goût personnel des artistes, fit osciller, dans les cas particuliers, la balance d'une double inspiration, qui, pour l'ensemble de l'œuvre phénicienne se maintient à peu près égale.

Une troisième influence vint modifier, dans les derniers siècles avant notre ère, l'art mixte de la Phénicie. Ce fut l'influence de la Grèce, qui, après avoir reçu de l'Orient ses premiers modèles, commença bien vite à les modifier heureusement, et à propager ses propres idées en sens inverse.

Dès le Ve siècle avant J.-C., en effet, la Grèce ne reçut plus guère, par l'intermédiaire des Phéniciens, que ses matières premières.

Après avoir été initiée par eux aux arts merveilleux de l'Égypte et de l'Assyrie, après avoir pris chez eux tous les types que l'on copiait et que l'on mélangeait à Sidon et à Tyr, elle finit par leur donner les modèles nouveaux qu'elle inventait, et vit même ses artistes devenir les fournisseurs attitrés des Carthaginois, ces Néo-Phéniciens.

C'est dans l'île de Chypre que l'on rencontre les œuvres d'art où se combinent le plus intimement les trois influences de l'Égypte, de l'Assyrie , de la Grèce. Telle est, par exemple, la fameuse statue du *Prêt à la Colombe*, qui se trouve aujourd'hui au musée de New-York. La tête coiffée d'une sorte de tiare, la longue barbe frisée, rappellent les types représentés sur les murs de Koyoundjik et de Khorsabad, tandis que l'arrangement des draperies, bien qu'encore assez gauche et raide, fait pressentir les effets magnifiques de grâce et d'harmonie qu'obtiendront les Grecs par la disposition des étoffes souples sur la forme animée.

L'inspiration de l'Égypte, qui s'efface déjà dans cette célèbre statue, se retrouve dans une foule d'autres, et reste longtemps dans

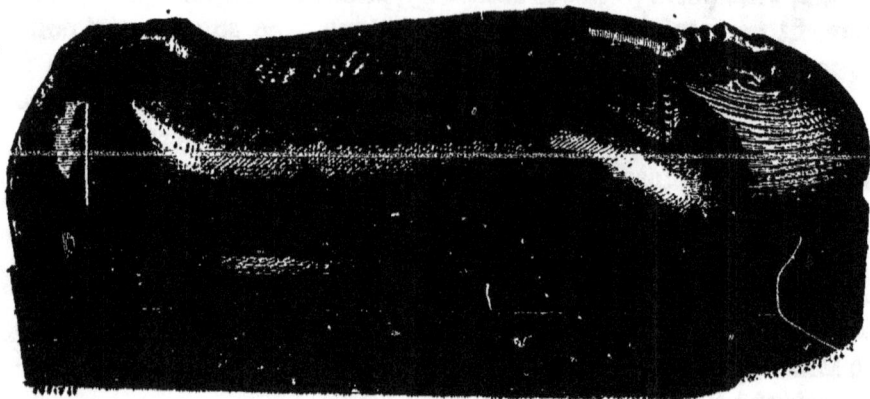

FIG. 433. — SARCOPHAGE D'ESMUNAZAR, ROI DE SIDON.
(Probablement du IV° siècle avant notre ère.)

Musée du Louvre.

le costume et dans la coiffure. Des morceaux de statuaire, déjà presque grecs par les traits du visage, la vigueur et la proportion des membres, se montrent égyptiens par l'espèce de *schenti* ou pagne, noué autour des reins, et par les lourdes masses de la chevelure tombant carrément des deux côtés du visage.

A mesure que l'influence de la Grèce grandit, celle de la Phénicie, qui lui a donné naissance, s'atténue. Chypre n'est déjà plus Tyr ou Sidon. Ces deux dernières villes n'ont pas laissé beaucoup de souvenirs artistiques; mais, dans ceux qui peuvent leur être attribués, surtout dans les produits de leurs arts industriels — vases, statuettes, armes, meubles, amulettes, bijoux — on reconnaît la double influence de l'Égypte et de l'Assyrie, influence qui, à travers leurs œuvres, alla éveiller le génie grec et fit naître aussi l'art étrusque.

Distinguer ces diverses influences, établir leurs parts respectives dans les débris de temples, de statues, dans les sarcophages anthropoïdes, les stèles, les tombeaux souterrains, que l'on a retrouvés en Syrie, à Chypre, en Sicile, à Carthage, est un travail d'archéologie pure assez dénué d'intérêt et que nous ne tenterons même pas d'effleurer ici.

D'une façon générale, on peut dire que, dans l'architecture phénicienne, l'inspiration de l'Égypte domina, tandis que celle de l'Assyrie fut surtout sensible dans la sculpture.

Dans les ruines de temples phéniciens, on reconnaît le sanctuaire restreint, obscur, entouré d'un vaste espace qu'enferme un mur ou un péristyle, et qui forme le trait principal et comme le squelette du temple dans la vallée du Nil. Les motifs d'ornementation : l'urœus, le disque ailé, les feuilles de lotus, et surtout la gorge égyptienne, trahissent leur origine d'une façon caractéristique.

Autant qu'on a pu le supposer, le temple de Jérusalem, bâti par des artistes phéniciens, présentait tous ces caractères. Cet édifice, pour lequel Salomon prodigua l'or, semble avoir été le chef-d'œuvre de l'art bâtard qui florissait alors à Tyr.

Ce qui est le plus proprement spécial à la Phénicie, c'est son ancienne architecture, dont on peut déterminer le caractère en disant qu'elle était née du rocher.

A part le creux des vallées où la terre végétale s'est amassée, la Phénicie est constituée tout entière par les arêtes rocheuses du Liban. Bien avant de détacher la pierre calcaire qui s'y trouve en abondance, les peuplades chananéennes se contentèrent de la tailler simplement sur place, et d'y creuser, non seulement leurs habitations et leurs tombes, mais leurs cuves, leurs pressoirs, leurs citernes, enfin toutes les constructions nécessaires à leur vie active et à leurs primitiv industries.

On a dit avec raison que, lorsque les Phéniciens construisaient le plus vulgaire édifice, une citerne ou un pressoir, par exemple, ils le construisaient pour l'éternité. Comme ils le taillaient, en effet, en plein roc, il faudrait pour le démolir que le Liban même disparût.

Les premières constructions indépendantes qu'élevèrent les Phéniciens gardèrent la marque de l'architecture d'où elles étaient issues. Tels sont, par exemple, les énormes remparts d'Arad, composés de blocs gigantesques, réunis sans aucun ciment, et dont la masse indestructible garde encore une rude grandeur.

Dans les imitations auxquelles se livrèrent les Phéniciens sur le domaine artistique, ils se distinguèrent, sinon par l'invention et l'imagination, du moins par le savoir-faire et la perfection des procédés. Aussi, chez eux, les arts industriels furent-ils beaucoup plus remarquables que les beaux-arts. Leurs fabriques de verre, de faïence, d'armes, leurs fonderies de bronze, leurs teintureries, leurs filatures, leurs ivoireries, étaient justement célèbres dans toute l'antiquité.

Ils pratiquèrent toutes les branches de l'industrie alors connues et ils excellèrent dans chacune. Recevant les matières premières des contrées lointaines avec lesquelles ils trafiquaient, ils les façonnaient et les rendaient sous forme de produits manufacturés.

L'activité de leurs villes était prodigieuse, et le séjour n'en était guère agréable aux opulents oisifs, pas plus que de nos jours ne l'est celui des grandes cités ouvrières, bruyantes et encombrées. L'odeur des teintureries rendait insupportable la proximité de Sidon. Aussi les riches Phéniciens habitaient-ils, sur les flancs du Liban, d'élégantes villas enfouies dans la verdure des cèdres.

Nous avons déjà vu que, lorsque Salomon voulut construire son temple, il eut recours aux célèbres ouvriers phéniciens, habiles, nous dit l'Écriture, à travailler le cuivre, le bois, la pierre et l'airain.

Les magnifiques vases de bronze, d'or et d'argent, que fabriquaient les Phéniciens, étaient admirés dans tout le bassin de la Méditerranée dès une époque fort lointaine. Nous voyons, dans l'*Iliade*, Achille, aux funérailles de Patrocle, proposer comme prix de la course « un cratère d'argent travaillé; il contient six mesures, » nous dit Homère, « et, par sa beauté, il n'a pas de rival sur la terre; c'est que d'habiles artistes sidoniens l'ont exécuté avec soin, et que des marchands phéniciens l'ont transporté sur la mer vaporeuse, l'ont exposé dans les ports et donné en présent à Thoas. »

Le bronze phénicien était renommé pour sa trempe supérieure.

Les armes fabriquées à Tyr et à Chypre se distinguaient par leur excellente qualité non moins que par leur élégance. Les Phéniciens exécutaient parfaitement le travail au repoussé comme aussi la gravure sur métaux. Il nous est parvenu un grand nombre d'échantillons qui en témoignent. Leurs patères, leurs coupes d'argent et de vermeil portent des scènes de chasse et de guerre qui déroulent harmonieusement leurs diverses péripéties, et dont l'exécution est d'une grande finesse. Telle est cette fameuse coupe de Préneste, dont M. Clermont-Ganneau a expliqué tout au long le sujet, et sur laquelle on voit se succéder toutes les aventures d'une journée de chasse des plus mouvementées.

L'orfèvrerie, la bijouterie phéniciennes ont laissé une foule de produits remarquables. Ce sont des pectoraux incrustés de pierreries, des épingles de tête, des anneaux, des bracelets, des boucles d'oreilles. Les colliers surtout sont charmants à cause du goût et de la grâce de leurs dispositions. Les grains d'ambre, les perles de verre y alternent avec de riches médaillons d'or et des amulettes finement découpées. L'alliance des couleurs y est surtout fort ingénieuse et du meilleur effet. Les verreries de la Phénicie ont eu, comme on le sait, dans l'antiquité, une renommée universelle. On a même attribué à cette contrée l'invention de la merveilleuse matière.

Elle l'avait toutefois empruntée à l'Égypte, où le verre était connu dès l'Ancien Empire. Mais elle en perfectionna considérablement la fabrication et elle en généralisa l'emploi.

Jusqu'à l'établissement des verreries phéniciennes, et même encore longtemps après, le verre était considéré comme une matière précieuse qui rivalisait avec l'or. Job déclare la sagesse plus précieuse que l'or et le verre. Nous avons vu que les deux colonnes sacrées du temple de Melkarth étaient, l'une en or, l'autre en verre coloré.

Les délicats objets, flacons, étuis, etc., dont quelques-uns sembleraient sortis des fabriques de Venise, et dont la Phénicie avait le secret, restèrent des objets du plus haut luxe. Le travail en était d'une délicatesse extrême, car les bandes de couleur qui les ornaient étaient produites par des fils de verre coloré appliqués sur la pâte encore molle et recuits avec elle.

Mais on est fondé à croire qu'à côté de ces ravissants produits, il en existait de plus communs destinés à la consommation courante.

Le principal progrès que la Phénicie amena dans la fabrication du verre fut de le rendre transparent.

Comme elle excellait à fabriquer le verre, elle produisait naturellement aussi l'émail et elle en recouvrit ses vases de terre. Cependant on fabriqua, en Phénicie, moins de vases émaillés que de vases directement peints.

Les vases phéniciens, en terre cuite comme en métal, ont servi de modèles aux premiers vases grecs. Ceux-ci les dépassèrent bien vite d'ailleurs pour la grâce et l'élégance de la forme, se dépouillant, au contraire, des colorations vives si chères aux yeux des Orientaux.

Outre ces beaux produits qui, comme nous le raconte Homère, étaient colportés dans les ports de Grèce et d'Asie Mineure, et cédés seulement à de riches acquéreurs, il y avait encore les quantités énormes de poteries grossières qui formaient l'une des branches les plus fructueuses de l'exportation phénicienne.

C'est par milliers que s'entassaient dans les vaisseaux les vases en terre communs destinés aux peuplades primitives de l'Italie, de l'Espagne, de la Gaule et des îles Britanniques.

Les Phéniciens eurent pendant bien longtemps le monopole de la poterie, avant d'avoir fait naître des imitateurs et des rivaux, comme ils en trouvèrent plus tard chez les Grecs et chez les Étrusques.

Une autre branche d'industrie où ils étaient passés maîtres était la fabrication des objets en ivoire. Leurs caravanes et leurs vaisseaux leur apportaient sans cesse la matière première, qu'ils transformaient ingénieusement en étuis, en boîtes, en tablettes, en une foule de charmants objets qu'on a retrouvés dans les fouilles de toutes les villes célèbres depuis Koyoundjik jusqu'à Carthage. L'industrie de l'ivoire fleurit volontiers dans les ports de mer où arrivent directement les précieuses défenses. Les artistes de Tyr étaient de fins ivoiriers comme le sont aujourd'hui les habitants de Dieppe.

La Phénicie posséda une industrie qui lui fut tout à fait spéciale : celle de la teinture en pourpre. On recueille en quantité sur ses côtes l'espèce de murex qui donne ces magnifiques couleurs rouge sang ou bleu violet, dont la propriété est de devenir plus éclatantes à la lumière, tandis que les autres s'y altèrent et pâlissent. La pourpre phénicienne enrichit pendant des siècles les vêtements et les ameublements des gens riches de toutes les contrées, et devint synonyme du pouvoir impérial. On a complètement renoncé à s'en servir, à cause du nombre immense de coquillages qu'il faut employer pour obtenir une quantité appréciable de teinture. On voit encore aux environs de Sidon des falaises entières créées artificiellement jadis par l'amas des coquilles que rejetaient ses fabriques après les avoir utilisées.

Il faudrait énumérer toutes les industries florissantes dans l'antiquité pour faire connaître celles qui furent cultivées avec bonheur dans la Phénicie, et y ajouter encore des fabrications secondaires et ingénieuses, telles que celle des œufs d'autruche taillés en forme de coupes et montés sur des pieds de métal.

Les filatures, les ateliers de tissage, la broderie, la parfumerie, occupèrent ce peuple actif, pour qui le génie industriel et commercial remplaça le pouvoir des armes, la domination politique, l'influence de l'art et celle de la pensée.

Lorsque, au début de ce livre, nous comptions l'industrie au nombre des grands facteurs de la civilisation, nous avons paru peut-être exagérer son rôle aux yeux du lecteur dont la jeunesse fut nourrie des exploits accomplis par les Alexandre, les César et les Napoléon.

Nous avons placé ce rôle avant celui de la guerre elle-même qui semble au premier abord avoir seule le pouvoir de changer la face du monde.

Nous avons fait allusion aux luttes industrielles du passé, et nous avons fait entrevoir les batailles acharnées, meurtrières, qui, dans l'avenir, auront pour théâtre nos halles et nos marchés.

Qu'on juge après les courtes pages qui précèdent, si nous avons été trop loin.

Au moment de clore cette histoire des premières civilisations, après avoir énuméré tous les efforts des vieilles races et les merveilleux résultats qu'elles ont obtenus, nous sommes obligés de montrer tous ces résultats concentrés et monopolisés, pour ainsi dire, entre les mains d'une infime peuplade chananéenne établie sur quelques lieues de rivage dans les étroites vallées du Liban.

Bien plus, nous avons dû montrer ce que doit l'orgueilleuse civilisation de notre Occident à cette peuplade.

Héritiers des Égyptiens, des Assyriens et des Perses, les Phéniciens, sans arts, sans littérature, sans philosophie, sans découvertes scientifiques, furent les précurseurs et les instructeurs des Grecs, des Romains et de nous-mêmes.

Facilité des communications, rapidité des échanges, travail obscur, indomptable et patient, tels sont les éléments qui ont fait la prodigieuse fortune de ce petit peuple, et tels sont encore ceux qui, plus sûrs que le hasard des conquêtes, vont faire demain la grandeur ou l'abaissement de nos fières nations modernes.

## § 5. — LE COMMERCE.

Le commerce des Phéniciens s'étendit à tout le monde connu des anciens, et, comme nous l'avons montré, il en recula même les limites.

Il eut pour objet toutes les matières fabriquées comme tous les produits naturels des différentes contrées qu'il mit en rapport. Il se fit surtout par voie de mer, mais il profita également des routes de terre, et même il en ouvrit de nouvelles. Avant, par exemple, d'avoir franchi les colonnes d'Hercule et trouvé une voie maritime jusqu'aux îles Britanniques, les Phéniciens trafiquaient avec ces îles par des caravanes traversant la Gaule, de Marseille aux rives du détroit que nous appelons Pas-de-Calais. On est presque certain que l'antique ville d'Alésia, dans le bassin de la Saône, était la principale station de ce long parcours.

C'est également par l'intermédiaire de caravanes traversant la Germanie, que les Phéniciens recevaient à l'embouchure du Pô l'ambre recueilli sur les bords de la Baltique, car leurs vaisseaux n'allèrent jamais jusqu'à cette mer. De là vint l'erreur d'Hérodote croyant que l'ambre s'exploitait dans le bassin de l'Eridan (Pô).

Carthage, à son tour, fut la tête de ligne des caravanes qui franchissaient le Sahara pour aller chercher au cœur de l'Afrique noire les richesses naturelles qu'elle pouvait fournir.

Les voies de terre asiatiques étaient parcourues sans relâche par les marchands phéniciens, et se répartissaient en trois directions principales : les routes du sud s'enfonçant dans les déserts de l'Arabie; celles de l'orient, allant vers Babylone, la Médie et l'Inde; celles du nord-est se dirigeant vers l'Arménie et les mines du Caucase.

Quant aux mers sillonnées par les vaisseaux de Tyr, de Sidon, de Carthage, c'étaient la Méditerranée avec toutes ses dépendances, en y comprenant les flots dangereux du Pont-Euxin, si souvent tourmentés par la tempête; c'était l'Océan Atlantique jusqu'aux îles Britanniques d'une part, et presque jusqu'à l'équateur de l'autre; c'était enfin la mer Rouge, le golfe Persique, et peut-être même l'Océan Indien jusqu'à l'embouchure du Sind et à celle de la Nerbudda.

Deux noms reviennent sans cesse chez les historiens de l'antiquité qui ont voulu montrer l'extension du commerce phénicien : ce sont ceux de Tarsis et d'Ophir. N'ayant jamais pu identifier ces deux noms d'une façon précise, on est obligé de les accepter comme des termes généraux dont le premier désignerait les contrées les plus occidentales, et l'autre, les plus orientales, parmi celles que la Phénicie mettait en relations. Tarsis serait l'Espagne et même les îles Sorlingues; Ophir serait les rives du golfe Persique, les îles Barheïn, et peut-être l'Inde mystérieuse et lointaine.

L'immense commerce des Phéniciens conserva ce caractère très particulier qu'il se fit par échanges, jusqu'au moment où les Grecs répandirent l'usage de la *monnaie*, c'est-à-dire jusque vers quatre ou cinq siècles avant J.-C.

Les Phéniciens, tout pratiques et ingénieux qu'ils furent, n'imaginèrent pas cette simplification considérable dans les transactions.

Il est probable qu'ils n'en sentirent pas le besoin, et qu'ils trouvaient même un avantage à échanger des matières premières ou fabriquées de natures absolument diverses, parce qu'il était plus facile de tromper sur leurs valeurs équivalentes. D'ailleurs, parmi les peuples avec lesquels ils trafiquaient, quelques-uns étaient trop primitifs pour admettre une autre façon d'acheter et de vendre.

Le peuple qui sut inventer l'alphabet pour simplifier ses écritures, eût certainement imaginé les monnaies, s'il y eût trouvé
quelque avantage.

Mais quel signe aurait-il choisi pour représenter la richesse qui
eût pu avoir le même sens aux yeux de tant de peuples différents,

D'après une photographie.

FIG. 431. — BANKES. — RUINES D'UN TEMPLE SUPPOSÉ PHÉNICIEN.

chez qui des communications constantes n'avaient pas encore eu le
temps d'établir une valeur moyenne des objets?

L'argent et l'or n'étaient pas pour tous des métaux précieux.
Voici ce que Diodore de Sicile nous dit à propos de l'argent que
l'on recueillait en masse et à fleur de sol dans la Bétique (sud de
l'Espagne) :

« Ignorant l'usage de ce métal, les indigènes le vendirent, en échange
d'autres marchandises de peu de prix, aux marchands phéniciens. Important
cet argent en Asie, en Grèce et chez d'autres nations, ils gagnèrent d'immenses richesses. La cupidité de ces marchands fut telle que, leurs navires
étant déjà chargés, ils coupèrent le plomb de leurs ancres et y substituèrent

LES PREMIÈRES CIVILISATIONS

l'argent. Les Phéniciens continuèrent longtemps ce commerce et devinrent si puissants qu'ils envoyèrent de nombreuses colonies dans la Sicile et les îles voisines, ainsi que dans la Libye, la Sardaigne et l'Ibérie. »

Le métal qui, plus que l'argent peut-être, fit la fortune des marchands phéniciens, ce fut l'étain. Tous les peuples de l'antiquité, Égyptiens, Chaldéens, Assyriens, Grecs d'Europe et d'Asie, faisaient une consommation énorme de bronze, et aucun ne possédait l'étain. Il abondait au contraire dans l'Occident, en Sardaigne, en Espagne, dans le Cornouailles et les Cassitérides (Sorlingues). Toute l'année, les vaisseaux Phéniciens le rapportaient sous forme de pains ou *saumons*, que les nations orientales venaient promptement enlever sur leur marché.

Pour faire un tableau complet du commerce des Phéniciens, il faudrait énumérer toutes les nations connues par eux avec tous leurs produits divers. Il serait difficile de le faire d'une façon plus exacte et plus complète que le prophète Ezéchiel, dans son chapitre XXVII. Tout ce chapitre est à citer, à la fois pour montrer quel était le prestige de la Phénicie aux yeux des nations voisines, et pour présenter un tableau d'ensemble de ses relations et des sources de sa richesse.

« O Tyr, s'écrie le prophète, tu as dit : Je suis parfaite en beauté.

Tes confins sont au cœur de la mer, ceux qui t'ont bâtie t'ont rendue parfaite en beauté.

Ils t'ont bâti des navires avec les sapins de Scénir; ils ont pris les cèdres du Liban pour te faire des mâts.

Ils ont fait tes rames de chêne de Basçan, et la troupe des Assyriens a fait tes bancs d'ivoire, apporté des îles de Kittim.

Le fin lin en façon de broderie apporté d'Égypte, a été ce que tu étendais pour te servir de voiles; tu te couvrais de pourpre et d'écarlate apportées des îles d'Elisça.

Les habitants de Sidon et d'Arad étaient tes matelots, ô Tyr! tes sages, qui étaient au milieu de toi, étaient tes pilotes.

Les anciens de Gébal et les plus habiles ont été parmi toi pour réparer tes brèches; tous les navires de la mer et leurs mariniers ont été avec toi pour trafiquer et pour faire ton commerce.

Ceux de Perse, de Lud et de Put, ont été tes gens de guerre dans ton armée; ils ont pendu chez toi le bouclier et le casque; ils t'ont rendue magnifique.

... Ceux de Tarsis ont trafiqué avec toi de toutes sortes de richesses, faisant valoir tes foires en argent, en fer, en étain et en plomb.

Javan, Tubal et Mescec (îles de l'Archipel, Chypre, etc...) ont négocié avec toi, faisant valoir ton commerce en vendant des hommes et des vases d'airain.

Ceux de la maison de Togarma (Asie Mineure, Grèce, Thrace, etc.) ont fait valoir tes foires en chevaux, en cavaliers et en mulets.

... Tu avais dans ta main le commerce de plusieurs îles, et on t'a rendu en échange des dents d'ivoire et de l'ébène.

La Syrie a trafiqué avec toi de tes ouvrages de toutes sortes; on a fait valoir tes foires en escarboucles, en écarlate, en broderies, en fin lin, en corail et en agate.

Juda et le pays d'Israël ont trafiqué avec toi, faisant valoir ton commerce en blé, en miel, en huile et en baume.

Damas t'a donné pour la multitude de tes ouvrages du vin et de la laine blanche.

Et Dan, et Javan, et Mosel (rives de la mer Egée) ont fait valoir tes foires en fer luisant; la casse et le roseau aromatique ont été dans ton commerce.

Ceux de Dédan ont négocié avec toi en draps précieux pour les chariots.

Les Arabes et tous les principaux de Kédar ont été les marchands que tu avais dans ta main, trafiquant avec toi en agneaux, en moutons et en boucs.

Les marchands de Scéba et de Rama (sud de l'Arabie, Inde) ont négocié avec toi, faisant valoir tes foires en toutes sortes de drogues les plus exquises, et en toutes sortes de pierres précieuses et en or.

Haran, Héden et Assur (Chaldée, Assyrie) ont fait trafic avec toi en toutes sortes de choses, en drap de pourpre et de broderie, et en caisses pour des vêtements précieux, serrées de cordes; même les coffres de cèdre ont été dans ton trafic.

Les navires de Tarsis ont été les principaux de ton commerce, et tu as été remplie et rendue fort glorieuse au milieu de la mer.

... Par la traite des marchandises qu'on apportait de tes foires au delà des mers, tu as rassasié plusieurs peuples, et tu as enrichi les rois de la terre par la grandeur de tes richesses et de ton commerce. »

Ce n'est pas seulement le tableau de la grandeur et de la puissance de Tyr que l'on trouve dans Ezéchiel; on y voit aussi les témoignages de la jalousie et de la haine qu'avaient inspirées à toute la terre l'avidité implacable et la tyrannie orgueilleuse de cette cité et de son peuple.

« Ton cœur s'est élevé à cause de ta beauté, » dit encore le prophète, « et tu as corrompu ta sagesse par ton éclat.

... Tu as profané tes sanctuaires par la multitude de tes iniquités, en usant mal de ton trafic.

Aussi je ferai sortir du milieu de toi un feu qui te consumera, et je te réduirai en cendres sur la terre.

Tous ceux qui te connaissent parmi les peuples seront désolés à cause de toi; tu seras un sujet d'étonnement et tu ne seras jamais rétablie. »

Le souhait plein de haine que prononce ici le prophète juif devait se réaliser, mais pour des causes qu'il ne pouvait alors soupçonner.

Lorsque la Phénicie eut achevé son œuvre; lorsque, grâce à elle, le centre de la civilisation se fût déplacé, et eût passé d'Orient en Occident, elle disparut en effet du rang des nations. Les bases sur lesquelles s'étaient édifiées sa puissance lui firent de plus en plus défaut, jusqu'à s'écrouler complètement.

La civilisation gréco-romaine, concentrée tout entière autour du bassin de la Méditerranée n'eût plus besoin d'intermédiaire, et, dépassant de beaucoup celle de l'Orient, n'eût plus rien à recevoir de l'Asie.

Et, plus tard, lorsque se dressa peu à peu le gigantesque édifice du monde moderne, il se passa des siècles avant que ce monde nouveau soupçonnât ses origines, et eût l'idée de remonter à son berceau en se tournant vers le vieil Orient, couvert de ruines et enveloppé de silence.

Aujourd'hui, les courants d'idées et de productions se sont rétablis sur une échelle immense que n'entrevirent jamais les marins de la Phénicie. Mais les chemins ont changé; les grandes routes de l'univers ne sont plus les mêmes qu'autrefois.

Tyr n'a jamais été appelé à se relever de ses ruines. Le voyageur qui visite ses ports ensablés et les humbles cabanes de pêcheurs qui remplacent ses maisons, ses temples et ses remparts, ne retrouve plus aucune trace de sa grandeur et évoque mélancoliquement par l'imagination : « Ses richesses, ses foires, son commerce, ses mariniers et ses pilotes, ceux qui réparaient ses brèches et ceux qui travaillaient à ses industries, et toute la multitude qui était au milieu d'elle. »

# CONCLUSION

Notre livre est terminé. Résumons-en brièvement l'esprit et les tendances.

Prenant l'humanité à son aurore, nous avons montré les lois générales de son développement, la genèse de ses arts, de ses institutions et de ses croyances. Nous avons constaté que les sociétés sont soumises dans leur marche aux lois de l'évolution qui régissent l'astre gigantesque aussi bien que le plus infime atome. Ces lois inexorables, nous pouvons en méconnaître la puissance, mais nous en subissons fatalement les effets. Souveraines mais aveugles, inflexibles toujours, elles ont remplacé les dieux qui gouvernaient le monde dans son enfance. L'homme ignore leur essence, comme il ignorera toujours la raison première des choses, mais il sait qu'il serait inutile de tenter de les fléchir et que c'est en lui seul qu'il doit chercher les éléments de ses futurs progrès. De telles vérités paraîtront bien banales un jour. Nous ne pouvions cependant arriver à les comprendre qu'après avoir pendant des milliers d'années peuplé le ciel des panthéons les plus divers.

Ces considérations générales étant exposées, nous avons franchi rapidement les âges primitifs de l'humanité et abordé l'étude des premières civilisations. Nous avons assisté, sur les rives du Nil et dans les plaines de la Chaldée, aux premières tentatives de l'homme pour s'élever au-dessus de la barbarie, et montré comment furent préparés par quatre à cinq mille ans de patients efforts, ce formidable édifice de la civilisation gréco-romaine, d'où, après de nouvelles transformations, le monde moderne devait sortir à son tour.

Nous avons essayé de faire rentrer à la place qu'ils devaient normalement occuper dans l'évolution de l'humanité ces deux grands peuples, les Grecs et les Romains, qui, jadis, nous semblaient avoir allumé spontanément tous les flambeaux dont la lumière nous éclaire encore. Cette place est suffisamment glorieuse, d'ailleurs; plus glorieuse peut-être, quand nous la considérons comme conquise pas à pas au prix d'efforts gradués et incessants, que lorsque nous n'y voulons voir que l'action d'une providence divine.

Cette providence divine, la science moderne ne la connaît plus. Avec les matériaux nouveaux que possède l'histoire, il est facile de montrer qu'il n'y eut rien de miraculeux ni d'imprévu dans la vie intellectuelle de l'humanité. Nous avons fait voir que, malgré tant de diversités apparentes, il n'y eut pas plusieurs civilisations, mais une seule, formée de tous les tâtonnements, de tous les labeurs, de toutes les découvertes des peuples, depuis que l'un d'entre eux a fait le premier pas hors de la sauvagerie primitive. Cette civilisation, chaque race l'a portée à un certain niveau jusqu'à ce que, épuisée par ses efforts, elle en léguât l'héritage à une autre race destinée à le développer à son tour.

Sans doute, il est arrivé sur plusieurs points éloignés du globe, la Chine et l'Inde, par exemple, que des peuples différents soient parvenus sans se connaître, par des efforts analogues, à un degré de développement identique. Mais ce qui n'a jamais pu se produire, c'est qu'une nation telle que la Grèce, qui était barbare encore à l'époque du siège de Troie, ait pu arriver par ses seules forces et sans aucune initiation étrangère au merveilleux degré de développement où nous la voyons quatre ou cinq siècles avant notre ère, c'est à-dire presque brusquement, ou du moins dans un espace de temps qui n'est rien dans l'histoire des peuples.

C'est sur les rives de l'Asie Mineure que se sont montrées les premières lueurs de la civilisation grecque. Or l'Asie Mineure, que l'on croyait jadis une élève de la Grèce, apparaît maintenant comme issue de l'Assyrie et de l'Égypte au point de vue des institutions, des arts, des connaissances scientifiques et des croyances.

C'est l'Asie Mineure qui, par l'intermédiaire des caravanes et des vaisseaux phéniciens, relia la Mésopotamie, l'Égypte et la Grèce, et fournit ainsi à cette dernière les matériaux d'une civilisation qui furent ensuite si merveilleusement mis en œuvre par le génie assimilateur et en même temps créateur des Hellènes. La Grèce n'a pas eu à consumer ses efforts dans les lents labeurs des commencements. Elle n'a fait que mettre en œuvre le trésor des notions industrielles, scientifiques et artistiques, amassées à travers un nombre de siècles presque formidable par l'Égypte et la Chaldée. Il est heureux pour elle d'être venue la dernière. Si elle avait été appelée à travailler aux premiers fondements des civilisations, ce n'est pas en Occident peut-être que le centre intellectuel du monde se trouverait aujourd'hui.

L'Égypte et la Chaldée ne sont pas sans doute les seules contrées qui aient atteint dans l'antiquité un haut degré de civilisation. La Chine d'abord et l'Inde plus tard devaient se développer également sans assistance étrangère; mais, tandis que la Chine, enfermée dans des barrières difficiles à franchir, gardait pour elle seule tous les résultats de ses efforts et s'arrêtait dans son développement faute d'émulation et de contact avec les étrangers, l'Égypte et la Chaldée faisaient rayonner leurs lumières sur le monde ancien et trouvaient des héritiers qui, prenant leur œuvre au point où elles l'avaient laissée et la continuant d'âge en âge, arrivaient à fonder notre civilisation occidentale.

Bien avant les découvertes de la science, tous les peuples et toutes les religions du vieux monde ont vu dans la double vallée de l'Euphrate et du Tigre le berceau de leur race et de leur foi. C'est là que l'imagination a établi le règne de l'âge d'or et placé le paradis terrestre. Ce n'est pas sans raison que tant de regards se sont durant tant de siècles tournés vers ce centre mystérieux de l'antique Asie. C'est de là en effet, c'est de cet Orient splendide, que sont descendus sur le monde les rayons d'une aube intellectuelle si radieuse en sa fraîcheur, que l'humanité n'a pu en perdre la mémoire, et qu'elle s'en souvient encore même parmi les feux plus éclatants de son midi glorieux.

Nos études et nos voyages nous ont toujours ramené vers ce mystérieux Orient, vers ces ruines majestueuses des vieilles capitales de l'Égypte et de l'Asie, vers ces cités, berceaux des grandes croyances qui depuis tant de siècles ont enchanté l'humanité. Ce n'est qu'après avoir visité tous ces vieux empires, vécu dans leur passé, évoqué tout un monde de dieux et de héros, observé des peuples arrivés aux phases d'évolution les plus diverses, que nous avons réussi à comprendre que nos sociétés sont régies dans leur développement par des lois régulières agissant d'une façon

lente mais continue et que les croyances, les connaissances scientifiques, les institutions les plus dissemblables dérivent les unes
des autres; qu'une religion, de même qu'un code, une science
ou un art, ne fut jamais l'œuvre d'un seul homme, et que les
fondements de notre civilisation moderne remontent à des périodes bien autrement lointaines que ne l'enseignent nos livres
classiques. Cette civilisation est le sommet d'un édifice immense
auquel tous les peuples ont travaillé pendant des milliers d'années. Nos connaissances, nos arts, nos philosophies, dérivent,
par une série de transitions qui seraient insensibles si nous pouvions en restituer toutes les phases, de découvertes effectuées
il y a cinq à six mille ans sur les bords de l'Euphrate ou du Nil.
Les croyances religieuses dont la plus grande partie de l'Europe
civilisée vit encore, dérivent, elles aussi, par les mêmes transformations insensibles, de la cosmogonie enseignée jadis dans les
sanctuaires de la Chaldée.

L'étude des formes ancestrales des êtres actuels, étude qui a
complètement renouvelé nos connaissances biologiques depuis un
quart de siècle et qui a conduit les naturalistes à rechercher dans le
passé des êtres vivants l'explication de leurs formes actuelles, aura
bientôt transformé profondément l'histoire. Alors seulement
l'homme moderne comprendra l'intérêt immense qui s'attache à
l'étude des peuples qui l'ont fait ce qu'il est aujourd'hui et ce
qu'il sera demain. Alors — et seulement alors — nous compren-
drons combien sont fatales les lois qui régissent l'évolution des institutions et des croyances, et combien sont vaines et dangereuses
les tentatives des réformateurs qui croient qu'il est en leur pouvoir de modifier à leur gré ces institutions et ces croyances.

C'est à cette œuvre grandiose de la restitution de nos origines
et de la genèse de nos institutions et de nos connaissances que
nous avons essayé d'apporter notre pierre en écrivant cet ouvrage. Mais la tâche dépassait la puissance de nos efforts. Pour faire
surgir de la poussière du passé tous ces empires redoutés, ces cités
brillantes, ces panthéons de divinités bienfaisantes ou terribles qui
ont fait trembler ou espérer tant de millions et de millions
d'hommes, il eut fallu à la fois la plume d'un poète, celle d'un
savant et celle d'un philosophe. La grandeur et la beauté de ces

ombres puissantes suffira peut-être à dissimuler l'insuffisance de l'écrivain qui les évoqua et à mériter l'attention de nos générations modernes.

Bien d'autres objets sans doute sollicitent aujourd'hui l'activité de ces générations, et leurs yeux se dirigent beaucoup plus vers l'avenir que vers le passé. Il est pourtant peu d'études qui soient plus intéressantes et plus fertiles en enseignements que celle du développement des sociétés. Elle seule peut nous montrer que les progrès se réalisent toujours par une lente évolution, et jamais par de brusques révolutions. Elle seule peut nous faire voir le jeu des divers facteurs qui déterminent cette évolution, et les limites dans lesquelles il est possible d'en modifier le cours. C'est par un rêve dangereux que l'homme moderne s'imagine qu'il n'a pas à tenir compte du passé. Son passé pèsera longtemps encore sur lui d'un formidable poids. La voix des morts le guide toujours. C'est pour cette raison que les réformes les plus violentes n'ont bien souvent d'autre résultat final que de changer les noms des institutions et des croyances.

L'influence respective des divers facteurs du développement des sociétés n'avait guère été recherchée jusqu'ici par les historiens. En essayant de déterminer le rôle de chacun d'eux, nous avons vu que les moins tangibles et les moins réels en apparence — l'idéal religieux par exemple — constituent les grands leviers du monde, ceux qui exercent la plus formidable puissance sur les âmes. C'est pourquoi nous avons pu dire que l'histoire n'est que le récit des efforts faits par l'homme pour se créer un idéal, l'adorer, puis le détruire. Qu'elle ait placé son idéal dans le ciel ou sur la terre, que cet idéal ait été la grandeur des dieux ou la puissance d'un peuple, aucune société n'a pu encore vivre sans lui. Ce ne sont pas les froides spéculations de la raison, mais bien les ombres à la fois redoutables et vaines créées par les aspirations de l'homme, qui ont servi de base à tous les édifices politiques, religieux et sociaux. C'est sous leur influence qu'ont été fondés les plus formidables empires, que se sont développées les civilisations les plus brillantes. Devant les froides clartés de la science tous les grands fantômes, souverains des vieux âges, semblent devoir s'évanouir; mais ils sont impérissables et ne peuvent que se transformer. Les illusions d'hier sont mères des illusions de demain. Les croyances sur lesquelles reposent nos institutions et notre morale sont mortes ou vont mourir, et la science n'a pas su les remplacer encore. Nous avons détruit les idéals du passé sans avoir réussi à découvrir ceux de l'avenir. Mais jusqu'à ce que nous ayons trouvé des croyances nouvelles capables de charmer les âmes et de les courber sous leur empire, nos sociétés modernes sont condamnées à de profonds bouleversements. Les illusions sociales semblent devoir remplacer les illusions religieuses. Elles sont filles des mêmes chimères, de ces bienfaisantes chimères, reines de nos sentiments et créatrices de l'espérance, qui depuis tant de siècles soutiennent l'humanité dans sa poursuite éternelle du PROGRÈS.

FIN

# TABLE MÉTHODIQUE DES GRAVURES

Les nécessités de l'illustration nous ont obligé à disséminer assez irrégulièrement les gravures dans le texte. La table ci-dessous, qui rétablit l'ordre dans lequel elles devraient se suivre, permettra aisément au lecteur de retrouver les gravures concernant un sujet donné.

## I. — LA CIVILISATION ÉGYPTIENNE

### 1° Architecture égyptienne.

Pendant plus de 5000 ans l'Égypte ancienne s'est couverte de monuments. Au point de vue de l'architecture, cette longue période peut être divisée en quatre phases : 1° *Architecture de l'ancien Empire*. De l'an 5000 à l'an 3000 avant notre ère. C'est à cette période qu'appartiennent les Pyramides et le Temple du Sphinx, 2° *Architecture du Moyen Empire*, jusqu'en 1700 avant J.-C. Elle n'est plus guère représentée aujourd'hui que par les temples souterrains de Béni-Hassan, précieux surtout par les innombrables peintures relatives à la vie égyptienne dont ils sont couverts, 3° *Architecture du Nouvel Empire*, jusqu'à l'an 527 avant J.-C. Elle est surtout représentée par les nombreux temples de Thèbes; 4° *Architecture de la période gréco-romaine*, jusqu'au IIIe siècle environ de notre ère. Nous avons fait voir (p. 543) que ce fut précisément pendant la longue période de domination étrangère subie par l'Égypte — période si négligée par les historiens — que s'élevèrent la plupart des monuments de style égyptien encore debout, tels que ceux de Dendérah, Esneh, Ombos, Edfou, Philæ, Dakkeh, etc. Quant aux monuments arabes, qui devraient faire une cinquième division, ils appartiennent à une période bien plus moderne, et sont sans parenté aucune avec l'ancienne architecture de la vallée du Nil : nous n'avions donc pas à nous en occuper dans cet ouvrage.

Les monuments égyptiens ayant été souvent remaniés à des époques fort différentes, nous n'avons pas essayé de les classer par ordre chronologique. Nous les avons rangés tels qu'ils se présentent au voyageur qui suit le Nil depuis son embouchure jusqu'en Éthiopie. La date de construction de chacun d'eux est indiquée du reste sous les gravures qui les représentent.

## 2° Statues égyptiennes.

Les plus vieilles statues égyptiennes, telles que celles de Sépa et Nésa, de Ra-Hotep et de Néfert, etc., ont de 6 à 7000 ans d'existence. Nos planches représentent la série des statues les plus remarquables existant dans les musées de l'Europe et de l'Égypte, ou dans les temples égyptiens.

## 3° Bas-reliefs égyptiens.

Les bas-reliefs ont à peu près la même antiquité que les statues. Nous en avons représenté ayant 6000 ans d'existence, dont l'exécution serait considérée, même aujourd'hui, comme fort remarquable.

## 4° Peinture égyptienne.

Aucun peuple, en y comprenant les modernes, n'a laissé autant de peintures que les Égyptiens. Fort inférieures aux sculptures, elles sont cependant beaucoup plus précieuses pour nous, parce qu'elles révèlent tous les détails de la vie égyptienne. On écrirait une histoire complète de la civilisation d'Égypte, uniquement en les étudiant. Nous en avons reproduit un grand nombre, qu'on trouvera énumérées plus loin au paragraphe « Scènes de la vie égyptienne. » Nous n'en mentionnerons ici que quelques-unes, relatives surtout à la reproduction de types égyptiens.

## 5° Arts industriels égyptiens.

Nous réunissons sous ce titre les figures de nombreux objets laissés par les Égyptiens. On retrouvera dans ces objets — les vases notamment — des types divers reproduits bien des siècles plus tard par les artistes grecs, lorsque la civilisation égyptienne pénétra en Grèce par les voies que nous avons indiquées dans notre ouvrage.

## 6° Scènes de la vie égyptienne, d'après les peintures des temples et des tombeaux.

Les scènes nombreuses reproduites dans cet ouvrage, et toutes copiées ou restituées d'après des peintures égyptiennes, donnent une idée très claire des moindres détails de l'ancienne civilisation de l'Égypte. Nous les avons classées sous les rubriques suivantes : Scènes religieuses et funéraires, Scènes de la vie royale, Scènes de la vie militaire, Scènes de la vie agricole, Scènes de la vie privée, Arts et Métiers.

## 7° Paysages égyptiens.

Il est presque impossible de bien connaître les pays qu'on n'a pas visités. La vue du milieu où une civilisation s'est développée peut seule expliquer des choses que les meilleurs livres ne feraient pas comprendre. C'est
pour essayer de transporter le lecteur dans les pays dont nous avons donné la description, que nous avons joint
aux figures de monuments, de statues et de scènes diverses de la vie égyptienne, un certain nombre de paysages.

## 8° Types d'Égyptiens modernes.

L'Égypte a été conquise par des peuples fort divers, mais elle les a toujours absorbés. Sous les Grecs et
sous les Romains, elle avait conservé ses arts, sa langue et ses dieux. Un seul peuple, les Arabes, a pu lui faire
accepter une religion, une langue et des arts étrangers; mais en devenant arabe par sa civilisation, l'Égypte est

restée pharaonique par le sang, et il n'est pas rare de rencontrer dans la Haute-Égypte des fellahs qui reproduisent exactement les statues et les bas-reliefs gravés sur les tombeaux il y a 5 ou 6,000 ans et dont nous avons donné de nombreux spécimens. On pourra en juger en examinant les figures modernes reproduites dans notre ouvrage, et dont voici la liste.

# II. — LA CIVILISATION CHALDÉO-ASSYRIENNE

Les monuments de la civilisation assyrienne sont beaucoup moins nombreux et pour la plupart moins anciens que ceux de la civilisation égyptienne. Ils suffisent cependant pour nous donner une idée assez nette de cette civilisation. La plupart des documents qui nous sont restés, et dont nous reproduisons les plus importants, appartiennent à la période malheureusement très limitée des IXe, VIIIe et VIIe siècles avant J.-C. Les débris appartenant à une période antérieure sont bien moins importants.

## III. — LA CIVILISATION PERSE

L'ancienne civilisation des Perses, pendant sa courte durée, n'eut aucun caractère d'originalité. Ce peuple ne fit qu'adopter les arts des nations avec lesquelles il était en contact, des Assyriens et des Égyptiens notamment. Les figures qui vont suivre révèlent immédiatement l'influence non dissimulée des éléments étrangers. Ce ne fut que pendant la période arabe, c'est-à-dire bien des siècles plus tard, que la Perse finit par se créer un art original, en fusionnant tous les arts des peuples avec lesquels elle était en contact depuis plus de 1000 ans.

## IV. — LA CIVILISATION JUIVE

Nous avons montré dans les chapitres consacrés aux Juifs, qu'ils n'eurent ni arts, ni sciences, ni industrie, ni rien de ce qui constitue une civilisation. Ils n'ont laissé aucuns débris qui puissent être reproduits. Leur temple de Jérusalem, que nos croyances religieuses ont rendu si célèbre, fut construit par des architectes étrangers. Pour ne pas laisser sans illustration cette partie de notre ouvrage, nous nous sommes borné à reproduire — en dehors d'un essai de restitution du temple de Salomon — les lieux les plus célèbres de la Palestine, tels qu'ils existent actuellement, et quelques types de nomades. La vie, en Palestine, a d'ailleurs si peu changé depuis les temps bibliques, que les types qu'aurait pu reproduire un artiste contemporain d'Abraham ne seraient pas sans doute fort différents de ceux que nous présentons.

## V. — LA CIVILISATION PHÉNICIENNE

On peut voir dans cet ouvrage le rôle immense joué par les Phéniciens comme propagateurs de la civilisation, mais on verra en même temps qu'ils n'eurent absolument aucune civilisation personnelle, et se bornèrent à reproduire les objets d'art créés par les peuples, tels que les Égyptiens et les Assyriens, avec lesquels ils étaient en relation. Il nous a semblé inutile de donner des dessins d'objets qui ne sont que des copies plus ou moins altérées de types assyriens ou égyptiens dont notre livre est plein. Le sarcophage d'Esmunazar, roi de Sidon, pour lequel nous avons fait exception, pourrait aussi bien figurer parmi les objets égyptiens que parmi les objets phéniciens. Nous nous sommes donc borné à reproduire quelques-uns des sites les plus célèbres de la Phénicie, tels qu'ils sont actuellement.

## TABLE DES CARTES

## PLACEMENT DES PHOTOGRAPHIES HORS TEXTE

# TABLE DES MATIÈRES

## LIVRE PREMIER

### ÉVOLUTION DES CIVILISATIONS

Naissance et développement des Institutions, Mœurs et Croyances chez les premiers Peuples civilisés.

## LIVRE DEUXIÈME

### COMMENT LES PEUPLES S'ÉLÈVENT A LA CIVILISATION

## LIVRE TROISIÈME

### LA CIVILISATION ÉGYPTIENNE

# LIVRE QUATRIÈME

## LA CIVILISATION CHALDÉO-ASSYRIENNE

# LIVRE CINQUIÈME

## LA CIVILISATION JUIVE

# LIVRE SIXIÈME

## Apparition des Aryens dans l'Histoire de la Civilisation

## LES PERSES ET LES MÈDES

# LIVRE SEPTIÈME

## Comment les Civilisations de l'Orient se propagèrent en Occident.

## ROLE DES PHÉNICIENS DANS L'HISTOIRE

Imprimerie A. Lahure, 9, rue de Fleurus, à Paris.

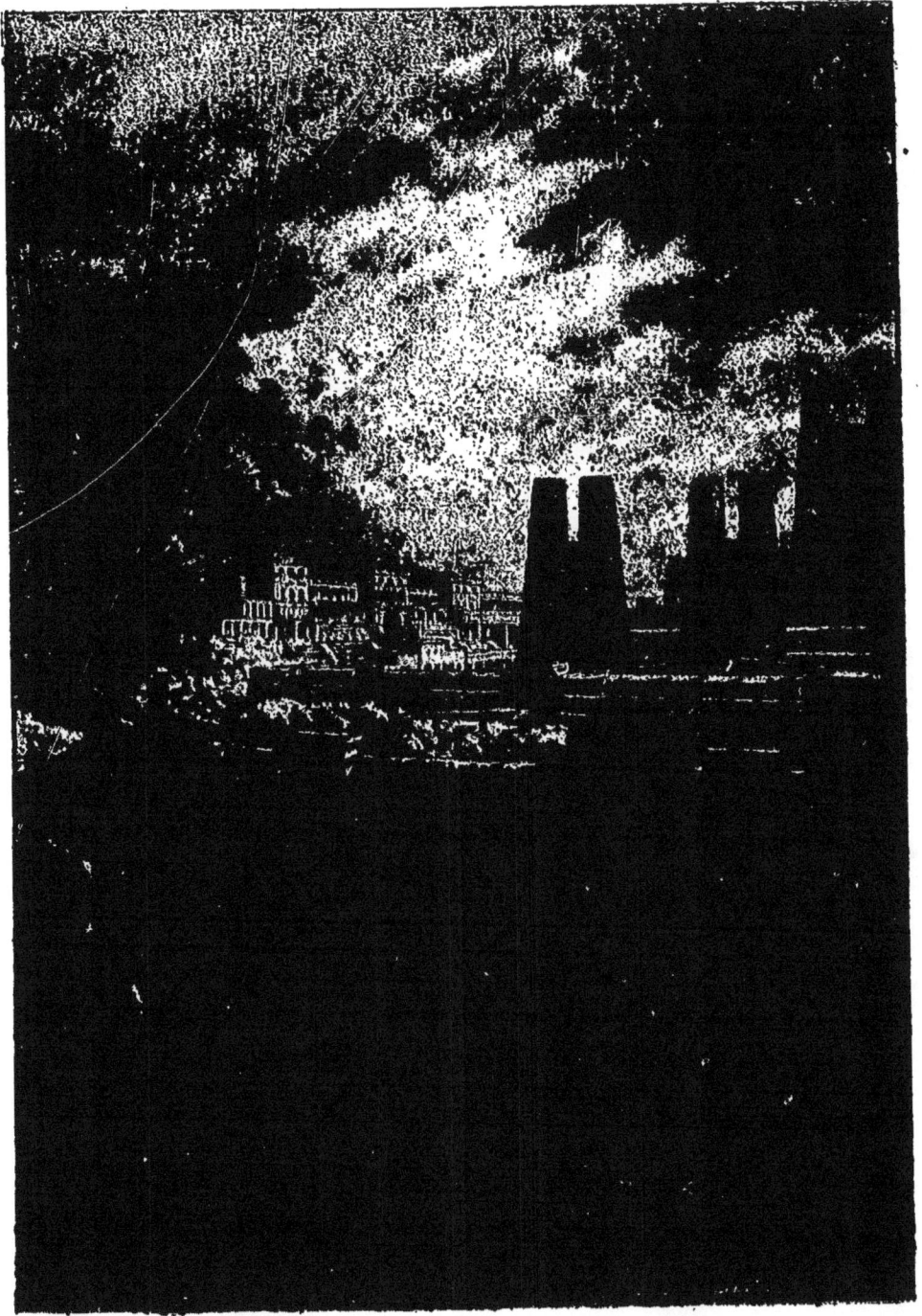

Essai de restitution du Temple de Jérusalem et du Palais de Salomon.

www.ingramcontent.com/pod-product-compliance
Lightning Source LLC
Chambersburg PA
CBHW071351290326
41932CB00045B/1309